汽车电器构造与检修

第2版

王爱国 高光辉 / 主编
李源 王波 余成龙 / 副主编

人民邮电出版社
北京

图书在版编目（CIP）数据

汽车电器构造与检修 / 王爱国，高光辉主编. -- 2版. -- 北京 : 人民邮电出版社，2017.3
职业院校汽车类“十三五”微课版创新教材
ISBN 978-7-115-43855-3

Ⅰ. ①汽… Ⅱ. ①王… ②高… Ⅲ. ①汽车－电气设备－构造－高等职业教育－教材②汽车－电气设备－车辆修理－高等职业教育－教材 Ⅳ. ①U472.41

中国版本图书馆CIP数据核字(2016)第289014号

内 容 提 要

本书共分11章，主要内容包括绪论、电源系统、起动系统、点火系统、照明及信号系统、仪表与报警系统、防抱死制动系统、安全气囊、辅助电器与电子设备、汽车空调、车载网络技术、全车电路识读与分析等。本书着重讲解这些电器的组成、工作原理、工作过程、使用与维护、故障诊断与排除等。

本书既可作为高职高专院校汽车检测与维修、汽车技术服务与营销、汽车电子、汽车制造与装配等专业的教材，也可供汽车维修人员、驾驶员、汽车行业技术人员的阅读参考。

◆ 主　　编　王爱国　高光辉
副 主 编　李　源　王　波　余成龙
责任编辑　刘　佳
责任印制　焦志炜

◆ 人民邮电出版社出版发行　北京市丰台区成寿寺路11号
邮编　100164　电子邮件　315@ptpress.com.cn
网址　http://www.ptpress.com.cn
固安县铭成印刷有限公司印刷

◆ 开本：787×1092　1/16
印张：20.25　2017年3月第2版
字数：582千字　2017年3月河北第1次印刷

定价：49.80元

读者服务热线：(010)81055256　印装质量热线：(010)81055316
反盗版热线：(010)81055315

前　言

本书是精品课程建设成果，教学资料齐全，配备有 PPT 课件、教案、电子书、汽车电器零部件教学图片和汽车电器运行过程教学录像、习题、教学大纲等丰富的教学资源，读者可到人邮教育社区（www.ryjiaoyu.com）免费下载使用。

本书由安徽机电职业技术学院、安庆职业技术学院、昆明冶金高等专科学校教师联合编写。王爱国、高光辉任主编；李源、王波、余成龙任副主编。其中，王爱国编写了第 1 章、第 9 章、第 11 章；高光辉编写了第 2 章、第 4 章；余成龙编写了第 3 章；刘明岩编写了第 5 章、第 6 章；田苗法编写了第 7 章；李源编写了第 8 章；王波编写了第 10 章。

编　者

2016 年 4 月

目　录

绪 论

随着汽车技术的发展，汽车已经不再是单纯的运输工具，它正朝着高速、安全、经济、舒适、环保、智能化、人性化的方向发展。汽车电器设备是汽车的重要组成部分，其性能的好坏直接影响汽车的动力性、经济性、可靠性、舒适性及环保性。

1. 汽车电器设备的发展

电器是汽车的重要组成部分，而汽车电器技术的发展主要是汽车电子技术的发展。

电子技术在现代汽车上的应用则是以微处理机对各种工作过程的控制为主要特点。微处理机实质上是一种比较简单、便宜的单片机，它把中央处理单元（CPU）、一定容量的存储器和输入输出接口电路集成在一块芯片上。微处理机工作时，通过各种传感器接收输入信息，经过分析、计算后再向执行机构发出指令，控制机构动作。

人们从 20 世纪 60 年代开始研究汽车电子技术，其发展大致可分为四个阶段：

（1）1965—1975 年，汽车电子产品由分立元件和集成电路（IC）组成。

（2）1975—1985 年，主要发展专用的独立控制系统，如电子控制汽油喷射系统、防抱死制动装置等。

（3）1985—2000 年，主要开发可实现各种功能的综合系统及各种车辆整体系统的集中控制，这个时代称为汽车的电子时代。

（4）2000 年—今，是汽车电子设备的集成协调控制阶段，如 ESP、电动助力转向之间的协调控制等。

汽车电子技术的进步，将促使各子系统控制走向集中化，以此形成计算机集中控制系统，这一系统除中心计算机外，还包括多达 23 个微处理器以及大量的传感器和执行机构，组成一个庞大而复杂的信息交换和电控系统。目前车用计算机的存储容量已与现代 PC 不相上下，计算速度则要求更高。

现在，汽车微处理机重点应用于下述几个方面：最佳点火时刻控制、最佳空燃比控制、怠速控制、废气再循环控制、安全系统、减震控制系统、操纵系统、信息交换和报警系统、汽车导航系统、语音系统等。其中，微处理技术在发动机工作过程控制、自动变速、动力转向控制、防抱死制动系统、汽车悬架控制系统等方面已取得可喜的成果。随着计算机人工智能化的进展，将人工智能用于汽车控制也已不再是遥远的事。国外已研究出装有人工智能计算机的汽车，当汽车运行过程出现不正常工况时，计算机便会模仿人的声音向驾驶员发出警告。

今后汽车电子技术发展的主攻方向是不断地提高排放的标准，不断地降低燃油消耗，不断地提高安全性，不断地提高舒适性，把汽车和外部交通环境结合起来考虑，优化汽车的行驶环境，强化对交通运输高水平的监控，实现进一步节油并减少排放，减轻人们的生活压力。

2. 汽车电器设备的组成

汽车电器作为汽车四大组成部分之一，在现代汽车上所占比例已越来越大。现代汽车的电器设备种类和数量繁多，但按照各电器的作用归纳起来主要有以下 8 个子系统。

（1）电源系统

电源系统也称为充电系统，包括蓄电池、发电机、调节器及充电指示装置等，其主要作用是给汽车各用电设备提供低压直流电能。

（2）起动系统

起动系统包括起动机及其控制装置，其作用是用于起动发动机。

（3）点火系统

该系统用于汽油发动机上，其任务是产生高压电火花，点燃汽油发动机气缸内的可燃混合气。

（4）照明系统

该系统包括汽车内外各种照明灯及其控制装置，用来保证夜间行车安全。

（5）信号系统

信号系统包括声、光信号及各种行车信号指示灯，用来保证车辆运行时的人车安全。

（6）仪表系统

仪表系统包括各种电器仪表（电流表、电压表、机油压力表、水温表、燃油表、车速里程表、发动机转速表等），用来显示汽车的运行参数。

（7）舒适系统

舒适系统也称为辅助电器系统，包括电动刮水器、汽车空调、音响、电动车窗、电动座椅、电动后视镜等，其作用是给驾乘人员提供舒适的操作和乘坐环境。

（8）微机控制系统

该系统包括汽车的动力传动控制、底盘控制、车身控制和信息与通信控制等，随着现代汽车技术的发展，各控制系统由独立变成了相互联系，构成了汽车局域网络。其作用主要是解决目前汽车使用所面临的安全、环保、能源问题和提高汽车的动力性、舒适性等。

3. 汽车电器设备的一般特点

汽车电器设备众多，但具有以下 4 个共同特点。

（1）两个电源

两个电源是蓄电池和发电机，汽车所有设备均是与蓄电池和发电机并联。发电机为主电源，主要在汽车运行时为各用电设备供电；蓄电池为辅助电源，主要为起动机供电。

（2）低压直流

现代汽油机用 12 V 电源，柴油机用 24 V 电源，由于汽车用电设备增多，42 V 电源的研发已经在进行。

（3）并联单线

汽车用电设备较多，但均采用并联电路，从电源到用电设备只用一根导线，汽车车身作为一根共用导线。安装在钣金件上、挂车上或非金属车厢板上的电器设备则一般采用双线制。

（4）负极搭铁

为减少蓄电池电缆铜端子在车架、车身连接处的电化学腐蚀，提高搭铁可靠性，统一标准，便于汽车电器设备的生产、使用和维修，规定汽车电器系统采用单线制时，必须统一为电源负极搭铁。

第 1 章 电源系统

1.1 蓄电池的结果和型号

1.1.1 蓄电池的作用

蓄电池是一种将化学能转变为电能的装置，属于可逆的直流电源。在汽车上，蓄电池与发电机并联向用电设备供电。在发动机工作时，用电设备所需电能主要由发电机供给。

蓄电池的功用如下。

① 发动机起动时，向起动机和点火系统供电。

② 发电机不发电或电压较低时，向用电设备供电。

③ 发电机超载时，协助发电机供电。

④ 发电机端电压高于蓄电池电动势时，将发电机的电能转变为化学能储存起来。

⑤ 吸收发电机的过电压，保护车用电子元件。

认识蓄电池

1.1.2 蓄电池的基本构造

铅酸蓄电池是在盛有稀硫酸的容器中插入两组极板而构成的电能储存器，它由极板、隔板、电解液和外壳等部分组成。容器有 3 格和 6 格等，每格里装有电解液，正负极板组浸入电解液中成为单格电池。每个单格电池的标称电压为 2 V，3 格串联起来成为 6 V 蓄电池，6 格串联起来成为 12 V 蓄电池。

1．极板

极板是蓄电池的基本部件，由它接收充入的电能和向外释放电能。极板分正极板和负极板两种。正极板上的活性物质是二氧化铅，呈棕红色；负极板上的活性物质是海绵状纯铅，呈青灰色。蓄电池在充电与放电过程中，电能和化学能的相互转换是依靠极板上活性物质和电解液中硫酸的化学反应来实现的。

正、负极板上的活性物质分别填充在铅锑合金或铅钙合金铸成的栅架上。铅锑合金中，铅占 94%，锑占 6%。加入少量的锑是为了提高栅架的机械强度并改善浇铸性能。但是，铅锑合金耐电化学腐蚀性能较差，在要求高倍率放电和为了提高比能量而采用薄极板时，高锑含量板栅的使用寿命势必降低。因此，采用低锑合金就十分重要了，目前板栅含锑量为 2%～3%。在板栅合金中加入 0.1%～0.2%的砷，可以减缓其腐蚀速度，提高硬度与机械强度，增强抗变形能力，延长蓄电池的使用寿命。目前国内外已使用铅锑砷合金制作板栅。

正极活性物质脱落和板栅腐蚀是影响蓄电池使用寿命的主要原因。出于对使用寿命的考虑，正极板要厚一些，负极板厚度一般为正极板厚度的 70%～80%。国产蓄电池负极板厚度一般为 1.6～1.8 mm，也有薄至 1.2～1.4 mm 的；正极板厚度一般为 2.2～2.4 mm，也有薄至 1.6～1.8 mm 的。薄极板的使用能改善汽车的起动性能，提高蓄电池的比能量。

为了增大蓄电池的容量，一般将多片正极板（4～13 片）和多片负极板（5～14 片）分别并联，组成正极板组和负极板组。安装时，将正负极板组相互嵌合，中间插入隔板，就组成了多个单格电池。在每个单格电池中，负极板的数量总是比正极板要多 1 片。正极板都处在负极板之间，最外面两片都是负极板。正极板活性物质较疏松，机械强度低，这样把正极板夹在负极板中间，可使其两侧放电均匀，在工作时不易因活性物质膨胀而翘曲，不易造成活性物质脱落。

国产汽车起动用铅酸蓄电池主要有两大类，即干封式蓄电池和干荷蓄电池。干荷蓄电池与普通干封式蓄电池的区别在于：干荷蓄电池极板组在干燥状态下能够较长时间地保存制造过程中所得到的电荷。干荷蓄电池在 2 年的保存期中，如果需要交付使用，只需在使用之前加入符合规定密度的电解液就可以了。例如，对于干荷蓄电池 6-QA-60，只需加入密度为 1.28 g/cm^3（25℃时）的电解液，调整液面高度至高出极板组 15 mm 左右，不需要进行初充电就可以投入使用。对于保存期超过 2 年的干荷蓄电池，因为其极板上有部分活性物质被氧化，使用之前应进行补充充电。

2．隔板

为了减少蓄电池内部尺寸，降低蓄电池的内阻，蓄电池内部正、负极板应尽可能靠近。但为了避免相互接触而短路，正、负极板之间要用绝缘的隔板隔开。隔板材料应具有多孔性结构，以使电解液自由渗透，而且化学性能应稳定，具有良好的耐酸性和抗氧化性。常见的隔板材料有木材、微孔橡胶、微孔塑料、玻璃纤维纸浆和玻璃丝棉等几类。

隔板为一厚度小于 1 mm 的长方形薄片，其长和宽均比极板略大一点。成形隔板的一面有特制的沟槽。安装时，应将带沟槽的一面朝向正极板，并使沟槽处于竖直方向。

3．电解液

铅酸蓄电池的电解液由密度为 1.84 g/cm^3 的纯硫酸和蒸馏水配制而成，密度一般在 1.24～1.31 g/cm^3，使用时根据当地最低气温或制造厂的要求进行选择。电解液的纯度是影响蓄电池性能和使用寿命的重要因素，一般工业用硫酸和普通水中，因含有铁、铜等有害杂质，绝对不能加入到蓄电池中去，否则容易自行放电，并且容易损坏极板。因此，蓄电池电解液要用规定的蓄电池专用硫酸和蒸馏水配制。

4．外壳

蓄电池外壳为一整体式结构的容器，极板、隔板和电解液均装入外壳内。蓄电池电压一般有 6 V 和 12 V 两种规格，因此，外壳内由间壁分成 3 个或 6 个互不相通的单格。例如，12V 蓄电池内由 5 个单格壁将容器分为互不相通的 6 个单格。各个单格底部有垫角，其突起的肋条用以搁置极板组，使其下方有足够的空间作为沉淀槽，容纳脱落的活性物质，以免堆积起来使正负极板相接触而造成短路。

外壳应耐酸，耐热，耐寒，抗震动，并具有足够的机械强度。常用的材料有硬质橡胶、沥青塑料和工程塑料。工程塑料美观透明，耐酸，质量轻，强度高，发展非常快。我国目前已大量生产聚丙烯等工程塑料蓄电池外壳。

5．其他零部件

（1）铅连接条

由于蓄电池各单格为串联连接，因此不同极性的极桩用铅连接条连接起来。铅连接条由铅锑合金铸成，有外露式、跨桥式和穿壁对焊式 3 种，外露式用在硬橡胶外壳和盖上，跨桥式和穿壁对焊式用在塑料外壳和盖上。

外露式是指连接条外露在蓄电池盖的上面；跨桥式一般指蓄电池内部的极板上面，或埋在盖下，连接部分跨接在各单格电池的中间壁上方；穿壁对焊式是指在中间壁上打孔，使极板组柄直接穿过中间壁而将各单格电池连接起来。穿壁式连接方式如图 1-1 所示。

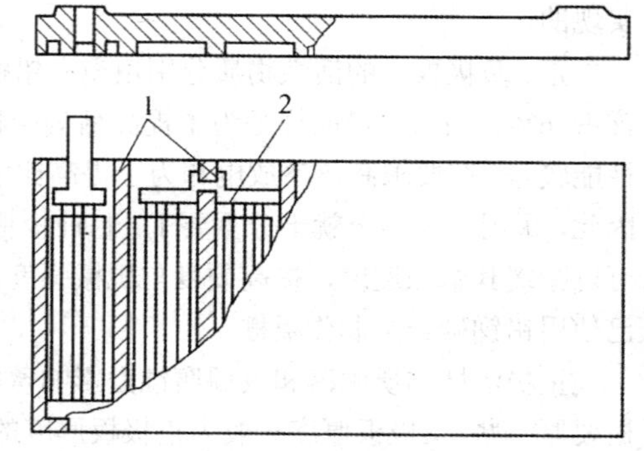

图 1-1　单格电池之间的穿壁对焊式连接方式示意图

1—中间壁　2—连接条

（2）加注孔盖

加注孔盖用橡胶或塑料制成，旋在蓄电池盖的加注孔内。加注孔盖上有通气孔，下端有特制的隔板，其作用是将通气孔与单格上面的空间部分隔开，以防汽车颠簸时，电解液从通气孔溅出。

加注孔盖上的通气孔应保持畅通，使蓄电池内部的 H_2 与 O_2 排出，以防蓄电池过早损坏或爆炸。若在孔盖上安装一个过滤器，还可以避免水蒸气逸出，减少蒸馏水的消耗。

1.1.3 蓄电池的型号

按工业和信息化部 JB/T 2599—2012《铅酸蓄电池名称、型号编制与命名办法》规定，国产铅蓄电池的型号分为 3 段，如图 1-2 所示。

认识免维护及少维护蓄电池

图 1-2 蓄电池型号示意图

其排列及其含义如下。

第 1 部分表示串联的单格电池数，由阿拉伯数字组成，其标准电压数值是这个数字的 2 倍。

第 2 部分表示蓄电池的类型和特征，由汉语拼音字母组成。其中前一部分字母表示蓄电池的类型，如“Q”表示起动用铅蓄电池；后一部分为蓄电池的特征代号，如“A”表示干式荷电。

第 3 部分表示蓄电池的额定容量，我国目前规定采用 20 h 放电率的容量，单位为安培小时（A•h）。

此外，有的蓄电池在额定容量后面用一个字母表示其具有的特殊性能，例如，Q——高起动率；S——塑料槽；D——低温起动性能好。

例如，CA1170P2K2 柴油车使用的型号为 6-QAW-100S 的蓄电池，由 6 个单格串联而成，标准电压为 12V，额定容量 100 A•h 的干式荷电免维护蓄电池，它采用了塑料整体式外壳、薄极板，使用时只需加入规定密度的电解液，静止 0.5 h，就可以投入使用。

1.2 蓄电池的基本参数及工作特性

1.2.1 蓄电池的基本参数

1．静止电动势

极板浸入电解液后，由于少量的活性物质溶解于电解液，产生了电极电位，并且由于正、负极板的电极电位不同而形成了蓄电池的电动势。在正极板处，少量的 PbO_2 溶入电解液中，与水生成 $Pb(OH)_4$，再分离成四价铅离子和氢氧根离子，即

$$PbO_2 + 2H_2O \longrightarrow Pb(OH)_4$$

$$Pb(OH)_4 \longrightarrow Pb^{4+} + 4OH^-$$

其中，溶液中的 Pb^{4+} 有沉附于极板的倾向，使极板呈正电位，同时由于正、负电荷的吸引，极板上 Pb^{4+} 有与溶液中 OH^- 结合，生成 $Pb(OH)_4$ 的倾向，当两者达到动态平衡时，正极板的电极电位约为 +2.0 V。

同理，在负极板处，金属铅受两方面的作用：一方面，它有溶解于电解液的倾向，因而极板表面上有少量 Pb^{2+} 进入电解液，使极板带负电；另一方面，由于正、负电荷的吸引，Pb^{2+} 有沉附于极板表面的倾向。当两者达到动态平衡时，负极板的电极电位约为−0.1 V。

因此，一个充足电的蓄电池，在静止状态下的电动势 E_0 约为 2.1 V。

实际测定的结果是 $E_0 = 2.044$ V。

2. 蓄电池内阻

蓄电池的内阻大小反映了蓄电池带负载的能力。在相同条件下，内阻越小，输出电流越大，带负载能力越强。蓄电池内阻包括极板、隔板、电解液和铅连接条等的电阻。

极板电阻在完全充电状态下是很小的，但随着蓄电池放电程度的增加，覆盖在极板表面的 $PbSO_4$ 增多，极板电阻会随之增大。

隔板电阻主要取决于隔板的材料、厚度及孔率，在常用的隔板中，微孔塑料隔板的电阻较小。

电解液的电阻与电解液的温度和密度有关。温度降低时，因电解液的黏度增大，渗透能力下降，会引起电解液的电阻增加。而电解液的密度过高或过低时，均会导致电解液的电阻增大。密度过高时，由于电解液的黏度增加，致使渗透能力下降，引起电解液的电阻增加；密度过低时，又会引起电解液中的 H^+ 和 SO_4^{2-} 离子数下降，致使扩散能力下降，引起电解液的电阻增加。当电解液的密度为 1.28 g/cm³（25℃）时，电解液的电阻值相对较小。

总之，铅蓄电池的内阻是很小的，如美国标准 SAE J 546 明确规定，12 V 蓄电池在标准负荷时的内阻为 0.014 Ω。因此，铅蓄电池可以获得较大的输出电流，以适应起动需要。

1.2.2 蓄电池的放电特性

蓄电池的放电特性是指恒流放电时，蓄电池端电压 U_f、电动势 E 和电解液密度 $\rho_{25℃}$ 随放电时间变化的规律。完全充足电的蓄电池以 20 h 放电率恒流放电的特性曲线（单格电池）如图 1-3 所示。

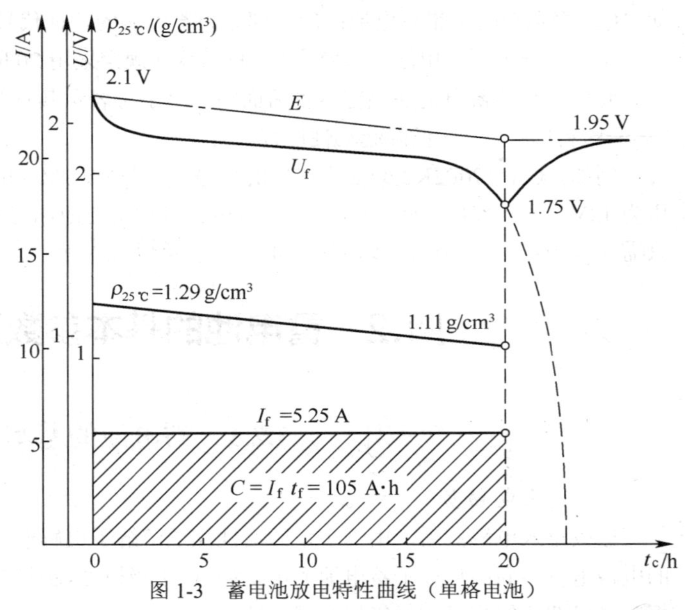

图 1-3 蓄电池放电特性曲线（单格电池）

放电时，由于蓄电池内阻的影响，蓄电池端电压 U_f 低于其电动势 E，即

$$U_f = E - I_f R_0$$

式中，I_f——放电电流。

放电开始时，蓄电池单格电池端电压 U_f 从 2.1 V 迅速下降，这是由于放电之初极板孔隙内的 H_2SO_4 迅速消耗，密度迅速下降。随着极板孔隙外的电解液向极板孔隙内渗透速度加快，当其渗透速度与化学反应速度达到相对平衡时，极板孔隙内的电解液密度的变化速率趋于一致，单格电池端电压将随整个容器内的电解液密度降低而缓慢下降到 1.95 V。随后单格电池端电压又迅速降低到 1.75 V，此时应立即停止放电，并称此电压值为单格电池的终止电压。若继续放电，端电压会急剧下降，这是因为放电终了时，化学反应深入到极板的内层，并且放电过程中生成的 $PbSO_4$ 较原来的活性物质的体积大且积聚在孔隙内，使孔隙变小，电解液渗透困难，由此造成极板孔隙内电解液密度迅速下降，端电压随之急剧下降。继续放电则为过放电，过度放电时极板孔隙中会生成粗结晶硫酸铅，充电时不易还原，即造成极板硫化，严重影响蓄电池的寿命，并导致蓄电池的容量下降，因此，过放电对蓄电池极为有害。

放电停止后，由于电解液渗透的结果，使孔隙内外的电解液密度趋于一致，蓄电池单格电池电动势会回升至 1.95 V。

由于恒流放电，在单位时间内所消耗的 H_2SO_4 的数量保持一致，因此，电解液的密度 $\rho_{25℃}$ 呈线性变化。一般来说，电解液密度每下降 0.04 g/cm^3，蓄电池放电量大约为额定容量的 25%。

由此可见，蓄电池放电终了的特征如下。

① 单格电池电压下降至放电终止电压，以 20 h 放电率放电，单格电池电压降至 1.75 V。

② 电解液密度下降至最小的许可值，大约为 1.11 g/cm^3。

此外，放电所允许的终止电压与放电电流的大小有关，放电电流越大，放电的时间越短，允许的放电终止电压也越低。

1.2.3 蓄电池的充电特性

蓄电池的充电特性是指以恒电流充电时，蓄电池充电电压 U_c、电动势 E 及电解液密度 $\rho_{25℃}$ 随充电时间变化的规律。蓄电池以 20 h 充电率恒电流充电时的特性曲线（单格电池）如图 1-4 所示。

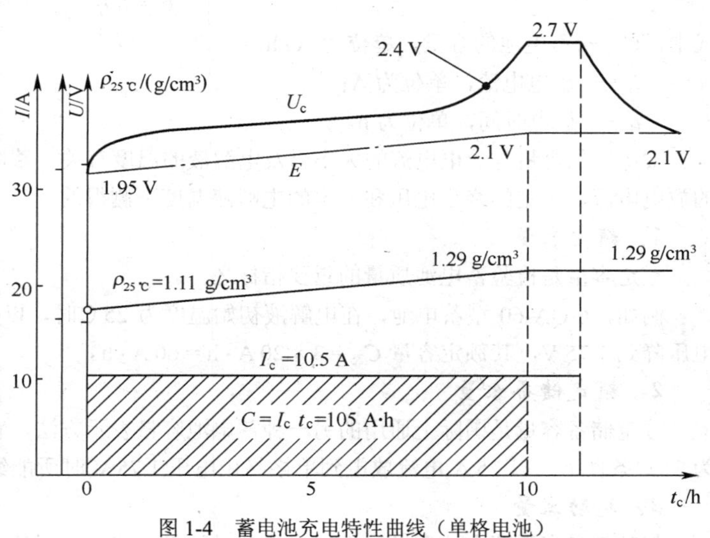

图 1-4 蓄电池充电特性曲线（单格电池）

由于充电电源必须克服蓄电池内阻的电压降，因此，充电电压 U_c 要高于蓄电池的电动势 E，即：

$$U_c = E + I_c R_0$$

式中，I_c——充电电流。

充电开始时，蓄电池电压迅速上升，这是因为在极板孔隙内发生化学反应所致，生成的 H_2SO_4 使得极板孔隙内的电解液的密度迅速上升，故端电压随之迅速上升。随着极板孔隙内的电解液向外扩散的速度加快，当孔隙内 H_2SO_4 生成速度与扩散速度达到相对平衡时，蓄电池的端电压不再迅速上升，而随整个容器内电解液密度缓慢上升而逐步提高。

当蓄电池单格电池电压达到 2.3～2.4 V 时，极板上 $PbSO_4$ 已基本被还原成活性物质，这时充电接近终了。继续通电，电解液中的水开始分解，产生氢气和氧气，并以气泡的形式释放出来，电解液呈“沸腾”状态。由于氢气生成的速度较水分解速度慢，故在负极板处积聚了较多的氢离子 H^+，使极板相对电解液产生了附加电位（约 0.33 V），导致单格电池的充电电压高达 2.7 V 左右。

从理论上讲，当单格电池电压升至 2.7 V 时，应终止充电，否则将造成过充电。过充电将产生若干气体并在极板孔隙内造成压力，会加速极板物质脱落，所以应避免长时间过充电。但在实际使用中，往往在达到最高电压后仍继续充电 2～3 h，以保证蓄电池完全充电。

充电停止后，附加电位消失，孔隙内电解液密度迅速下降，且与整个容器内电解液密度趋于一致，因而单格电池电压又迅速降至 2.1 V 左右。由于恒流充电，电解液的密度 $\rho_{25℃}$ 随充电时间变化线性上升，当单格电池电压达到 2.7 V 时，其值达到最大。

可见，蓄电池充电终了的特征如下：

① 蓄电池的端电压上升至最大值（单格电池电压为 2.7 V），且 2 h 内不再变化。

② 电解液的密度上升至最大值，且 2 h 内基本不变。

③ 蓄电池剧烈地放出大量气泡，电解液“沸腾”。

1.3 蓄电池的容量及其影响因素

1.3.1 蓄电池的容量

蓄电池的容量标志着蓄电池对外供电的能力。一完全充足电的蓄电池，在允许的放电范围内所输出的电量称为蓄电池的容量，即

$$C = I_f t_f$$

式中，C——蓄电池的容量，单位为 A·h；

I_f——放电电流，单位为 A；

t_f——放电时间，单位为 h。

蓄电池的容量与放电电流的大小以及电解液的温度有关，蓄电池出厂时规定的额定容量是在一定的放电电流、一定的终止电压和一定的电解液温度下测得的。

1．额定容量

额定容量是检验蓄电池质量的重要指标之一。

例如，6-QA-60 型蓄电池，在电解液初始温度为 25℃时，以 3A 的放电电流持续放电 20h，单格电压降到 1.75 V，其额定容量 $C_{25} = 3 \times 20$ A·h = 60 A·h。

2．额定储备容量

额定储备容量是国际上通用的另一种蓄电池容量表示方法。它是指充足电的蓄电池在电解液温度为 25℃条件下，以 25 A 电流放电到单格终止电压 1.75 V 时所能维持的时间。

3．起动容量

起动容量表示蓄电池在发动机电力起动时的供电能力，用倍率和持续时间表示。起动容量有两种规定：常温起动容量和低温起动容量。

（1）常温起动容量

常温起动容量是电解液初始温度为 25℃时，以 5min 放电率的电流放电，放电 5min 至单格电池电压降至 1.5V 时所输出的电量。5min 放电率的电流在数值上约为其额定容量的 3 倍。例如，对于 6-Q-100 型蓄电池，C_{25} = 100 A·h，在电解液初始温度为 25℃时，以 3 × 100 A = 300 A 的电流放电 5 min，单格电池电压降至 1.5 V，蓄电池端电压降至 1.5 × 6 V = 9 V，其起动容量为（300 × 5/60）A·h = 25 A·h。

（2）低温起动容量

低温起动容量是电解液初始温度为−18℃时，以 5 min 放电率的电流放电，放电 2.5 min 至单格电池电压降至 1 V 时所输出的电量。

1.3.2 影响蓄电池容量的因素

分析表明，蓄电池容量的大小与放电允许范围内实际参与化学反应的活性物质的数量有极大的关系。因此，影响蓄电池容量的因素主要有以下 4 方面。

1．极板的构造

极板的面积越大，能参与电化学反应的活性物质就越多，其容量也就越大。采用薄极板、增加极板的片数以及提高活性物质的孔隙率，都有利于提高蓄电池的容量。

2．放电电流

放电电流越大，蓄电池的容量就越低。因为放电电流越大，单位时间所消耗的硫酸就越多，极板

孔隙内电解液密度下降越快。大电流放电时，极板表面活性物质的孔隙极易被生成的硫酸铅堵塞，使孔隙内实际参加化学反应的活性物质的数量下降。因此随着放电电流的增加，蓄电池的容量会减小。蓄电池容量与放电电流的关系如图 1-5 所示。

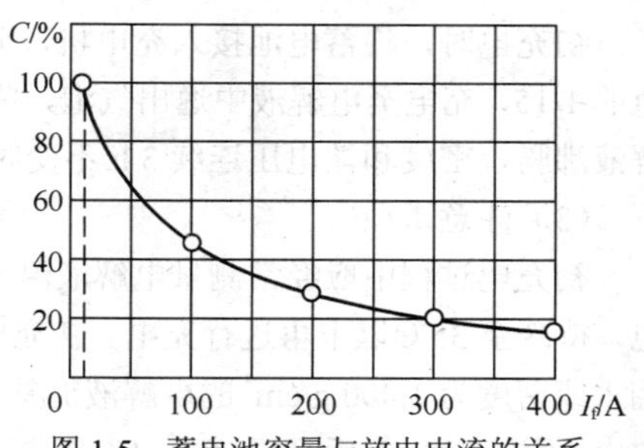

图 1-5 蓄电池容量与放电电流的关系

由于发动机起动时属于大电流放电，如果长时间接通起动机，就会使蓄电池的端电压急速下降至终止电压，输出容量减少并使蓄电池过早损坏。因此，在起动时应注意：一次起动时间不应超过 5s，连续两次起动应间隔 15s 以上，使电解液充分渗透到极板孔隙内层，以提高极板孔隙内活性物质的利用率和再次起动的端电压，延长蓄电池的使用寿命。

3．电解液的温度

电解液温度较低时，电解液的黏度增大，致使渗透能力下降，造成容量降低。此外，温度越低，电解液的溶解度与电离度也越低，加剧了容量的下降。蓄电池容量与温度的关系如图 1-6 所示。温度每下降 1℃，容量下降约 1%（小电流放电）或 2%（大电流放电）。因此，适当提高蓄电池的温度（＜40℃），将有利于提高蓄电池的容量及起动性能。在寒冷地区冬季起动汽车时，由于低温和大电流放电，蓄电池端电压下降较多，容易造成起动困难，故应安装蓄电池保温装置。

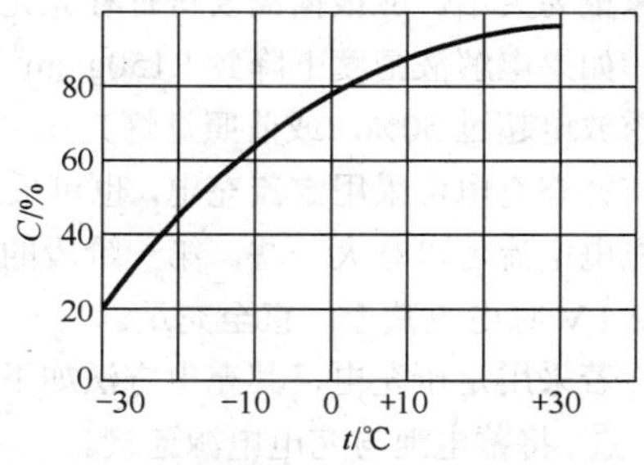

图 1-6 电解液温度与蓄电池相对容量的关系

4．电解液的密度

适当增加电解液的密度，可减小内阻，有利于提高电解液的渗透能力，使蓄电池的容量增加。但密度较高时，由于电解液的黏度增加，使内阻增加，引起渗透能力降低，从而导致容量下降。此外，电解液密度较高时，易造成极板硫化而导致容量下降。实践证明，电解液密度偏低，有利于提高放电电流和容量以及延长蓄电池的使用寿命，冬季在不使电解液结冰的前提下，也应尽可能采用稍低密度的电解液。

1.4 蓄电池的充电

1.4.1 蓄电池的充电种类

1．初充电

新蓄电池或修复后的蓄电池在使用之前的首次充电称为初充电，它的目的在于恢复蓄电池存放期间，极板上部分活性物质缓慢硫化和自放电而失去的电量。因此，初充电对蓄电池的使用性能极为重要。初充电的特点是充电电流小，充电时间长。

（1）加注电解液

新蓄电池在出厂时没有装电解液，电解液是由使用者加注的。要按制造厂的规定，加注一定密度的电解液，使液面高出极板上沿 10～15 mm。加注电解液后，蓄电池应静置 3～6 h，待温度低于 35℃才能进行充电。

（2）初充电过程

初充电时，将蓄电池接入充电机，分两个阶段进行充电。第一阶段充电电流数值约为额定容量数值的 1/15，充电至电解液中逸出气泡，单格电压达到 2.4V 时为止。第二阶段充电电流减半，充电至电解液沸腾，密度和端电压连续 3 h 不变时为止。整个初充电时间约 60 h。

（3）注意事项

初充电过程中应经常测量电解液温度，上升到 40℃时应将充电电流减半，上升到 45℃时应停止充电，待冷至 35℃以下再进行充电。初充电接近完毕时应测量电解液密度，如果不符合规定值，应用蒸馏水或密度为 1.400 g/cm^3 的电解液调整，调整后再充电 2 h。新蓄电池充电完毕后，要以 20 h 放电率放电；再次充电，然后又以 20 h 放电率再次放电。如果第二次放电的蓄电池容量不小于额定容量的 90%，就可以使用了。

2．补充充电

蓄电池在汽车上使用时，经常有充电不足的现象发生，城区公共汽车等短距离运营的车辆上这种现象更为突出。应根据需要进行补充充电，一般每个月进行一次。

如果电解液密度下降到 1.150g/cm^3 以下，或单格电池电压下降到 1.75V 以下，或冬季放电超过 25%，夏季放电超过 50%，或前照灯灯光比平时暗淡，或起动无力，则必须进行补充充电。

补充充电可采用定流充电，也可采用定压充电。若采用定流充电方法，其充电过程与初充电相似，但充电电流可以略大一些。第一阶段的充电电流数值为额定容量数值的 1/10，充电至单格电池电压达到 2.4 V 时电流减半，直至充足。

若采用定压充电，其充电方法如下。

① 将蓄电池与充电电源连接。

② 将电压调至规定值，观察充电电流，如果电流数值超过额定容量数值的 0.3 倍，应适当降低电压，待蓄电池电动势升高后再将电压调至规定值。

③ 充电电流在连续 2 h 内变化不大于 0.1 A，且电解液密度无明显变化，则可以认为充电结束。

3．预防硫化过充电

蓄电池在使用中，常因充电不足而造成硫化。为预防硫化，蓄电池每隔 3 个月应进行一次预防硫化过充电。先用补充充电的电流值将电池充足，然后间断 1 h，将电流值减半继续充至电解液“沸腾”，这样反复数次，直到蓄电池刚一接入直流电源充电电解液就立即“沸腾”起来，这时就可以结束充电了。

4．去硫充电

当极板硫化较严重时，可以进行去硫充电。先倒出容器内的电解液，用蒸馏水反复冲洗数次，然后加入蒸馏水，用初充电电流进行充电，并且随时测量电解液密度。当密度上升到 1.150 g/cm^3 时，要加蒸馏水冲淡，继续充至密度不再上升。然后进行放电，反复进行到在 6 h 内密度值不再变化时为止。最后按初充电的方法充电，调整电解液密度至规定值，就可以结束充电交付使用了。

5．锻炼循环充电

在汽车上由于发电机经常对蓄电池进行充电，因而蓄电池常处于部分放电的状态，即仅有一部分活性物质参加电化学反应。为了避免活性物质长期不工作而收缩，在每工作一段时间（一般为 3 个月左右）后，应对蓄电池进行一次锻炼循环充电。即按正常的充电方法将蓄电池充足，然后以 20 h 放电率放完，再按正常充电方法充足。

1.4.2　蓄电池的充电方法

蓄电池的充电方法可分为定流充电、定压充电和快速充电 3 种，应根据具体情况正确选择充电方法。

1．定流充电

在充电过程中，充电电流保持一定的充电方法称为定流充电。由于充电过程中蓄电池电动势随充电时间的增加而升高，因此，定流充电过程需逐步提高充电电压。当单格电池电压上升至2.4 V，电解液开始有气泡冒出时，应将电流减半，直至完全充足电为止。采用定流充电时，6 V与12 V的蓄电池可以串联在一起同时充电。所串联的蓄电池最好容量相接近，否则充电电流的大小必须按容量最小的来选定，大小为C_{25}数值的1/15～l/10，而容量大的蓄电池可能充电不足或者充电太慢。

定流充电有较大的适应性，可以任意选择和调整充电电流，因此可以对各种不同情况及状态的蓄电池充电，例如，新蓄电池的初充电、使用中的蓄电池补充充电、去硫充电等。定流充电的不足之处在于需要经常调节充电电压，充电时间长。

2．定压充电

蓄电池在充电过程中，直流电源电压保持不变的充电方法称为定压充电。定压充电时，充电电流很大，充电开始之后4～5 h内蓄电池就可以获得本身容量的90%～95%，因而可以大大缩短充电时间。

采用定压充电时，应注意选择充电电压。电压选择过高会使充电初期充电电流过大和发生过充电现象，造成极板损坏；电压选择过低则会使蓄电池充电不足。一般单格电池充电电压定为2.5V，即蓄电池的充电电压应为（14.80 ± 0.05）V（6格电池）或（7.40 ± 0.05）V（3格电池）。此外，充电初期最大充电电流数值不应超过C_{25}数值的0.3倍，否则应适当调低充电电压，待蓄电池电动势升高后再将充电电压调整到规定值。

定压充电的充电时间短，充电进行中不需要人照管，因此在汽车修理行业被广泛采用。但定压充电不能调整充电电流的大小，不能将蓄电池完全充足，故只适用于蓄电池补充充电。定压充电要求所有参与充电的蓄电池的电压完全相同。

3．快速充电

早在20世纪50年代，国外已开始研究快速充电技术。近年来我国开发出系列快速充电机以满足市场需求。采用快速充电，新蓄电池初充电不超过5 h，补充充电只需要0.5～1.5 h，大大缩短了充电时间，提高了效率。目前采用的快速充电方法有脉冲快速充电法和大电流递减充电法。

快速充电具有充电时间短、空气污染小、省电节能的优点，因此一般在蓄电池集中、充电频繁的场合或应急部门使用快速充电。但其输出容量较低，能量转换效率也较低，不能将蓄电池完全充足，且对蓄电池的寿命有不利的影响。因此，在正常情况下，应按蓄电池生产厂的规定电流值进行初充电或补充充电，在特殊情况下才采用快速充电。

1.4.3 蓄电池充电注意事项

蓄电池充电时有许多安全注意事项，应该严格遵守。

① 严格遵守各种充电方法的充电规范。

② 将充电机与蓄电池连接时，要注意极性，正对正，负对负，以免损坏蓄电池。

③ 在充电机工作时，不要连接或脱开充电机引线。

④ 在充电过程中，要注意各个单格电池电压和电解液密度，及时判断充电程度和技术状况。

⑤ 在充电过程中，要注意各个单格电池的温升，以免温度过高，影响蓄电池的使用性能。

⑥ 室内充电时，要打开蓄电池加液孔盖，使气体顺利逸出，以免发生事故。

⑦ 充电室要安装通风设备，严禁在蓄电池附近吸烟和产生电火花、明火。

⑧ 充电时，导线必须连接可靠。

1.5 蓄电池技术状况检测及常见故障的诊断和排除

1.5.1 蓄电池的检查

1. 目测或用玻璃管检查

用玻璃管检查时，电解液的液面应高出极板上沿10～15 mm，如图1-7所示。对于透明塑料外壳的蓄电池，在外壳上刻有“min”与“max”两条高度指示线，目测电解液液面应在“min”和“max”之间。

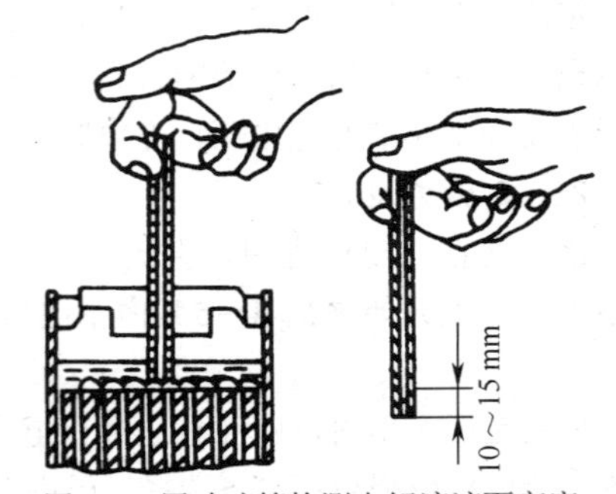

图1-7 用玻璃管检测电解液液面高度

2. 用密度计测量电解液密度

用密度计测量电解液密度的方法如图1-8所示。

① 应同时测出电解液温度，以将测得的密度值换算到25℃进行修正。修正公式为

$$\rho_{25℃}=\rho_t+\beta\ (t-25)$$

式中，$\rho_{25℃}$——25℃时的电解液密度数值（即相对密度）；

ρ_t——测得的电解液密度数值（即相对密度）；

β——密度温度系数，一般取$\beta=0.00075$；

t——测得的电解液温度数值。

② 实际经验：电解液相对密度每减少0.01，相当于蓄电池放电6%，故可估算出放电程度。

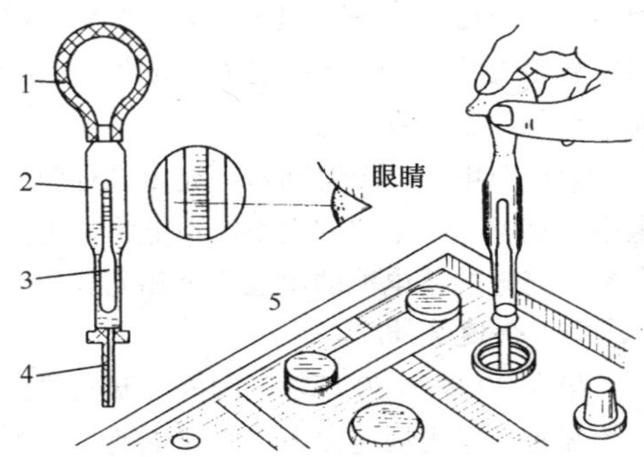

图1-8 用密度计测量电解液密度

1—橡胶球 2—玻璃管 3—浮子 4—橡胶吸管 5—被测电池

3. 用高率放电计检测

12 V蓄电池充电后，密度在1.24 g/cm^3，将高率放电计（见图1-9）接入10～15 s，通过其放电程度来检测蓄电池的充电量。

① 电压能保持在10.5V以上，存电量为充足，蓄电池无故障。

② 电压能保持在9.6～10.5V，存电量为不足，蓄电池无故障。

③ 电压降到9.6V以下，存电量严重不足或蓄电池有故障。

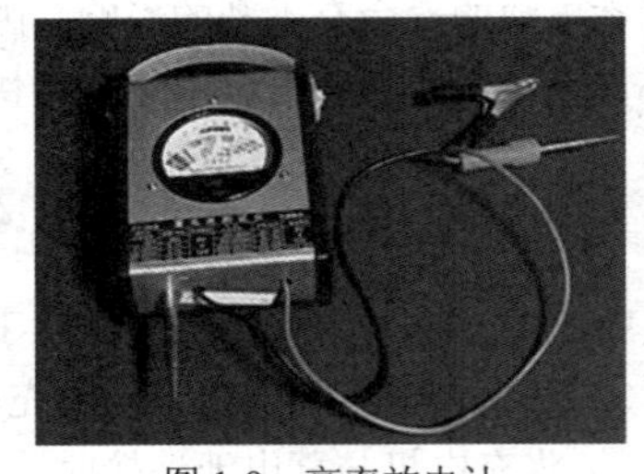
图1-9 高率放电计

1.5.2 蓄电池的常见故障

1. 蓄电池常见的外部故障

① 容器破裂。

② 封口胶破裂。

③ 极桩螺栓和螺母腐蚀。

④ 蓄电池爆炸。

2. 蓄电池常见的内部故障

(1) 极板硫化

现象：内阻增大显著，极板上生成白色粗晶粒硫酸铅的现象，称为硫酸铅硬化，简称“硫化”。硫化主要发生在负极板上，是导致蓄电池寿命终止的主要原因。

特征：

① 极板颜色不正常。

② 放电时，端电压下降快；充电时，端电压上升快；电池容量降低。

③ 电解液密度低于正常值；充电时密度增加很慢。

④ 充电时单格电压上升很快；单格电压过高（2.8～3.0 V）。

⑤ 易早“沸腾”。

主要原因：

① 蓄电池长期充电不足或放电后不及时充电，温度变化时，硫酸铅发生再结晶。

② 蓄电池液面过低，极板上部发生氧化后与电解液接触，也会生成粗晶粒硫酸铅。

③ 电解液密度过高。

④ 电解液中含有较多杂质。

⑤ 气温变化剧烈。

处理方法：

① 程度轻的采用过充电法。

② 较严重的采用小电流长时间过充电法。

③ 严重的采用水处理法。

防硫化措施：

① 保持蓄电池经常处于充足电状态。

- 对汽车上的蓄电池，定期送充电间彻底充电。
- 对放完电的蓄电池，在 24 h 内送充电间充电。

② 电解液液面高度应符合规定。

(2) 自行放电

现象：充足电的电池，30 天内，每昼夜容量降低超过 2%为自行放电故障。

特征：电池不用时，电能自行消耗。

主要原因：

① 使用因素。

- 电解液杂质过多。
- 电解液密度偏高。
- 电池表面不清洁。
- 电池长期不用。

② 结构因素。板栅含锑量过高。

防自行放电措施：

① 用专用硫酸配制电解液。

② 配制用器皿应为耐酸材料，且要防脏物掉入。

③ 电池盖、塞要装好。

④ 经常清洁表面，保持干燥。

(3) 极板短路

现象：无法起动；蓄电池无电压。

特征：

① 充电时电解液温度迅速升高。

② 电压和密度上升很慢。

③ 充电末期气泡很少。

④ 高率放电计检测时，电压迅速下降为0 V。

⑤ 易早“沸腾”。

主要原因：

① 隔板损坏。

② 极板拱曲。

③ 活性物质大量脱落。

处理方法：解体。

（4）极板活性物质脱落

现象：活性物质脱落一般在正极板上发生，是蓄电池过早损坏的主要原因之一。

特征：

① 容量下降。

② 充电时电解液浑浊，有褐色物质浮出。

主要原因：

① 充电电流过大。

② 过充时间长，水电解产生的H_2和O_2冲击极板上的活性物质。

③ 低温大电流放电造成极板拱曲。

④ 电解液不纯。

⑤ 汽车行驶时颠簸、振动。

处理方法：

① 程度轻的清洗后更换电解液。

② 严重的更换极板或报废。

（5）极板拱曲

主要原因：由于充电或放电电流过大时，极板活性物质的体积变化不一致而引起的。

（6）单格电池极性颠倒

现象：单格电池原来的正极板变为负极板，负极板变为正极板。此时，蓄电池电压迅速下降，不能继续使用。

主要原因：

① 维护不当，没有及时发现有故障的单格电池，如某一单格电池容量过低，过放电时，被其他单格电池反充电，造成极性颠倒。

② 充电时接反电极。

1.5.3 蓄电池的维护

1．蓄电池的正确使用

蓄电池的检修和保养

① 大电流放电时间不宜过长。

② 充电电压不能过高。

③ 防止过充和充电电流过大。

④ 防止过放电和欠充电。

⑤ 防止电解液内混入杂质。

⑥ 冬季调整电解液密度，防结冰。

2．蓄电池的正确维护（保养）

① 保持清洁。

② 车上蓄电池应固定牢靠。定期检查松动情况。

③ 检查调整液面高度（定期）。

④ 检查调整电解液密度（定期），冬季密度不能过低，以防冻结。

⑤ 及时充电，放完电的电池 24 h 内充电。

⑥ 带电解液存放的蓄电池定期补充充电。

⑦ 检查并疏通加液孔盖上的通气孔。

⑧ 正确使用起动机。

⑨ 正确拆装。

3．干荷蓄电池的使用与维护

初次使用时，加入相应电解液到规定高度，记下温度和密度，静放 20～30 min，再测温度和密度，如温度上升不到 6℃，密度下降不到 0.01 g/cm^3，即可使用。否则需要补充充电。

1.5.4 冬季使用蓄电池时的注意事项

① 应特别注意保持其处于充足电状态，以防结冰。

② 冬季补加蒸馏水应在充电时进行，以防结冰。

③ 冬季容量降低，发动机起动前应进行预热，每次起动时间不超过 5 s，每次起动间隔应在 15 s 以上。

④ 冬季气温低，蓄电池充电困难，应经常检查蓄电池存电状况。

1.6 交流发电机的结构及工作原理

1.6.1 交流发电机的种类

汽车交流发电机从 20 世纪 60 年代逐步取代了直流发电机以来，它的结构、性能、功能方面又得到了很大的发展。在原有普通型交流发电机的基础上又生产出许多改进型的交流发电机。根据不同的分类方法，交流发电机有以下不同的种类。

1．按外形和通风方式分

常见的交流发电机在前端带轮的后面紧接着安装的是风扇，风扇露在机体外面。它将机内的空气通过前端盖上的通风孔吸出来，使冷空气得以从后端盖的通风孔进入发电机内，冷却转子和定子线圈。另一种从外面看不到风扇，机壳做得像网格似的，里面的线圈清晰可见，这种交流发电机叫作内置双风扇式发电机，它的风扇直接做在转子爪极上，前后各一个，能直接把机内的热空气排出机外，冷却效果好，常用于灰尘较少的轿车上。

2．按定子绕组间的连接方式分

汽车用交流发电机的定子绕组都采用三组，如图 1-10 所示。它产生三相交流电。三组绕组的连接有两种：三角形连接（△）和星形连接（Y）。

△形连接——把图 1-10 中的三组绕组的 6 个端头顺序地连接起来，即 U_1—W_2，V_1—U_2，W_1—V_2 相接。这 3 个接点各与一对整流二极管相接，组成整流桥。这种连接更适用于输出电流较大的发电机。

这种连接的交流发电机由于定子绕组总是在形成闭合回路，对消除输出端完全截止时产生的瞬变过程是有利的。

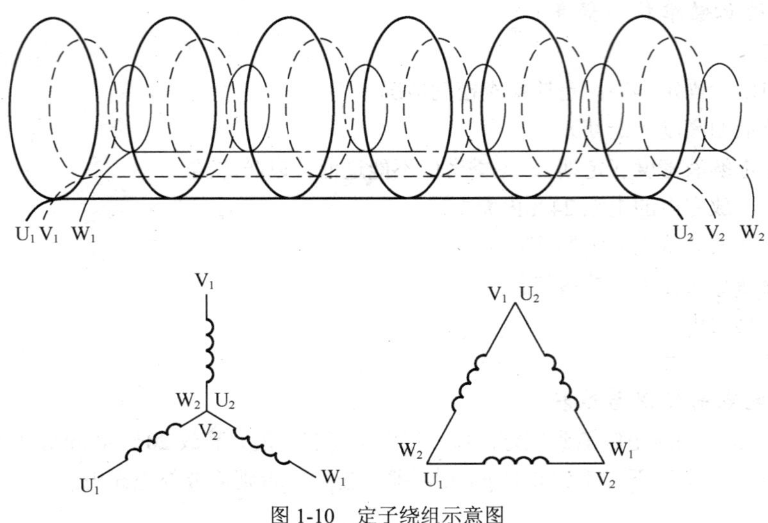

图 1-10　定子绕组示意图

Y形连接——把图 1-10 中的三组绕组的始端连接起来，即 U_2—V_2—W_2 相接，此接点称为“中性点”。另外的三个端头，即 U_1、V_1、W_1 分别各接一对整流二极管，组成整流桥。这种连接与外电路的连接方式灵活，被多数发电机所采用。

3．按磁极对数分

汽车用发电机的定子绕组都采用 3 组，但转子的磁极对数却不一定是 6 对，通常有 4 对和 6 对两种。当然，4 对磁极的每组绕组中只能包含 4 个单线圈，3 组线圈共 12 个线圈，这种结构只适用于发电量小、体积和重量都很小的发电机。

4．按安装二极管数目分

交流发电机按所用二极管数可分为 6 管式、8 管式、9 管式和 11 管式，不同管数的发电机无法互换。因为它们不但内部线路不同，与汽车电路的接线方法也不一样。汽车交流发电机最少要用 6 个整流二极管，如图 1-11（a）所示。因为三相定子绕组至少得 3 个线端输出交流电，而把三相交流电整流成直流电就需要 6 个二极管。以解放 CA1092 货车装用的交流发电机为例，它采用Y形连接的定子绕组，在电气线路设计时，把中性点接在组合继电器的充电指示继电器的线圈上。在发电机正常供电时，中性点的电压提高，将充电指示继电器的常闭触点断开，使充电指示灯熄灭，向驾驶者报告发电机已在给蓄电池充电。

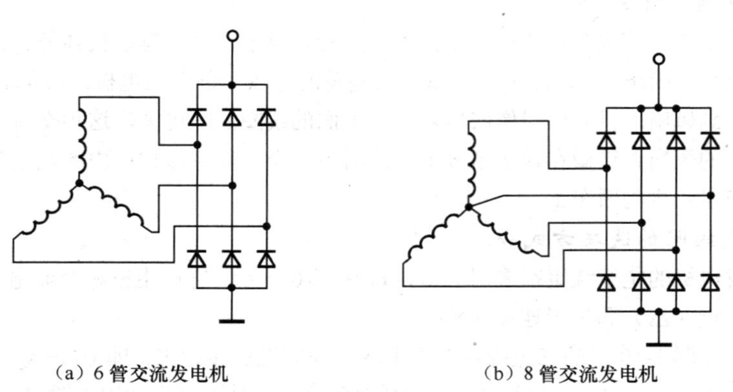

（a）6 管交流发电机　　（b）8 管交流发电机

图 1-11　采用不同数量二极管的交流发电机电路图

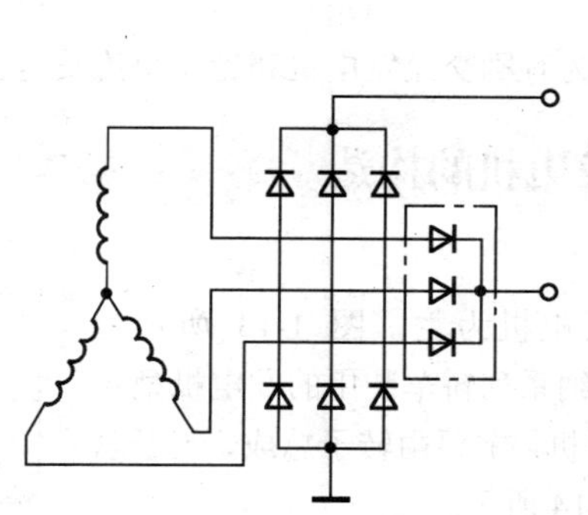

(c) 9管交流发电机

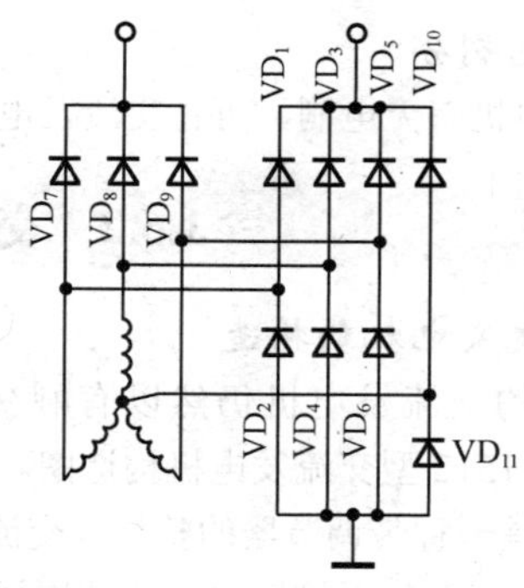

(d) 11管交流发电机

图1-11 采用不同数量二极管的交流发电机电路图（续）

采用8个二极管的发电机，就是把Y形连接定子绕组的“中性点”引出来，与其他3个“相”端头一样，也接一对整流二极管，一起组成整流桥，如图1-11（b）所示。因为“中性点”并非零电压，它既然能使充电指示继电器动作，就说明它有能力输出电能。在高转速下，采用这种接法的8管发电机比6管发电机提高约15%的发电量。夏利牌轿车用的交流发电机就采用这种结构。

采用9个二极管的发电机，是在6管Y形连接的发电机的基础上，从每一“相”端头上各接出一条线，分别串接一个小功率二极管后汇为一点，向励磁绕组供电，如图1-11（c）所示。这种接法与内置式调节器相结合，可以使发电机的结构更为紧凑，对外的接线更少。丰田、通用公司许多牌号的汽车采用这种发电机。

采用11个二极管的发电机，其实就是把9管发电机与8管发电机结合起来的结果，如图1-11（d）所示。它综合了两者的所有优点：既能在高转速时比6管发电机增大输出15%，又能得到更为紧凑的结构，对外的接线端子还可以做到最少。国产捷达、桑塔纳、奥迪、红旗等轿车采用的发电机就是这一种。

可以看到，不同二极管数目的发电机外电路接线不尽一样，通常情况下是不作互换的。有时，9管与11管发电机可以互换，这取决于发电机的性能是否接近，以及外电路是否一致。

5．按励磁绕组的接地点位置分

汽车用交流发电机按励磁绕组的接地点位置可分为内搭铁式和外搭铁式。国产汽车大多采用内搭铁式发电机，近几年也出现了外搭铁式发电机。图1-12所示为两种搭铁方式的交流发电机励磁绕组的接地点位置的区别，尽管只是接地点的位置差别，却因两种发电机的外接线不同而不能通用。

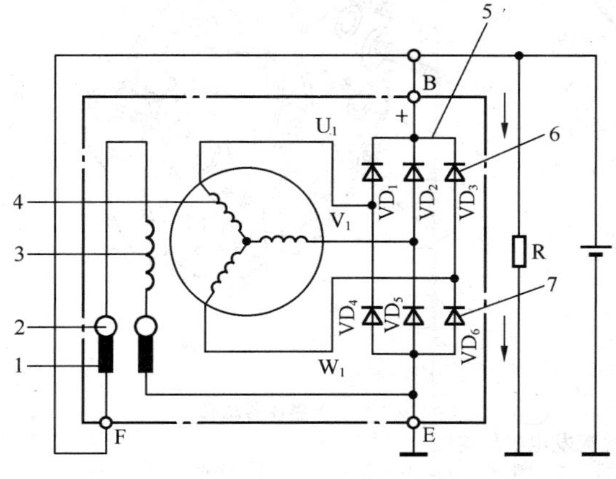

(a) 内搭铁式

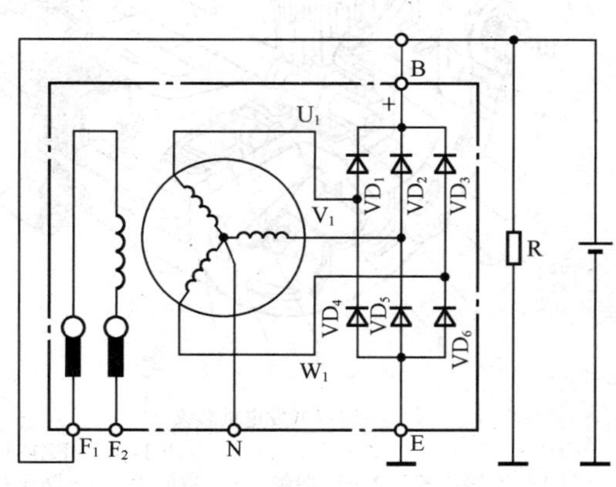

(b) 外搭铁式

图1-12 内搭铁式与外搭铁式交流发电机电路图

1—电刷 2—滑环 3—励磁绕组 4—三相定子绕组 5—整流桥 6—正极二极管 7—负极二极管

6．按有无电刷分

根据交流发电机有无电刷，可将交流发电机分为有刷交流发电机和无刷交流发电机。

1.6.2 交流发电机的构造

1．有刷交流发电机的构造

现在汽车上的交流发电机仍然以有刷交流发电机为主，图 1-13 所示为 EQ1091 汽车用 JF1512 型交流发电机构造图。桑塔纳系列轿车装用的发电机型号为 JFZ1813Z，它是一种带调节器的整体式交流发电机，主要由转子总成、定子总成、整流器、风扇、元件板等组成，其结构如图 1-14 所示。

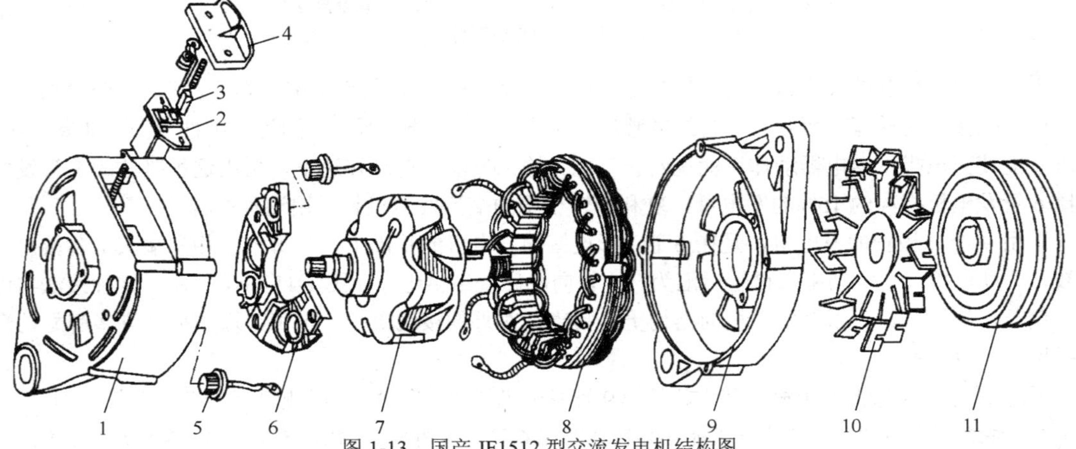

图 1-13 国产 JF1512 型交流发电机结构图

1—后端盖 2—刷架 3—电刷 4—电刷弹簧压盖 5—硅二极管 6—散热板 7—转子 8—定子总成 9—前端盖 10—风扇 11—带轮

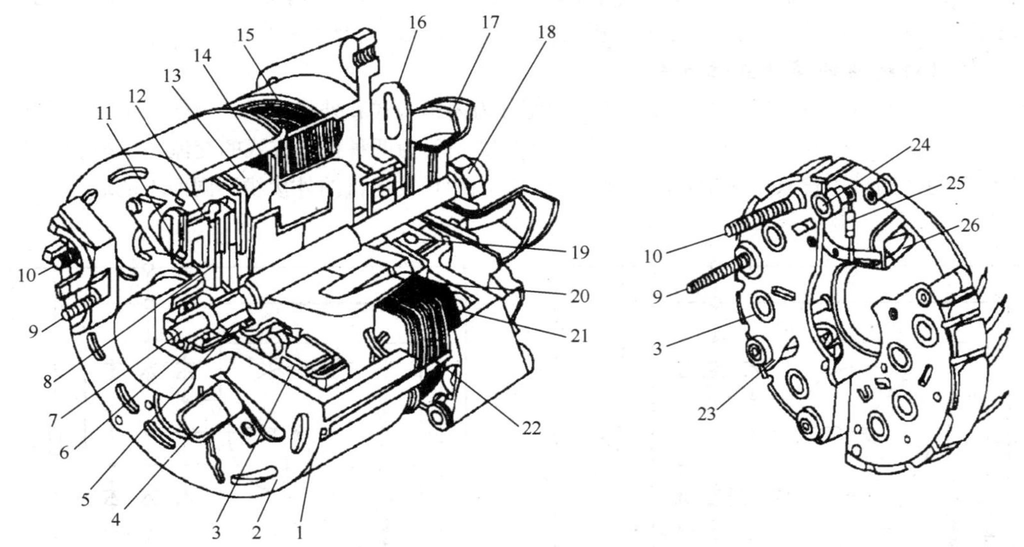

图 1-14 JFZ1813Z 型交流发电机结构图

1—连接螺栓 2—后端盖 3—整流板 4—防干扰电容器 5—滑环 6、19—轴承 7—转子轴 8—电刷 9—“D⁺”端子 10—“B⁺”端子 11—IC 调节器 12—电刷架 13—磁极 14—定子绕组 15—定子铁心 16—风扇叶轮 17—V 带轮 18—紧固螺母 20—励磁绕组 21—前端盖 22—定子槽楔子 23—电容器连接插片 24—输出整流二极管 25—励磁二极管 26—电刷架压紧弹簧

JFZ1813Z 型交流发电机各部件结构如下。

（1）定子

定子的功用是产生交流电，其结构如图 1-15 所示，由定子铁心和定子绕组组成。定子铁心由内圆带槽的环状硅钢片叠成，定子绕组为三相对称绕组，安装在定子铁心的槽内。三相绕组的连接方法采用星形连接，绕组引线端子共有 4 个，三相绕组各引 1 个，中性点引出 1 个。

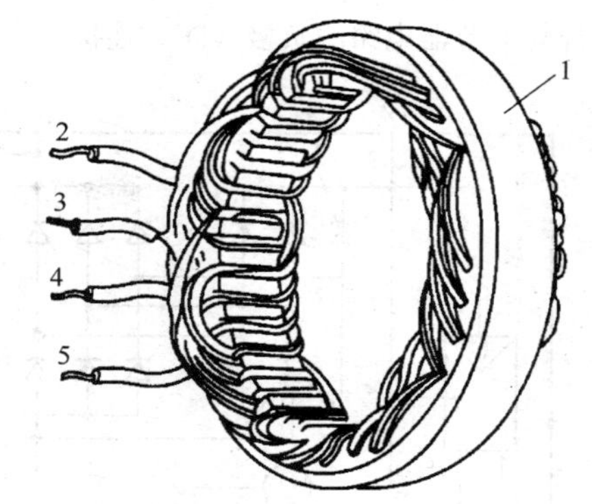

图 1-15 发电机定子的结构

1—定子铁心 2、3、4、5—定子绕组引线端

（2）转子

转子的功用是产生磁场，转子主要由转子铁心、励磁绕组（又称磁场绕组）、爪极和滑环组成，如图 1-16 所示。爪极有两块，每块上都有 6 个鸟嘴形磁极，两块爪极安装在转子轴上，爪极间的空腔内装有转子铁心和励磁绕组。励磁绕组绕在铁心上，铁心压装在两块爪极之间的转子轴上。滑环由彼此绝缘的两个铜环组成，压装在转子轴的一端并与转子轴绝缘。励磁绕组的两端分别从内侧爪极上的两个小孔中引出，其中一端焊接在滑环的内侧铜环上，另一端则穿过内侧铜环上的小孔并焊接在外侧铜环上，两个铜环分别与发电机的两个电刷接触。当两个电刷与直流电源接通时，励磁绕组中便有电流流过，并产生轴向磁通，使一块爪极磁化为 N 极，另一块爪极磁化为 S 极，从而形成 6 对相互交错的磁极。

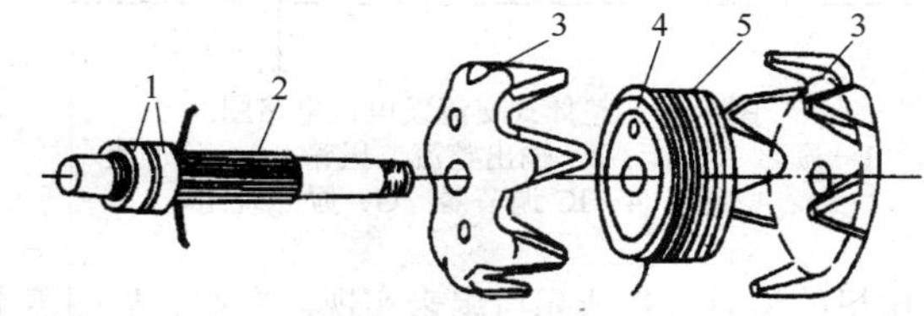

图 1-16 发电机转子的结构

1—滑环 2—转子轴 3—爪极 4—转子铁心 5—励磁绕组

发电机零件的拆分

（3）整流器

整流器的功用是将三相绕组产生的交流电变为直流电。由于整流器的主要元件是硅二极管，所以又将其称为硅整流器。整流二极管的特点是工作电流大、反向电压高。交流发电机整流二极管有正极管和负极管之分，引出电极为二极管正极的称为正极管，引出电极为二极管负极的称为负极管。桑塔纳系列轿车发电机输出端子标记“B^+”（有的发电机标为“+”“电枢”“B”“A”或“火线”）的为发电机正极。发电机整流器总成如图 1-12（b）所示。该整流器设有 11 只二极管，其中包括 3 只正极管、3 只负极管、3 只励磁二极管和 2 只中性点二极管。

发电机零件的复装

（4）电压调节器

桑塔纳系列轿车发电机配用的调节器为集成电路调节器（简称 IC 调节器），它具有结构紧凑、工作可靠、体积小、质量轻等优点。IC 调节器与电刷组件制成一个整体，并采用外装结构，当电刷磨损或调节器损坏需要更换时，拆下总成部件的两个固定螺钉，即可取下总成，检修十分方便。IC 调节器与电刷组件总成如图 1-17 所示。两只电刷的引线分别用导电片与 IC 调节器电路的正极（D^+）和磁场（F）连接，左视图中右边一个安装孔用导电

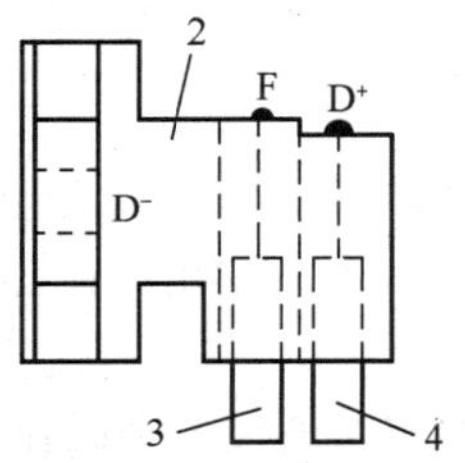

（a）主视图

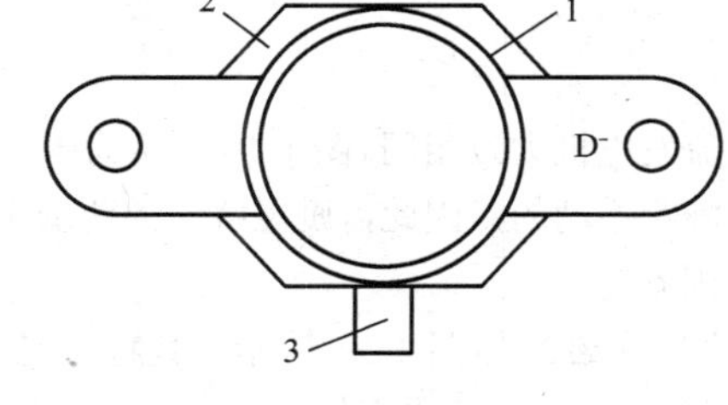

（b）左视图

图 1-17 IC 调节器与电刷组件

1—IC 调节器 2—电刷架 3—负电刷 4—正电刷

片与调节器电路的负极（D^-）连接。当调节器发生故障时，只能更换。整体式交流发电机的内部电路如图1-18所示。发电机与外电路有3个连接端子，其中“B^+”为发电机输出端子，“D^+”为励磁绕组接线端子，“D^-”为发电机搭铁端子。

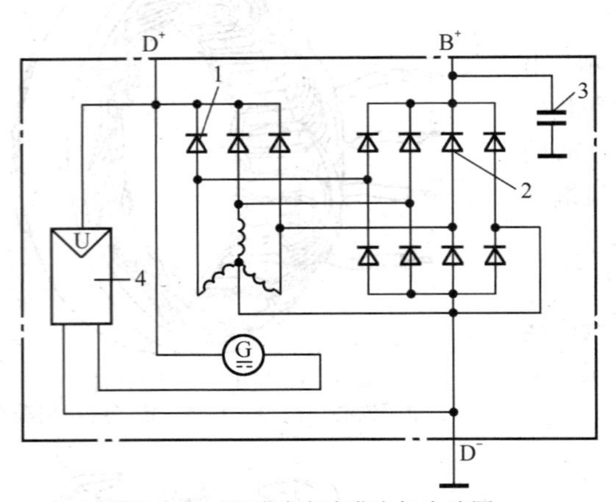

图1-18　整体式交流发电机电路图
1—励磁二极管　2—输出整流二极管　3—防干扰电容器　4—IC调节器　G—励磁绕组

（5）端盖

交流发电机的前、后端盖均用铝合金铸造而成，具有质量轻、散热性好、不导磁等优点。在后端盖上安装有电刷组件与调节器总成。电刷组件由电刷、电刷架和电刷弹簧组成。电刷安装在电刷架的孔内，借弹簧张力使电刷与滑环保持良好接触。每只电刷都有一根引线，该引线直接引到IC调节器内部，从而将励磁绕组与调节器工作电路连接起来。

在发电机前端盖前安装有风扇和V带轮，由发动机通过V带来驱动发电机带轮和转子转动。发电机的通风散热依靠风扇来实现。在前、后端盖上制有通风口，当风扇与带轮一起转动时，空气便从进风口流入，经发电机内部再从出风口流出，由此便将发电机内部热量带出，达到散热目的。

2．无刷交流发电机的构造

由于交流发电机用电刷和滑环使励磁绕组构成回路，会不可避免地产生机械磨损而引起故障。无刷发电机提高了发电机的工作可靠性和使用寿命，维修保养方便，下面介绍两种这类发电机。

（1）感应子式无刷交流发电机

这种发电机的定子铁心内圆上开有4个大槽和12个小槽，4个大槽将12个小槽均分为4个部分，每部分为3个小槽。在4个大槽中，绕放4个励磁绕组，在小槽中绕放电枢绕组，如图1-19所示。转子由凸齿状冲片铆成，当励磁绕组中有直流电流通过时，其周围产生磁场，转子被磁化。由于转子凸齿在旋转时和定子铁心相对位置不断变化，使得定子上的电枢绕组产生大小和方向不断变化的感应电动势。将各电枢绕组产生的电动势按相加原则串联起来，再经整流器整流后便得到直流电。由于发电机工作时在电枢绕组中产生的是单相交流电，所以其整流器是由两个硅二极管组成的单相全波整流器。

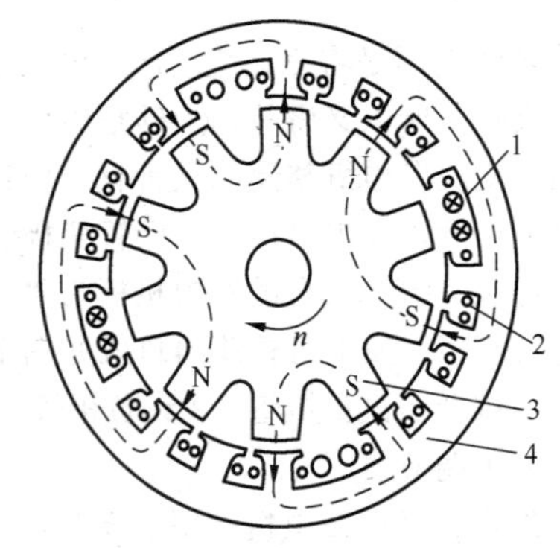

图1-19　感应子式无刷交流发电机
1—励磁绕组　2—电枢绕组　3—转子　4—定子

（2）爪极式无刷交流发电机

这种交流发电机的结构与普通交流发电机大致相同。图1-20所示为国产JFW14X型无刷交流发电机的外形图和分解图，其励磁绕组是静止不动的，因此，励磁绕组的两端引出线可以直接引出，省去了电刷和滑环，爪极在励磁绕组的外围旋转。

爪极式无刷交流发电机的结构原理和磁路如图1-21所示。其特点是励磁绕组7通过一个磁扼托架2固定在后端盖3上。两个爪极中只有一个爪极直接固定在发电机转子轴上，另一个爪极4则用非导磁连接环6固定在前述爪极上。当转子轴旋转时，一个爪极就带动另一个爪极一起在定子内转动。

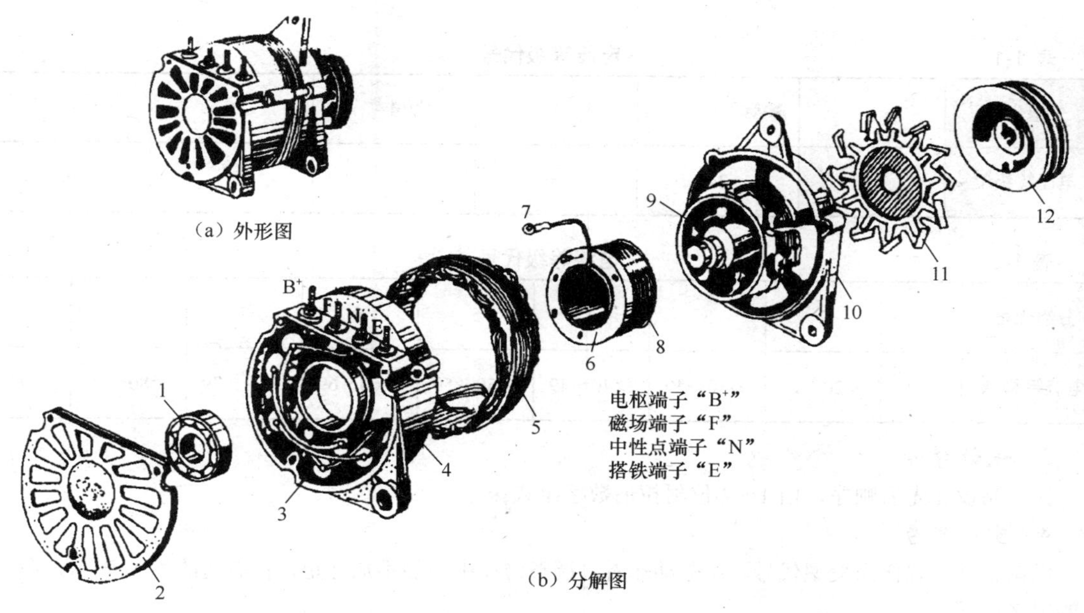

图 1-20 国产 JFW14X 型爪极式无刷交流发电机外形及其分解图

1—后轴承 2—防护罩 3—元件板和硅二极管组 4—励磁绕组支架及后轴承支架
5—定子总成 6—磁轭 7—励磁绕组接头 8—励磁绕组 9—爪极及转子轴总成
10—前端盖 11—风扇叶 12—传动带轮

当励磁绕组中有直流电通过时，其磁路为：左边爪极的磁极 N→主气隙→定子铁心 5→主气隙→右边爪极的磁极 S→转子磁扼 8→附加气隙→托架 2→附加气隙。

转子旋转时，爪极形成的 N 极和 S 极的磁力线在定子绕组内交替通过，定子槽中的三相绕组就感应出交变电动势，在回路中形成三相交流电，经整流后变为直流电。这种交流发电机两个爪极的制造工艺较困难。此外，由于磁路中增加了两个附加气隙，故在输出相同功率的情况下，其励磁绕组的励磁电流必须增大。

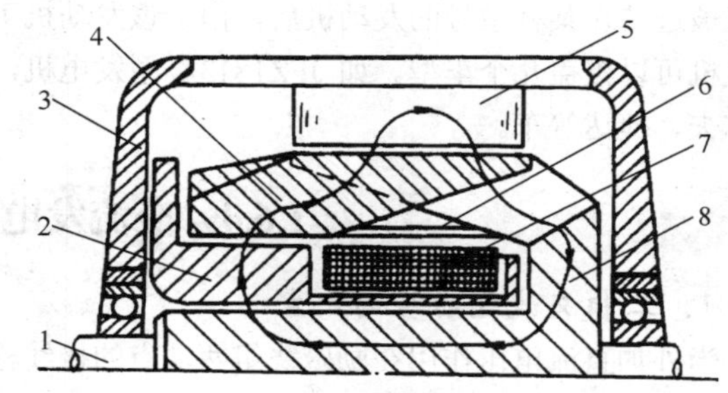

图 1-21 爪极式无刷交流发电机的结构原理和磁路

1—转子 2—磁轭托架 3—端盖 4—爪极 5—定子铁心
6—非导磁连接环 7—励磁绕组 8—转子磁轭

1.6.3 国产交流发电机型号

根据中华人民共和国汽车行业标准 QC/T 73—1993《汽车电气设备产品型号编制方法》的规定，国产硅整流交流发电机的型号组成如下。

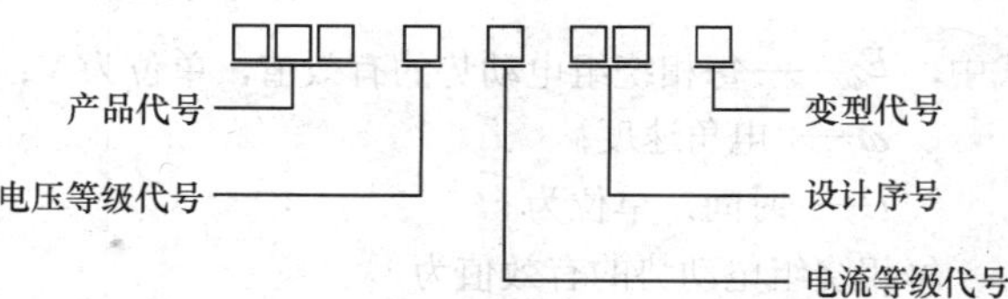

1. 产品代号

JF ——普通交流发电机。

JFZ——整体式交流发电机。

JFB——带泵式交流发电机。

JFW——无电刷式交流发电机。

2. 电压等级代号和电流等级代号

分别用 1 位数字表示，含义如表 1-1 和表 1-2 所示。

表 1-1　　电压等级代号

分组代号	1	2	3	4	5	6
电压等级/V	12	24	—	—	—	6

表 1-2　　电流等级代号

分组代号	1	2	3	4	5	6	7	8	9
电流等级/A	～19	≥20～29	≥30～39	≥40～49	≥50～59	≥60～69	≥70～79	≥80～89	≥90

3．设计序号

按产品设计先后顺序，由 1～2 位阿拉伯数字组成。

4．变型代号

以调整臂位置作为变型代号。从驱动端看，调整臂在中间的不加标记，在右边的用 Y 表示，在左边的用 Z 表示。

例如，EQ1091 车用的 JF1512 型为普通交流发电机，电压等级为 12 V，额定电流为 50～59 A，第 12 次设计。桑塔纳车用的 JFZ1813Z 型为整体式交流发电机，电压等级为 12 V，额定电流为 80～89 A，第 13 次设计，调整臂在左边。

发电机作为发动机的部件，由发动机选用。发动机作为汽车的部件，由汽车选用。一种型号的发电机被选装在某种型号的发动机后，由于该发动机可以适用于多种汽车，因此，可能出现某一型号的发电机可以覆盖几个车型。如 JFZ1813Z 型发电机，既适用于上汽的桑塔纳，也适用于一汽的奥迪和高尔夫、捷达等车。

1.6.4　交流发电机的工作原理

1．三相交流电动势的产生

当外加直流电压作用在励磁绕组两端点的接线柱之间时，励磁绕组中便有电流通过，产生轴向磁场，两块爪形磁极被磁化，形成了 6 对相间排列的磁极。磁极的磁力线经过转子与定子之间的气隙、定子铁心形成闭合磁路。转子旋转时，励磁绕组所产生的磁场也随之转动，形成旋转磁场。固定不动的三相定子绕组在旋转磁场的作用下，产生 3 个频率相同、幅值相等、相位互差 120° 电角度的正弦电动势 e_A、e_B 和 e_C，其瞬时值分别为

$$e_A = \sqrt{2}E_\phi \sin\omega t$$

$$e_B = \sqrt{2}E_\phi \sin(\omega t - 120°)$$

$$e_C = \sqrt{2}E_\phi \sin(\omega t - 240°)$$

式中，E_ϕ——每相绕组电动势的有效值，单位为 V；

ω——电角速度；

t——时间，单位为 s。

每相绕组电动势的有效值为

$$E_\phi = 4.44KfN\Phi$$

式中，K——绕组系数（车用发电机 $K=1$）；

f——感应电动势的频率，单位为Hz；

N——定子绕组的匝数；

Φ——磁极磁通，单位为Wb。

对已知发电机，上式中的 K、N 都已确定，以电机常数 C 代替。这样，上式也可以写成

$$E_{\phi}=Cn\Phi$$

式中，C——电动机常数；

n——转子的转速，单位为r/min。

此公式表明，在与电机结构有关的常数不变的前提下，每相绕组的电动势有效值的大小和转子的转速及磁极的磁通成正比。

2．整流原理和过程

在交流发电机中，整流器是利用硅二极管的单相导电性能进行整流的。在图1-22所示的三相桥式全波整流电路中，3个正二极管的正极引出线分别同三相绕组的首端相连。在某一瞬间，只有与电位最高的一相绕组相连的正二极管导通。同样，3个负二极管的引出线也同三相绕组的首端相连。在同一瞬间，只有与电位最低的一相绕组相连的负二极管导通。这样反复循环，6只二极管轮流导通，在负载两端便得到一个较平稳的脉动的直流电压。在发电机空载运行时，如将三相绕组和二极管内阻的电压降忽略不计，发电机的直流电动势数值为三相交流电线电压的1.35倍，是三相交流电相电压的2.34倍。每一只硅二极管在一个周期内只导通1/3的时间，流过每个管子的电流为负载电流的1/3。

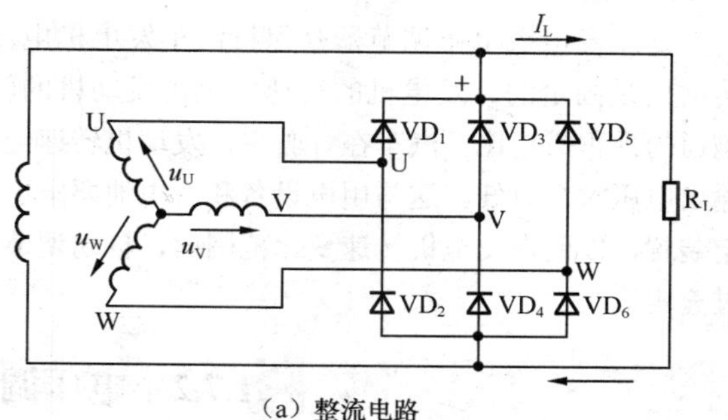

（a）整流电路

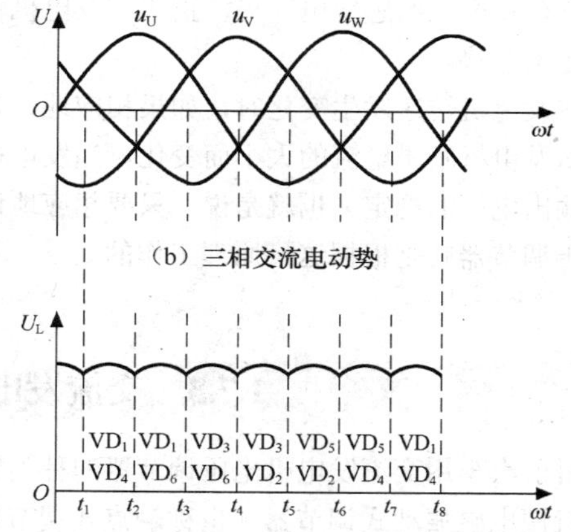

（b）三相交流电动势

图1-22 整流电路和电压波形图

有些交流发电机将三相绕组中性点引出，标记为“N”接线柱，它和发电机外壳之间的电压叫中性点电压，它是通过两个中性点二极管整流后得到的直流电压，等于发电机直流输出电压的一半，即 $U_N=U/2$。中性点电压一般用来控制各种用途的继电器，如磁场继电器、充电指示继电器等。

3．交流发电机的励磁方式

交流发电机开始发电时，需由蓄电池供给励磁电流，此时为他励。当发电机电压达到蓄电池电压时，即由发电机自己供给励磁电流，也就是由他励转变为自励。由于交流发电机转子的爪极剩磁较弱，所以发电机在低速运转时，加在硅二极管上的正向电流也很小。此时二极管上的正向电阻较大，较弱的剩磁产生的很小的电动势很难克服二极管的正向电阻，使发电机正向电压迅速建立起来。这样，发电机低速充电的要求就不能满足。因此，汽车上发电机必须与蓄电池并联，开始由蓄电池向励磁绕组供电，使发电机电压很快建立起来并转变为自励状态，蓄电池被充电的机会就多一些，有利于蓄电池的使用与维护。

1.7 交流发电机电压调节器的原理及类型

1.7.1 交流发电机电压调节器的功用

供电电压稳定是对供电质量的最基本要求，汽车发电机也不例外。转速和磁通是影响交流发电机输出电压的两个因素。转速是变化的，要保持其不变，在技术上较为困难，调节磁通却较易实现。以磁通之变，去抵消转速之变，使转速与磁通之积不变，即保持交流发电机端电压稳定，这就是电压调节器的功用。

交流发电机电压调节器是保持汽车发电机电压稳定的装置。在汽车上，发电机由发动机驱动，传动比是固定的。发电机的转速完全由发动机的转速确定，发电机的电动势与发电机的转速和每极磁通的乘积成正比。汽车在行驶中，发动机转速经常变化，发电机的转速也随之变化，致使发电机的输出电压时高时低。这与用电设备和蓄电池要求电压恒定相矛盾。为此，车用发电机必须配备电压稳定装置，以便在发电机转速变化范围内，自动调节电压，使其较为稳定，以防烧坏用电设备和蓄电池过充电。

1.7.2 电压调节器调压原理

汽车发电机的感应电动势，正比于发电机转速与磁通，而交流发电机的输出电压又正比于发电机的感应电动势。

在发电机转速发生变化时，如果相应地、自动地改变磁极磁通，就可以保持电压恒定。磁通的大小，随发电机励磁电流的大小而变化。当发电机转速发生变化时，相应地调节励磁电流的大小，即可保持输出电压的稳定。也就是说，只要相应地调节励磁电流，就可达到调节发电机电压的目的。发电机电压调节器就是根据这一原理工作的。

1.7.3 交流发电机电压调节器的分类

目前汽车用交流发电机电压调节器的种类繁多，形式各异。根据其结构特点和工作原理，大致可分为机械电磁振动式调节器（也称触点式调节器）和电子调节器两大类。

1．机械电磁振动式调节器

机械电磁振动式调节器是通过一对或两对触点反复开闭，来改变励磁电路的电阻，以调节励磁电流的。

（1）按触点的对数分

单级式：只有一对触点，如 FT111、FT112 型调节器。

双级式：有两对触点，如 FT61、FT70 型调节器。

（2）按组数分

单联式：只有一组电压调节器，如 FT61、FT70 型调节器。

双联式：除电压调节器外，另有一组磁场继电器或充电指示继电器等，如 FT61A 型调节器。

2．电子调节器

电子调节器是利用晶体三极管的开关特性，使励磁电路接通或断开，来调节励磁电流的。

（1）按结构型式分

晶体管式：由分立元件组成的调节器，如解放 CA1091 型载货汽车用的 JFT106 型电子调节器。

集成电路式：由集成电路（IC）组成的调节器，如切诺基 BJ2021、奥迪 100、桑塔纳、捷达、夏利等轿车的调节器。

（2）按安装形式分

外装式：与交流发电机分开安装的调节器，如 CA1091 车用的 JFT106 调节器。

内装式：安装在交流发电机上的调节器。一般为集成电路调节器，如切诺基、捷达、桑塔纳等车的调节器。

（3）按搭铁形式分

内搭铁式：与内搭铁型交流发电机配套使用的电子调节器，如 EQ1090 车用的 JFT105 型调节器。

外搭铁式：与外搭铁型交流发电机配套使用的电子调节器，如 JFT106 型调节器。

（4）按功能多少分

单功能型：仅有调压功能，如 JFT106 型调节器。

多功能型：除电压调节功能外，还有其他功能，如充电指示功能、过压控制功能等。

随着汽车电子技术的迅速发展，现代汽车已广泛使用交流发电机和集成电路调节器装在一起的整体式交流发电机。有的还安装了微处理器，利用微处理器控制交流发电机的输出电压。

1.7.4 常见的几种交流发电机电压调节器

1．机械电磁振动式调节器

利用触点的通断来改变励磁绕组的电流大小，使其磁场发生强弱变化，从而来保持发电机电压恒定的调节器，称为机械电磁振动式调节器，也称为触点式电压调节器。这种类型的调节器有多种形式。

2．晶体管电压调节器

晶体管电压调节器是利用晶体三极管的开关作用，控制发电机励磁电路的通、断，在发电机转速发生变化时，调节励磁电路的电流，使发电机电压保持稳定。这种调节器没有触点，使用过程中无须保养和维护，结构简单，体积小，质量轻，目前已经逐步取代触点式调节器。

现在国内外晶体管电压调节器的电路设计原理大致相同，结构也基本相同，都是由 1～2 个稳压管、1～3 个二极管、2～3 个三极管、若干个电阻和电容等元件组成。由印制电路板连成电路，外壳由薄而轻的铝合金制成，表面有散热片，外有 3 个接线柱，即“+”（或火线、电枢）接线柱、“−”（或搭铁）接线柱和“F”（或磁场）接线柱，分别与发电机的 3 个接线柱对应连接。

（1）JFT106 型晶体管电压调节器

这种调节器为 14 V 负极外搭铁式，可以配用 14 V、750 W 的 9 管交流发电机，也适用于 14 V、功率小于 1 000 W 的 6 管发电机。调节电压为 13.8～14.6 V，图 1-23 所示为这种调节器的原理图。

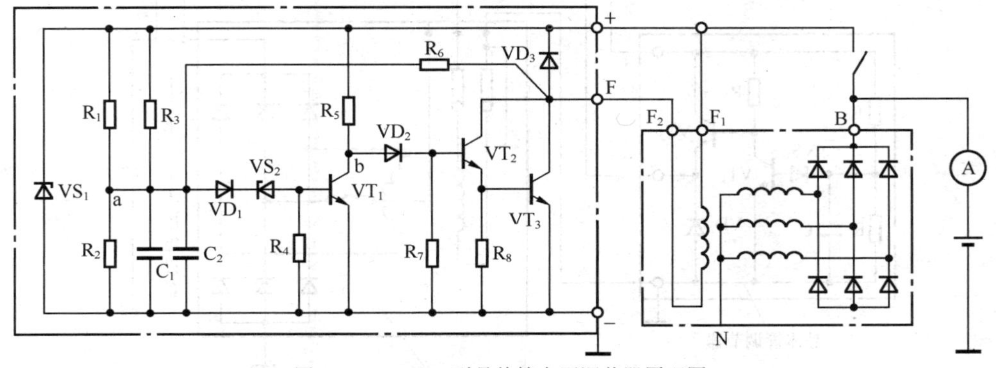

图 1-23 JFT106 型晶体管电压调节器原理图

① 结构。电阻 R_1、R_2、R_3 构成分压器，R_4 和稳压管 VS_2 构成电压敏感电路，三极管 VT_1 与复合

连接的三极管 VT_2、VT_3 构成两个开关电路，开关控制由 VT_1 承担。R_4、R_5、R_6 和 R_7 是晶体管的偏置电阻，保证三极管正常工作。

二极管 VD_3 反向并联在励磁绕组的两端，起续流作用。当 VT_3 截止时，由于励磁绕组中的电流突然变小，将产生较高的自感电动势，VD_3 构成的自感电流闭合回路，保护了 VT_3 管。

VD_2 为温度补偿二极管，用来减少温度对调压器调压值的影响。二极管 VD_1 接在稳压管 VS_2 之前，当交流发电机端电压过高时，能限制稳压管电流，使稳压管不致因电流过大而被烧坏。当发电机端电压降低时，二极管 VD_1 能迅速截止，保证稳压管可靠截止。

R_8 是正反馈电阻，用来提高 VT_3 的导通和截止的速度，使调节电压稳定。

电容器 C_1 和 C_2 用来降低开关频率，减少功率损耗。稳压管 VS_1 接在发电机的输出端，当负载发生变化时，使调节电压保持稳定。

② JFT106 型晶体管电压调节器的工作原理。

接通点火开关，发动机起动点火前及点着火后发电机电压低于调压值时，蓄电池电压经点火开关作用在分压器两端，稳压管 VS_2 承受反向电压。由于蓄电池电压低于调压值，反向电压低于 VS_2 的反向击穿电压，因此，此时 VS_2 截止，三极管 VT_1 也截止，“b”点电位近似于电源电位，二极管 VD_2 承受正向电压而导通，于是三极管 VT_2、VT_3 也导通，接通了发电机励磁绕组的电路。其电路为：蓄电池“+”极→点火开关→“F_1”→励磁绕组→“F_2”→调节器“F”接线柱→VT_3 的集电极→VT_3 的发射极→搭铁→蓄电池“−”极。

发动机转速逐步上升，发电机转速也随之上升。当发电机电压升高到规定的调压值时，作用在分压器“a”点的电压，即稳压管 VS_2 承受的反向电压，超过其反向击穿电压而被反向击穿导通，三极管 VT_2 也导通。VT_2 的导通使“b”点电位降低，二极管 VD_2 承受反向电压而截止，使 VT_2、VT_3 也截止，切断了发电机的励磁电路，励磁电流中断，发电机磁场消失，发电机电压下降。当电压下降到调压值以下时，稳压管 VS_2 又截止，于是 VT_1 也截止，VT_2、VT_3 又导通，发电机电压重新升高。这样反复循环，控制励磁电路的通断，使发电机在转速变化时，能保持电压恒定。

（2）JFT105 型晶体管电压调节器

部分东风 EQ1090 系列汽车上装用的是 JFT105 型晶体管电压调节器，这种调节器为 14V 负极内搭铁式，其电路原理如图 1-24 所示。该调节器工作原理与 JFT106 型晶体管电压调节器基本相同，其电路结构较 JFT106 型晶体管电压调节器更为简单，故不再重复叙述。

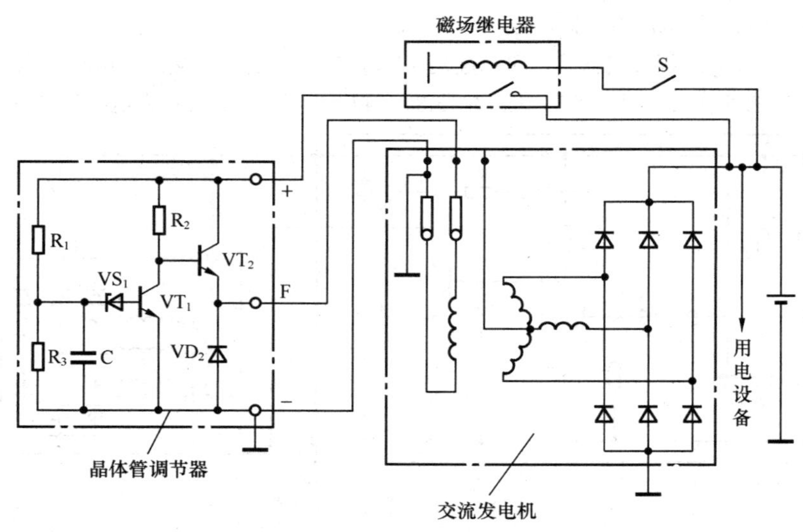

图 1-24　JFT105 型晶体管电压调节器原理图

3．集成电路调节器

集成电路调节器是利用集成电路（IC）组成的调节器，可分为全集成电路调节器和混合集成电路调节器两类。前者是将二极管、三极管、电阻、电容等电子元件同时制在一块硅基片上，后者是用厚膜或薄膜电阻与集成的单片芯片或分立元件组成，使用最广泛的是厚膜混合集成电路调节器。集成电路调节器除具有晶体管调节器的优点外，还具有体积小、质量轻、耐高温（可在 130℃高度下正常工作）、更加耐振、使用寿命长等特点。国外的车辆上已大量采用集成电路调节器，国内也在加紧研究和试制，现已生产出了如 JFT151 型和 JFT152 型等混合集成电路调节器与国内交流发电机配套使用，这种发电机称整体式交流发电机。集成电路调节器的基本工作原理与晶体管调节器一样，都是利用晶体三极管的开关特性控制发电机的励磁电流，来达到稳定发电机输出电压的目的。集成电路调节器也有内搭铁式和外搭铁式之分，而且以外搭铁式的使用较多。

4．计算机控制调压电路

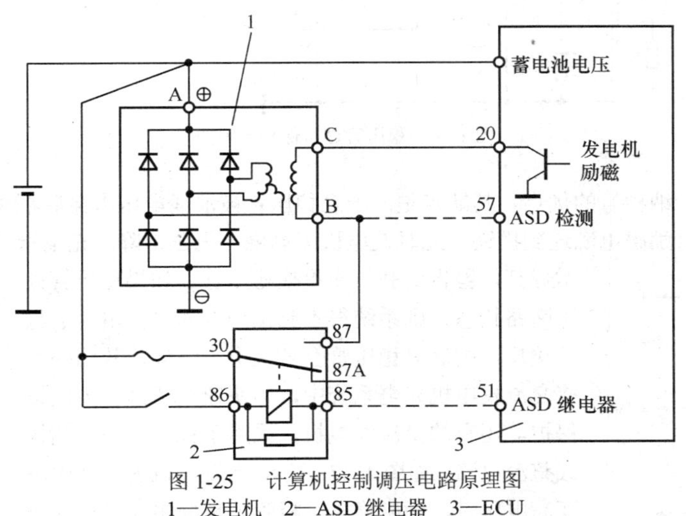

图 1-25 计算机控制调压电路原理图
1—发电机 2—ASD 继电器 3—ECU

在许多现代汽车上，计算机得到了广泛的应用，它除了完成其他各种控制工作外，还用来调节发电机电压——担负调节器的功能，其基本工作情况与集成电路调节器完全一样。计算机工作时，可使发电机励磁电路间歇性地搭铁（接地），以保持发电机的电压在规定值范围内。图 1-25 所示为计算机控制调压电路原理图。

发电机正常工作时励磁电路为：发电机“+”→继电器→发电机磁场接线柱 B→励磁绕组→磁场接线柱 C→发电机励磁接线柱 20→三极管→搭铁→发电机“−”。在继电器触点闭合时，只要计算机控制三极管导通构成发电机磁场接地，就接通励磁电路。三极管截止，则切断励磁电路。

如果计算机检测到发电机的输出电压低于规定电压值，它会使励磁电路接地的相对时间增长，即三极管的相对导通率增大，平均励磁电流增大，形成较强的磁场，提高发电机的电压或增大发电机的输出功率。如果计算机检测到发电机的输出电压高于规定电压值，它就会使励磁电路接地的相对时间缩短，即三极管的相对导通率减小，平均励磁电流减小，形成较弱的磁场，减小发电机的电压。

装有计算机的调节器，其计算机可取代汽车上各种控制装置工作，因而价格非常高，如遇蓄电池不充电，必须认真查找故障所在，然后进行修理，决不能随便拆卸和更换计算机。

1.7.5 过压保护电路

半导体元器件对瞬变电压是很敏感的，当瞬变电压达到某一值时，半导体元器件就会完全损坏。由于交流发电机的励磁电流及转速都很高，所以产生的瞬变能量也很大。当出现瞬变电压时，为了保护半导体元器件不受损坏，防止过电压，一般可以采用两种方法。一种方法是提高电子元件的承受能力，把电子设备中各元件承受的电压选择得高于电系中可能产生的瞬变高电压，并且考虑温度的影响因素，这种方法的优点是不用增加系统中元件的数量，但不够经济。另一种方法是增加过电压保护装置，来吸收电系中可能产生的各种瞬变性过电压能量，以保护电子设备中各电子元件的正常工作，这种保护可以是局部保护，也可以是整个系统集中保护。

稳压管保护电路是目前应用最广泛的一种过压保护电路，其典型电路如图 1-26 所示，在交流发电机励磁二极管输出端与搭铁之间接一个稳压二极管 VS_2。在正常情况下，这个稳压二极管是不导通的，当出现瞬时过电压时，该稳压管导通，电压只能升到 VS_2 的击穿电压。该浪涌电压（即瞬时过电压）的能量通过 VS_2 到搭铁消耗之后，VS_2 又恢复到不导通状态。

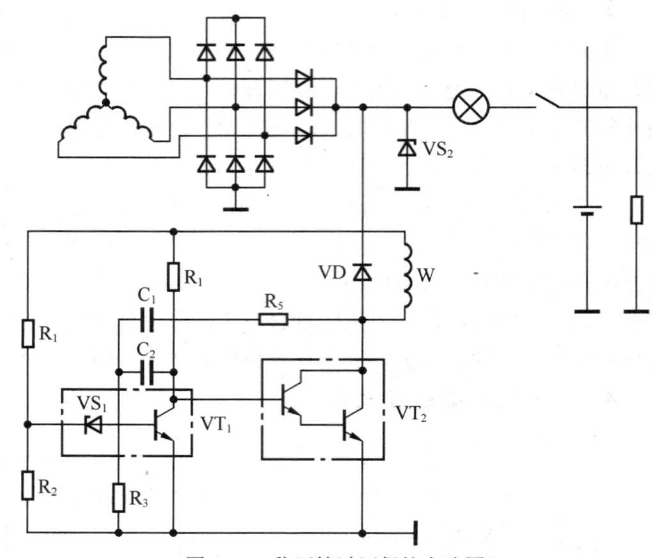

图 1-26　稳压管过压保护电路图

可以看出，采用稳压管保护装置，线路简单，安装方便（可安装在发电机或调节器内），当线路中没有出现瞬变高电压时，稳压管不导通，故无功率损耗，另外它还具有反应迅速（反应时间为几十纳秒）的优点。其缺点是：一旦稳压管被浪涌电压击穿后不能恢复时，变成一短路的低电阻，它会将励磁电源连到搭铁，此时发电机无剩磁，电压下降，充电指示灯亮，警告驾驶员应更换稳压管。如果稳压管处于断路状态，则系统得不到保护。如果蓄电池的极性接反，则这只稳压管会被大电流烧坏，故国外有些交流发电机充电系统中，用快速熔断器作为反接保护。还有的交流发电机，采用了稳压管的三相桥式整流电路，如图 1-27 所示，当发电机内部产生瞬变高电压时，励磁稳压二极管被反向击穿导通（见图 1-27 的 1），因而发电机端电压上升很小，防止产生过电压。当外部产生瞬变高电压时，励磁稳压二极管和负稳压二极管被反向击穿（见图 1-27 的 2），此时外部瞬变电压只为励磁稳压二极管和负稳压二极管击穿电压之和。

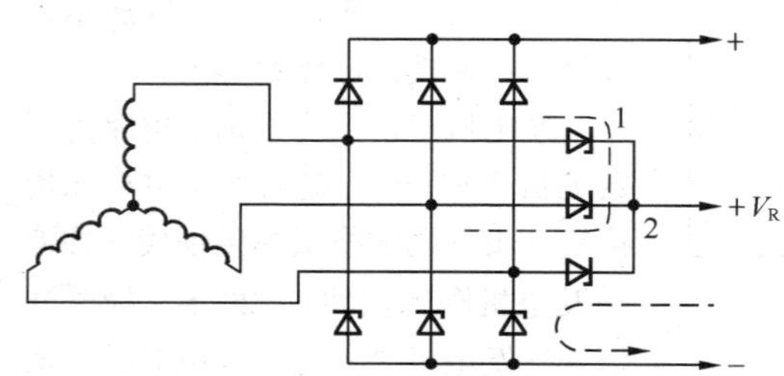

图 1-27　有稳压管的全波三相整流电路图

1—内部瞬变现象　2—外部瞬变现象

1.8　交流发电机及调节器的正确使用与维护

目前，汽车上采用的交流发电机及调节器，功能齐全，性能较好。但由于交流发电机的整流部分、晶体管调节器、集成电路调节器等电器元件均采用电子元件，当受到瞬时过电压、过高的反向电压及短路电流的作用时，会遭受破坏。因此，为更好地发挥它们的作用，提高其使用寿命，正确地使用和维护就显得更为重要。

1.8.1　交流发电机的正确使用与维护

① 汽车交流发电机均为负极搭铁，蓄电池搭铁极性也必须与此相同，否则会使交流发电机的整流二极管烧坏。在蓄电池更换或补充充电后装车时，要格外注意。

② 发电机必须与专用调节器配套使用，如用别的调节器临时代换则必须满足代换条件。

③ 发动机熄灭后，应将点火开关（或电源开关）断开，否则蓄电池将长时间向励磁绕组和调节器磁化线圈放电，易烧坏线圈和浪费电能（有磁场继电器者除外）。

④ 发电机运转时，不能用短路试火法检查发电机及调节器的故障。

⑤ 当整流二极管与定子绕组相接时，不允许用兆欧表或交流电检查发电机及调节器的绝缘情况。

⑥ 发现发电机不发电或发电量减小时，应及时找出故障，并予以排除，不可拖延。假如有一只二极管短路，发电机仍继续运转，就会烧坏其他二极管或烧坏定子绕组。

⑦ 发电机与蓄电池之间的导线一定要连接可靠（特别是蓄电池极桩处），如突然断开，将会产生过电位，易损坏电子元件。

1.8.2　交流发电机调节器的正确使用与维护

1．使用调节器时应注意的问题

① 调节器与发电机的电压等级必须一致，否则电源系统不会正常工作。

② 调节器与发电机的搭铁型式必须一致，当调节器与发电机的搭铁型式不匹配而着急使用时，可通过改变发电机励磁绕组的搭铁型式来解决。

③ 调节器与发电机之间的线路连接必须正确。使用与维修时，必须根据说明书给出的接线要求正确连接，否则电源系统不能正常工作，甚至会损坏调节器或发电机等电器部件，如电子调节器“+”与“−”接反时，控制励磁电流的大功率三极管的发射极反偏，极易被击穿损坏。另外，如有过压保护的稳压管，此管会正向导通而被大电流烧坏。如内搭铁型调节器“F”与“−”接反，或外搭铁型调节器“F”与“+”接反时，蓄电池电压在接通点火开关后，全部加在大功率三极管的集电极与发射极（不经励磁绕组），调节器极易被击穿烧坏。

④ 配用双级式电压调节器时，当检查充电系统不充电故障时，在没有断开发电机与调节器接线之前，不允许将发电机的“+”与“F”（或调节器的“+”与“F”）短接，否则将会烧坏调节器的高速触点。

⑤ 调节器必须受点火开关控制。因调节器控制励磁电流的大功率管在发电机输出电压较低时就始终导通，如果不受点火开关控制，当汽车停车时，大功率管一直导通，会发热烧坏或使使用寿命缩短，而且还会导致蓄电池亏电。

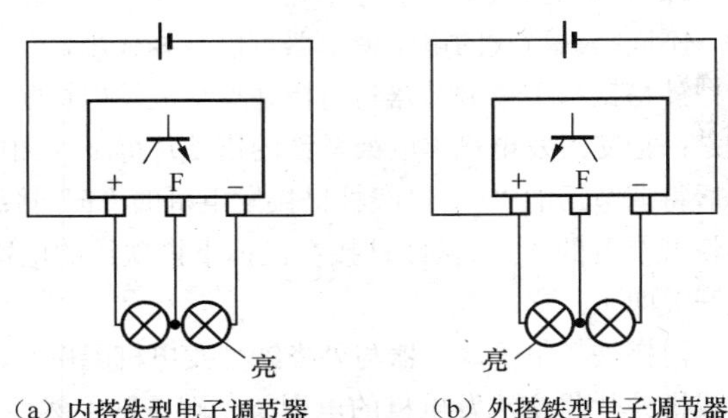

（a）内搭铁型电子调节器　（b）外搭铁型电子调节器

图 1-28　判断电子调节器搭铁型式的方法

2．电子调节器搭铁型式与好坏的判断

电子调节器分为内搭铁型与外搭铁型，使用时要识别它的搭铁型式以及调节器的好坏，现分别介绍如下。

（1）判断电子调节器搭铁型式

一般调节器上没有标出内搭铁和外搭铁的记号，使用中只能根据型号、使用车型来确定其搭铁型式。如搞不清其搭铁型式，可采用下面的办法。

对 12 V 系统的调节器，用一个 12 V 蓄电池和一对 12 V、2 W 的小灯泡，按图 1-28 所示将灯泡接在“−”（E）与“F”接线柱之间发亮，而接在“+”（B）与“F”接线柱之间不亮，则该调节器为内搭铁型；反之，如果灯泡接在“+”（B）与“F”接线柱之间发亮，而接在“−”（E）与“F”接线柱之间不亮，则该调节器为外搭铁型。如调节器是 4 个引出端（D^+、B、F、D^-），试验时，可将 D^+ 与 B 连接为一点，再进行测试。如调节器有 5 个引出端（D^+、B、F、D^-、L），则将 L 端悬空，并将 D^+ 与 B 连接为一点，再按上述方法试验即可。

（2）判断调节器的好坏

准备一个输出电压为 0～30 V、电流为 3～5 A 的可调整稳压电源或者两只 12 V 的蓄电池，以及汽车上的充电指示灯，被测调压器如果是外搭铁型的，则按图 1-29（a）所示线路连接，如果是内搭铁型的，则按图 1-29（b）所示线路连接。线路接好后，先接通开关 S，然后由 0 V 逐渐调高直流电源电压 U，此时小灯泡的亮度应随电压升高而增强。当电压调高到调节电压值（12 V 系统为 13.5～14.5 V，24 V 系统为 27～29 V）或者略高于调节电压值时，若灯泡熄灭，则调节器是好的，若小灯泡始终发亮，则调节器是坏的。在上述检验过程中，若小灯泡始终不亮（灯泡不坏），则调节器也是坏的。电子调节器（特别是集成电路调节器）出现故障后，一般处理方法是更换新件。

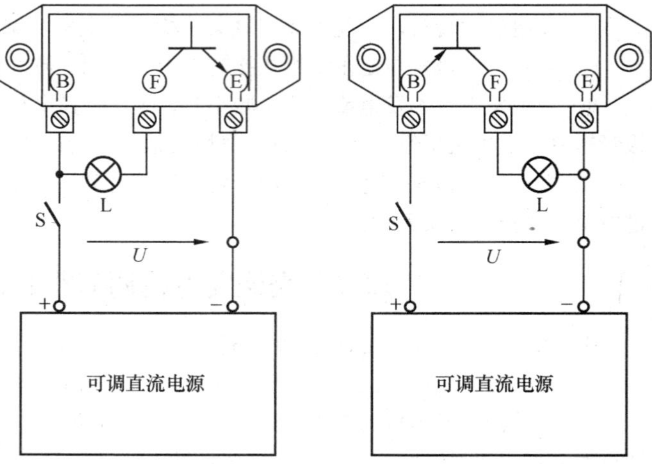

（a）外搭铁型调节器　　（b）内搭铁型调节器

图 1-29　电子调节器好坏判断

3．调节器的代换方法

（1）一般代换

调节器损坏后，最好选用原型号调节器，不得已时可换用其他相应的触点式或电子调节器。

（2）不同搭铁型式的电子调节器代换

不同搭铁型式的电子调节器可以互相代用，但交流发电机必须做相应改装才行。

外搭铁型电子调节器与内搭铁型交流发电机配用时，应将内搭铁型交流发电机改为外搭铁型。方法是：把交流发电机电刷架搭铁的搭铁片拆下（如电刷架是发电机内部搭铁，也须将搭铁端线拆开），然后将调节器的“F”接线柱仍接发电机的“F”接线柱。调节器的“−”接线柱接交流发电机的外壳，再将调节器的“+”接线柱接在已拆下搭铁线的电刷架的接线柱上，最后用导线再将此接线柱接至点火开关即可。

内搭铁型电子调节器与外搭铁型发电机配用时，也可将交流发电机改为内搭铁型。方法是：用导线或搭铁片将交流发电机的电刷架一端搭铁，然后将调节器“−”接线柱接电刷架的搭铁端，调节器的“F”接线柱接交流发电机电刷架的“F”接线柱，最后再将调节器的“+”接线柱接点火开关即可。

1.9　交流发电机的检测与维修

1.9.1　交流发电机的不解体检测技术

在交流发电机保养作业的解体之前、组装之后，或怀疑存在故障时，皆应进行整体检测，以便判断其技术状况。根据检测方法和手段的不同，交流发电机不解体检测分为万用表检测法、万能试验台检测法和示波器检测法等。

1．万用表检测法

在发电机不解体时，用万用表测量发电机各接线柱之间的电阻值，即可初步判断其性能是否正常。现以桑塔纳车用 JFZ1813Z 交流发电机为例，介绍利用万用表对发电机进行不解体检测的方法。利用万用表分别检测发电机 F 和 D^- 接线柱间电阻、B^+（或 D^+）和 D^- 接线柱间电阻、D^+ 和 F 接线柱间电阻，

其测量值应符合表 1-3 规定。

表 1-3　　JFZ1813Z 发电机各接线柱之间的电阻值

F 和 D^- 间电阻		B^+（或 D^+）和 D^- 间电阻		D^+ 和 F 间电阻	
		正向	反向	正向	反向
2～4 Ω		40～50 Ω	＞5 000 Ω	45～65 Ω	＞5 000 Ω
故障现象说明	① 电阻值为∞，励磁绕组断路 ② 电阻值大于规定值，电刷与滑环接触不良 ③ 电阻值小于规定值，励磁绕组局部短路 ④ 电阻值为零，F 接线柱搭铁或两滑环间短路	① 正向电阻值小于规定值，个别二极管击穿断路 ② 正向、反向电阻值均为零，为 D^+ 接线柱搭铁或至少同一支路两支二极管同时短路 ③ 正向电阻大于规定值，二极管断路		① 正向电阻小于规定值，个别二极管击穿断路 ② 正、反向电阻均很小，为 D^+ 接线柱搭铁或至少同一支路两只二极管同时短路 ③ 正向电阻为∞，转子绕组断路	

2．万能试验台检测法

将交流发电机装在电气万能试验台上，测出发电机在空载和满载情况下，发出额定电压、额定电流时的最小转速，从而判断发电机工作是否正常。试验线路如图 1-30 所示。以调速电动机拖动试验发电机，当开关 S_1 与 S_2 闭合后，由蓄电池供给励磁绕组电流（他励），此时电流表指示放电情况。起动调速电动机，并使其转速逐渐提高，当发电机电压与蓄电池电压相等时，电流表 A_1 的指针应指向零位。断开开关 S_2，则发电机由他励转为自励，再逐渐提高转速，读取达到额定电压值时的转速。然后，提高转速并使 S_1 闭合，读取发电机输出电压和输出电流为额定值时的转速，最后将所测值与规定值进行比较，即可判断发电机工作性能是否良好。当检测 9 管、11 管发电机时，应改为图 1-31 所示的线路。

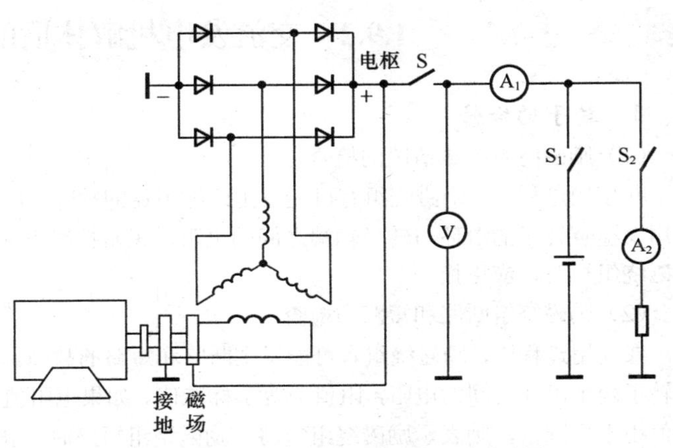

图 1-30　发电机万能试验台检测法线路图

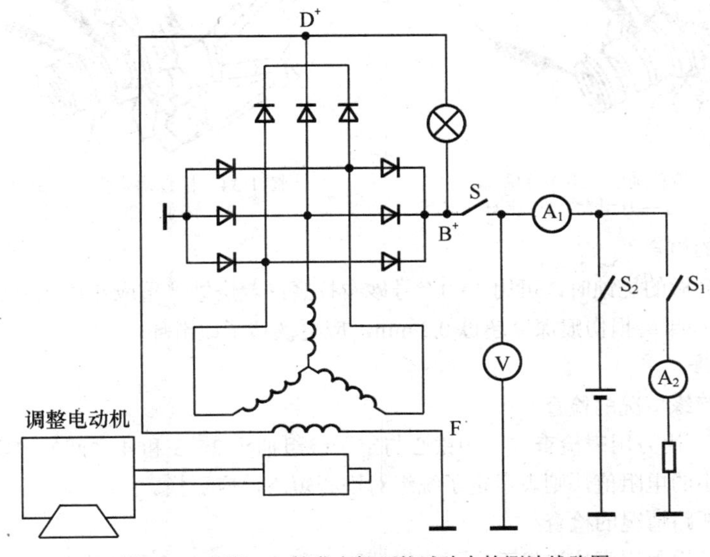

图 1-31　9 管、11 管发电机万能试验台检测法线路图

3．示波器检测法

发电机工作时，其输出电压的波形有一定的规律性。发电机出现故障时，其输出电压的波形将会发生变化。因此，利用示波器观察发电机输出电压的波形，将其输出电压的波形与正常波形比较，即可根据波形的变化情况判断发电机的故障。图 1-32 所示为交流发电机正常输出电压波形和发生常见故障时输出电压波形。

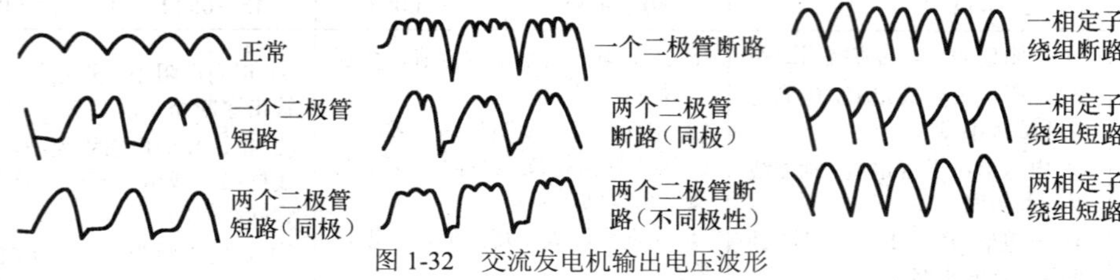

图 1-32　交流发电机输出电压波形

1.9.2　交流发电机解体后的检修技术

1．转子的检修

（1）励磁绕组绝缘情况的检查

在使用过程中，励磁绕组有可能发生绝缘不良的故障。可按图 1-33 所示，用万用表检查转子的滑环与转子轴端之间的电阻，正常情况下应为∞；否则，说明励磁绕组短路，应更换。

（2）励磁绕组断路和短路的检查

在使用过程中，励磁绕组有可能发生断路和短路的故障。其检测方法如图 1-34 所示，用万用表检查转子两个滑环之间的电阻，阻值应等于标准值。如果电阻值为“∞”，则表示励磁绕组断路；如果电阻值小于标准值，则表示励磁绕组短路。励磁绕组短路时，就需要压出转子轴，更换绕组。

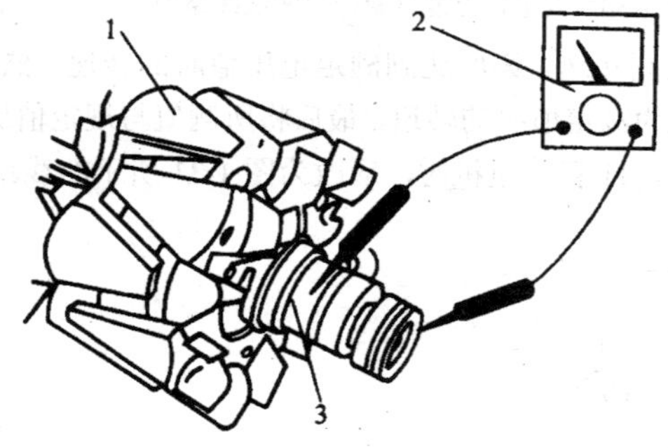

图 1-33　检查励磁绕组绝缘情况
1—转子　2—万用表　3—滑环

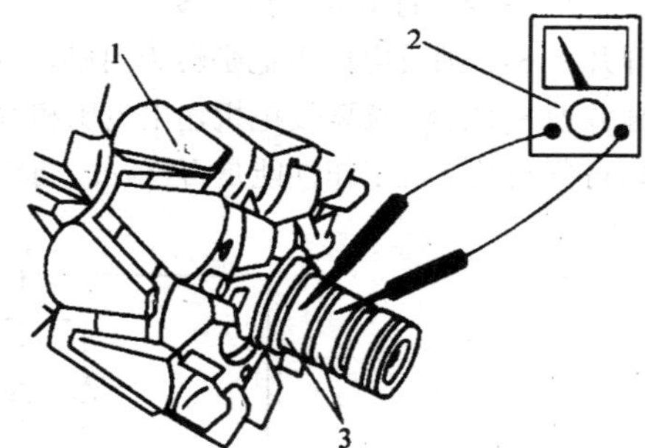

图 1-34　检查励磁绕组的断路及短路情况
1—转子　2—万用表　3—滑环

（3）滑环磨损的检查

当滑环表面有轻微的烧蚀时，可用“00”号砂布打磨；若烧蚀严重应在车床上加工，但滑环厚度不能小于 1.5 mm。如果磨损伤痕深度超过 0.2 mm，应更换转子或滑环。

2．定子的检修

（1）定子绕组绝缘情况的检查

如图 1-35 所示，用万用表检查定子的铁心与定子绕组抽头 2、3 和 4 之间的电阻，正常情况下均应为∞。如果有较小的电阻值，则表示定子绕组对铁心短路，应更换。

（2）定子绕组断路情况的检查

如图 1-36 所示，用万用表依次检查定子绕组抽头 1 和 2、1 和 3、2 和 3 之间的电阻，均应为 150～

200 mΩ。如果电阻值为几千欧，则表示定子绕组断路，应更换。

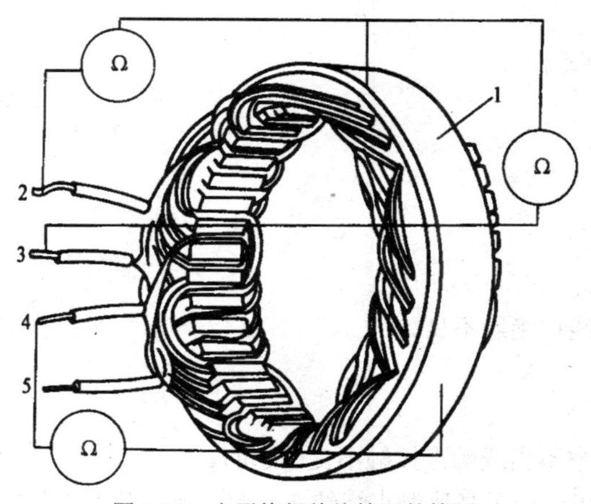

图 1-35 定子绕组绝缘情况的检测

1—定子铁心 2、3、4—抽头 5—中间抽头

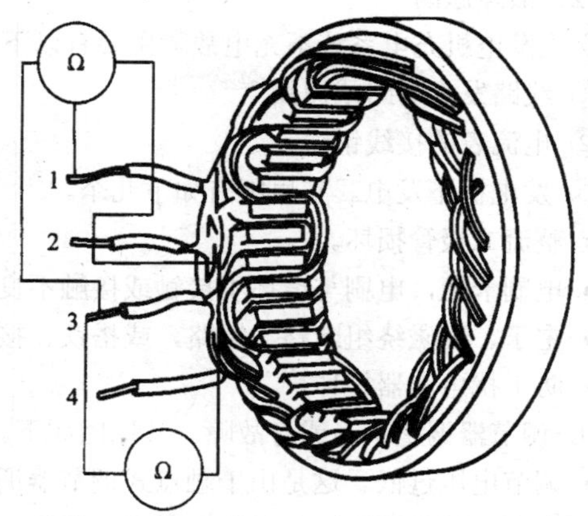

图 1-36 检测定子绕组的断路情况

1、2、3—抽头 4—中间抽头

3．检查整流板

用电烙铁断开定子绕组与整流板（元件板）的连线，使用万用表检测二极管。若二极管的正向电阻为 8～10 Ω，反向电阻为 10 kΩ左右，则该二极管良好。若两次测得的阻值均为“∞”，则该二极管断路。若两次测得的阻值均为“0”，则该二极管短路。

4．检查电刷

如图 1-37 所示，用卡尺检查电刷长度，标准长度为 13 mm，使用极限为 5 mm。低于极限值时，应更换。

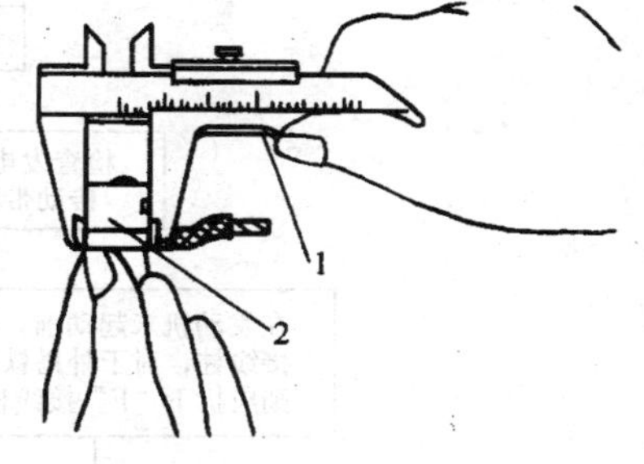

图 1-37 检查电刷长度

1—卡尺 2—电刷

5．就车检查发电机和电压调节器

调节器由于使用不当可能出现故障，如出现发电机电压建立不起来、发电机失控等情况，可以就车检查。

（1）外装调节器的检查

用一个量程为 10 A 左右的电流表串在发电机“F”和调节器“F”之间，然后起动发动机，如果电流表无指示，多为电子调节器大功率管断路。如果电流表有指示，但在低速时无变化，而在转速升高到 800 r/min 后电流随转速的升高而增大，则说明电子调节器大功率管短路，而这时发电机电压过高；反之，电流随转速的升高而减小，表明调节器是好的。

（2）整体式交流发电机的检查

在蓄电池电量充足及发电机 V 带张力正常的情况下，如果发动机转速高于怠速时充电指示灯仍不熄灭，从发电机上拆下电压调节器，用一根电线将调节器的接线柱“F”与“−”连接起来，再将调节器装入发电机中，此时调节器处于不工作状态。起动发动机并使转速提高，如果充电指示灯熄灭，则表示发电机工作正常，故障在调节器上。如果指示灯仍亮，则表示故障在发电机上，而不在调节器上。调节器有故障时，应更换。

1.10 电源系统的故障诊断与排除

1．交流发电机充电系统不充电故障的诊断与排除

（1）故障现象

① 发动机中、高速运转时，充电指示灯不熄灭。

② 开前照灯，电流表指示放电。

（2）故障原因

交流发电机充电系统不充电故障主要有以下原因。

① 线路发生断路或短路。

② 电流表的接线错误。

③ 发电机不发电。其原因有如下几个。

- 整流二极管损坏。
- 电刷卡死，电刷与滑环不接触或接触不良。
- 定子、励磁绕组断路、短路，或搭铁、接线柱绝缘不良。
- 防干扰电容器损坏。

④ 调节器调整不当或有故障。其原因如下。

- 调节电压过低。这是由于触点式调节器调整不当或触点接触不良引起的。
- 调节器调整不当。如果是触点式调节器，可能由于高速触点烧结在一起，或调节器内部短路或断路。如果是晶体管式调节器，可能由于调节器内的大功率管损坏或断路，或者是调节器的其他电阻、电容、二极管和三极管有断路、短路。
- 磁场继电器工作不良。可能是继电器线圈或电阻断路、短路，也可能是触点接触不良。

（3）故障诊断与排除

交流发电机充电系统不充电故障可按图1-38所示的步骤进行诊断与排除。

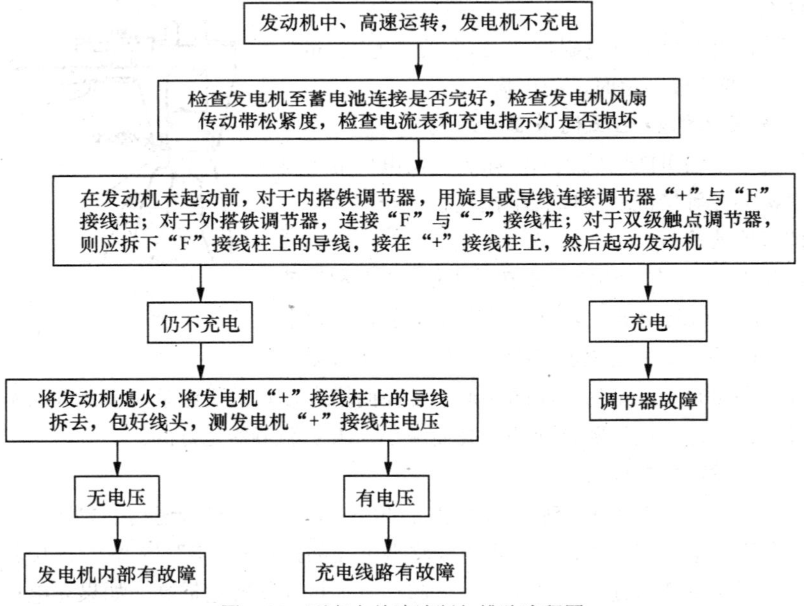

图1-38　不充电故障诊断与排除流程图

2．交流发电机充电电流过小故障的诊断与排除

（1）故障现象

在蓄电池充电性能良好的情况下，发电机在各转速下充电电流均很小。

（2）故障原因

交流发电机充电电流过小故障主要有以下原因。

① 接线的接头松动。

② 发电机发电不足。其原因有如下几个。

- 发电机 V 带过松。
- 二极管损坏（个别的）。
- 电刷接触不良，滑环油污。
- 励磁绕组局部短路，定子绕组局部短路或接头松开。

③ 调节器故障。其原因有如下几个。

- 电压调整偏低。
- 触点脏污。
- 继电器触点接触不良。

（3）故障诊断与排除

充电电流过小的故障，可按图 1-39 所示的步骤进行诊断与排除。

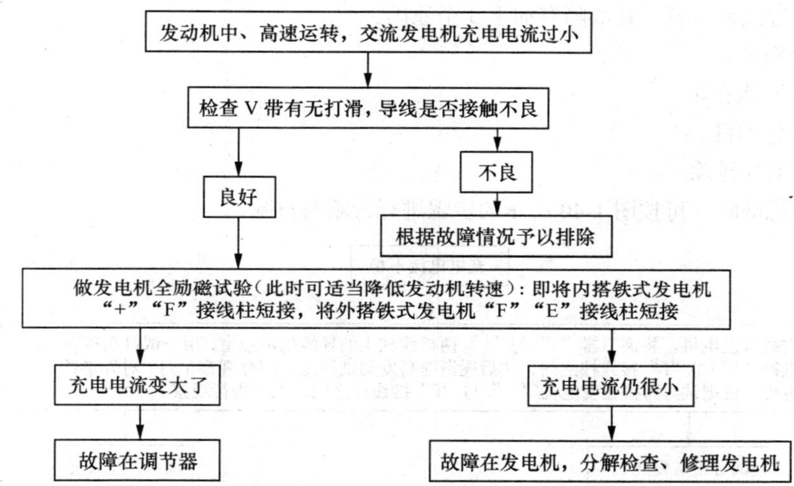

图 1-39 充电电流过小故障诊断与排除流程图

3．交流发电机充电电流过大故障的诊断与排除

（1）故障现象

发动机运转在中速以上时，电流表指示大电流充电（30 A 以上）、蓄电池电解液消耗过快且有气味、点火线圈过热、分电器触点易烧蚀、灯泡易烧坏等均表示充电电流过大。

（2）故障原因

充电电流过大故障主要有以下原因。

① 调节器调节电压过高或失控。

② 发电机“+”（电枢）接线柱和磁场接线柱短路。

③ 蓄电池亏电太多，蓄电池内部短路。

（3）故障诊断与排除

检查发电机“电枢”接线柱与“磁场”接线柱是否短路。

检查方法是：将发电机“磁场”接线柱上的线取下，看是否仍有充电电流，若有，说明发电机内部“电枢”与励磁绕组短路。若不充电，则应该检查调节器调节电压是否过高或失控。

4．交流发电机充电电流不稳故障的诊断与排除

（1）故障现象

发动机在怠速运转时，电流表指针不断地摆动。

（2）故障原因

充电电流不稳故障主要有以下原因。

① 接线的各连接处松动，接触不良。

② 发电机故障。其原因有如下几个。

- 发电机 V 带过松。
- 励磁绕组或定子绕组有故障。
- 电刷压力不足，接触不良。
- 接线柱松动，接触不良。

③ 调节器故障。如果是电磁振动式调节器，其故障有如下 3 个原因。

- 触点脏污、接触不良。
- 线圈、电阻有故障。
- 附加电阻断路。

如果是晶体管式调节器，其故障有如下 3 个原因。

- 连接部分松动。
- 电子元件性能变坏。
- 继电器工作不良。

（3）故障诊断与排除

充电电流不稳故障，可按图 1-40 所示的步骤进行诊断与排除。

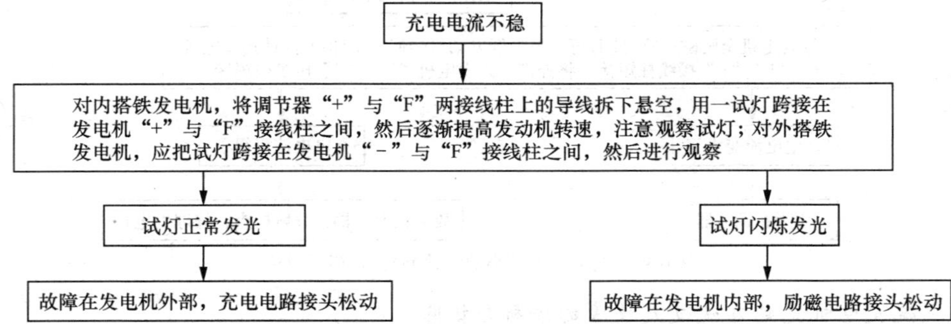

图 1-40　充电电流不稳故障诊断与排除流程图

5．发电机工作中有异响的故障诊断与排除

（1）故障现象

发电机在运转过程中有不正常噪声。

（2）故障原因

发电机工作中有异响的故障主要有以下原因。

① 风扇传动带过紧或过松。

② 发电机损坏被卡住或松旷缺油，轴承钢球保护架脱落及轴承走外圆。

③ 发电机转子与定子相碰，俗称“扫膛”。

④ 电刷磨损过大，或电刷与滑环接触角度偏斜，电刷在电刷架内倾斜摆动。

⑤ 发电机总装时部件不到位，使机体倾斜或发电机电枢轴弯曲。

⑥ 发电机传动带与轴松旷，使传动带盘与散热片碰撞。

（3）故障诊断与排除

发电机工作中有异响可按以下的步骤进行诊断与排除。

① 检查风扇传动带松紧度。

② 检查发动机传动带轮与发电机安装是否松旷。

③ 用手触摸发电机外壳和轴承部位，若烫手说明定子和转子相碰或轴承损坏。借助听诊器或旋具

倾听发电机轴承部位，若声音清脆、不规则，则说明轴承缺油或滚柱（或滚珠）已损坏。

④ 拆下电刷，检查其磨损和接触情况。

⑤ 拆检发电机，检查其内部机件配合和润滑是否良好。如果发电机噪声细小而均匀，应检查硅二极管和励磁绕组是否断路或短路。

【课后练习题】

一、填空题

1. 汽车蓄电池是一种将所获得的＿＿＿＿＿以＿＿＿＿＿的形式储存并可将＿＿＿＿转化为的电化学装置。

2. 铅酸蓄电池又可以分为＿＿＿＿＿、＿＿＿＿＿、＿＿＿＿＿和免维护铅酸蓄电池。

3. 检测蓄电池液面高度的方法有两种：＿＿＿＿＿、＿＿＿＿＿。

4. 发电机三相绕组连接方式有＿＿＿＿＿、＿＿＿＿＿。

5. 交流发电机是利用二极管的＿＿＿＿＿把交流电转化为直流电。

二、判断题

1. 为保证在充、放电过程中化学反应剧烈时，电解液顺利地上下流通，安装时，隔板带沟槽的一面应朝向负极板。（　　）

2. 用高率放电计检查蓄电池，单格电池的电压在 1.5 V 以上，并在 5 s 内保持稳定，说明此单格电池良好。（　　）

3. 蓄电池是汽车上的主要电源，它和交流发电机是并联关系。（　　）

4. 交流发电机整流器的作用是将定子绕组产生的三相交流电整流成直流电。（　　）

三、选择题

1.（　　）是指在充电过程中，充电电流保持不变的充电方法。

A. 定压充电　　B. 初充电　　C. 脉冲快速充电　　D. 定流充电

2. 冬季放电量超过 25%，夏季超过 50%时要进行（　　）。

A. 补充充电　　B. 初充电　　C. 去硫充电　　D. 间歇过充电

3. 外壳为正极、中心引线为负极的二极管，称为（　　），管壳底上注有黑色标记。

A. 正极管　　B. 负极管

4.（　　）的作用是产生感应电动势。

A. 定子　　B. 转子

1.11　实训

实训 1　蓄电池检查与充电方法

一、实训目的与要求

① 了解蓄电池的检测仪器。

② 掌握蓄电池的检测方法。

③ 掌握蓄电池充电设备的使用方法及充电电路连接。

④ 掌握蓄电池初充电、补充充电的方法。

二、实训仪器和设备

蓄电池若干个、高率放电计、充电机若干台、万用表等。

三、实训步骤

1. 蓄电池外部检查

① 检查蓄电池封胶有无开裂和损坏，极桩有无破损，壳体有无泄漏，若有则应修复或更换。

② 用温水清洗蓄电池外部的灰尘泥污，再用碱水清洗。

③ 疏通加液盖通气孔，用钢丝刷或极桩接头清洗器除去极桩和接头的氧化物，并涂一层薄薄的工业凡士林或润滑脂。

2. 静止电动势（开路电压）检测

若蓄电池刚充过电或车辆刚行驶过，应接通前照灯，开启远光 30 s，消除“表面充电”现象，然后熄灭前照灯，切断所有负载，用万用表测量蓄电池的开路电压，根据表 1-4 判断放电程度。

表 1-4　蓄电池电压与放电程度对比表

蓄电池开路电压/V	≥12.6	12.4	12.2	12.0	≤11.7
高率放电计检测蓄电池电压/V	10.6～11.6	9.6～10.6		≤9.6	
高率放电计（100A）检测蓄电池单格电压/V	1.7～1.8	1.6～1.7	1.5～1.6	1.4～1.5	1.3～1.4
放电程度/%	0	25	50	75	100

3. 负荷试验检测

（1）高率放电计测试

① 对于只能检测单格蓄电池电压的普通高率放电计［见图 1-41（a）］，测量时将两个叉尖紧压在单格电池的正、负极柱上，若电压稳定，根据表 1-5 判断放电程度；若在 5s 内电压迅速下降，或某一单格电池电压比其他单格要低 0.1V 以上时，则表示有故障。

② 对于新式 12V 高率放电计［见图 1-41（b）］，将两放电针压在蓄电池正、负极桩上，保持 5s，若电压稳定，根据表 1-5 判断放电程度；若电压迅速下降，说明蓄电池已损坏。

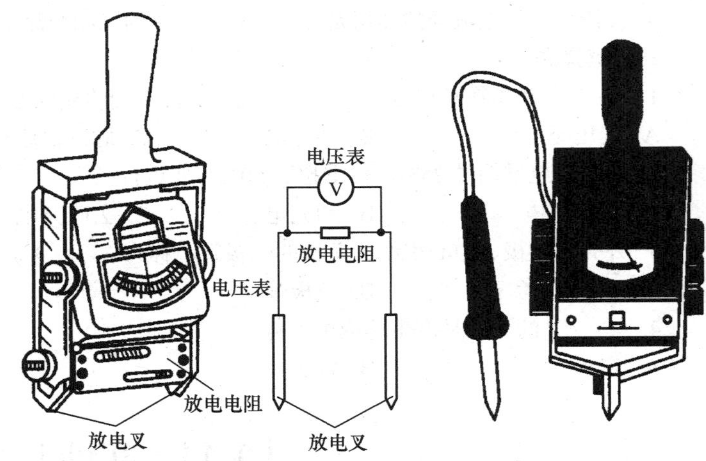

（a）普通高率放电计　（b）新式 12 V 高率放电计

图 1-41　高率放电计

（2）利用专用测试仪测量端电压

对于奥迪轿车应使用蓄电池测试仪检查放电程度。该测试仪实际上就是大功率、大量程的高率放电计，如图 1-42 所示。

将蓄电池测试仪连接到蓄电池的正极桩和负极桩上，当负载电流近似为 110 A 时，必须达到最小电压 9.6 V；如果在测量过程中（最后 5～10 s）电压下降到规定值以下，则说明蓄电池已过放电或出现故障（桑塔纳轿车的蓄电池测量方法与此相同）。

（3）大负荷放电测试蓄电池端电压法

使用 SVAT-40 型测试仪（见图 1-43）进行测试，方法如下。

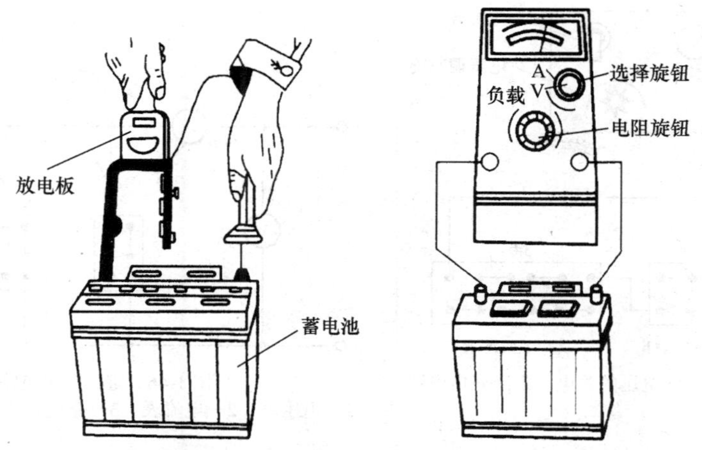

图 1-42 奥迪轿车蓄电池测试仪　　图 1-43 SVAT-40 型测试仪

将电阻旋钮旋至“OFF”（断开）挡，选择旋钮旋至“AMP”（安培）挡，顺时针方向旋转负载旋钮，直至仪表显示所需电流值，保持 15 s 后，旋转选择旋钮至“VOLTS”（伏特）挡，观察电压表值。若电解液温度在 21℃以上，电压大于 9.6 V，说明蓄电池良好；若电压低于 9.6 V，说明蓄电池亏电或存在故障。

（4）车上起动测试

拔下分电器中央线并搭铁，将万用表接在蓄电池正、负极桩上，接通起动机 5 s，电压应不低于 9.6 V。

4．蓄电池充电的接线方法

（1）定流充电的接线方法

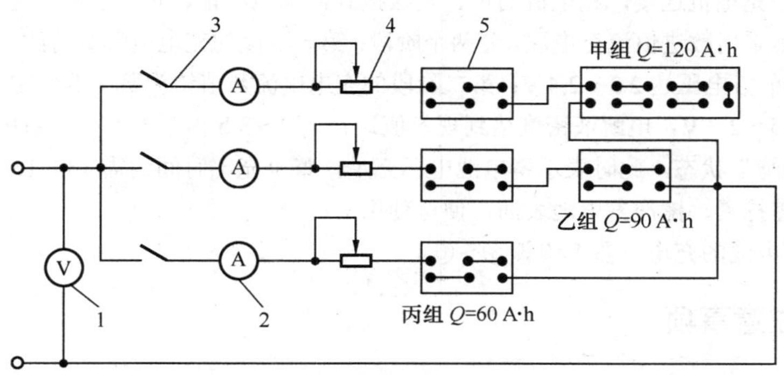

图 1-44 按容量分组的定流充电电路

1—电压表 2—电流表 3—充电开关 4—变阻器 5—蓄电池

① 对容量不同、电压不同的蓄电池同时充电时，可以按图 1-44 所示连接方法接线，选择各种充电电流时，可分别调节变阻器。此方法适用于大容量的充电机对大批量蓄电池充电。

② 用小容量充电机对蓄电池充电时，可根据充电机的最高电压将几只蓄电池串联起来［可串联的 12 V 蓄电池个数 N=充电机的额定电压/（6 × 2.7）］进行充电，但各蓄电池的容量应尽可能相同，否则充电机电流应以小容量的蓄电池来计算，接线方法如图 1-45 所示。调节充电电流时，只要转动电压调节旋钮即可得到不同的充电电流。本实验即按此种方法进行。为观察不同充电阶段蓄电池的情况，3 只蓄电池可分别用放完电的、进入第二充电阶段的和进入充电终了阶段的蓄电池。

（2）定压充电的接线方法

蓄电池容量不同但额定电压相同，且充电机输出电压受条件限制时，可用定压充电方法充电，其接线方法可按图 1-46 所示进行。

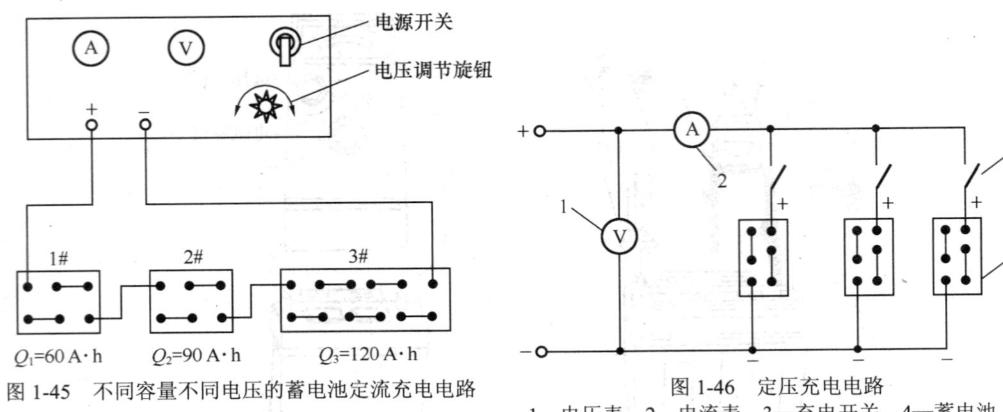

图 1-45　不同容量不同电压的蓄电池定流充电电路

图 1-46　定压充电电路
1—电压表　2—电流表　3—充电开关　4—蓄电池

5．蓄电池的初充电

对于干荷蓄电池初次使用，只需按规定加足电解液后，静放 20～30 min 即可装车使用。

6．蓄电池的补充充电

① 从汽车上拆下蓄电池，清洁蓄电池外部的脏污以及极桩上的氧化物，疏通加液孔盖上的通气小孔。

② 旋下加液孔盖，检查电解液的液面高度，如不符合规定要求，应添加蒸馏水，但如果确定是电解液逸出导致液面下降，则应用密度为 1.40 g/cm^3 的稀硫酸调配，电解液液面应高出极板上缘 10～15 mm。

③ 用高率放电计检查各单格电池的放电情况，要求蓄电池的各个单格电压读数基本一致。

④ 将蓄电池与充电机连接，充电机的正、负极接到蓄电池的正、负极，准备充电。

⑤ 补充充电常采用改进恒流充电法。分两个阶段：第一阶段的充电电流数值约为蓄电池额定容量数值的 1/10，充至单格电压达 2.3～2.4 V；第二阶段的充电电流数值约为蓄电池额定容量数值的 1/20，充至单格电压达 2.5～2.7 V，电解液密度达到规定值，并在 2～3 h 内基本不变，蓄电池内产生大量气泡，电解液呈“沸腾”状态。此时表示蓄电池电已充足，整个充电时间约需 13～16 h。

⑥ 将加液孔盖拧紧，擦净蓄电池表面，便可使用。

对于免维护蓄电池的充电可参考步骤③～⑥。

四、实训注意事项

① 用高率放电计测量电压时，接通时间不能超过 5 s，以防止蓄电池长时间大电流放电。

② 充电室要保持通风状态。

五、实训数据或现象记录、处理、分析

将数据填入表 1-5，并加以分析。

表 1-5　蓄电池充电数据记录表

充电电压/V									
充电电流/A									
蓄电池编号	1	2	3	1	2	3	1	2	3
蓄电池型号									
蓄电池端电压									

六、思考题

① 用高率放电计测量蓄电池电压时，为什么接通时间不得超过 5 s？

② 在打开充电机的电源开关前，为什么应将电压调节旋钮调至最小的位置？

实训2 发电机的拆装与维护

一、实训目的与要求

① 掌握对发电机进行测量的方法。

② 学习发电机拆解、检修及装配作业的基本方法。

二、实训仪器和设备

汽车交流发电机、万用表、维修工具等。

三、实训步骤

1．发电机拆解前的检测

使用万用表对发电机外接线柱进行测量，可以初步判定发电机的状态。对于普通发电机拆解前的测量，建议使用指针式万用表，其测量结果依使用的万用表型号的不同，略有差异。常用发电机各接线柱间电阻值如表 1-6 所示。

表 1-6 常用发电机各接线柱间电阻值

发电机型号	“F”与“E”间电阻/Ω	“B”与“E”间电阻/Ω		“N”与“E”或“B”间电阻/Ω	
		正向	反向	正向	反向
JF11、JF13、JF15、JF21、JF132N	4～7	40～50	≥10×10^3	10～15	≥10×10^3
JFW14（无刷）	3.5～3.8	40～50	≥10×10^3	10～15	≥10×10^3
夏利 JFZ1542	2.8～3.0	40～50	≥10×10^3	10～15	≥10×10^3
桑塔纳 JFZ1913	2.8～3.0	65～80	≥10×10^3	10～15	≥10×10^3

2．发电机拆解作业

发电机的拆解按照以下操作步骤进行。

① 拆下电刷及电刷架（外装式）紧固螺钉，取下电刷架总成，如图 1-47 所示。

② 在前、后端盖上做记号，拆下连接前、后端盖的紧固螺栓，如图 1-48 所示，将其分解为与转子结合的前端盖和与定子连接的后端盖两大部分。

注 意

不能单独将后端盖分离下来，否则会扯断定子绕组与整流器的连接线（即三相定子绕组端头）。

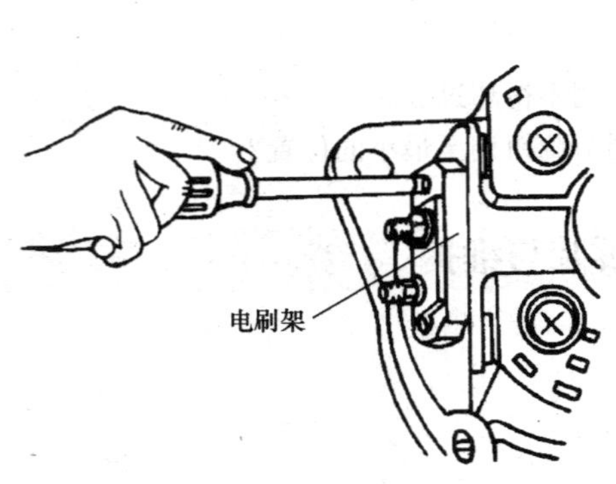

图 1-47　电刷架的拆解

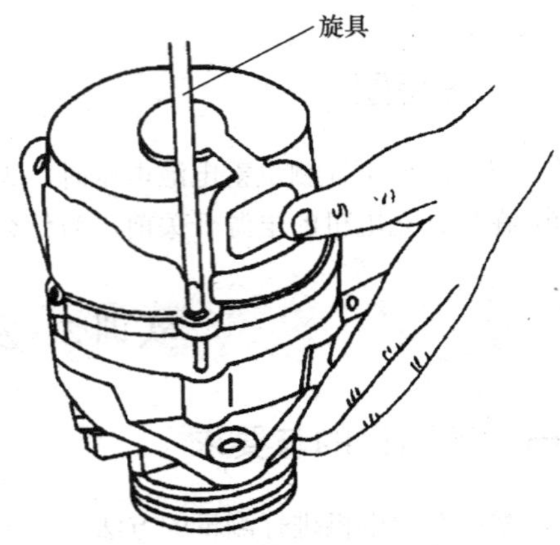

图 1-48　前、后端盖的拆解

③ 将转子夹紧在台虎钳上，拆下带轮紧固螺母，如图 1-49 所示，再依次取下带轮、风扇、半圆键、定位套。

④ 将前端盖与转子分离，若该部件装配过紧，可用拉器拉开，如图 1-50 所示，或用木锤轻轻敲，使之分离。

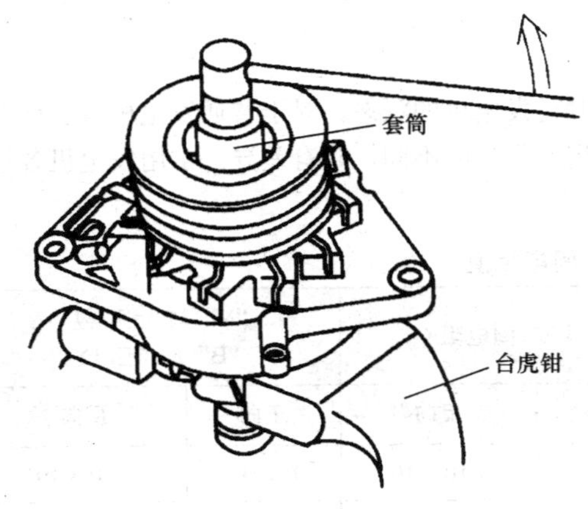

图 1-49　带轮的拆解

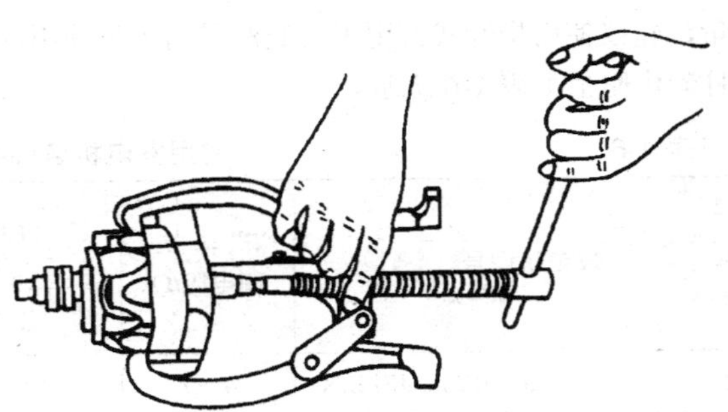

图 1-50　前端盖与转子的分离

注　意

铝合金端盖容易变形，因此拆卸时应均匀用力。

⑤ 拆掉防护罩，拆掉图 1-51 所示的后端盖上的 3 个螺钉（其中 B 端子兼作“+”接线柱），即可将防护罩取下。

对于整体式发电机，先拧下“B”端子上的固定螺母并取下绝缘套管；再拧下后防尘盖上的 3 个带垫片的固定螺母，取下后防尘盖；然后拆下电刷组件的 2 个固定螺钉和调节器的 3 个固定螺钉，取下电刷组件和 IC 调节器总成；最后拧下整流器二极管与定子绕组的引线端子的连接螺钉，取下整体式整流器总成。

⑥ 拆下定子上 4 个接线端（三相绕组首端及中性点）在散热板上的连接螺母，如图 1-52 所示，使定子与后端盖分离。

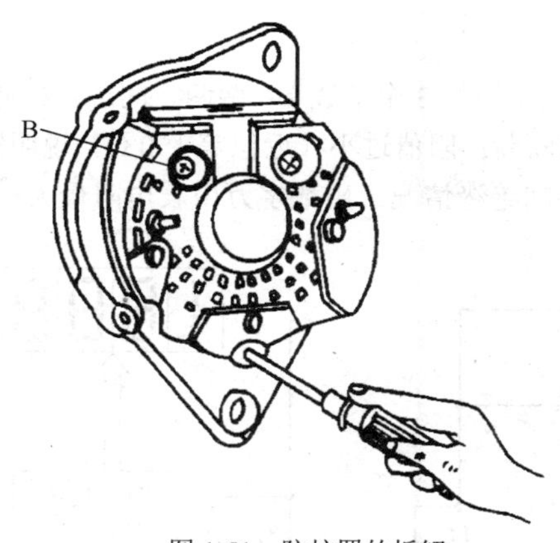

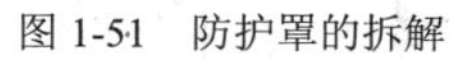
图 1-51　防护罩的拆解

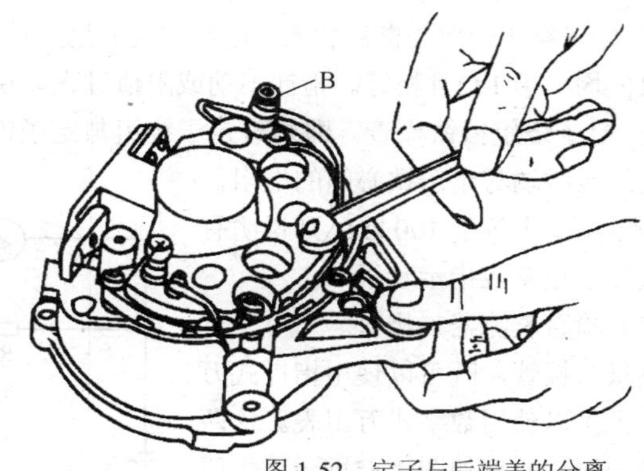

图 1-52　定子与后端盖的分离

⑦ 拆下后端盖上紧固整流器总成的螺钉，取下整流器总成，如图 1-53 所示。

注：若经检验所有二极管均良好，该步骤可不进行。

⑧ 零部件的清洗。对机械部分可用煤油或清洗液清洗，对电气部分如绕组、散热板及全封闭轴承等宜用干净的棉纱擦拭，去除表面尘土、污垢。

发电机的拆解要按照工艺要求进行，禁止生敲硬卸而损坏零件。拆解的零件要按照规范清洗并顺序摆放。对有问题的零件和复杂部位的拆解顺序及连接方法，必要时要有详细记录。

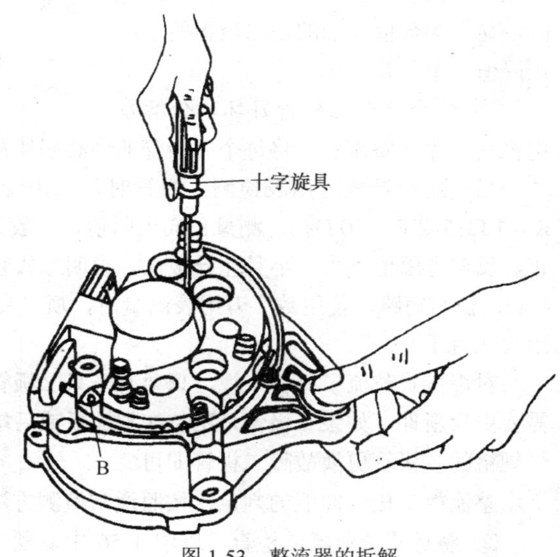

图 1-53　整流器的拆解

3．发电机的检测

发电机拆解后检测转子、定子的电阻值及绝缘电阻，既可以使用指针式万用表，也可以使用数字式万用表。对于线圈电阻的测量，为取得较准确的数值，建议使用数字式万用表。

（1）检查转子

① 转子绕组（磁场绕组）短路与断路检查。

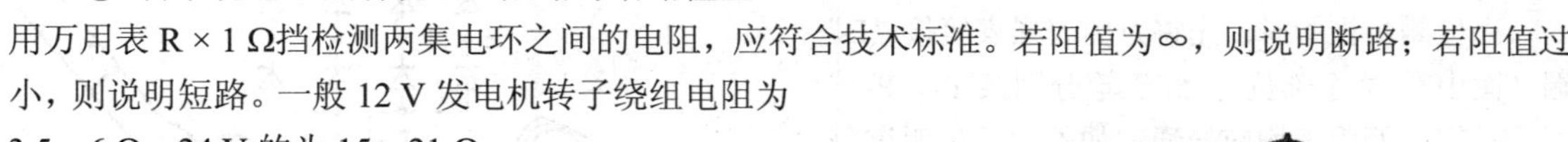
用万用表 R × 1 Ω挡检测两集电环之间的电阻，应符合技术标准。若阻值为∞，则说明断路；若阻值过小，则说明短路。一般 12 V 发电机转子绕组电阻为 3.5～6 Ω，24 V 的为 15～21 Ω。

② 转子绕组搭铁检查。即检查转子绕组与铁心（或转子轴）之间的绝缘情况。用万用表电阻最大挡检测两集电环与铁心（或转子轴）之间的电阻，若表针有偏转，则说明有搭铁故障。正常应指示“∞”。

③ 集电环（滑环）检查。集电环表面应平整光滑，无明显烧损，否则要用“00”号砂布打磨。两集电环间隙处应无污垢。集电环圆度误差不超过 0.025 mm，厚度不小于 1.5 mm。

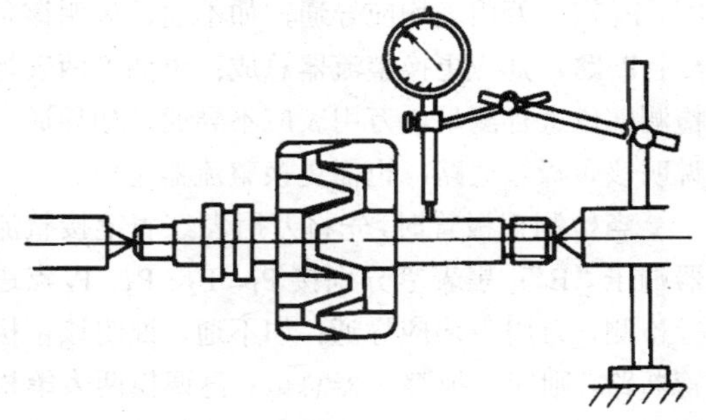

图 1-54　转子轴检测方法

④ 转子轴检查。转子轴检测方法如图 1-54 所示。用百分表检查轴的弯曲度，弯曲度不得超过 0.05 mm（径向跳动公差不超过 0.1 mm），否则应予校正。爪形磁极在转子轴上应固定牢靠，间距相等。

（2）检查定子

① 定子绕组短路与断路检查。用数字式万用表检测定子绕组 3 个接线端，两两之间进行检测，正常时阻值均小于 1 Ω且相等。指针不动或阻值过大，说明断路；阻值过小（近似等于 0 Ω）说明短路。

② 定子绕组搭铁检查。即检查定子绕组与定子铁心间绝缘情况。用数字万用表电阻最大挡检测定子绕组接线端与定子铁心间的电阻，若绝缘电阻小于等于 100 kΩ，则说明有搭铁故障。正常应指示趋于∞。

（3）检查整流器二极管

测量二极管，既可以使用指针式万用表，也可以使用数字式万用表。这两种仪表的测量原理如图 1-55 所示。需要注意的是：数字式万用表红表笔是内部电池的正极，当使用其二极管挡位测量时，显示的数值表示的是二极管的正向压降值，单位是 mV。

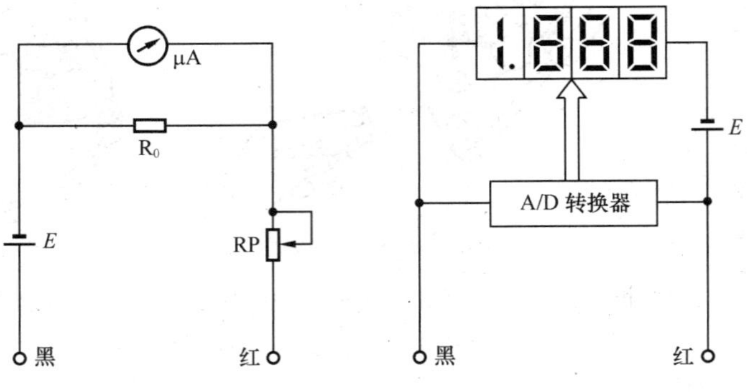

（a）指针式　　（b）数字式

图 1-55　万用表的测量原理图

① 检查单个二极管好坏。分解发电机后端盖和整流板，将每个二极管的中心引线从接线柱上拆下，逐一检测。

当使用指针式万用表检测二极管时，二极管的阻值随万用表挡位不同数值也会不同，通常使用 R × 1 Ω挡或 R × 10 Ω挡。测量正向电阻值，一般为几十欧姆；反向电阻值，一般为几十千欧以上。若正、反向电阻值一大一小且差异很大，说明二极管良好。若正、反向电阻均为∞，说明断路；若均为 0 Ω，说明短路。使用数字万用表测量时，质量良好的二极管正向压降一般为 500～700 mV，反向电阻为几百千欧。

对焊接式整流二极管来说，只要有一只二极管短路或断路，该二极管所在的正或负整流板总成就需要更换新件，如果二极管是压装在整流板或后端盖上，那么在二极管短路或者断路后，只需用同型号规格的二极管更换故障二极管即可。

整流板二极管性能的判定，按照通常检测方法进行。

② 整体式整流器的检查。以图 1-56 中夏利轿车 JFZ1542 型整体式发电机为例说明。

当检测负极管时，先将万用表黑表笔接“E”端（图中有 3 个部位），红表笔分别接 P_1、P_2、P_3、P_4 点，万用表均应导通，如不通，说明该负极管断路，则应更换整流器总成；再调换两表笔检测部位进行测量，万用表应不导通，如导通，说明该负极管短路，也需更换整流器总成。

当检测正极管时，先将万用表红表笔接整流器端子“B”；黑表笔分别接 P_1、P_2、P_3、P_4 点进行检测，万用表均应导通，如不通，说明该正极管断路，则应更换整流器总成；再调换两表笔检测部位进行检测，此时万用表应不导通，如导通，说明该正极管短路，也应更换整流器总成。

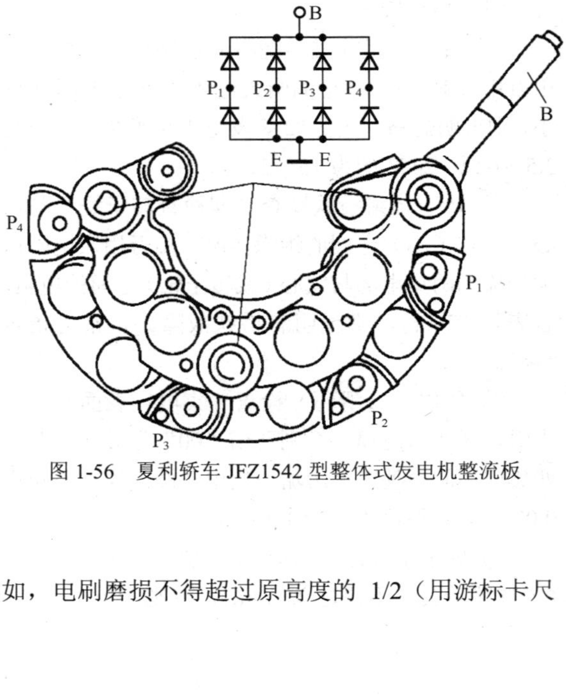

图 1-56　夏利轿车 JFZ1542 型整体式发电机整流板

（4）检查电刷组件

电刷表面不得有油污，且应在电刷架中活动自如，电刷磨损不得超过原高度的 1/2（用游标卡尺

或钢直尺检测）；检测电刷弹簧压力时，当电刷从电刷架中露出长度为 2 mm 时，电刷弹簧力一般为 2～3 N；电刷架应无烧损、破裂或变形。

（5）其他零件检查

检查轴承轴向和径向间隙均不应大于 0.20mm，滚珠（或滚柱）、滚道无斑点，轴承无转动异响；检查前后端盖、带轮等应无裂损，绝缘垫应完好。

4．发电机的装配

① 将整流器装到后端盖上，如图 1-53 所示，拧上 3 颗固定螺钉，整流器即被固定在后端盖上。

应注意各绝缘垫片不能漏装。装复后用万用表电阻挡测量“B”接线柱与端盖间电阻应为∞。测量两散热板之间及绝缘散热板与端盖之间电阻，均应为∞。若上述电阻较小或者为零，表明漏装了绝缘垫片或套管，应拆开重装。

② 将定子总成与后端盖结合。将定子绕组上的 4 个接线端子从后端盖孔中穿出，将接线端分别连接在整流器的接线螺钉上，参见图 1-52 所示。

③ 将前端盖装到转子轴上。先将前端盖上的轴承、轴承盖安装并紧固好，再将该部分套到转子轴上，若过盈量较大，可用木锤轻轻敲入。

④ 将后端盖、定子装到转子轴上。应注意使前、后端盖在发电机上的位置恰当（符合拆解标记）。上述两大部分结合后，穿上前、后端盖紧固螺栓并分几次拧紧。注意各螺栓的拧紧切不可一次完成，而应轮流进行，并且不断转动转子，若转子运转受阻或者内部有摩擦，应调整拧紧力矩。

⑤ 装配风扇、带轮。在转子轴上套上定位套，安装半圆键、风扇叶片、带轮、弹簧垫圈，拧紧带轮紧固螺母，如图 1-49 所示。

⑥ 装复后端盖上的防护罩，如图 1-51 所示。

⑦ 安装电刷架总成，如图 1-47 所示。

⑧ 检验装配质量。使用万用表检测各接线柱与外壳间的电阻值，应该符合参数要求，否则应该拆解重装。

四、实训注意事项

① 拆装过程中不得丢失、损坏和漏装零部件。

② 不可用汽油清洗转子和定子线圈，以防绝缘损坏。

五、实训数据或现象记录、处理、分析

① 将发电机各接线柱间电阻值测量结果填入表 1-7 中，并据此判断发电机状态。

表 1-7　发电机各接线柱间电阻值测量结果

发电机型号	“F”与“E”间电阻/Ω	“B”与“E”间电阻/Ω		“N”与“E”或“B”间电阻/Ω	
		正向	反向	正向	反向

② 将对发电机的检测结果记录于表 1-8。

表 1-8　发电机测量记录（万用表型号：______）

转子两集电环间阻值/Ω			
转子绝缘电阻/Ω			
定子三接线端两两之间阻值/Ω			

续表

<table>
<tr><td colspan="2">定子绝缘电阻/Ω</td><td colspan="9"></td></tr>
<tr><td rowspan="4">二极管测量</td><td>二极管编号</td><td>1</td><td>2</td><td>3</td><td>4</td><td>5</td><td>6</td><td>7</td><td>8</td><td>9</td></tr>
<tr><td>正向电阻值/Ω</td><td></td><td></td><td></td><td></td><td></td><td></td><td></td><td></td><td></td></tr>
<tr><td>正向压降值/mV</td><td></td><td></td><td></td><td></td><td></td><td></td><td></td><td></td><td></td></tr>
<tr><td>反向电阻值/kΩ</td><td></td><td></td><td></td><td></td><td></td><td></td><td></td><td></td><td></td></tr>
<tr><td colspan="2">集电环检测记录</td><td colspan="9"></td></tr>
<tr><td colspan="2">转子轴检测记录</td><td colspan="9"></td></tr>
<tr><td colspan="2">电刷检测记录</td><td colspan="9"></td></tr>
<tr><td colspan="2">轴承、端盖检测记录</td><td colspan="9"></td></tr>
</table>

六、思考题

在汽车上对发电机进行不解体检测时，为什么必须将发电机上各导线拆下？

实训 3　电源系统的故障诊断与排除

一、实训目的与要求

初步掌握对交流发电机充电系统常见故障的诊断方法。

二、实训仪器和设备

发动机排故台架、万用表、发光二极管试灯、常用工具、连接导线等。

三、实训步骤

1. 完全不充电故障诊断步骤

起动发动机，电流表指示发电机完全不充电，该故障可按下列流程进行诊断。

① 检查发电机风扇皮带张紧度和电源系统各部件连接线有无脱落，熔断器是否烧断。

② 检查充电线路是否良好。用试灯一端接地，一端接发电机 B^+接线柱，或用万用表直流电压挡检查。

- 灯亮或万用表电压挡测得电压为 12 V，说明蓄电池与发电机 B^+间导线连接良好。
- 灯不亮或万用表电压挡测得无电压，说明蓄电池与发电机 B^+间导线断路。用试灯或万用表逐段检查它们之间的连线，找出断路点，然后排除掉。

③ 检查发电机是否良好。打开点火开关，用旋具靠近发电机后端盖的中心处，检查转子是否有电磁吸力。

- 如有明显吸力，说明励磁电路正常，则不充电故障在发电机电枢绕组等，需检修或更换发电机。
- 如无吸力，用试灯一端接地，一端接发电机 F 接线柱，观察试灯的亮灭或用万用表电压挡检查有无电压。

灯亮或万用表电压挡测得电压为 12 V，说明外部励磁电路正常，故障在发电机内部，检查电刷、励磁绕组；灯不亮或万用表电压挡测得无电压，说明外部励磁电路有故障，用试灯或万用表逆着外部励磁电流的走向，依次检查电压调节器磁场接线柱、火线接线柱、点火开关等连接处是否有断路或接触不良。

2．充电电流过小故障诊断步骤

起动发动机，电流表指示充电电流小，该故障可按图 1-57 所示步骤进行诊断。

四、实训注意事项

要认真观察故障现象，然后根据实训步骤进行故障的排除。

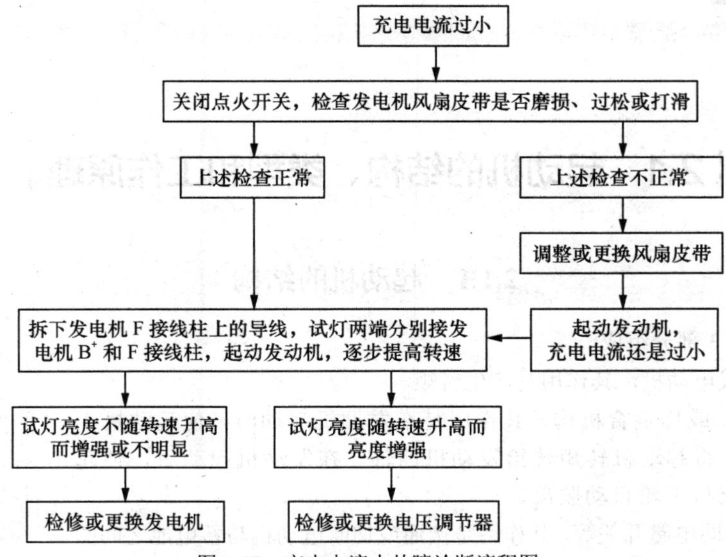

图 1-57　充电电流小故障诊断流程图

五、思考题

充电电流过大或者过小，对蓄电池有何不良影响？

第 2 章 起动系统

|2.1 起动机的结构、类型和工作原理|

2.1.1 起动机的结构

起动机一般由 3 部分组成。

① 直流串励式电动机，其作用是产生转矩。

② 传动机构，或称啮合机构，其作用是在发动机起动时，使起动机小齿轮与飞轮啮合，将起动机转矩传给发动机曲轴。在发动机起动后，使起动机小齿轮滑转或与飞轮自动脱离。

③ 控制装置，即电磁开关等，其作用是接通或切断电动机与蓄电池之间的电路。在有些汽车上，还具有接入和断开点火线圈附加电阻的作用。

起动机的结构如图 2-1 所示。

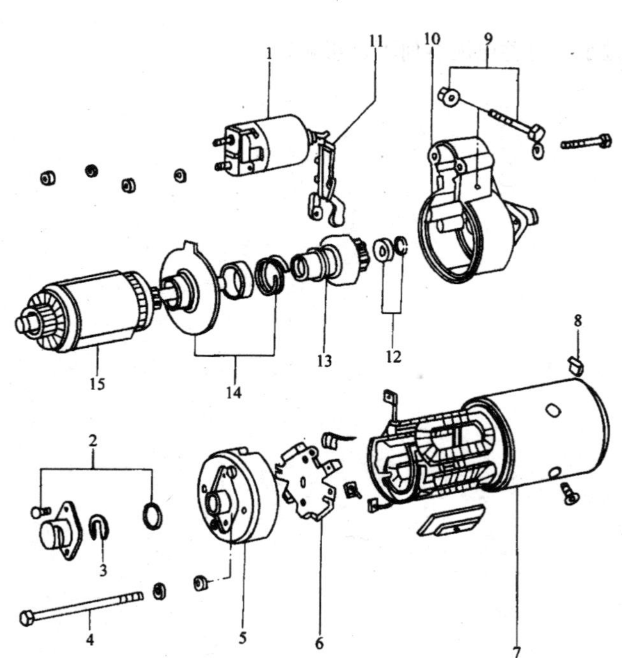

图 2-1 起动机结构图

1—电磁开关 2—螺母及垫圈 3—锁片 4—螺栓 5—电刷端盖 6—电刷架 7—电动机壳体 8—橡胶密封圈 9—拨叉支点螺栓与螺母 10—驱动端盖 11—拨叉 12—止推垫圈与卡环 13—单项离合器 14—中间轴承、支撑板与弹簧 15—电枢

1．直流串励式电动机

直流串励式电动机主要由电枢、磁极、电刷和外壳等组成。

（1）电枢（转子总成）

电枢主要由电枢轴、电枢绕组、铁心和换向器组成，如图 2-2 所示，它的作用是产生电磁转矩。电枢铁心由硅钢片叠压而成，内以花键固定在电枢轴上。铁心槽内嵌电枢绕组，为了获得较大的电磁转矩，流经电枢绕组的电流很大（一般汽油发动机为 200～600 A，柴油发动机可达 1 000 A），因此，电枢绕组都用较粗的矩形裸铜线绕制。

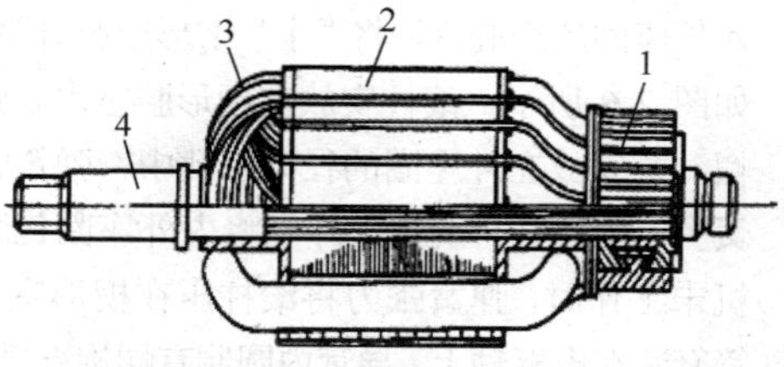

图 2-2　电枢的结构
1—换向器　2—铁心　3—电枢绕组　4—电枢轴

换向器的作用是将电流引入电枢绕组并使不同磁极下导线中的电流方向保持不变。换向器由截面成燕尾形的铜片围合而成，如图 2-3 所示。燕尾形铜片称为换向片，换向片与换向片之间以及换向片与轴承之间用云母绝缘。

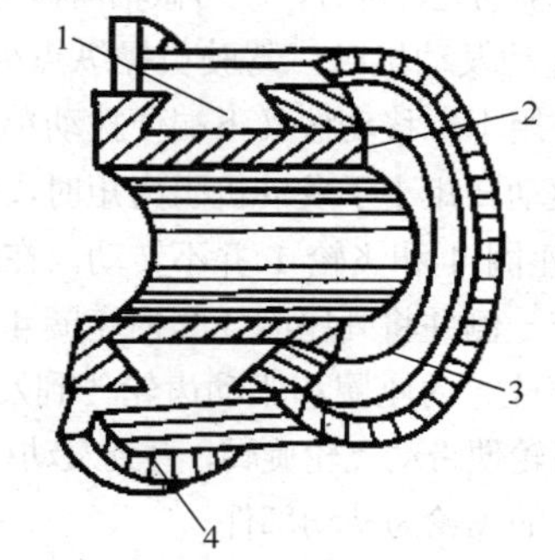

图 2-3　换向器的结构
1—换向片　2—轴套　3—压环　4—焊接凸缘

（2）磁极

磁极的作用是建立电动机的磁场。一般装有 4 个（2 对）磁极，在大功率起动机中，为增大起动机的转矩，有的装 6 个（3 对）磁极。每个磁极上套有励磁绕组，4 个励磁绕组相互串联（或 2 个绕组串联后再并联），并与电枢串联。磁极通过螺钉固定在圆筒形的起动机壳体上。流过励磁绕组的电流产生的磁极必须 N、S 极相间排列。

认识起动机中的单向离合器

励磁绕组的一端接在外壳的绝缘接线柱上，另一端与两个非搭铁电刷相连。电动机内部电路如图 2-4 所示。

（3）电刷组件

电刷组件由电刷、电刷架和电刷弹簧组成。电刷的作用是将电源电压加到与换向器相连接的电枢绕组上。电刷由铜粉与石墨粉压制而成，起动机电刷的含铜量为 80%（质量分数）左右，石墨含量为 20%（质量分数）左右。加入较多铜粉的目的是减小电阻，提高导电性能和耐磨性能。电刷架固定在电刷端盖上，电刷安放在电刷架内。直接固定在端盖上的电刷架称为搭铁电刷架或负电刷架，安装在负电刷架中的电刷称为负电刷。用绝缘板固定在电刷架盖上的电刷架称为绝缘电刷架或正电刷架，安装在正电刷架上的电刷称为绝缘电刷或正电刷。电刷弹簧压在电刷上，其作用是保证电刷与换向器接触良好。

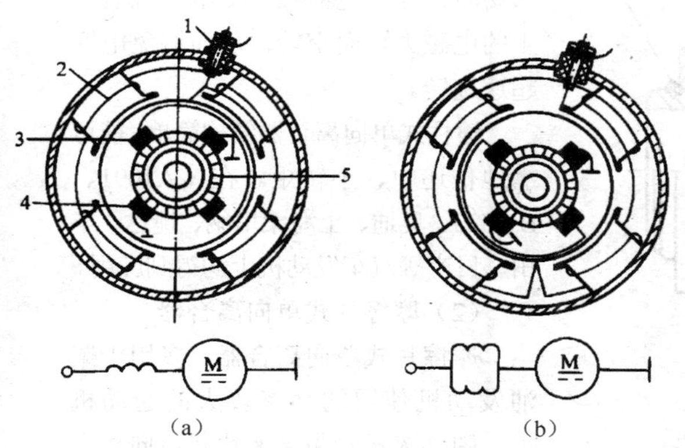

图 2-4　电动机内部电路图
1—绝缘接线柱　2—励磁绕组　3—非搭铁电刷　4—搭铁电刷　5—换向器

2．传动机构

传动机构的作用是当起动发动机时，将电动机的驱动转矩传给发动机曲轴，即传递动力。当发动机起动后，切断电动机与发动机之间的动力联系，即切断动力。

传动机构主要由单向离合器和驱动齿轮组成。单向离合器主要有滚柱式、摩擦片式和弹簧式 3 种形式。

（1）滚柱式单向离合器

图 2-5 所示为滚柱式单向离合器的结构图。

传动导管 1 与外座圈 2 制成一体，外座圈内圆制成“十”字形空腔。驱动齿轮另一端的内座圈伸入外座圈的空腔内，将“十”字形空腔分割成 4 个楔形腔室，如图 2-6 所示。滚柱安放在楔形腔室内。弹簧一端套上弹簧帽，并安放在外座圈的径向小孔中，弹簧帽压在滚柱上，弹簧另一端压在外壳上，外壳将内外座圈包装在一起。在起动机未工作时，弹簧张力将滚柱压在楔形室较宽一端。传动导管套装在电枢轴上，导管内圆制有螺旋键槽，与电枢轴上的外螺旋键槽配合而传动动力。制成一体的驱动齿轮和内座圈套装在电枢轴的光轴部分，既可做轴向移动，也可绕光轴转动。

图 2-5　滚柱式单向离合器结构图
1—传动导管　2—外座圈　3—滚柱　4—弹簧
5—弹簧帽　6—外壳　7—驱动齿轮与内座圈

起动发动机时，驾驶员操纵点火起动开关，在控制装置的作用下，移动拨叉下端便拨动单向离合器移动，使驱动齿轮 2 与发动机飞轮 1 齿圈进入啮合。当电动机驱动转矩小于发动机阻力矩时，电枢轴仅带动制成一体的传动导管和外座圈 3 转动，此时驱动齿轮 2、内座圈 4 和飞轮 1 并不转动，在内座圈与滚柱之间的摩擦力矩和弹簧力矩的作用下，滚柱滚向楔形室较窄一侧并将外座圈 3 与内座圈 4 卡成一体，如图 2-6（a）所示，动力便经电枢轴、传动导管、外座圈、滚柱、内座圈和驱动齿轮传到发动机飞轮齿圈。当电动机驱动力矩达到或超过发动机阻力转矩时，驱动齿轮便带动飞轮旋转，直到发动机被起动为止。在起动发动机时，单向离合器的驱动齿轮为主动部件，发动机的飞轮为从动部件。

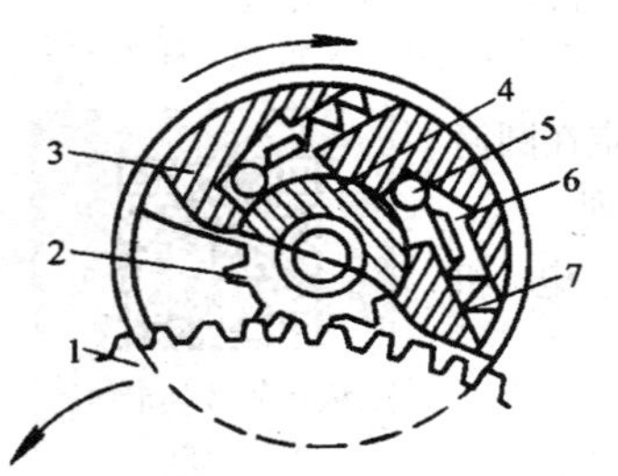

（a）传递动力

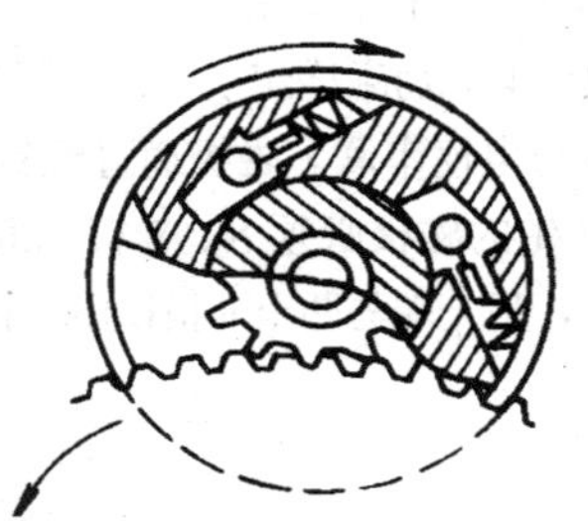
（b）切断动力

图 2-6　单向离合器工作原理图
1—飞轮　2—驱动齿轮　3—外座圈　4—内座圈
5—滚柱　6—弹簧帽　7—弹簧

当发动机起动后，曲轴在活塞的作用下高速旋转，发动机的飞轮为主动部件，离合器的驱动齿轮为从动部件。由于飞轮齿圈与驱动齿轮之间的传动比为 12～13，即发动机每转一转，驱动齿轮要转 12～13 转，因此，发动机一旦被起动，其飞轮带动驱动齿轮高速旋转。由于驱动齿轮的转速远远高于电枢轴的转速，因此，内座圈与滚柱之间的摩擦力矩便使滚柱克服弹簧力矩滚向楔形室内较宽一侧，如图 2-6（b）所示，滚柱将在内、外座圈之间跳跃滚动，发动机的动力不会传递给电枢轴，即动力联系切断，此时电枢轴仅受电枢绕组产生的电磁力矩而空转，从而避免电枢超速旋转。

滚柱式单向离合器结构简单，能可靠地传递中、小转矩。在 CA1091、BJ2023、奥迪、上海桑塔纳、捷达、丰田、日产等汽车发动机上均得到应用。

（2）摩擦片式单向离合器

摩擦片式单向离合器，多用于柴油发动机使用的功率较大的起动机上。图 2-7 所示为摩擦片式单向离合器的结构。花键套筒 10 套在电枢轴的螺旋花键上，它的外表面有 3 条螺旋

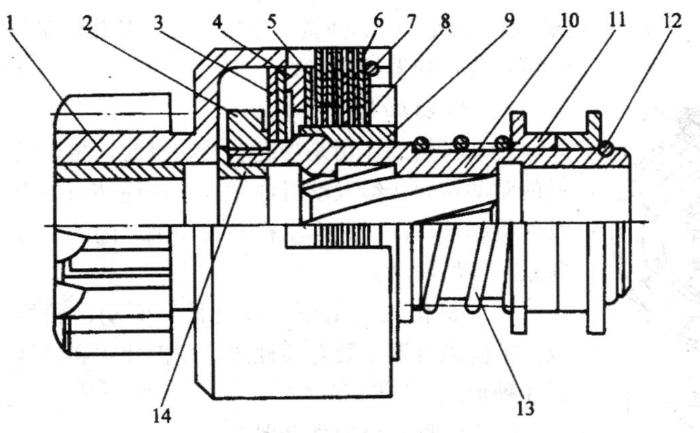

图 2-7　摩擦片式单向离合器结构图
1—驱动齿轮与外接合毂　2—螺母　3—弹性圈　4—压环　5—调整垫圈
6—被动摩擦片　7、12—卡环　8—主动摩擦片　9—内接合毂
10—花键套筒　11—移动套筒　13—缓冲弹簧　14—挡圈

花键套在内接合毂9上。内接合毂上有4个轴上槽，用来插放主动摩擦片的内凸齿，被动摩擦片的外凸齿插在与驱动齿轮成一体的外接合毂1的槽中。主动摩擦片8、被动摩擦片6相间排列。离合器工作时，利用两者的摩擦力经凸齿传递转矩。

摩擦片式单向离合器的工作过程如下：当发动机起动时，内接合毂开始瞬间是静止的，在惯性力作用下，内接合毂由于花键套筒的旋转而左移，从而使主、被动摩擦片压紧而传力，电枢转矩最终传给驱动齿轮。发动机起动后，飞轮齿圈的转速高于驱动齿轮，于是内接合毂又沿传动套筒的螺旋花键右移，使主、被动摩擦片出现间隙而打滑，避免了电枢超速运转。

摩擦片式单向离合器的优点是可以传递较大转矩，并能在超速时自动打滑。但由于摩擦片易磨损，需经常检查调整，另外其结构也较复杂。

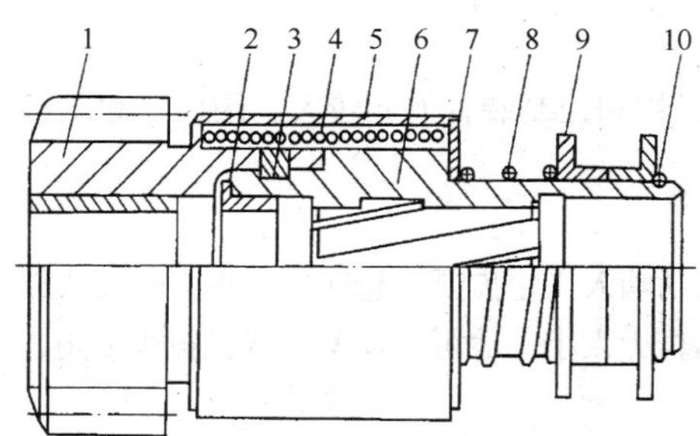

图2-8 弹簧式单向离合器结构图
1—驱动齿轮 2—挡圈 3—月形圈 4—扭力弹簧 5—护圈 6—连接套筒 7—垫圈 8—缓冲弹簧 9—移动衬套 10—卡簧

（3）弹簧式单向离合器

弹簧式单向离合器的结构如图2-8所示。起动机驱动齿轮套在电枢轴的光滑部分上，连接套筒6套在电枢轴的螺旋花键上，两者之间由两个月形圈3连接。月形圈的作用是使驱动齿轮与连接套筒之间不能做轴向移动，但可相对转动，在驱动齿轮柄和连接套筒上包有扭力弹簧4，扭力弹簧的两端各有1/4圈内径较小，并分别箍紧在齿轮柄和连接套筒上。当起动机带动曲轴旋转时，扭力弹簧扭紧，包紧齿轮柄与连接套筒，于是电枢的转矩通过扭力弹簧、驱动齿轮传至飞轮齿圈，使发动机起动。发动机起动后，驱动齿轮的转速高于起动机电枢，则扭力弹簧放松，这样飞轮齿圈的扭力便不能传给电枢，即驱动齿轮只能在电枢轴的光滑部分上空转，从而起到单向离合器的作用。

弹簧式单向离合器的优点是结构简单、工艺简单、寿命长。但扭力弹簧圈数多，轴向尺寸较长，不能在小型起动机上装用。国产黄河牌汽车及日本五十铃TX50型汽车的起动机采用这种离合器。

3. 控制装置

起动机控制装置也就是电磁起动开关（简称电磁开关）。它的作用是控制电动机电路的通断及驱动齿轮与飞轮齿圈的啮合与分离。现代汽车起动机的控制装置基本上都是采用电磁式控制开关。起动机的电磁式起动开关从外形上有所不同，但工作原理基本一样。桑塔纳轿车控制机构的结构如图2-9所示。电磁开关主要由主接触盘3、活动铁心12、吸拉线圈9、保持线圈10、拨叉16和调节螺钉14等组成。电磁开关上有4个接线柱，它们分别是两个主电路接线柱（“30”端子、“C”端子）、辅助接线柱（“15a”端子）、电磁开关接线柱（“50”端子）。主电路接线柱之一（“C”端子）与起动机内部励磁绕组相连，另一个主电路接线柱（“30”端子）则接蓄电池正极。电磁开关接

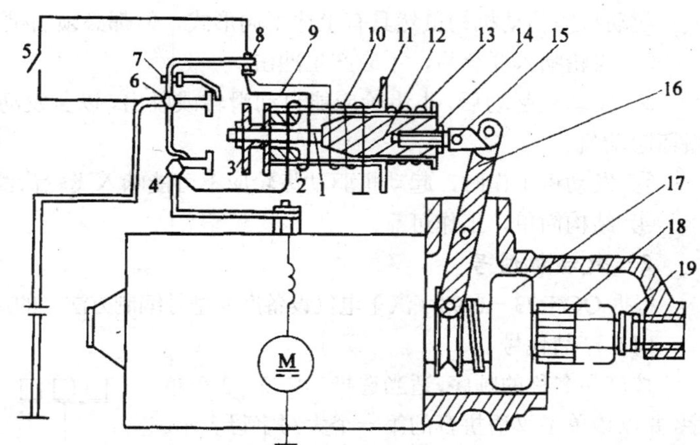

图2-9 桑塔纳轿车起动机控制装置结构图
1—推杆 2—固定铁心 3—主接触盘 4—起动机“C”端子 5—点火起动开关 6—起动机“30”端子 7—起动机“15a”端子 8—起动机“50”端子（插接片式片状端子） 9—吸拉线圈 10—保持线圈 11—铜套 12—活动铁心 13—回位弹簧 14—调节螺钉 15—挂钩 16—拨叉 17—单向离合器 18—驱动齿轮 19—止推垫圈

线柱（“50”端子）同时与电磁开关内部的吸拉、保持线圈连接。辅助接线柱（“15a”端子）与点火线圈“开关”接线柱连接，用于起动时短路点火线圈上的附加电阻。有的“15a”端子为备用端子，未插接任何导线。如桑塔纳系列轿车采用霍尔式电子点火系统或微机控制点火系统，其一次电流较大，点火能量较高，起动发动机时无须短路附加电阻，其点火系统也未设附加电阻。

吸拉线圈与保持线圈有一个公共接线柱，并且两个线圈在电磁开关中绕组绕向一致。当吸拉线圈和保持线圈通电产生的磁通方向相同时，其电磁吸力便吸引活动铁心向前移动，直到推杆上的触盘将电动机开关的两个触点接通而使电动机电路接通为止。

2.1.2　起动机的类型

1．起动机分类

在起动机的组成中，电动机一般没有多大差别，而传动机构和控制装置差异较大。因此，起动机多按传动机构和控制方法的不同来分类。

（1）惯性啮合式起动机

这种起动机的驱动齿轮靠惯性力，配合大螺距螺旋槽，自动啮入飞轮齿圈。起动后，小齿轮又依靠惯性力自动与飞轮齿圈脱开。这种机构结构非常简单，但因啮合力太小，故可靠性差，现已很少使用。

（2）强制啮合式起动机

这种起动机靠人力或电磁力推动拉杆，强制小齿轮啮入飞轮齿圈。强制啮合式起动机因其工作可靠，被广泛采用。其又可分为以下两种。

① 直接操纵式。由脚踏或手拉，直接通、断主电路开关，同时操纵驱动齿轮，使其与飞轮齿圈啮合。

② 电磁操纵式。用按钮或其他形式的开关控制继电器，再由继电器控制主电路开关，以接通或断开主电路，使驱动齿轮与飞轮齿圈啮合或脱开。

（3）电磁啮合式起动机

这种起动机依靠起动机磁极的电磁力，使电枢产生轴向后移，带动驱动齿轮啮入飞轮齿圈。

除上述形式外，还有减速起动机、永磁起动机等。

起动机的传动机构虽然具有上述不同形式，但都必须满足下列要求：

① 齿轮啮入要容易，不应产生冲击。

② 发动机起动后，小齿轮应能自动滑转或脱出，以免发动机带动起动机旋转，损坏起动机。

③ 发动机工作时，起动机驱动齿轮应不可能啮入飞轮齿圈。

④ 结构简单，工作可靠。

认识永磁减速式起动机

2．起动机型号

根据 QC/T 73—1993《汽车电气设备产品型号编制方法》的规定，汽车起动机的型号编制方法如下。

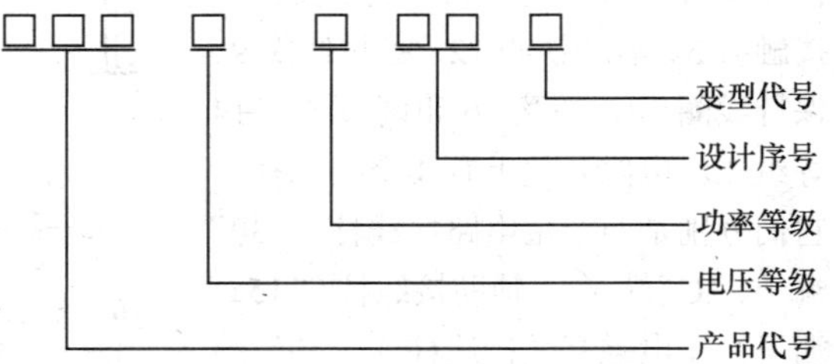
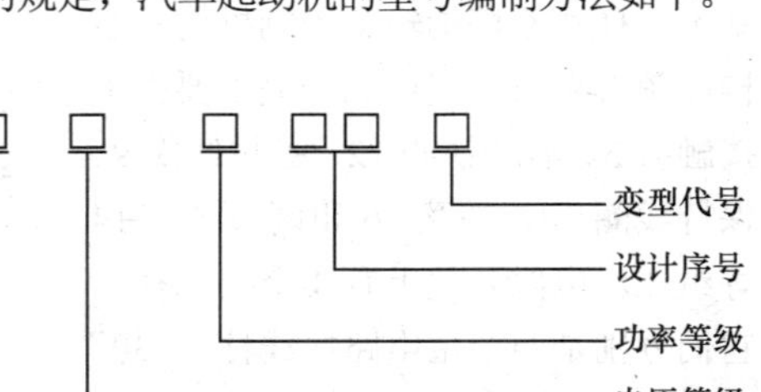

（1）产品代号

按产品名称的顺序，适当选择其中 2～3 个单字，并以该单字汉语拼音的第一个大写字母表示。起动机的产品代号如下。

QD——起动机；

QDJ——减速起动机；

QDY——永磁起动机，包括永磁减速起动机。

（2）电压等级

1 表示 12 V；2 表示 24 V。

（3）功率等级

功率等级代号如表 2-1 所示。

表 2-1 起动机功率等级代号

代号	1	2	3	4	5	6	7	8	9
功率/kW	0～1	＞1～2	＞2～3	＞3～4	＞4～5	＞5～6	＞6～7	＞7～8	＞8

（4）设计序号

按产品设计先后顺序，以 1～2 位数字表示。

（5）变型代号

变型代号用字母 A、B、C……顺序表示（不得采用 I、O 两个字母）。

例如，QD124 表示锁定电压为 12 V，功率为 1～2 kW，第 4 次设计的起动机。

2.1.3 起动机的工作原理

桑塔纳轿车起动系统接线如图 2-10 所示，起动机电源端子“30”用黑色电缆 7 与蓄电池正极连接，起动机端子“50”用红黑色导线 6 与中央电路板 C 插座的 C_{18} 结点连接。系统工作情况如下。

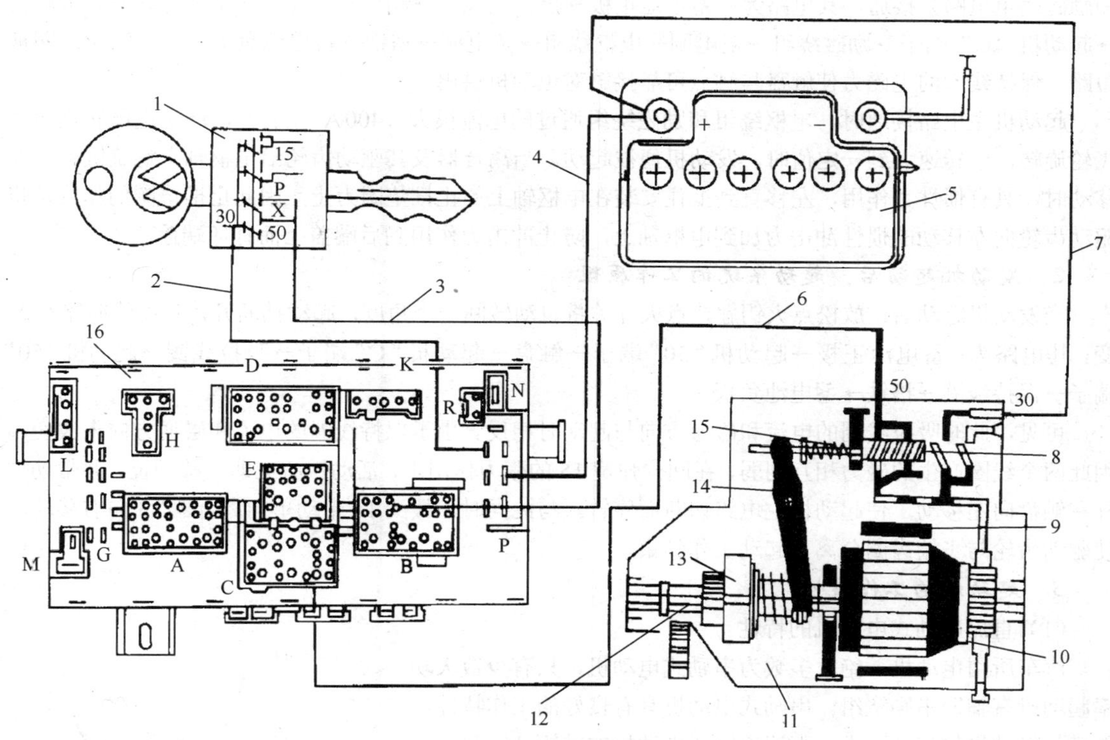

图 2-10 桑塔纳轿车起动系统接线图

1—点火开关 2—红色导线 3—红黑色导线 4—红色导线 5—蓄电池
6—红黑色导线 7—黑色导线 8—电磁开关 9—定子 10—电枢 11—起动机总成
12—驱动齿轮 13—滚珠式单向离合器 14—拨叉 15—回位弹簧 16—中央电路板

1．起动发动机时，起动系统工作原理

① 接通起动开关，电磁开关线圈电路接通，起动发动机时，将点火开关转到起动位置，电磁开关中吸拉线圈和保持线圈电路即被接通，吸拉线圈电流路径为：蓄电池正极→红色导线 4→中央电路板

单端子插座 P→中央电路板内部电路→中央电路板单端子插座 P→红色导线 2→点火开关“30”端子→点火开关起动挡→点火开关“50”端子→红黑色导线 3→中央电路板 B_8 结点→中央电路板内部电路→中央电路板 C_{18} 结点→红黑色导线 6→起动机“50”端子→吸拉线圈→起动机“C”端子（图中未画出）→励磁绕组→正电刷→电枢 10→负电刷→搭铁→蓄电池负极。

保持线圈路径为：蓄电池正极→红色导线 4→中央电路板单端子插座 P→中央电路板内部电路→中央电路板单端子插座 P→红色导线 2→点火开关“30”端子→点火开关起动挡→点火开关“50”端子→红黑色导线 3→中央电路板 B_8 结点→中央电路板内部电路→中央电路板 C_{18} 结点→红黑色导线 6→起动机“50”端子→保持线圈→搭铁→蓄电池负极。

② 电磁开关与传动机构工作，起动机主电路接通，起动发动机，当吸拉线圈和保持线圈刚刚接通电路时，两线圈产生的磁通方向相同，使固定铁心和活动铁心被磁化，在其磁力的共同作用下，活动铁心向右移动，并带动拨叉 14 绕支点转动，拨叉下端便拨动单向离合器 13 向左移动，驱动齿轮 12 便与飞轮齿圈进入啮合。当吸拉线圈电流流过励磁绕组和电枢绕组时，电枢轴便以较慢速度转动，以便使驱动齿轮与飞轮齿圈啮合柔和。当驱动齿轮与飞轮齿圈发生抵住现象时，拨叉下端则先推动左半个滑环压缩锥形弹簧向左移动，待电动机主电路接通时电枢轴稍微转动、驱动齿轮的轮齿与飞轮齿圈的齿槽对正时，即可进入啮合。

当驱动齿轮与飞轮齿圈接近完全啮合时，活动铁心带动推杆右移时触盘将起动机主电路（即电枢和励磁绕组电路）接通，其电路为：蓄电池正极→黑色电缆 7→起动机“30”端子→电动机开关触盘→起动机“C”端子→励磁绕组→正电刷→电枢绕组→负电刷→搭铁→蓄电池负极。此时吸拉线圈被短路，保持线圈的电磁力使触盘与触点可靠接触对电动机供电。

起动机主电路接通时，电枢绕组和励磁绕组通过的电流很大（400 A 左右），产生电磁转矩驱动飞轮旋转，当转速大到一定值时，发动机便被起动。当离合器及其驱动齿轮沿电枢轴上螺旋键槽向左移动时，具有惯性力作用，左移直到抵住安装在电枢轴上的止推垫圈为止，因此止推垫圈的作用是将驱动齿轮向左移动的惯性冲击力加到电枢轴上，防止冲击力作用到后端盖上而打坏端盖。

2．发动机起动后，起动系统的工作原理

当发动机起动后，放松点火钥匙，点火开关将自动转回一个角度，起动挡断开，吸拉线圈路径改变，其电路为：蓄电池正极→起动机“30”端子→触盘→起动机“C”端子→吸拉线圈→起动机“50”端子→保持线圈→搭铁→蓄电池负极。

可见，此时吸拉线圈的电流和磁通方向与起动时相反。由于保持线圈的电流和磁通方向未改变，因此两个线圈产生的磁力相互削弱，在回位弹簧 15 的张力作用下，活动铁心立即左移回位，并带动推杆和触盘向左移动，使起动机主电路切断而停转。与此同时，拨叉 14 带动单向离合器 13 向右移动，使驱动齿轮与飞轮齿圈分离，起动工作结束。

3．起动机的工作特性

（1）直流串励式电动机的特性

汽车所用电动机，绝大多数为串励式电动机，只有少数大功率起动机有辅助串励绕组。串励式电动机具有良好的工作特性，能满足发动机的起动要求。直流串励式电动机的转矩 M、转速 n 和功率 P 随电枢电流变化的规律，称为直流串励式电动机的特性。图 2-11 所示为直流串励式电动机的特性曲线，其中曲线 M、n 和 P 分别代表转矩特性、转速特性和功率特性。

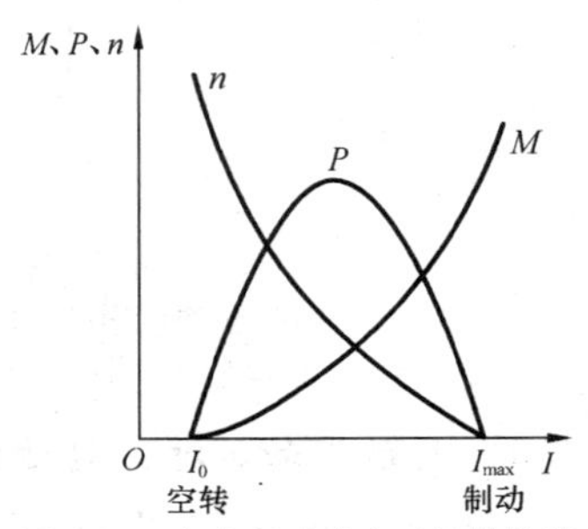

图 2-11 直流串励式电动机的特性

① 转矩特性。在起动机起动的瞬间，因发动机的阻力矩很大，起动机处于完全制动状态。此时电枢转速为零，电枢电流达到最大值。转矩与电枢电流的平方成正比，所以制动电流所产生的转

矩很大，足以克服发动机的阻力矩，使发动机的起动很容易。这就是汽车起动机采用串励式电动机的主要原因之一。

② 转速特性。串励式电动机在输出转矩大时，电枢电流较大，电流随电动机转速的增加而急剧下降。反之，在输出转矩小时，电枢电流又随电动机转速的增大而很快减小。串励式电动机具有轻载转速高、重载转速低的特性，对保证起动安全可靠是非常有利的，这是汽车起动机采用串励式电动机的又一重要原因。但是，轻载和空载时的高转速容易使串励式电动机发生“飞车”事故，所以功率较大的串励式电动机不可在轻载或空载情况下使用。尽管汽车起动机功率较小，但也不可在轻载或空载状态下长时间运行。

③ 功率特性。串励式电动机的功率 P 可用下式表示：

$$P = \frac{Mn}{9550}$$

式中，P——电动机功率，单位为 kW；

M——电枢轴上的转矩，单位为 N · m；

n——电枢转速，单位为 r/min。

电动机完全制动时，转速和输出功率为零，转矩达到最大值。空载时，电流最小，转速最大，输出功率也为零。当电枢电流接近制动电流的一半时，电动机输出功率最大。

（2）影响起动机功率的主要因素

① 蓄电池的容量。蓄电池的容量愈小，供给起动机的电流愈小，于是产生的转矩愈小。

② 温度。环境温度主要是通过影响蓄电池的内阻而影响起动机的功率。温度降低，蓄电池的内阻增加，容量减小，起动机的功率明显下降。故冬季对蓄电池适当保温，就可以提高起动机的功率，改善起动性能。

③ 接触电阻和导线电阻。接触电阻大，导线过长及截面过小，都会造成较大的电压降，使电动机的功率减小。

2.2 常见的起动机控制电路

2.2.1 东风 EQ1090 型汽车起动电路

东风 EQ1090 型汽车使用的 QD124 型起动机，为电磁控制强制啮合式起动机，采用滚柱式单向离合器，驱动齿轮为 11 齿，额定功率为 1.5 kW。其起动电路如图 2-12 所示，包括控制电路和起动机主电路。

1. 控制电路

控制电路包括起动继电器控制电路和起动机电磁开关控制电路。

起动继电器控制电路是由点火开关控制的，被控制对象是继电器线圈电路。当接通点火开关起动挡时，电流从蓄电池正极经起动机电源接线柱到电流表，再从电流表经点火开关、继电器线圈回到蓄电池负极。于是继电器铁心产生较强的磁吸力，使继电器触点闭合，接通起动机电磁开关控制电路。

2. 主电路

如图 2-12 中箭头所示，电磁开关控制电路接通后，吸拉线圈 3 和保持线圈 4 产生强的磁吸力，将起动机主电路接通。此时电流走向为：蓄电池正极→起动机电源接线柱 9→电磁开关 10→励磁绕组 11→电枢绕组 12→搭铁→蓄电池负极。于是起动机产生电磁转矩起动发动机。

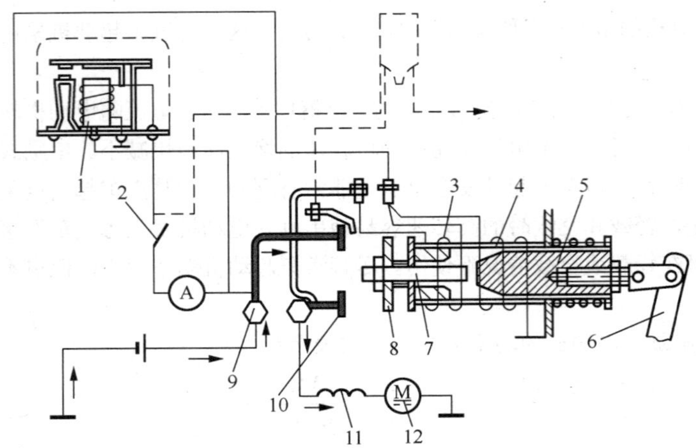

图 2-12　QD124 型起动机的电路

1—起动继电器　2—点火开关　3—吸拉线圈　4—保持线圈
5—活动铁心　6—拨叉　7—推杆　8—接触盘
9—起动机电源接线柱　10—电磁开关　11—励磁绕组　12—电枢绕组

2.2.2　解放 CA1091 型汽车起动电路

解放 CA1091 型汽车用的 QD124A 和 QD124H 型起动机，也是电磁控制强制啮合式起动机，采用滚柱式单向离合器，驱动齿轮为 11 齿，额定功率为 1.5 kW。

1．组合继电器

CA1091 型汽车起动系统装用了 JD171 型组合继电器，如图 2-13 所示。它由两部分构成，一部分是起动继电器，其作用是与点火开关配合，控制起动机电磁开关中吸拉线圈与保持线圈中电流的通断，以保护点火开关。另一部分是保护继电器，其作用是与起动继电器配合，使起动电路具有自动保护功能，另外还控制充电指示灯。组合继电器的结构，左侧为起动继电器，右侧为保护继电器。它们都由铁心、线圈、磁轭、动铁、弹簧及一对触点组成，其中起动继电器触点 S_1 为常开式，而保护继电器触点 S_2 为常闭式。由于起动继电器线圈与保护继电器触点 S_2 串联，因此，当 S_2 打开时，S_1 不可能闭合。

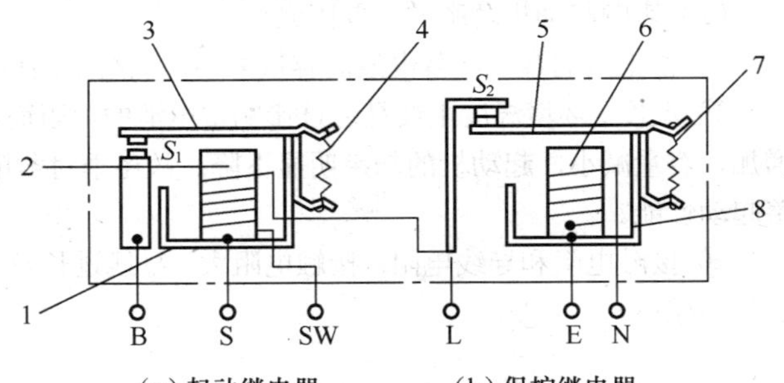

图 2-13　JD171 型组合继电器

1、8—磁轭　2、6—铁心　3、5—动铁　4、7—弹簧

2．起动系统的工作过程

CA1091 型汽车的起动系统电路如图 2-14 所示。其工作过程如下。

① 当点火开关 3 置于起动挡（Ⅱ挡）时，起动继电器线圈 11 通电，电流回路为：蓄电池正极→熔断器 10→电流表 7→点火开关→起动继电器线圈 11→保护继电器

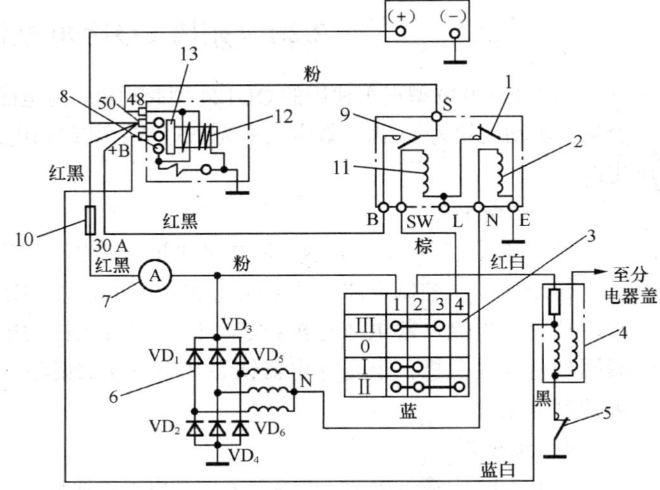

图 2-14　CA1091 型汽车起动系统电路图

1—保护继电器触点　2—保护继电器线圈　3—点火开关　4—点火线圈
5—断电器　6—发电机　7—电流表　8—起动机　9—起动继电器触点
10—熔断器　11—起动继电器线圈　12—吸拉线圈　13—保持线圈

常闭触点 1→搭铁→蓄电池负极。

于是起动继电器的常开触点 9 闭合，接通了电磁开关电路。

② 电磁开关电路接通，电流回路为：蓄电池正极→起动继电器触点 9，然后分为两路，一路经吸拉线圈 12→直流电动机→搭铁→蓄电池负极，另一路经保持线圈 13→搭铁→蓄电池负极。

③ 发动机起动后，松开点火开关，钥匙自动返回点火挡（Ⅰ挡），起动继电器触点 9 打开，切断了电磁开关的电路，电磁开关复位，起动机停止工作。

④ 如发动机起动后，点火开关没能及时返回Ⅰ挡，这时组合继电器中保护继电器线圈由于承受交流发电机中性点的电压，使常闭触点打开，自动切断了起动继电器线圈的电路，触点 9 跳开，使电磁开关也断电，起动机便自动停止工作。

⑤ 若在发动机运行时，误将起动机投入使用，由于在此控制电路中，保护继电器的线圈总是加有交流发电机中性点电压，常闭触点处于打开状态，即使误将点火开关旋至起动挡位，起动继电器线圈也不通，电磁开关不动作，因而起到保护作用。

2.2.3 捷达系列轿车起动电路

由于捷达系列轿车点火开关的起动挡位置触点容量大，允许短时间内通过大于 20A 的起动机电磁开关线圈的电流，因此省去了起动继电器，也就是说起动系统主要由起动机和点火开关组成。

起动机的电动机为直流 12 V 串励式，具有起动转矩大、空载转速高和带负荷时加速快等优点。起动机上装有电磁开关，起动中使用滚柱式单向离合器，可以防止发动机起动后反向拖动起动机。起动机的结构如图 2-15 所示。

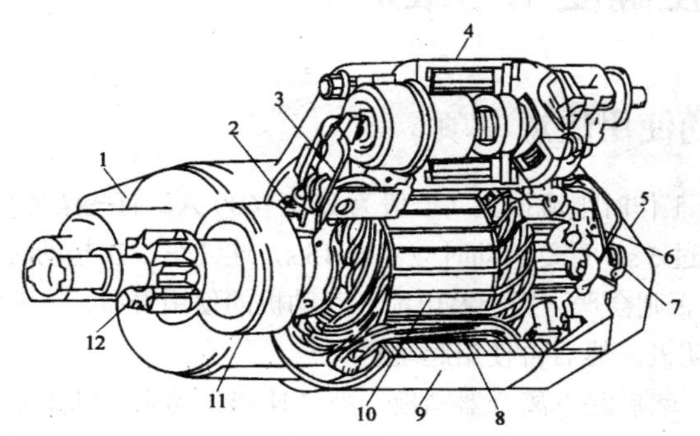

图 2-15 捷达系列轿车起动机的结构

1—后盖（驱动端盖） 2—拨叉 3—拨叉弹簧 4—电磁开关
5—前盖（电刷端子） 6—电刷 7—电刷弹簧 8—励磁绕组
9—外壳 10—电枢 11—单向离合器 12—驱动齿轮

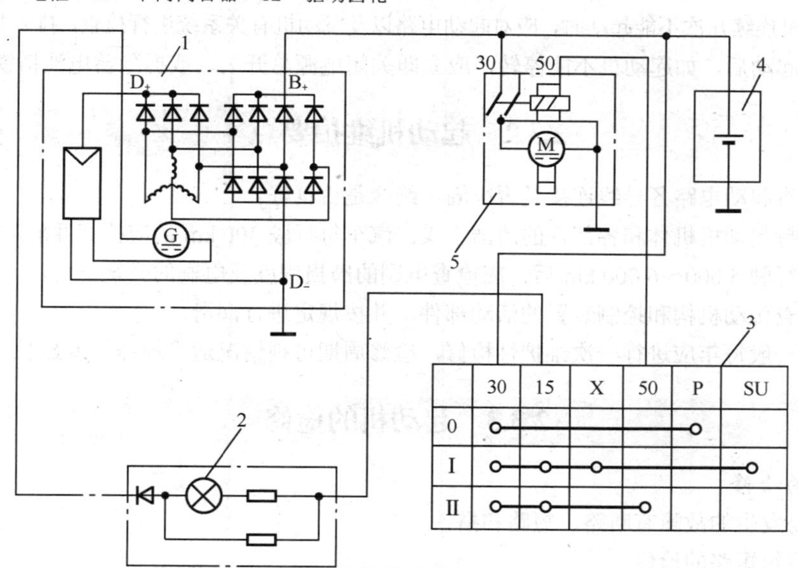

图 2-16 电源与起动系统电路

1—发电机及调节器 2—发动机充电指示灯 3—点火开关 4—蓄电池 5—起动机

图 2-16 和图 2-17 所示分别为起动系统电路和起动机的接线柱。点火开关转至起动挡（Ⅱ挡）时，电流由蓄电池正极经点火开关端子“30”与“50”，然后分为两路：一路经电磁开关的保持线圈返回到蓄电池的负极，另一路经电磁开关吸拉线圈、起动机电枢绕组返回到蓄电池负极。在电磁开关吸拉线圈和保持线圈的共同作用下，使电磁铁心移动，通过驱动杠杆，将起动机驱动齿轮与飞轮齿圈啮合，于是起动机工作电流由蓄电池正极到起动机“30”端子，经电磁开关中心触点、起动机电枢绕组至蓄电池负极，起动机开始工作。当发动机被起动后，松开点火开关，起动机电磁开关中的保持线圈断电，于是在回位弹簧的作用下，将电磁开关的铁心与单向离合器驱动齿轮推回原位。

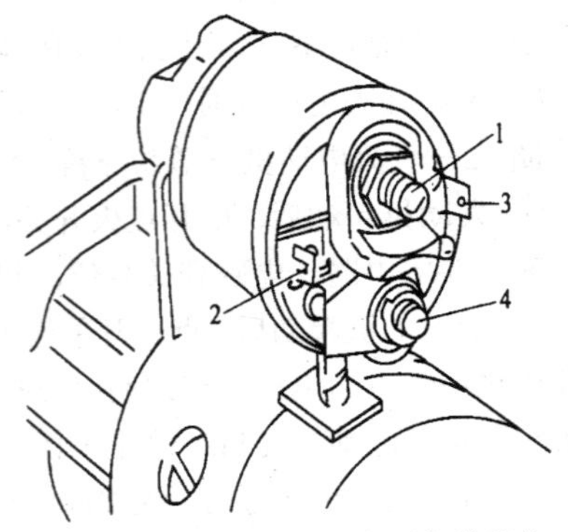

图 2-17 捷达系列轿车起动机接线柱
1—接线柱 30 2—接线柱 15a
3—接线柱 50 4—励磁绕组接线柱

2.3 起动机的正确使用与维护

2.3.1 起动机的使用注意事项

① 起动机是按短时间工作的要求而设计的，且工作时电流很大（一般为 200～600 A，有些柴油机高达 1 000 A），因此每次接通起动机的时间不应超过 5 s，重复起动时应停歇 15 s，连续第三次起动时，应在检查排除故障的基础上停歇 15 min 后再使用。否则会严重影响蓄电池和起动机的使用寿命。

② 冬季和低温地区冷车起动时，应先预热发动机，然后再使用起动机。

③ 起动发动机时，应将变速杆置于空挡位置，然后踩下离合器踏板，严禁挂挡起动来移动车辆。

④ 发动机起动后，应立即松开点火开关（或起动按钮），使起动机停止工作，以减小单向离合器不必要的磨损。

⑤ 发动机工作时，严禁将起动机投入工作。

⑥ 当发动机连续几次不能起动时，应对起动电路以及发动机有关系统进行检查，排除故障后再起动。

⑦ 发动机起动后，如起动机不能停转，应立即关闭电源总开关，或拆除蓄电池搭铁线查找故障。

2.3.2 起动机维护要点

① 经常检查起动电路各导线连接是否牢固，绝缘是否良好。

② 经常保持起动机机体和各部件的清洁干燥。汽车每行驶 300 km 后应检查并清洁换向器。

③ 汽车每行驶 5 000～6 000 km 后，应检查电刷的磨损程度及电刷的弹簧压力。

④ 经常检查传动机构和控制装置的活动部件，并按规定进行润滑。

⑤ 起动机一般每年应进行一次维护性检修，检修周期可视情况适当地缩短或延长。

2.3.3 起动机的检修

1. 电枢的检修

电枢绕组易发生的故障有断路、短路和搭铁。

（1）电枢绕组短路的检修

电枢绕组发生短路故障必须用电枢感应仪进行检查。如图 2-18 所示，把电枢放在电枢感应仪上，当电枢感应仪通电后将铁片置于电枢铁心上，并一边转动电枢一边移动铁片。当铁片在某一部位产生振动时，说明该处电枢绕组短路，应更换电枢。

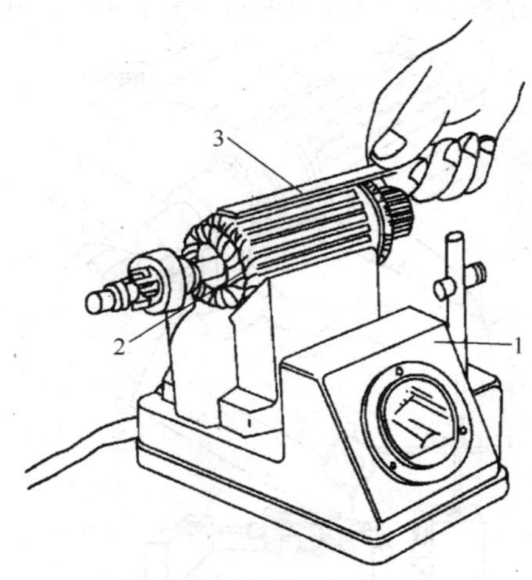

图2-18　电枢绕组短路试验
1—电枢感应仪　2—电枢　3—铁片

（2）电枢绕组搭铁的检修

如图2-19所示，用万用表测量换向器的每个铜条与电枢轴之间的电阻，应为∞。否则，表示换向器铜条有短路，应更换电枢。

（3）电枢绕组断路的检修

电枢绕组断路故障多发生在线圈端部与换向器的连接处，主要是由于长时间大电流运转或电枢铁心与磁极铁心摩擦，使得电枢温度过高，焊锡熔化，使焊在换向器上的线头脱焊所致，一般较易发现。电枢绕组断路的检查可按图2-20所示，用万用表测量换向器上各相邻两个铜条之间的电阻，应为0。否则，表示换向器铜条之间断路，应更换电枢。

（4）电枢轴的检修

如图2-21所示，将电枢放在偏摆仪上，用百分表检查电枢轴的圆跳动，使用极限一般为0.15 mm（QD1225为0.08 mm）。如大于此值，说明电枢轴弯曲严重，应予校直。

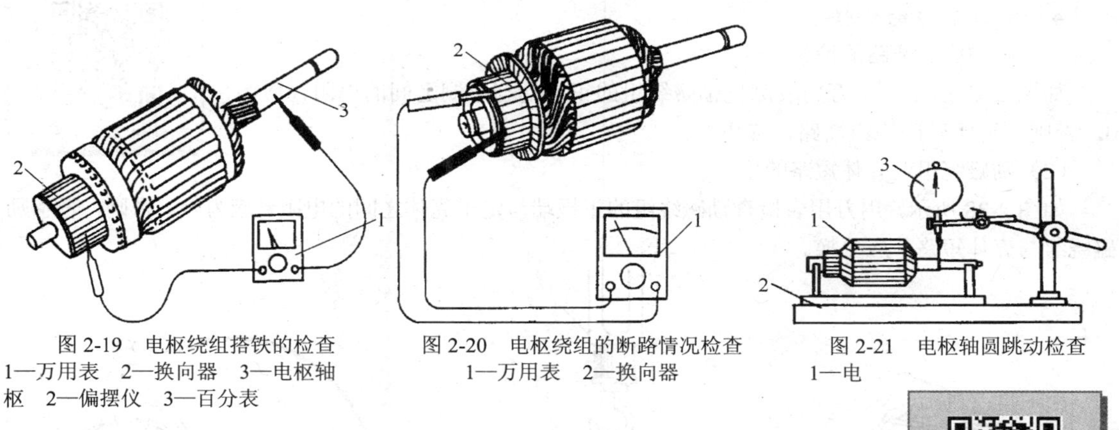

图2-19　电枢绕组搭铁的检查
1—万用表　2—换向器　3—电枢轴

图2-20　电枢绕组的断路情况检查
1—万用表　2—换向器

图2-21　电枢轴圆跳动检查
1—电枢　2—偏摆仪　3—百分表

起动机零件的拆分

2．换向器的检修

（1）换向器最小直径的检查

如图2-22所示，用卡尺检查换向器的外径，不得小于使用极限值（QD1225为33.5 mm）。超过极限值时，应更换电枢。

（2）换向器圆跳动的检查

如图2-23所示，用砂纸打磨换向器表面后，用百分表检查换向器表面的圆跳动，使用极限值为0.03 mm。

（3）换向器磨损的检修

如图2-24所示，检查换向器的绝缘云母片的深度，标准值为0.5～0.8 mm，使用极限值为0.2 mm。低于极限值时，应用锉刀进行修整，修整时锉刀要与换向器外圆母线平行。

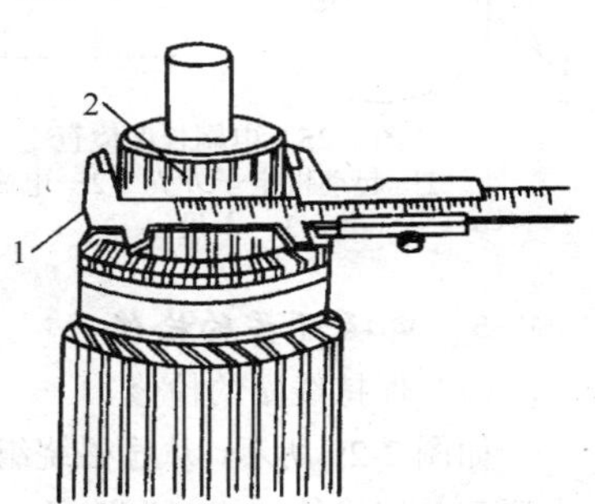

图2-22　换向器的最小直径检查
1—卡尺　2—换向器

3．电刷的检修

如图2-25所示，用卡尺检查电刷长度，应不小于新电刷的2/3（QD1225最小长度为11.5 mm）。如果小于极限值，应予以更换。电

刷与换向器的接触面积应大于 75%。电刷在电刷架内应活动自如，无卡滞现象。

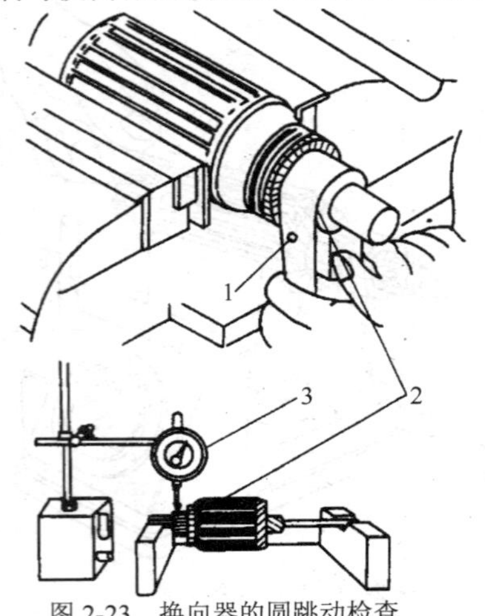

图 2-23　换向器的圆跳动检查
1—砂纸　2—换向器　3—百分表

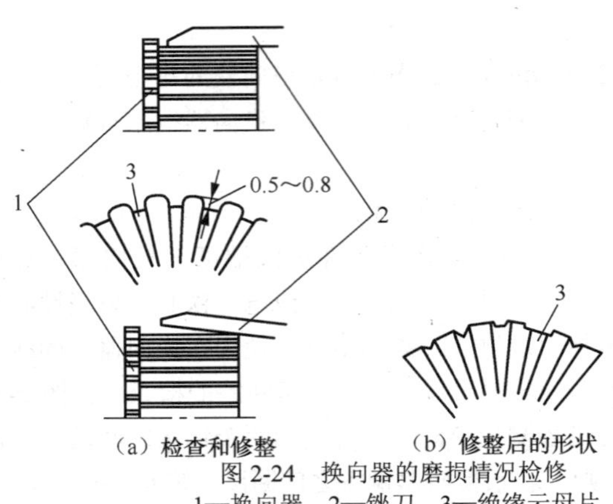

（a）检查和修整　　（b）修整后的形状

图 2-24　换向器的磨损情况检修
1—换向器　2—锉刀　3—绝缘云母片

如图 2-26 所示，用弹簧秤测量弹簧拉力，应在 18～22 N 之间。如果达不到规定值，应更换新的弹簧。

起动机零件的检修

4．励磁绕组的检修

（1）励磁绕组断路的检修

如图 2-27 所示，用万用表测量励磁绕组的正极端与电刷之间的电阻，应为 0。否则，说明励磁绕组断路，应更换。

（2）励磁绕组对壳体短路的检修

如图 2-28 所示，用万用表检查励磁绕组的正极端与定子壳体之间的电阻，应为∞。否则，表示励磁绕组与壳体短路，应更换。

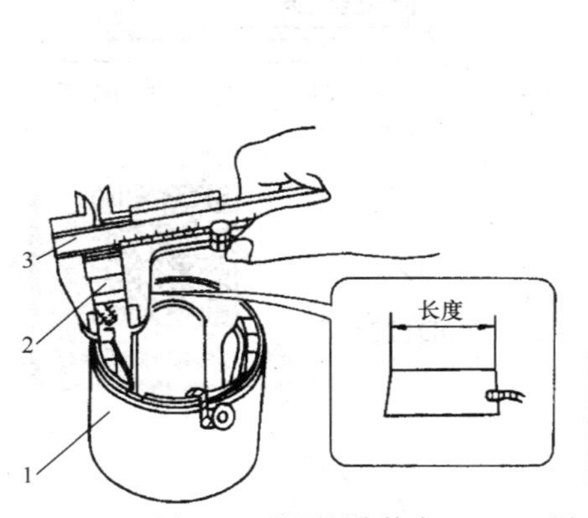

图 2-25　电刷长度检查
1—起动机定子外壳　2—电刷
3—卡尺

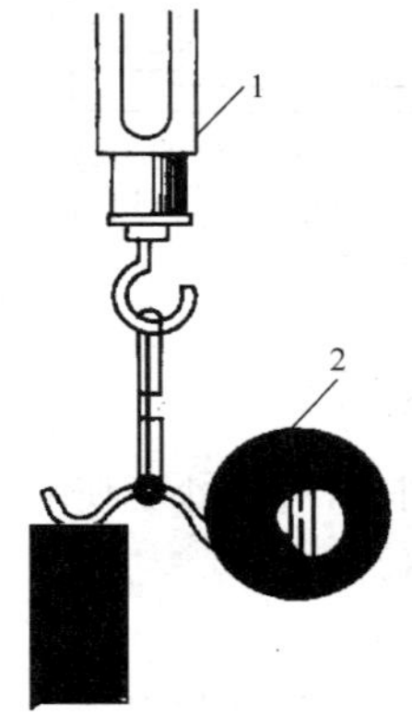

图 2-26　电刷弹簧拉力检查
1—弹簧秤　2—电刷弹簧

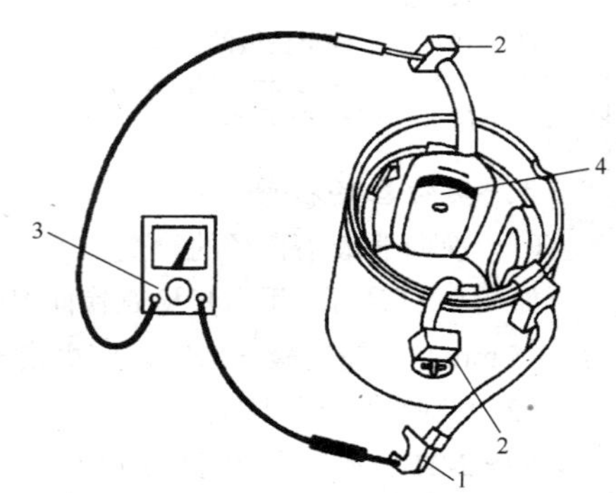

图 2-27　励磁绕组的断路检查
1—励磁绕组的正极端　2—电刷
3—万用表　4—励磁绕组

5．电磁开关的检修

（1）保持线圈的检修

如图 2-29 所示，从励磁绕组接线柱上拆下励磁绕组正极端后，用万用表检查电磁开关接线柱（“50”端子）与电磁开关壳体之间的电阻，应为 0。否则，表

起动机零件的复装

示保持线圈断路，应更换电磁开关。

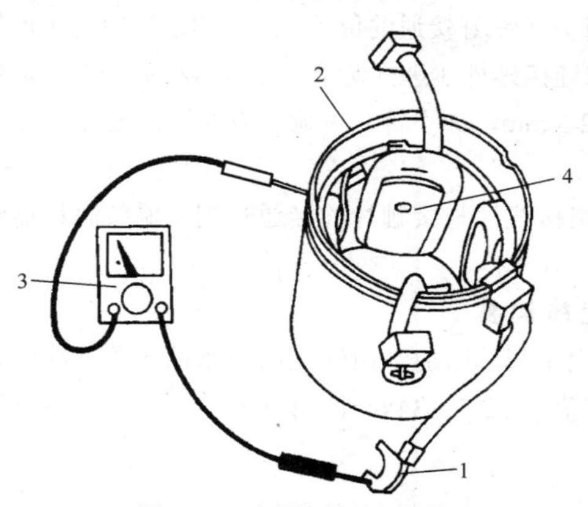

图 2-28 励磁绕组的短路检查
1—励磁绕组的正极端 2—定子壳体
3—万用表 4—励磁绕组

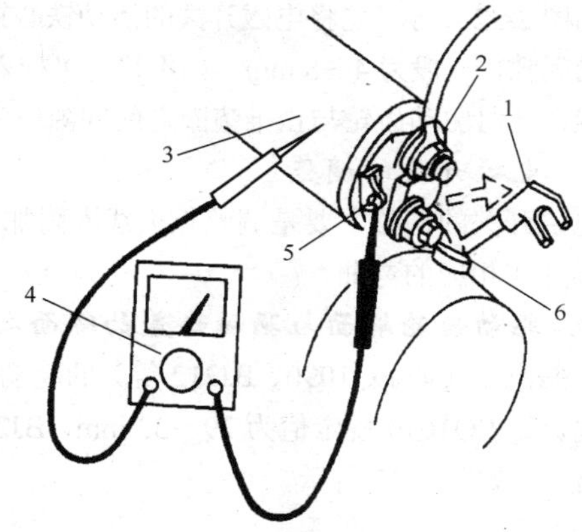

图 2-29 保持线圈的检查
1—励磁绕组正极端 2—主接线柱（“30”端子）
3—电磁开关 4—万用表 5—电磁开关接线柱（“50”端子）
6—励磁绕组接线柱

（2）吸拉线圈的检查

如图 2-30 所示，从励磁绕组接线柱上拆下励磁绕组正极端，用万用表检查电磁开关接线柱与励磁绕组接线柱之间的电阻，应为 0。否则，表示吸拉线圈断路，应更换电磁开关。

6．单向离合器的检修

如图 2-31 所示，将单向离合器夹在虎钳上，用扭力扳手转动，应能承受制动试验时的最大转矩而不打滑。滚柱式单向离合器能在 25.5 N·m 转矩不打滑，摩擦片式单向离合器能在 117～176 N·m 转矩（具体值按厂家规定）不打滑，否则就应该进行修理。

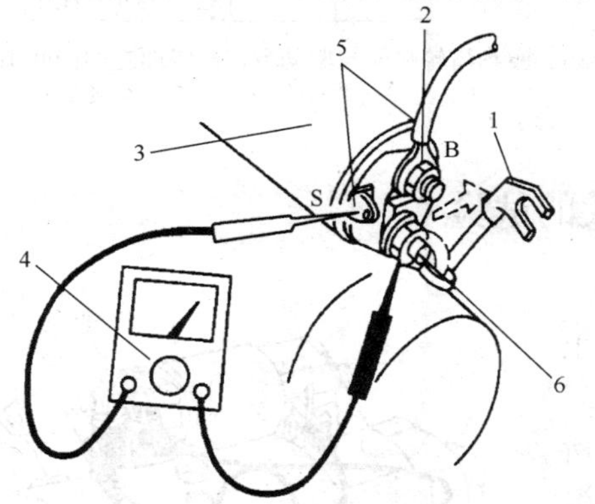

图 2-30 吸拉线圈的检查
1—励磁绕组的正极端 2—主接线柱（“30”端子）
3—电磁开关 4—万用表 5—电磁开关接线柱
（“50”端子） 6—励磁绕组接线柱

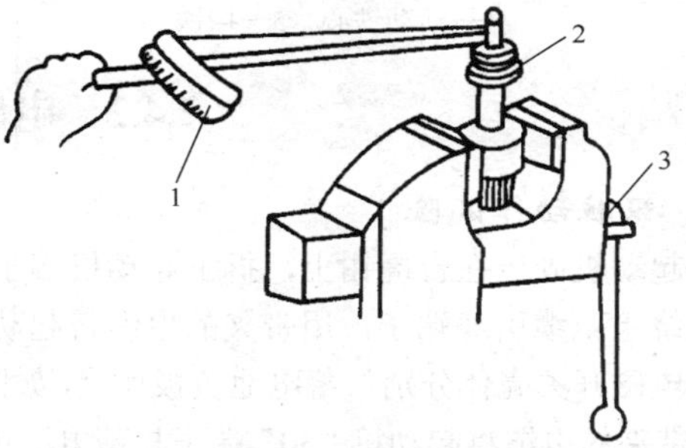

图 2-31 单向离合器的检查
1—扭力扳手 2—单向离合器 3—虎钳

2.4 起动机的调整与试验

2.4.1 起动机的调整

修复后的起动机必须进行认真的调整。在使用中如有齿轮啮合不良、发出冲撞声、起动困难等现象，均应做必要的调整。

1．驱动齿轮与止推垫圈之间的间隙调整

如图 2-32 所示，先将电磁开关的活动铁心推至使其开关刚好接通的位置，测量驱动齿轮与止推垫圈之间的间隙，一般为 4～5 mm，如不符，可拧入或旋出连接螺杆 3 进行调整。然后再将活动铁心顶到极限位置，此时驱动齿轮与止推垫圈之间间隙应为 1.5～2.5 mm，如不符，可调整齿轮行程限位螺钉 1。

2．电磁开关的调整

电磁开关的调整主要是调整点火线圈附加电阻短路接线柱与接触片的接通时刻。调整时只需将辅助接触片作相应的弯曲。

3．驱动齿轮端面与驱动端盖凸缘面之间的间隙调整

有些汽车（如 EQ1090、BJ212 等）的起动机，规定了起动机驱动齿轮端面与驱动端盖凸缘面之间的距离。如 EQ1090 规定值为 29～32 mm，BJ212 规定值为 32.5～34 mm。如不符，可调整齿轮行程限位螺钉 1，如图 2-33 所示。

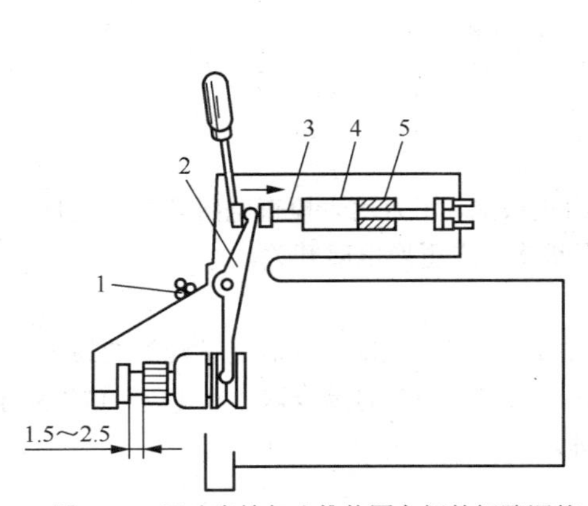

图 2-32　驱动齿轮与止推垫圈之间的间隙调整
1—齿轮行程限位螺钉　2—拨叉　3—连接螺杆
4—活动铁心　5—挡铁

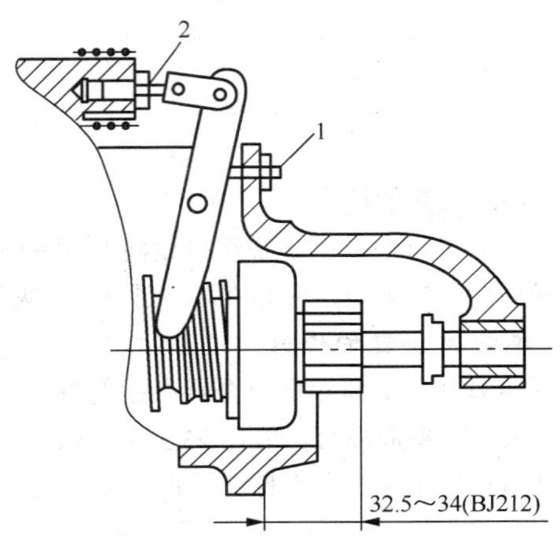

图 2-33　驱动齿轮端面与驱动端盖凸缘面之间的间隙调整
1—齿轮行程限位螺钉　2—连接螺杆

2.4.2　电磁开关的试验

1．吸拉动作试验

将起动机固定在台虎钳上，拆下起动机端子“C”上的励磁绕组电缆引线端子，用带夹的电缆将起动机“C”端子和电磁开关壳体分别与蓄电池负极连接，如图 2-34 所示。用带夹的电缆将起动机“50”端子与蓄电池正极连接，此时驱动齿轮应向外移动。如驱动齿轮不动，说明电磁开关有故障，应予以修理或更换。

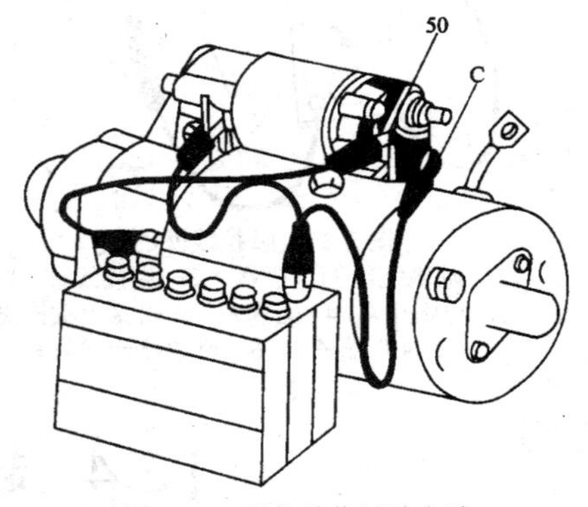

图 2-34　吸拉动作试验方法

2．保持动作试验

在吸拉动作基础上，当驱动齿轮保持在伸出位置时，拆下电磁开关“C”端子上的电缆夹，如图 2-35 所示。此时驱动齿轮应保持在伸出位置不动，如驱动齿轮回位，说明保持线圈断路，应予以修理。

3．回位动作试验

在保持动作的基础上，再拆下起动机电磁开关壳体上的电缆夹，如图 2-36 所示。此时驱动齿轮应迅速回位，如驱动齿轮不能回位，说明回位弹簧失效，应更换弹簧或电磁开关总成。

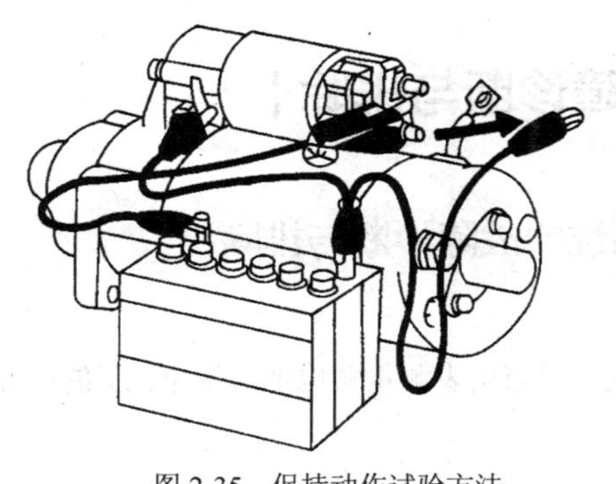

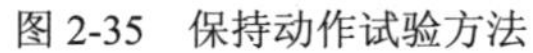

图 2-35 保持动作试验方法

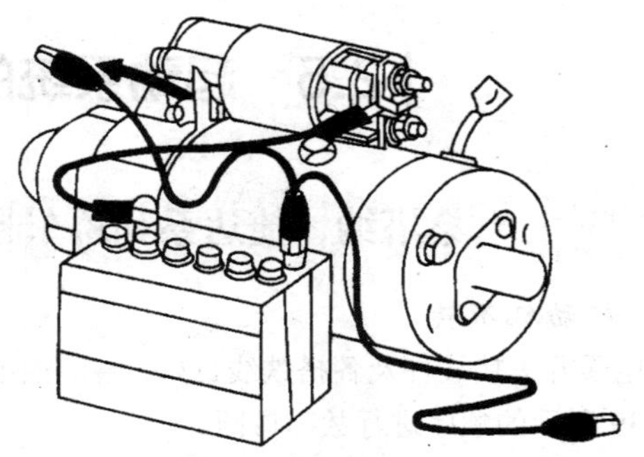

图 2-36 回位动作试验方法

2.4.3 起动机的试验

起动机修复后，必须进行空载试验和全制动试验，如不符合要求，应重新检查和修理。

1. 空载试验

测量起动机的空载电流和空载转速并与标准值比较，以判断起动机内部有无电路和机械故障。其试验方法如下。

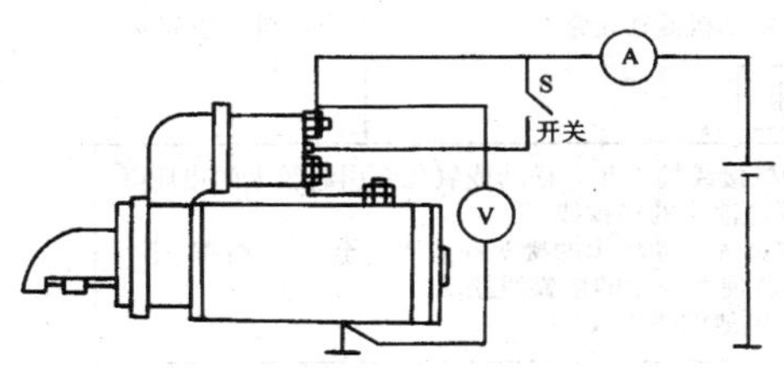

图 2-37 起动机的空载试验电路图

将起动机夹在虎钳上，按图 2-37 接线。接通起动机电路（每次试验不要超过 1 min，以免起动机过热），起动机应运转均匀，电刷下无火花。记下电流表、电压表的读数，并用转速表测量起动机转速，其值应符合规定值。

若电流大于标准值，而转速低于标准值，表明起动机装配过紧或电枢绕组和励磁绕组内有短路或搭铁故障。

若电流和转速都小于标准值，则表示起动机线路中有接触不良的地方（如电刷弹簧压力不足，换向器与电刷接触不良等）。

2. 全制动试验

全制动试验应在空载试验的基础上进行，空载试验不合格的起动机不应进行全制动试验。全制动试验的目的是测量起动机在完全制动时所消耗的电流（制动电流）和制动力矩，以判断起动机主电路是否正常，并检查单向离合器是否打滑，其试验方法如下。

将起动机夹持在试验台上，使杠杆的一端夹住起动机驱动齿轮的 3 个齿，如图 2-38 所示，电路连接与空转试验相同。接通起动机电路，呈现制动状态，观察单向离合器是否打滑，并迅速记下电流表、电压表、弹簧秤的读数，其值应符合规定值。

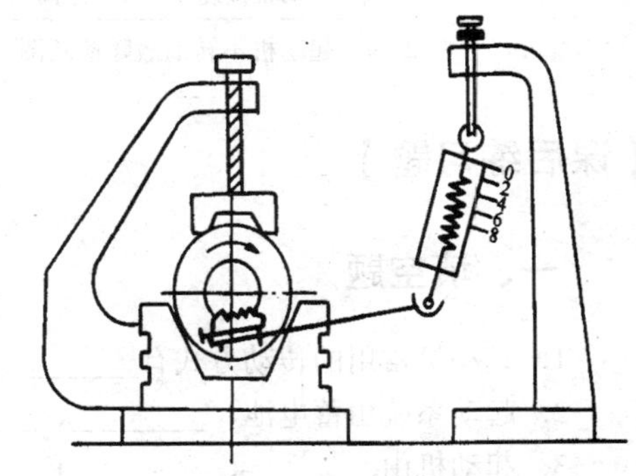

图 2-38 起动机的全制动试验

若制动力矩小于标准值而电流大于标准值，则表明励磁绕组或电枢绕组中有短路和搭铁故障。

若力矩和电流都小于标准值，表明线路中接触电阻过大。

若驱动齿轮锁止而电枢轴有缓慢转动，则说明单向离合器有打滑现象。

全制动试验时应注意：每次试验通电时间不要超过 5 s，以免损坏起动机及蓄电池。试验中，工作人员应避开弹簧秤夹具，防止发生人身事故。

2.5 起动系统的故障诊断与排除

桑塔纳、捷达系列轿车起动系统的故障诊断与排除

1. 起动机不转

在电磁开关接线柱及各搭铁线良好，蓄电池电量充足（用万用表测量蓄电池的端电压）的情况下，按图 2-39 所示的顺序进行故障诊断。

2. 起动机转速太低，不能起动发动机

冬天在所使用的发动机机油与环境温度相适应、发电机 V 带张力正常情况下，按图 2-40 所示的顺序进行故障诊断。

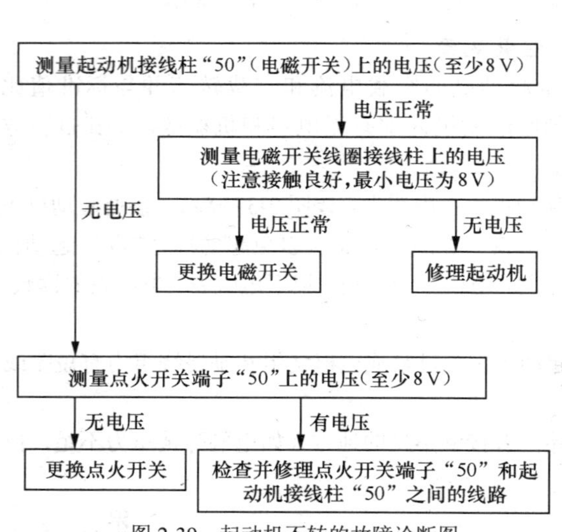

图 2-39 起动机不转的故障诊断图

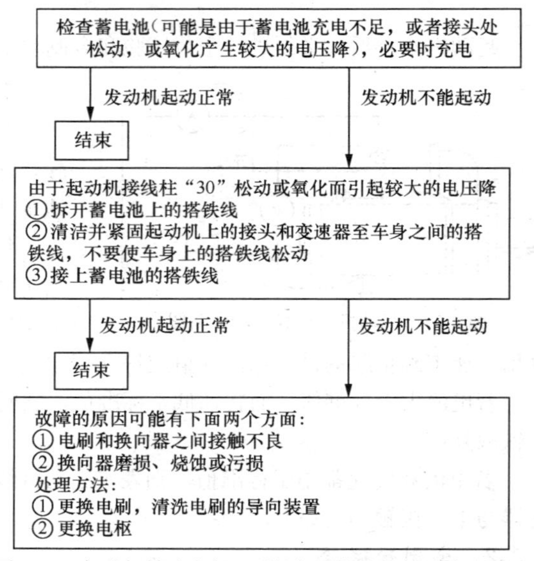

图 2-40 起动机转速太低，不能起动发动机的故障诊断图

【课后练习题】

一、填空题

1. 起动机常用的传动方式有________、________和________三种形式。

2. 起动系统由蓄电池、________、________、点火开关等组成。

3. 起动机由________、________和________三部分组成。

4. 直流串励式电动机主要由________、________、________、________、机壳和端盖等主要部件构成。

5. 传动机构由________和________等部件组成。

6. 常见单向离合器有________、________和________三种。

7. 起动机的控制机构主要由________、________等组成。

8. 励磁绕组常见的故障有接头脱焊、________、________或________等。

9. 起动机的动态试验有________和________。

10. 电磁开关常见故障为________、________或线圈短路、________及搭铁等。

二、判断题

1．传动机构用来接通或断开电动机与蓄电池之间的电路。（ ）

2．强制啮合式起动机结构简单，工作可靠，操纵方便，被现代汽车广泛使用。（ ）

3．现代汽车一般使用直流串励式电动机，这种直流电动机其励磁绕组与电枢绕组串联。（ ）

4．云母绝缘层应比换向器铜片外表面凹下 0.8 mm 左右，以免铜片磨损时，云母片很快突出。（ ）

5．电刷架一般为框式结构，其中正电刷架与端盖直接相连并搭铁。（ ）

6．直流电动机是根据载流导体在磁场中受到电磁力作用而发生运动的原理工作的。（ ）

7．用万用表检测励磁绕组，若正极端与定子壳体之间的电阻值为∞表示绕组短路。（ ）

8．用万用表检测电枢绕组，若换向器上各相邻两个铜条之间的电阻值接近于0表示绕组没有出现断路。（ ）

9．云母片高度高于铜片高度。（ ）

10．空载试验的目的是通过测量起动机空载电流和转速，以检查起动机内部是否有电路故障和机械故障。（ ）

11．空载试验不合格的起动机可进行全制动试验。（ ）

三、选择题

1．磁极一般是4个，4个励磁线圈有的是相互串联后再与电枢绕组串联，称为（ ）。

A. 串联式　　B. 并联式

2．（ ）单向离合器结构简单、体积小、工作可靠，一般不需调整，在现代汽车上被广泛采用，但它不能传递大的转矩，在大功率起动机上使用受到限制。

A. 摩擦片式　　B. 弹簧式　　C. 滚柱式

3．（ ）单向离合器是通过主、从动摩擦片的压紧和放松来实现接合和分离的。

A. 摩擦片式　　B. 弹簧式　　C. 滚柱式

4．（ ）单向离合器是通过扭力弹簧的径向收缩和放松来实现分离和接合的。

A. 摩擦片式　　B. 弹簧式　　C. 滚柱式

2.6 实训

实训4 起动机的拆装与维护

一、实训目的与要求

① 掌握起动机的拆装顺序。

② 了解起动机各零件的名称和作用。

③ 掌握对起动机进行简单测量的方法。

④ 学习起动机拆解检修及装配作业的基本方法。

二、实训仪器和设备

汽车用起动机、万用表、维修工具等。

三、实训步骤

1．起动机的拆解和清洗

① 首先将待修起动机外部的尘污、油污清除。

② 旋出防尘盖固定螺钉，取下防尘盖，用专用钢丝钩取出电刷，拆下电枢轴上止推圈处的卡簧，如图2-41所示。

③ 用扳手旋出两紧固穿心螺栓，取下前端盖，抽出电枢，如图2-42所示。

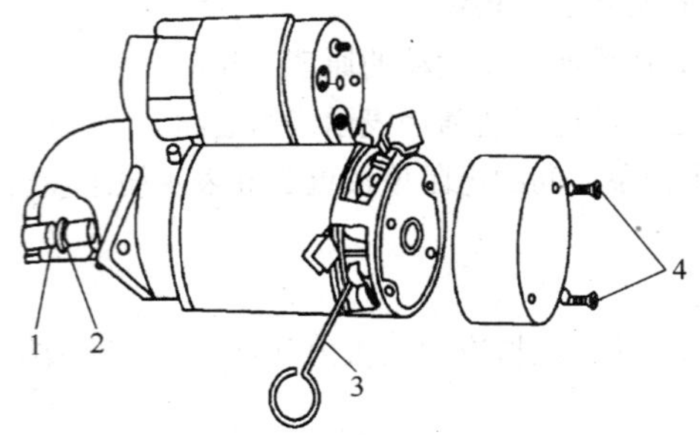

图2-41 拆解防尘盖
1—卡簧 2—止推圈 3—钢丝钩 4—固定螺钉

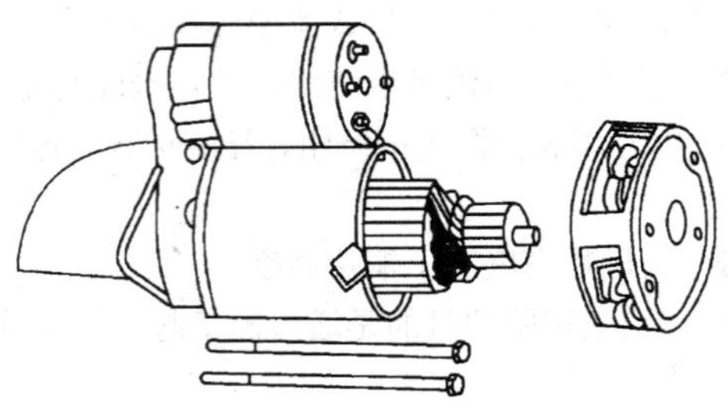
图2-42 取出前端盖和电枢
1—卡簧 2—止推圈 3—钢丝钩 4—固定螺钉

④ 拆下电磁开关主接线柱与电动机接线柱间的导电片，旋出后端盖上的电磁开关紧固螺钉，使电磁开关后端盖与中间壳体分离，如图2-43所示。

⑤ 从后端盖上旋下中间支承板紧固螺钉，取下中间支承板，旋出拨叉轴销螺栓，抽出拨叉，取出离合器，如图2-44所示。

各总成是否继续进一步分解，应视具体情况而定。

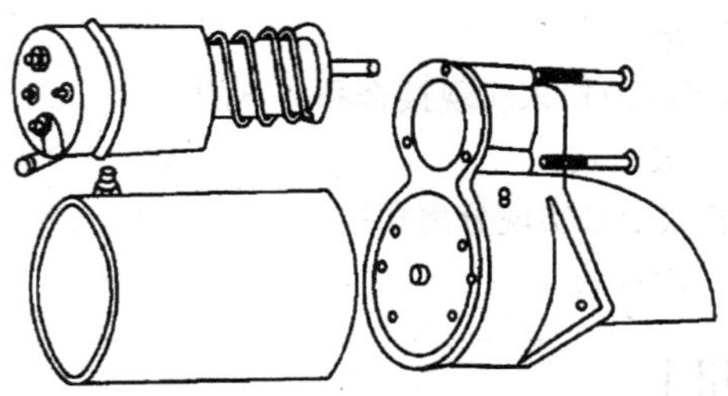
图2-43 分离电磁开关与壳体

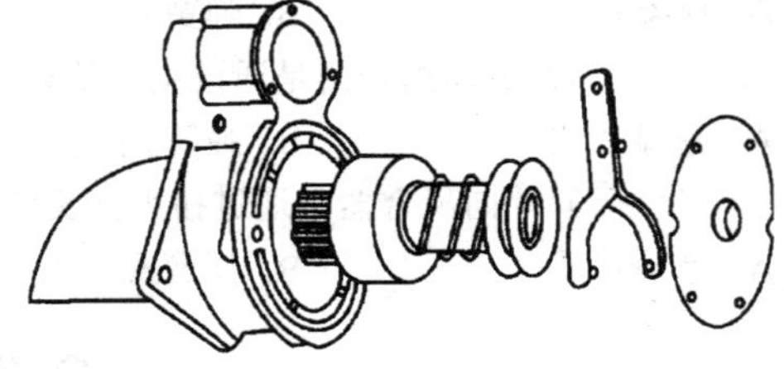
图2-44 取出离合器

⑥ 对分解的零部件进行清洗。清洗时，对所有的绝缘部件，只能用干净的布蘸少量汽油擦拭，其他机械零件均可放入煤油或柴油中洗刷干净并晾干。

2．起动机主要部件的检修

（1）直流电动机的检修

① 励磁绕组（定子）的检修。

● 励磁绕组断路的检修。首先通过外部验视，看其是否有烧焦或断路处。若外部验视未发现问题，可用万用表电阻R×1 Ω挡检测，两表笔分别接触起动机外壳引线（即电流输入接线柱）与励磁绕组绝缘电刷接头，如图2-45所示，如果测得的电阻为无穷大，说明励磁绕组断路，应予以检修或更换。

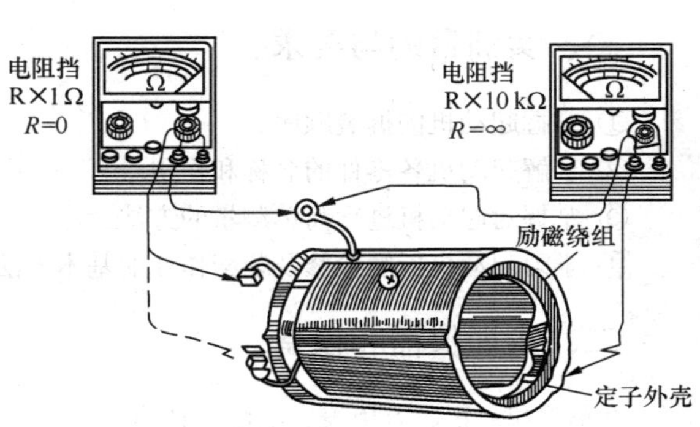

图2-45 励磁绕组断路及搭铁的检查

● 励磁绕组搭铁的检修。如图 2-45 所示，用万用表电阻 R×10 kΩ挡（或数字万用表高阻挡）检测励磁绕组电刷接头与起动机外壳是否相通，如果相通，说明励磁绕组绝缘不良而搭铁；如果阻值较小，说明有绝缘不良处，应检修或更换励磁绕组。

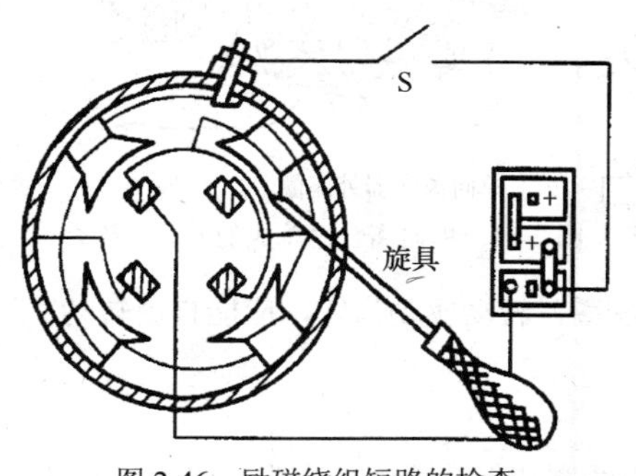

图 2-46 励磁绕组短路的检查

● 励磁绕组短路的检修。可用 12 V 直流电进行接线，如图 2-46 所示。电路接通后，将旋具放在每个磁极上，检查磁极对旋具的吸引力是否相同。若某一磁极吸力太小，就表明该励磁绕组有匝间短路故障存在。

② 电枢绕组（转子）的检修。

● 电枢绕组搭铁的检修。用电阻 R×10 kΩ挡检测，如图 2-47 所示，用一根表笔接触电枢，另一根表笔依次接触换向器铜片，万用表指针不应摆动，即电阻为无穷大。否则，说明电枢绕组与电枢轴之间绝缘不良，有搭铁之处。

● 电枢绕组短路的检修。用电阻 R×1 Ω挡检查换向器和电枢铁心之间是否导通，如图 2-48 所示。如有导通现象，说明电枢绕组搭铁，应更换电枢。

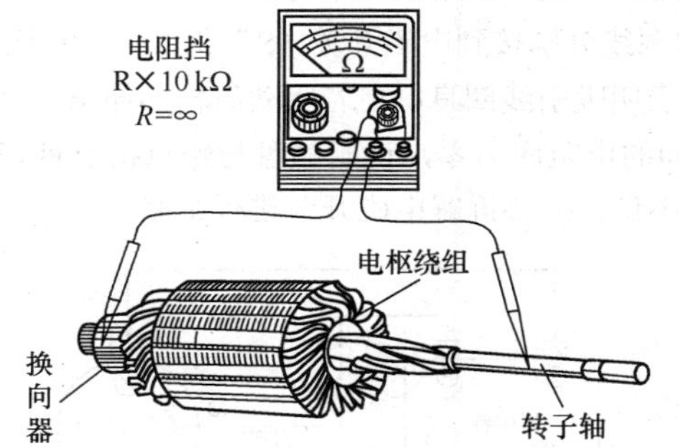

图 2-47 检查电枢轴与电枢绕组之间的绝缘电阻

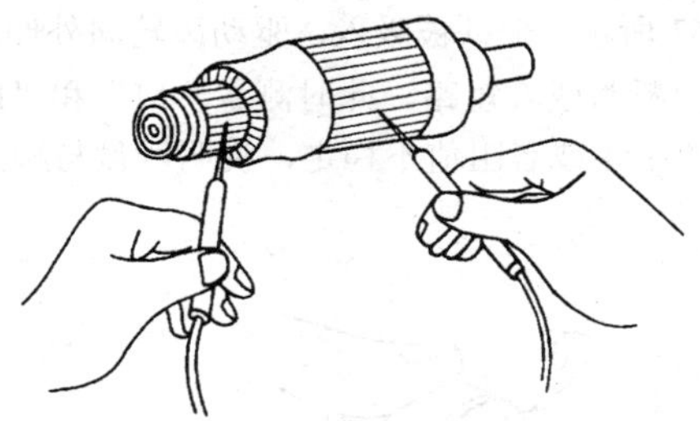
图 2-48 电枢绕组短路的检查

● 电枢绕组断路的检修：用电阻 R×1 Ω挡，将两个表笔分别接触换向器相邻的铜片，如图 2-49 所示，测量每相邻两换向片间是否相通。如万用表指针指示“0”，说明电枢绕组无断路故障；若万用表指针在某处不摆动，即电阻值为无穷大，说明此处有断路故障，应更换电枢。

电枢绕组的检查，除了使用万用表外，还可在电气万能试验台的电枢检验仪上进行。

③ 电枢轴的检修。用千分表检查电枢轴是否弯曲，如图 2-50 所示。若铁心表面圆跳动超过 0.15 mm 或中间轴颈圆跳动大于 0.05 mm 时，均应进行校正或更换。另外，还应检查电枢轴上的花键齿槽，如严重磨损或损坏，则应修复或更换。

④ 电刷的检修。

● 检查电刷的高度。电刷高度应不低于新电刷高度的 2/3（国产起动机新电刷高度一般为 14 mm），否则应换新。

● 检查电刷架的接触面积。电刷与换向器表面之间的接触面积应达到 75%以上，否则应研磨电刷。

（2）传动机构的检修

① 拨叉的检修。拨叉应无变形、断裂、松旷等现象，回位弹簧应无锈蚀，弹力正常，否则应更换。

② 驱动齿轮的检修。驱动齿轮的齿长不得小于全齿长的 1/3（如解放牌与跃进牌汽车的齿长不应短于 16 mm），且不得有缺损、裂痕，否则应予更换；齿轮磨损严重或扭曲变形时，也应予更换。

③ 单向离合器总成的安装与检查。如图 2-51 所示，将单向离合器及驱动齿轮总成装到电枢轴上，握住电枢，当转动单向离合器外座圈时，驱动齿轮总成应能沿电枢轴自如滑动。

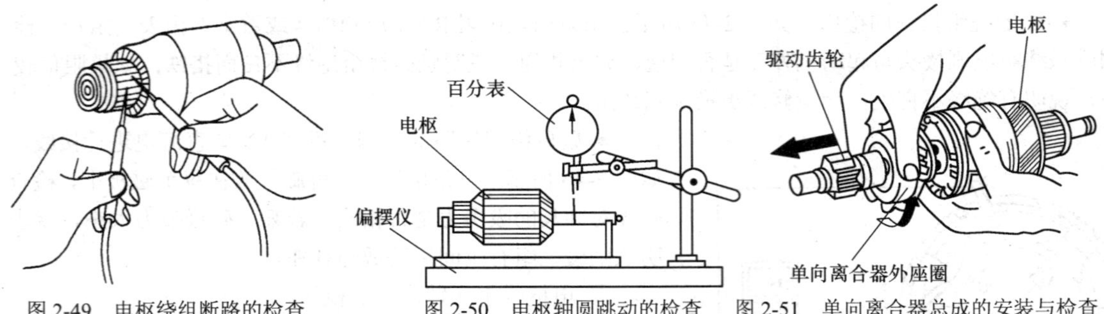

图2-49　电枢绕组断路的检查　　图2-50　电枢轴圆跳动的检查　　图2-51　单向离合器总成的安装与检查

如图2-52所示，在确保驱动齿轮无损坏的情况下，握住外座圈，转动驱动齿轮，应能自由转动；反转时不应转动，否则就有故障，应更换单向离合器。

（3）电磁开关的检修

① 电磁开关线圈的检修。用万用表R×1 Ω挡分别测量吸引线圈和保持线圈的电阻，吸引线圈的电阻值一般在0.6 Ω以下，而保持线圈的阻值一般在1 Ω左右。如万用表指针不摆动即电阻无穷大，说明线圈断路；若电阻值小于规定值，说明线圈有匝间短路。线圈断路或短路均需更换。

② 电磁开关吸引线圈的试验。将蓄电池正、负电源线分别接到电磁开关"S"和"M"端子之间，如图2-53所示，衔铁被吸入，驱动齿轮向外伸出，则表明吸引线圈良好；若驱动齿轮不伸出，则表明吸引线圈断路或者短路。此时测量"M"和"B"之间的电阻应为零，说明触盘与触点接触良好；若电阻不等于零或者阻值不稳定，说明触盘与触点接触不良，需要拆解电磁开关进行维修。

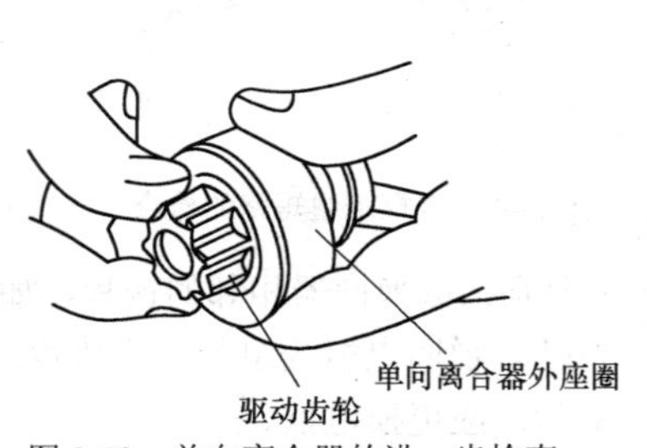

图2-52　单向离合器的进一步检查

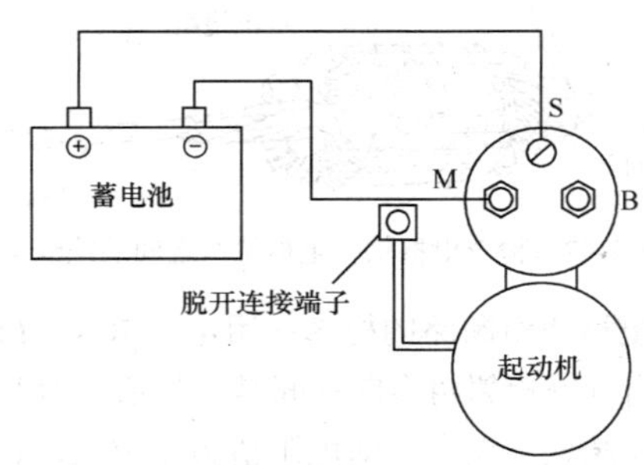

图2-53　电磁开关吸引线圈的试验

③ 电磁开关保持线圈的试验。将蓄电池正、负电源线分别接到电磁开关"S"和壳体之间，如图2-54所示，用手牵引驱动齿轮前伸到位后松开，此时驱动齿轮应保持定位；如果松开后其回位，则说明保持线圈断路或者短路。

④ 电磁开关复位试验。将蓄电池正、负电源线分别接到电磁开关"M"和壳体之间，如图2-55所示，用手牵引驱动齿轮到工作位置后松开，驱动齿轮如果立即回位，说明电磁开关复位良好。

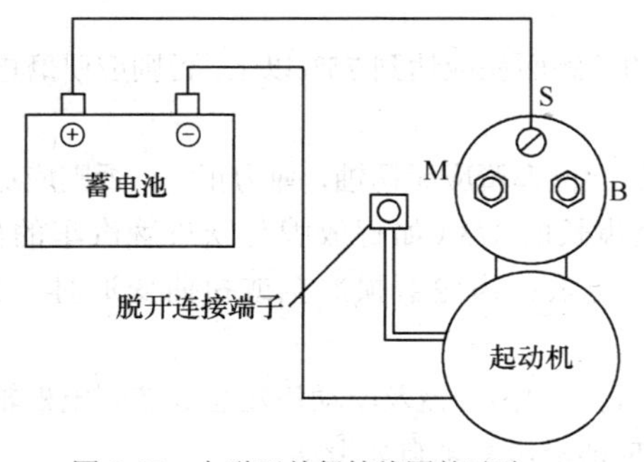

图2-54　电磁开关保持线圈的试验

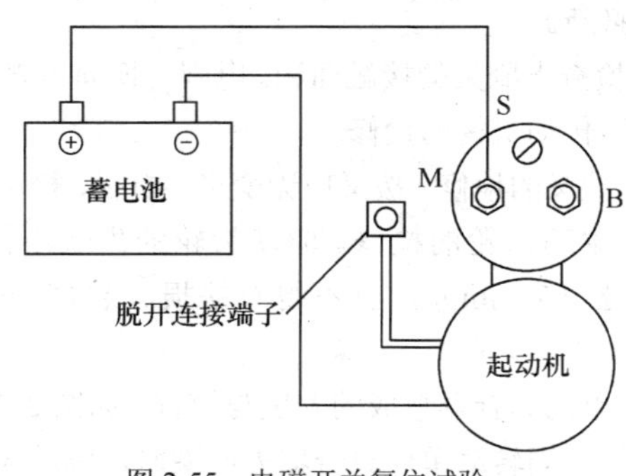

图2-55　电磁开关复位试验

以上试验必须在 10 s 内完成。

3．起动机的清洗与装配

① 对分解的零部件进行清洗，清洗时，对所有的绝缘部件，只能用干净的布蘸少量汽油擦拭，其他机械零件均可放入汽油、煤油或柴油中洗刷干净并晾干。

注 意

整流片及电刷表面在装配时，不应沾有油污。

② 按解体的相反顺序进行安装，在将电枢轴装入电刷架时，应防止将电刷撞断，必要时使用专用工具进行安装。

③ 装配完毕后，转子应转动灵活，无碰擦或卡滞现象。

④ 用旋具沿轴向拨动驱动齿轮，应能伸出并能自动回位。

四、实训注意事项

① 起动机零部件较笨重，拆装过程中要防止打滑跌落。

② 用蓄电池测试电磁开关和起动机时，检查时间不宜过长。

③ 每次空载试验不要超过 1 min，以免起动机过热。

④ 在使用万用表、游标卡尺检测的过程中要认真仔细。

⑤ 实训过程中要保证记录数据的准确性。

五、实训数据或现象记录、处理、分析

将起动机主要部件的检测结果填入表 2-2，并与标准要求比较，做出结论。

表 2-2 起动机检测数据记录表

<table>
<tr><th>序号</th><th colspan="3">检测项目</th><th>标准情况</th><th>检测情况</th><th>结论</th></tr>
<tr><td rowspan="3">1</td><td rowspan="3">励磁绕组</td><td colspan="2">励磁绕组断路的检查</td><td>通(0 Ω)</td><td></td><td rowspan="3">① 合格
② 不合格</td></tr>
<tr><td colspan="2">励磁绕组搭铁的检查</td><td>不通(∞)</td><td></td></tr>
<tr><td colspan="2">励磁绕组短路的检查</td><td>每个磁极对螺钉旋具的吸引力相同</td><td></td></tr>
<tr><td rowspan="6">2</td><td rowspan="6">电枢绕组</td><td rowspan="2">断路检验</td><td>试验台</td><td>电流表读数均应不变</td><td></td><td rowspan="6">① 合格
② 不合格</td></tr>
<tr><td>万用表</td><td>R=0 Ω</td><td></td></tr>
<tr><td rowspan="2">搭铁检验</td><td>试验台</td><td>搭铁灯不亮</td><td></td></tr>
<tr><td>万用表</td><td>R=∞</td><td></td></tr>
<tr><td rowspan="2">短路检验</td><td>试验台</td><td>钢片不振动</td><td></td></tr>
<tr><td>万用表</td><td>R=∞</td><td></td></tr>
<tr><td>3</td><td colspan="3">电枢轴圆跳动</td><td>< 0.15 mm</td><td></td><td>① 合格
② 不合格</td></tr>
<tr><td>4</td><td colspan="3">电刷高度</td><td>7～10 mm</td><td></td><td>① 合格
② 不合格</td></tr>
<tr><td rowspan="2">5</td><td rowspan="2">电磁开关线圈</td><td colspan="2">吸引线圈电阻值/Ω</td><td>0.6 Ω以下</td><td></td><td rowspan="2">① 合格
② 不合格</td></tr>
<tr><td colspan="2">保持线圈电阻值/Ω</td><td>1 Ω</td><td></td></tr>
</table>

六、思考题

① 简述减速齿轮式起动机的拆装过程。

② 简述定子绕组的检验。

实训 5　起动系统的故障诊断与排除

一、实训目的与要求

初步掌握电磁操纵强制啮合式起动机常见故障的诊断方法。

二、实训仪器和设备

起动机、万用表、相关的拆装工具等。

三、实训步骤

起动系统故障既有机械方面的原因，也有电气方面的原因，主要有表现为起动机不转动、起动机运转无力、起动机驱动齿轮与飞轮齿圈不能啮合、起动机空转、发动机起动后驱动齿轮不能退回等。

上述这些故障中，最为常见的是起动机不转动和运转无力这两种故障。这两种故障诊断、排除的步骤如下。

1．起动机不转动故障的诊断与排除

检查燃油、润滑油、冷却液是否缺少，蓄电池存电是否充足。若以上检查均正常，则按图 2-56 所示流程进行诊断。

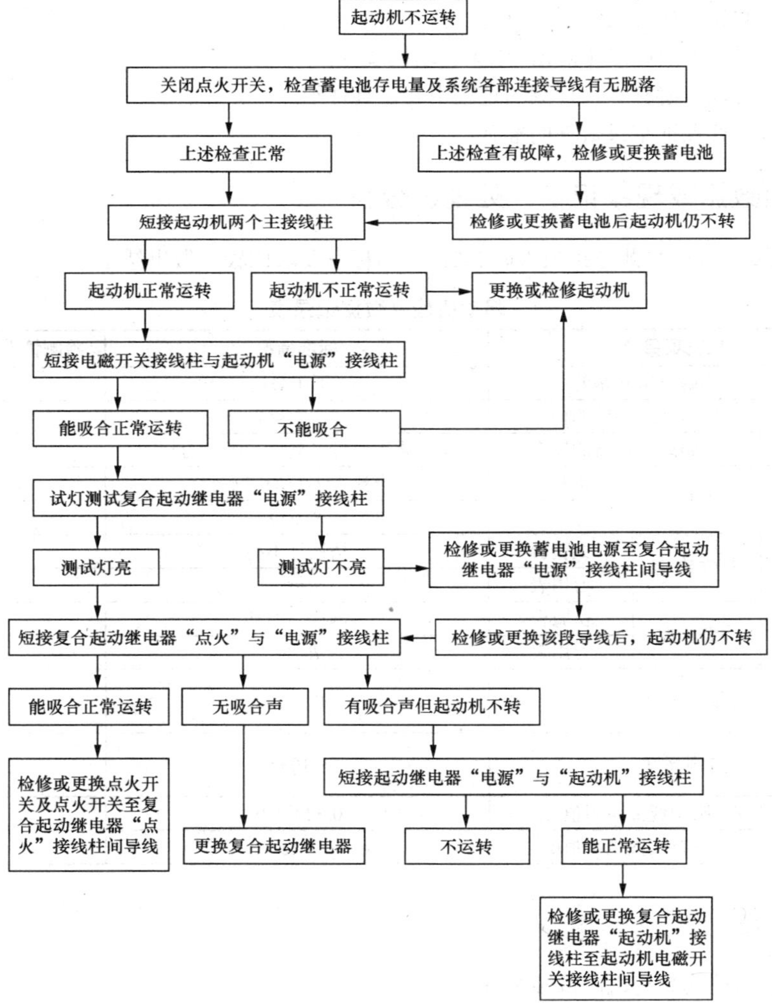

图 2-56　起动机不转动故障的诊断流程图

2．起动机运转无力故障的诊断与排除

检查燃油、润滑油、冷却液是否缺少，蓄电池存电是否充足。若以上检查均正常，则按图2-57所示流程进行诊断。

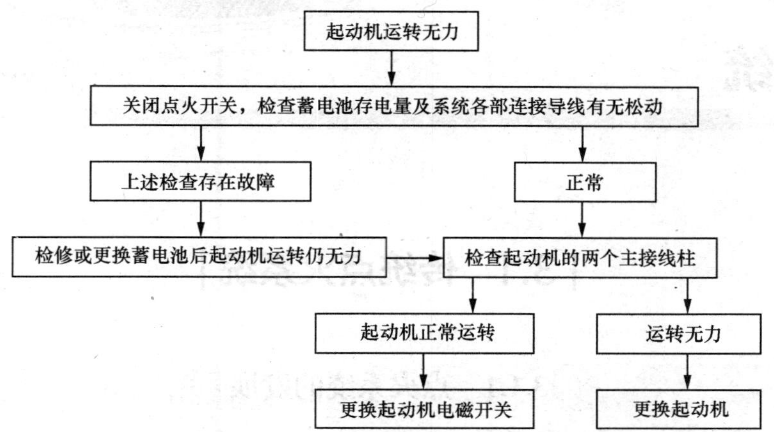

图2-57　起动机运转无力故障的诊断流程图

四、实训注意事项

实训过程中要按实训步骤操作，不可随意改变顺序。

五、思考题

① 如何检查起动机电磁开关？

② 起动继电器在电路中起什么作用？

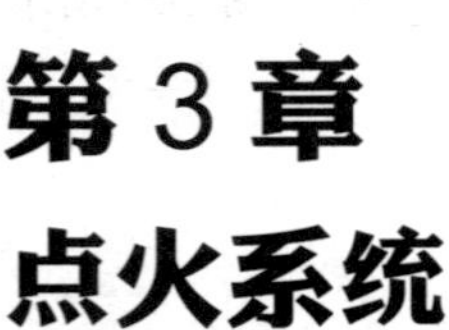

第 3 章 点火系统

3.1 传统点火系统

3.1.1 点火系统的发展

汽油发动机的点火系统主要历经了以下 3 个阶段。

1．传统点火系统

1908 年，美国人首先在汽车上使用蓄电池点火装置，这种以蓄电池和发电机为电源的点火系统称之为传统点火系统。

2．电子点火系统

20 世纪 60 年代，出现了电子点火系统。20 世纪 70 年代，无触点的电子点火系统开始应用并得到了迅速发展。

3．微机控制电子点火系统

20 世纪 70 年代末期，以微机控制点火时刻的点火系统开始在汽车上使用。

3.1.2 点火系统的作用与要求

1．点火系统的作用

点火系统的作用是将汽油发动机工作时吸入气缸的可燃混合气，在压缩行程终了时，及时地用电火花点燃，并满足可燃混合气充分燃烧及发动机工作稳定性的要求，使汽油发动机顺利地运转。

2．对点火系统的要求

根据发动机各工况的要求，点火系统应保证在各种使用条件下可靠地点燃可燃混合气。因此，对点火系统的要求如下。

① 点火系统应能迅速及时地产生足以击穿火花塞电极间隙的高电压。使火花塞电极之间产生火花的电压称为击穿电压。影响击穿电压的因素有：火花塞电极间隙、气缸内混合气的压力与温度、电极的温度与极性。发动机正常工作时击穿电压一般均在 15 kV 以上；发动机在满载低速时击穿电压为 8～10 kV；起动时需 19 kV。考虑各种不利因素的影响，通常点火系统的设计电压为 30 kV。

② 电火花应具有足够的点火能量。正常工作情况下，可靠点燃可燃混合气的点火能量为 50～80 mJ，起动时需 100 mJ 左右的点火能量。

③ 能根据发动机各种工况提供最佳的点火时刻。发动机的温度、负荷、转速和燃油品质等，都直接影响混合气的燃烧速度，点火系统必须能适应上述情况的变化，并实现最佳点火时刻的变化。

3.1.3 传统点火系统的组成

传统点火系统主要由电源（蓄电池）、点火开关、点火线圈、断电器、配电器、电容器、火花塞、高压导线、附加电阻等组成，如图 3-1 所示。点火系统能将 12 V 或 24 V 的低压电转变为 20 kV 以上的高压电，这一转变是靠点火线圈和断电器来共同完成的。然后，再由配电器分配到各缸火花塞。

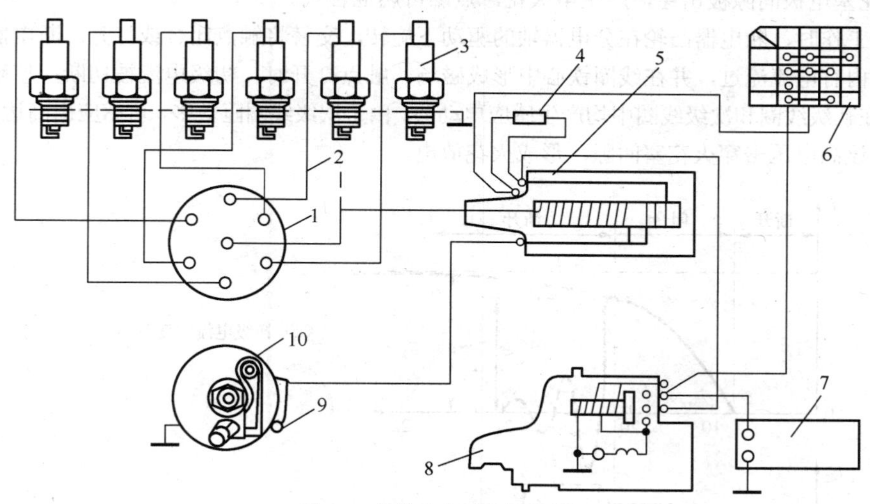

图 3-1 传统点火系统的组成

1—配电器 2—高压导线 3—火花塞 4—附加电阻 5—点火线圈 6—点火开关 7—蓄电池 8—起动机 9—电容器 10—断电器

点火线圈实际上是一个变压器，它主要由初级绕组、次级绕组和铁心组成。断电器实际上是一个由凸轮操纵的开关，主要由断电器凸轮、触点臂、触点组成。断电器凸轮由发动机凸轮轴驱动，并以同样的转速旋转，即曲轴每转两转，凸轮轴转一转。为了保证曲轴每转两转各缸轮流点火一次，断电器凸轮的凸棱数与发动机的气缸数相同。断电器的触点与点火线圈的初级绕组串联，用来接通或切断点火线圈初级绕组的电路。配电器由分电器盖与分火头组成，分火头安装在断电器轴上，与轴一起旋转。分电器盖上有中心电极和若干个侧电极，侧电极的数目与发动机气缸数相等，经高压导线与各火花塞相连。

3.1.4 传统点火系统的工作原理

传统点火系统的电路可分为低压电路和高压电路两部分。低压电路的作用是控制点火线圈初级电路的通断，使点火线圈内磁场产生突变，进而使点火线圈次级绕组产生高压电。高压电路的作用是在点火线圈初级电路被切断时感生出高压电，击穿火花塞间隙，点燃可燃混合气。

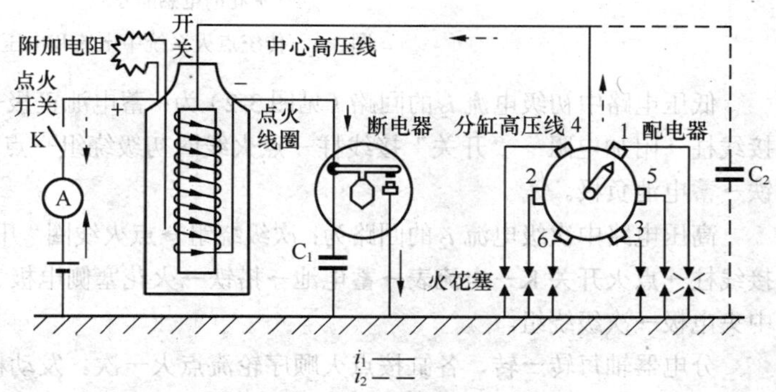

图 3-2 传统点火系统的工作原理图

低压电路主要包括蓄电池、电流表（有些车辆没有）、点火开关、附加电阻、点火线圈初级绕组、断电器、电容器等。

高压电路主要包括点火线圈次级绕组、中心高压线、配电器、分缸高压线、火花塞等。

传统点火系统的工作原理如图 3-2 所示。其工作过程可分为以下 3 个阶段。

① 触点闭合，初级电流逐步增长。

② 触点断开，次级绕组中产生高压电。

③ 火花塞电极间隙被击穿，产生电火花，点燃可燃混合气。

发动机工作时，断电器凸轮在分电器轴的驱动下旋转，交替将触点闭合或打开。断电器触点闭合时初级线圈内有电流流过，并在线圈铁心中形成磁场。触点打开时，初级电流被切断，使磁场迅速消失。此时，在初级线圈和次级线圈中均产生感应电动势。由于次级线圈匝数多，可感应出高达 15～20 kV 的高电压。该高电压击穿火花塞间隙，形成火花放电。

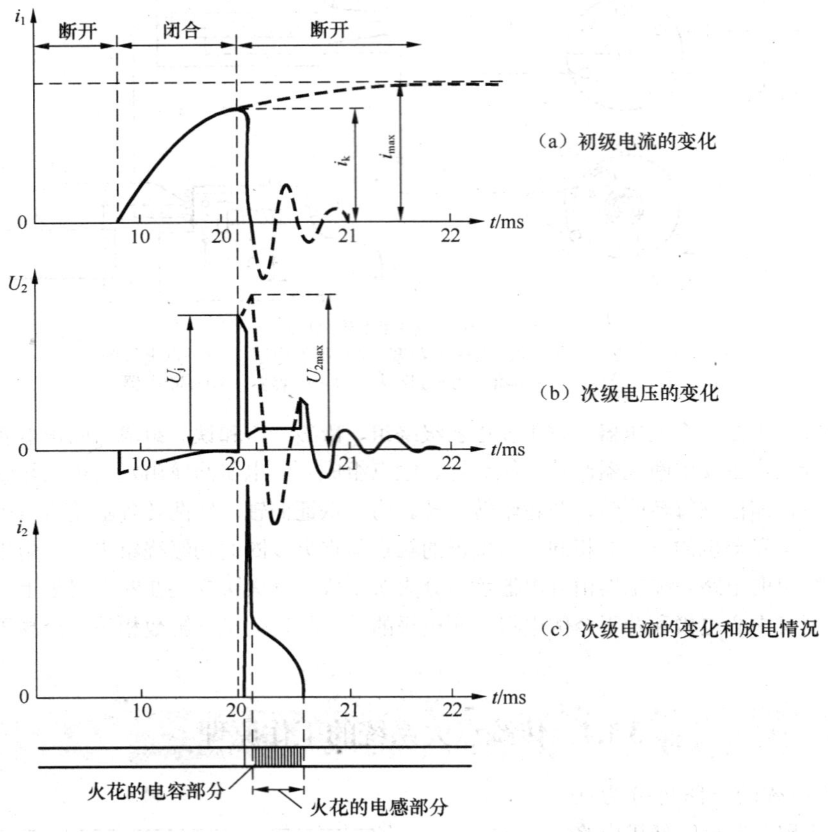

图 3-3　传统点火系统中电流和电压的变化

低压电路中初级电流 i_2 的回路（见图 3-2）为：蓄电池正极→电流表→点火开关 K→点火线圈“+”接线柱→附加电阻→“开关”接线柱→点火线圈初级绕组→点火线圈“−”接线柱→断电器触点→搭铁→蓄电池负极。

高压电路中次级电流 i_2 的回路为：次级绕组→点火线圈“开关”接线柱→附加电阻→点火线圈“+”接线柱→点火开关 K→电流表→蓄电池→搭铁→火花塞侧电极、中心电极→配电器旁电极、分火头、中央电极→次级绕组。

分电器轴每转一转，各缸按点火顺序轮流点火一次。发动机工作时，上述过程周而复始地重复，若要停止发动机的工作，只要断开点火开关，切断电源电路即可。

传统点火系统中，初级电流、次级电流和次级电压的变化及次级电流的放电情况如图 3-3 所示。

3.2 电子点火系统

3.2.1 电子点火系统的分类

电子点火系统大致可分为以下几种类型。

① 按控制点火线圈初级电流的电子元件分类，包括晶体管点火系统、晶闸管点火系统和集成电路点火系统3类。

② 按点火系统有无触点分类，包括触点式和无触点式两类。触点式电子点火系统，又称半导体管或晶体管辅助点火系统。无触点式电子点火系统，又称全晶体管点火系统。

③ 按点火提前角的控制方式分类，包括普通电子点火系统和微机控制电子点火系统两类。

④ 按点火能量的储存方式分类，包括电感储能式和电容储能式两类。

- 电感储能式电子点火系统，其储能元件是点火线圈。
- 电容储能式电子点火系统，其储能元件是专用的电容器。

以上分类中，按储能方式的不同进行分类最受业内人士认同。电感储能式电子点火系统与电容储能式相比，具有结构简单、成本低、发动机低速点火性能好等优点，在普通汽油发动机上得以广泛应用，而电容储能式点火系统仅应用在高速发动机上。

电感储能式电子点火系统按有无微机控制，可分为普通电子点火系统和微机控制电子点火系统两类。早期的普通电子点火系统按有无触点，可分为有触点式和无触点式，而有触点电子点火系统目前基本被淘汰。按点火信号发生器的性质不同，电子点火系统又可分为电磁式、霍尔式和光电式3种。本部分内容将只对目前应用广泛的无触点式、普通型电子点火系统的相关知识进行阐述。

3.2.2 电子点火系统的组成

普通电子点火系统一般由低压电源（蓄电池）、点火信号发生器、电子点火控制器、配电器、点火线圈、火花塞等主要部件组成，其中点火信号发生器、配电器一般和点火提前机构合在一起，称为分电器，如图3-4所示。

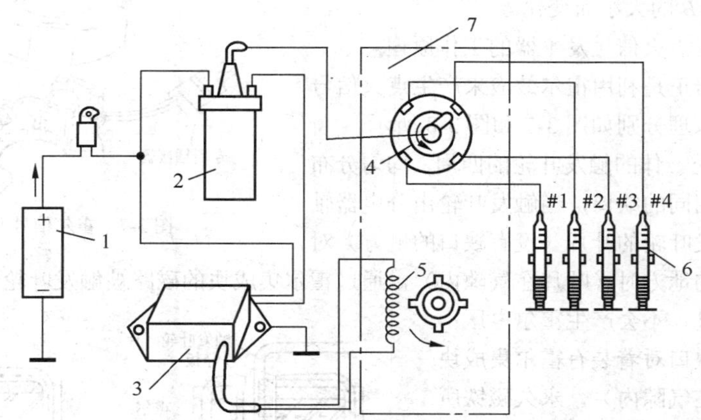

图3-4 无触点式电子点火系统的组成

1—蓄电池 2—点火线圈 3—电子点火控制器 4—配电器
5—点火信号发生器 6—火花塞 7—磁感应式分电器

3.2.3 电子点火系统的工作原理

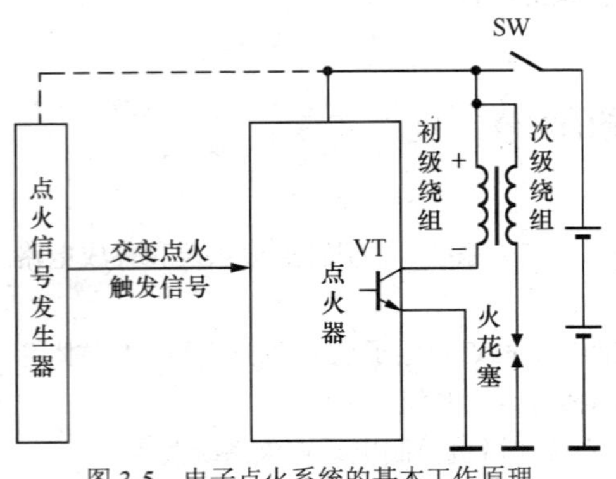

图 3-5 电子点火系统的基本工作原理

电子点火系统的基本工作原理如图 3-5 所示，转动的分电器根据发动机做功的需要，使点火信号发生器产生某种形式的电压信号（有模拟信号和数字信号两种），该电压信号经电子点火器大功率晶体管前置电路的放大、整形等处理后，控制串联于点火线圈初级回路的大功率晶体管的导通和截止。大功率晶体管导通时，点火线圈初级电路接通，点火系统储能；大功率晶体管截止时，点火线圈初级电路断路，次级绕组便产生高压电。因光电式电子点火系统在我国应用较少，在此不予介绍。下面将按霍尔效应式、磁脉冲式两种不同的点火信号来阐述普通型电子点火系统的工作过程。

1．霍尔效应式电子点火装置的工作过程

（1）霍尔效应原理

霍尔效应原理如图 3-6 所示。当电流 I 通过放在磁场中的半导体基片（即霍尔元件），且电流方向与磁场方向垂直时，在垂直于电流和磁场的半导体基片的横向侧面上将产生一个电压 U_H （通常称之为霍尔电压）。霍尔电压的高低与通过的电流和磁感应强度成正比，可用下式表示：

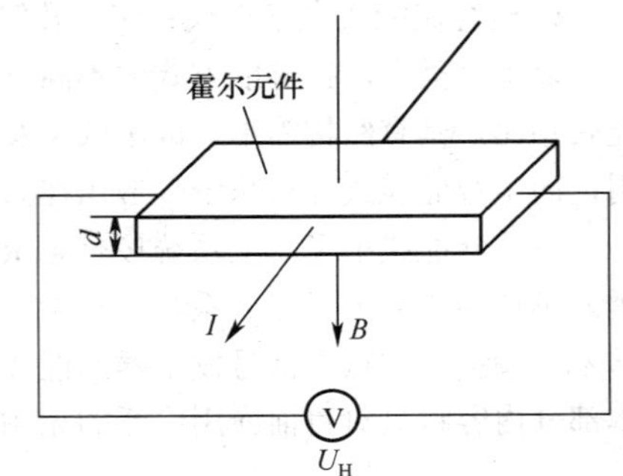

图 3-6 霍尔效应原理图

$$U_H = \frac{R_H}{d} IB$$

式中，R_H ——霍尔系数；

d ——半导体基片厚度，单位为 mm；

I ——电流，单位为 A；

B ——磁感应强度，单位为 T。

由上式可知，当通过的电流 I 为一定值时，霍尔电压 U_H 随磁感应强度 B 的大小而变化。

（2）霍尔效应式点火信号发生器的工作原理

霍尔信号发生器正是利用霍尔效应来产生点火信号的，其组成和工作原理分别如图 3-7 和图 3-8 所示。

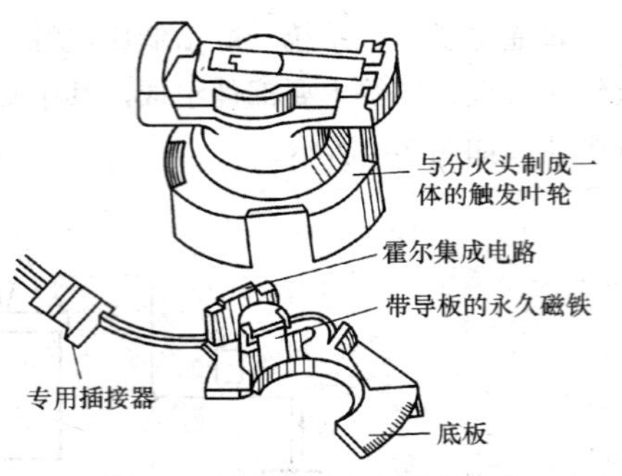

图 3-7 霍尔信号发生器的组成

在与分火头制成一体的触发叶轮的四周，均匀分布着与发动机气缸数相同的缺口，当触发叶轮由分电器轴带着转动，转到触发叶轮的叶片（没有缺口的地方）对着装有霍尔集成块的地方时（叶片在气隙内），通过霍尔集成块的磁路被触发叶轮短路，此时霍尔集成块中没有磁场通过，不会产生霍尔电压；当触发叶轮转到其缺口对着装有霍尔集成块的地方时（叶片不在气隙内），永久磁铁所产生的磁场，在导板的引导下，垂直穿过通电的霍尔集成块，于是在霍尔集成块的横向侧面产生一个霍尔电压 U_H，但这个霍尔电压是 mV 级的，信号很微弱，还需要进行信号

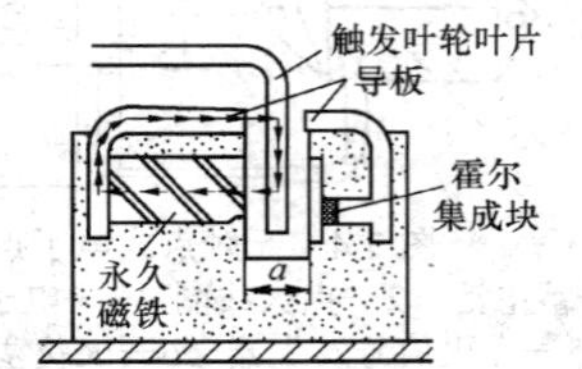

（a）叶片在气隙内

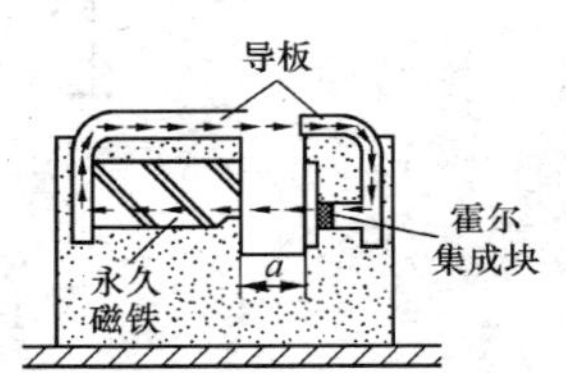

（b）叶片不在气隙内

图 3-8 霍尔信号发生器的工作原理图

处理，这一任务由集成电路完成。这样霍尔元件产生的霍尔电压 U_H 信号，经过放大、脉冲整形，最后以整齐的矩形脉冲（方波）信号 U_g 输出，如图 3-9 所示。

（3）霍尔式电子点火器的工作原理

霍尔式电子点火器一般由专用点火集成块 IC 和一些外围电路组成，比较接近微机控制的点火系统（但还是有根本的区别）。除了具有控制点火线圈初级电流的通断功能外，还具有其他辅助控制功能，如限流控制、停车断电保护等功能。这使该点火系统显示出更多的优越性，如点火能量高、在发动机转速范围内基本保持恒定、高速不断火、低速耗能少、起动可靠等。图 3-10 所示为霍尔式点火装置的工作电路。

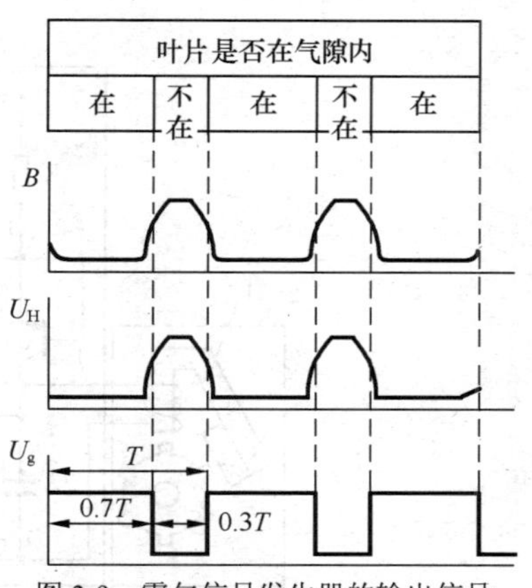

图 3-9　霍尔信号发生器的输出信号

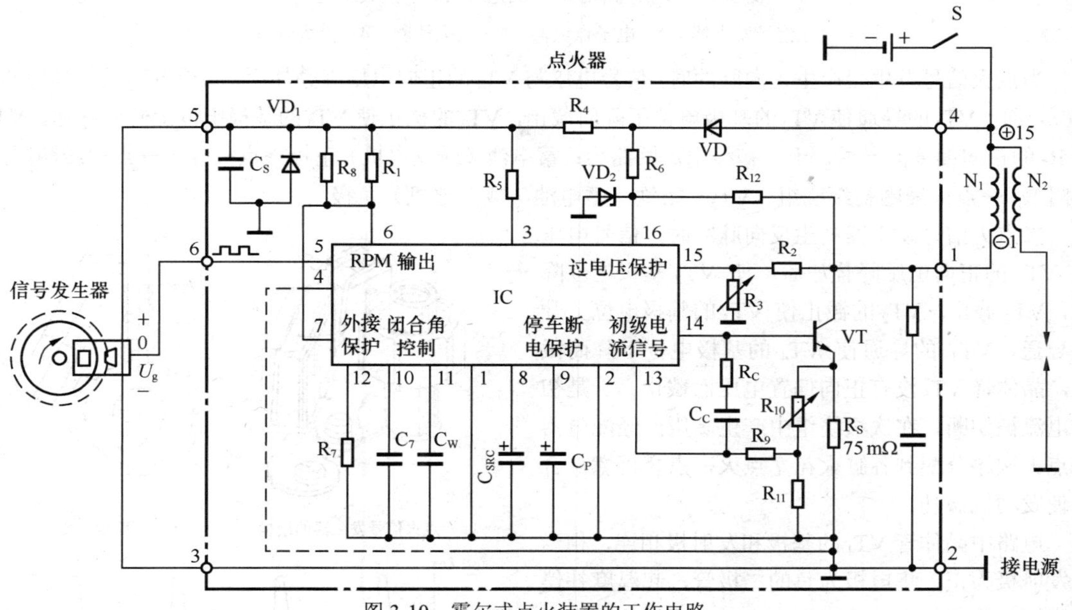

图 3-10　霍尔式点火装置的工作电路

2．磁脉冲式电子点火装置的工作过程

图 3-11 所示为丰田汽车常用的磁脉冲式无触点电子点火系统，它由点火信号发生器、电子点火器、分电器、点火线圈、点火开关等组成。

（1）磁脉冲式点火信号发生器的工作原理

信号转子上有与发动机气缸数相同的凸齿。永久磁铁的磁通经信号转子凸齿、线圈铁心构成回路。当信号转子由分电器轴带动旋转时，转子凸齿与线圈铁心间的空气间隙将发生变化，磁路的磁阻随之改变，使通过线圈的磁通量发生变化，因而在线圈内感应出交变电动势，如图 3-12 所示。磁脉冲式点火信号发生器具有点火信号电压的大小随发动机转速的变化而变化的特点。发动机转速升高时，点火信号发生器磁路的磁阻变化速率提高，相应磁通量的变化速率也提高，传感线圈产生的信号电压也就随之增大。

（2）磁脉冲式电子点火器的工作原理

如图 3-11 所示，接通点火开关时，蓄电池的电压使 VT_1 导通，其直流电路为：蓄电池（或发电机）正极→点火开关→R_3→R_1→VT_1→点火信号发生器线圈→搭铁→蓄电池（或发电机）负极。

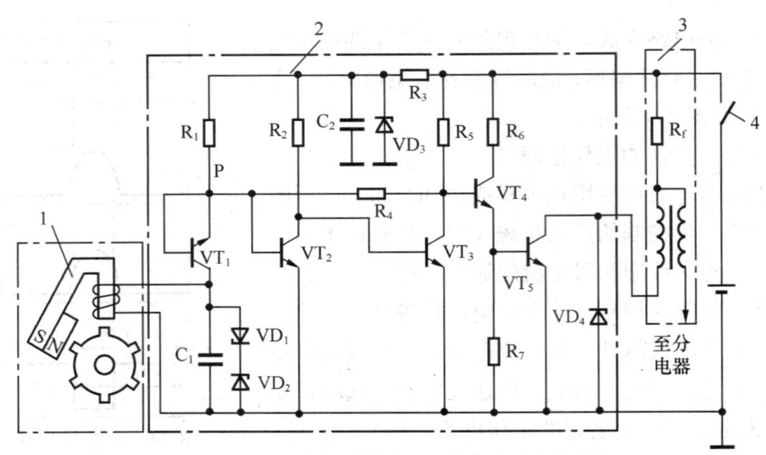

图 3-11 丰田汽车磁脉冲式无触点电子点火系统

1—信号发生器 2—电子点火器 3—点火线圈 4—点火开关

当点火信号发生器产生正向脉冲时，信号电压与 VT_1 的正向电压降叠加后，高于 VT_2 的导通电压，VT_2 导通。VT_2 的导通使 VT_3 的基极电位下降而截止，VT_3 的截止使 VT_4 的基极电位上升而导通，VT_5 因 R_7 的正向偏置而导通。于是初级电流回路为：蓄电池（或发电机）正极→点火开关→点火线圈附加电阻 R_f →点火线圈初级绕组→VT_5→搭铁→蓄电池（或发电机）负极。

当点火信号发生器产生反向脉冲时，信号电压与 VT_1 的正向电压降叠加后，使 VT_2 基极电位降低，VT_2 截止。VT_2 的截止使 VT_3 的基极电位上升而导通，VT_3 的导通使 VT_4 的基极电位下降而截止，晶体管 VT_5 没有正向偏置电压而截止。于是初级电流被切断，在次级绕组中产生高压，经配电器按点火次序分配到各缸火花塞点火，点燃可燃混合气使发动机做功。

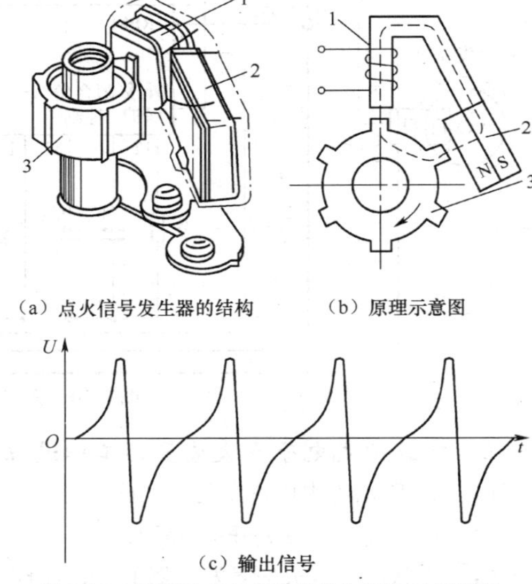

图 3-12 磁脉冲式点火信号发生器的工作原理

1—传感线圈 2—永久磁铁 3—信号转子

电路中晶体管 VT_1 的基极和发射极相连，相当于发射极为正、集电极为负的二极管，起温度补偿作用。其原理如下：当温度升高时，VT_2 的导通电压会降低，使 VT_2 提前导通而滞后截止，从而导致点火推迟；VT_1 与 VT_2 的型号相同，具有同样的温度特性系数，故在温度升高时，VT_1 的正向导通电压也会降低，使 P 点电位 U_P 下降，正好补偿了温度升高对 VT_2 工作电位的影响，而使 VT_2 的导通和截止时间与常温时相同。

电路中其他元件的作用是：R_3、VD_3 为电源稳压电路，使 VT_2 导通时不受电源系统电压波动的影响；VD_1、VD_2 为信号稳压电路，削平高速时感应线圈产生的峰值电压；VD_4 的作用是防止初级电流被切断时产生的高压击穿 VT_5；C_1 是信号滤波电容，C_2 是电源滤波电容；R_4 为正向反馈电阻，可以加速 VT_2 的导通和截止。

3.2.4 电子点火系统的主要元件

1．点火信号发生器

电子点火器与点火信号发生器配套使用，点火信号发生器一般安装在分电器内，按点火信号产生

的性质不同，可分为磁脉冲式、霍尔式和光电式（光电式应用较少此处略去）3 类。

（1）霍尔式点火信号发生器

霍尔式分电器总成的结构如图 3-13 所示。与传统点火装置的分电器相比，只是由霍尔式电子点火信号发生器取代了断电器。霍尔式电子点火信号发生器的结构如图 3-7 所示，它主要由触发叶轮、霍尔集成块、导板及永久磁铁构成。

（2）磁脉冲式点火信号发生器

磁脉冲式（又称磁感应式）分电器总成的结构如图 3-14 所示，与传统的分电器相比，只是由磁脉冲式点火信号发生器取代了断电器，并取消了电容器。

磁脉冲式点火信号发生器主要由信号转子、感应线圈、定子、永久磁铁等组成，如图 3-15 所示。

信号发生器的转子套在分电器的轴上，可随分电器轴一起转动。定子与永久磁铁构成一定的磁场与磁路，当信号转子转到与定子对齐时，磁路被接通并形成闭合的磁路，磁场增强；当信号转子转离定子时，磁路被切断，磁场减弱。于是在感应线圈中产生交变的电压信号并输出。

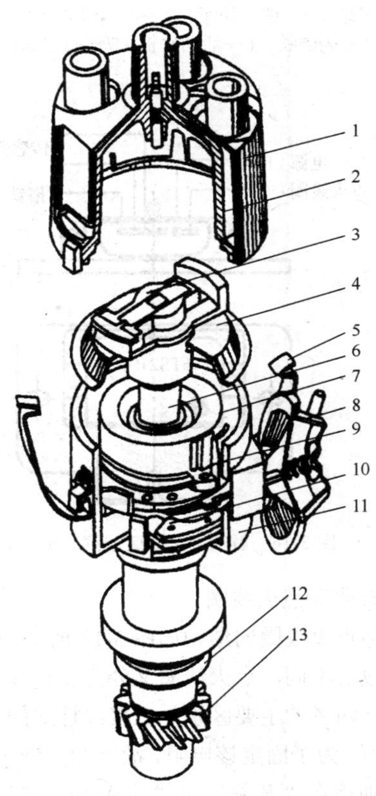

图 3-13　霍尔式分电器总成的结构

1—抗干扰屏蔽罩　2—分电器盖　3—分火头　4—防尘罩　5—卡箍　6—分电器轴　7—信号转子　8—真空调节器　9—霍尔点火信号发生器与托架总成　10—离心调节装置　11—分电器壳　12—密封圈　13—驱动斜齿轮

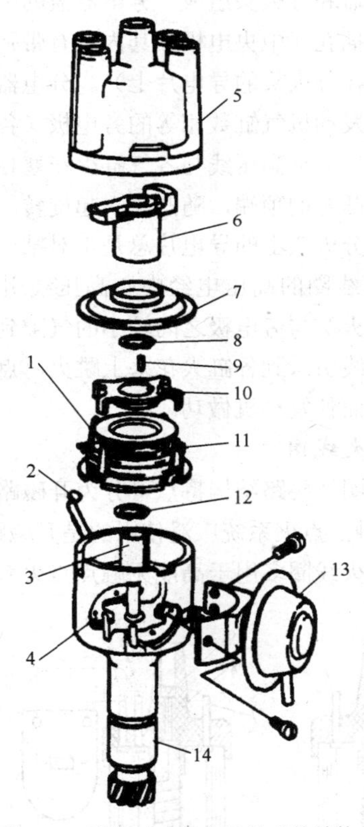

图 3-14　磁脉冲式分电器总成的结构

1—定子　2—卡箍　3—分电器轴　4—离心式点火提前机构　5—分电器盖　6—分火头　7—防尘罩　8—垫圈　9—键　10—信号转子　11—传感线圈　12—垫圈　13—真空式点火提前机构　14—分电器壳

2．电子点火器

电子点火器是电子点火系统的核心部件，其功能是控制点火线圈初级电路的接通与切断，大多数点火器还有限流控制、导通控制、停车断电控制和过电压保护控制等功能。

（1）霍尔效应式电子点火器

这是与霍尔效应式点火信号发生器相匹配的电子点火器，一般多由专用点火集成块和一些外围电路组成。图 3-10 所示为用于奥迪轿车、桑塔纳轿车的霍尔效应式无触点电子点火装置原理图。

（2）电磁感应式电子点火器

解放 CA1092 型载货汽车采用电磁感应点火系统，其电子点火器的外形如图 3-16 所示，工作原理同前所述，此处不再重复。

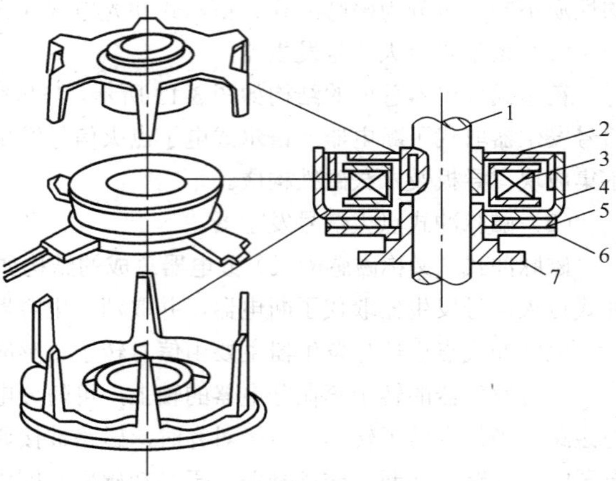

图 3-15　磁脉冲式点火信号发生器的组成
1—转子轴　2—信号转子　3—传感线圈　4—定子
5—永久磁铁　6—活动底板　7—固定底板

3．配电器

配电器安装在断电器的上方，它由胶木制成的分电器盖和分火头组成。分电器盖的中央有一高压线插孔（中央电极，其内装有带弹簧的炭柱，压在分火头的导电片上）。分电器盖的四周均匀分布着与发动机气缸数相等的旁电极（各缸高压线插孔），可通过分缸高压线与各气缸火花塞相连。分火头装在断电器凸轮的顶端，随凸轮一起旋转。当断电器触点断开时，分火头上的导电片总是正对某一旁电极，此时来自点火线圈的高压电经中心高压线引入到分火头上，跳过分火头与旁电极之间较小的气隙到旁电极，再由分缸高压线引入到各缸火花塞上跳火，点燃气缸内的可燃混合气而使发动机做功。

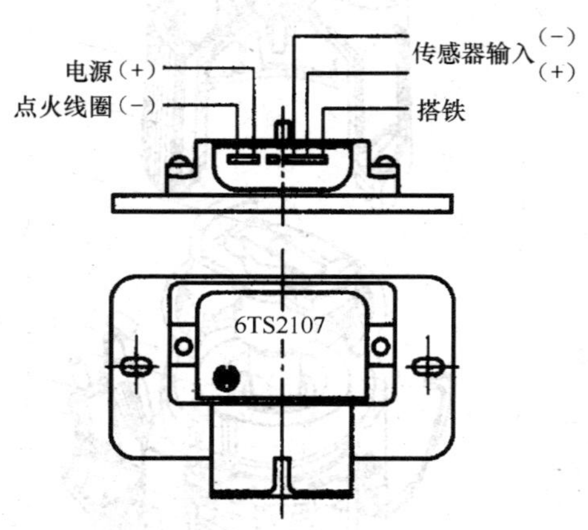

图 3-16　解放 CA1092 型汽车电子点火器

4．点火线圈

点火线圈按磁路结构特点可分为开磁路和闭磁路两种类型。有触点点火系统广泛使用的是开磁路点火线圈，而闭磁路点火线圈多用于高能无触点点火系统。

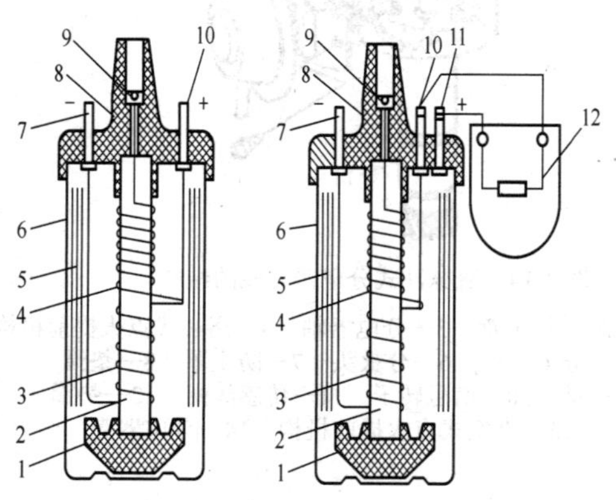

（a）二低压接线柱式　（b）三低压接线柱式

图 3-17　开磁路点火线圈的结构
1—绝缘座　2—铁心　3—一次绕组　4—二次绕组
5—导磁钢套　6—外壳　7—低压接线柱“−”　8—胶木盖
9—高压接线柱　10—低压接线柱“+”或“开关”
11—低压接线柱“+开关”　12—附加电阻器

（1）开磁路点火线圈

开磁路点火线圈的结构如图 3-17 所示。根据低压接线柱的数目不同，点火线圈又分为二接线柱式与三接线柱式。两者的主要区别是三接线柱式的外壳上装有附加电阻，为了固定该电阻，故增加了低压接线柱，附加电阻则接在“开关”接线柱和“+”接线柱上。如前所述，附加电阻可根据发动机的转速自动调节初级电流，明显改善点火系统的工作特性。值得注意的是，附加电阻也可制成一根专用电阻线，串接在点火开关与点火线圈之间。如东风 EQ1090 型汽车装用的 DQ125 型点火线圈为二接线柱式，本身不带附加电阻。其“−”接线柱的导线接至分电器接线柱，而“+”接线柱引出两根导线，其中一根蓝色导线接至起动机电磁开关的附加电阻短路接线柱上，另一根白色导线接至点火开关。这根白色导线为附加电阻线，阻值为

1.7 Ω，相当于三接线柱的附加电阻。两根线的用处不同，切不可混装、漏装。

（2）闭磁路点火线圈

在闭磁路点火线圈中，由硅钢片叠成“口”字形或“日”字形（见图3-18）的铁心，初级绕组在铁心中产生的磁通可形成闭合回路。其优点是漏磁少，磁路的磁阻小，能量损失小，其能量转换率可高达75%（开磁路点火线圈只有 60%），体积小，可直接装在分电器上，不仅结构紧凑，并可有效地降低次级电容C_2，故在无触点式点火系统中被广泛采用。

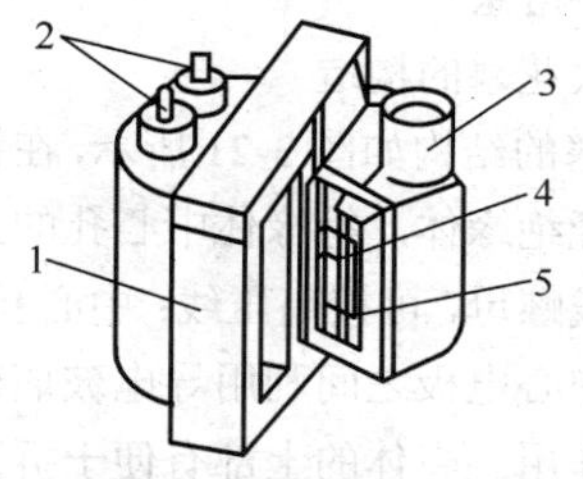

图3-18　闭磁路点火线圈

1—“日”字形铁心　2—低压接线柱　3—高压线插孔　4—一次绕组　5—二次绕组

5．点火提前机构

分电器上装有随发动机转速和负荷的变化而自动改变点火提前角的离心提前机构和真空提前机构。在其他使用因素变化时，可适当地进行手动调节。

（1）离心提前机构

离心提前机构通常安装在断电器底板的下方，其结构如图3-19所示。当发动机的转速升高时，在离心力的作用下，重块克服弹簧拉力向外甩出。其上的销钉推动拨板（凸轮）顺旋转方向相对分电器轴朝前转过一个角度，使凸轮提前顶开触点，点火提前角增大。转速降低时，重块在弹簧力的作用下收回，使点火提前角自动减小。

（2）真空提前机构

真空提前机构装在分电器的外侧，内部构造如图3-20所示。

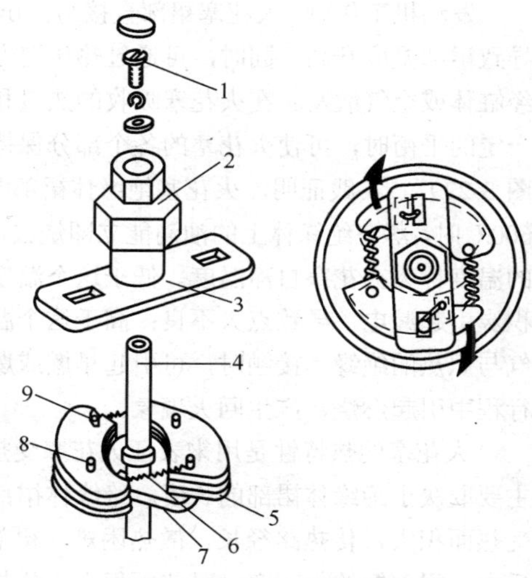

图3-19　离心式提前机构

1—凸轮固定螺钉及垫圈　2—凸轮　3—拨板　4—分电器轴　5—重块　6—弹簧　7—托板　8—销钉　9—柱销

它主要由膜片、弹簧、拉杆、活动底板、触点等组成。调节器内的膜片一侧通大气，另一侧则与节气门下方的小孔相通，拉杆一端与膜片相连，另一端则与断电器活动底板或外壳相连。发动机小负荷时，节气门开度小，由于进气歧管的真空度较大，膜片两侧形成压力差，使膜片克服弹簧力向右拱曲，拉杆拉着活动底板或分电器外壳，连同触点逆凸轮旋转方向相对分电器轴朝后转过一定角度，触点提前顶开，使点火提前角增大；当大负荷时，进气歧管的真空度小，膜片在弹簧力的作用下向左拱曲，使点火提前角自动减小；发动机起动或怠速时，节气门几乎关闭，小孔位于节气门上方，膜片两侧的压力几乎相等，膜片在弹簧力的作用下使点火提前角最小或者不提前。

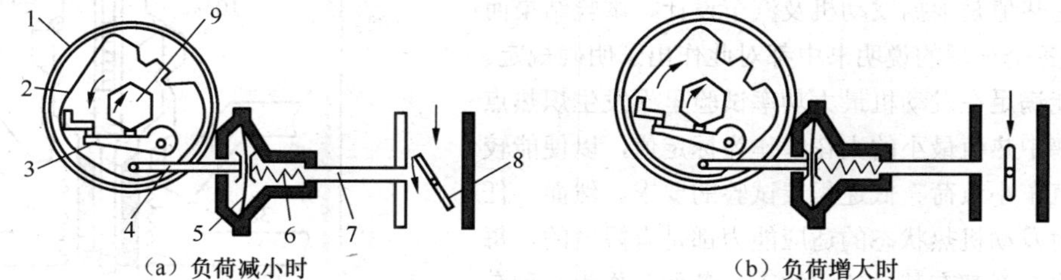

图3-20　真空提前机构工作原理图

1—分电器壳体　2—断电器活动底板　3—触点　4—推杆　5—膜片　6—回位弹簧　7—真空管　8—节气门　9—凸轮

6．火花塞

（1）火花塞的构造

火花塞的结构如图 3-21 所示，在钢质的壳体内固定有高氧化铝陶瓷绝缘体，绝缘体中心孔的上部装有金属杆，杆的上端有接线螺母，可接高压线；中心孔的下部装有中心电极，金属杆与中心电极之间利用导电玻璃密封。铜制内垫圈起密封和导热作用。壳体的上部有便于拆装的六角平面，下部有螺纹以备安装，壳体的下端固定有弯曲的侧电极、垫圈以保证火花塞的密封。火花塞的间隙多为 0.6～0.7 mm，当采用无触点点火系统时，间隙可增至 1.0～1.2 mm。

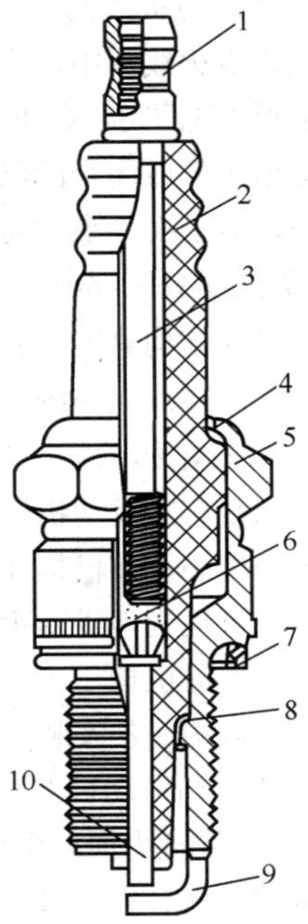

图 3-21　火花塞的结构

1—接线螺母　2—瓷绝缘体　3—金属杆　4、8—内垫圈　5—壳体　6—导体玻璃　7—密封垫圈　9—侧电极　10—中心电极

（2）火花塞的热特性

发动机工作时，火花塞裙部直接与高压、高温燃气接触，导致裙部温度升高。同时，可通过热传递方式将这部分热量经缸体或空气散发。在火花塞吸收的热量和散出的热量达到一定的平衡时，可使火花塞的各个部分保持一定的温度（见图 3-22）。实践证明，火花塞绝缘体裙部温度保持在 500～600℃时，落在绝缘体上的油滴能立即烧去，这个不形成积炭的温度称为火花塞自净温度。低于这个温度时，火花塞可因积炭引起漏电，导致点火不良；高于这个温度时，则当混合气与炽热的绝缘体接触时，可引起早燃或爆燃，甚至在进气行程中引起燃烧，产生回火现象。

火花塞的热特性是用来表征火花塞受热能力的物理量，主要取决于绝缘体裙部的长度。绝缘体裙部长的火花塞，其受热面积大，传热路径长，散热困难，裙部的温度较高，称为“热型”火花塞［见图 3-23（a）］；反之，裙部短的火花塞，吸热面积小，传热路径短，散热容易，因此裙部的温度低，称为“冷型”火花塞［见图 3-23（b）］。热型火花塞适用于低速、低压缩比的小功率发动机，冷型火花塞则适用于高速、高压缩比的大功率发动机。

火花塞的热特性常用热值或炽热数来标定。我国是以火花塞绝缘体的裙部长度来标定的，并以 1～11 的阿拉伯数字作为热值代号。1～3 为低热值火花塞，4～6 为中热值火花塞，7～11 为高热值火花塞。热值数越高，表示散热性越好。因而，小数字为热型火花塞，大数字为冷型火花塞。

火花塞热值是根据发动机及汽车设计、试验结果而定的，并在各个车型的说明书中都对此作出了明确规定。通常选择能满足在发动机最大功率试验里不发生炽热点火的火花塞中热值最小的火花塞作为标定值，以便能较好地满足汽车小负荷、低速积炭试验的要求。然而，任何火花塞对发动机热状态的适应能力都是有限度的，每个型号的火花塞都有其最适宜的工作条件。作为一种车型，选择火花塞时应考虑到所有可能遇到的工况，权衡利弊，决定取舍后，再决定其火花塞的型号。但是，对

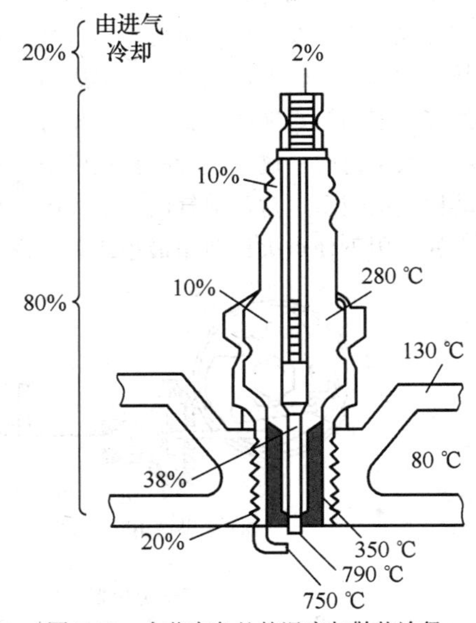

图 3-22　火花塞各处的温度与散热途径

于具体的一辆汽车，遇到的工况可能有所不同。如作为市内运输的车辆，发动机长期在低速、小负荷工况下运行，而用于长途运输的同一型号的汽车，发动机却长期在高速、大负荷下运转。故选用的火花塞的热值有所不同，应视具体情况而定。火花塞的热特性选用是否合适，其判断方法是：若火花塞经常由于积炭而导致断火，表示它太冷，即热值过高；若经常发生炽热点火，则表示火花塞的热值选用过低。热值选择不合适时，原则上应选用比原标定值高一级或低一级的火花塞。

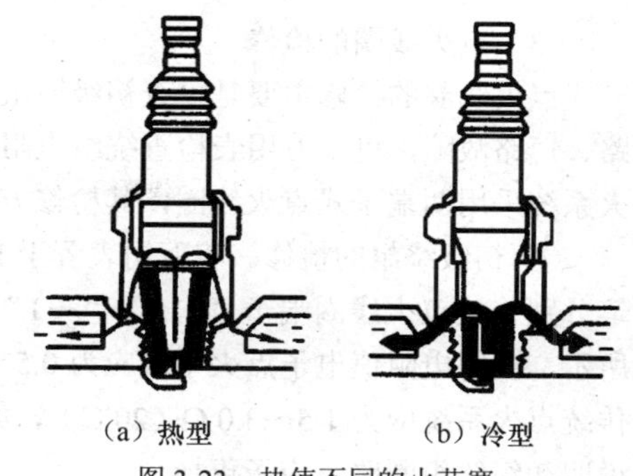

（a）热型　　（b）冷型

图 3-23　热值不同的火花塞

3.2.5　电子点火系统的正确使用、检测与维修

1．电子点火系统的正确使用

电子点火系统的形式较多，电路、原理差异较大，使用要求也各不相同，应严格按厂家规定使用。下面就使用中一般应注意的事项叙述如下。

① 接线必须正确、牢固，插接器要插接良好。系统中的晶体管器件应安放在易于散热、通风良好的位置上。

② 清洗发动机时，应断开点火开关，并且不得直接清洗电子组件。

③ 拆卸、连接点火系统导线（包括高压线）及用仪器检测时，应先断开点火开关。同时，应谨慎使用"试火法""短路法"检查点火系统故障，以防发生意外。

④ 电子点火系统的分电器、点火控制装置、高能点火线圈一般都是专用产品，不得随意替代。如果中途出现故障又一时无法排除，须用传统点火系统替换时，应将分电器、点火控制器和点火线圈全部拆下，换上传统点火装置组件，并按其要求接线、调试。

⑤ 无触点信号发生器的定时转子与定子或凸齿之间的间隙应调整到规定值。如解放 CA1092 型汽车为 0.3～0.5 mm，丰田轿车为 0.2～0.4 mm。且在检查隔磁转盘凸齿与传感器铁心之间的间隙时，必须使用塑料塞尺，禁止使用一般的钢质塞尺。

⑥ 电子点火系统中电子元件较多，精度要求高，一般不得随意拆卸、焊接。确需更换损坏的晶体管或集成块时，应选用型号相同或性能参数均较原件优良的代用件。装配时应注意管脚极性。焊接时，应选用尖嘴钳夹住管脚；焊接速度应尽可能地快，防止烙铁热量传入元件内，损坏晶体管或集成块。

2．电子点火系统的检测与维修

点火系统的检修

电子点火系统的检修主要是点火线圈、分电器和电子控制器的检修。各种电子点火系统点火线圈、配电器、离心提前装置、真空提前装置与火花塞的检修方法基本相同，但点火信号发生器和点火控制器的检修方法有所不同。

（1）直观检查

仔细检查接线、插接件是否可靠，电线有无老化与破损，蓄电池的技术状况是否良好。

（2）判断故障在低压电路还是在高压电路

判断方法与传统点火系统基本相同。采用高压跳火法检查时，从分电器盖上拔出中央高压线，使其端头离缸体 4～6 mm，然后接通点火开关，摇转曲轴，观察跳火情况。

① 跳火正常，表明点火线圈输出的低压电正常，故障在高压电路。高压电路的故障诊断与传统方法完全相同。

② 无火花，为低压电路故障。此时应分别检查点火信号发生器、电子组件和高能点火线圈。

（3）点火线圈的检修

点火线圈的检修主要是检查初级绕组和次级绕组有无断路、短路故障，可用万用表检查绕组电阻进行判断。电子点火系统采用两端子式点火线圈，其检修方法如下。

① 初级绕组的检修。将万用表置于 R×1 Ω挡，两只表笔分别连接点火线圈端子“+15”“−1”，如图 3-24（a）所示，测得电阻值电子点火系统应为 0.5～1.0 Ω（20℃），传统点火系统应为 1.5～3.0 Ω（20℃），如电阻值为无穷大，说明初级绕组断路，应予更换。

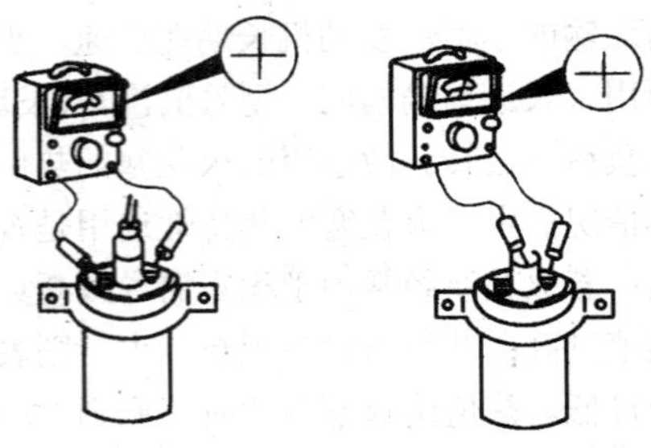

（a）检查初级绕组　（b）检查次级绕组

图 3-24　检测点火线圈阻值

② 次级绕组的检修。将万用表拨到 R×1 kΩ挡（数字式万用表拨到 OHM × 20 kΩ挡），一只表笔接点火线圈的高压插孔，另一只表笔接“+15”与“−1”中任意一个端子，如图 3-24（b）所示，测得电阻值电子点火系统应为 2 500～4 000 Ω（20℃），传统点火系统一般为 6 000～8 000 Ω（20℃）。如电阻值为无穷大，说明次级绕组断路；如电阻值过小，说明次级绕组短路，无论断路或短路都应更换点火线圈。

（4）分电器的检修

各型电子点火系统分电器的分解程序与方法大同小异。

（5）火花塞的检修

火花塞工作于高温、高压下，是汽油发动机的易损件之一，它的性能好坏直接影响着发动机的工作状况。研究表明，一台多缸发动机，若有一只火花塞不工作，则可增加 10%～15%的油耗，功率下降 18%～35%，尾气中 CO、HC 质量分数则要成倍地增加，起动性能下降。因此，应定期地对火花塞进行检查维护。

① 火花塞技术状况的检查。火花塞技术状况除用专用仪器进行密封发火试验以外，还可采取下述方法检查。

● 触摸法。起动发动机，使其怠速运转，用手触摸火花塞绝缘陶瓷部位，如温度上升得很高很快，表明火花塞正常，反之为不正常。

● 短路法。起动发动机，使其怠速运转，然后用螺丝刀逐缸对火花塞短路，听发动机转速和响声变化。转速和响声变化明显，表明火花塞正常，反之为不正常。

● 跳火法。用高压线试火，若无火花或火花较弱，表明火花塞漏电或不工作。

● 观色法。拆下火花塞观察，如为赤褐色或铁锈色，表明火花塞正常。如为渍油状，表明火花塞间隙失调或供油过多，高压线短路或断路。如为烟熏的黑色，表明火花塞冷热型选错或混合气过浓、机油上窜。如顶端与电极间有沉积物，当为油性沉积物时，说明气缸窜机油与火花塞无关；当为黑色沉积物时，说明火花塞积炭而旁路；当为灰色沉积物时，则是汽油中添加剂覆盖电极导致缺火。若严重烧蚀，如顶端起疤、有黑色花纹破裂、电极熔化，表明火花塞损坏。火花塞状态判断如图 3-25～图 3-27 所示。

图 3-25　燃烧正常的火花塞

图 3-26　热值过小的火花塞

图 3-27　热值过大的火花塞

② 检查火花塞的绝缘电阻值。现代汽车普遍采用电阻型火花塞，其绝缘电阻值为 3～15 kΩ。检查方法是将万用表拨到 R×1 kΩ挡，两只表笔分别连接中心电极和高压线插头进行测量。如阻值为无穷大，说明电阻断路，应更换火花塞；如阻值过小，则不能抑制无线电干扰信号，也应更换火花塞。

③ 检查调整电极间隙。实践证明，汽车每行驶 1 600 km，火花塞电极烧蚀约为 0.025 mm，因此，汽车行驶一段时间后，应当检查调整电极间隙。在一般情况下，汽车每行驶 15 000～20 000 km（长效火花塞为 30 000 km）或电极严重烧蚀时，应检查调整火花塞的电极间隙，方法如图 3-28 所示。

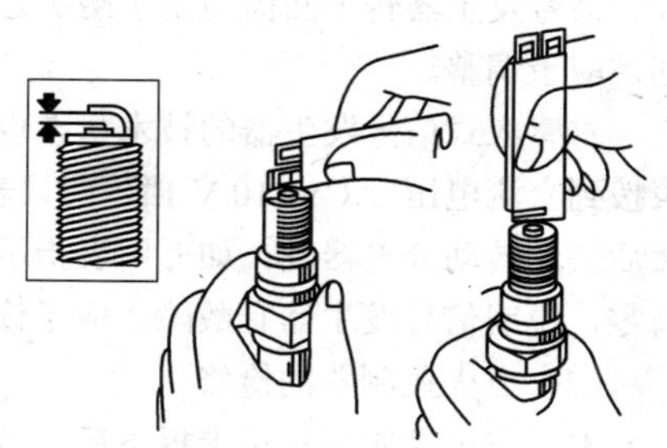

图 3-28　火花塞间隙的调整

电极间隙应当使用火花塞专用量规进行测量和调整，标准间隙：桑塔纳轿车 AFE 型发动机为 0.7～0.9 mm，AJR 型电喷发动机为 0.9～1.1 mm，切诺基吉普车为 0.84～0.97 mm。其他车辆用火花塞的标准间隙可参照原厂维修手册的规定进行调整。

（6）点火信号发生器的检修

信号发生器类型不同，检修方法也不相同。下面分别以桑塔纳轿车霍尔式信号发生器和切诺基吉普车磁感应式信号发生器为例说明。

① 霍尔式信号发生器的检修。霍尔式信号发生器的保护电路设在点火控制器中，因此，不能直接向信号发生器施加电源电压进行检测。其技术状态可在汽车上通过测量输入电压和输出电压进行判断。检测之前，先断开点火开关，再拆下分电器盖，拔出中央高压线并将其端头搭铁，如图 3-29 所示，然后进行测量。

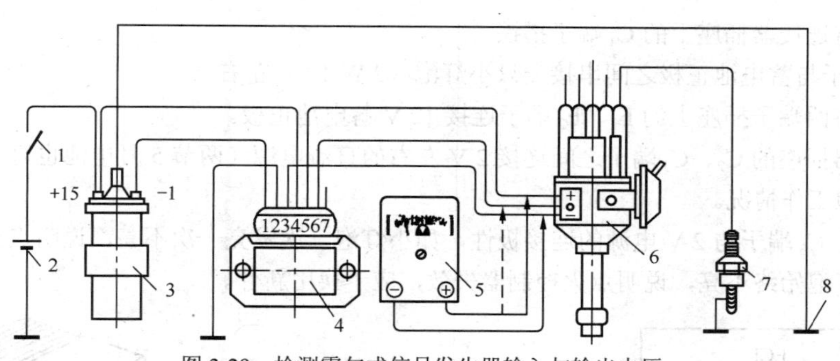

图 3-29　检测霍尔式信号发生器输入与输出电压

1—点火开关　2—蓄电池　3—点火线圈　4—点火控制器
5—电压表　6—分电器　7—火花塞　8—中央高压线搭铁

● 检测输入电压。将直流电压表正极与信号发生器插座上“+”端子引线（红黑色导线）连接，电压表负极与插座上“－”端子引线（棕白色导线）连接。接通点火开关，无论触发叶轮的叶片是否进入气隙，电压表显示的电压都应接近于电源电压（当电源电压为 14.4 V 时，输入电压应为 13～13.5 V；当叶片刚进入气隙时，虽然输入电压约为 10.3 V，但会迅速上升到 13～13.5 V）。

● 检测输出电压。首先断开点火开关，然后将直流电压表正极改接到信号发生器插座“O”端子连接的引线（即绿白色信号输出线）上。接通点火开关，转动触发叶轮。当触发叶片进入气隙时，电压应为 9.8 V，即比叶片刚进入气隙时的输入电压约低 0.5 V；当触发叶片离开气隙时，电压应为 0.1～0.5 V。

如检测结果与上述输入电压和输出电压相符，说明信号发生器良好，否则说明有故障，应予更换新件。

② 磁感应式信号发生器的检修。磁感应式信号发生器线圈是否良好，可用万用表检测信号线圈的电阻值进行判断。检测电阻值时，将万用表拨到电阻 R×1 Ω（数字式万用表拨到 OHM×2 kΩ）挡，两只表笔分别连接信号线圈引线端子进行检测，标准阻值应为 800～4 000 Ω。阻值为无穷大说明线圈断路，阻值过小说明线圈短路。无论断路或短路，都应换用新件。

信号发生器转子凸齿与定子磁头之间的气隙可用塞尺进行检查，标准气隙应为 0.2～0.4 mm。否则，应予调整。

磁感应式信号发生器的技术状态也可用交流电压表或万用表交流电压挡进行检查。方法是将万用表拨到交流电压 ACV×10 V 挡，两只表笔分别连接分电器线束插座上信号线圈两端引线连接的端子，然后快速转动分电器轴。如万用表指示有 2 V 左右的电压，说明信号发生器良好；如万用表指示电压为零，说明信号发生器有故障，应予修理或更换新件。

（7）点火控制器的检修

电子点火控制器从车上拆下后，首先检查底部有无明显的烧蚀现象。如有烧蚀痕迹，说明控制器已经烧坏，应予换用新件。点火控制器类型不同，检修方法也不相同。下面分别以桑塔纳轿车霍尔式点火控制器和切诺基吉普车磁感应式点火控制器为例说明。

① 霍尔式点火控制器的检修。桑塔纳轿车霍尔式点火控制器可在汽车上进行检查，方法如下。

- 首先断开点火开关，然后拔下分电器上信号发生器的线束插头。
- 将直流电压表正极接点火线圈“+15”端子，负极接点火线圈“－1”端子。
- 接通点火开关，电压表读数应为 6 V 左右且在 1～2 s 内降低到 0 V。如电压不下降到零或保持 6V 不降低，说明点火控制器失效，应予换用新件。

② 磁感应式点火控制器的检修。切诺基吉普车磁感应式点火控制器检测线路如图 3-30 所示，检查方法如下。

- 用导线将连接器插座上的 C_1 端子搭铁。
- 在 C_4 端子与蓄电池正极之间串接一只小灯泡（2 W/12 V 左右）。
- 用导线将两端子插座上的 E_1、E_2 端子连接 12 V 蓄电池正极。
- 在连接器插座的 C_2、C_3 端子之间连接 2 V 左右的直流电源（两节 5 号电池也可）作为信号源，同时观察小灯泡工作情况。
- 对调 C_2、C_3 端子与 2 V 电源的连接极性，如小灯泡一次发亮一次不亮，说明点火控制器良好；如对调前后小灯泡始终不亮，说明点火控制器失效，应予换用新件。

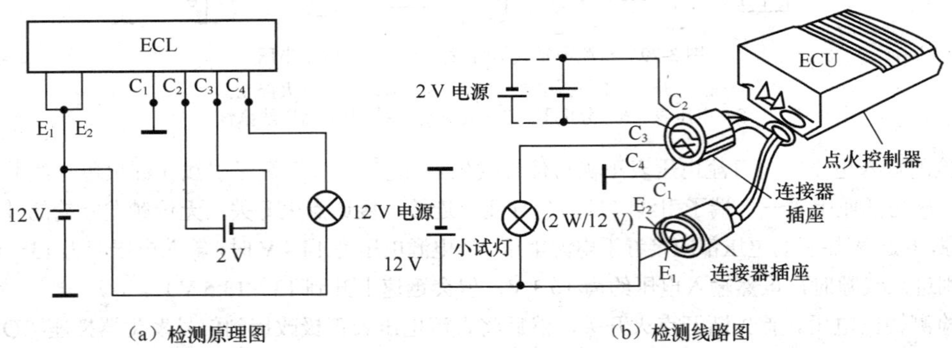

（a）检测原理图　　（b）检测线路图

图 3-30　磁感应式点火控制器的检测

3.3　微机控制电子点火系统

20 世纪 70 年代以来，无触点电子点火装置在汽车上得到了广泛应用。它配合高能点火线圈及专用集成点火模块等先进技术，可以大大提高发动机点火系统的工作性能及控制功能。它不仅能使发动机在各种转速下可靠点火，而且即使在突然加速、火花塞积炭、混合气较稀等恶劣工况下，仍能及时点燃混合气。

但随着社会的进步，人们对汽车发动机的动力、油耗、排气净化等要求越来越高，从而使得普通电子点火装置存在的诸多不完善之处显现出来，特别是点火时刻（即点火提前角）的控制，已明显不能适应现代汽车的要求。因为普通电子点火系统对点火时刻的控制与传统点火系统一样，依靠在分电器上装设的离心式和真空式点火提前装置来控制。

这两种装置由于受其机械结构及性能的限制，调节能力有限，很难实现点火提前角随发动机的转速、负荷、起动及怠速、冷却液温度、汽油的辛烷值、压缩比等不同参数的变化，进行精确调节。有时为了避免大负荷时的爆燃，不得不减小点火提前角。因而它只能使发动机在某些工况下接近于最佳点火提前角（即发动机发出功率最大和油耗最少的点火提前角），而在其他许多工况下的点火提前角，实际上是处于过小的状态，从而影响了发动机功率的充分发挥。

由于点火时刻对发动机动力、油耗、排放污染、压缩比、大气压力、冷却液温度、空燃比、爆燃、行驶的稳定性等都会产生直接影响，因而为了满足各种工况的要求，使发动机工作时其动力性和经济性达到最佳，排放污染最小，必须测试大量的工况信息，并及时处理后输出相应的控制信号，以控制最佳点火时刻，显然普通电子点火系统是无法胜任的，只有采用微机及自动控制技术才能将点火时刻控制在最佳状态。

早在 20 世纪 70 年代中期，一些发达国家就开始了微机控制点火系统的研究。20 世纪 80 年代后，随着微机工作可靠性的提高和成本大幅度下降，在中高档轿车上纷纷引入微机控制技术，并由单独控制系统发展成为现代的集中控制系统。引入微机控制点火系统，使得点火时刻的控制、通电时间的控制及防止爆燃的控制等，均能达到比较理想的控制精度。现国产奥迪、桑塔纳轿车和北京切诺基吉普车等车型的发动机均采用了这种微机控制点火系统。

该点火系统主要有以下优点。

① 取消了真空和离心式点火提前装置。点火提前角由微机控制，从而使发动机在各种工况下都有最佳的点火提前角，提高了发动机的动力性和经济性，且保证排放污染最小。

② 将点火提前到发动机刚好不至于产生爆燃的范围。

3.3.1　微机控制电子点火系统的组成及功能

目前，微机控制点火系统在设计和结构上，随着汽车生产厂家、生产年代的不同都有所不同，但基本结构大同小异，它主要由传感器、电子控制器、点火器、点火线圈等组成，如图 3-31 所示。

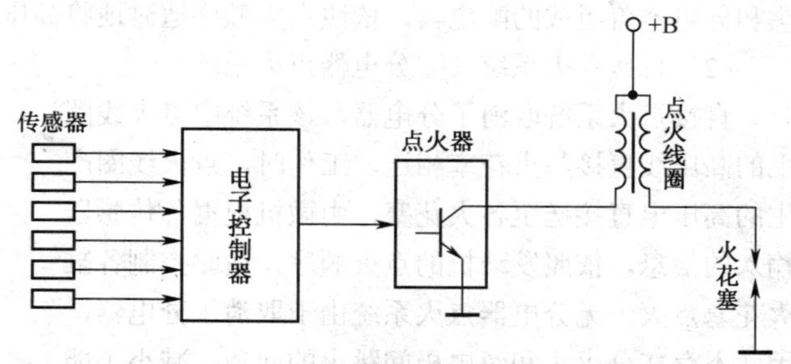

图 3-31　微机控制点火系统组成

1．传感器及其功能

传感器是监测发动机各种运行工况信息的装置。主要传感器及其功能如下。

① 曲轴位置传感器：曲轴转角（发动机转速）信号、活塞位置（上止点）信号。

② 空气流量传感器（进气歧管绝对压力传感器）：进气量信号。

③ 冷却液温度传感器：冷却液温度信号。

④ 氧传感器：空燃比信号。

⑤ 节气门位置传感器：节气门开闭或全开、全闭、加速信号。

⑥ 车速传感器：车速信号。

⑦ 空挡开关：变速器空挡信号。

⑧ 点火开关：点火开关接通及起动信号。

⑨ 空调器开关：空调工作信号。

⑩ 蓄电池：蓄电池电压信号。

⑪ 进气温度传感器：进气温度信号。

⑫ 爆燃传感器：爆燃信号。

2．电子控制器的组成及功能

电子控制器（又称电控单元，英文缩写为 ECU）的作用是根据发动机各传感器的输入信息及内存数据，进行运算、处理、判断，然后输出指令（信号），控制执行器的动作，达到快速、准确控制发动机工作的目的。电子控制器的基本构成如图 3-32 所示，它包括输入回路、输出回路、A / D 转换器、微型计算机以及电源电路、备用电路等。

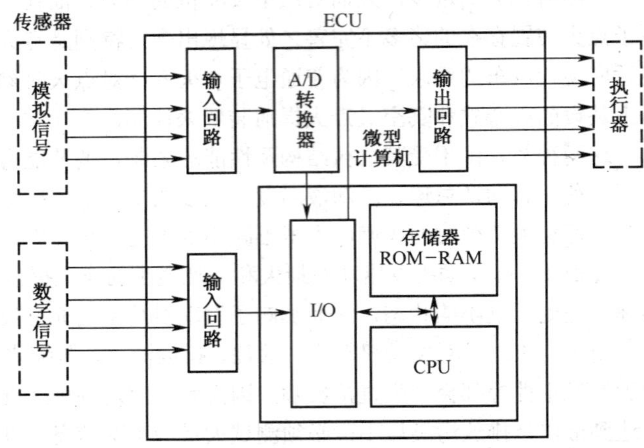

图 3-32　电子控制器的基本构成

3．点火器的组成及功能

点火器的作用是根据电子控制器输出的指令（信号），通过内部大功率晶体管的导通与截止，控制初级电流的通断，完成点火工作。有些还具有恒流控制、闭合角控制、气缸判别、点火监视等功能。

3.3.2　微机控制电子点火系统的工作原理

1．微机控制电子点火系统的分类

（1）非直接点火系统

该系统仍然保留分电器，点火线圈产生的高压电是经过分电器中的配电器进行分配的，即由分火头和分电器盖组成的配电器，依照点火顺序适时地将高压电分配至各气缸，使各缸火花塞依次点火。

（2）直接点火系统（无分电器点火系统）

直接点火系统取消了分电器，该系统中点火线圈上的高压线直接与火花塞相连。工作时，点火线圈产生的高压电直接送至各火花塞，由微机根据各传感器输入的信息，依照发动机的点火顺序，适时控制各缸火花塞点火。无分电器点火系统由于取消了分电器，因此不存在分火头和旁电极间跳火的问题，减小了能量损失，电磁干扰小，节省了安装空间。

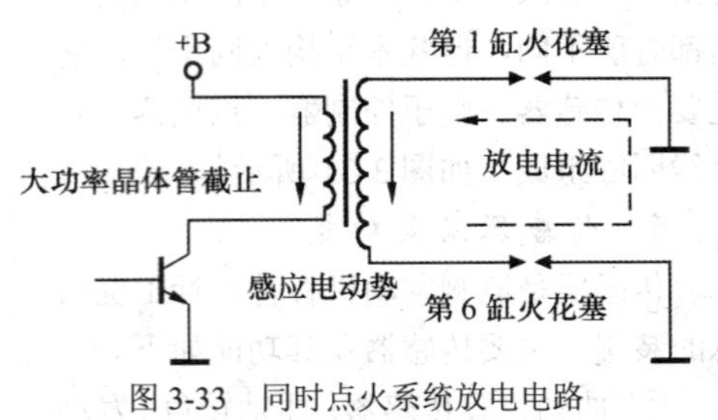

图 3-33　同时点火系统放电电路

2．微机控制电子点火系统的工作原理

无分电器点火系统又称为 DLI 系统，常采用以下两种方式：同时点火方式和单独点火方式。

（1）无分电器同时点火系统

该系统每两缸使用一个点火线圈（双缸点火系统），放电电路如图 3-33 所示。同时点火系统主要由传感器、电子控制器、点火器、点火线圈等组成，丰田皇冠车 DLI 系统组成如图 3-34 和图 3-35 所示。

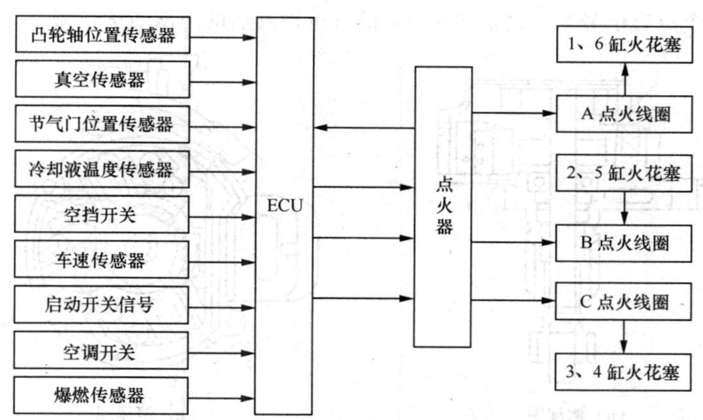

图 3-34 丰田皇冠车 DLI 系统组成（1）

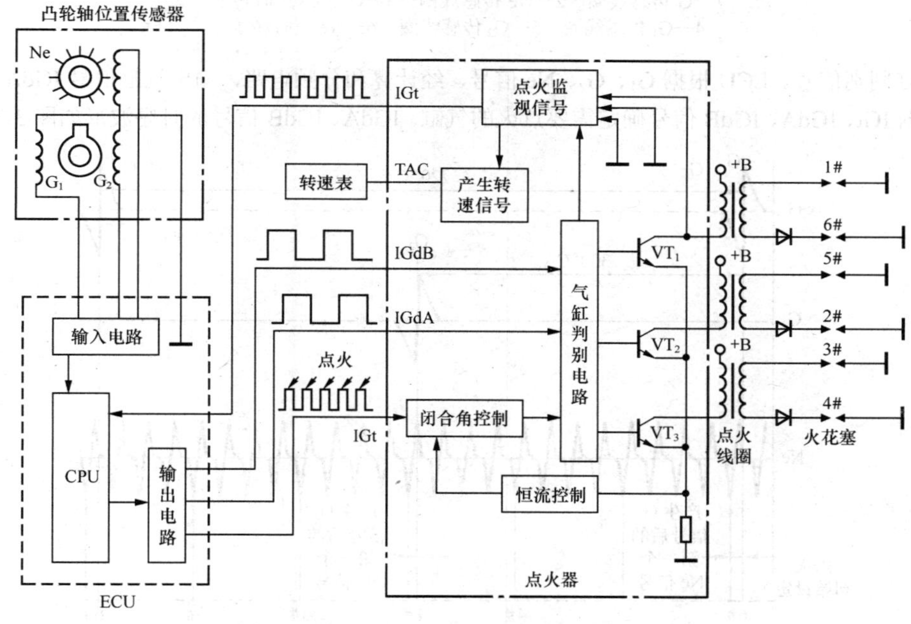

图 3-35 丰田皇冠车 DLI 系统组成（2）

① 凸轮轴位置传感器（磁电式）。凸轮轴位置传感器由 G（G_1、G_2）和 Ne 两部分信号发生器组成，如图 3-36 所示。ECU 根据 G_1、G_2 和 Ne 信号判别气缸、检测曲轴转角以及决定点火时刻的初始点火提前角。

凸轮轴位置传感器的 G 信号转子每转一转（相当于曲轴转两转），分别产生一次 G_1、G_2 信号，G_1 信号可判别第 6 缸处于压缩上止点附近，表示第 6 缸完成点火准备，然后依 Ne 信号决定第 6 缸的点火时刻；G_2 信号可判别第 1 缸处于压缩上止点附近，依 Ne 信号决定第 1 缸的点火时刻。

Ne 信号发生器信号转子有 24 个齿，Ne 信号用以检测转子转角（或曲轴转角）作为点火时的基准信号和发动机转速信号。G_1、G_2、Ne 信号关系如图 3-37 所示。

② 电子控制器（ECU）。ECU 根据各传感器输入信号，经计算、处理，将点火时刻信号 IGt 和气缸判别信号（IGdA、IGdB），送至点火器，实现对点火的控制。

- 点火时刻（提前角）控制信号。当 G_1、G_2 信号产生后，第一个 Ne 信号即为第 6 缸或第 1 缸的

初始点火时刻信号。当 G_1、G_2 信号产生时，以此信号为基准，由 Ne 信号控制其后 3 次点火信号（每 4 个 Ne 信号产生 1 个点火信号），之后再由 G 信号重设其后的三次点火信号。

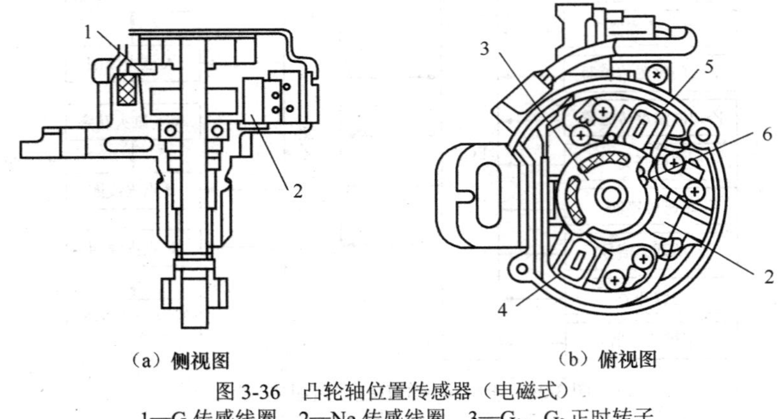

图 3-36　凸轮轴位置传感器（电磁式）

1—G 传感线圈　2—Ne 传感线圈　3—G_1、G_2 正时转子
4—G_1 传感线圈　5—G_2 传感线圈　6—Ne 正时转子

● 气缸判别信号。ECU 根据 G_1、G_2、Ne 信号，经计算和分频电路，输出气缸信号 IGdA、IGdB。点火器根据 IGt、IGdA、IGdB 信号确定需要点火的气缸。IGdA、IGdB 信号的时序波形如图 3-38 所示。

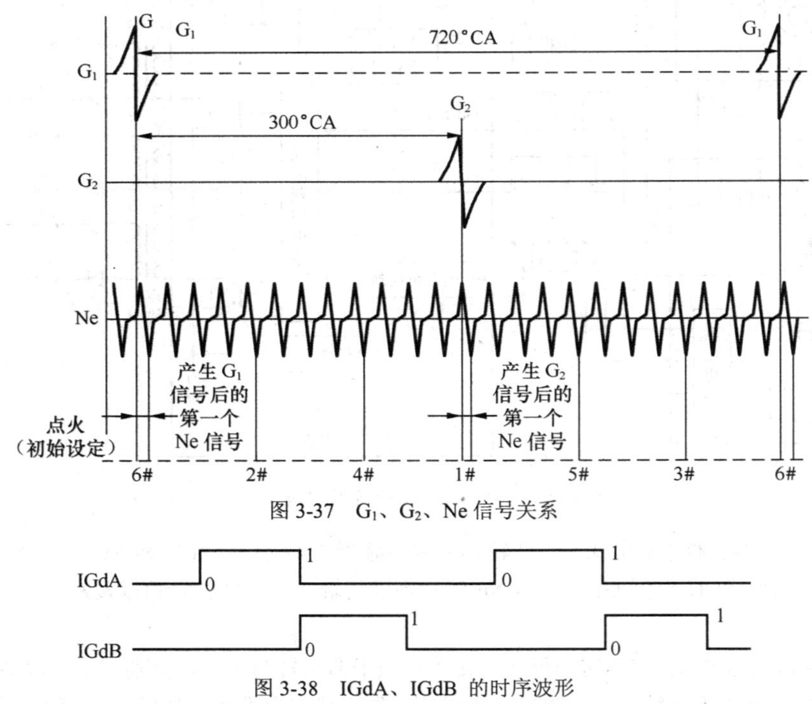

图 3-37　G_1、G_2、Ne 信号关系

图 3-38　IGdA、IGdB 的时序波形

③ 点火器。点火器的工作电路如图 3-39 所示。点火器的最基本功能是接收 ECU 输出的 IGdA、IGdB 和 IGt 信号，依次驱动各点火线圈初级绕组的接通和截止，实现微机控制下的点火。

当点火器从 ECU 接收到 IGdA、IGdB 和 IGt 信号后，点火器内的气缸判别电路判别出需要点火的气缸，点火器通过驱动电路，控制相应的点火线圈的大功率晶体管导通，初级绕组通电，当点火信号 IGt 变为低电位时，初级绕组断电，次级绕组产生高压电。整个发动机的点火正时流程图如图 3-40 所示。

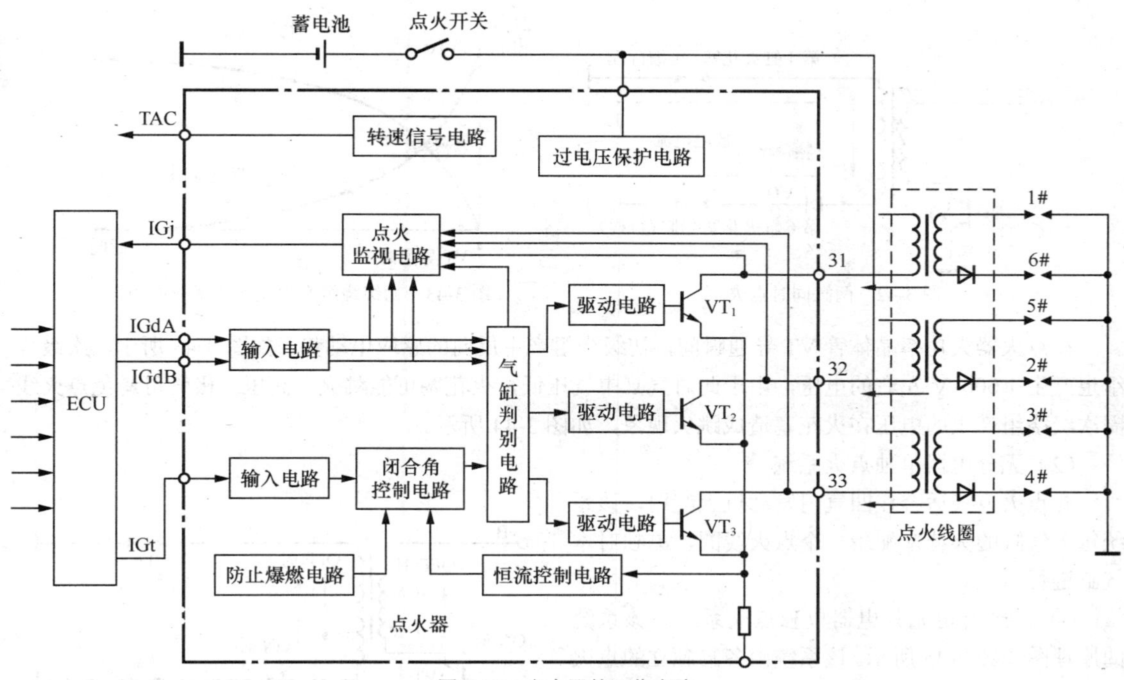

图 3-39　点火器的工作电路

④ 点火线圈。DLI 系统采用小型闭磁路点火线圈，如图 3-41 所示。它由初级线圈、次级线圈、铁心、高压二极管、外壳、低压接线柱、高压引线等组成。每组点火线圈供应两缸同时点火，如图 3-42 所示。当初级绕组电流被切断时，两个气缸中都有跳火现象发生，在能量分配上，压缩行程的气缸压力较高，所需跳火电压高，而排气行程气缸压力接近大气压，所需电压较低，而且含有大量的导电离子，因此能保证压缩行程气缸有足够的点火能量。

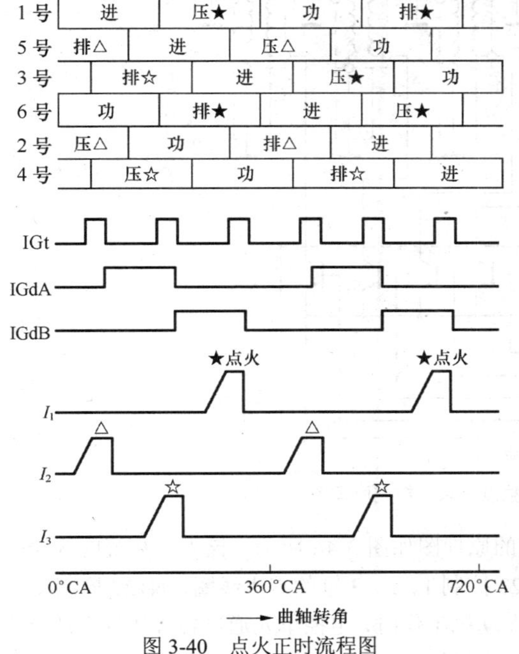

图 3-40　点火正时流程图

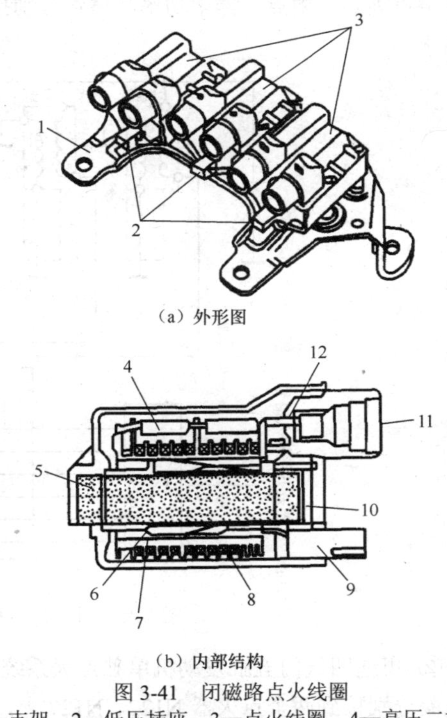

（a）外形图

（b）内部结构

图 3-41　闭磁路点火线圈

1—支架　2—低压插座　3—点火线圈　4—高压二极管　5—铁心　6—初级线圈　7—次级线圈　8—外壳　9—低压接线柱　10—填充材料　11—盖　12—高压引线

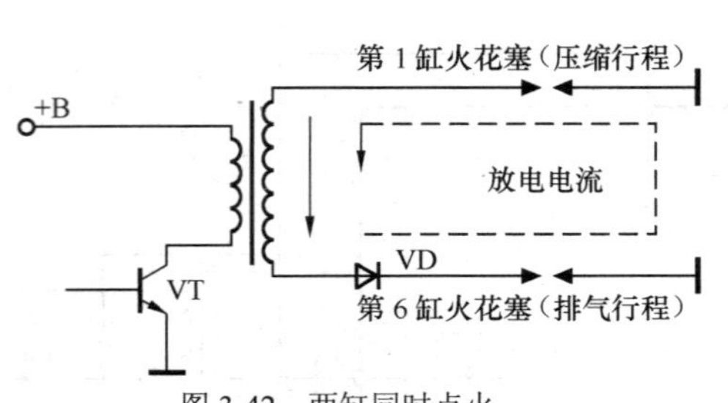

图 3-42　两缸同时点火

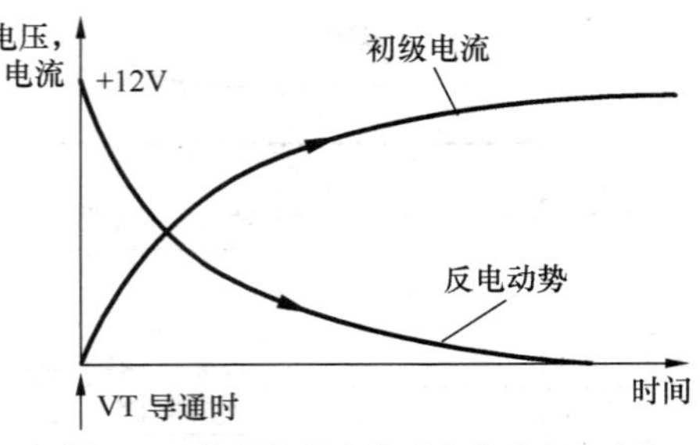

图 3-43　初级绕组产生反向的感应电动势

在点火器大功率晶体管 VT 导通瞬间，初级绕组产生反向的感应电动势，如图 3-43 所示，次级绕组也产生 1 000 V 左右的电压，由于此时气缸中气压低，火花塞可能跳火，高压二极管可避免点火线圈次级绕组产生的电压在火花塞造成跳火现象，如图 3-44 所示。

（2）无分电器单独点火系统

此点火方式适合在四气门发动机上配用，该系统每个气缸的火花塞配用一个点火线圈，单独对本气缸进行点火。

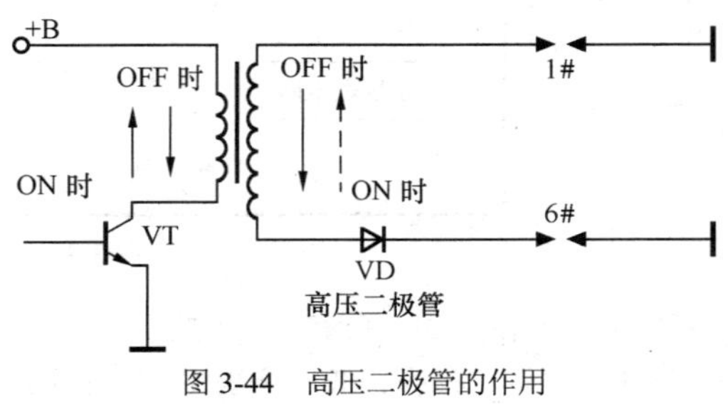

图 3-44　高压二极管的作用

① 日产公司无分电器单独点火系统。该系统的原理图如图 3-45 所示。该系统由各缸独立的点火线圈和点火器、ECU 等组成。发动机工作时，ECU 根据曲轴位置传感器、空气流量传感器、点火基准信号传感器、冷却液温度传感器及开关输入信号，依据 ROM 中存储的数据，计算后适时地输出点火信号至点火器，由点火器中功率晶体管分别接通、切断各缸点火线圈初级电路，从而在次级绕组中产生高压。

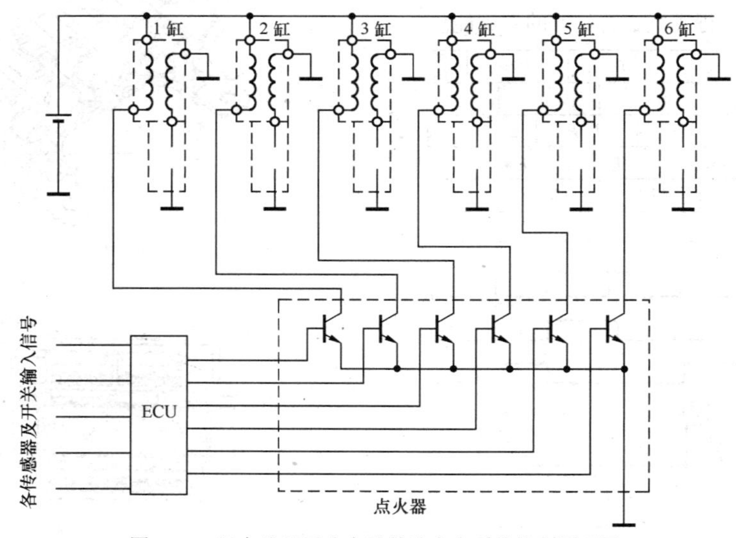

图 3-45　日产公司无分电器单独点火系统控制原理图

② 奥迪四气门五缸发动机单独点火系统。该系统的原理图如图 3-46 所示。该点火系统的 5 个点火线圈分别接到两个点火器 N122、N127 上，其中 N122 控制 1、2、3 缸的点火线圈，N127 控制 4、5 缸的点火线圈，两个点火器分别用导线与 ECU 相连。发动机工作时，电控单元通过各接线柱上的点火信号输出线，适时地对各缸输出点火信号，通过点火器控制各缸点火。

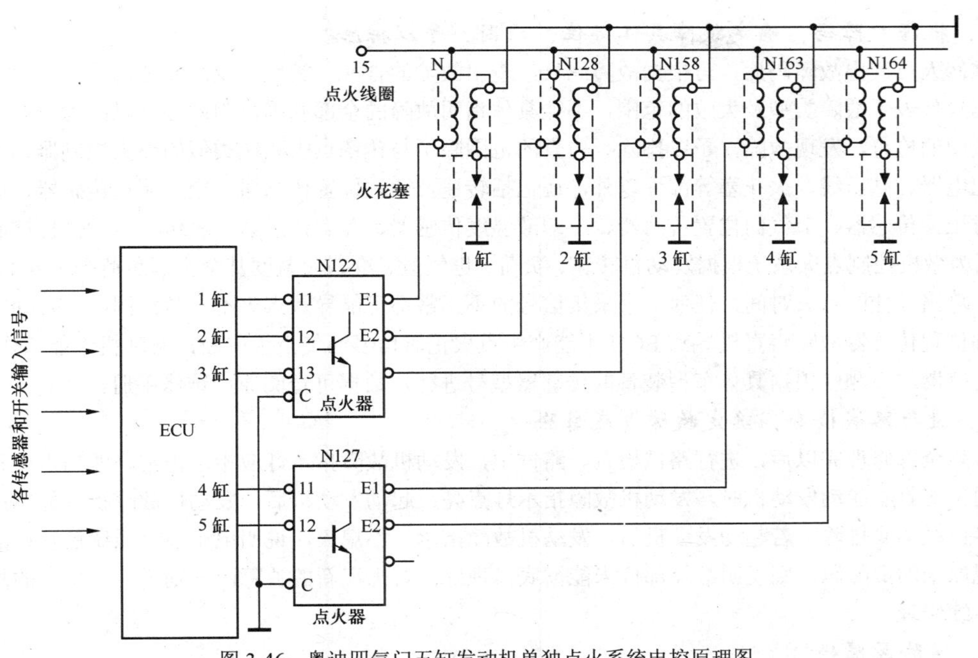

图 3-46 奥迪四气门五缸发动机单独点火系统电控原理图

3.3.3 微机控制电子点火系统的故障诊断

由于微机控制点火系统的许多部件，如点火线圈、点火器和火花塞，其结构原理与无触点电子点火系统的部件相同，故其检测方法也大致相同或相似。但是，由于微机控制点火系统还配装有微型计算机和各种传感器，相比之下，其故障检测也就稍许复杂一些，一般的故障诊断流程如下。

1. 按规定步骤读取故障码

使用中，微机控制点火系统一旦出现故障，微型电子计算机便会自动记录发生的故障并将其以故障码的形式储存在故障存储器中。与此同时，仪表板上的发动机故障指示灯点亮，提醒驾驶员注意。不同车系故障码的读取方法不同，如丰田车系可用短接发动机室左悬架弹簧支座附近的检查连接器或TDCL（故障诊断连接器）的诊断端子（见图 3-47），通过发动机故障指示灯闪烁显示故障码；切诺基汽车和克莱斯勒车系是将点火开关 5 s 内开关 3 次，就可以通过发动机故障指示灯闪烁显示故障码。

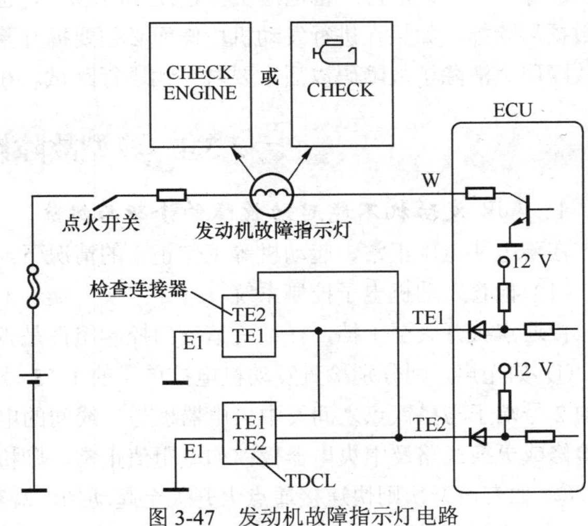

图 3-47 发动机故障指示灯电路

注 意

即使采用了 OBD-Ⅱ诊断系统，采用统一的诊断插座，不同的车系，故障码的读取方法也不同，应以有关维修手册的规定为准。

2．根据故障码，确定故障具体部位、原因，予以排除

维修人员读出故障码后，可根据故障码表，查出故障的含义、类别以及故障范围等。一般情况下故障码只代表了故障类型及大致的范围，不能具体指明故障的全部原因，因此必须以此为依据进行具体、全面的检查，发现故障，予以排除。检查的范围除了与传统点火系统类似的点火控制器、点火线圈、配电器、高压线、火花塞等部件以外，还包括转速及曲轴位置传感器、空气流量传感器、进气歧管绝对压力传感器、节气门位置传感器、冷却液温度传感器、爆燃传感器、氧传感器和微机控制单元等。因为微机控制点火系统根据发动机转速、负荷、进气量、冷却液温度甚至空调负荷等不同的因素，综合计算出最佳的点火时间，任何一个采集信号的不正常都可能导致点火不正常。例如，发动机转速及曲轴位置传感器故障将直接导致ECU不能产生点火正时信号而使点火中断，发动机不能工作。

传感器的检测应根据具体车型装备的传感器型号进行，数据可查阅原厂维修手册。

3．进行路试检查，确定故障彻底排除

故障全部修理完以后，进行路试检查。路试中，发动机故障指示灯应指示正常，即当点火开关旋至接通位置且不起动发动机时，发动机故障指示灯点亮；起动发动机后，发动机故障指示灯熄灭，说明故障已经彻底排除。若起动发动机后，发动机故障指示灯不熄灭，说明电子控制系统还存在故障。若出现原来的故障码，则说明故障部位未能彻底修理好；若出现新的故障码，则说明发生新的故障，需要继续修理。

4．清除故障码

故障排除后，其故障码仍然存储在电子控制系统的储存器中，不会自行消掉，再读取故障码时，这些故障码会和新的故障码一起显示出来，给诊断维修增加了困难。因此，故障彻底排除，发动机故障指示灯指示正常后，应及时清除故障码。方法如下。

将点火开关旋至断开位置。然后，从发动机接线盒中拆下EFI熔丝，10 s后便可清除储存在ECU中的故障码。另外，拆下蓄电池负极电缆10 s以上，也可清除故障码，但同时也会把时钟、音响等其他数据清除掉。如果在进行发动机检修而必须要拆开蓄电池负极电缆时，一定要先读取存储器中存储的故障码。清除了故障码以后，要对车辆进行路试。在路试中，发动机故障指示灯应指示正常。

3.3.4 典型故障诊断与排除

1．AJR发动机不能起动故障的诊断与排除

在蓄电池电压正常、起动机等工作正常的情况下，发动机不能起动的检修过程如下。

（1）检查发动机电子控制系统

接通点火开关至Ⅰ挡，仔细听节气门控制组件是否发出声音。

① 如无声，则分别检查发动机电控单元的1、3号端子与中央电器板D_2、P_2之间的线路，电控单元的2号端子与搭铁点之间及中央电器板与电线间的电阻值（该值应小于1 Ω）。如电阻值不正常，则检修或更换线路及中央电器板；如电阻值正常，则检修或更换电控单元。

② 如有声音，则快速接通点火开关至起动挡，观察发动机转速表指针是否转动。

- 如指针不转动，则检查发动机转速传感器（G_{28}）。拔下转速传感器插头，测量传感器电阻值，应为0.48～1 kΩ。如阻值不正常，则检修或更换传感器；如正常，则分别检查转速传感器的2、3号插头与电控单元63、56号端子之间线路，以及插头1与发动机搭铁点之间的线路。
- 如指针转动，则检查点火和燃油系统。

（2）检查点火系统

先检查点火线圈供电电压，拔下点火线圈插头，测量点火线圈插头4号端子与蓄电池正极之间的电压，应为蓄电池电压（约12 V）。

① 如不正常，则检查点火线圈插头 4 号端子与搭铁点之间的线路。

② 如正常，则测量点火线圈插头 2 号端子与发动机搭铁点之间的电压，其值应为蓄电池电压。

● 如电压不正常，则检查中央电器板 D_{23} 与点火线圈插头 2 号端子之间的电线，该电线应完好。

● 如电压正常，则分别测量点火线圈插头 1、3 号端子与发动机搭铁点之间的电压，应在 0.4 V 左右。检查前应拔下各缸喷油器插头，起动发动机几秒。

如电压不正常，则分别检查点火线圈插头 1、3 号端子与电控单元 71、78 号端子之间的电线，如不正常，则检修或更换；如正常，则检修或更换电控单元。

如电压正常，则检查点火线圈。如点火线圈正常，则检修或更换火花塞、高压线或电控单元（火花塞紧固力矩为 30 N·m，电极间隙为 0.9～1.1 mm，插头电阻为 5 kΩ）。

（3）检查燃油供给系统

接通点火开关至 I 挡，仔细听燃油泵工作情况。

① 如没有声音，则分别测量燃油泵插头上相线与搭铁线情况。

● 搭铁线如不正常，则检修或更换。

● 如搭铁线正常，则检修并更换燃油泵。

● 如相线不正常，则检查燃油泵插头与熔丝 S_5 之间、熔丝 S_5 与中央电器板 E_{14} 之间、中央电器板 E_{14} 与燃油泵继电器之间的电线及燃油泵继电器的情况。电线、熔丝、燃油泵继电器如不正常，则检修或更换；电线、熔丝、燃油泵继电器如正常，则检修或更换中央电器板。

② 如有声音，则依次测量各缸喷油器插头与发动机搭铁点之间的电压，其值应为蓄电池电压。

● 如不正常，则检查熔丝 S123、插头与熔丝 S123、熔丝 S123 与燃油泵继电器之间的线路。如发现有熔丝熔断，还应检查氧传感器、进气流量传感器和活性炭罐清污电磁阀的相线。

● 如正常，则分别测量各缸喷油器插头与电控单元 73、80、58、65 号端子之间的电线。如电线不正常，则检修或更换；如电线正常，则检修或更换电控单元。

③ 以上都正常，则测量燃油供给系统的压力，应为 250～300 kPa。

2．AJR 发动机起动困难故障的诊断与排除

起动困难是指在蓄电池电压正常、起动机工作正常的情况下，发动机不能起动（踩加速踏板能起动）或冷起动困难。

（1）检查节气门位置传感器

测量节气门控制组件端子 5 与 7 之间的电压（转动节气门拉索轮），应在 0.4～4.5 V 之间。如电压不符合标准，则检修或更换节气门位置传感器，检修相关线路及节气门拉索的安装位置。如电压符合标准，则进行下项检查。

（2）检查测量怠速开关两端的电阻值

当刚踩动加速踏板或拉动拉索时，电阻值应为无穷大，当加速踏板或拉索放松时，电阻值应小于 1 Ω。如电阻值不符合要求，则检修或更换怠速开关及相关线路；如电阻值符合要求，则进行下项检查。

（3）检查发动机冷却液温度传感器和进气温度传感器

它们的电阻值应随温度的变化而变化，间隔不能超过 2℃。如温度传感器不正常，则检修或更换传感器及相关线路；如温度传感器正常，则进行点火系统的检查。

（4）检查热膜式空气流量传感器

用万用表（20 V 量程挡）测量空气流量传感器插头端子 4 与发动机搭铁点电压，应为 5 V 左右。如果电压不正常，应检查电控单元至空气流量传感器线路有无短路或断路。

3．AJR 发动机怠速抖动故障的诊断与排除

① 仔细听发动机进气系统是否有泄漏声。如没有，则进行下项检查。

② 检查节气门怠速电动机，接通点火开关至I挡，应能听到电动机的声音。如没有声音，则检修或更换节气门怠速电动机、相关线路及电控单元；如有声音，则进行下项检查。

③ 检查节气门位置传感器，测量节气门控制组件8与7之间的电压，应为3.8 V左右，且不随节气门变化而变化。

● 如电压不符合标准，则检修或更换节气门位置传感器。

● 如电压符合标准，则检查节气门位置传感器与电控单元的线路。如线路正常，则检修或更换电控单元；如线路不正常，则检修或更换线路。

④ 检查燃油分配管与节气门体之间的真空管连接是否良好。

⑤ 将节气门控制部件至活性炭罐的管路拔下并封住，如故障消除，则检修或更换活性炭罐清污电磁阀。

⑥ 检查各缸喷油器的工作情况。

⑦ 检查曲轴位置传感器（在点火开关关闭时，拔下曲轴位置传感器的导线插头，用万用表测量插座端子2与3之间的电阻，其值应为480～1 000 Ω，如果电阻值不符合要求，则应更换传感器）及信号触发轮。

⑧ 检查点火系统是否有缺火现象。

4．AJR发动机油耗增大、排放污染增大故障的诊断与排除

（1）检查氧传感器

① 检查氧传感器加热器是否正常。拔下氧传感器插头，测量端子1与2之间电阻值，在室温状态下应为1～5 Ω。如不符合要求，应检修或更换氧传感器；如正常，则进行下项检查。

② 测量氧传感器的供电电压。插头端子1与2之间的电压值应为蓄电池电压。

● 如电压不符合标准，则检查插头1与熔丝S123及中央电器板、燃油泵继电器 J17 等之间，以及插头2 与电控单元端子27之间的线路连接情况。

● 如电压正常，则进行下项检查。

③ 测量氧传感器的信号电压。其端子3与4之间的电压值应为400～500 mV。如电压不符合要求，则更换氧传感器；如电压符合要求，则进行下项检查。

（2）检测燃油分配管压力

压力应为250～300 kPa。

（3）清洗或更换喷油器

清洗后仍达不到要求的喷油器必须更换。

（4）检查空气流量传感器

用万用表（20 V量程挡）测量空气流量传感器插头端子4与发动机搭铁点之间的电压，应为5 V左右。如果电压不正常，应检查电控单元至空气流量传感器线路有无短路或断路。

（5）检查、更换三元催化转化器

如果三元催化转化器堵塞，则必须更换。

（6）检查发动机冷却液温度传感器

其电阻值应该随冷却液温度的上升而下降。

（7）检查燃油分配管

检查其与节气门体之间的真空管连接是否良好。

（8）检查点火系统工作情况

检查火花强度与点火正时。

（9）检查或更换电控单元

上述检查全部正常，则更换电控单元。

5．AJR发动机中、高速动力不足故障的诊断与排除

① 测量燃油分配管压力，应为250～300 kPa。

② 检查节气门位置传感器，测量节气门控制组件5与7之间的电压，在踩加速踏板时应在0.4～4.5 V之间。如电压不符合标准，则更换节气门控制组件。

③ 清洗或更换喷油器。

④ 检查点火系统。具体方法见发动机不能起动的检查步骤（2）。

⑤ 如怠速正常，而中、高速动力不足，应重点检查霍尔传感器和爆燃传感器。中、高速动力不足主要与点火时刻有关，而点火时刻主要受霍尔传感器和爆燃传感器的影响。

下面详述这两个传感器的检查方法。

（1）霍尔传感器的检查

① 拔下霍尔传感器插头，测量霍尔传感器插头端子1和端子3之间的供电电压，应为5 V。如电压不正常，则检修或更换电控单元，检查该插头与电控单元线路连接情况；如电压正常，则进行下项检查。

② 测量插头2号端子和3号端子之间的电压值，应为蓄电池电压。如电压不正常，则检修或更换电控单元，检查传感插头与电控单元之间线路连接情况；如电压正常，则进行下项检查。

③ 插上插头，起动发动机，测量插头2号端子和3号端子之间的电压值，应为6 V左右。如电压不正常，则检修或更换霍尔传感器；如电压正常，则检查爆燃传感器。

（2）爆燃传感器的检查

① 以20 N·m的力矩紧固爆燃传感器。

② 拔下爆燃传感器，检查传感器的3个插头，各插头端子之间不应有短路情况。

③ 检查爆燃传感器插头与电控单元的线路连接是否良好。

【课后练习题】

一、填空题

1．开磁路式点火线圈主要由_______、_______、_______、胶木盖、瓷座、接线柱和外壳等组成。

2．分电器由_______、_______和点火提前装置组成。

3．点火提前装置有_______和_______。

4．无触点式电子点火系统采用_______取代传统点火系统中的凸轮点火控制器，取代断电器触点。

5．无触点式点火系统有_______、_______和光电式三种。

6．霍尔式点火信号发生器主要由_______和_______组成。

7．磁感应式电子点火系统由磁感应式分电器、_______、_______、火花塞等部件组成。

8．微机控制点火系统可分为有_______和_______点火系统两种。

9．直接点火系统可分为_______和_______。

10．无分电器微机控制点火系统主要由_______、_______、_______、点火线圈等组成。

11．电子控制器主要由输入回路、_______、_______、微型计算机以及电源电路、备用电路等组成。

二、判断题

1．点火线圈的初级绕组两端分别接“+”（或开关）和“-”接线柱，次级绕组的一端接初级绕组，另一端接高压插座。 （ ）

2．断电器的凸轮上有和发动机气缸数相同的棱角，它装于分电器轴顶端，由分电器轴驱动。 （ ）

3．断电器的凸轮和配电器中的分火头每转一圈，发动机的各个气缸按点火顺序点火一次。 （ ）

4．用塞尺检查火花塞间隙，如果不符合要求，可用专用工具弯曲侧电极来调整间隙。 （ ）

5．点火控制器的功用是产生信号电压，控制点火系统的工作。 （ ）

6．霍尔式点火信号发生器的转子由分电器轴带动，其叶片数与发动机气缸数相等。 （ ）

7．当叶片进入永久磁铁与霍尔元件之间的气隙时，霍尔元件此时产生霍尔电压。 （ ）

8．电子点火系统用晶体三极管的导通和截止来控制点火线圈初级电流的通断，晶体三极管的导通和截止则是受点火信号传感器产生的电信号控制。 （ ）

9．发动机每完成一个工作循环，曲轴转两周，分电器轴及触发叶轮转两周。 （ ）

10．无分电器微机控制点火系统又称直接点火系统，它用电子控制装置取代了分电器。 （ ）

11．同时点火方式不需要高压线连接。 （ ）

12．微机点火系统不具有故障自诊断功能。 （ ）

13．同时点火方式只能用于气缸数为偶数的发动机。 （ ）

三、选择题

1．（ ）磁路的上下部分都是从空气中通过，漏磁较多，能量损失较大，多用于触点式点火系统。

A. 开磁路点火线圈　　B. 闭磁路点火线圈

2．（ ）的作用是按发动机的工作顺序将高压电分配到各缸火花塞上。

A. 分电器　　B. 配电器　　C. 断电器

3．（ ）的作用是周期性地接通和切断低压电路。

A. 分电器　　B. 配电器　　C. 断电器

4．随发动机负荷变化而改变提前角的点火提前装置是（ ）。

A. 离心点火提前装置　　B. 真空点火提前装置

5．（ ）火花塞用于高压缩比、高转速、大功率的发动机中。

A. 热型　　B. 中型　　C. 冷型

6．（ ）是利用一个点火线圈对活塞接近压缩上止点和排气上止点的两个气缸同时进行点火的高压配电方法。

A. 同时点火方式　　B. 单独点火方式

7．每个气缸的火花塞配一个点火线圈的高压配电方式是（ ）。

A. 同时点火方式　　B. 单独点火方式

8．（ ）的作用是根据 ECU 的指令，通过内部的大功率三极管的导通和截止，控制初级电流的通断，完成点火工作。

A. 传感器　　B. ECU　　C. 点火器　　D. 点火线圈

第4章 照明及信号系统

4.1 照明系统及其故障诊断与排除

为了保证汽车的安全行驶和发动机正常工作，提高工作效率，汽车上安装有各种照明设备和信号装置。按其安装位置和用途不同可分为外部照明装置（如前照灯、牌照灯等）、内部照明装置（如顶灯、仪表灯等）、灯光信号装置（如转向灯、制动灯等）和声响信号装置（如喇叭等）。

照明系统的组成、作用与要求如下。

① 组成。照明系统包括前照灯、雾灯、顶灯和牌照灯等。

② 作用。保证汽车在光线不好的条件下行驶安全，减少交通事故的发生，同时增强汽车驾驶的舒适度。

③ 要求。照明要好，同时不应使对面来车的驾驶员感到炫目。

4.1.1 前照灯的基本要求

世界各国都以法律形式规定了汽车前照灯的照明标准，其基本要求如下。

① 前照灯应保证车前有明亮而均匀的照明，使驾驶员能辨明车前 100 m 以内路面上的任何障碍物。随着汽车行驶速度的提高，汽车前照灯的照明距离也相应要求越来越远。

② 前照灯应具有防止炫目的装置，以免夜间两车迎面相遇时，使对方驾驶员炫目而造成交通事故。

4.1.2 前照灯的组成

前照灯的光学系统包括灯泡、反射镜和配光镜 3 部分。

1．灯泡

（1）普通充气灯泡

普通充气灯泡（又叫白炽灯泡）的灯丝是用钨丝制成的。为了减少钨丝受热后的升华，延长灯泡寿命，制造时将玻璃泡内空气抽出，再充以质量分数约 86%的氩和约 14%的氮的混合气体。虽然普通充气灯泡充满了惰性气体，但仍然不能阻止灯丝钨的升华，升华使灯丝耗损，并且升华出来的钨，沉积在灯泡上使其发黑。

（2）卤钨灯泡

卤钨灯泡是目前国内外广泛使用的一种新型光源，它是利用卤钨再生循环反应的原理制成的。其再生过程是：从灯丝上升华出来的气态钨与卤素（指卤族元素，如碘、溴、氯、氟等元素）反应生成了一种挥发性的卤化钨，它扩散到灯丝附近的高温区又受热分解，使钨重新回到灯丝上去，被释放出来的卤素继续参与下一次循环反应，从而减少了钨的升华，降低了灯泡变黑的程度。卤钨灯泡的尺寸小，泡壳的机械强度高，耐高温性强，所以充入惰性气体的压力较高，因而工作温度高，钨的升华也受到工作气压的抑制。

在相同功率下，卤钨灯的亮度为白炽灯的1.5倍，寿命比白炽灯长2～3倍。现在使用的卤素一般为碘元素或溴元素，对应的灯泡分别称为碘钨灯泡或溴钨灯泡。目前我国生产的是溴钨灯泡。

普通充气灯泡和卤钨灯泡的结构如图4-1所示。

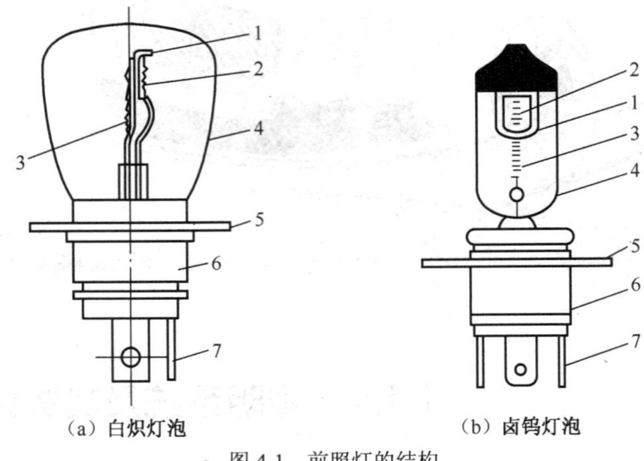

图4-1　前照灯的结构

1—配光屏　2—近光灯丝　3—远光灯丝　4—灯壳　5—定焦盘　6—灯头　7—插片

（3）氙气灯泡

氙气灯泡由小型石英灯泡、变压器和电子单元组成，其结构如图4-2所示。氙气灯泡的玻璃用坚硬的耐高温耐压石英玻璃（二氧化硅）制成，灯内充入高压氙气。接通电源后，通过变压器，在几微秒内升压到20 000 V以上的高压脉冲电加在石英灯泡内的金属电极之间，激励灯泡内的物质（氙气、少量的水银蒸气、金属卤化物）在电弧中电离产生光亮。由于高温导致的原子碰撞激发，随着压力升高，线光谱变宽形成带光谱。在灯开关接通的一瞬间，氙灯即产生与55 W卤素灯一样的亮度，约3 s达到全部光通量。

一个35 W的氙灯光源可产生55 W卤素灯2倍的光通量，使用寿命与汽车全寿命差不多。因此，安装氙灯不但可以减少电能消耗，还相应提高了车辆的性能，这对轿车而言具有很重要的意义。

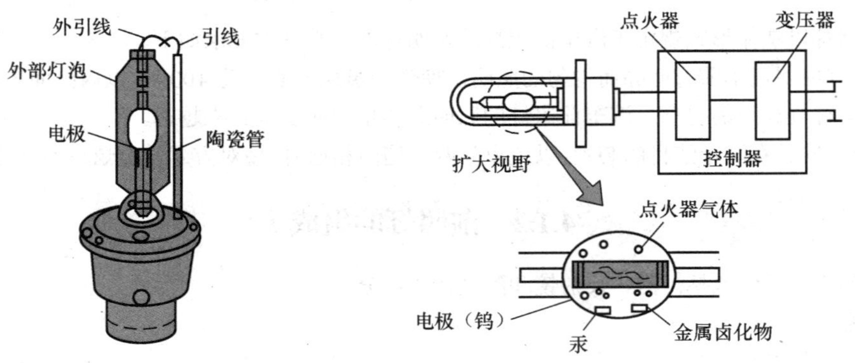

图4-2　氙气灯泡结构示意图

2．反射镜

由于前照灯灯泡的灯丝发出的光度有限，功率仅为40～60 W，如无反射镜，只能照亮汽车灯前6 m左右的路面。反射镜的作用，是将灯泡的光线聚合并导向前方，如图4-3所示。灯丝位于焦点上，灯丝的绝大部分光线向后射在立体角范围内，经反射镜反射后变成平行光束射向远方，使发光强度增强几百倍至上千倍，达到2×10^4～4×10^4 cd，从而使车前150 m甚至400 m内的路面照得足够清楚。

3．配光镜

图4-4（a）所示为配光镜，又称散光玻璃。它用透光玻璃压制而成，是很多块特殊的棱镜和透镜的组合，其几何形状比较复杂，外形一般为圆形和矩形，其作用是将反射镜反射出的平行光束进行散射和折射，使车前路面和路缘具有良好而均匀的照明，其光路图如图4-4（b）、（c）所示。

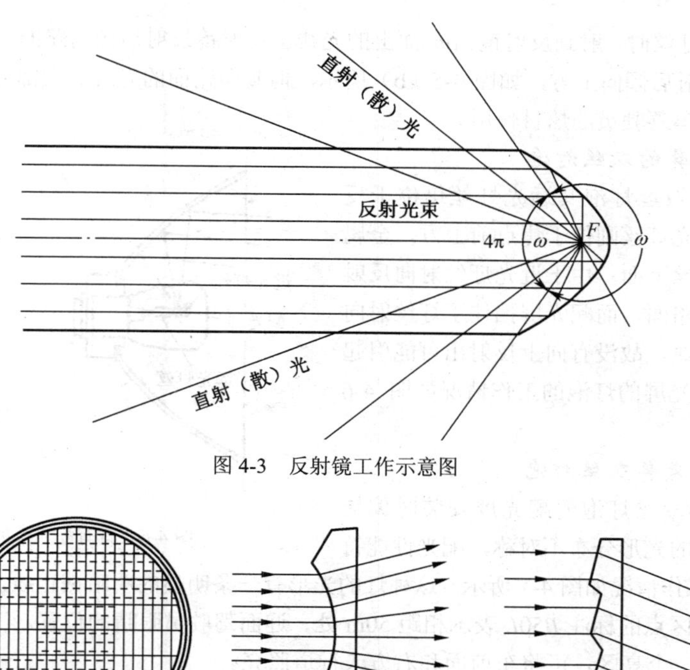

图 4-3 反射镜工作示意图

（a）散光玻璃 （b）散射 （c）折射

图 4-4 配光镜结构及光路图

4.1.3 前照灯的防炫目措施

炫目是指人的眼睛突然被强光照射时，由于视神经受刺激而本能地闭上眼睛或只能看见亮光而看不见暗处物体的生理现象。

为了避免前照灯的强光线使对面来车驾驶员产生炫目而造成交通事故，并保持良好的路面照明，在现代汽车上普遍采用双丝灯泡的前照灯。其中一根灯丝为远光灯丝，光度较强，位于反射镜的焦点上；另一根灯丝为近光灯丝，光度较弱，位于反射镜焦点的上方或前方。当夜间行驶无迎面来车时，可通过控制电路接通远光灯丝，使前照灯光束射向远方，便于提高车速。当两车相遇时，接通近光灯丝，前照灯光束倾向路面，使车前 50 m 内路面照得十分清晰，从而避免了迎面来车驾驶员的炫目现象。双丝灯泡有以下几种形式。

1．普通双丝灯泡

普通双丝灯泡的远光灯丝位于反射镜的焦点上，而近光灯丝则位于焦点的上方并稍向右偏移，其工作情况如图 4-5 所示。当接通远光灯电路时，远光灯丝发出的光线由反射镜反射后沿光学轴线平行射向远方，如图 4-5（a）

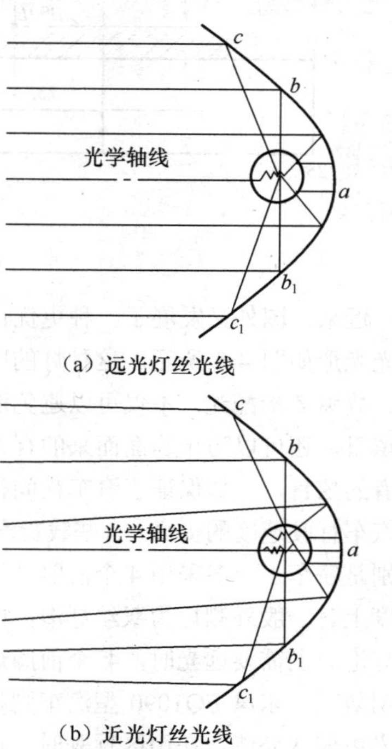

（a）远光灯丝光线

（b）近光灯丝光线

图 4-5 普通双丝灯的工作情况

所示。当接通近光灯丝时，射到反射镜 bab_1 面上的光线由反射镜反射后倾向路面，而反射到反射镜 bc 和 b_1c_1 上的光线反射后倾向上方，如图 4-5（b）所示，但倾向路面的光线占大部分，使远射光减少从而减小了对迎面来车驾驶员的炫目作用。

2．具有配光屏的双丝灯泡

具有配光屏的双丝灯泡其远光灯丝仍位于反射镜焦点处，而近光灯丝则位于焦点前上方，金属制的配光屏装在灯丝下面。由于近光灯丝射向反射镜上部的光线倾向路面，而配光屏挡住了灯丝射向反射镜下半部的光线，故没有向上反射出可能引起炫目的光线。带配光屏的灯泡的工作情况如图 4-6 所示。

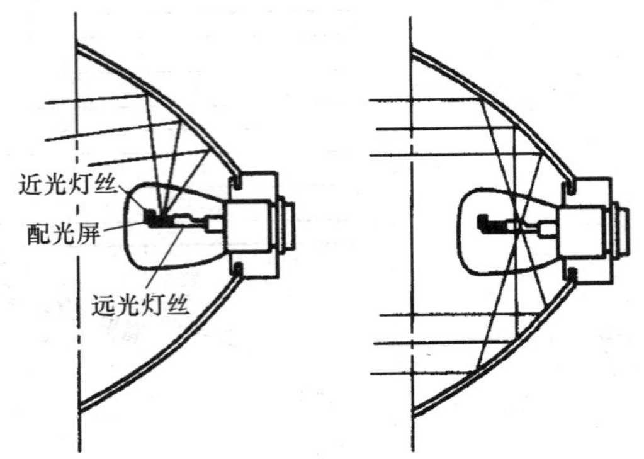

图 4-6　具有配光屏的双丝灯泡

3．非对称配光屏双丝灯泡

非对称配光屏双丝灯泡的配光屏安装时偏转一定角度，使近光的光形分布不对称，配光性能符合 ECE 标准，其工作情况如图 4-7 所示。这种灯的光形有一条明显的明暗截止线，即上方区域Ⅲ是一个明显的暗区。该区点的标注 *B50L* 表示相距 50m 处、迎面驾驶员眼睛的位置。下方区域Ⅰ、Ⅱ、Ⅳ及右上方 15° 内是一个亮区，可将车前面和右方人行道照亮。

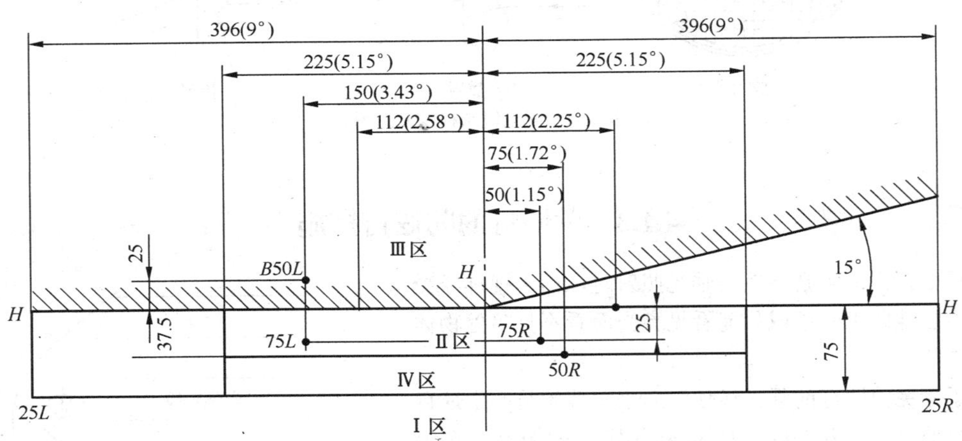

图 4-7　非对称近光配光图
（图注尺寸：cm　测定距离：25 m）

近来，国外又发展了一种更优良的前照灯，其近光光形如图 4-8 所示。这种灯的明暗截止线呈 Z 形，故称 Z 形配光，不仅可以避免迎面来车驾驶员的炫目，还可以防止迎面而来的行人和非机动车使用者的炫目，更加保证了汽车夜间行驶的安全。随着汽车行驶速度的提高，有些载货汽车、公共汽车，特别是轿车上，多采用 4 个前照灯，并排装在同一高度上。一般外侧灯为双丝灯泡，内侧灯为单丝远光灯泡。当需要远光时，4 个前照灯都亮，以加强照明效果。东风 EQ1090 型汽车则相反，其中内侧的两个前照灯为双丝灯泡，外侧为单丝远光灯泡，其光束偏向外侧，在山区行驶时，可使视野增大。

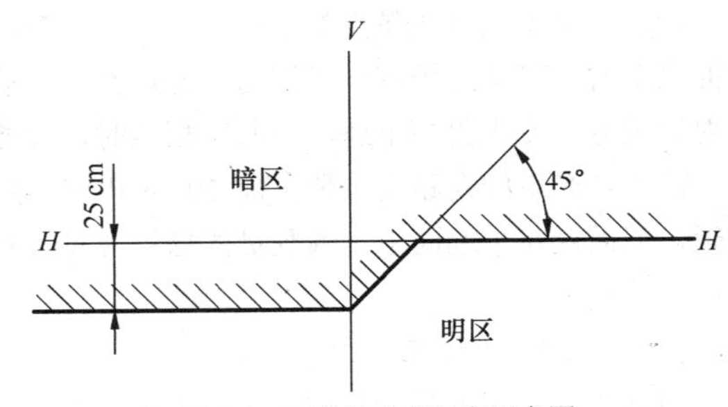

图 4-8　Z 形非对称配光示意图

4.1.4　前照灯的分类

1．可拆卸式前照灯

这种灯因其气密性不良，反射镜容易受潮气和灰尘污染而降低反射能力，现已基本淘汰。

2．半封闭式前照灯

半封闭式前照灯的配光镜靠卷曲反射镜边缘上的牙齿而紧固在反射镜上，二者之间垫有橡胶密封圈，灯泡从反射镜后端装入，灯泡可以互换，目前仍被各国广泛采用，其结构如图 4-9 所示。

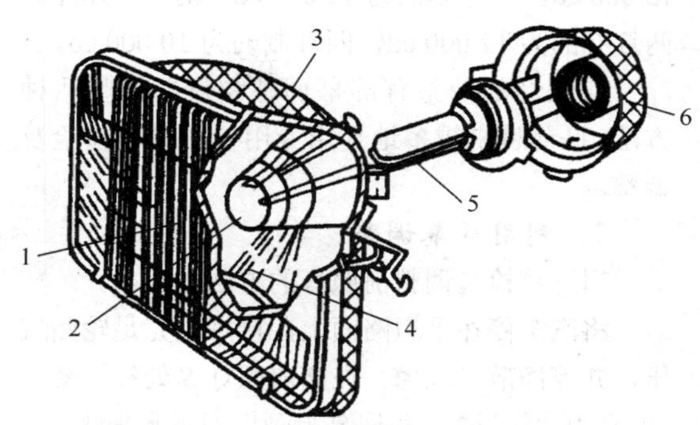

图 4-9　半封闭式前照灯的结构
1—配光镜　2—玻璃球面　3—灯壳　4—反射镜　5—灯泡　6—灯泡卡盘

3．全封闭式前照灯

全封闭式前照灯的反射镜和配光镜用玻璃制成一体，形成灯泡，里面充以惰性气体，其结构如图 4-10 所示。全封闭式前照灯反射镜不受大气中灰尘和潮气污染，它的发光率较高，一个功率约 30 W 的前照灯可产生 750 000 cd 的发光强度，且使用寿命长。目前美国、日本生产的汽车几乎全部采用这种全封闭式前照灯，我国生产的汽车也已大量采用。这种前照灯的缺点是灯丝烧坏后，只能更换整个前照灯总成。

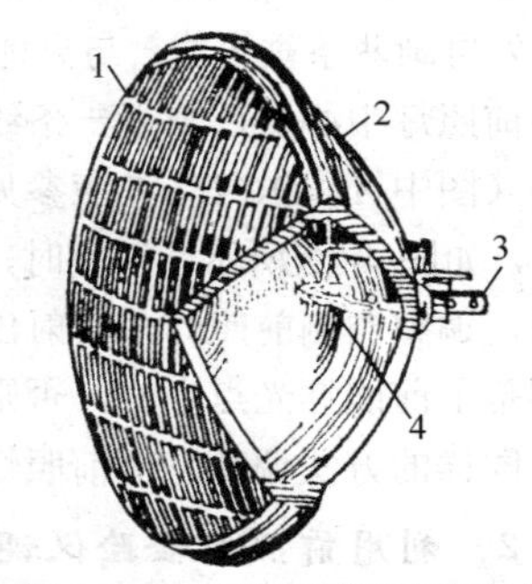

图 4-10　全封闭式前照灯的结构
1—配光镜　2—反射镜　3—插片　4—灯丝

4．投射式前照灯

投射式前照灯的结构如图 4-11 所示，其反射镜近似于椭圆形状，具有两个焦点。第一焦点处放置灯泡，来自灯泡的光利用椭圆反射镜聚集成第二焦点，再通过椭圆配光镜将聚集的光投射到前方，椭圆配光镜的焦点与第二焦点一致。在第二焦点附近设有遮光板，可遮挡投向上半部分光，形成明暗分明的配光。由于具有这种配光特性，投射式前照灯也可用作雾灯。投射式前照灯采用的灯泡为卤钨灯泡，反射镜采用扁长断面，光束横向分布效果好，结构紧凑，经济实用。

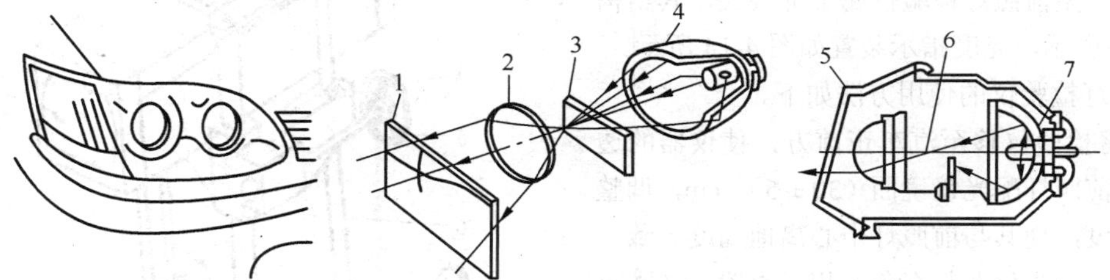

图 4-11　投射式前照灯的结构
1—屏幕　2—椭圆配光镜　3—遮光板　4—椭圆反射镜　5—总成　6—第二焦点　7—第一焦点

4.1.5　前照灯的检查与调整

前照灯光束的调整标准各国略有差异，调整时应参考原车说明书或技术手册进行。我国对于前照灯的技术标准和要求如下。

① 近光光束照射位置。其水平方向位置向左、向右偏均不得大于 100 mm。

② 远光光束照射位置。其左灯向左偏不得大于 100 mm，向右偏不得大于 170 mm；右灯向左或向右偏均不得大于 170 mm。

前大灯的拆卸与调整

③ 前照灯发光强度。对于新车，两灯制的为15 000 cd，四灯制的为 12 000 cd。对于在用车，两灯制的为 12 000 cd，四灯制的为 10 000 cd。

前照灯的调整有屏幕调整和仪器调整两种方法。目前越来越多地使用专用仪器进行检验及调整。

1. 利用屏幕调整

用屏幕检验调整前照灯的方法如下。

将汽车停在平坦路面上，按规定充足轮胎气压，并擦净散光玻璃。在离前照灯 *S* 处挂一幕布（或利用白墙壁），在屏幕上画出两条水平线，一条离地 *H*，另一条比它低 *D*。再画一条汽车的垂直中心线，在它两侧距中心线 *A*/2（*A* 为两灯中心距）处再画两条垂直线，与离地 *H* 处的线相交点即为前照灯中心点，与下一条线相交点即为光点中心（图中 *A*、*D*、*H*、*S* 应参见车型规定标准数据），如图 4-12 所示。调整时，先遮住右侧的前照灯，调整左侧前照灯，其射出的光束中心应对准屏幕上前照灯光点中心，否则应予调整。然后采取同样的方法调整右侧前照灯。

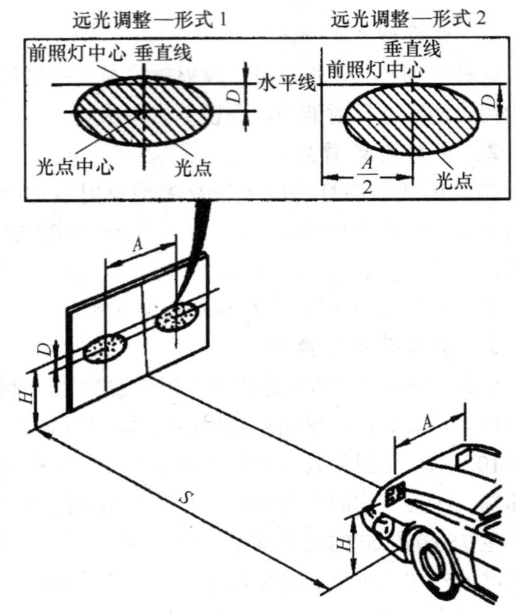

图 4-12　用屏幕调整前照灯的方法

2. 利用前照灯检验仪调整

前照灯检验仪根据其结构与原理的不同，可分为聚光式、屏幕式、投影式及自动追踪式 4 种，它们的检验项目基本相同，可以检验前照灯的光束照射位置与发光强度（cd）或光照度（Lx）。国产 QD-2 型前照灯检验仪属于屏幕式，其结构如图 4-13 所示，光度指示装置如图 4-14 所示。

前照灯检验仪的使用方法如下。

① 将检验仪移至汽车正前方，使仪器的透镜镜面距前照灯配光镜镜面（30 ± 5） cm，调整仪器箱高度，使其与前照灯中心离地高度一致。通过对正器观察仪器与汽车的相对位置，仪器应对正汽车的纵轴线，当仪器与汽车对正后，即可将仪器移至任一前照灯前开始检验工作。

② 接通被检验前照灯的近光灯，光束则通过仪器箱的透镜照到仪器箱内的屏幕上。从观察窗目视，并旋转光束照射方向选择指示旋钮，使光形的明暗截止线左半部水平线段与屏幕上的实线重合，这时光束照射方向选择指示旋钮上的读数即为近光光束的下倾值，它表示前照灯近光照射到距离为 10 m 屏幕上的光束中心下倾值，单位

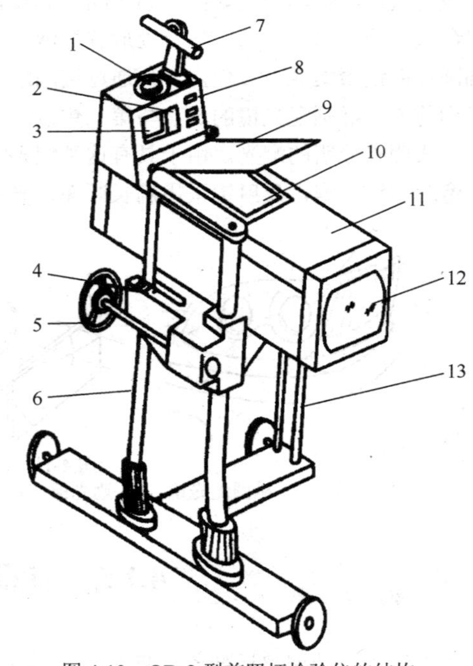

图 4-13　QD-2 型前照灯检验仪的结构

1—光束照射方向选择指示旋钮　2—光束照射方向参考表　3—光度表　4—仪器箱高度指示标　5—仪器升降手轮　6—支架　7—对正器　8—光度选择按键　9—观察窗盖　10—观察窗　11—仪器箱　12—透镜　13—仪器移动把手

为 cm（CA1090 型汽车前照灯近光光束下倾值为 25 cm）。若光束下倾值不符合规定，应旋转前照灯上方的调整螺钉，使光束向上或向下移动，直至符合要求。

③ 读取近光光形明暗截止线的转角点与仪器屏幕上的 V—V 线不重合距离的读数，它表示被测近光灯射到距离为 10 m 的屏幕上时，光束中心向左或向右的偏移值，单位为 cm。若不符合规定，应调节前照灯水平方向的调整螺钉，使光束左、右偏移值符合要求。

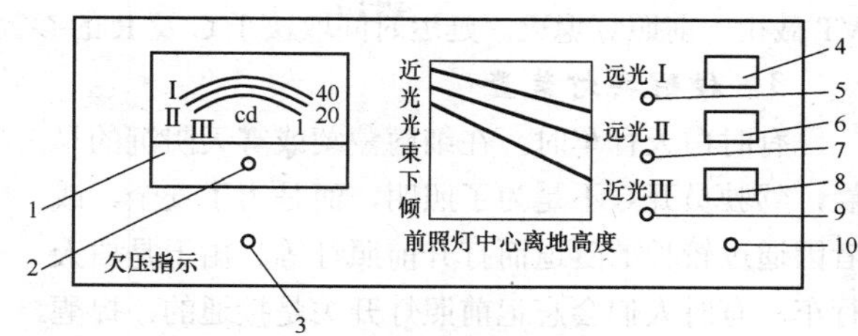

图 4-14 光度指示装置

1—光度表 2—光度表调零旋钮 3—电源欠压指示灯 4—远光 I 按键 5—远光 I 调零旋钮 6—远光 II 按键 7—远光 II 调零旋钮 8—近光III按键 9—近光调零旋钮 10—电源开关

④ 近光光束照射方向检验后，按下光度选择按键的近光III按键（见图 4-14），检验近光光束暗区的光度。观察光度表，发光强度在 625 cd 以下为绿色区域，即合格区；超过 625 cd 为红色区域，即不合格区。

⑤ 检验远光光束。接通前照灯的远光灯，远光光束照射到屏幕上的最亮部分若落在以屏幕上的圆孔为中心的区域，说明远光光束照射方向符合要求，如有上、下或左、右偏移，均应调整。

⑥ 检验远光灯的发光强度。按下远光 I 按键，观察光度表，若发光强度不超过 20 000 cd，应按下远光 II 按键，检验远光灯最小发光强度是否符合规定。发光强度超过 15 000 cd 为绿色区域，即为合格区域；发光强度低于 15 000 cd 为红色区域，为不合格区域。发光强度大于 20 000 cd 时，光度表以远光 I 读数为准；发光强度低于 20 000 cd 时，以远光 II 读数为准。

采用同样方法检查另一前照灯。

4.1.6 前照灯电子控制装置

1. 安全式前照灯

在夜间行车时，若一个前照灯的灯丝坏了，只有另一个前照灯亮时，迎面来车的驾驶员就不能准确地看清在 30 m 以外来车的轮廓，容易造成交通事故。美国 Tung-sul 公司在全封闭式前照灯的主灯丝上，并联了一根高阻抗的备用灯丝，从而形成了安全式前照灯。在正常情况下，备用灯丝不发光，一旦主灯丝烧断，它立即起作用。这种备用灯丝发出的光，可使迎面来的汽车驾驶员，至少在相距 150 m 时就能看到，从而可以预先让路，避免碰撞。

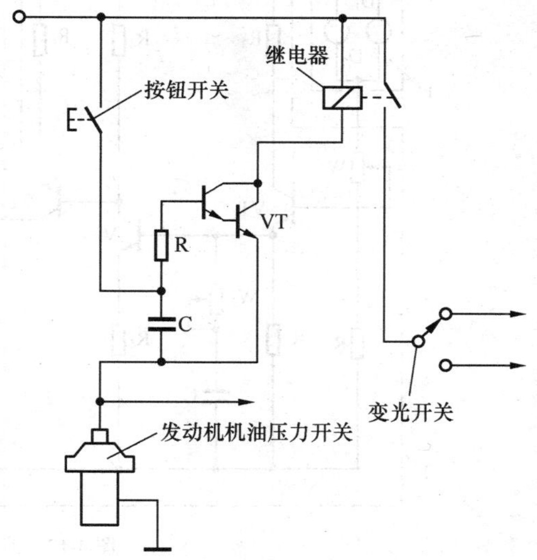

图 4-15 延时关闭前照灯电路图

2. 前照灯延时关闭控制装置

1970 年，美国通用汽车公司研制出一种前照灯关闭延时固态元件控制装置，驾驶员将汽车停放在无照明的车库时，只要接通仪表板上的按钮开关，就能使前照灯延长一段时间，直到驾驶员离开车库后，再自动切断前照灯。图 4-15 所示为其电路原理图，图中的机油压力开关起控制作用，当发动机不运转时，它的触点闭合搭铁。而当发动机运转时，靠机油压力使触点断开。VT 为高增益的复合晶体管（达林顿管电路），用来接通继电器线圈。VT 的发射极通过机油压力开关搭铁，所以只有当发动机停车或机油压力不足时才接通。R、C 组成延时电路，当切断点火和前照灯电路后，按下按钮时，电容器C开始充电。当电容器充电电压达到了导通电压时，VT导通，电流流经继电器线圈，触点闭合，接通前照灯的远光或近光，松开按钮，则电容器通过R向VT放电，维持其导通状态，前照灯一直亮着。在电容C放电电压下降到不能维持VT的导通所必需的基极电流时，VT截止，前照灯熄灭。延迟时间取决于C及R的参数，一般可延迟约1min。

3．提醒关灯装置

有时白天行车时，在细雨蒙蒙或雾天阴沉的早晨，驾驶员开灯不是为了照明，而是为了安全，或者因通过较长的隧道而打开前照灯等。由于是白天行车，有时人们会忘记前照灯开关是接通的，提醒关灯电路就是针对这种情况设计出来的。图4-16所示为提醒关灯装置电路图。它在点火开关断开而前照灯（或停车灯）仍然亮着的情况下，电流经二极管VD_1（或VD_2），使VT产生基极电流而导通，蜂鸣器发出声音提醒驾驶员关灯；当接通点火开关时，VT的基极电位提高，VT截止，蜂鸣器不发出声音。

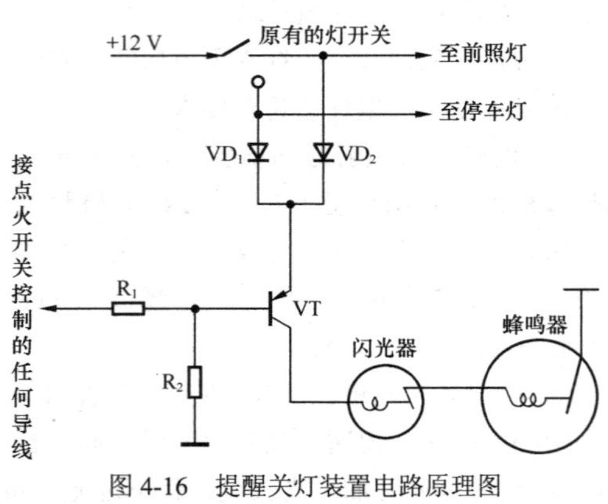

图4-16 提醒关灯装置电路原理图

4．前照灯自动变光装置

在夜间行驶时，为了防止迎面来车出现炫目，驾驶员必须频繁使用变光开关，这样分散了其注意力。前照灯自动变光装置，可根据迎面来车的灯光自动调节前照灯的近光和远光。图4-17所示为其电路原理图，具体工作原理如下。

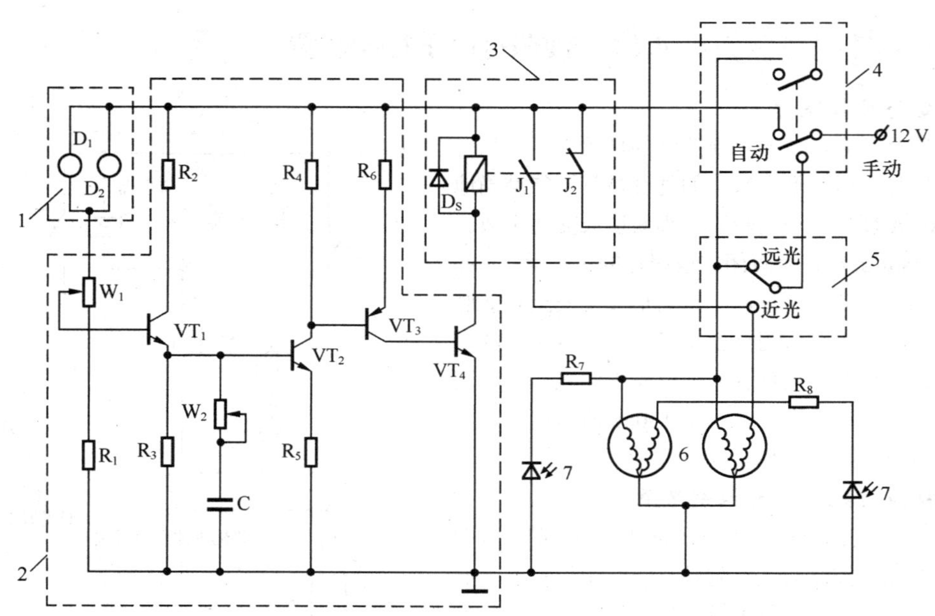

图4-17 前照灯自动变光控制电路

1—光传感器 2—信号放大电路 3—功率继电器 4—转换开关 5—变光开关 6—前照灯 7—指示灯

当迎面来车的前照灯光线射到传感器-放大器组件时，通过透镜将光聚焦到光敏元件上，由放大器输出信号触发功率继电器，将前照灯自动从远光转换到近光。如果迎面来车的前照灯也转换到近光，光敏元件接收的光通量减少，但系统设计成在光通量减少时，仍然能使前照灯保持近光照明。当迎面

来车通过后，它的前照灯不再照射到传感器上，于是放大器不再向功率继电器输送信号，继电器触点又恢复到远光照明。

在夜间行驶无对面来车时，光传感器（D_1、D_2）得到的光照量极少，光传感器阻值较大，VT_1 的基极电流减小，于是 VT_2、VT_3、VT_4 的基极因失去基极电流而截止，继电器不通电，常闭触点 J_2 闭合，接通远光灯。

当有对面来车或道路有较好的照明度时，光传感器（D_1、D_2）得到的光照量较多，光传感器阻值较小，VT_1 获得基极电流而导通，于是 VT_2、VT_3、VT_4 也随之导通，继电器线圈有电流通过，接通近光灯。

电位器 W_1 用于调节光传感器的灵敏度，其阻值减小，则系统可在光照度较低时即开始控制。若阻值增大，则系统需在光照度高时，才开始控制。

电位器 W_2 和电容器 C 构成延时电路。当光照量减少时，VT_1 管截止，但充了电的电容器 C 经 W_2 向 VT_2 管供给基极电流，此时尽管 VT_1 管已经截止，但 VT_2 管仍在导通，致使 VT_3、VT_4 管仍处于导通状态，从而实现当从近光自动地变为远光时，可以有 1 s 以上的延时，以便达到会车完全完成以后才打开远光灯的目的。调整电位器 W_2 和电容器 C 的值，就可以调整延时的长短。

5．前照灯的保护电路

EQ1090 型汽车采用灯光继电器，保证前照灯远光在发电机短路状态下，也能正常工作，从而提高了前照灯工作的可靠性。图 4-18 所示为其电路工作原理图，K_3、K_4 为前照灯的远光灯和近光灯开关，K_1 为电源总开关。其工作原理如下。

（1）发电机正常工作状态

由发电机供电时，若 K_3、K_4 断开，前照灯远光灯丝和近光灯丝都不工作。由于继电器线圈两边电位相等没有电流流过，常闭触点不动作，保持闭合状态，常开触点保持常开状态。此时，若闭合 K_3，前照灯供电电路为：发电机正极→K_3→触点→远光灯丝→发电机负极，前照灯远光灯丝工作。若闭合 K_4，前照灯近光灯丝工作。

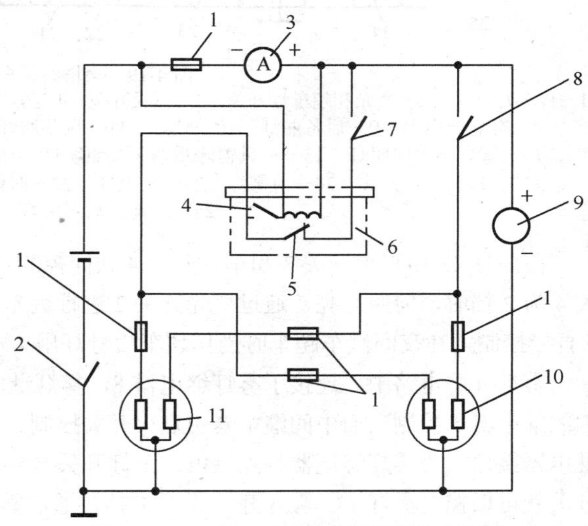

图 4-18 EQ1090 型汽车前照灯保护电路图

1—熔丝 2—电源总开关 K_1 3—电流表 4—常开触点 5—常闭触点 6—继电器 7—远光灯开关 K_3 8—近光灯开关 K_4 9—发电机 10—左前照灯 11—右前照灯

（2）短路保护

发电机短路时，60 A 熔丝快速熔断，此时蓄电池供电。供电电路为：蓄电池正极→线圈→发电机（短路）→蓄电池负极。由于继电器线圈通电，常闭触点断开，常开触点闭合。此时前照灯供电电路为：蓄电池正极→触点→远光灯丝→蓄电池负极，前照灯远光灯丝工作。此时，由于继电器触点断开，从而保证了前照灯远光灯丝不被短路，对线路起保护作用。

4.1.7 典型汽车照明电路

桑塔纳轿车照明系统电路

桑塔纳轿车照明系统电路如图 4-19 所示。

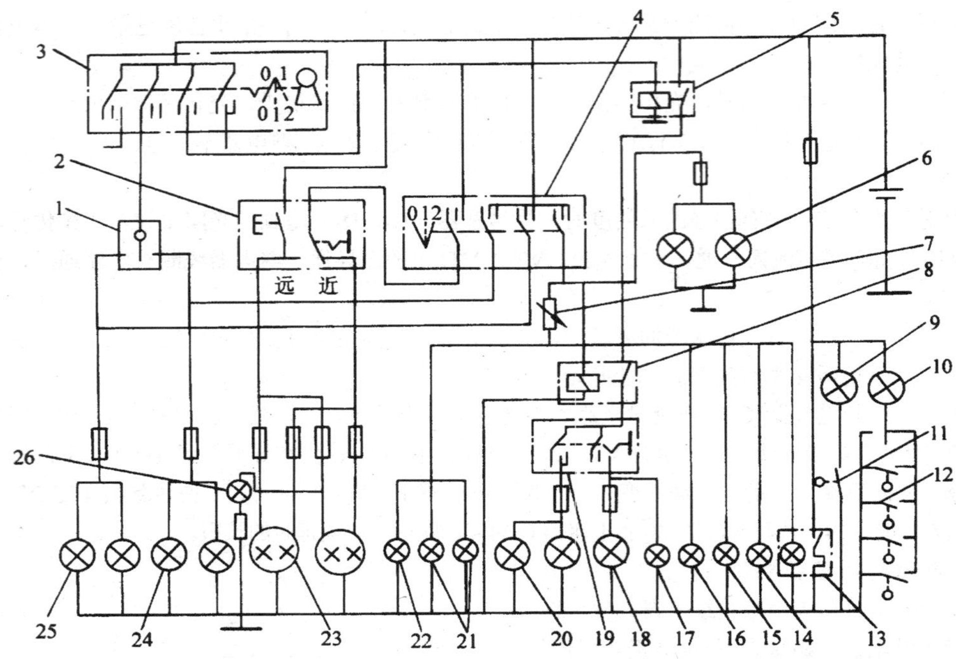

图 4-19 桑塔纳轿车照明系统电路

1—停车灯开关 2—变光和超车灯开关 3—点火开关 4—车灯开关 5—中间继电器 6—牌照灯 7—仪表灯调光电阻 8—雾灯继电器 9—后备厢灯 10—顶灯 11—后备厢灯门控开关 12—顶灯门控开关 13—点烟器照明灯 14—雾灯开关照明灯 15—后风窗除霜器开关照明灯 16—空调开关照明灯 17—雾灯指示灯 18—后雾灯 19—雾灯开关 20—前雾灯 21—仪表灯 22—时钟照明灯 23—前照灯 24—右前、后示廓灯 25—左前、后示廓灯 26—远光指示灯

前照灯 23 由点火开关 3 和车灯开关 4 共同控制，点火开关 3 置于正常工作挡位（1 挡）、车灯开关 4 为 2 挡时，前照灯亮，通过变光开关 2 进行远光、近光变换控制。此外，远光灯还由超车灯开关 2 直接控制，在夜间汽车超车时当作超车信号灯用。

雾灯开关电路中，连接了雾灯继电器 8，雾灯继电器线圈由车灯开关 4 控制，雾灯继电器触点由中间继电器 5 控制，而中间继电器由点火开关控制。因此要使用雾灯，点火开关必须置于 1 挡使中间继电器接通，为雾灯继电器触点供电；车灯开关必须置于 1 挡或 2 挡使雾灯继电器接通，这时，雾灯开关就可以控制雾灯了。雾灯开关置于 1 挡接通前雾灯 20 的电路，2 挡同时接通前雾灯 20、后雾灯 18、和雾灯指示灯 17 的电路。

牌照灯 6 由车灯开关 4 直接控制，不受点火开关控制，在车灯开关置于 1 挡或 2 挡时亮。

仪表板、时钟、点烟器、雾灯开关、后风窗除霜器开关、空调开关等的照明灯 21、22、13、14、15、16 也均由车灯开关 4 直接控制。当车灯开关在 1 挡或 2 挡时，上述照明灯均被接通，其亮度可通过仪表灯调光电阻 7 进行调节。

顶灯 10 由顶灯开关和门控开关 12 共同控制，当顶灯开关接通时，顶灯亮。当顶灯开关断开时，顶灯由 4 个门控开关控制，只要有一个门控开关接通即有一个门关闭不严，顶灯就亮。

后备厢灯 9 由后备厢灯门控开关 11 控制，当后备厢门打开时，其门控开关就会接通后备箱灯电路。

4.1.8 照明系统故障诊断与排除

照明系统主要由蓄电池（发电机）、熔丝、灯控开关、灯光继电器、变光器、车灯及其线路组成。车型不同，其控制线路也不相同。在检修其故障时，应首先弄懂其控制线路的组成和原理，以及部件之间的连接关系。

1．断路故障诊断

（1）用试灯方法检查

将试灯的一端夹在发动机或车架上（即搭铁），接通灯开关，把试灯的另一端与蓄电池到该灯之间连线上的各接点相接触，如试灯亮，再与下一个接点接触，直至试灯不亮为止，如图 4-20 所示。可以确定，断路处即在试灯亮时的测试点与试灯不亮时的测试点之间。

（2）用万用表直流电压挡检测

其方法与试灯法基本相同。万用表“–”表笔搭铁，“+”表笔分别与蓄电池到该灯之间连线上各接点相接触，检测其电源电压是否正常，如不正常，则断路发生在有电压指示和无电压指示两个被测试点之间的这段线路中。

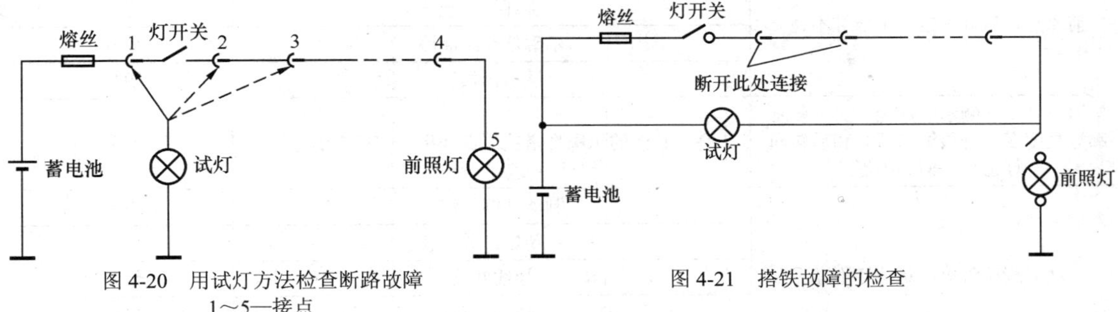

图 4-20　用试灯方法检查断路故障
1～5—接点

图 4-21　搭铁故障的检查

2．搭铁故障诊断

当接通灯开关时，熔断器立即烧坏，说明开关所接通的灯系线路有短路搭铁故障，其搭铁部位在灯开关与灯之间。

（1）用试灯方法检查

首先断开导线与灯及灯开关的连接点，将试灯一端与蓄电池“+”极相连接，另一端与接灯（或灯开关）的线头相连接，如图 4-21 所示。如试灯亮，说明有搭铁故障存在，此时逐个拆开从灯开关到灯之间导线上的各个接点；如灯灭，则搭铁故障发生在灯灭时的拆开点与上一个拆开点之间的导线上。

（2）用万用表电阻挡检测

将万用表一只表笔搭铁，另一只表笔与接灯的导线线头相连接，如万用表读数为零，说明有搭铁故障存在。检查方法与试灯方法相同。

3．照明系统典型故障诊断与排除

照明系统常见故障、原因及其排除方法如表 4-1 所示。

表 4-1　照明系统常见故障、原因及其排除方法

故障现象	故障原因	排除方法
所有灯全不亮	蓄电池至灯总开关之间相线断路	重新接线
	灯总开关损坏	更换
	电源总熔丝熔断	更换
远光灯或近光灯不亮	变光器损坏	更换
	导线断路或导线连接器接触不良或灯泡损坏	更换
	远光或近光灯丝损坏	更换
	灯光继电器损坏	更换
	导线搭铁	排除
	灯总开关损坏	更换

续表

故障现象	故障原因	排除方法
前照灯灯光暗淡	熔丝松动	插紧
	导线接头松动	紧固
	前照灯开关或继电器触点接触不良	更换
	发电机输出电压太低	维修发电机
	用电设备漏电，负荷增大，搭铁不良	修复
一侧前照灯亮度正常，另一侧前照灯暗淡	前照灯暗的一侧搭铁不良	紧固
	导线连接器的插头接触不良	紧固
前照灯、后灯正常，示廓灯不亮	灯总开关损坏	更换
	示廓灯灯泡损坏	更换
	示廓灯线路断路	修复
	继电器损坏	更换
接通小灯，一侧示廓灯亮，另一侧示廓灯亮度变暗且该侧指示灯和后转向灯也亮，但不闪烁	亮度暗淡的示廓灯搭铁不良（指灯壳搭铁的灯）	修复
踏下制动踏板，制动灯不亮	制动灯熔丝熔断	更换
	制动灯开关损坏	更换
	导线断路	修复
	搭铁不良	修复
	灯泡损坏	更换
灯泡经常烧坏	发电机输出电压过高	维修发电机

诊断时，应根据不同的故障现象采取不同的诊断方法。下面具体举例说明。

汽车信号灯的介绍

（1）前照灯的远近光均不亮

如果远光灯和近光灯都不亮，应先查仪表灯是否亮，如果仪表灯亮，说明车灯开关的电源线正常。将点火开关接通，车灯开关置于 2 挡位置，测变光开关上的相线接线柱电压是否正常。若电压为零，说明车灯开关至变光开关之间断路或车灯开关有故障；若电压正常，可以短接变光开关试验，若灯亮，说明变光开关损坏，应更换，若灯不亮则查变光开关后的线路和灯丝。

尾灯的拆卸与调整

（2）前照灯一侧亮，另一侧暗

先查两侧灯泡的功率是否相同，可采用互换左右灯泡的办法进行判断。若灯泡功率相同，可用一根导线，一端接车身，另一端接灯光暗淡的灯泡搭铁接线柱。若恢复正常，则表明该灯搭铁不良。若灯光无变化，常为变光开关接触不良，或连接该灯泡灯丝的插头松动，或锈蚀使接触电阻过大所致。可用电源短接法迅速判明故障部位。

转向灯、前雾灯、前大灯的复装

灯泡搭铁不良时，灯光暗淡，表现在灯泡远光与近光都同时发光微弱。否则就不是灯泡搭铁不良故障，一般是前照灯反射镜有灰尘或氧化，可通过清洁或更换反射镜来排除故障。

4.2　灯光信号系统及其故障诊断与排除

灯光信号系统的组成、作用与要求如下。

① 组成。灯光信号系统包括示廓灯、尾灯、制动灯、转向信号灯、倒车灯等。

② 作用。保证汽车在光线不好的条件下指示本车车况和行车意图，对其他车辆的驾驶员和行人给

出明确的信号，并提供具有一定亮度的照明。

③ 要求。灯光的颜色选择应兼顾灯具的数量、安装位置，并满足法规的要求。

4.2.1　汽车转向灯及闪光器

当汽车要转向时，由驾驶员打开相应的转向灯开关，转向信号灯亮并按一定频率闪烁，以告知前后车辆驾驶员和行人。闪光器是控制转向信号灯和转向指示灯闪烁频率的装置，按结构和工作原理可分为热丝式、翼片式、电容式和电子式等多种。目前国内仍广泛使用热丝式闪光器，它结构简单、制造成本低，但闪光频率不稳定，使用寿命短，信号灯的亮暗不够明显，且不能兼作危险报警闪光器，今后将趋于淘汰。而电容式和电子式闪光器，由于工作频率稳定，灯光亮暗明显，且可兼作危险报警闪光器，还可在电路中增加少量元件，对闪光灯灯泡损坏情况发出监视信号，现已广泛使用。

转向灯与前雾灯的拆卸与调整

1．热丝式闪光器

图 4-22 所示为热丝式闪光器的结构和工作原理图。转向开关未接通时，活动触点在镍铬丝的拉紧下，与固定触点分开。汽车转向前，接通转向开关，此时电流回路为：蓄电池正极→接线柱→活动触点臂→镍铬丝→附加电阻→接线柱→转向开关→相应的转向信号灯和转向指示灯→搭铁→蓄电池负极。由于附加电阻和镍铬丝串入电路中，电流较小，转向信号灯和指示灯亮度较低。经过一较短时间后，镍铬丝受热膨胀而伸长，使触点闭合，此时电流回路为：蓄电池正极→接线柱→活动触点臂→闭合触点→线圈→转向开关→转向信号灯和转向指示灯→搭铁→蓄电池负极。由于附加电阻及镍铬丝被短路隔除，而线圈中有电流通过，产生电磁力，使触点闭合更为紧密，线路中电阻小，电流大，故转向信号灯及转向指示灯亮。与此同时，镍铬丝被短路隔除，逐渐冷却而收缩，触点又打开，附加电阻及镍铬丝又串入电路，灯光又变暗。如此反复，从而使转向信号灯及指示灯一明一暗地闪烁。我国规定闪烁频率为 60～90 次/min。当频率过高或过低时，可扳动调节片，改变镍铬丝的拉力，或者对触点间隙进行调整。

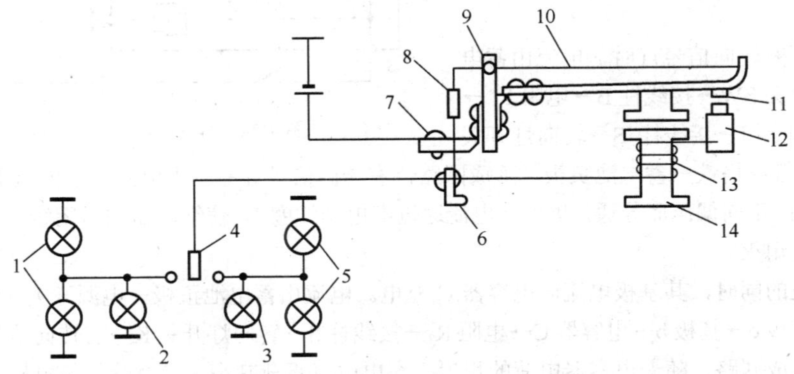

图 4-22　热丝式闪光器

1—左（前、后）转向信号灯　2—左转向指示灯　3—右转向指示灯　4—转向开关
5—右（前、后）转向信号灯　6、7—接线柱　8—附加电阻　9—调节片
10—镍铬丝　11—活动触点　12—固定触点　13—线圈　14—铁心

2．电容式闪光器

根据衔铁线圈的接线不同，电容式闪光器分为电流型和电压型。所谓电流型，就是衔铁线圈与转向灯泡串联工作，如图 4-23（a）所示。电压型是闪光器的衔铁线圈与转向信号灯及转向指示灯并联，如图 4-23（b）所示。电容式闪光器，主要是利用向电容器的充电和放电来控制转向信号灯及转向指示灯的闪烁频率。现以电流型电容闪光器为例说明其工作过程。

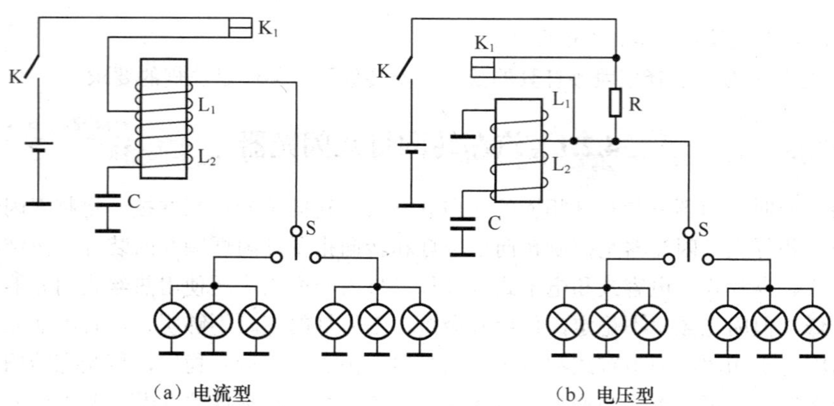

图 4-23　电容式闪光器

当接通电源开关 K 时，电流通过触点 K_1 经线圈 L_2 后向电容 C 充电。当转向开关 S 接通转向信号灯及转向指示灯时，电流通过串联线圈 L_1 到转向信号灯及转向指示灯，由 L_1 产生的电磁吸力，将常闭触点 K_1 打开，灯泡不亮。触点 K_1 断开，电容 C 开始放电，L_1、L_2 两线圈的吸力继续使触点断开，直至放电电流基本消失。放电电流消失后，触点 K_1 在本身弹力作用下，恢复闭合状态，灯泡点亮。此时流过 L_1 中的负荷电流与流过 L_2 的充电电流方向相反，磁力互相抵消，K_1 继续闭合，灯泡继续亮。当 C 接近充满电时，电流减小，两线圈产生的磁力失去平衡，吸下 K_1，灯泡熄灭。如此反复工作，转向信号灯及转向指示灯就以一定的频率闪烁。

3. 电子式闪光器

电子式闪光器包括带继电器的晶体管闪光器、无触点闪光器和集成电路闪光器等类型。

（1）带继电器的晶体管闪光器

带继电器的晶体管闪光器的工作原理如图 4-24 所示，它主要由晶体管开关电路和小型继电器组成。

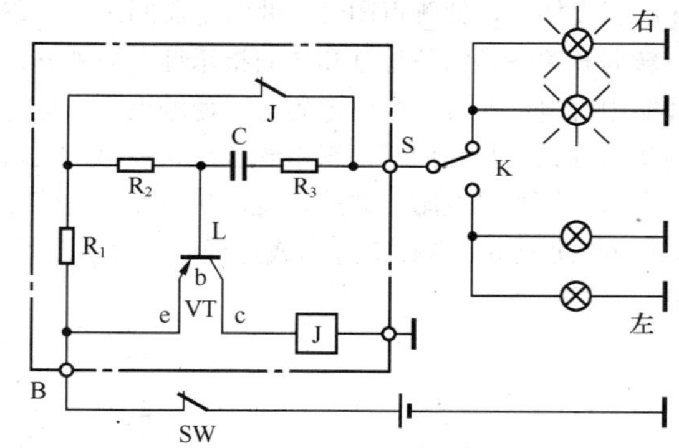

图 4-24　带继电器的晶体管闪光器

当汽车打开右转向信号灯时，电流由蓄电池正极→电源开关 SW→接线柱 B→电阻 R_1→继电器的常闭触点 J→接线柱 S→转向灯开关 K→右转向信号灯→搭铁→蓄电池负极，形成回路，右转向信号灯亮。当电流通过电阻 R_1 上产生电压降，晶体管 VT 因正向偏压而导通，集电极电流通过继电器线圈 J，使继电器的常闭触点立即打开，右转向信号灯随之熄灭。

晶体管导通的同时，其基极电流向电容器 C 充电。电流由蓄电池正极→电源开关 SW→接线柱 B→晶体管的反射极 e→基极 b→电容器 C→电阻 R_3→接线柱 S→转向灯开关 K→右转向信号灯→搭铁→蓄电池负极，形成回路。随着电容器电荷的积累，充电电流逐渐减小，晶体管的集电极电流也随之减小，当电流减小，线圈中产生的磁力不足以维持衔铁的吸合而释放时，继电器触点重又闭合，转向信号灯又再次发亮，这时电容器 C 通过电阻 R_2、继电器触点 J、电阻 R_3 放电。放电电流在 R_2 产生的电压降为晶体管 VT 提供正向偏压使其导通。这样，电容器不断地充电和放电，晶体管也就不断地导通与截止，控制继电器触点反复地打开、闭合，使转向信号灯闪烁。

（2）无触点闪光器

国产 SG131 型无触点闪光器的电路如图 4-25 所示。当转向灯开关打开时，晶体管 VT_1 的基极电流由两路提供，一路经电阻 R_2，另一路经电阻 R_1 和电容器 C。复合晶体管 VT_2、VT_3 处于截止状态，由于 VT_1 的导通电流很小，仅 60 mA 左右，故转向灯不亮。与此同时，电源对电容器 C 充电，随着电

容器 C 两端电压的升高，充电电源逐渐减小，晶体管 VT_1 由导通变为截止。这时 A 点的电位升高，当其电位达到 1.4 V 时，晶体管 VT_2 导通，晶体管 VT_3 也随之导通，于是转向信号灯点亮。

此时，电容器 C 经过电阻 R_1、R_2 放电，电容器放完电后，接着电源又对电容器 C 充电，晶体管 VT_1 导通，VT_2、VT_3 截止，转向信号灯熄灭。如此反复，使转向信号灯闪烁。闪光频率由电路中元件的参数决定。

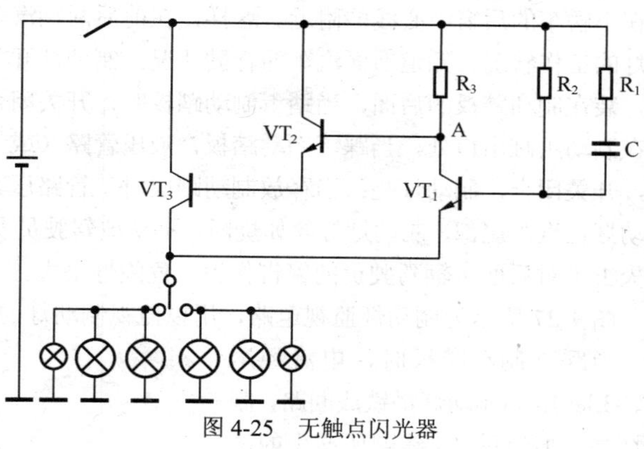

图 4-25 无触点闪光器

（3）集成电路闪光器

图 4-26 所示为上海桑塔纳轿车装用的集成电路闪光器的工作原理图。U243B 型集成块是一块低功率、高精度的汽车电子闪光器专用集成电路。U243B 的标称电压为 12 V，实际工作电压范围为 9～18 V，采用双列 8 脚直插塑料封装，内部电路主要由输入检测器 SR、电压检测器 D、振荡器 Z 及功率输出极 SC 四部分组成。

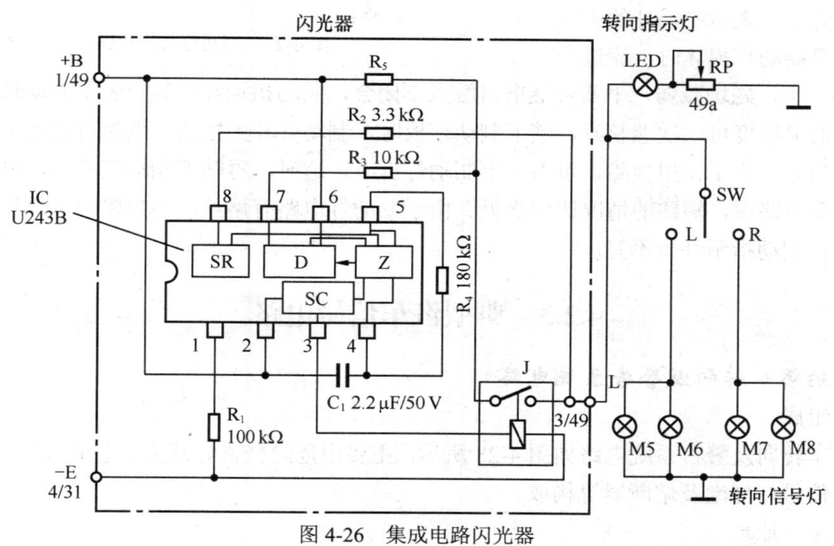

图 4-26 集成电路闪光器

输入检测器用来检测转向信号灯开关是否接通。振荡器由一个电压比较器和外接的电阻 R_4 和电容器 C_1 构成。内部电路中的比较器的一端提供了一个参考电压，其值由电压检测器控制，比较器的另一端则由外接的电阻 R_4 和电容器 C_1 提供一个变化的电压，从而形成电路的振荡。振荡器工作时，输出极的矩形波便控制继电器线圈的电路，并使继电器触点反复打开和闭合。于是转向信号灯和转向指示灯闪烁，频率为 80 次/min。

如果一只转向信号灯烧坏，则流过取样电阻 R_5 的电流减小，其电压降减小，经电压检测器识别后，便控制振荡器电压比较器的参考电压，从而改变振荡频率，使转向指示灯的闪光频率加快一倍，以提示驾驶员及时检修。当打开危险警报开关时，汽车的左、右转向信号灯同时闪烁作为危险报警信号。

4.2.2 制动信号装置

制动灯装在汽车尾部，当汽车制动时制动灯点亮。1985 年，美国还规定必须安装高位制动灯，它装在小轿车的后窗中心线的附近。这样，在前后两辆汽车靠得太近时，后面汽车驾驶员就能从高位制动灯的工作状况，知道前面汽车的行驶状况。制动灯开关通常有两种形式：一种是弹簧负载式常开开关，装在制动踏板的后面，当踏下制动踏板时，开关闭合，制动灯亮。另一种是液压或气压式开关，装在制动主缸出口处，当踩下制动踏板，液压管路（或气压管路）中压力增加时，经过开关薄膜的作用，开关闭合，制动灯亮；当释放制动踏板时，管路压力下降，开关又恢复到原来的常开位置。因为制动灯在汽车尾部，制动灯灯丝如烧断，不易被驾驶员发现，而一旦制动灯灯丝烧断，在紧急制动时，则失去了对后面车辆驾驶员的警告作用，危险性很大。

图 4-27 所示为制动灯监视电路，用以监视制动灯的工作情况，其工作原理如下。

当踩下制动踏板时，电流经熔丝、线圈 L_2 到制动灯搭铁成回路，制动灯亮，但流过 L_2 线圈所产生的磁场，还不足以闭合干簧管继电器触点。但在点火开关接通的情况下，经可调电阻 R、线圈 L_1、搭铁形成回路，使 L_1 中也产生磁场。这两个磁场叠加时，干簧管继电器触点才闭合，12 V 电压加在指示灯上，表示制动灯的工作正常。当一只制动灯损坏时，流过 L_2 的电流减小一半，磁场减弱，干簧管继电器触点不闭合，制动指示灯不亮，表示制动灯有故障。监视制动指示灯的灵敏度可一次调整好，踏下制动踏板时，制动灯开关接通，调整可调电阻 R，直到干簧管触点闭合为止。为了模拟故障，可将一个制动灯拆下，这时，再踏下制动踏板时，制动指示灯应不亮。在制动灯电路中，短路的情况比较少见。由于制动灯电路有熔丝，当短路时，熔丝烧断，此时踏下制动踏板，制动指示灯也不亮。

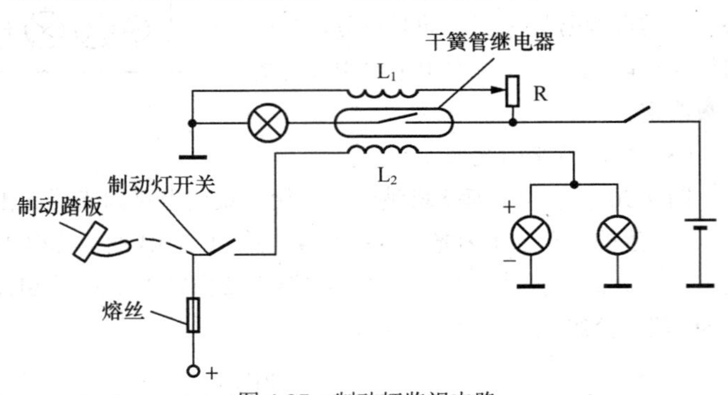

图 4-27　制动灯监视电路

4.2.3　典型汽车信号电路

1．桑塔纳轿车转向及警告系统电路

（1）电路组成

桑塔纳轿车转向及警告系统电路如图 4-28 所示，主要由危险警告灯开关、电子闪光器、转向信号灯开关、转向信号灯灯泡及熔断器等构成。

（2）电路工作原理

① 供电。转向信号灯与危险警告灯共用一只电子闪光器。转向信号灯由点火开关控制的“15”号线经熔断器 FU S19 供电。危险警告灯电源直接由蓄电池经熔断器 FU S4 供电（“30”号线为不受点火开关控制的电源线）。

② 接通危险警告灯开关。当该开关接通后，电流回路为：蓄电池正极→30 号线→熔断器 FU S4→中央接线盘 B28 插头（图 4-29 中中央接线盘均未画出，以下同）→警告灯开关 30 接线柱→警告灯开关 49 接线柱→中央接线盘 A18 插头→闪光器 1/49 接线柱→闪光器 3/49a 接线柱→中央接线盘 A10 接线柱→警告灯开关 49a、L、R 接线柱→中央接线盘 A7、A20 接线柱→中央接线盘 E1、C8、E6、C19 接线柱→转向灯→蓄电池负极，危险警告灯闪亮。

③ 接通转向信号灯开关。此时，电流回路为：蓄电池正极→30 号线→点火开关 15 号线→中央接线盘 G2 接线柱→熔断器 FU S19→中央接线盘 A13 接线柱→警告灯开关 15 接线柱→警告灯开关 49 接线柱→中央接线盘 A18 接线柱→闪光器 1/49 接线柱→闪光器 3/49a 接线柱→中央接线盘 A10 接线柱。

同时，危险警告灯开关处于断开位置，电流走向如下。

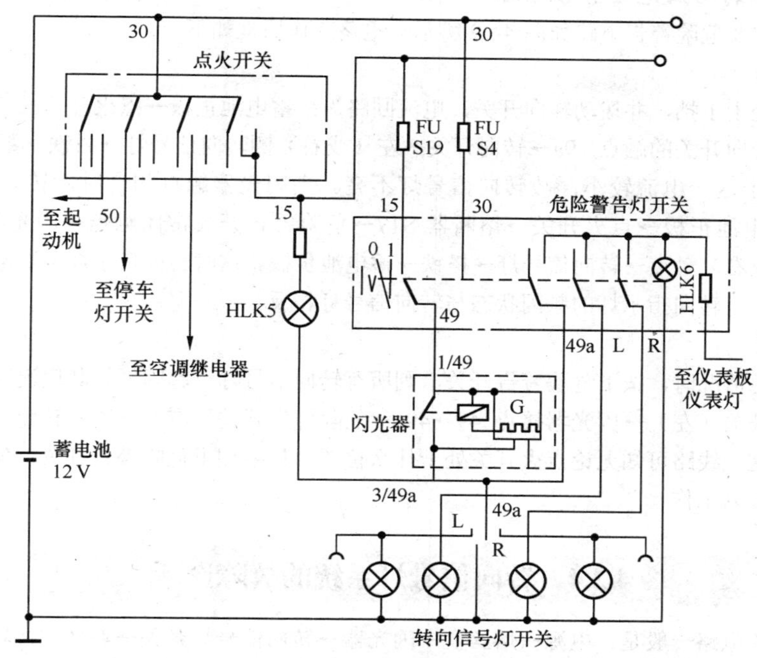

图 4-28　桑塔纳轿车转向及警告系统电路图

● 左转向信号灯：转向信号灯开关 49a 接线柱→转向开关 L 接线柱→中央接线盘 A20 接线柱→中央接线盘 E6 接线柱→中央接线盘 C19 接线柱→左前、左后转向信号灯→搭铁→蓄电池负极。

● 右转向信号灯：转向信号灯开关 49a 接线柱→转向开关 R 接线柱→中央接线盘 A7 接线柱→中央接线盘 E11 接线柱→中央接线盘 C8 接线柱→右前、右后转向信号灯→搭铁→蓄电池负极。

④ 危险警告灯。危险警告灯开关内的照明灯泡是经仪表板调光电阻 E20 通电的，平时较暗。接通危险警告灯时，灯泡点亮。闪光器使用三接线柱及带集成电路的有触点式继电器，当转向信号灯工作而有一只灯泡损坏时，闪光速度加快，以示要检查更换灯泡。闪光继电器位于中央接线盘上的 12 位。

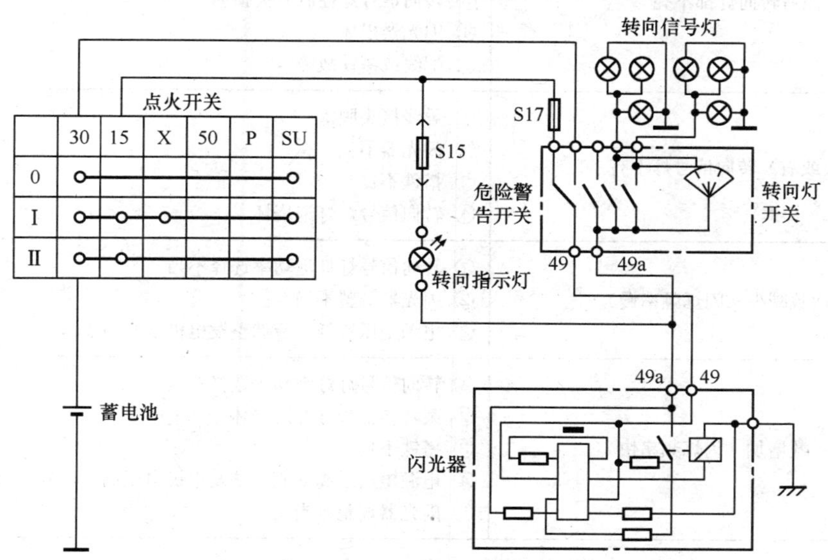

图 4-29　捷达轿车转向及危险警告电路图

2．捷达轿车转向及危险警告电路

捷达轿车转向及危险警告电路如图4-29所示。电路工作原理如下。

（1）转向信号

当点火开关处于Ⅰ挡，并拨动转向开关，电流回路为：蓄电池正极→点火开关触点→熔断器S15→转向指示灯→转向开关的触点49a→转向开关→左（或右）侧转向信号灯→搭铁→蓄电池负极，转向指示灯亮。由于这一电流较小，故转向信号灯不亮。当闪光器触点闭合时，转向信号灯亮，其电流回路为：蓄电池正极→点火开关→熔断器S17→危险警告开关常闭触点→闪光器接点49→49a→转向开关左（或右）触点→转向信号灯→搭铁→蓄电池负极。这时转向指示灯两端电位差为零，转向指示灯灭。因此，转向指示灯的频闪状态与转向信号灯相反。

（2）危险警告

当汽车有紧急情况时，按下危险警告开关，则所有转向信号灯一起闪烁。其电流回路为：蓄电池正极→危险警告开关（左）→闪光器接点49→49a→危险警告开关（右）→所有转向信号灯→搭铁→蓄电池负极。从这一线路可知无论点火开关处于什么位置，只要按下危险警告开关，危险警告灯（即转向信号灯）都可以工作。

4.2.4 转向信号灯系统的故障诊断

转向信号灯的电路一般是：电源→熔丝盒→闪光器→转向信号灯开关→右（左）转向信号灯及转向指示灯→搭铁，但随车型不同其电路也略有差别。在检修转向信号灯系统故障时，一定要首先弄懂该车转向信号灯系统的原理图和各元件间的连接关系。一般容易产生故障的部位是电源、转向信号灯开关、转向信号灯、闪光器、线路等。转向信号灯系统常见故障及其原因如表4-2所示。

表4-2 转向信号灯系统常见故障及其原因

故障现象	故障原因
左右转向灯都不亮	① 转向信号灯熔丝熔断 ② 蓄电池至转向灯开关之间线路有断路、接触不良的地方 ③ 转向信号灯控制开关损坏 ④ 闪光器损坏 ⑤ 配线或搭铁故障
左（或右）转向信号灯不亮	① 导线接头脱落 ② 闪光器不良 ③ 搭铁不良 ④ 转向信号灯灯泡烧坏
亮灭次数减少（闪烁频率慢）	① 转向信号灯灯泡功率选择不当 ② 闪光器调整不当 ③ 电源电压过低（应调整发电机电压调节器）
亮灭次数增加（闪烁频率快）	① 转向信号灯灯泡功率选择不当 ② 某转向信号灯灯泡烧坏 ③ 搭铁不良 ④ 电源电压过高（应调整发电机电压调节器） ⑤ 闪光器调整不当

续表

故障现象	故障原因
转向信号灯有时工作有时不工作	① 闪光器搭铁不良（对晶体管或带继电器式闪光器） ② 导线接触不良或断路
转向信号灯常亮	① 闪光器故障 ② 发电机电压调节器的限额电压过高 ③ 转向灯开关故障 ④ 短路故障
转向信号灯的熔丝熔断，更换后再次熔断	① 转向信号灯电路的相线直接搭铁 ② 灯泡或灯座短路 ③ 转向灯开关搭铁 ④ 闪光器不良
开示廓灯时转向信号灯不亮（不闪），开转向信号灯时示廓灯亮	双丝灯搭铁不良（非公共搭铁灯系的双丝灯泡）

转向信号灯系统的典型故障诊断与排除如下。

1．转向信号灯全不亮故障的诊断与排除

首先用电压表检测闪光器电源接线柱上的电压，点火开关为“ON”时，应为12～14 V。如果电压正常，则应拆下闪光器B、L两接线柱上的导线，并连接在一起，拨动转向灯开关。如转向信号灯亮但不闪，则闪光器已坏；如转向信号灯仍不亮，将电源直接引到转向信号灯接线柱，若灯亮，则闪光器至转向灯开关间导线断路或转向灯开关损坏；如转向信号灯一边亮一边不亮，则不亮的一边转向信号灯至转向灯开关之间的导线断路或搭铁。如果闪光器电源接线柱上的电压不正常，则为电源断路。

2．转向信号灯单边亮和闪光失常故障的诊断与排除

故障现象为：将转向信号灯开关拨至某转向一边时，该边转向信号灯的亮度和闪光正常，而拨向另一边时，两边转向信号灯都发光微弱。出现这种故障，大多是不正常一边的灯泡搭铁不良所致。因为现在多数汽车上转向信号灯和示廓灯是采用一只双丝灯泡。遇到此类故障现象时，可将转向灯开关放在空挡，开示廓灯进行检验。如出现一边示廓灯亮度正常，另一边示廓灯亮度暗淡，表明亮度暗淡一边的示廓灯搭铁不良。接好该灯的搭铁，故障即可排除。

3．转向信号灯闪烁频率不正常故障的诊断与排除

故障现象为：拨动转向信号灯开关，左右转向信号灯的闪烁频率不一致或闪烁频率都不正常。当遇到这类故障现象时，应检查闪光器、转向信号灯开关接线柱上接线是否松动，转向信号灯灯泡功率是否与规定相符，左右灯泡功率是否相同。

对于电热丝式闪光器，灯泡功率对闪烁频率影响很大，若灯泡功率小于规定值，闪烁频率就低；反之，闪烁频率就高。

对于电容式闪光器，若灯泡功率大，闪烁频率就低；灯泡功率小，闪烁频率就高。若灯泡功率都符合规定，则应检查是否有某一只灯泡烧坏。若左右转向信号灯闪光频率都高于或低于规定值（安全标准规定为50～120次/min，一般标准为80～90次/min），一般为闪光继电器失调，应予调整，调整无效的应更换新件。

4.3 声响系统及其故障诊断与排除

声响系统的组成、作用与要求如下。

① 组成。声响系统包括蜂鸣器、语音报警器、电喇叭等。

② 作用。引起其他车辆和行人的注意，保证行车安全。

③ 要求。信号强度要达标，信号指示要准确。

4.3.1 倒车报警器

倒车报警器有倒车蜂鸣器和倒车语音报警器两种。

1. 倒车蜂鸣器

倒车蜂鸣器是一种间歇发声的音响装置，图4-30所示为解放CA1092型汽车装用的倒车蜂鸣器的电路。其发音部分是一只功率较小的电喇叭，控制电路是一个由无稳态电路（即“多谐振荡器”）和反相器组成的开关电路。

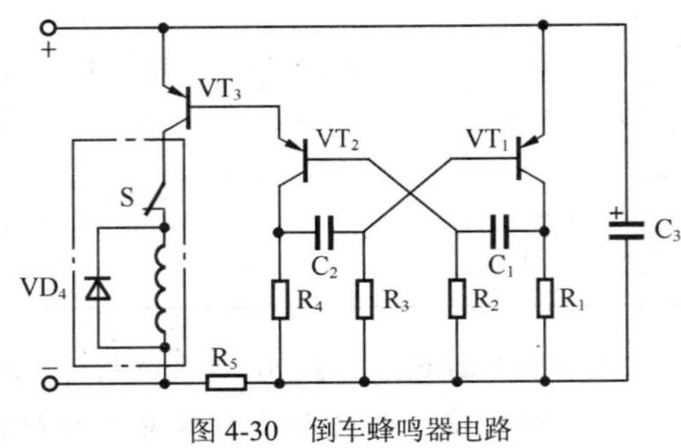

图4-30 倒车蜂鸣器电路

晶体管VT_1、VT_2组成无稳态电路，由于VT_1和VT_2之间采用电容器耦合，所以VT_1与VT_2只有两个暂时的稳定状态，或VT_1导通VT_2截止，或VT_1截止VT_2导通，这两个状态周期性地自动翻转。

VT_3在电路中起开关作用，它与VT_2直接耦合，VT_2的发射极电流就是VT_3的基极电流。当VT_2导通时，VT_3有足够大的基极电流导通向VD_4供电。VD_4通电使膜片振动，产生声音。当VT_2截止时，VT_3无基极电流也截止，VD_4断电，响声停止。如此周而复始，VT_3按照无稳态电路的翻转频率不断地导通、截止，从而使得倒车蜂鸣器发出“嘀—嘀—嘀”的间歇鸣叫声。

2. 倒车语音报警器

随着集成电路技术的发展，现在已经能将语音信号压缩存储于集成电路中，制成倒车语音报警器。在汽车倒车时，能重复发出“请注意，倒车！”等声音，以此提醒车后行人避开车辆而确保安全倒车。

4.3.2 电喇叭

汽车上都装有喇叭，用以警告行人和其他车辆，引起注意，动力有气动和电动之分。电动喇叭声音悦耳，体积小，质量轻，已广泛应用于各型汽车上。

1. 盆形电喇叭

图4-31所示为盆形电喇叭结构示意图。其电磁铁采用螺管式结构，铁心上绕有线圈，上下铁心间的气隙在线圈中间，所以能产生较大的吸力。它没有扬声筒，而是将上铁心、膜片和共鸣板固装在中心轴上。当电路接通时，线圈产生吸力，上铁心被吸下与铁心碰撞，产生较低的基本频率，并激励与膜片一体的共鸣板产生共鸣，从而发出比基本频率强得多，且分布又比较集中的谐音。触点间仍需并联一灭弧电容器。

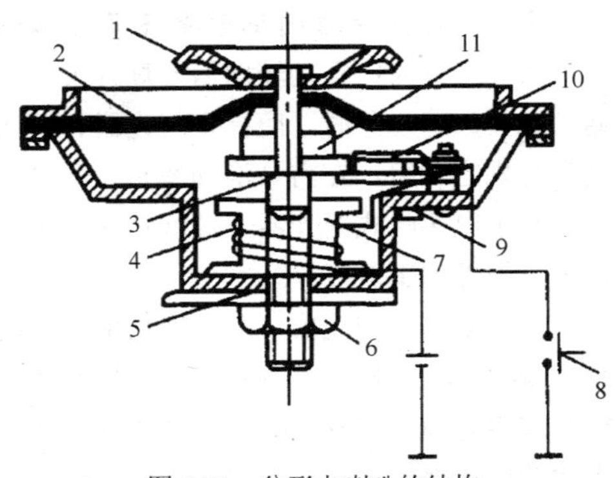

图4-31 盆形电喇叭的结构

1—共鸣板 2—膜片 3—上铁心 4—线圈 5—下铁心 6—锁紧螺母 7—铁心 8—按钮 9—调整螺钉 10—触点 11—衔铁

2．无触点电喇叭

有触点电磁振动式电喇叭会由于触点烧蚀、氧化，影响输入电流，使喇叭变音，而且它的音色和音量不容易调整。无触点电喇叭则克服了上述缺点。

无触点电喇叭主要由多谐振荡器及功率放大器组成，图 4-32 所示为其电路图。图中的 VT_1、VT_2、VT_3 构成一多谐振荡器。

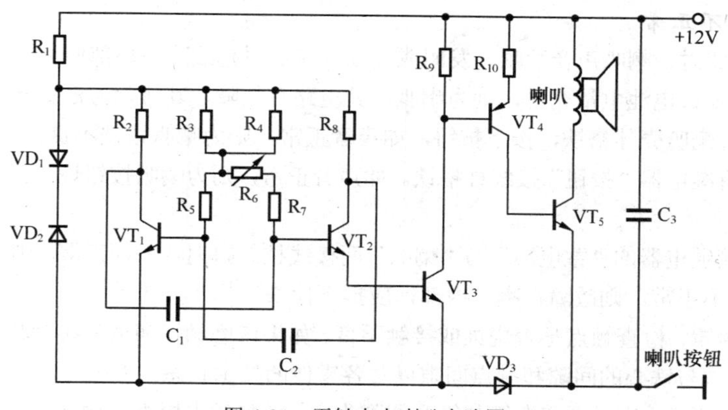

图 4-32　无触点电喇叭电路图

为了保证其振荡频率稳定，多谐振荡器接在稳压电源上，由 DW 稳压管供给稳压电源，二极管 VD_2 为稳压管作温度补偿，用于保护电路在反接时不会烧坏晶体管。VT_4、VT_5 组成直接耦合放大器，喇叭的励磁线圈就接在 VT_5 的集电极上。电容器 C_3 用于防止汽车点火电路引起的干扰。

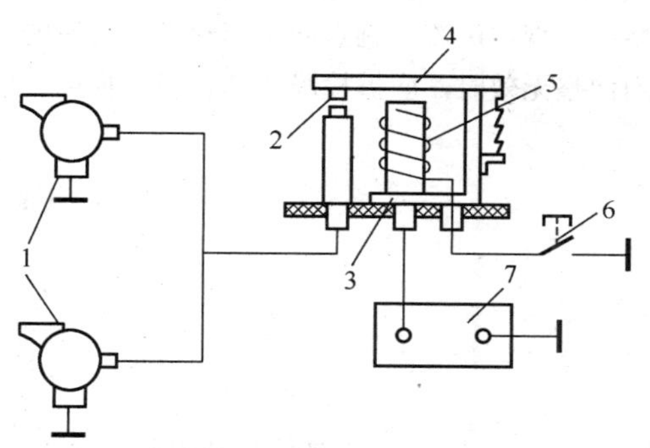

图 4-33　喇叭继电器
1—喇叭　2—触点　3—磁轭　4—触点臂
5—线圈　6—按钮　7—蓄电池

如果振荡器线路中 VT_2 截止，则 VT_3 也截止，于是 VT_4、VT_5 导通，喇叭线圈中有电流，电磁系统吸动喇叭的膜片。如果 VT_2 导通，VT_3 也导通，于是 VT_4、VT_5 截止，喇叭线圈中无电流，膜片复位。从线路可知，VT_2、VT_3 截止的时间越长，喇叭线圈中通电的时间也越长，膜片的振幅就越大，声压级也就越大，相反，声压级就越小，这样，就可以方便地调整音量。只要改变 R_4+R_7 及 C_1 的时间常数，也就是调整电位器 R_6 就可以调整音量大小了。

3．喇叭继电器

为了得到更加悦耳的声音，在汽车上常装有两个不同音调的喇叭。当装用双喇叭时，因为消耗的电流较大（15～20 A），用按钮直接控制时，按钮容易烧坏，故常采用喇叭继电器，如图 4-33 所示。当按下按钮时，电流回路为：蓄电池正极→线圈→按钮→搭铁→蓄电池负极。由于线圈电阻很大，所以通过按钮的电流很小。线圈通电后产生吸力，使触点闭合，则喇叭大电流从磁轭和触点流到喇叭。

4.3.3　电喇叭的故障诊断

电喇叭电路有带继电器与不带继电器两类，目前以单线制、带继电器的螺旋形电喇叭应用较为广泛。若能掌握带继电器电喇叭电路的故障诊断与排除方法，则处理不带继电器电喇叭电路故障时便容易多了。

电喇叭的典型故障诊断与排除如下。

1．喇叭不响

当按下喇叭按钮时，喇叭不响，应按一定程序进行诊断和排除。

① 喇叭无声。用电压表检查继电器“蓄电池”接线柱上电压，应为蓄电池电压。如不正常，则电源线路断路或接触不良，应按电池、熔丝、继电器“蓄电池”接线柱的顺序查找原因和修理。

② 喇叭“嗒”一声后不响。原因为喇叭触点烧蚀，不能接通电路，或者灭弧电阻或触点间短路。

2．喇叭声响不正常

当按下喇叭按钮时，喇叭声音沙哑、发闷或刺耳，应从引起故障的外部原因着手。首先检查蓄电池存电是否充足。如蓄电池电量充足，则为喇叭及其电路有故障，其排除方法如下。

① 用跨接线将喇叭壳体搭铁，按下按钮，如声音正常，则为喇叭搭铁不良。

② 用跨接线将继电器“按钮”接线柱搭铁。如声音正常，则为喇叭按钮烧蚀，搭铁不良，应对其检查和修理。

③ 用旋具短接继电器的“蓄电池”与“喇叭”两接线柱。如喇叭声音正常，则应检查继电器触点是否烧蚀；若声响不正常，则故障在喇叭内部，应拆下检修。

④ 拆下喇叭盖罩，检查触点是否烧蚀或接触不良。如果修磨触点和调整接触状态后，声响仍不正常，则检查调整衔铁与铁心的间隙和触点间隙以及各零件的技术状态。

⑤ 喇叭声音不正常，应以调整衔铁与铁心间隙为主。调整时先检查衔铁是否平整。当声音尖锐刺耳时，应增大衔铁与铁心的间隙；如声音低哑，应适当减小间隙。由于该间隙与触点间隙相互影响，所以在调妥该间隙后，还应调整触点间隙，使工作电流略小于规定电流。触点间隙调整后又会影响该间隙的大小，因此要反复调整，使两者均达到规定值。当调整无效时，应拆检膜片。若膜片损坏，应更换。

【课后练习题】

一、填空题

1．照明与信号装置按其安装位置和用途不同可分为______、______、灯光信号装置和______。

2．在紧急遇险状态需其他车辆注意避让时，全部转向灯可通过______接通同时闪烁。

3．前照灯的光学系统包括灯泡、______、______三部分。

4．前照灯电路主要由______、______、______及前照灯等组成。

5．前照灯调整方法有______、专用检测仪测试法。

6．当汽车装用双喇叭时，消耗电流较大，采用______避免烧坏按钮。

7．喇叭的调整主要调整______以及______。

二、判断题

1．信号装置的作用是通过声响和灯光向其他车辆的司机和行人发出警告，以引起注意，确保车辆行驶的安全。（　　）

2．近光灯丝位于反射镜焦点下方。（　　）

3．常见的制动信号灯开关有液压式、气压式和弹簧式。（　　）

4．电子电喇叭中无触点，它是利用晶体管电路激励膜片振动产生音响的。（　　）

5．线圈通过的电流大小，可以通过改变喇叭触点的接触压力来调整，压力增大，通过线圈的电流减小。（　　）

6．为了减小触点火花，保护触点，在喇叭触点间并联了一个电容器（或消弧电阻）。（　　）

三、选择题

1．以下哪项不属于内部照明装置？（　　）

A．顶灯　　B．阅读灯　　C．门灯　　D．仪表灯

2．以下哪项不属于内部信号装置？（　　）

A．转向指示灯　　B．充电指示灯　　C．顶灯　　D．油压报警灯

3．（　　）的作用是将灯泡的散射（直射）光反射成平行光束，使光度大大增强。

A．灯泡　　B．反射镜　　C．配光镜

4．（　　）将反射镜反射出的平行光束进行散射和折射，使车前路面和路线都有良好而均匀的照明。

A．灯泡　　B．反射镜　　C．配光镜

4.4 实训

实训 6　前照灯的检查与调整

一、实训目的与要求

① 掌握前照灯的检查方法。

② 掌握前照灯的调整方法。

二、实训仪器和设备

完好的汽车 1 部，前照灯检验仪 1 台，呆扳手、梅花扳手、一字旋具、十字旋具各 1 把。

三、实训步骤

1．检测前的准备

① 根据前照灯检验仪的使用说明，严格执行标准，准备好仪器。

② 根据灯光检测的要求，准备好车辆。

2．前照灯的检测

① 将检验仪移至汽车正前方，使仪器的透镜镜面距前照灯配光镜镜面（30 ± 5） cm，调整仪器箱高度，使其与前照灯中心离地高度一致。通过对正器观察仪器与汽车的相对位置，仪器应对正汽车的纵轴线，当仪器与汽车对正后，即可将仪器移至任一前照灯前开始检验工作。

② 接通被检验前照灯的近光灯，光束则通过仪器箱的透镜照到仪器箱内的屏幕上。从观察窗目视，并旋转光束照射方向选择指示旋钮，使光形的明暗截止线左半部水平线段与屏幕上的实线重合，这时光束照射方向选择指示旋钮上的读数即为近光光束的下倾值，它表示前照灯近光照射到距离为 10m 屏幕上的光束中心下倾值，单位为 cm。若光束下倾值不符合规定，应旋转前照灯上方的调整螺钉，使光束向上或向下移动，直至符合要求。

③ 读取近光光形明暗截止线的转角点与仪器屏幕上的 V-V 线不重合距离的读数，它表示被测近光灯射到距离为 10 m 的屏幕上时，光束中心向左或向右的偏移值，单位为 cm。若不符合规定，应调节前照灯水平方向的调整螺钉，使光束左、右偏移值符合要求。

④ 近光光束照射方向检验后，按下光度选择按键的近光Ⅲ按键（见图 4-34），检验近光光束暗区的光度。观察光度表，发光强度在 625 cd 以下为绿色区域，即合格区；超过 625 cd 为红色区域，即不合格区。

⑤ 检验远光光束。接通前照灯的远光灯，远光光束照射到屏幕上的最亮部分若落在以屏幕上的圆孔为中心的区域，说明远光光束照射方向符合要求，如有上、下或左、右偏移，均应调整。

⑥ 检验远光灯的发光强度。按下远光Ⅰ按键，观察光度表，若发光强度不超过 20 000 cd，应按下远光Ⅱ按键，检验远光灯最小发光强度是否符合规定。发光强度超过 15 000 cd 为绿色区域，即为合格区域；发光强度低于 15 000 cd 为红色区域，为不合格区域。发光强度大于 20 000 cd 时，光度表以远光Ⅰ读数为准；发光强度低于 20 000 cd 时，以远光Ⅱ读数为准。

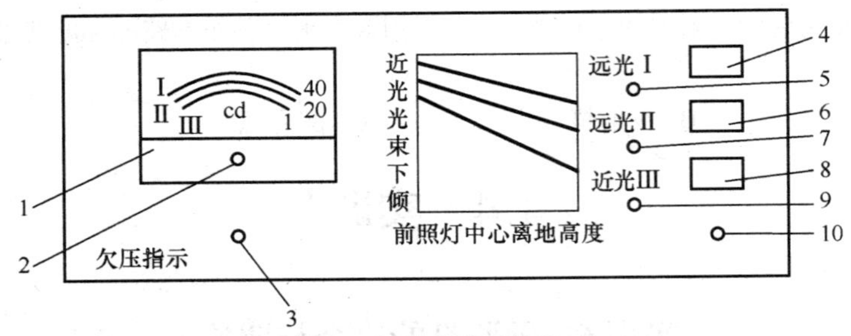

图 4-34 光度指示装置

1—光度表 2—光度表调零旋钮 3—电源欠压指示灯 4—远光Ⅰ按键 5—远光Ⅰ调零旋钮 6—远光Ⅱ按键 7—远光Ⅱ调零旋钮 8—近光Ⅲ按键 9—近光调零旋钮 10—电源开关

采用同样的方法检查另一前照灯。

四、实训数据或现象记录、处理、分析

① 记录实训时的读数值。

② 记录前照灯的调整方法。

五、思考题

① 前照灯的亮度标准是什么？

② 对仪器式前照灯检测方法与屏幕式检测方法进行比较。

第5章 仪表与报警系统

5.1 汽车仪表系统的电路及其故障诊断与排除

汽车上常用的仪表有电流表、电压表、机油压力表、冷却液温度表、燃油表、车速里程表和发动机转速表等。不同汽车装用的仪表个数及结构类型有所不同。

5.1.1 汽车电流表及电压表

1．电流表

电流表又称安培表，汽车上用的是直流电流表。国产汽车大都装用电流表，而国外汽车一般不装电流表而用充电指示灯。电流表的用途，主要是指示蓄电池的充、放电电流值，同时通过电流表还可监视充电系工作是否正常。汽车上多使用电磁式电流表和动磁式电流表，其工作原理基本相似。

2．电压表

电压表用来指示电源系统的工作情况。它不仅能指示发电机和调节器的工作状况，同时还能指示蓄电池的技术状况，比电流表和充电指示灯更为直观与实用，故近年来装用电压表的车辆不断增多。电压表与蓄电池、发电机和负载并联连接，并由点火开关控制，其电路连接如图 5-1 所示。

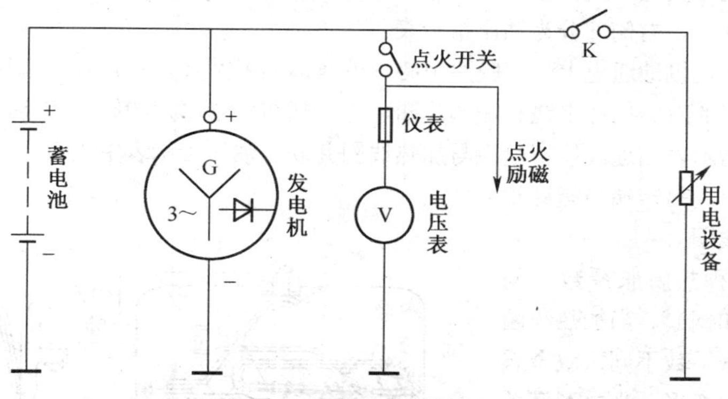

图 5-1 电压表的连接

当接通点火开关时，电压表即可指示蓄电池的端电压，对 12 V 电系的车辆一般为 11.5～12.6 V。接通起动机的瞬间，电压将下降至 9～10 V，此值为正常；如起动时电压表指示值过低，则说明蓄电池亏电或有故障。发电机以正常转速运转时，电压表应指示在 13.5～14.5 V 的规定范围内。若起动前后，电压表读数不变，则表明发电机不发电；若起动后电压表指示值不在规定范围内，则说明调节器调整不当或损坏。

电压表一般有电磁式和双金属片式两种。双金属片式电压表结构简单，但当接通或切断电源时，指针摆动较迟缓，故应用较少。图 5-2 所示为北京 BJ2021（切诺基）汽车上装用的电磁式电压表的结

构及工作原理图。它由两只十字交叉的电磁线圈、永久磁铁、转子、指针及刻度盘组成。两只线圈相互串联，在电路中又串有一个稳压管和限流电阻。稳压管的作用是当电源电压达到一定数值时才能将电压表电路接通，其工作原理如下。

在点火开关未接通时，电压表未加电压，永久磁铁将转子磁化，使指针指向最小刻度 9 V；当接通点火开关，电源电压高于稳压管击穿电压后，稳压管击穿导通，两线圈中便有电流流过，产生磁场，形成一个合成磁场。该合成磁场与永久磁铁的磁场相互作用，使转子带动指针偏转。电源电压越高，通过两线圈的电流就越大，其磁场越强，因此指针的偏转角度就越大，即可指示出相应的电压值。

图 5-2　电磁式电压表的结构及工作原理图
1、2—线圈　3—转子带指针　4—永久磁铁

数字式电压显示表采用专门的集成电路，将待测电压与基准电压比较后使电路中的运算放大器的输出端输出高电平或低电平，使发光二极管点亮或熄灭，从而指示出汽车的电源电压值。这种电路电压显示的范围为 10～15 V，每个发光二极管代表 1 V 的电压升降变化，确保电压显示更加精确。

5.1.2　机油压力表

机油压力表用来检测发动机润滑系统的机油压力。它由装在发动机主油道上的机油压力传感器和装在仪表板上的机油压力指示表组成。传感器的作用是承受油压，使电路中的电流随油压的大小而改变。油压指示表的作用是使指针的偏转角随电路中电流的大小而改变，从而指示出机油压力的大小。

机油压力表有双金属片式油压表（配双金属式传感器）、电磁式油压表（配可变电阻式传感器）和动磁式油压表（配可变电阻式传感器）3 种。双金属片式油压表构造与工作原理如图 5-3 所示，其左侧部分为油压传感器，右侧部分为油压指示表。

传感器装在发动机机油通道上，其膜片中心顶着弯曲的弹簧片。弹簧片一端焊有触点，另一端通过壳体搭铁。传感器的双金属片上绕有加热线圈，它一端与双金属片的触点相连，另一端则通过接触片、接线柱与油压指示表相连。校正电阻与加热线圈并联。油压指示表中也有一个双金属片，它的一端固定在调节齿扇上，另一端与指针相连，其上绕有加热线圈。

双金属片由两种热膨胀系数不同的金属制成（如锌和钢）。当加热线圈受热后，由于热膨胀系数不同，双金属片受热后将产生弯曲变形。当电源开关接通时，电流回路为：蓄电池正极→点火开关→接线柱→油压表双金属片的加热线圈→接线柱→传感器接线柱→接触片→传感器双金属片的加热线圈→触点→弹簧片→搭铁→蓄电池负极。由于电流流过双金属片和其上的加热线圈，使双金属片受热变形。

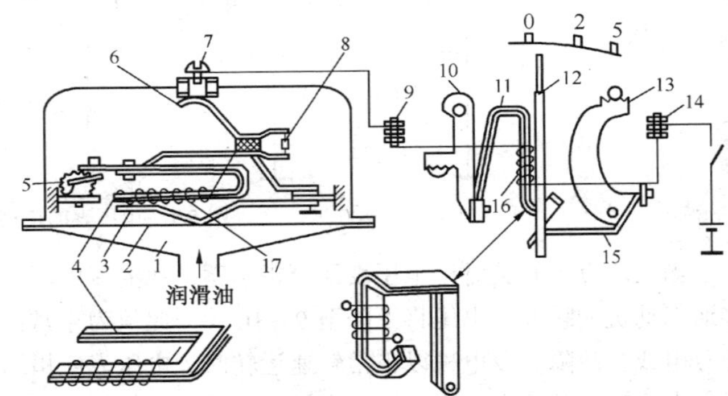

图 5-3　双金属片式油压表的构造及工作原理图
1—油腔　2—膜片　3、15—弹簧片　4—双金属片　5—调节齿轮
6—接触片　7、9、14—接线柱　8—校正电阻　10、13—调节齿扇
11—指示表双金属片　12—指针　16、17—加热线圈

如果油压很低时，传感器膜片几乎没有变形，这时触点上压力甚小。当电流通过不久而温度略有上升时，传感器的双金属片就弯曲，使触点分开，电路即被切断。经过一段时间后，双金属片冷却伸直，触点又闭合，电路又被接通。重复上述过程，触点开闭频率 5～20 次/min。因此，当油压甚低时，触点压力小，只要流过加热线圈较小的电流，温度略升高，触点就会分开，这样就会使双金属片触点的闭合时间短，打开时间长，因而电路中电流有效值小，使指示表中双金属片因温度较低而弯曲变形小，指针偏转角度就很小，即指示出较低的油压。

当油压增高时，膜片向上拱曲，触点压力增大，传感器的双金属片向上弯曲程度增大。这样只有在双金属片温度较高时，也就是加热线圈通过较长时间的电流后，触点才能分开，而且当触点分开不久，双金属片稍一冷却，触点又很快闭合。因此，当油压高时，触点闭合时间长，断开时间短，而且频率增高。流过双金属片的加热线圈电流平均值加大，变形也增大，指针偏转角度加大，即指示出较高的油压。

为使油压的指示值不受外界温度的影响，双金属片制成“Π”字形，其上绕有加热线圈的一边称为工作臂，另一边称为补偿臂。当外界温度变化时，工作臂的附加变形被补偿臂的相应变形所补偿，使指示表的指示值保持不变。在安装传感器时，必须使传感器壳上的箭头向上，不应偏出垂直位置 ± 30°，使工作臂产生的热气上升时，不致对补偿臂产生影响，造成误差。

电磁式机油压力表与可变电阻式机油压力传感器的基本结构如图 5-4 所示。

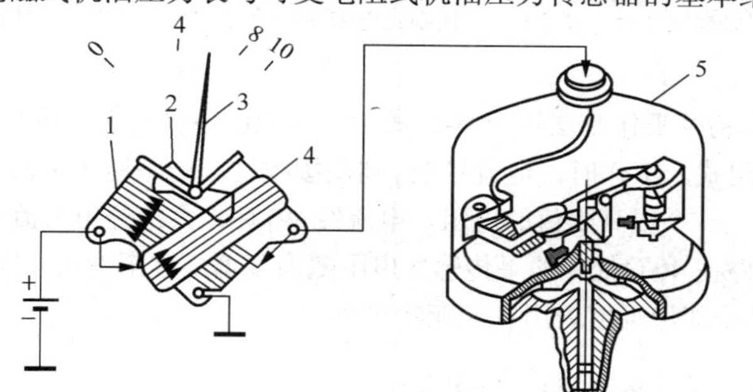

（a）电磁式机油压力表与可变电阻式机油压力传感器

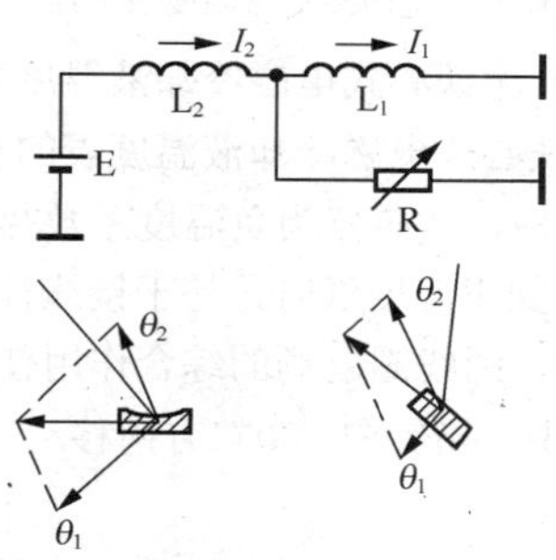

（b）电磁式机油压力表的等效电路

图 5-4　电磁式机油压力表与可变电阻式机油压力传感器

1—L_1 线圈　2—铁磁转子　3—指针　4—L_2 线圈　5—可变电阻式机油压力传感器

可变电阻式机油压力传感器是利用油压大小推动滑臂来改变可变电阻的阻值。当油压升高时，电阻值减小；当油压降低时，电阻值增大。电磁式机油压力表内部有两个线圈 L_1 和 L_2，中间置有铁磁转子，转子上连有指针。

当油压降低时，传感器的电阻值增大，线圈 L_1 中的电流增大，线圈 L_2 中的电流减小，转子带动指针随合成磁场的方向逆时针转动，指向低油压；当油压升高时，传感器的电阻值减小，线圈 L_1 中的电流减小，线圈 L_2 中的电流增大，转子带动指针随合成磁场的方向顺时针转动，指向高油压。

5.1.3　冷却液温度表

冷却液温度表一般分为电热式和电磁式两种。

1．电热式冷却液温度表

根据所用冷却液温度传感器的不同，电热式冷却液温度表有以下两种类型。

（1）双金属片式电热冷却液温度表

双金属片式电热冷却液温度表采用的是双金属片式冷却液温度传感器。

（2）热敏电阻式电热冷却液温度表

热敏电阻式电热冷却液温度表一般采用的是负温度系数热敏电阻式传感器。

2．电磁式冷却液温度表

电磁式冷却液温度表分为铁心式和无铁心式两种。

（1）铁心式电磁冷却液温度表

铁心式电磁冷却液温度表的基本结构及工作原理如图 5-5 所示。表内有两个铁心式线圈，在线圈交叉位置上，装有小磁片、配重和指针等组成的转子，传感器为负温度系数热敏电阻式。低温时，传感器热敏电阻阻值约 1 000 Ω，此时，线圈 W_2 和大电阻串联，通过的电流小，大部分电流流入线圈 W_1，在合成磁场作用下，指针停在刻度 32℃处。当温度升高时，传感器受温度影响，热敏电阻阻值变小（约为 150 Ω），W_2 所通过电流较大，W_1 电流相对减少，在合成磁场的作用下，指针向高温 110℃刻度移动。这类冷却液温度表用于美国的道奇、雪佛兰和英国的摩利士等车型。

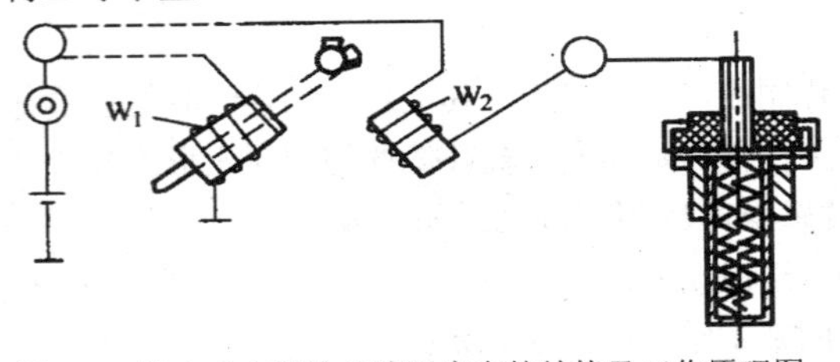

图 5-5　铁心式电磁冷却液温度表的结构及工作原理图

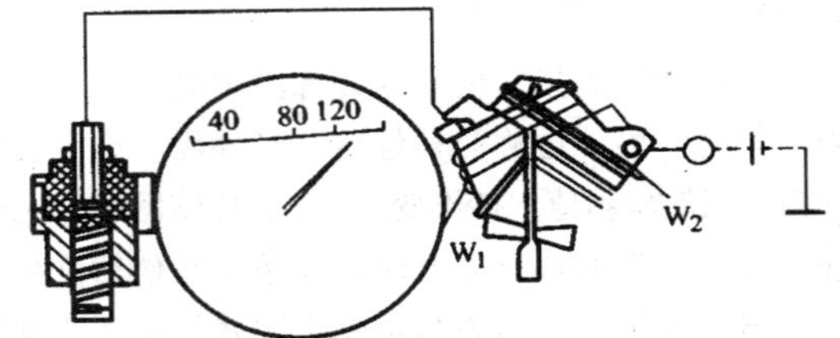

图 5-6　无铁心式电磁冷却液温度表的结构及工作原理图

（2）无铁心式电磁冷却液温度表

无铁心式电磁冷却液温度表的基本结构及工作原理如图 5-6 所示。仪表由塑料支架和线圈 W_1、W_2 等组成，传感器为负温度系数热敏电阻式。工作时，电流经 W_1 到左接线柱，一路通传感器，一路通 W_2。如果温度低时，等于接线柱上接上一个很高阻值的电阻，电流经 W_1 后，大部分电流流入线圈 W_2 搭铁，两线圈磁场的综合作用使指针停在 40℃处。如果传感器电阻随温度增高逐渐变小，W_2 电流相对减少，指针向 100℃方向移动。这类冷却液温度表用在菲亚特等车上。

5.1.4　燃　油　表

燃油表用来指示燃油箱内燃油的储存量。它由装在仪表板上的燃油指示表和装在燃油箱内的传感器两部分组成。燃油表一般有双金属片电热式、电磁式和电子式 3 种，前 2 种的传感器均为可变电阻式。

1．双金属片电热式燃油表

解放 CA1091 和东风 EQ1090 型汽车装用带稳压器的双金属片电热式燃油表。

2．电磁式燃油表

电磁式燃油表的结构及工作原理如图 5-7 所示。指示表中有左、右两只铁心，铁心上分别绕有左线圈和右线圈，中间置有转子，转子上连有指针。当燃油箱无油时，浮子下沉，可变电阻被短路。此时右线圈两端均搭铁，电路被短路，无电流通过，因此左线圈在全部电源电压的作用下，通过的电流达最大值，产生的

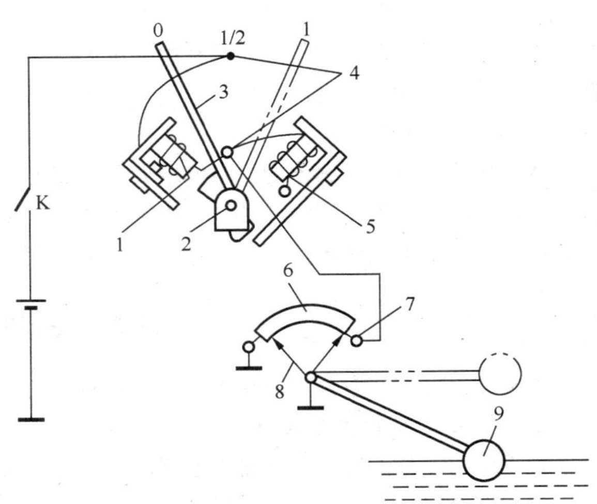

图 5-7　电磁式燃油表的结构与工作原理图
1—左线圈　2—转子　3—指针　4、7—接线柱
5—右线圈　6—可变电阻　8—滑片　9—浮子

电磁吸力最强，吸引转子，使指针停在最左边的“0”位上。

随着燃油箱中油量的增加，浮子上浮，便带动滑片移动，可变电阻部分接入，此时左线圈由于串联了电阻，线圈内电流相应减小，使左线圈电磁吸力减弱，而右线圈中有电流通过产生磁场。转子带动指针在合成磁场的作用下向右偏转，使燃油量指示值增大。当燃油箱油满时，指针指在最右边的“1”位置。有些汽车上还装有副油箱，这时在主、副油箱中各装一个传感器，在传感器与指示表之间装有转换开关，可分别测量主、副油箱的油量。

3．电子燃油表

电子燃油表电路如图5-8所示。电路由两块IC电压比较器及相关电路、发光二极管显示器、浮筒传感器三大部分组成。R_x是传感器的可变电阻，电阻R_{15}和二极管VD_8组成稳压电路，给IC_1、IC_2两块电压比较器反向输入端提供基准电压信号。电容C和电阻R_{16}组成延时电路，接到电压比较器的同向输入端，R_x产生的变化电压信号经延时后与基准电压信号进行比较放大。

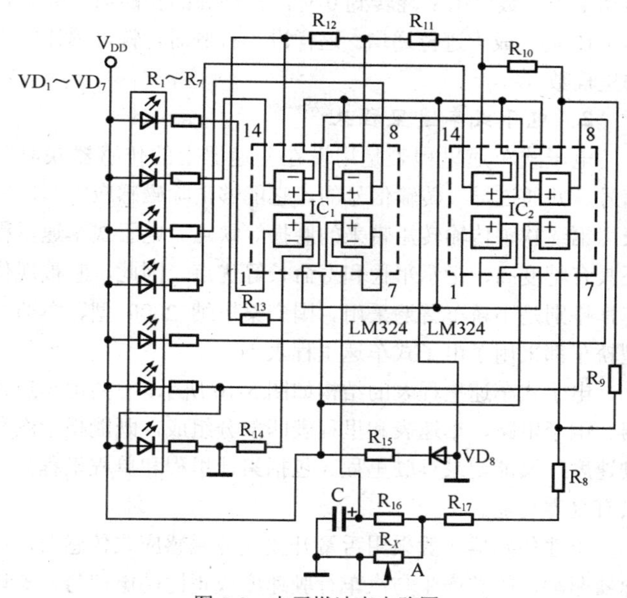

图5-8 电子燃油表电路图

当燃油箱内燃油加满时，R_x阻值最小，A点电位最低，IC_1、IC_2两块电压比较器输出为低电平，6只绿色发光二极管VD_2～VD_7全部点亮，而红色发光二极管VD_1熄灭，表示燃油箱已满。当燃油箱内的燃油量逐渐减少时，R_x阻值逐渐增大，A点电位逐渐增高，绿色发光二极管VD_7、VD_6、VD_5、…、VD_2依次熄灭。燃油量越少，绿色发光二极管亮的个数越少。

当燃油箱内燃油用完时，R_x阻值最大，A点电位最高，IC_1、IC_2两块电压比较器输出为高电平，6只绿色发光二极管全部熄灭，而红色发光二极管VD_1点亮，表示燃油箱无油。

5.1.5 车速里程表

车速里程表是用来指示汽车行车速度和累计行驶里程数的仪表。它由车速表和里程表两部分组成。

1．磁感应式车速里程表

车速里程表
工作原理

图5-9所示为磁感应式车速里程表的结构简图。它的主动轴由变速器传动蜗杆经软轴驱动。车速表由与主动轴紧固在一起的永久磁铁，带有轴与指针的铝罩、磁屏和紧固在车速里程表外壳上的刻度盘等组成。不工作时，铝罩在游丝的作用下，使指针位于刻度盘零的位置。当汽车行驶时，主动轴带着永久磁铁旋转，磁感线在铝罩上引起涡流，涡流产生的磁场与旋转的永久磁铁磁场相互作用产生转矩，克服游丝的弹力，使铝罩朝永久磁铁转动方向转过一个角度，与游丝的弹力相平衡，指针便在刻度盘上指示相应的车速。车速越高，永久磁铁旋转越快，铝罩上的涡流越强，因而转矩越大，指针指示的车速也越高。

里程表则由蜗轮蜗杆机构减速和用数字轮显示。蜗杆蜗轮具有一定的传动比，汽车行驶时，软轴带动主动轴，并经三对蜗轮蜗杆驱动里程表右边第一数字轮。第一数字轮上所刻数字为1/10 km，两个相邻的数字轮之间，又通过本身的内齿和进位数字轮传动齿轮，形成1:10的传动比。即当第一数字轮

转动 1 周，数字由 9 翻转到 0 时，使相邻的左面第二数字轮转动 1/10 周，成十进位递增。这样汽车行驶时，就可累计出其行驶里程数。

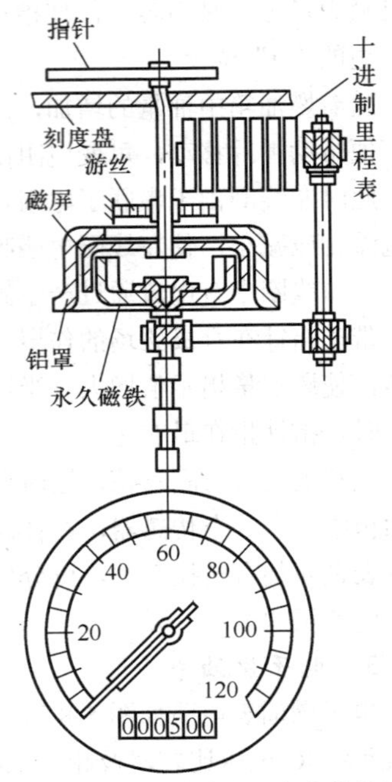

图 5-9　磁感应式车速里程表的结构

2. 电子式车速里程表

电子式车速里程表是用设在变速器上的传感器获取车速信号，并通过导线传输信号的，它能够消除磁感应式车速里程表用钢缆软轴传输转矩带来的磨损等缺点。电子式车速里程表还具有精度高、指示平稳和寿命长等优点。因此，它被现代汽车，特别是小轿车普遍采用。国产桑塔纳 2000 型、奥迪 100 型轿车都采用了电子式车速里程表。

电子式车速里程表的结构如图 5-10 所示，主要由车速传感器、电子电路、车速表和里程表四部分组成，既能指示汽车行驶速度，又能记录行驶里程（包括累计里程和单程里程），并具有复零功能。

车速传感器一般采用舌簧开关式或磁感应式传感器，由变速器驱动，能够产生与汽车行驶速度成正比的电信号。桑塔纳 2000 型、奥迪 100 型轿车采用舌簧开关式传感器，由一个舌簧开关和一个具有 4 对磁极的转子组成。转子每转一周，舌簧开关中的触点闭合 8 次，产生 8 个脉冲信号，汽车每行驶 1 km，车速传感器将输出 4 127 个脉冲信号。

电子电路的作用是将车速传感器输入的与车速成正比的频率信号，经过整形、触发，输出一个与车速成正比的电流信号。电子电路主要包括稳压电路、单稳态触发电路、恒流源驱动电路、64 分频电路和功率放大电路，如图 5-11 所示。车速表的指示精度由电阻 R_1 调节，初始工作电流由电阻 R_2 调节，电阻 R_3 和电容 C_3 用于电源滤波。

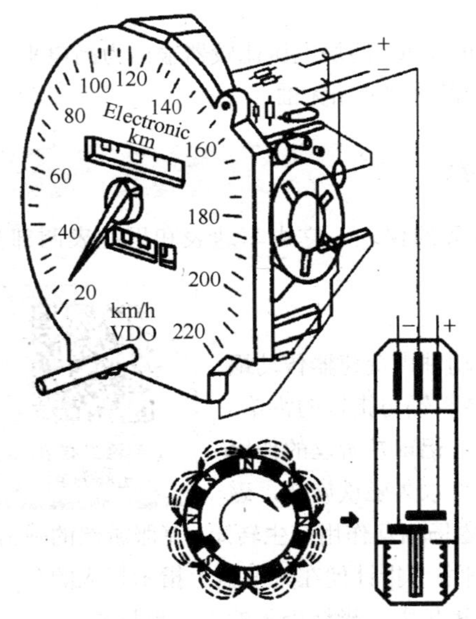

图 5-10　电子式车速里程表的结构

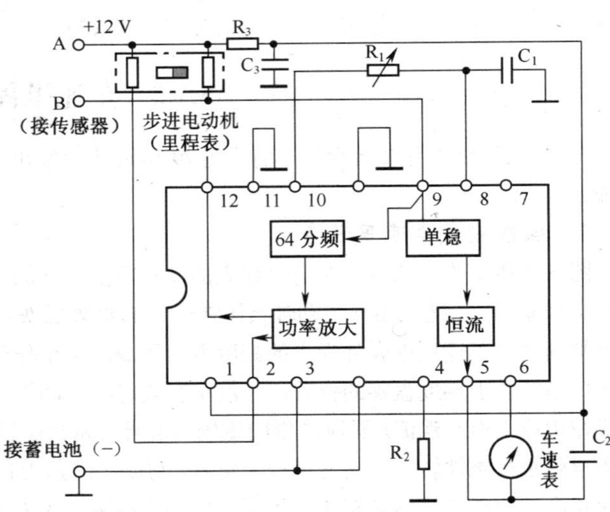

图 5-11　电子式车速里程表的电路

车速表实际上是一个磁电式电流表，当汽车以不同速度行驶时，从电子电路接线端子 6 输入与车速成正比的电流信号，驱动车速表指针偏转，从而指示相应的车速。在车速表刻度盘上 50～130 km/h 的区域标有红色标记，表示经济车速区域。

里程表由一个步进电动机及六位数字的十进位齿轮计数器组成。步进电动机是一种利用电磁铁的作用原理将脉冲信号转换为线位移或角位移的微型电动机。车速传感器输出的频率信号经过 64 分频后，再经功率放大器放大到具有足够的功率去驱动步进电动机，带动六位数字的十进位齿轮计数器工作，从而记录累计里程和单程里程。

累计里程和单程里程的任何一位数字轮转动 1 圈，进位齿轮就会使其左边的相邻计数轮转动 1/10 圈。车速里程表上设有一个单程里程计复位杆，当需要清除单程里程时，只需按一下复位杆，单程里程计的 4 个数字轮就会全部复位为零。

3．数字车速表

数字式车速表系统构成如图 5-12 所示。车载微机随时接收车速传感器送出的电压脉冲信号，并计算在单位时间里车速传感器发出的脉冲信号次数，再根据计时器提供的时间参考值，经计算处理可得到汽车行驶速度，并通过微机指令让显示器显示出来。无论前进还是倒退，汽车的速度都能显示出来。速度单位通常可由驾驶员用按钮选择，即显示 km/h（千米/小时）或 mph（英里/小时）。车速信号还可传送到防抱死制动系统（ABS）和巡航控制系统（CCS）的电子控制单元中，用于它们的控制（备用信号）。当车速超过某极限值时还可向驾驶员发出警报。

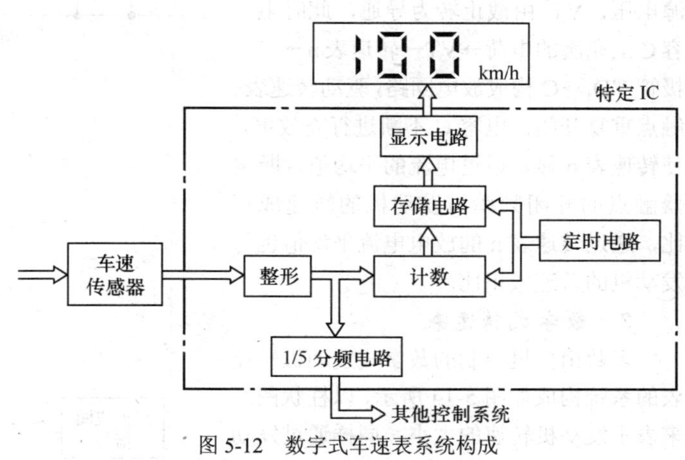

图 5-12 数字式车速表系统构成

4．数字里程表

数字里程表显示的每次行驶里程是利用集成电路通过车速传感器所产生的脉冲信号，来计算并存储汽车所走过的里程。累加各次行驶过的里程数，便可得到总里程数。通常这种里程表显示 7 位数字，最小的一位数字是里程单位的 1/10。里程范围由指定的一组数字存储空间限定，各国车辆安全规范都有其规定值，其中美国《联邦机动车辆安全标准》要求英制单位范围为 000 000.0～500 000.0 mile（英里），目前大多数里程表的英制范围为 000 000.0～199 999.9mile。容量范围大的英制单位范围为 000 000.0～925 691.9 mile。对于米制单位，范围则为 000 000.0～858 993.4 km，然后转到 000 000.0，再继续增加到 622 113.6 km（总里程数等于英制单位的 925 691.9 mile）。一般采用 EEPROM 存储器，即使蓄电池断开，也不会使存储的数据丢失。

采用集成电路的里程表，如果集成电路坏了，有的制造厂能提供替换的芯片。不过新的芯片要进行程序化处理，以显示里程表最后的读数。大多数替换的芯片会显示一个 X、S 或*，表示该里程表已经换过了。集成电路里程表回零是不可能的。通常集成电路里程表读数的校正，只能在新车初驶的 16km（10 mile）内进行。

5.1.6 发动机转速表

发动机转速表包括电子式和数字式两种。

1．电子式转速表

电子式转速表的电路如图 5-13 所示。它由 R_1、R_2、C_1 组成的积分电路（作用是给开闭脉冲信号整形），充放电电容 C，晶体管 VT，稳压管 VD_3 及转速表 n 等组成。其转速信号取自于点火系

统初级电路的脉冲信号。VD_3 起保护作用，防止 VT 集电极出现瞬间高电压被击穿。

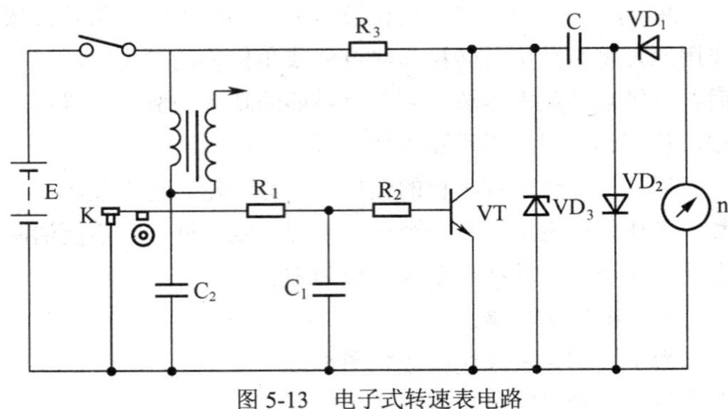

图 5-13　电子式转速表电路

发动机工作使断电器触点 K 闭合时，晶体管 VT 的基极搭铁无偏压处于截止状态，电源正极→R_3→C→VD_2→搭铁→电源负极，给电容 C 充电；当触点断开时，晶体管 VT 的基极电位接近电源电压，VT 由截止转为导通，此时电容 C 上充满的电荷→VT→转速表 n→二极管 VD_1→C 构成放电回路，驱动转速表。触点重复开闭，电容 C 不断进行充放电，使转速表 n 显示通过电流的平均值。断电器触点的开闭频率与发动机的转速成正比，通过转速表 n 的放电电流平均值也与发动机的转速成正比。

2．数字式转速表

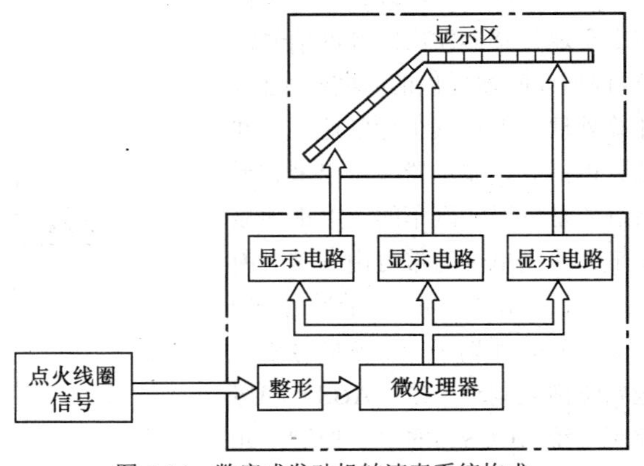

图 5-14　数字式发动机转速表系统构成

多数由微机控制的数字式发动机转速表的系统构成如图 5-14 所示，以柱状图形来表示发动机转速的大小，同样通过发动机点火系分电器中的断电器触点断开时产生的脉冲信号作为电路触发脉冲信号来测量（脉冲信号的频率正比于发动机的转速），这种前沿脉冲信号通过中断口输入微机。为减小计算误差，脉冲的周期通常采用以下 4 个周期的平均值来计算。

$$T=\frac{T_1+T_2+T_3+T_4}{4}$$

$$n=k\cdot\frac{1}{T}$$

式中，T_1、T_2、T_3、T_4——参照图 5-15 计算，单位为 s；

n——发动机的转速，单位为 r/min；

k——系数。

显示的时间随脉冲时间周期大小变化而不同，并且随发动机的转速由大到小按比例缩短，以便与人的感觉相同。

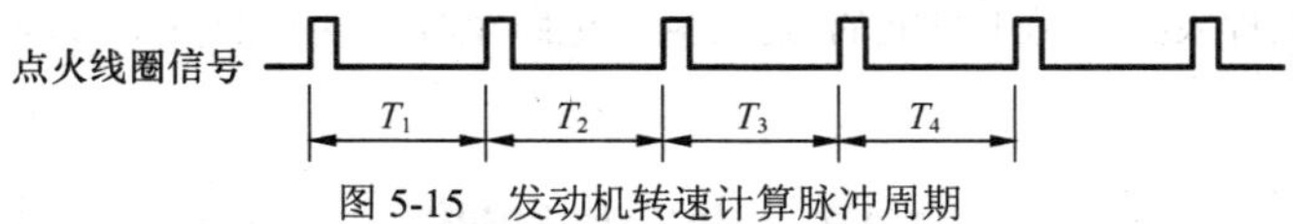

图 5-15　发动机转速计算脉冲周期

5.1.7　数字仪表

1．数字式仪表的优点

随着现代汽车工业和电子技术的发展，汽车的环保性、安全性、经济性、智能化要求不断提高，驾驶员需要更多、更快地了解汽车运行的各种信息，常规指针式仪表已远远不能满足现代汽车技术发

展的要求。因此，汽车数字式仪表的使用比例正在逐年增加。数字式仪表的优点如下。

（1）能提供大量、复杂的信息，显示直观

为满足汽车排气净化、节能、安全性和舒适性的要求，汽车电子控制装置必须能迅速、准确地处理各种复杂的信息，并以数字、文字或图形显示出来，供驾驶员了解汽车的运行状况，并及时处理。另外，汽车的故障诊断、导航、定位等需显示大量的信息，数字仪表显示终端能完成这些任务。

（2）具有高精度和高可靠性

数字式仪表显示为即时值，故精度高；又因没有运动部件，故障率低，提高了可靠性。

（3）可满足小型、轻量化的要求

数字式仪表既可适用各种传感器和控制系统的电子化，又可实现小型轻薄化；既节省了仪表台附近的空间，又可处理日益增多的信息。

（4）具有一表多用的功能

数字式仪表采用数字显示，既可用一组数字分时显示，又可同时显示几个信息，不必为每个信息设置一个指示表，故使仪表系统结构得以简化。

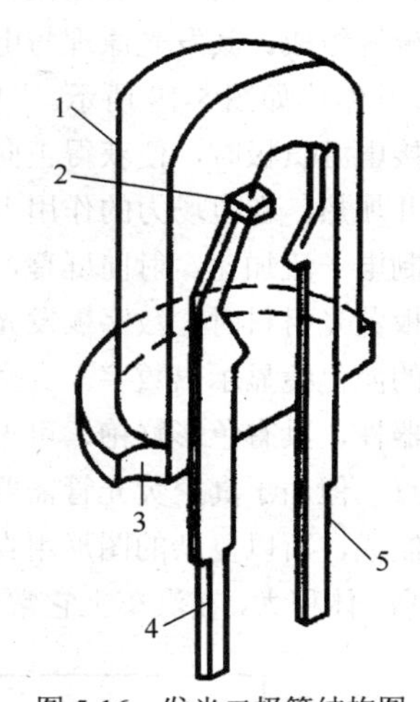

图5-16 发光二极管结构图
1—外壳 2—芯片 3—负极标示 4—负极 5—正极

2．常用显示器件

（1）发光二极管

发光二极管（LED）是应用最为广泛的低压显示器件，其结构如图5-16所示。正、负极加上合适的正向电压后，其内半导体晶片发光，通过带颜色的透明塑料外壳显示出来。发光的颜色有红、绿、黄、橙等，可单独使用，也可用来组成数字、字母、发光条图。在汽车上一般用于指示灯、数字符号段或点数不太多的光杆图形显示。典型的显示电路如图5-17所示。

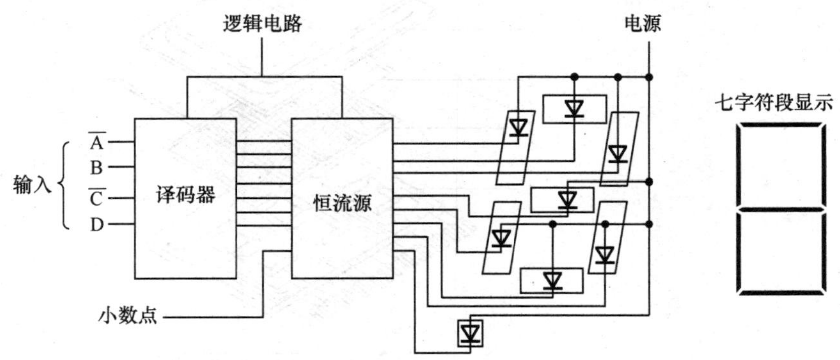

图5-17 发光二极管构成的七字符段显示电路

（2）液晶显示器

液晶是一种有机化合物，在一定温度范围和条件下，既具有普通液体的流动性，也具有晶体的某些光学特性。液晶显示器（LCD）的结构如图5-18所示。它有两块厚约1 mm的玻璃基板，基板上涂有透明的导电材料作为电极，其中一面电极为图形。两基板间注入10 μm厚的液晶，两基板的外表面分别贴有偏光板，四周密封。当两电极通上一定电压时，位于通电电极范围内（要显示的数字、图形等）的液晶分子重新排列，这样，通电部分电极就形成了在发亮背景下的字符或图形。由于LCD为非发光型显示器件，所以夜间显示必须采用照明光源，汽车上通常用白炽灯作为背景光源。液晶显示器件具有工作电压低（3 V 左右）、显示面积大、耗能少、显示清晰、通过滤光镜可显示不同颜色、在阳光直

射下不受影响等优点。液晶显示器电极图形设计自由度极高，设计成任何显示图形的工艺都很简单，现已被广泛应用在中、高档轿车上。

（3）真空荧光管

真空荧光管（VFD）实际上是一种真空低压管，它由灯丝（钨丝）、栅极和涂有磷光物质的玻璃板等组成。其发光原理与电视机中的显像管相似，其结构如图 5-19 所示。当屏幕接电源正极，灯丝接电源负极时，便获得正向电压，电流通过灯丝并加热，在电场力的作用下发射电子，由栅极控制电子流加速，射向屏幕，当电子高速碰撞数字板荧光材料时，数字板发光，通过前面平板玻璃的滤色镜显示出数字。真空荧光管为发光型显示器件，具有色彩鲜艳、可见度高、立体感强等优点。但由于真空荧光管需要一定厚度的玻璃外壳制成，所以复杂的图形用真空荧光管制作成本较高，体积大，在汽车上它常用作数字显示器。

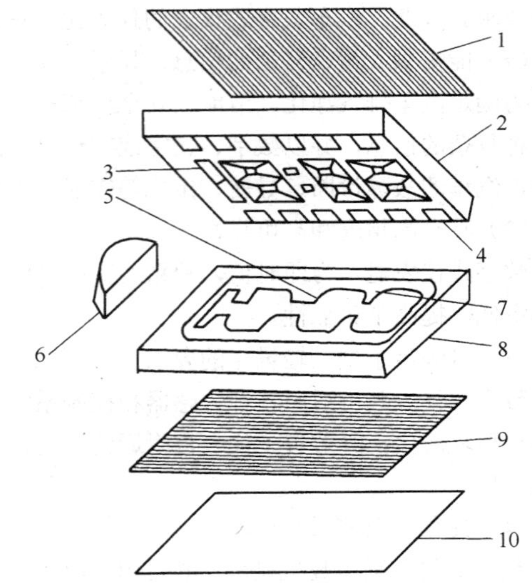

图 5-18　液晶显示器的结构

1—前偏振片　2—前玻璃片　3—笔画电极　4—接线端　5—背板　6—前端密封件　7—密封面　8—玻璃背板　9—后偏振片　10—反射镜

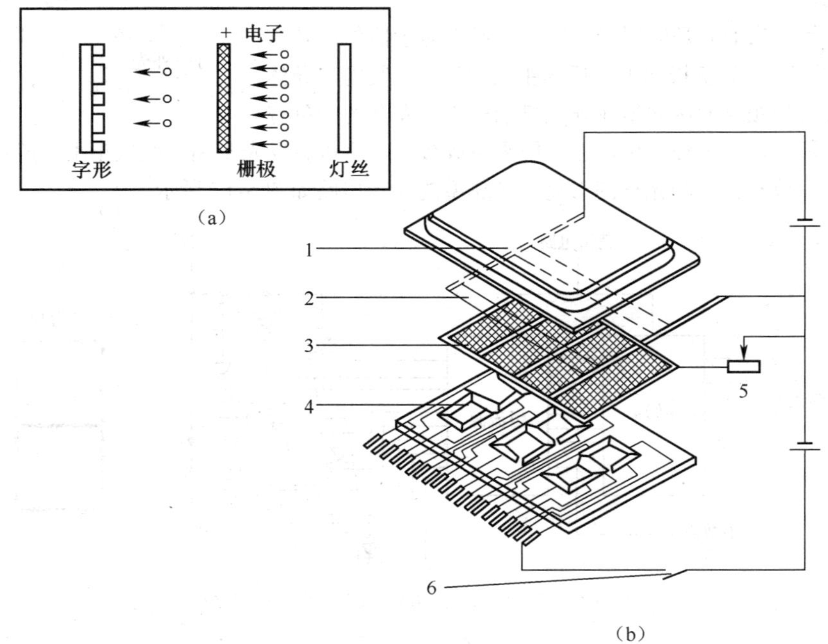

图 5-19　真空荧光管的结构

1—前玻璃罩　2—灯丝（阴极）　3—控制栅极　4—笔画小段（阳极）　5—电位器（亮度调节）　6—微处理器控制电子开关（使某笔画段受激发光）

3. 数字组合仪表

数字式组合仪表由各种传感器、微机、显示器三大部分组成。一般都具有自诊断功能，若仪表发生故障，则其故障码会存储在组合仪表的 RAM 存储器里，用专用仪器调码后，可以读出故障内容。图 5-20 所示为杆图式数字仪表，仪表有车速里程表、发动机转速表、机油压力表、电压

表、冷却液温度表、燃油表等。组合仪表不可分解，只有普通灯泡的指示灯可以单独更换。在保修期内维修时，应该整体更换组合仪表。其工作原理如图 5-21 所示。

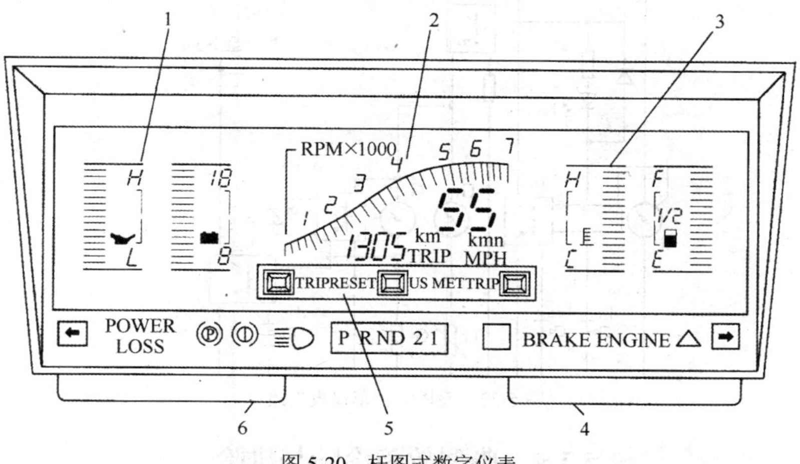

图 5-20　杆图式数字仪表

1—机油压力表和充电电压表显示器　2—车速里程表和发动机转速表显示器
3—冷却液温度表和燃油表显示器　4、6—指示灯　5—按钮式控制器

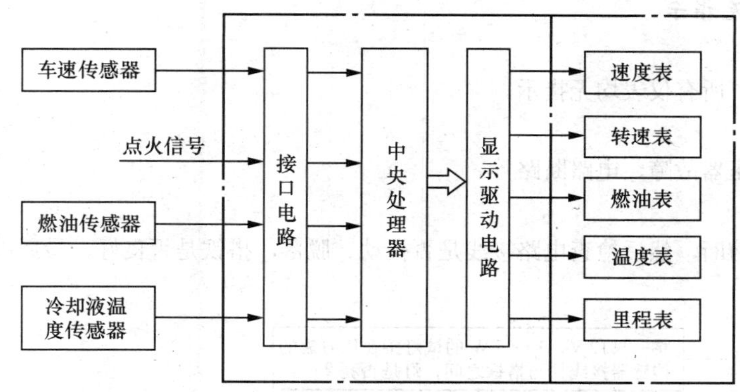

图 5-21　计算机控制系统的数字组合仪表工作原理

5.1.8　仪表电路举例

桑塔纳轿车仪表电路如图 5-22 所示。所有仪表由点火开关控制，点火开关接通后，仪表及传感器进入正常工作状态。点火开关置于 I 挡时，电流回路为：蓄电池正极→点火开关→“15”号线→如下电路。

① 稳压器 J_6→燃油表 G_1→浮筒燃油传感器 G→搭铁。

② 稳压器 J_6→冷却液温度表 G_3→冷却液温度传感器 G_2→搭铁。

③ 稳压器 J_6→冷却液液位警告灯 K_{28}→冷却液温度传感器 G_2→搭铁。

④ 稳压器 J_6→冷却液液位警告灯 K_{28}→液位控制器 J_{120}→液位不足开关 F_{66}→搭铁。

⑤ 转速表 G_5→搭铁。

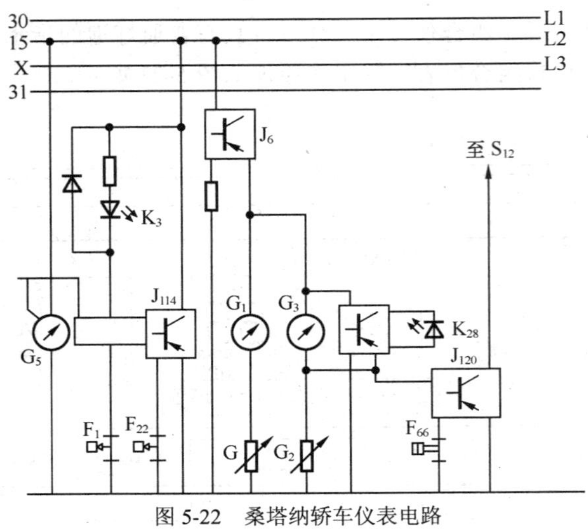

图 5-22　桑塔纳轿车仪表电路

5.1.9　典型故障诊断与排除

在掌握仪表工作原理与电路工作过程后，仪表电路检修起来较容易。仪表电路均由传感器和仪表两部分构成，可采用分段的方法处理。

1．所有仪表无指示

（1）故障现象

打开点火开关，所有仪表均无指示。

（2）故障原因

熔丝熔断、稳压器故障、电路断路等。

（3）检修方法

先查熔丝是否熔断，然后检查电路接线是否松动、脱落，搭铁是否良好，最后用万用表测量稳压电源电压。

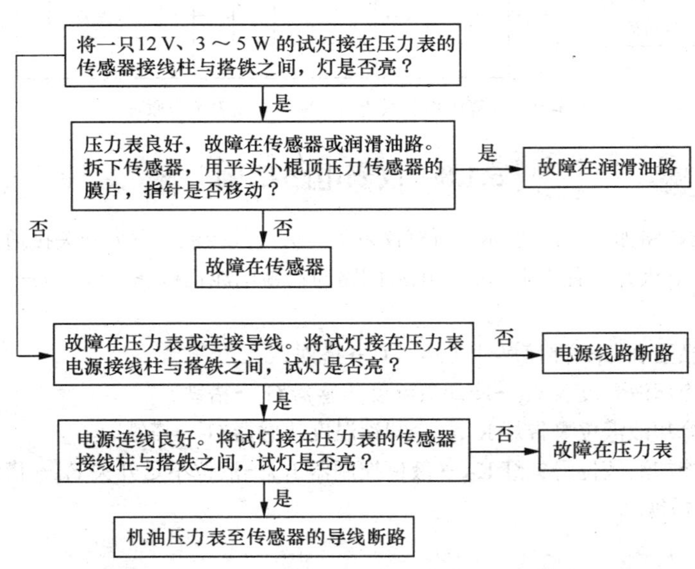

图 5-23　电热式机油压力表指针不动的故障诊断

2．电热式机油压力表的故障诊断

（1）指针不动

该故障可按图 5-23 给出的方法进行诊断。

（2）发动机未起动指针就动

该故障可按图 5-24 给出的方法进行诊断。

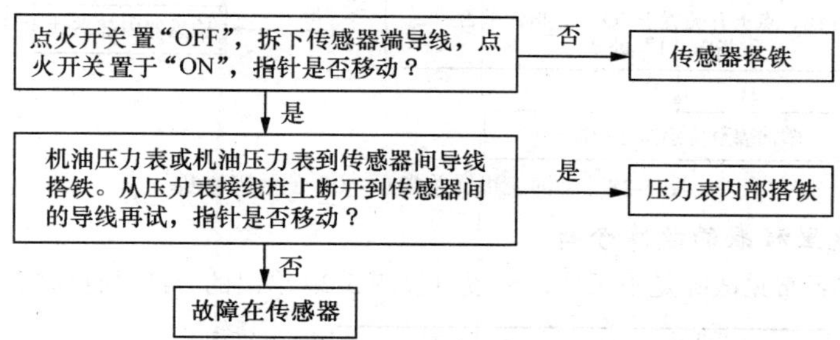

图 5-24　发动机未起动，电热式机油压力表指针就动的故障诊断

3．电热式冷却液温度表的故障诊断

（1）指针不动

该故障可按图 5-25 给出的方法进行诊断。

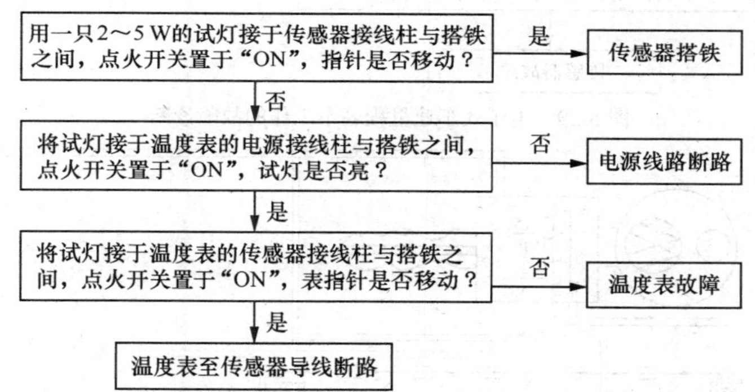

图 5-25　电热式冷却液温度表指针不动的故障诊断

（2）指针指向最大值不变

该故障可按图 5-26 给出的方法进行诊断。

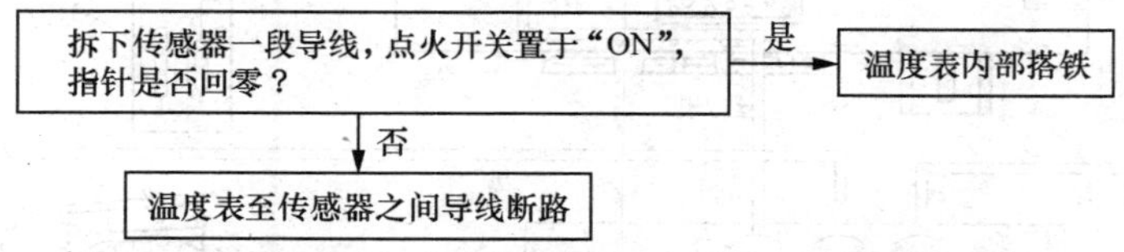

图 5-26　电热式冷却液温度表指针指向最大值不变的故障诊断

4．燃油表的故障诊断

（1）燃油表指针总指示“1”

该故障可按图 5-27 给出的方法进行诊断。

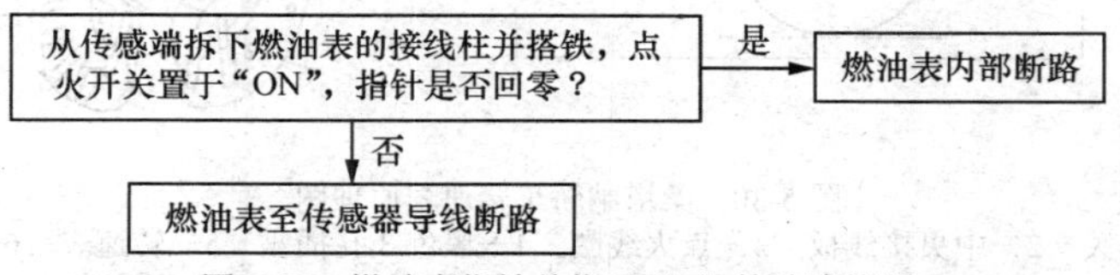

图 5-27　燃油表指针总指示“1”的故障诊断

（2）燃油表指针总指向“0”

该故障可按图 5-28 给出的方法进行诊断。

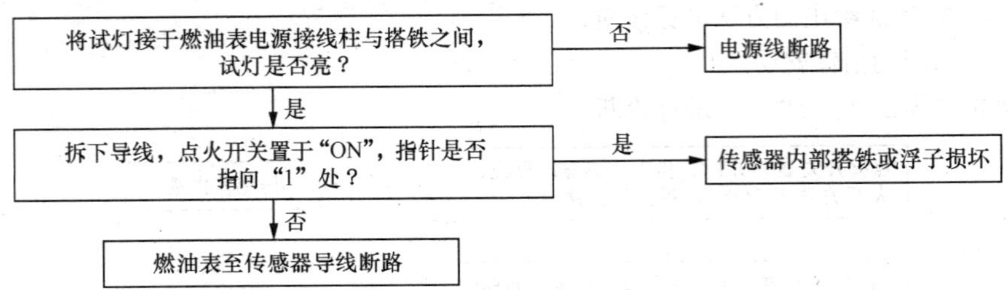

图 5-28　燃油表指针总指示“0”的故障诊断

5．电子式车速里程表的故障诊断

电子式车速里程表常见故障是不工作，一般可按图 5-29 给出的方法进行诊断。

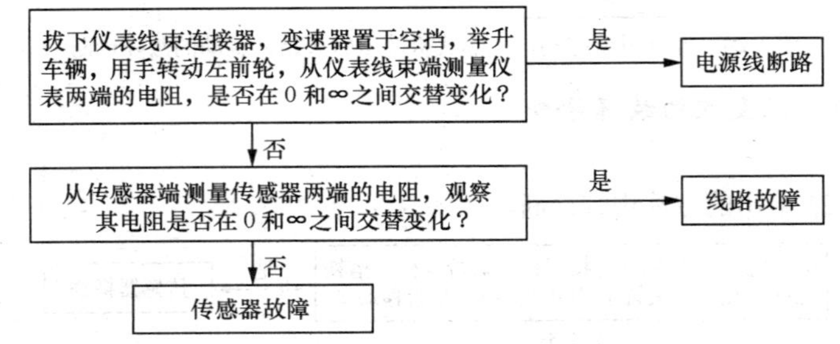

图 5-29　电子式车速里程表不工作的故障诊断

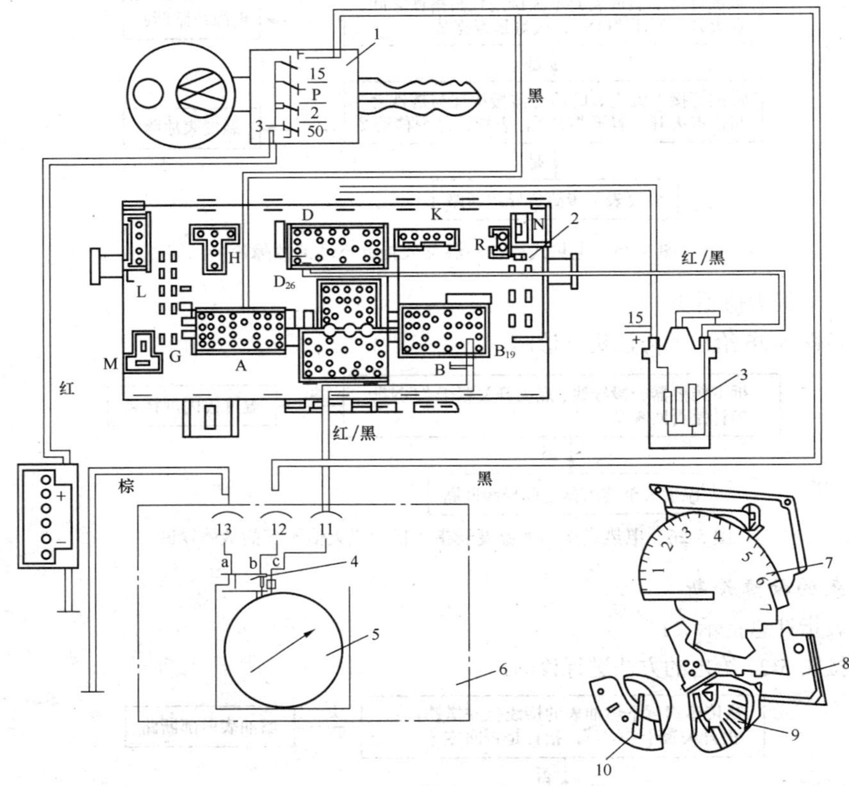

图 5-30　桑塔纳轿车转速表原理图

1—点火开关　2—中央接线板　3—点火线圈　4—黑色 3 孔插座　5—转速表　6—仪表板　7—转速表盘　8—转速表支架　9—燃油表　10—冷却液温度表

6．发动机转速表的故障诊断

发动机转速表的常见故障是不工作，下面以桑塔纳轿车转速表为例说明其故障诊断方法，如图 5-30、图 5-31 所示。

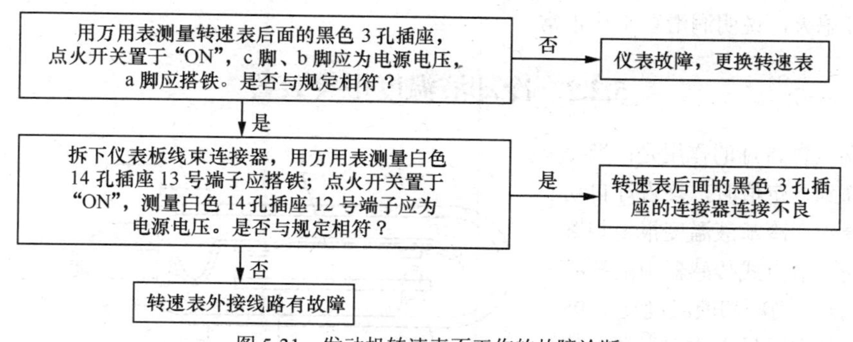

图 5-31　发动机转速表不工作的故障诊断

5.2　汽车报警装置的电路及其故障诊断与排除

在现代汽车上，为了保证行车安全和提高车辆的可靠性，安装了许多报警装置。如冷却液温度过高、机油压力过低、燃油储存量过少、制动液液面高度不足及制动管路失效等时，报警装置便会发出报警信号。报警装置一般均由传感器和红色警告灯组成。

5.2.1　机油压力报警装置

在多数汽车上，除装有油压表之外，还装有机油压力警告灯。其作用是当润滑系统机油压力降低到允许范围以外时，点亮红色警告灯，以提醒驾驶员注意及时停止发动机运转。目前汽车上使用的机油压力警告灯有弹簧管式和膜片式两种。

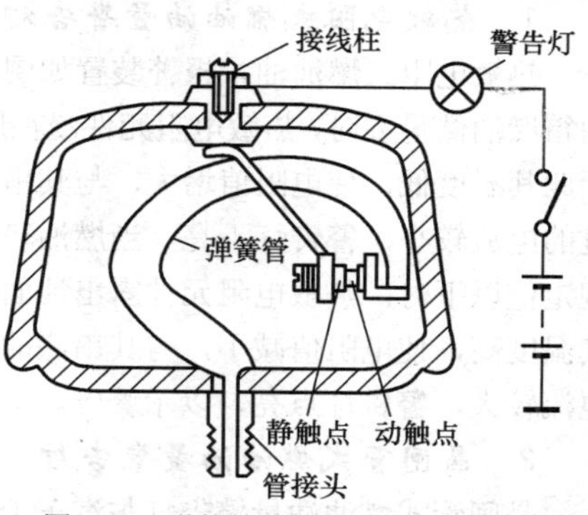

图 5-32　弹簧管式机油压力报警装置

1．弹簧管式机油压力警告灯

弹簧管式机油压力报警装置如图 5-32 所示。传感器金属壳体内有一弹簧管，弹簧管一端管接头与发动机润滑油道相通，另一端则焊接在动触点上。静触点经接触片与接线柱相连。当发动机润滑系主油道机油压力低于某一规定值时，弹簧管变形小，动、静触点接触，接通警告灯电路，使警告灯点亮，以提醒驾驶员注意并及时停止发动机运转。当润滑系主油道机油压力达到正常值时，弹簧管变形大，动、静触点分离，切断警告灯电路，使警告灯熄灭，说明润滑系工作正常。

2．膜片式机油压力警告灯

膜片式机油压力报警装置如图 5-33 所示。钢制膜片将金属壳体分割成两个互不相通的腔室，上腔室内设有一弹簧片，弹簧片上焊有动触点，静触点固定在壳体上，动、静触点组成一对触点开关。下腔室与发动机润滑系主油道相通。

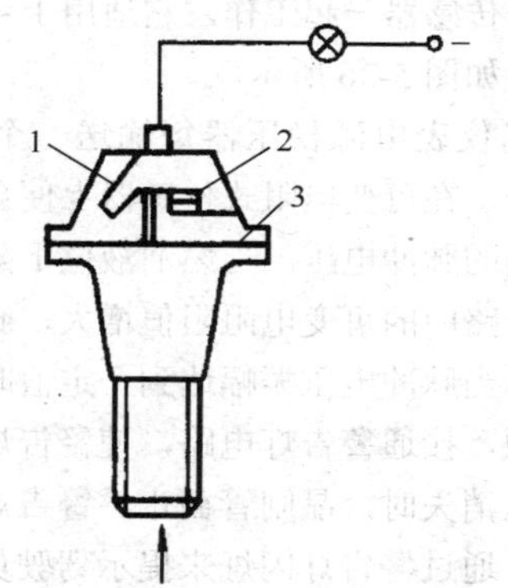

图 5-33　膜片式机油压力报警装置
1—弹簧片　2—触点　3—膜片

当发动机润滑系主油道机油压力低于某一规定值时，膜片承受机油压力小，弹簧片使触点开关闭合，接通警告灯电路，使警告灯点亮，以提请驾驶员注意并及时停止发动机运转。当润滑系主油道机油压力达到正常值时，膜片承受机油压力大并向上拱曲，推动弹簧片使触点开关断开，切断警告灯电路，使警告灯熄灭，说明润滑系工作正常。

5.2.2 冷却液温度报警装置

冷却液温度警告灯的作用是：当冷却液温度升高到一定值时，警告灯自动点亮，以示警告。冷却液温度报警装置如图5-34所示。触点式传感器中的核心元件为双金属片。当冷却液温度高于95℃时，双金属片向静触点方向弯曲，使两触点接触，红色警告灯亮，表示发动机过热。

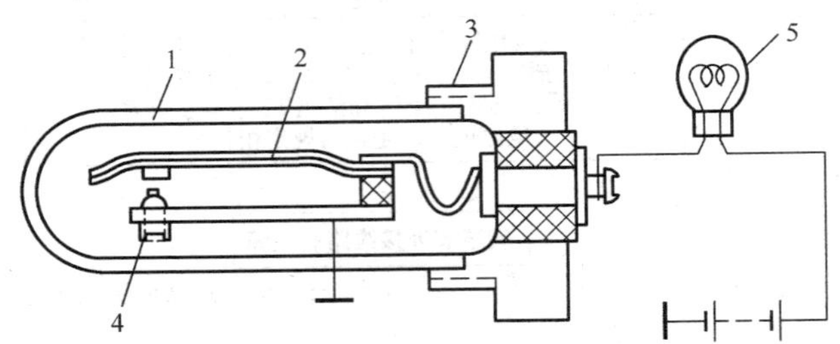

图5-34 冷却液温度报警装置
1—冷却液温度传感器套筒 2—双金属片 3—螺纹接头
4—静触点 5—冷却液温度警告灯

5.2.3 燃油油量报警装置

当燃油箱储油量少于某一规定值时，燃油油量警告灯点亮，以告知驾驶员及时加油。目前汽车上常用的燃油油量警告灯有以下3种。

1. 热敏电阻式燃油油量警告灯

热敏电阻式燃油油量报警装置如图5-35所示。当燃油箱燃油储量多时，热敏电阻元件浸在燃油中，散热快，因此其温度低，使电阻值增大，与其串联的警告灯中通过的电流较小，警告灯不亮。当燃油箱燃油储量减少到规定值以下时，热敏电阻元件露出油面，散热慢，由于其温度高，使电阻值减小，与其串联的警告灯中通过的电流较大，警告灯点亮，以示警告。

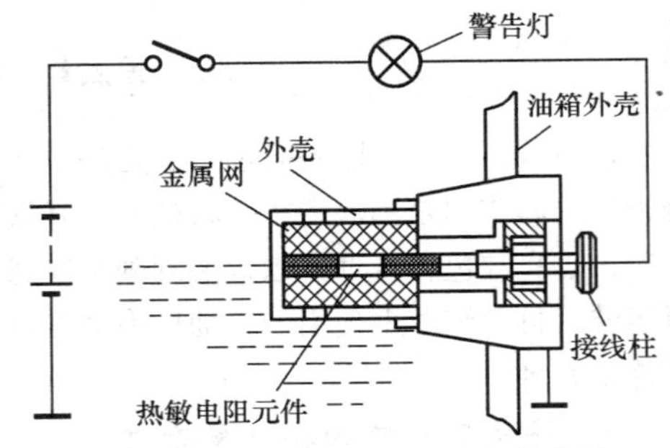

图5-35 热敏电阻式燃油油量报警装置

2. 晶闸管式燃油油量警告灯

晶闸管式燃油油量警告灯与汽车上已有的燃油表和传感器一起工作，它适用于双金属片式燃油表，如图5-36所示。

当仪表电源稳压器每输送一个电压脉冲给指示表，在可变电阻式传感器上便会出现与液位成比例的脉冲电压。当燃油液位下降时，串入指示表电路中的可变电阻阻值增大，脉冲电压振幅增大，当脉冲电压振幅达到一定值时，触发晶闸管导通，接通警告灯电路，使警告灯点亮。当脉冲电压消失时，晶闸管截止，警告灯熄灭。如此反复，通过警告灯闪烁来提示驾驶员及时加油。只有燃油箱内加入了一定量的燃油后，警告灯才

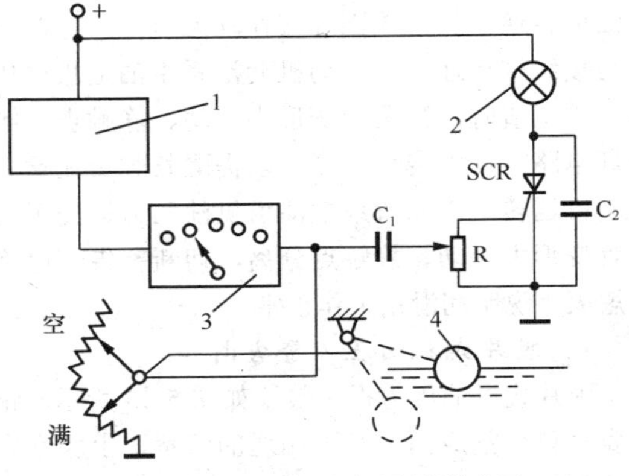

图5-36 晶闸管式燃油油量报警装置
1—电源稳压器 2—警告灯
3—双金属片式燃油表 4—浮子

熄灭。电阻 R 用来调整晶闸管的导通时机，使它与燃油表的读数相一致。

3. 电子式燃油油量警告灯

电子式燃油油量警告灯只适用于与电磁式燃油表一起工作，其电路如图 5-37 所示。晶体管 VT_1、VT_2 组成施密特触发器，控制可变电阻上的直流电压。该直流电压与燃油箱内的燃油液位成正比。当燃油箱全满时，浮子浮起，带动滑片位于可变电阻下端，使串联在指示表电路中的电阻值增大，电阻 R_1 上的电压升高，晶体管 VT_1 的基极电位升高而导通，晶体管 VT_2、VT_3 截止，警告灯不亮。当燃油箱内的燃油液位下降到规定值时，浮子下沉，带动滑片位于可变电阻上端，使串联在指示表电路中的电阻值减小，电阻 R_1 上的电压降低，晶体管 VT_1 的基极电位降低而截止，晶体管 VT_2、VT_3 导通，接通警告灯电路使警告灯点亮，以示警告。

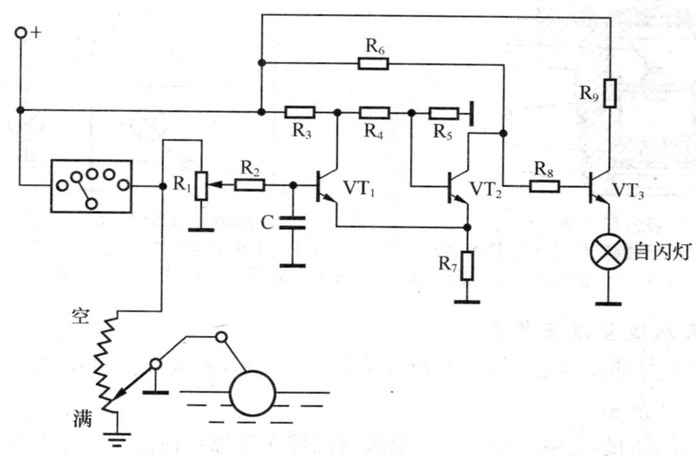

图 5-37　电子式燃油油量警告灯的电路图

5.2.4　制动系统报警装置

1. 制动系统低压报警装置

在采用气压制动的汽车上，当制动系统气压过低时，制动系统低气压警告灯即点亮，以引起汽车驾驶员注意。低气压警告灯开关装在气压制动系统储气筒或制动阀压缩空气输入管路中，红色警告灯装在仪表板上，其电路如图 5-38 所示。低气压警告灯开关的结构如图 5-39 所示。电源接通后，当制动系统储气筒内的气压下降到 38 kPa 以下时，由于作用在低气压警告灯开关膜片上的压力减小，于是膜片在复位弹簧的作用下向下移动而使触点闭合，电路接通，低气压警告灯点亮。当储气筒中的气压升高到 45 kPa以上时，由于开关中的膜片所受的推力增大，而使复位弹簧压缩，触点打开，于是电路切断，低气压警告灯熄灭。因此，低气压警告灯点亮时，则说明制动系中气压过低，驾驶员应立即停止发动机工作，找出气压过低的原因，排除故障，使气压恢复正常值。

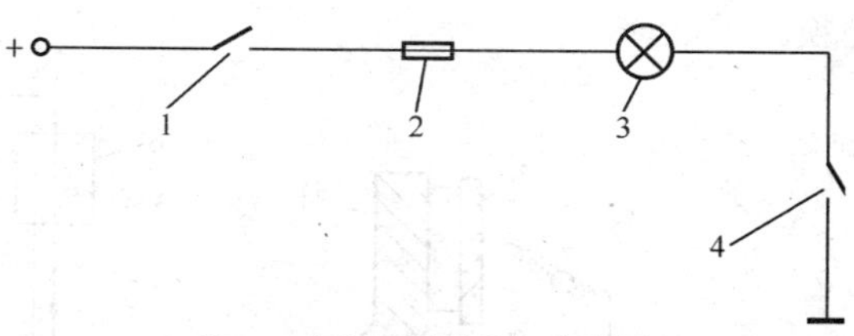

图 5-38　低气压警告灯电路图

1—电源总开关　2—熔丝　3—警告灯　4—警告灯开关

2. 制动信号灯断线报警装置

在制动信号灯电路中接两个电磁线圈并串联一个舌簧开关，如图 5-40 所示，可起到制动信号灯断线报警作用。在正常情况下制动时，踩下制动踏板，制动灯开关接通，电流分别经电磁线圈，使左右制动信号灯亮。此时，两线圈所产生的磁场互相抵消，警告灯不亮。若左（或右）制动信号灯灯线断路（或

灯丝烧断）时，一发生制动，则左边的电磁线圈无电流通过，而右边通电的线圈所产生的磁场吸力吸动舌簧开关，使其触点闭合，警告灯亮，以警示驾驶员采取措施将制动信号灯电路修理好。

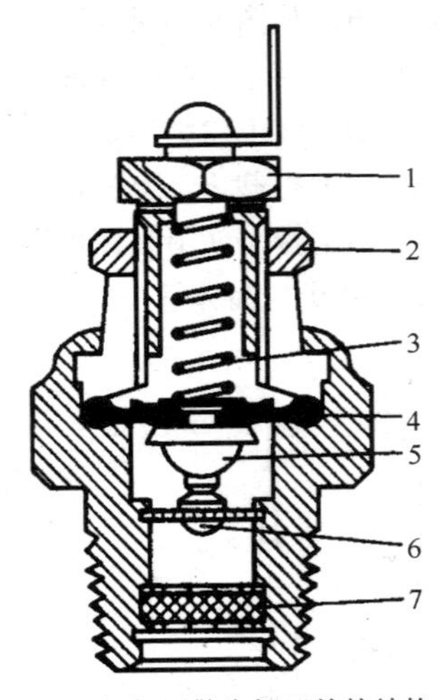

图 5-39　低气压警告灯开关的结构
1—调整螺钉　2—锁紧螺母　3—复位弹簧
4—膜片　5—动触点　6—静触点　7—滤清器

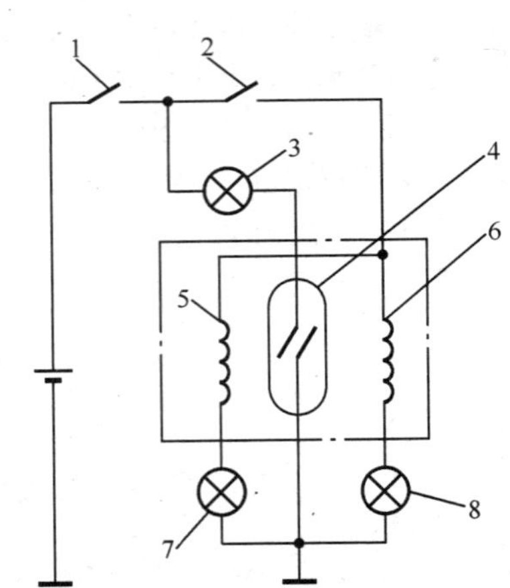

图 5-40　制动信号灯断线警告灯线路图
1—点火开关　2—制动灯开关　3—警告灯
4—舌簧开关　5、6—电磁线圈　7、8—制动信号灯

3．制动蹄片磨损过量报警装置

制动蹄片磨损警告灯的作用是当制动摩擦片磨损到使用极限厚度时点亮，发出报警信号。其结构类型有两种，如图 5-41 所示。

在图 5-41（a）所示的装置中，是将一个金属触点埋在摩擦片内部。当摩擦片磨损至使用极限厚度时，金属触点就会与制动盘（或制动鼓）接触而使警告灯与搭铁接通，仪表板上的警告灯便会亮起，以示警告。

在图 5-41（b）所示的装置中，则是将一段导线埋设在摩擦片内部，该导线与电子控制装置相连。当接通点火开关后，电子控制装置便向摩擦片内埋设的导线通电数秒进行检查，如果摩擦片已磨损到使用极限厚度，并且埋设的导线已被磨断，电子控制装置则使警告灯亮起，以示制动摩擦片需要更换。

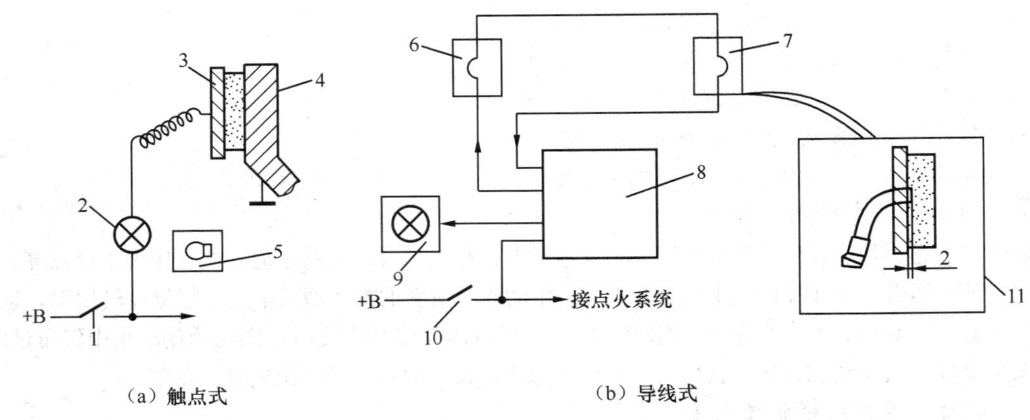

（a）触点式　　（b）导线式

图 5-41　制动蹄片磨损报警装置

1、10—点火开关　2、9—警告灯　3—摩擦片衬块　4—制动盘　5—警告灯图像标志
6、7—摩擦片　8—电子控制装置　11—带导线的制动衬块

4．制动报警装置

现代轿车上一般均装置了制动警告灯，该警告灯指示出制动系统可能出现的两种情况：一是点火开关已打开，而驻车制动器仍停放在制动位置；二是双管路制动系统中任一管路失效。制动报警装置如图 5-42 所示。制动警告灯通过两个并联的开关与点火开关串联。当驻车制动器处于制动位置时，若打开点火开关，则制动警告灯点亮，用于提醒驾驶员在挂挡起步之前，松开驻车制动器。当松开驻车制动器后，制动警告灯即熄灭。

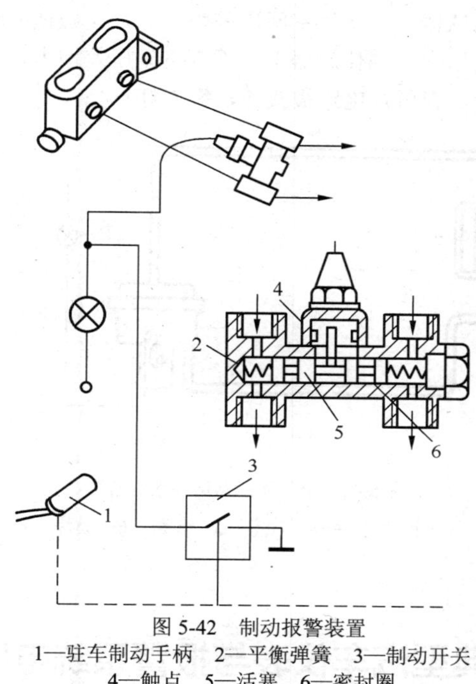

图 5-42　制动报警装置
1—驻车制动手柄　2—平衡弹簧　3—制动开关
4—触点　5—活塞　6—密封圈

在双管路制动主缸的制动管路之间并联有一个差压开关。当两管路制动正常时，活塞处于由平衡弹簧控制的中间位置，制动警告灯不亮。但任一管路失效后，其管路压力下降，当压差达到 1 000 kPa 以上时，活塞将向一边偏移，接通触点，制动警告灯点亮，以示警告。

制动液液面警告灯的传感器安装在制动液储液筒上，如图 5-43 所示。传感器外壳内装有舌簧管，两接线柱中的其中一个接电源 12 V，另一个接警告灯，浮子上固装着永久磁铁。当浮子随着制动液面下降到规定值时，永久磁铁的吸力作用使舌簧管触点闭合，接通警告灯电路，使警告灯点亮，以示警告。当补充制动液使制动液液面上升时，浮子带动永久磁铁上升，对舌簧管吸力作用减弱，舌簧管在自身弹力作用下使触点张开，切断了警告灯电路，使警告灯熄灭。

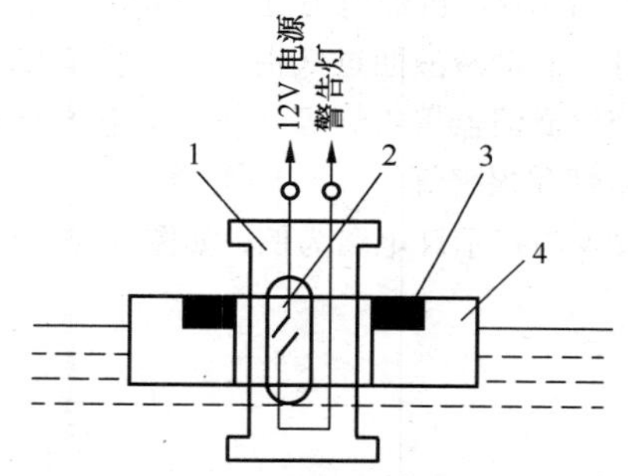

图 5-43　制动液液面警告灯传感器
1—外壳　2—舌簧管　3—永久磁铁　4—浮子

5.2.5　空气滤清器堵塞报警装置

空气滤清器堵塞报警装置由与空气滤清器滤芯内外侧相连通的气压式开关传感器和警告灯两部分组成，如图 5-44 所示。气压式开关传感器是利用其上、下气室产生的压力差，推动膜片移动，从而使与膜片相连的磁铁跟随移动。磁铁的磁力使舌簧开关开或闭，控制警告灯电路断开或接通。若空气滤清器滤芯未堵塞，则传感器上、下气室间压差小，膜片及磁铁的移动量小，舌簧开关处于常开状态；若空气滤清器滤芯被堵塞，则传感器上、下气室间压差增大，膜片及磁铁的移动量增大，磁铁磁力吸动舌簧开关而闭合，警告灯电路被接通，警告灯点亮。

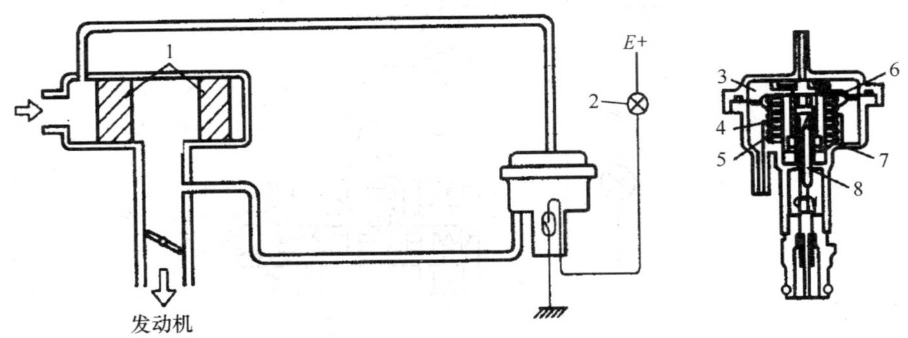

图 5-44　空气滤清器堵塞报警装置

1—滤芯　2—警告灯　3—上气室　4—下气室　5—弹簧　6—膜片　7—磁铁　8—舌簧开关

5.3　典型汽车仪表与报警系统电路分析

5.3.1　概　　述

不同级别、不同使用要求的汽车，其仪表与指示灯电路的配置会有所不同。

发动机冷却液温度表、燃油表及车速里程表是现代汽车都装备的仪表。一些中型或大型汽车上都装有发动机机油压力表和电流表，在一些采用气压制动的汽车上，还装有气压表。轿车上大都装有发动机转速表。

安装在仪表板上的各种指示灯用来指示汽车的一些参数的极限情况和非正常情况的报警。现代汽车常见的指示灯有冷却液温度过高指示灯、机油压力过低指示灯、气压过低警告灯（气压制动汽车）、充电指示灯、燃油液面过低指示灯、制动液液面过低指示灯、驻车制动器未松警告灯等。在一些汽车上还装有制动蹄片磨损警告灯、空气滤清器警告灯等。使用了电子控制装置的汽车上，则还装有与所装备的电子控制装置相适应的指示灯和报警灯。

本节以解放 CA1091 型汽车仪表与指示灯电路为例，如图 5-45 所示，对典型汽车仪表与报警系统电路进行分析。

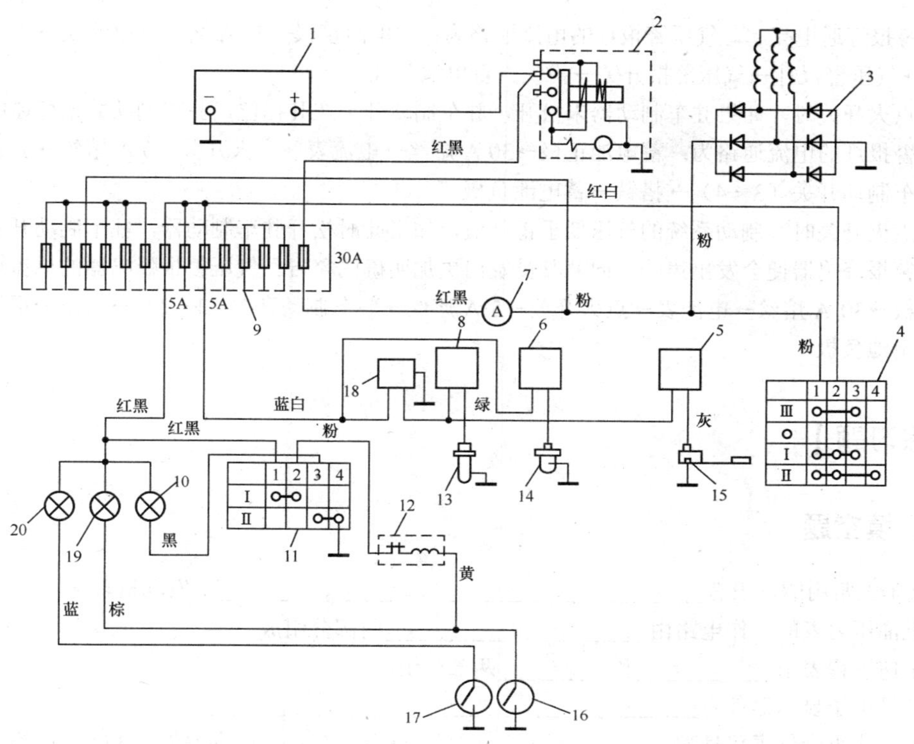

图 5-45 解放 CA1091 型汽车仪表与指示灯电路

1—蓄电池 2—起动机 3—发电机 4—点火开关 5—燃油指示表 6—油压指示表 7—电流表
8—温度指示表 9—熔断器盒 10—驻车制动警告灯 11—驻车制动开关 12—气压警报蜂鸣器
13—温度表传感器 14—油压表传感器 15—燃油表传感器 16—气压警报开关
17—油压警报开关 18—稳压器 19—气压警报灯 20—机油压力警报灯

5.3.2 电路分析

仪表电路和指示灯电路均通过点火开关与蓄电池或发电机正极连接，因此，在接通点火开关后，仪表电路和指示灯电路电源接通，各仪表和指示灯进入工作状态。

燃油表和冷却液温度表与点火开关之间都串联了稳压器，其作用是避免燃油表和冷却液温度表的显示值受电源电压波动的影响。

驻车制动开关有两挡，拉紧驻车制动时，驻车制动开关在Ⅱ挡位，接通驻车制动警报灯的搭铁电路；放松驻车制动器时，驻车制动开关在 I 挡位，接通气压警报蜂鸣器电源电路。

接通点火开关后，机油压力表、燃油表、发动机冷却液温度表各自独立工作。

燃油表的电流通路为：蓄电池正极→30 A 熔丝→电流表→点火开关→5 A 熔丝→稳压器→燃油表→燃油传感器→搭铁→蓄电池负极。

机油压力表的电流通路为：蓄电池正极→30 A 熔丝→电流表→点火开关→5 A 熔丝→机油压力表→机油压力传感器→搭铁→蓄电池负极。

发动机冷却液温度表的电流通路为：蓄电池正极→30 A 熔丝→电流表→点火开关→5 A 熔丝→稳压器→冷却液温度表→温度传感器→搭铁→蓄电池负极。

发动机运转（点火开关处于接通状态），如果机油无压力或未达到正常值，机油压力开关在闭合状态，机油压力警报灯通电亮起。机油压力警报灯的电流通路为：蓄电池正极→30 A 熔丝→电流表→点火开关→5 A 熔丝→机油压力警报灯→机油压力开关→搭铁→蓄电池负极。

发动机运转（点火开关处于接通状态），如果制动系统气压低于正常值，气压警报开关在闭合状态，气压警报灯通电亮起。气压警报灯的电流通路为：蓄电池正极→30 A 熔丝→电流表→点火开关→5 A 熔丝→气压警报灯→气压警报开关→搭铁→蓄电池负极。

接通点火开关时，如果驻车制动器未松开，驻车制动开关在Ⅱ挡位，驻车制动警报灯通电亮起。驻车制动警报灯的电流通路为：蓄电池正极→30 A 熔丝→电流表→点火开关→5 A 熔丝→驻车制动警报灯→驻车制动开关（3—4）→搭铁→蓄电池负极。

接通点火开关时，制动系统的气压低于正常值，如果此时松开驻车制动器，驻车制动开关在 I 挡位，气压警报蜂鸣器便会发出声响，向驾驶员发出更加明确的警告。气压警报蜂鸣器的电流通路为：蓄电池正极→30 A 熔丝→电流表→点火开关→5 A 熔丝→驻车制动开关（1—2）→气压警报蜂鸣器→搭铁→蓄电池负极。

【课后练习题】

一、填空题

1．汽车上常用的仪表有___________、_________、______、________、发动机转速表、电流表等。

2．机油压力表的工作电路由_________和__________两部分组成。

3．车速里程表由___________和_________两部分组成。

4．常见电子显示器件有_____________、_____________和_______________。

5．数字式组合仪表包括___________、___________、_________、存储器及 I/O 接口等。

二、判断题

1．油压表安装在组合仪表内，传感器安装在润滑主油道上。（　　）

2．当电流表的指针指向“+”侧时，表示蓄电池放电。（　　）

3．发光二极管可单独使用，也可用于组成数字、字母或光条图。（　　）

三、选择题

1．现代汽车在仪表电路中都串装仪表稳压器，常用的有电热式和（　　）两类。

A. 电磁式　B. 电子式　C. 电感式　D. 光电式

2．冷却液温度传感器采用的是（　　）。

A. 热敏系数　B. 负热敏系数　C. 正热敏系数

3．奥迪轿车仪表板专用的三端式电子稳压器，其输出电压是（　　）。

A. 8.5~9.5 V　B. 9.5~10.5 V　C. 10.5~11.5 V　D. 11.5~12.5 V

4．冷却液温度报警灯的作用是：当冷却液温度升高到一定值时，报警灯（　　）。

A. 亮　B. 灭　C. 闪烁　D. 以上都不对

第 6 章 防抱死制动系统

6.1 防抱死制动系统的组成和工作原理

6.1.1 防抱死制动系统的组成

防抱死制动系统（ABS）是在传统的制动系统基础上增加电子控制系统发展起来的，它由车轮转速传感器、电控单元（ECU 或 ABS 电脑）和制动压力调节器等部分组成，如图 6-1 所示。

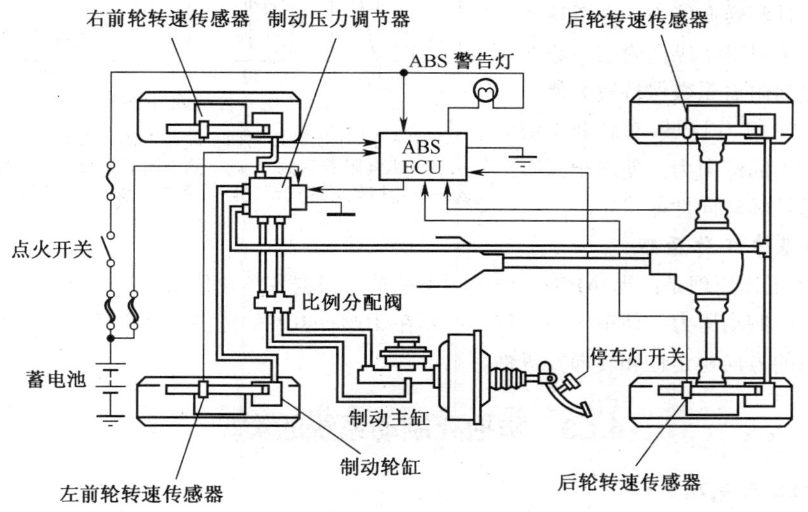

图 6-1 ABS 的组成

ABS 工作时，电控单元根据各车轮转速传感器的输入信号和控制程序向制动压力调节器输出控制指令，调节各制动轮缸的压力，将轮胎滑移率控制在最佳值，使汽车具有最短制动距离、方向稳定和转向操纵性能。

6.1.2 防抱死制动系统的基本工作原理

1．滑移率的概念

要提高制动力和侧向稳定力，应尽量增大轮胎的纵向附着系数和侧向附着系数。轮胎与路面的附着系数，除与路面、轮胎等因素有关外，还与制动时车轮抱死的程度有关。

汽车制动时，车轮在路面上同时伴随着滚动和滑动，滑动的程度通常用滑移率来表示。制动滑移率的定义为

$$S = \frac{v - r_0\omega}{v} \times 100\%$$

制动系统的组成

式中，S——车轮制动滑移率；

v——车轮中心移动速度；

r_0——没有地面制动力时的车轮滚动半径；

ω——车轮角速度。

车轮制动滑移率的数值在 0～100%的范围内。在非制动状态下，滑移率为 0；在车轮完全抱死时，滑移率为 100%。

2．轮胎附着系数与滑移率的关系

实验表明，在干燥硬实路面上轮胎的附着系数与滑移率的关系如图 6-2 所示。从图中可以看出：在滑移率 $S = 20\%$时纵向附着系数最大，在滑移率 $S = 0$ 时侧向附着系数最大；在滑移率 $S = 100\%$时纵向附着系数降低且侧向附着系数接近 0，汽车失去方向稳定性和转向能力；在滑移率 $S = 10\%$～30%的范围内，纵向附着系数在最大值附近且侧向附着系数保持较大值，该区域即为 ABS 的工作区域，车轮获得最大的制动力和较大的侧向力，使汽车具有良好的方向稳定性和转向性能。

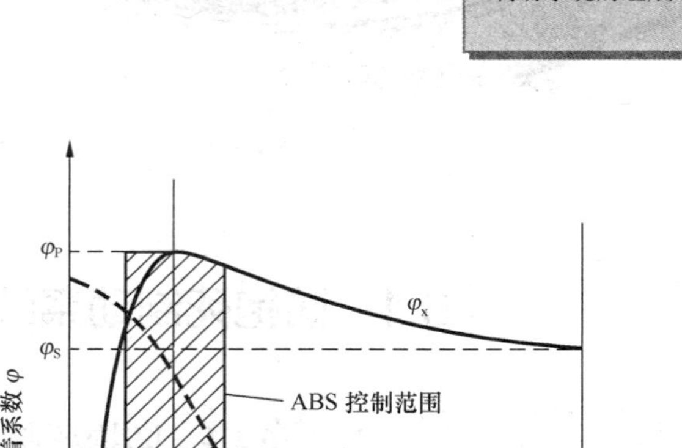

图 6-2　干燥硬实路面上轮胎的附着系数与滑移率的关系

φ_x—纵向附着系数　φ_y—侧向附着系数　φ_P—峰值附着系数

φ_S—车轮抱死时纵向滑动附着系数　S_P—峰值附着系数时的滑移率

3．ABS 的基本工作原理

ABS 的基本工作原理是：当 ABS 工作时，电控单元根据各车轮传感器的检测信号与控制程序，调节各制动轮缸的制动压力，使车轮的滑移率控制在 10%～30%的范围，从而使汽车获得最大的制动力且保持制动时的方向稳定性和转向操纵性。

6.1.3　防抱死制动系统的类型

1．液压 ABS 与气压 ABS

根据传力介质不同，ABS 可分为液压式和气压式两类。气压式 ABS 利用压缩空气作为传力介质，一般用在货车和大型客车上。液压式 ABS 利用制动液作为传力介质，主要用在轿车、小型客车上。

2．整体式 ABS 与分离式 ABS

根据制动压力调节器的结构形式，ABS 分为整体式和分离式两种类型。在整体式 ABS 中，制动主缸和制动压力调节器结合为一个整体；在分离式 ABS 中，制动压力调节器和制动主缸分别作为独立的总成，两总成之间用高、低压管路连通。

3．三通道 ABS 与四通道 ABS

根据 ABS 电控单元所控制通道的数量，ABS 分为三通道与四通道两种类型。在三通道 ABS 中，电控单元对 3 路制动压力进行独立的调节控制。一般对 2 个前轮制动压力分别控制，对 2 个后轮制动压力按低选原则（在 2 个后轮中，以制动附着系数小的一侧为依据，同时控制 2 个后轮制动压力的原则）一同控制。在四通道 ABS 中，电控单元对 4 路制动压力进行独立调节，对 4 个车轮的制动滑移率分别控制。

6.2 桑塔纳 2000GSi 轿车 MK20-Ⅰ型防抱死制动系统

6.2.1 MK20-Ⅰ型防抱死制动系统的组成和控制电路

桑塔纳 2000GSi 采用美国 ITT 公司 MK20-Ⅰ型防抱死制动系统，该系统属于三通道液压 ABS。两前轮滑移率分别独立控制，两后轮滑移率按附着系数小的一侧统一控制。每个车轮分别安装一个车轮转速传感器，制动主缸和液压调节器制成一个整体。ABS 的组成和在汽车上的布置如图 6-3 所示。MK20-Ⅰ型 ABS 的控制电路如图 6-4 所示。

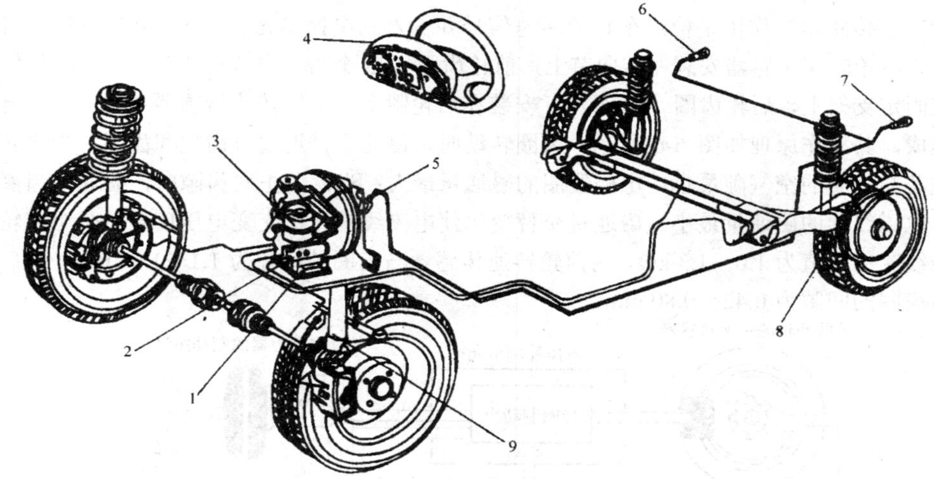

图 6-3 桑塔纳 2000GSi ABS 的组成和在汽车上的布置

1—ABS 电控单元 2—ABS 液压控制单元 3—电动液压泵 4—ABS 警告灯和制动警告灯 5—制动灯开关 6—右制动灯 7—左制动灯 8—左后轮转速传感器 9—左前轮转速传感器

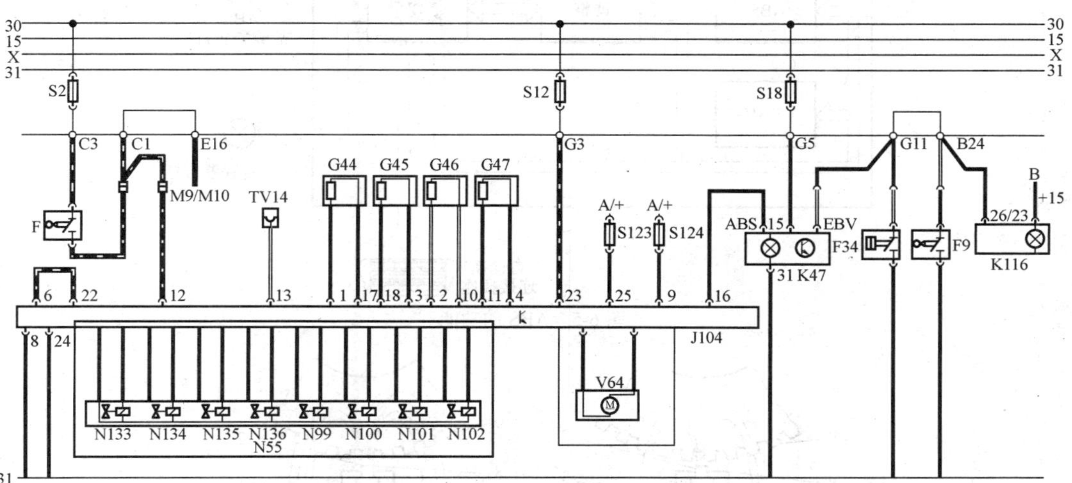

图 6-4 桑塔纳 2000GSi MK20-Ⅰ型 ABS 控制电路

30—常火线（来自蓄电池） 15—火线（来自点火开关） X—火线（起动时接通） 31—搭铁线 A—蓄电池 B—连接 15 号线 F—制动灯开关 F9—驻车制动开关 F34—制动液位报警开关 G44—右后车轮转速传感器 G45—右前车轮转速传感器 G46—左后车轮转速传感器 G47—左前车轮转速传感器 J104—ABS 及 EBV 的电子控制单元 K47—ABS 故障警告灯 K116—驻车制动、制动液位警告灯 M9—左制动灯 M10—右制动灯 N55—ABS 及 EBV 的液压单元 N99—ABS 右前进油阀 N100—ABS 右前出油阀 N101—ABS 左前进油阀 N102—ABS 左前出油阀 N133—ABS 右后进油阀 N134—ABS 右后出油阀 N135—ABS 左后进油阀 N136—ABS 左后出油阀 S2—保险丝（10 A） S12—保险丝（15 A） S18—保险丝（10 A） S123—液压泵保险丝（30 A） S124—电磁阀保险丝（30 A） TV14—诊断插口 V64—ABS 电动液压泵

6.2.2 MK20- I 型防抱死制动系统主要部件的结构和工作原理

1. ABS 的功能

ABS 具有防抱死控制、电子控制制动力分配（EBV）和故障自诊断等功能，如图 6-5 所示。ABS 正常工作时，电控单元根据各车轮转速传感器的检测信号控制液压单元调节各轮缸的制动液压，避免车轮抱死；当 ABS 不起作用时，电控单元对后桥制动液压进行制动力分配控制，避免出现后车轮抱死现象；当 ABS 出现故障时，电控单元终止控制功能，制动系统按常规方式工作，同时 ABS 警告灯点亮，向驾驶员发出警告信号，并将故障内容存储在电控单元的专用存储器内以便于检修。

2. 车轮转速传感器

车轮转速传感器的作用是检测车轮的转速信号并输入到电控单元。4 个车轮转速传感器均为电磁感应式。前轮转速传感器安装在转向节上，前轮齿圈（43 个齿）安装在传动轴上；后轮转速传感器安装在固定支架上，后轮齿圈（43 个齿）安装在后轮毂上。车轮转速传感器主要由永久磁铁和感应线圈组成，其工作原理如图 6-6 所示。齿圈转动时，磁芯交替地通过齿顶和齿隙。当磁芯正对齿顶时，磁芯与齿圈的空气隙最小，电磁线圈的磁通量最大；当磁芯正对齿隙时，磁芯与齿圈的空气隙最大，电磁线圈的磁通量最小。磁通量交替变化使电磁线圈产生交变电压信号。4 个车轮转速传感器电磁线圈的阻值为 1.0～1.3 kΩ，两前轮转速传感器与齿圈的间隙为 1.1～1.97 mm，两后轮转速传感器与齿圈的间隙为 0.42～0.80 mm。

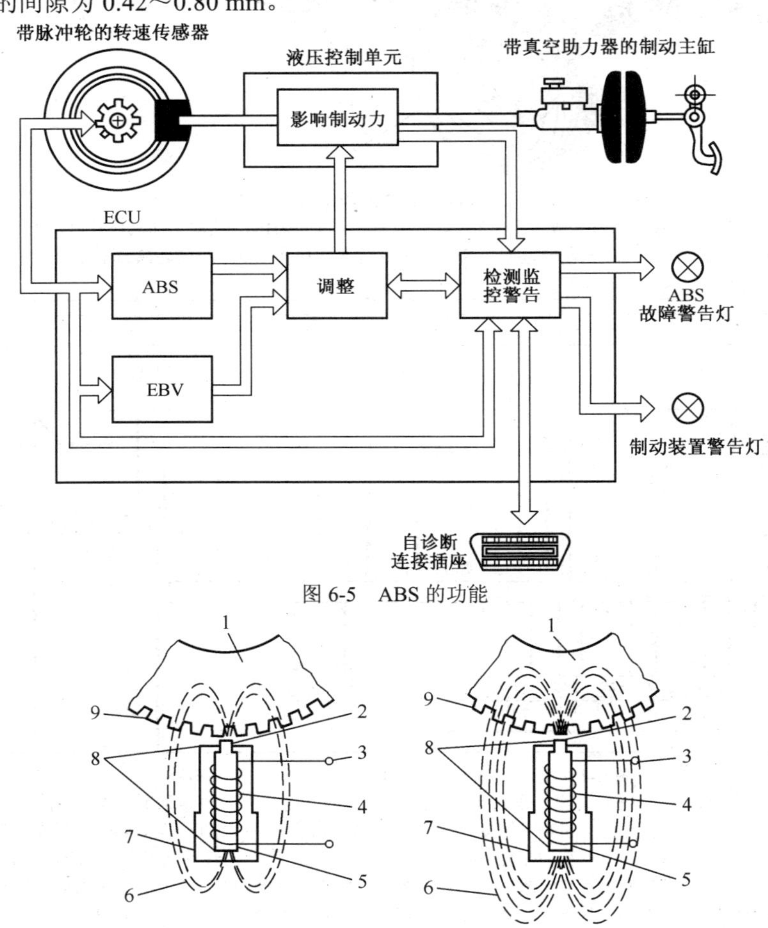

图 6-5 ABS 的功能

（a）齿隙与磁芯端部相对时　（b）齿顶与磁芯端部相对时

图 6-6 车轮转速传感器的工作原理

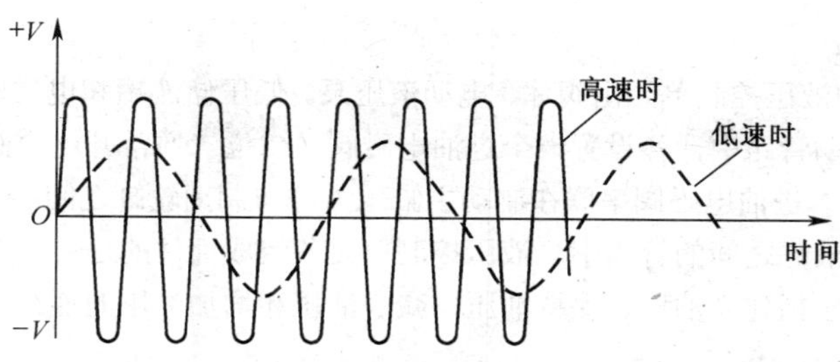

（c）电磁线圈中的交变电压信号

图 6-6　车轮转速传感器的工作原理（续）

1—齿圈　2—极轴　3—电磁线圈引线　4—电磁线圈　5—永久磁体　6—磁力线
7—电磁式传感器　8—磁极　9—齿圈齿顶

3．电控单元（ECU）

MK20-Ⅰ型 ABS 将电控单元和液压调节器组装在一起，形成整体式模块结构，如图 6-7 所示。该系统采用三通道控制模式，每个前轮使用一个通道进行独立控制；两个后轮共用一个通道，电控单元根据两后轮滑移率的变化情况，按照低选原则，对两个后轮一同控制。

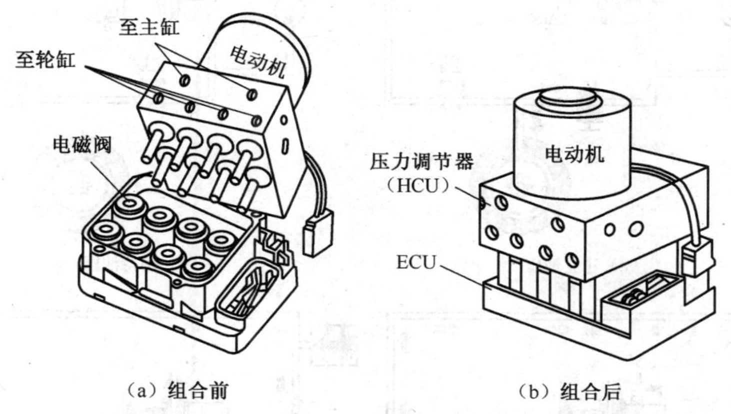

（a）组合前　　（b）组合后

图 6-7　电控单元和液压调节器模块

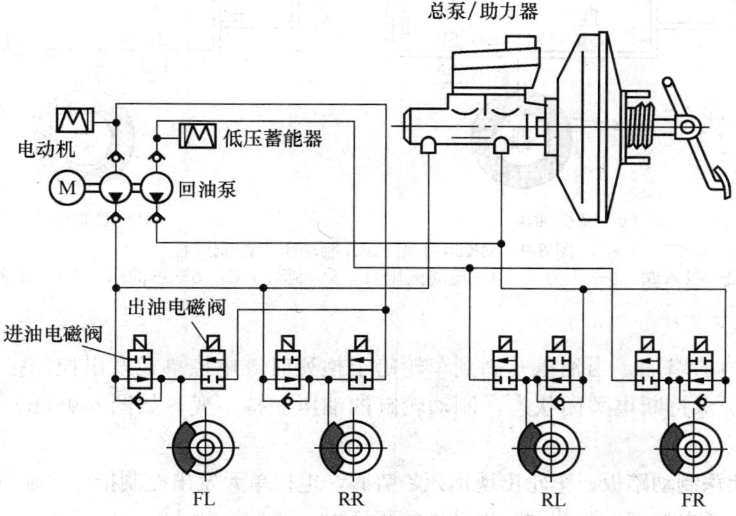

图 6-8　液压电控单元各组成部件的连接关系

4．液压控制单元

MK20-Ⅰ型 ABS 的液压控制单元由阀体、电动液压泵、低压储液罐和电磁阀等部件组成。在通向每一车轮制动轮缸的制动管路中，各设置一个进油电磁阀（二位二通常开电磁阀）和一个出油电磁阀（二位二通常闭电磁阀），进油电磁阀串联在制动主缸压力腔与制动轮缸之间的管路中，出油电磁阀串联在制动轮缸与低压储液罐之间的管路中。液压控制单元各组成部件的连接关系如图 6-8 所示。液压控制单元的工作过程是包括建立油压、保持油压、减少油压和增加油压的连续不断的循环过程，其工作原理如下。

（1）建立油压

开始制动时，所有电磁阀及电动液压泵均不通电，驾驶员踏下制动踏板，制动主缸产生的制动油压经常开的进油阀进入制动轮缸，出油电磁阀处于常闭状态，使制动轮缸的油压不断升高，如图 6-9（a）所示。

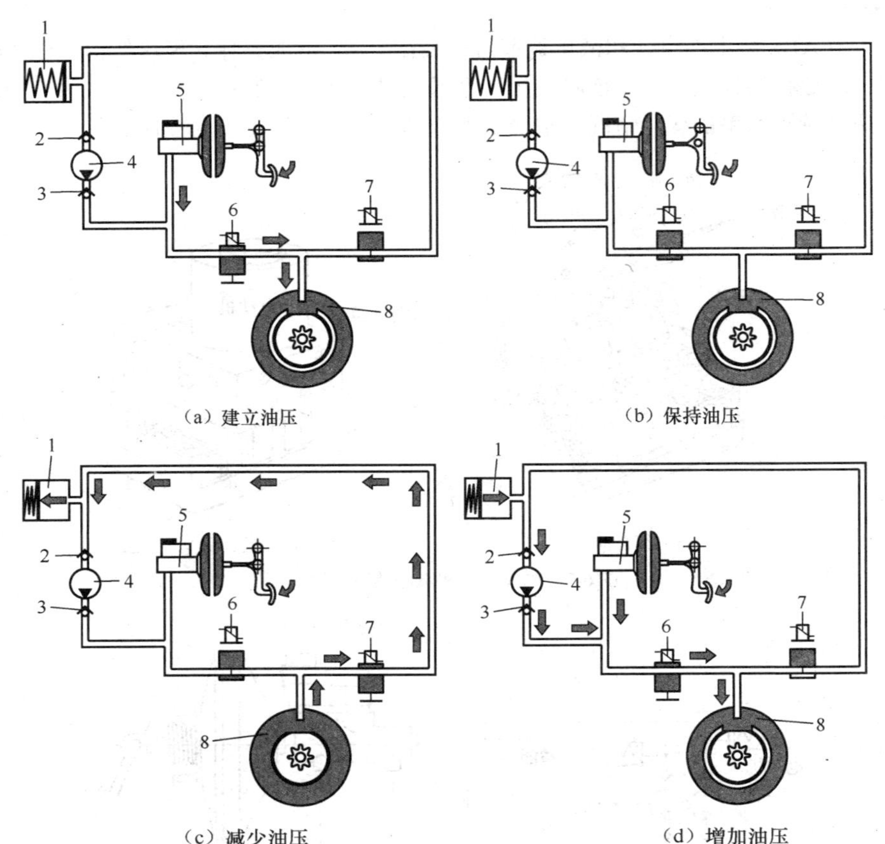

图 6-9　MK20-Ⅰ型 ABS 制动压力控制过程

1—低压储液罐　2—吸入阀　3—压力阀　4—电动液压泵　5—制动主缸　6—进油阀　7—出油阀　8—制动轮缸

（2）保持油压

随着制动压力的增加，当油压升高到车轮趋于抱死时，电控单元发出控制指令，使进油阀通电关闭，出油阀仍保持断电关闭状态，制动轮缸的油压保持不变，如图 6-9（b）所示。

（3）减少油压

当驾驶员继续踩制动踏板，车轮出现抱死趋势时，电控单元发出控制指令，使进油阀仍保持断电关闭状态，出油阀通电打开，与此同时电动液压泵通电运转，将制动轮缸中的制动液由低压储液罐输送回制动主缸，使制动轮缸的液压迅速减小，如图 6-9（c）所示。

（4）增加油压

当制动轮缸的油压降低，车轮转速增加到一定程度时，电控单元发出控制指令，使进油阀断电打开，出油阀断电关闭，电动液压泵通电运转，将低压储液罐中的制动液和制动主缸的油压一起输送给制动轮缸，使制动轮缸的液压迅速升高，如图 6-9（d）所示。随着制动压力的增加，车轮滑移率又增大，于是重复保持油压→减少油压→增加油压的循环过程，循环过程的工作频率为 5～6 次/s，使车轮的滑移率始终控制在 20%左右。

5．制动开关

制动开关安装在制动踏板支架上，由制动踏板摇臂控制其开与关的状态，踩下制动踏板时制动开关闭合，放松踏板时开关断开。制动开关作用是：当踏下制动踏板时点亮制动灯，同时向 ABS ECU 发出制动信号，使电控单元进入 ABS 制动状态。

6．警告指示灯

MK20-Ⅰ型 ABS 有两个警告指示灯，一个是红色制动警示灯，另一个是黄褐色 ABS 警示灯。其中制动警示灯在液压系统有故障（如储液罐制动液液面过低等）或驻车制动器未放松时点亮，ABS 警示灯则是当 ABS 出现故障时点亮。

6.3 防抱死制动系统故障诊断与检修

1．防抱死制动系统的使用

（1）注意观察制动警告灯

接通点火开关后、起步前和汽车行驶中，应注意观察汽车仪表板上的红色制动警告灯（标 BRAKE）和黄色的 ABS 警告灯（标 ABS 或 ANTI LOCK）。

红色制动警告灯由制动液压力开关和液面开关及手制动灯开关控制，如果松开驻车制动器后红色制动警告灯常亮，或在汽车行驶中该警告灯亮起，说明 ABS 防抱死控制和普通制动系统均不能正常工作，应立即停车检查故障原因，及时排除故障后才能继续行驶。

ABS 警告灯由 ABS ECU 控制，如果接通点火开关后，黄色 ABS 警告灯常亮，或在汽车行驶中亮起，则说明防抱死电子控制系统有故障，须及时检修。如果汽车在行驶途中 ABS 常亮，须多加小心，因为这时只有普通制动功能，汽车在紧急制动时车轮将会抱死。

（2）注意区别正常反应与故障

汽车制动系统装备防抱死装置后，工作时会有一些容易被误认为故障的现象，使用中应注意辨别。

① 制动踏板有升降。某些装有 ABS 的汽车，在发动机起动时，踩下的制动踏板会弹起，而在发动机熄火时，制动踏板则会下沉。这是由于这些 ABS 采用变容积式制动压力调节器，其控制液压取自动力转向器液压系统（如丰田皇冠汽车）。在发动机发动时，动力转向油泵开始工作，就会使制动踏板上抬；发动机熄火时，动力转向油泵停止工作，则会使制动踏板下沉。

② 制动时转向盘振动。在制动时转动方向，会感到转向盘有轻微的振动。这是由于制动压力调节器与动力转向器共用一个液压泵所引起的正常反应。

③ 制动时制动踏板下沉。在制动中有时会感到制动踏板有轻微下沉。这是由于道路路面附着系数变化，ABS 的正常适应性反应所引起的，并非故障现象。

④ 制动时制动踏板振动。在紧急制动时，感到制动踏板有振动。这是 ABS 在起作用的正常表现。

⑤ ABS 灯偶尔亮起。在高速行驶中急转弯或在冰滑的路面上行驶时，有时会出现 ABS 警告灯亮起，但过后又很快熄灭的现象。这是汽车在上述行驶情况下出现了车轮打滑现象，ABS 产生保护动作引起的，并非 ABS 电子控制系统有故障。

⑥ 车轮有完全抱死现象。在制动后期，会有车轮被抱死，地面留下拖滑的印痕。这是因为在车速

小于 10 km/h 时，ABS 将不起作用，属正常现象。但是，ABS 紧急制动时留下的短而淡淡的印痕与普通制动器紧急制动留下的长拖印是截然不同的。

2．防抱死制动系统的故障诊断

（1）ABS 故障自诊断

当点火开关接通后，ABS ECU 的自诊断系统就立即对其外部电路进行自检，并以 ABS 警告灯亮起表示。自检结束（一般为 3 s 左右），ABS 灯熄灭，表示 ABS 电子控制系统正常。

如果灯不亮或一直亮均说明 ABS 电路中有故障，应对其进行检查。ABS ECU 对制动压力调节器电磁阀的检查是通过控制阀的开闭循环实现的。发动机发动后，车辆第一次到达 60 km/h，ABS 系统自检完成。

如果在上述自检过程中，ECU 发现异常，或在制动过程中 ABS 工作失常，ECU 就会停止使用 ABS，这时，ABS 警告灯亮起，并储存故障代码。

（2）ABS 故障代码的显示方式

在检修 ABS 故障时，应先读取 ABS 电脑储存的故障代码，以便准确、迅速地排除故障。不同的车型，故障代码的显示方式各有不同，大致有如下几种形式。

① 在 ABS 有故障时，仪表板上的 ABS 警告灯就会闪烁，或是 ABS 电脑盒上的发光二极管闪烁直接显示故障代码。

② 将检查插接器和 ABS 电脑盒上的有关插孔跨接，使仪表板上的 ABS 灯闪烁来显示故障代码。

③ 用专用检测设备连接故障诊断接口读取故障信息。

（3）ABS 故障检修注意事项

当 ABS 电子控制系统出现了故障，且通过故障自诊断系统取得了故障代码，就可按故障代码的提示检修故障。如果无故障代码提示，或故障代码提示的故障排除后故障现象并未完全消失，就应根据故障现象分析故障原因，并采用正确的方法检修故障。检修时要注意以下几点。

① 如果出现 ABS 灯不亮或常亮、车轮抱死等故障现象时，应先检查导线的接头和插接器有无松脱、蓄电池是否亏电等。这些影响 ABS 正常工作的因素容易出现，而且检查方法又很简单，先对其进行检查，有利于迅速排除故障。

② 当汽车出现制动不良故障时，首先直观检查制动油路和泵及阀等有无漏损。如果正常，则应区分是普通制动系统（制动器、制动主缸或轮缸、制动管路等）不良还是 ABS 电子控制系统的故障。辨别的方法是：拆下 ABS 继电器线束插接器或 ABS 制动压力调节器电磁阀线束插接器，使 ABS 制动压力调节器电磁阀不能通电工作，让汽车以普通制动工作方式制动，如果制动不良故障消失，则说明是 ABS 电子控制系统有故障，否则为普通制动系统有故障。

③ 拆检车轮转速传感器时，不要碰撞或敲击传感器头，也不要以传感器齿轮当撬面，以免损坏传感器。

④ 有蓄压器的 ABS 在需要拆检 ABS 液压控制器件时，应先进行减压，以避免高压油喷出伤人。减压的方法是：关掉点火开关，然后反复踩制动踏板 20 次以上，直到感觉踩制动踏板力明显增加（无液压助力）时为止。通常在拆检制动压力调节器部件、制动轮缸、蓄压器及电动液压泵、后轮分配比例阀、制动液管路、压力警告和控制开关时，需要先进行减压。

3．防抱死制动系统主要部件的故障检修

（1）车轮转速传感器故障的检查

车轮转速传感器的可能故障有：车轮转速传感器感应线圈有短路、断路或接触不良等；车轮转速传感器齿圈有缺损或脏污；车轮转速传感器信号探头部分安装不牢（松动）或磁极与齿圈之间有脏物。车轮转速传感器故障的检查方法如下。

① 直观检查。主要检查传感器安装有无松动，导线及线束插接器有无松脱。

② 检测传感器电阻。用欧姆表检测传感器感应线圈的电阻，如果电阻过大或过小，均说明传感器不良，应更换。

③ 检测传感器信号。将汽车举升使车轮悬空，在车轮转动时，用交流电压表测量传感器的输出信号电压，电压表应该有电压指示，其电压值应随车轮转速的增加而升高，一般情况下，应能达到 2 V 以上。

④ 检测传感器波形。也可用示波器检测传感器的输出信号电压波形，信号电压波形应是均匀稳定的正弦电压波形。如果没有信号电压或信号电压有缺损，应对传感器做进一步的检查。

（2）制动压力调节器的检查

制动压力调节器的可能故障有：制动压力调节器电磁阀线圈不良；制动压力调节器中的阀有泄漏。制动压力调节器故障的检查方法如下。

① 检测电磁阀电阻。用欧姆表检测电磁阀线圈的电阻，如果电阻无穷大或过小等，均说明电磁阀有故障。

② 检测电磁阀的工作。加电压试验，将制动压力调节器电磁阀加上电压，看其能否正常动作。如果不能正常动作，则应更换制动压力调节器。

（3）ABS 控制继电器的检查

继电器的常见故障有触点接触不良、继电器线圈不良等，检查方法如下。

① 检查继电器是否动作。对继电器施加其正常的工作电压，看继电器是否正常动作。若能正常动作，则用欧姆表检测继电器触点间的电压和电阻，正常情况下触点闭合时的电压应为零。若电压大于 0.5 V，则说明触点接触不良。

② 检测继电器线圈电阻。用欧姆表检测继电器线圈的电阻，电阻值应在正常范围之内。

【课后练习题】

一、填空题

1. 电控 ABS 由___________、_________________和__________________组成。
2. 车轮转速传感器主要由_________________和__________________组成。
3. 根据用于不同制动系统的 ABS，制动压力调节器主要有 __________________和______________。
4. 液压制动压力调节器主要由 ____________、_____________和_______________等组成。
5. ABS 按制动压力调节器结构不同分为 ____________和__________________。
6. ABS 按控制通道数目分为 ____________和_______________。
7. 循环式制动压力调节器在汽车制动过程中，ECU 控制流经制动压力调节器电磁线圈的电流大小，使 ABS 处于 ______________、________________、减压三种状态。

二、判断题

1. 纵向附着系数在滑移率为 50%左右时最大。 （ ）
2. 地面制动力的最大值等于制动器制动力。 （ ）
3. 汽车前轮上的传感器一般固定在车轮转向架上，转子安装在车轮轮毂上，与车轮同步转动。 （ ）
4. 制动压力调节器的功用是接受 ECU 的指令，通过电磁阀的动作来实现车轮制动器制动压力的

自动调节。 （ ）

5．车轮抱死时将导致制动时汽车稳定性变差。 （ ）

6．电控ABS主要由传感器、电子控制单元和执行机构组成。 （ ）

三、选择题

1. 为保证传感器无错误信号输出，安装车轮转速传感器时应保证其传感器头与齿圈间留有一定的空气隙，约为（ ）。

A．5 mm　　B．1 mm　　C．0.01 mm　　D．1 μm

2．汽车后轮上的车速传感器一般固定在后车轴支架上，转子安装于（ ）上。

A．车架　　B．轮毂　　C．驱动轴　　D．车轮转向架

3．下列叙述不正确的是（ ）。

A．装有ABS的汽车，制动时，转动方向盘，会感到转向盘有轻微的振动。

B．装有ABS的汽车，制动时，制动踏板会有轻微下沉。

C．装有ABS的汽车，制动时，ABS继电器不断地动作，这也是ABS正常起作用的正常现象。

D．装有ABS的汽车，在制动后期，不会出现车轮抱死现象。

4．当滑移率为100%时，侧向附着系数降为（ ）。

A．100%　　B．50%　　C．0　　D．都不正确

5．制动压力调节器是在制动总缸与轮缸之间（ ）一个电磁阀，直接控制轮缸的制动压力。

A．串联　　B．并联　　C．都可以　　D．以上答案均不正确

6. 制动压力调节器在升压过程中，电磁阀处于“增压”位置，此时电磁线圈的通入电流为（ ）。

A．0　　B．较小电流　　C．最大电流　　D．均不正确

7. 制动压力调节器在保压过程中，电磁阀处于“保压”位置，此时电磁线圈的通入电流为（ ）。

A．0　　B．较小电流　　C．最大电流　　D．均不正确

8. 制动压力调节器在减压过程中，电磁阀处于“减压”位置，此时电磁线圈的通入电流为（ ）。

A．0　　B．较小电流　　C．最大电流　　D．均不正确

第 7 章 安全气囊

7.1 安全气囊的组成和工作原理

安全气囊（Supplemental Restraint System，SRS）也称辅助乘员保护系统，是一种当汽车遭到碰撞而急剧减速时能很快膨胀的缓冲垫，可保护车内乘员不致撞到车厢内部。它是一种被动安全装置，具有不受约束、使用方便和美观等优点。近年来随着世界汽车市场的竞争愈演愈烈以及安全气囊制造成本的降低，安全气囊在汽车上有普及的趋势。根据碰撞类型的不同，安全气囊可分为正面碰撞防护安全气囊、侧面碰撞防护安全气囊和顶部碰撞防护安全气囊。交通事故统计表明，安全气囊与安全带配合使用，对正面碰撞事故中的乘员具有更好的保护效果。

7.1.1 常规安全气囊

常规安全气囊主要由传感器、安全气囊组件、SRS 指示灯和电控单元（ECU）等组成，其工作过程如图 7-1 所示。

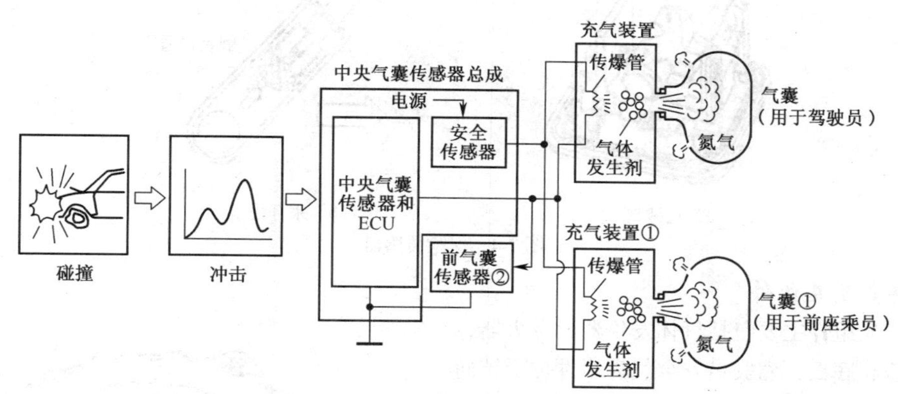

图 7-1 安全气囊工作过程
① 仅限有前座乘员安全气囊的型号 ② 仅限某些型号

1. 传感器

传感器用于检测车辆发生事故后的撞击信号，输送给 ECU，以便及时起动常规安全气囊。传感器按其功能可分为前碰撞传感器、中央碰撞传感器和保险传感器，前碰撞传感器负责检测碰撞的激烈程度；保险传感器也称触发传感器，其闭合所需的减速度要稍小一些，起保险作用，防止因前碰撞传感器短路而造成常规安全气囊误膨胀开。

（1）前碰撞传感器

前碰撞传感器安装在前翼子板内，主要由偏心转子、偏心重块、固定触点和旋转触点等组成，如图 7-2 所示。不发生碰撞时，偏心转子在螺旋弹簧弹力作用下处于图 7-2（a）所示位置，固定触点和

旋转触点不接触；当发生正面碰撞，且作用在偏心重块上的减速度超过预定值时，偏心重块、偏心转子和旋转触点作为整体向左运动，使固定触点和旋转触点接触，前碰撞传感器输出电信号。

（2）中央碰撞传感器

中央碰撞传感器有采用电阻应变片的半导体型和机械型两种。半导体型传感器由电阻应变片和集成电路组成，如图 7-3 所示。半导体型传感器测量减速度，并将其转换为电信号送至点火控制电路，用于判断常规安全气囊是否需要起动。机械型传感器在正面碰撞中受到超出预定值的减速力时，其触点接触并起动常规安全气囊。

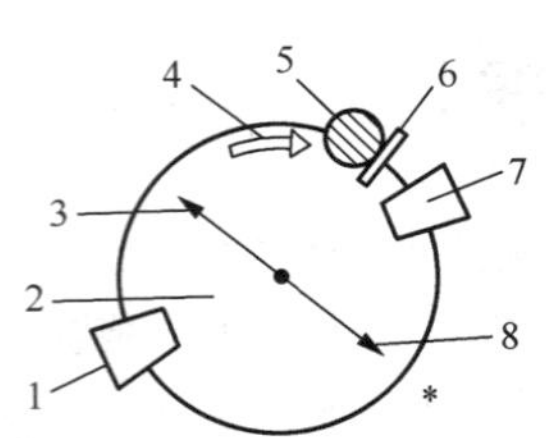

（a）不工作状态

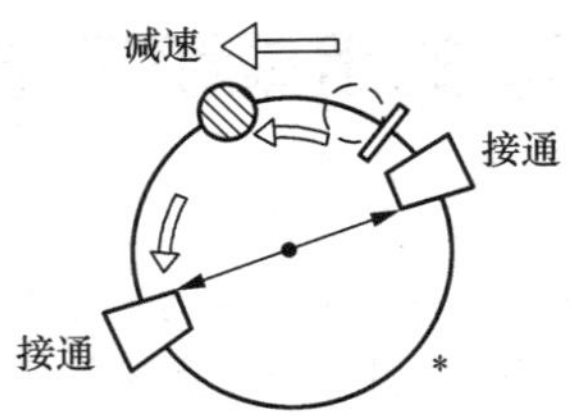

（b）工作状态

图 7-2　前碰撞传感器

1、7—固定触点　2—偏心转子　3、8—旋转触点

4—螺旋弹簧负荷　5—偏心重块　6—挡块

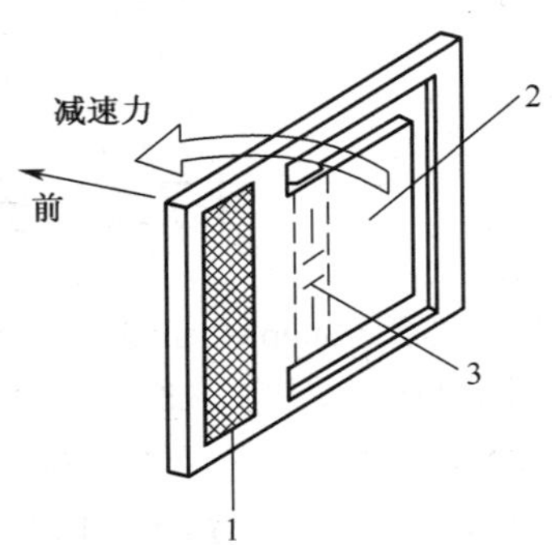

图 7-3　中央碰撞传感器

1—集成电路　2—重块　3—电阻应变片

（3）保险传感器

保险传感器有机械型和汞开关型等，如图 7-4 所示。

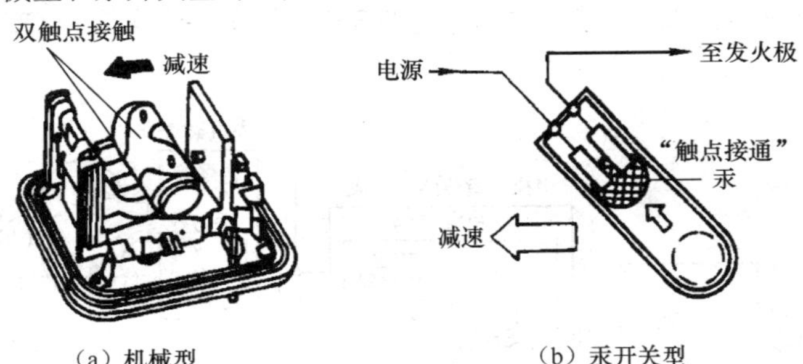

（a）机械型　（b）汞开关型

图 7-4　保险传感器

2．安全气囊组件

安全气囊组件主要包括气体发生器、点火器、气囊、饰盖和底板。驾驶员安全气囊组件位于转向盘中心处，乘员安全气囊组件位于仪表板右侧手套盒的上方。

（1）气体发生器

在点火器引爆点火剂时，气体发生器产生气体，向常规安全气囊充气，使常规安全气囊膨胀开。气体发生器用专用螺栓和专用螺母固定在安全气囊支架上，只能用专用工具进行装配。气体发生器由上盖、下盖、充气剂（片状叠氮化钠）和金属滤网等组成，如图 7-5 所示。上盖上制有若干个充气孔，充气孔有长方孔和圆孔两种。下盖上制有安装孔，

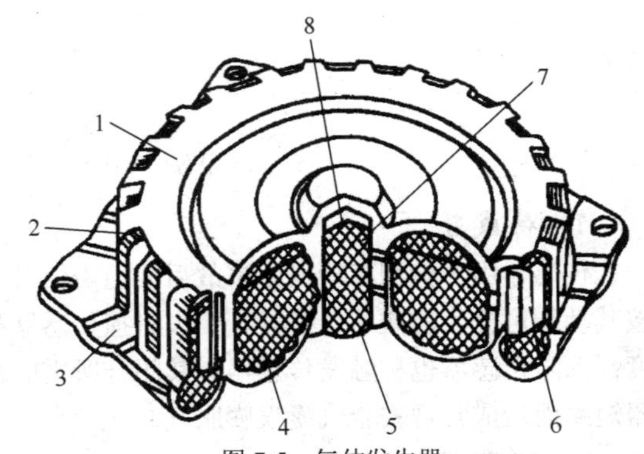

图 7-5　气体发生器

1—上盖　2—充气孔　3—下盖　4—充气剂

5—点火器药筒　6—金属滤网

7—电热丝　8—引爆炸药

以便将气体发生器安装到安全气囊支架上。上盖与下盖用冷压工艺压装成一体，壳体内装充气剂、金属滤网和点火器。金属滤网安装在气体发生器的内表面，用以过滤充气剂和点火剂燃烧后的渣粒。气体发生器利用化学反应的热效应产生氮气而充入常规安全气囊。在点火器引爆点火剂的瞬间，点火剂会产生大量热量，叠氮化纳受热立即分解释放氮气，并从充气孔充入常规安全气囊。

（2）点火器

点火器外包铝箔，安装在气体发生器内部中央位置，其结构如图 7-6 所示。点火剂包括引爆炸药和引药，引出导线与安全气囊连接器连接，连接器中设有短路片（铜质弹簧片）。当连接器拔下或连接器未完全接合时，短路片将两根引线短接，防止静电或误通电将电热丝电路接通而造成常规安全气囊引爆。

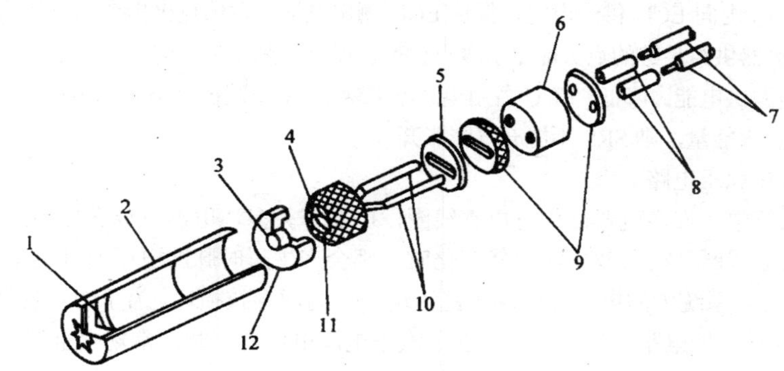

图 7-6 点火器的结构

1—引爆炸药 2—药筒 3—引药 4—电热丝 5—陶瓷片 6—永久磁铁 7—引出导线 8—绝缘套管 9—绝缘垫片 10—电极 11—电热头 12—药托

此外，当 SRS ECU 发出点火指令时，电热丝电路导通，电热丝迅速红热引爆引药，引爆炸药瞬间产生热量，药筒内温度和压力急剧升高并冲破药筒，使充气剂受热分解，释放氮气充入常规安全气囊。

（3）气囊

气囊按布置位置可分为驾驶员侧气囊、乘员侧气囊、后排气囊、侧面气囊、顶部气囊，按大小可以分为保护整个上身的大型气囊和主要保护面部的小型气囊。护面气囊成本较低，但一定要和座椅安全带配合使用才有保护作用。欧洲多采用小型气囊。目前汽车上布置常规安全气囊呈不断增长的趋势。

驾驶员侧气囊多采用尼龙布涂氯丁橡胶和有机硅制成橡胶涂层，起密封和引燃作用，气囊背面有两个泄气孔。乘员侧气囊没有涂层，靠尼龙布本身的空隙泄气。

（4）饰盖

饰盖是安全气囊组件的盖板，饰盖上面模制有撕缝，以便气囊能冲破饰盖张开。

（5）底板

气囊和气体发生器装在底板上，底板装在转向盘或车身上，气囊膨胀开时，底板承受气囊的反作用力。

3．SRS 指示灯

SRS 指示灯位于仪表盘上，接通点火开关时，诊断单元对系统进行自检，SRS 指示灯点亮 6 s 后熄灭表示系统正常。否则，表示常规安全气囊出现故障，应进行检修。

4．ECU

ECU 主要由逻辑模块、信号处理电路、备用电源电路、保护电路和稳压电路等组成，保险传感器一般与 SRS ECU 一起制作在 SRS 控制组件中。

（1）信号处理电路

信号处理电路主要由放大器和滤波器组成，用于对传感器检测到的信号进行整形、放大和滤波，以便 SRS ECU 能够接收、识别和处理。

（2）备用电源电路

常规安全气囊有两个电源：一个是汽车电源；另一个是备用电源。备用电源电路由电源控制电路和两个电容器组成。在单安全气囊的控制组件中，设有一个逻辑备用电源和一个点火备用电源。在双安全气囊的控制组件中，设有一个逻辑备用电源和两个点火备用电源，即两条点火电路各设一个点火备用电源。点火开关接通 10 s 后，如果汽车电源电压高于 SRS ECU 的最低工作电压，则逻辑备用电源和点火备用电源即可完成储能任务。

备用电源用于当汽车电源与 SRS ECU 之间的电路切断后，在一定时间内维持常规安全气囊供电，保持常规安全气囊的正常功能。当汽车遭受碰撞而导致蓄电池和交流发电机与 SRS ECU 之间的电路切断时，逻辑备用电源能在 6 s 内向 ECU 供给电能，保持 ECU 测出碰撞、发出点火指令等正常功能；点火备用电源能在 6 s 内向点火器供给足够的点火能量引爆点火剂，使充气剂受热分解，对常规安全气囊充气。时间超过 6 s 后，备用电源供电能力降低，ECU 备用电源不能保证 ECU 测出碰撞和发出点火指令；若点火备用电源不能提供最小点火能量，则 SRS 不能充气膨胀开。

（3）保护电路和稳压电路

在汽车电器系统中，许多电器部件有电感线圈，电器开关多，电器负载变化频繁。当线圈电流接通或切断、开关接通或断开、负载电流突然变化时，都会产生瞬时脉冲电压即过电压，若过电压加到常规安全气囊电路上，系统中的电子元件就可能因电压过高而导致损坏。为了防止安全气囊元件受损，SRS ECU 中必须设置保护电路。同时，为了保证汽车电源电压变化时，常规安全气囊能够正常工作，还必须设置稳压电路。

5．安全气囊线束与保险机构

为了便于区别电器系统线束连接器，常规安全气囊的连接器与汽车其他电器系统的连接器有所不同。常规安全气囊的连接器采用导电性能和耐久性能良好的镀金端子，并设有防止安全气囊误爆机构、电路连接诊断机构、连接器双重锁定机构和端子双重锁定机构等，用以保证常规安全气囊可靠工作。常规安全气囊采用的各种特殊连接器如图 7-7 所示。

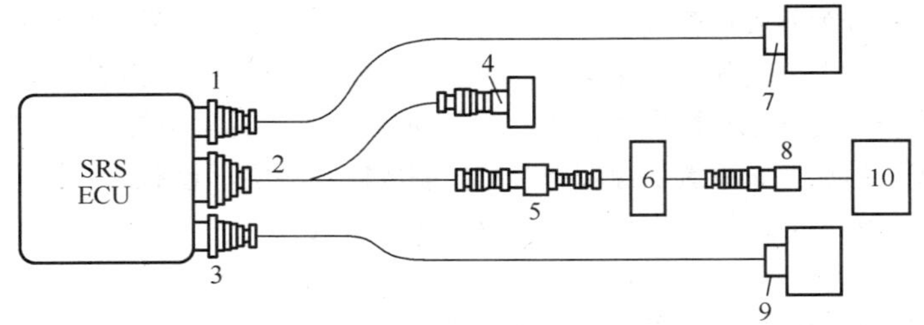

图 7-7　常规安全气囊采用的各种特殊连接器

1、2、3—ECU 连接器　4—SRS 电源连接器　5—中间线束连接器　6—螺旋线束　7—右碰撞传感器连接器　8—安全气囊组件连接器　9—左碰撞传感器连接器　10—点火器

（1）防止 SRS 误爆机构

SRS ECU 至 SRS 点火器之间的连接器 2、5、8 均采用了防止常规安全气囊误爆的短路片机构，拔下连接器时，短路片自动靠近 SRS 点火器一侧连接器将连接器两个引线端子短接，如图 7-8 所示，防止静电或误通电将电热丝电路接通而造成常规安全气囊误膨胀开。当连接器正常连接时，连接器的绝缘壳体将短路片向上顶起，如图 7-8（a）所示，短路片与连接器端子脱开。当连接器脱开时，短路片自动将安全气囊点火器一侧连接器的引线端子短接，使点火器的电热丝与短路片构成回路，如图 7-8（b）所示。此时即使将电源加到安全气囊点火器一侧连接器上，由于电源被短路片短路，因此点火器不会引爆，从而防止 SRS 误爆。

（2）电路连接诊断机构

电路连接诊断机构用于监测连接器是否连接可靠。前碰撞传感器连接器及其与 SRS ECU 连接的连接器采用了电路连接诊断机构，其结构如图 7-9 所示。连接器上有一个诊断销和两个诊断端子，前碰撞传感器触点为常开触点。当传感器连接器处于半连接（未可靠连接）状态时，诊断端子与诊断销尚未接触，如图 7-9（a）所示，此时电阻尚未与传感器触点构成并联电路，连接器引线“+”与“−”之间的电阻值为无穷大。当 ECU 监测到前碰撞传感器的电阻值为无穷大时，自诊断电路便控制 SRS 指示灯闪亮报警，同时将故障编成代码储存在存储器中。当传感器连接器可靠连接时，诊断端子与诊断销可靠接触，如图 7-9（b）所示，此时电阻与前碰撞传感器触点并联。当 SRS ECU 检测到的阻值为该并联电阻的阻值时，即诊断为连接器连接可靠。

（3）连接器双重锁定机构

连接器双重锁定机构用于锁定连接器常规安全气囊在线束的重要连接部位，其连接器采用了双锁和两个凸台，防止连接器脱开，其结构如图 7-10 所示。连接器上有主锁和两个凸台，还有锁柄能够转动的副锁。

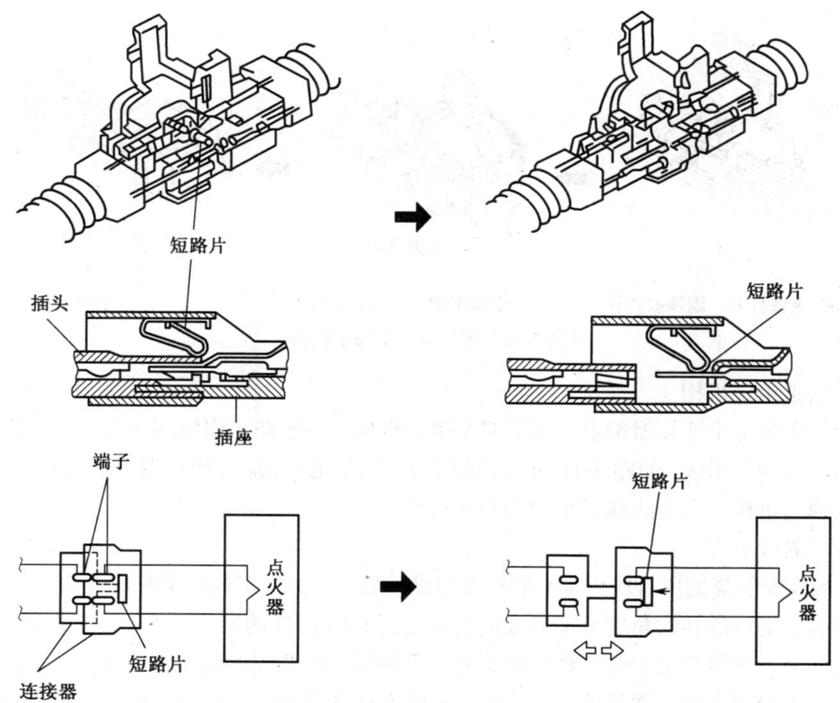

（a）连接器正常连接，短路片与端子脱开　　（b）连接器拔下时，短路片将端子短接

图 7-8　防止常规安全气囊误爆机构

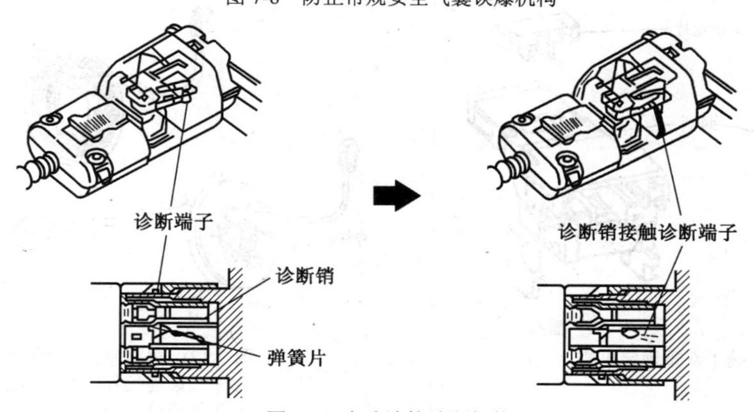

图 7-9　电路连接诊断机构

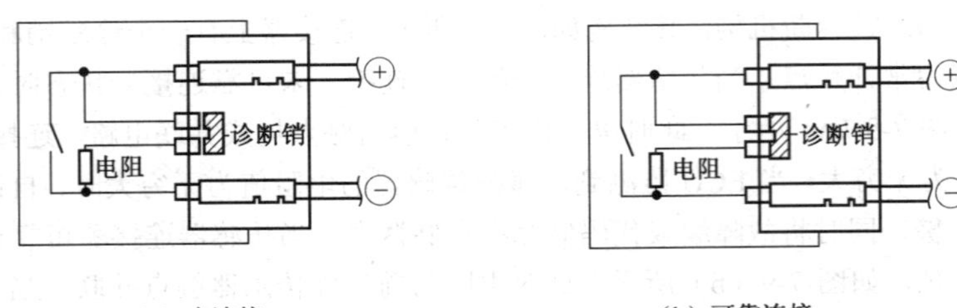

（a）半连接　　（b）可靠连接

图 7-9　电路连接诊断机构（续）

当主锁未锁定时，连接器上的两个凸台阻止副锁锁定，如图 7-10（a）所示；当主锁完全锁定时，副锁锁柄方能转动并锁定，如图 7-10（b）所示；当主锁与副锁双重锁定后，连接器连接状态如图 7-10（c）所示，可防止连接器脱开。

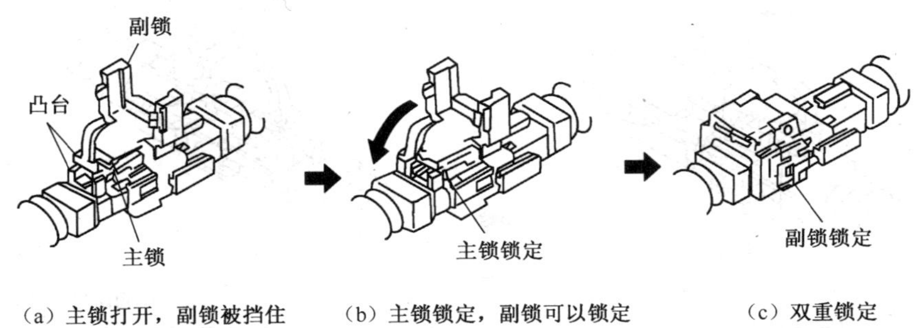

（a）主锁打开，副锁被挡住　　（b）主锁锁定，副锁可以锁定　　（c）双重锁定

图 7-10　连接器双重锁定机构

（4）端子双重锁定机构

常规安全气囊的每个连接器都设有端子双重锁定机构，用于防止引线端子滑动。它主要由连接器壳体上的锁柄与分隔片组成，如图 7-11 所示。锁柄为一次锁定机构，可防止端子沿引线轴线方向滑动；分隔片为二次锁定机构，可防止端子沿引线径向移动。

（5）安全气囊线束

目前，常规安全气囊的所有线束都套装在黄色波纹管内，并与车颈线束总成连成一体，以示区别。为保证转向盘具有足够的转动角度而又不致损伤驾驶员 SRS 组件的连接线束，在转向盘与转向柱管之间采用了螺旋线束。先将线束安装在螺旋弹簧内，再将螺旋弹簧安放到弹簧壳体内，如图 7-12 所示。通常电喇叭线束也安装在螺旋弹簧内。螺旋弹簧安装在转向盘与转向柱管之间。安装螺旋弹簧时，应注意其安装位置和方向，安装不当将会导致转向盘转动角度不足或转向沉重。

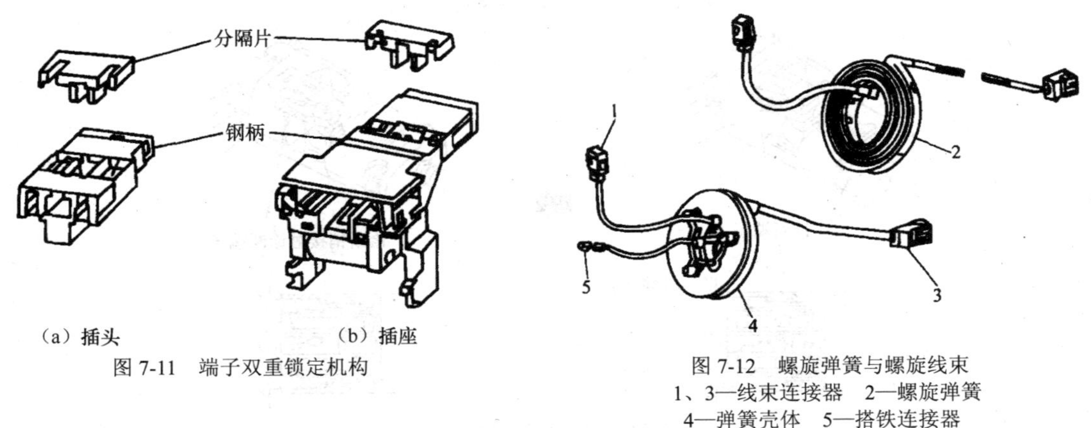

（a）插头　　（b）插座

图 7-11　端子双重锁定机构

图 7-12　螺旋弹簧与螺旋线束
1、3—线束连接器　2—螺旋弹簧
4—弹簧壳体　5—搭铁连接器

7.1.2　装备安全带收紧器的安全气囊

目前采用安全气囊的轿车越来越多，当车辆发生碰撞时，安全气囊对防止驾驶员和乘员遭受伤害十分有效。汽车安全气囊属于一次性使用装备，而且造价较高。为了保护驾驶员和乘员安全，降低耗费，部分中高档轿车装备了带安全带收紧器的安全气囊。

1．系统结构

装备安全带收紧器的安全气囊在常规安全气囊的基础上，增加了前排左、右两个座椅安全带收紧器，其安装在前排座椅左、右两侧或前左、右车门立柱旁边。安全带收紧器由气体发生器、带轮、离合器、自动安全带卷筒、活塞（或转子）和软轴等组成。气体发生器和点火器的结构原理与安全气囊组件基本相同。

2．系统工作原理

（1）安全带收紧器工作原理

如图 7-13 所示，前左、右碰撞传感器 9、10 与安装在 SRS ECU 中的中央碰撞传感器相互并联，驾驶员安全气囊点火器 7 与乘员安全气囊点火器 8 并联，左、右安全带收紧器的点火器 5、6 并联。在 SRS ECU 中，设有两只相互并联的保险传感器，其中一只与收紧器 5、6 和 SRS ECU 中的驱动电路构成回路，收紧器的点火器受控于 SRS ECU。另一只保险传感器与安全气囊点火器 7、8 和碰撞传感器 9、10 构成回路，安全气囊点火器 7、8 也受控于 SRS ECU。如图 7-14 和图 7-15 所示，当安全带收紧器的点火器电路接通电源时，点火器引爆点火剂，充气剂受热分解，活塞（或转子）在膨胀气体的作用下迅速移动，并推动收紧器的弹簧装置将安全带迅速收紧，驾驶员和乘员向前移动距离缩短，从而防止其面部、胸部与转向盘、风窗玻璃或仪表板发生碰撞。

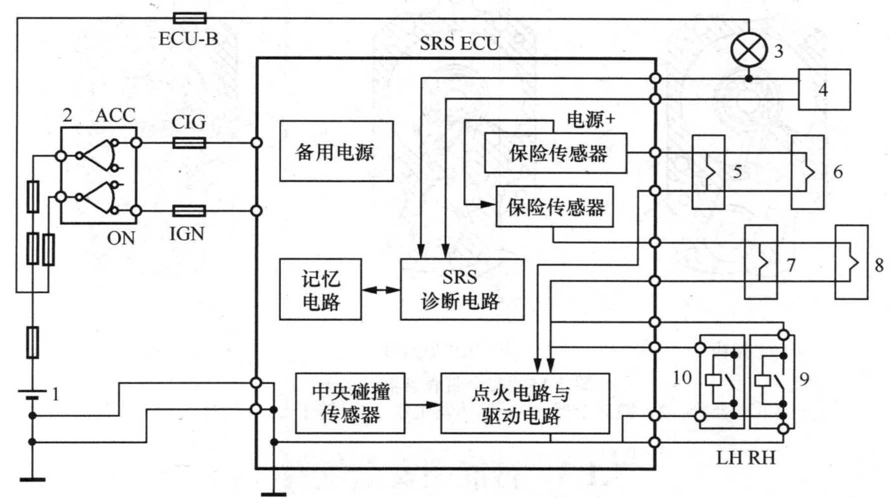

图 7-13　装备安全带收紧器的安全气囊控制电路

（2）系统工作原理

在汽车行驶过程中，保险传感器、中央碰撞传感器和前碰撞传感器随时检测车速变化信号，并将检测到的信号送到 SRS ECU。在 SRS ECU 中，预先编制的程序经过数学计算和逻辑判断后，再向收紧器的点火器或 SRS 点火器发出点火指令，使安全带收紧器动作或收紧器与 SRS 同时作用。当汽车行驶速度低于 30 km/h 时，碰撞产生的减速度和惯性力较小，保险传感器和中央碰撞传感器将此信号送到 SRS ECU，ECU 判断结果为不引爆 SRS，仅引爆安全带收紧器的点火器；与此同时，向左、右安全带收紧器的点火器发出点火指令使安全带收紧，防止驾驶员和乘员遭受伤害。当汽车行驶速度高于 30 km/h 时，碰撞产生的减速度和惯性力较大，保险传感器、中央碰撞传感器和前碰撞传感器将此信号送到 SRS ECU，ECU 判断结果为需要 SRS 和安全带收紧器共同作用来保护驾驶员和乘员。与此同时，向收紧器点火器和安全气囊点火器发出点火指令，引爆所有点火器，在座椅安全带收紧的同时，驾驶员安全气囊与乘员安全气囊同时膨胀开。

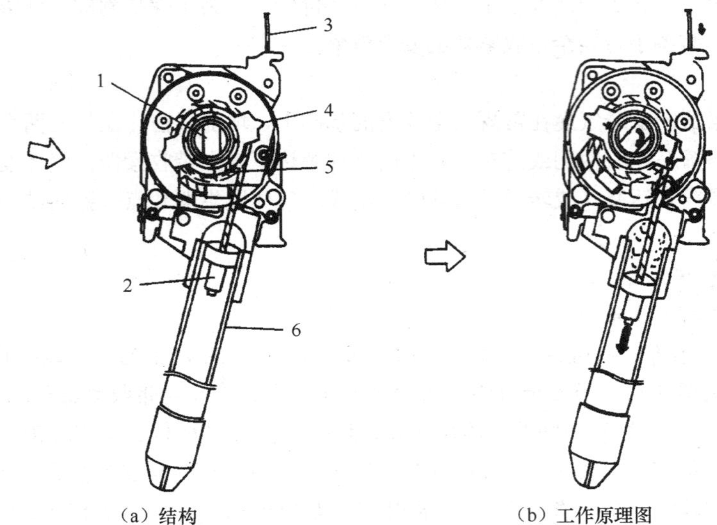

（a）结构　（b）工作原理图

图 7-14　安全带收紧器（一）

1—轴　2—活塞　3—座椅安全带　4—鼓　5—软轴　6—气缸

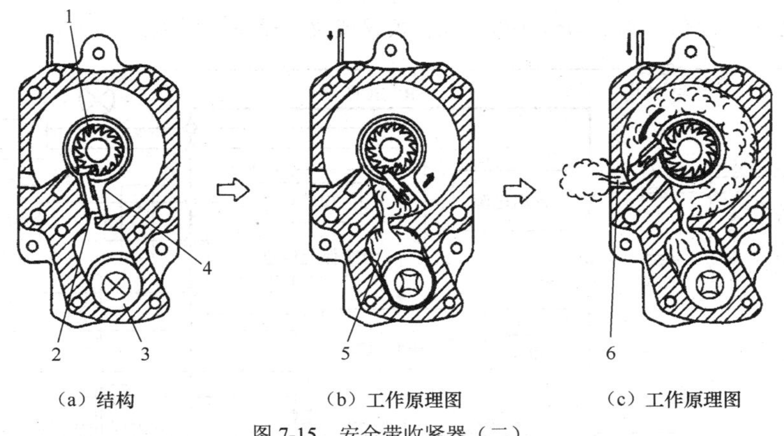

（a）结构　（b）工作原理图　（c）工作原理图

图 7-15　安全带收紧器（二）

1—锁爪离合器　2—键离合器　3—气体发生器　4—转子　5—气体　6—放气孔

7.1.3　智能型安全气囊

进入 21 世纪，汽车技术界根据安全气囊多年使用中出现的诸多问题，开始研制新一代具有多种自适应能力的智能型安全气囊。

1．常规安全气囊存在的问题

常规安全气囊主要存在以下问题。

① 前碰撞传感器只监测碰撞时的惯性变化，即减速度，但碰撞损坏不仅与减速度有关，还与碰撞时的初速度密不可分，即人体的动量是撞伤的能量源，不可忽视。

② 在紧急制动或车轮碰触异物时引发误爆。

③ 乘员座位如果无人，碰撞时将发生空爆，形成无谓损失。

④ 常规安全气囊不能充分保护儿童、妇女及身体矮小人员的安全。

⑤ 常规安全气囊迅速充满高温气体，在保护人员的同时，不可避免地造成一定程度的冲击损伤（如击碎眼镜）和轻度烧伤。

⑥ 叠氮化钠燃烧反应后产生有害物质氮化钠和氢氧化钠，对驾驶员、乘员和事后的维修人员造成呼吸器官损伤。

⑦ 安全带不能及时有效地防止驾驶员、乘员在高速碰撞时扑向常规安全气囊而造成损坏。

2．智能型安全气囊的组成原理

鉴于常规安全气囊存在的缺点，智能型安全气囊将设置以下装置并具有相应功能以解决上述问题。

① 增设多普勒车速传感器，以监测汽车与障碍物的相对速度。

② 增设红外乘员传感器，以检测乘员的有无与其身材的高矮。

③ 安全带增设收紧装置，在智能型安全气囊引爆前先收缩安全带以缓解冲撞损失，碰撞后自动解除收紧力。在相对车速低于 30 km/h 时，只收紧安全带而不引爆智能型安全气囊。

④ 扩展 ECU 的控制范围，增加逻辑运算功能，计算不同车速和加速度下的最佳控制模式，根据乘员红外信号决定适当的充气压力和膨胀方向。ECU 根据各传感器的信号进行运算以确定是否引爆智能型安全气囊，但碰撞只是一瞬间，在无碰撞信号的绝大部分时间内，ECU 则连续通过传感器触点并联的电阻器上的压降监测系统工作，一旦该状态偏离可维持正常工作的临界值，ECU 使安全气囊指示灯点亮。

当车辆发生碰撞后，ECU 存储和记忆相关信息，如相对速度、加速度及安全带工作状态，并记录碰撞前系统和部件的性能参数，碰撞后可通过专用设备解读这些信息，以确定碰撞前系统是否正常，并提供事故查询资料。对于充气气体有害有毒问题，可采用储压式惰性气筒，内装压缩氩气，如图 7-16 所示，当雷管引爆击穿隔膜时，氩气即刻膨胀冲入智能型安全气囊。

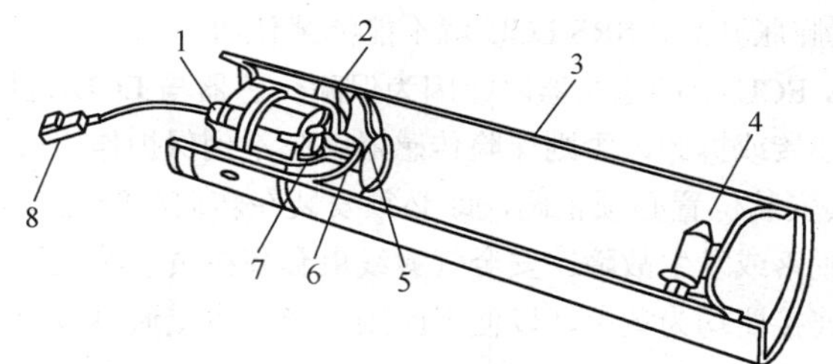

图 7-16　带有压缩氩气筒的混合型充气器
1—雷管　2—滤网　3—压缩氩气筒　4—压力传感器　5—隔膜
6—销钉　7—炸药　8—乘员侧雷管连接器（黄色）

7.2　安全气囊的正确使用与故障检测规则

安全气囊故障检查注意事项如下。

① 安全气囊的故障很难确认，根据自诊断系统提取故障码是诊断和排除故障的重要途径和信息来源。因此在检查与排除安全气囊故障时，必须在拆下蓄电池负极电缆之前，读出故障码。

② 检查工作务必在关闭点火开关，并将蓄电池负极电缆拆下 20 s 或更长一段时间以后进行，因为安全气囊装备有备用电源，若检查工作在拆下蓄电池负极电缆后 20 s 内就开始，安全气囊由备用电源供电，检查中很可能使安全气囊误膨胀开。另外，汽车音响系统、防盗系统、时钟、电控座椅、电控座椅安全带收紧系统、微机控制驾驶位置设定的电控倾斜和伸缩转向系统、电控车外后视镜等系统均具有存储功能，当蓄电池负极电缆拆下后，存储的内容将会丢失。因此在检查工作开始之前，应通知车主将音响、防盗系统的密码和其他控制系统的有关内容记录下来。当检查工作结束后再重新设置密码和有关内容并调整时钟。绝不允许使用车外电源来避免各系统存储内容丢失，以免导致 SRS 误膨胀开。

③ 检查安全气囊时，即使只发生了轻微碰撞而 SRS 并未膨胀开，也应对前碰撞传感器、驾驶员 SRS

组件、乘员 SRS 组件、座椅安全带收紧器等进行检查。安全气囊对零部件的工作可靠性要求极高。所有零部件均为一次性使用部件，如需要更换零部件，则应使用新件，并且不允许使用不同型号车辆上的零部件。在检修汽车其他零部件时，如有可能对安全气囊的传感器产生冲击，则应在检修工作开始之前，先拆下前碰撞传感器，以防 SRS 误膨胀开。

④ 安全气囊的保险传感器采用了水银开关式传感器。由于水银蒸气有剧毒，因此保险传感器更换之后，换下的旧的保险传感器不能随意毁掉，应作为有害废物处理。

⑤ 当前碰撞传感器、SRS ECU 或 SRS 组件摔碰之后，或其壳体、支架、连接器有裂纹、凹陷时，应更换。

⑥ 前碰撞传感器、SRS ECU 或 SRS 组件不得暴晒或接近火源。

⑦ 绝对不能检测点火器的电阻，否则有可能引爆安全气囊。检测其他部件电阻和检测安全气囊故障时，必须使用高阻抗万用表，即最好使用数字式万用表。如果使用指针式万用表，由于其阻抗小，表内电源的电压加到安全气囊上可能引爆安全气囊。在安全气囊各总成或零部件表面上，均标有说明标牌或注意事项，使用与检查时必须按规定进行。

⑧ 完成安全气囊的检查之后，必须对 SRS 指示灯进行检查。当点火开关转到接通或辅助位置时，SRS 指示灯亮 6 s 左右后自动熄灭，说明安全气囊正常。

⑨ 拆卸或搬运 SRS 组件时，安全气囊饰盖一面应朝上，不得将 SRS 组件重叠堆放，以防安全气囊误膨胀开造成严重事故。

⑩ 在报废整车或报废 SRS 组件时，应在报废之前使用专用维修工具将安全气囊引爆。引爆工作应在远离电场干扰的地方进行，以免电场过强而导致安全气囊误爆。

⑪ 安全气囊一旦引爆膨胀开后，SRS ECU 就不能继续使用。

⑫ 当连接或拆下 SRS ECU 上的连接器时，因为保险传感器与 ECU 组件在一起，所以应在 ECU 组件安装固定之后再进行连接或拆卸，否则保险传感器就起不到保护作用。

⑬ 安装转向盘时，其安装位置必须正确，即必须安装在转向柱管上，并使螺旋弹簧位于中间位置，否则会造成螺旋线束脱落或发生故障。安全气囊线束套装在黄色波纹管内，并与车颈线束和地板线束连成一体，所有线束连接器均为黄色，以便于区别。当发生交通事故而使安全气囊线束脱开或连接器破碎时，都应修理或更换安全气囊。

7.3 安全气囊系统故障码的读取与清除

安全气囊具有故障自诊断功能，安全气囊一旦发生故障，自诊断电路就能诊断出来，且控制仪表板上的 SRS 指示灯闪烁，提示驾驶员安全气囊出现故障。故障编成代码存储在 SRS ECU 存储器中，以便检查安全气囊时，通过调用故障码尽快查到故障部位。下面以丰田汽车为例，说明故障码的读取与清除步骤。

1．读取故障码

丰田汽车安全气囊的故障码，可用一根跨接线跨接诊断连接器上的 T_C、E_1 两个端子，通过仪表板上的 SRS 指示灯闪烁规律读取。

① 检查 SRS 指示灯。将点火开关转到“ON”挡或“ACC”挡位置，如 SRS 指示灯亮 6 s 后熄灭，说明 SRS 指示灯及其线路正常，可以读取故障码。若 SRS 指示灯不亮，说明指示灯或其线路有故障，应检修后才能读取故障码。

② 将点火开关转到“ON”挡或“ACC”挡位置，并等待 20 s 以上。

③ 用跨接线将 TDCL 诊断连接器的 T_C、E_1 两个端子短接。

④ 根据仪表板上的 SRS 指示灯闪烁情况读取故障码，故障码的闪烁规律如图 7-17 所示。

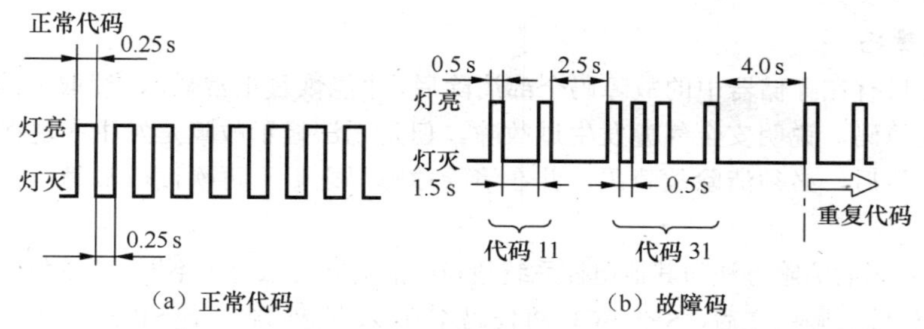

（a）正常代码　　（b）故障码

图 7-17　故障码闪烁规律

若安全气囊功能正常，则仪表板上的 SRS 指示灯每秒闪烁两次，每次灯亮与灯灭时间均为 0.25 s，高电平时灯亮，低电平时灯灭。若安全气囊有故障，SRS 指示灯闪烁显示故障码，故障码为两位数字，SRS 指示灯先显示十位数字，后显示个位数字。同一数字灯亮与灯灭时间均为 0.5 s，十位数字与个位数字之间间隔 1.5 s。若有多个故障码，则故障码与故障码之间间隔 2.5 s，并按由小到大的顺序显示故障码。故障码全部输出后，间隔 4 s 再重复显示。

- 当点火开关置“ON”挡或“ACC”挡位置后，SRS 指示灯一直亮，读取故障码时显示代码又正常，说明蓄电池电压过低或 SRS ECU 的备用电源电压过低，SRS ECU 设计时未将此故障编成代码存入存储器。
- 当电源电压恢复正常后约 10 s，SRS 指示灯自动熄灭。
- 当 SRS 指示灯线路断路时不能显示故障码，所以在断路故障排除之前，SRS 指示灯无法显示故障码。
- 当安全气囊发生故障时，SRS ECU 将故障编成代码 11 至 31 存入存储器中。如果 SRS 指示灯显示出表 7-1 以外的代码，说明 SRS ECU 有故障。
- 当排除故障码 11 至 31 所指示的故障并清除故障码后，SRS ECU 将代码 41 存入存储器，SRS 指示灯将一直发亮，直到故障码 41 被清除为止。

安全气囊故障码如表 7-1 所示。

表 7-1　　安全气囊故障码

故障码	故障原因	故障部位	指示灯状态
正常	安全气囊正常	—	OFF
	安全气囊电源电压过低	蓄电池；SRS ECU	ON
11	安全气囊点火器线路搭铁 前碰撞传感器线路搭铁	安全气囊组件；螺旋线束；传感器线路；SRS ECU	ON
12	SRS 点火器引线与电源搭铁 前碰撞传感器引线与电源线搭铁 前碰撞传感器引线短路 螺旋线束与电源线搭铁	安全气囊组件；螺旋线束；传感器线路；SRS ECU	ON
13	SRS 点火器线路短路	安全气囊组件；螺旋线束；SRS ECU	ON
14	SRS 点火器线路断路	安全气囊组件；螺旋线束；SRS ECU	ON
15	前碰撞传感器线路断路	螺旋线束；前碰撞传感器；SRS ECU	ON
22	SRS 指示灯线路断路	螺旋线束；SRS 指示灯；SRS ECU	ON
31	SRS 备用电源失效 SRS ECU 故障	SRS ECU	ON
41	SRS ECU 曾记忆过故障码	SRS ECU	ON

2．清除故障码

SRS 指示灯只有在存储器中的故障码全部清除后，才能恢复正常显示。读取故障码时，如 SRS 指示灯显示有故障码，说明安全气囊发生过故障，但是无法显示故障是发生在现在还是过去。因此，每当排除故障后，必须清除故障码，并在清除故障码之后，再次读取故障码，确认故障码已全部清除。

安全气囊故障码的清除方法与其他电控系统故障码的清除方法有所不同。当故障码 11 至 31 代表的故障被排除并清除故障码之后，SRS ECU 将代码 41 存入存储器中，使 SRS 指示灯一直发亮，直到代码 41 清除后，SRS 指示灯才恢复正常显示。因此，清除安全气囊故障码需要分两步进行。第一步清除代码 41 以外的故障码，第二步清除代码 41。

① 清除代码 41 以外的故障码。关闭点火开关，拔下熔断器盒内的 ECU-B 熔断器或拆下蓄电池负极电缆 10 s 以上，代码 41 以外的故障码即可被清除。

② 清除代码 41 以外的故障码注意事项。在清除故障码后接上蓄电池负极电缆时，必须关闭点火开关。若点火开关处于接通状态，会导致诊断系统工作失常。

拆卸蓄电池负极电缆清除故障码之前，应先将音响和防盗等系统的密码记录下来。否则，蓄电池负极电缆拆下后，音响和防盗等系统以及时钟存储的内容将会丢失。

③ 清除代码 41。安全气囊系统的代码 41 必须采用以下特定程序才能清除。

- 取两根跨接线，将其分别与 TDCL 诊断连接器的 T_C、AB 端子连接，如图 7-18 所示。

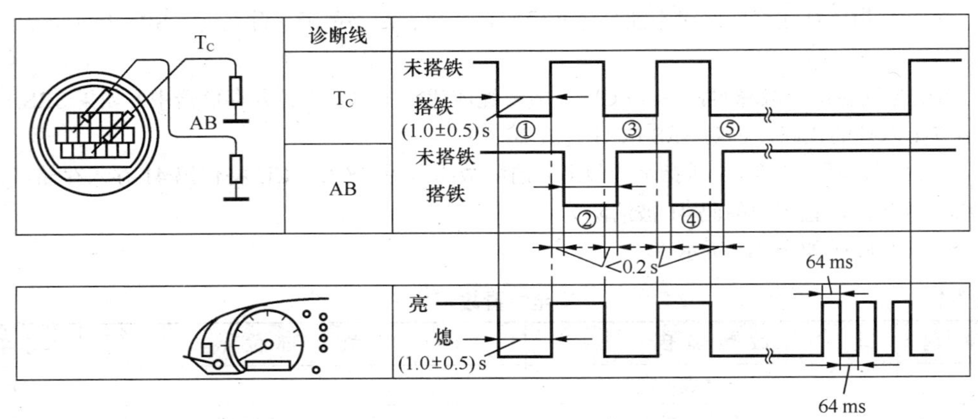

图 7-18　代码 41 的清除程序

- 接通点火开关并等待 6 s 以上。
- 将连接 T_C 端子的跨接线端子搭铁（1.0 ± 0.5）s，然后离开搭铁部位，并在端子离开搭铁部位后 0.2 s 内，将连接 AB 端子的跨接线端子搭铁（1.0 ± 0.5）s。
- 将 AB 端子离开搭铁部位，并在端子离开搭铁部位之前 0.2 s 内，将 T_C 端子第二次搭铁（1.0 ± 0.5）s；再将 T_C 端子第二次离开搭铁部位之后 0.2 s 内，将 AB 端子第二次搭铁（1.0 ± 0.5）s。
- 将 AB 端子第二次离开搭铁部位，并在端子离开搭铁部位之前 0.2 s 内，将端子 T_C 第三次搭铁。
- 将 T_C 端子保持搭铁，AB 端子保持离开搭铁部位，直到数秒之后，SRS 指示灯以亮 64 ms、灭 64 ms 的闪烁周期闪烁时，代码 41 即被清除，此时再将 T_C 端子离开搭铁部位。

④ 清除代码 41 的注意事项。清除代码 41 时，必须按照上述规定的时间间隔进行操作，否则当时间间隔超出规定，则不能清除代码 41。

上述方法在清除代码 41 的同时，其他故障码也将立即被清除。因此，只有在调取故障码、排除故障、清除代码 41 以外的故障码，并再次读取故障码，确认安全气囊故障已经全部排除之后才能进行清

除代码 41 的操作。

3. 故障码的检查

以 LS400 轿车故障码 11 为例说明安全气囊故障的诊断与检查方法。

（1）故障原因

① SRS 点火器引线搭铁。

② SRS 点火器失效。

③ 前碰撞传感器故障。

④ SRS ECU 至螺旋线束连接器之间的线束搭铁。

⑤ 螺旋线束搭铁。

⑥ SRS ECU 故障。

（2）故障检查

① 检查准备。关闭点火开关，拆下蓄电池负极电缆，等待 20 s 后，拆下 SRS 组件。

② 检查前碰撞传感器电路。拔下 SRS ECU 线束连接器，先检测线束连接器的＋SR 与－SR 端子、＋SL 与－SL 端子之间的电阻，其值应为 755～885 Ω。若阻值不符，说明端子＋SR 或－SR、＋SL 或－SL 至前碰撞传感器之间的线束搭铁或前碰撞传感器电路搭铁。

再检测＋SR、＋SL 端子与车身之间的电阻，其值应为无穷大。如阻值正常，说明线束良好，故障出在传感器，即前碰撞传感器需要更换；否则，说明端子＋SR 或＋SL 至前碰撞传感器之间的线束搭铁，需要修理或更换线束。

③ 检查前碰撞传感器。脱开前碰撞传感器线束连接器，用万用表检测前碰撞传感器连接器各端子间的阻值，阻值应符合表 7-2 的规定。否则，更换传感器。

表 7-2 前碰撞传感器的阻值

被测端子代号	阻值标准/Ω
+S、+A	755～885
+S、−S	∞
−S、−A	＜1

④ 检查 SRS 点火器线路和螺旋线束。拔下 SRS 组件与螺旋线束之间的连接器，用万用表检测螺旋线束一侧连接器的端子 D^+、D^-之间的电阻，其值应为无穷大。否则，将 SRS ECU 与螺旋线束之间的连接器拔开，再次检测螺旋线束一侧连接器的端子 D^+、D^-之间的电阻，其值应为零。否则，修理或更换螺旋线束。

⑤ 通过读取故障码检查 SRS ECU。先将 SRS ECU 线束连接器插上，然后用导线将靠近 SRS 组件一端的螺旋线束连接器端子 D^+、D^-连接起来，再将蓄电池负极电缆接上。20 s 以后，接通点火开关，过 2 s 后，用跨接线将诊断连接器 TDCL 上的端子 T_C、E_1 跨接，同时利用 SRS 指示灯读取故障码。若无故障码输出或不输出 11 号故障码，说明 SRS ECU 正常；若输出 11 号故障码，说明与 SRS ECU 安装在一起的前碰撞传感器有故障，应更换 SRS ECU。当输出代码 11 以外的故障码时，可按故障码表示的故障进行检查。

⑥ 通过读取故障码检查 SRS 点火器。关闭点火开关，拆下蓄电池负极电缆，至少 20 s 后插上 SRS 组件连接器，再接上蓄电池负极电缆。等待 20 s 后，接通点火开关。再等 20 s 后，用跨接线将诊断连接器 TDCL 上的端子 T_C、E_1 跨接，同时利用 SRS 指示灯读取故障码。如无故障码输出或不输出 11 号故障码，说明 SRS 点火器正常；如输出 11 号故障码，说明 SRS 点火器故障，需要更换 SRS 组件。当输出代码 11 以外的故障码时，可按故障码表示的故障进行检查。

【课后练习题】

一、填空题

1．汽车的安全系统可分为两大类，第一类像制动系统属于________安全系统；第二类像安全气囊系统属于________安全系统。

2．安全气囊系统必须与________配合使用才能有效地保护乘员的安全。

3．拆下来的安全气囊总成放置时必须使________面朝上。

二、判断题

1．安全气囊只能一次性工作，而座椅安全带收紧器却可以多次重复使用。（　　）

2．拆下来的安全气囊为了放置稳妥，应使较平整的一面即装饰盖面朝下放置在地面上。（　　）

3．当有几个拆下来的安全气囊放置在一起时应堆放整齐。（　　）

4．安全气囊点火器的引线连接器内一般都设有短路片，是为了防止静电或误通电而造成气囊误爆。（　　）

三、选择题

1．在讨论安全气囊系统充气器时，甲说乘客一侧和驾驶员一侧的气囊尺寸相同；乙说气囊是用塑料做的。试问谁正确？（　　）

A. 甲正确　B. 乙正确　C. 两人均正确　D. 两人均不正确

2．在讨论气囊系统警告灯时，甲说有些系统的这种警告灯，在发动机起动后应闪光7～9次，然后熄灭；乙说有些系统的这种警告灯在发动机起动时应该发亮。试问谁正确？（　　）

A. 甲正确　B. 乙正确　C. 两人均正确　D. 两人均不正确

3．在讨论充气器的工作时，甲说氮气是气囊胀开的主要产物；乙说在气囊胀开期间，发热剂中的氧化铜产生氢气。试问谁正确？（　　）

A. 甲正确　B. 乙正确　C. 两人均正确　D. 两人均不正确

4．在讨论安全气囊系统的检修时，甲说在更换安全气囊系统元件之前，应该断开蓄电池负极线，并应等待2 min；乙说该等待时间是使安全气囊系统计算机中的储备电源能量消失所必需的。试问谁正确？（　　）

A. 甲正确　B. 乙正确　C. 两人均正确　D. 两人均不正确

5．在讨论安全气囊系统的检修时，甲说搬动气囊组件，应将装饰盖面对身体；乙说将电阻表连接到气囊组件的接线端上，可测试该组件。试问谁正确？（　　）

A. 甲正确　B. 乙正确　C. 两人均正确　D. 两人均不正确

第 8 章 辅助电器与电子设备

8.1 风窗刮水、清洗和除霜装置的组成、工作原理及控制电路

在雨天、雪天、雾天或扬沙天气行车时，会造成驾驶员视线不良，给安全行车带来隐患。为了保证在上述不良天气时驾驶员仍具有良好的视线，汽车上都安装有刮水器，有的车上还安装有后风窗刮水器。

8.1.1 电动刮水器

刮水器有真空式、气动式和电动式 3 种。因电动刮水器动力大，容易控制，不受发动机工况的影响，故目前在汽车上广泛应用。

1. 电动刮水器的结构

电动刮水器主要由直流电动机、蜗杆箱、曲柄、连杆、摆杆、摆臂和刮水片等组成，如图 8-1 所示。一般电动机和蜗杆箱结合成一体，组成刮水器电动机总成。曲柄、连杆和摆杆等杆件可以把蜗轮的旋转运动转变为摆臂的往复摆动，使摆臂上的刮水片实现刮水动作。

2. 电动刮水器的变速原理

刮水器的变速是利用直流电动机的变速原理来实现的，由直流电动机电压平衡方程式可得转速公式：

$$n = \frac{U - IR}{KZ\Phi}$$

式中，U——电动机端电压，单位为 V；

I——通过电枢绕组中的电流，单位为 A；

R——电枢绕组的电阻，单位为 Ω；

K——常数；

Z——正、负电刷间串联的导体数；

Φ——磁极磁通，单位为 Wb。

在电压 U 不变和直流电动机定型的条件下，即 I、R、K、Z 均为常数，当磁极磁通 Φ 增大时，转速 n 下降；反之，转速 n 上升。因此，刮水器变速是在直流电动机变速的理论基础上，采取改变电动机磁极磁通来实现的。另外，改变两电刷之间串联的导体数也可实现刮水器的变速。

（1）改变磁通变速

采用改变电动机磁极磁通变速的方法，只适用于绕线式直流电动机。绕线式直流电控刮水电动机的工作原理如图 8-2 所示。

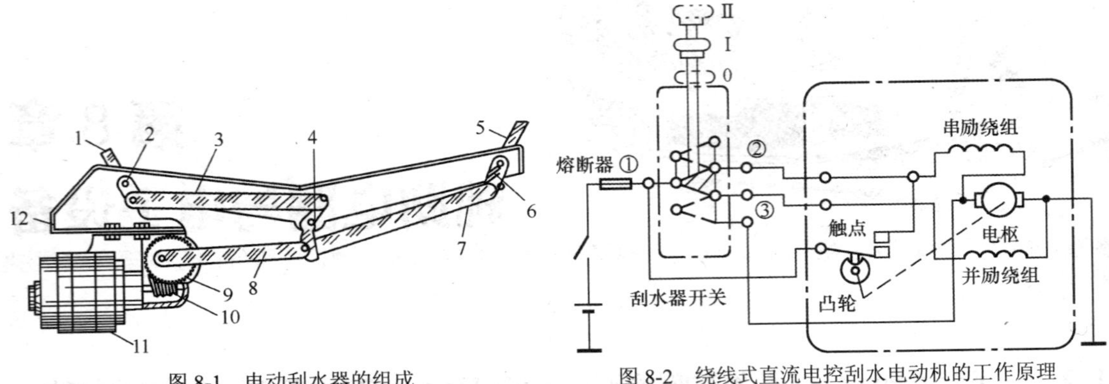

图 8-1 电动刮水器的组成

1、5—刷架 2、4、6—摆杆 3、7、8—拉杆 9—蜗轮 10—蜗杆 11—电动机 12—底板

图 8-2 绕线式直流电控刮水电动机的工作原理

当刮水器开关在Ⅰ挡位置（低速）时，电流由蓄电池正极经点火开关→熔断器→接线柱①→接触片，然后分两路：一路通过接线柱②→串励绕组→电枢→搭铁→蓄电池负极形成回路；另一路通过接线柱③→并励绕组→搭铁→蓄电池负极形成回路。此时，在串励绕组和并励绕组的共同作用下，磁场增强，电动机以低速运转。

当刮水器开关在Ⅱ挡位置（高速）时，电流由蓄电池正极→点火开关→熔断器→接线柱①→接触片→接线柱②→串励绕组→电枢→搭铁→蓄电池负极形成回路。此时由于并励绕组被隔除，磁场减弱，电动机以高速运转。

（2）改变电刷间导体数变速

改变电刷间导体数变速的方法只能通过永磁电动机来实现，其原理是：刮水电动机工作时，在电枢内同时产生反电动势，其方向与电枢电流的方向相反。如要使电枢旋转，外加电压必须克服反电动势的作用。当电动机转速高时，反电动势增加，只有当外加电压等于反电动势时，电枢的转速才能稳定。

三刷永磁式刮水电动机工作时，电枢绕组产生的反电动势的方向如图 8-3 中箭头所示。将刮水器开关 K 拨向“L”端（低速）时，如图 8-3（a）所示，电源电压 U 加在电刷 B_1 和 B_3 间。在电刷 B_1 和 B_3 之间的两条并联支路中，每条支路中各有 4 个串联绕组，反电动势的大小与支路中反电动势的大小相等。由于外加电压需要平衡 4 个绕组所产生的反电动势，故电动机转速较低。

当将刮水器开关 K 拨向“H”端（高速）时，如图 8-3（b）所示，电源电压 U 加在电刷 B_2 和 B_3 之间。绕组 1、2、3、4、8 同在一条支路中，其中绕组 8 与绕组 1、2、3、4 的反电动势方向相反，相互抵消后，使每条支路变为 3 个绕组，由于电动机内部的磁场方向和电枢的旋转方向没有变化，所以各绕组内反电动势的方向与低速时相同。但是外加电压只需平衡 3 个绕组所产生的反电动势，因此，电动机的转速增高。

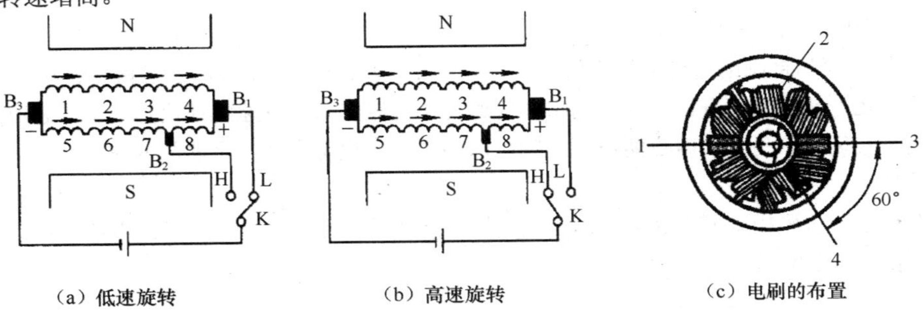

（a）低速旋转 （b）高速旋转 （c）电刷的布置

图 8-3 永磁式刮水电动机的变速原理

1—共用电刷 2—电枢线圈 3—低速电刷 4—高速电刷

3．刮水电动机的自动复位装置

图 8-4 所示为铜环式刮水器的控制电路，此电路具有自动复位的功能。当刮水器停止工作时，为了避免刮水片停在风窗玻璃中间，影响驾驶员视线，汽车上电动刮水器都设有自动复位装置。其功能是在切断刮水器开关时，刮水片能自动停在驾驶员视野以外的指定位置。

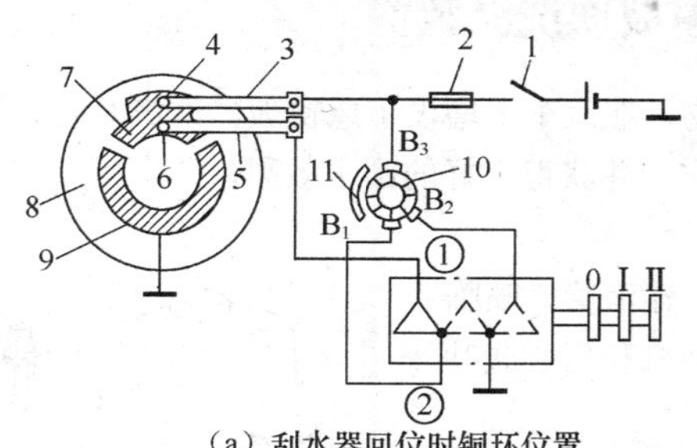

（a）刮水器回位时铜环位置

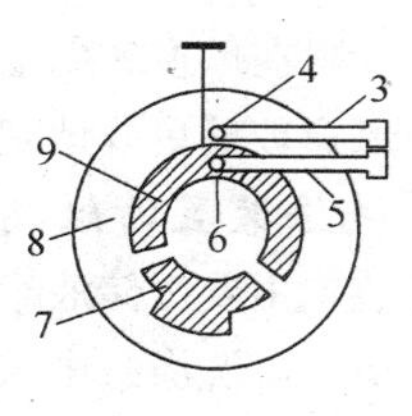

（b）刮水器未回位时铜环位置

图 8-4　刮水器的自动复位装置原理图

1—电源开关　2—熔断器　3、5—触点臂　4、6—触点　7、9—铜环　8—蜗轮　10—电枢　11—永久磁铁

当刮水器的开关推到 0 挡时，若刮水片没有停在规定的位置，如图 8-4（b）所示，由于触点与铜环接触，电流由蓄电池正极→点火开关→熔断器→B_3→电枢绕组→B_1→刮水器开关接线柱②→刮水器开关接线柱①→触点臂→触点→铜环→搭铁→蓄电池负极形成电流回路，电动机仍然以低速运转，直至蜗轮转到特定位置时，铜环将两触点短接，电动机电枢绕组被短路。由于电动机存在惯性，不能立即停转，以发电机方式运行，电枢绕组将产生强大的制动力矩，电动机迅速停转，使刮水片停在指定位置。

4．刮水器电子间歇控制

电动刮水器间歇控制的作用，一是在与洗涤器配合使用时，可以形成先洗后刮的循环刮洗工序，以增强刮洗效果；二是在毛毛细雨时，雨量很少，如果刮水器仍按原来那样不断地工作，会使玻璃模糊，影响驾驶员视线，也会引起刮片的颤动，而且会对玻璃造成损伤。下面以无稳态方波发生器控制的间歇刮水器为例介绍其工作过程，其电路如图 8-5 所示。

电路中电阻 R、电容 C、二极管 VD 组成间歇时间控制电路，调整其参数可改变间歇时间的长短。当刮水器开关置“0”挡，且间歇开关闭合时，电流由蓄电池正极→点火开关→熔断器→复位开关“上”触点（常闭）→电阻 R→电容 C→搭铁→蓄电池负极形成充电回路，使电容 C 两端电压上升，到一定值时，VT_1 导通，VT_2 随之导通。继电器 J 中有电流通过，回路为：蓄电池正极→点火开关→熔断器→R_4→VT_2→J→间歇开关→搭铁→蓄电池负极；继电器磁化线圈接通，使其常闭触点（实线位置）断开，常开触点（虚线位置）闭合，刮水电动机电路被接通，回路为：蓄电池正极→点火开关→熔断器→公共电刷 B_3→电枢→低速电刷 B_1→刮水开关“0”位→继电器常开触点→搭铁→蓄电池负极；使刮水电动机低速工作。当复位开关常闭触点被复位装置顶开至“下”位置（常开）时，电容 C 经 VD→复位开关“下”位置→搭铁，快速放电，一段时间后，VT_1 截止，VT_2 截止，继电器断电，其触点复位，但这时电动机仍在运转，回路为：蓄电池正极→点火开关→熔

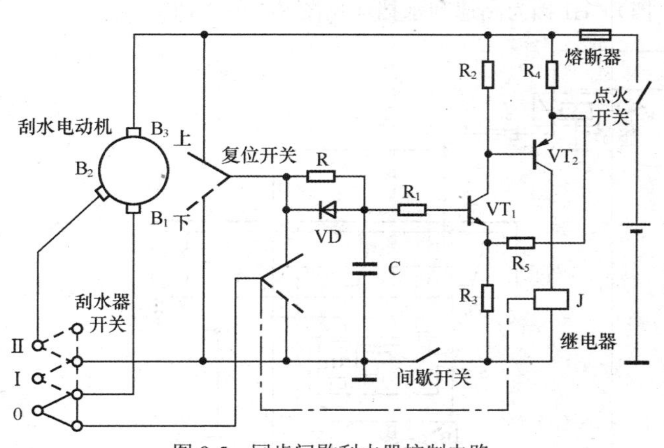

图 8-5　同步间歇刮水器控制电路

断器→公共电刷 B_3→电枢→低速电刷 B_1→刮水开关“0”位→继电器常闭触点→复位开关常开触点→搭铁→蓄电池负极，只有当复位开关常开触点被复位装置顶回至“上”位置（常闭）时，电动机才停止运转。电容 C 再次充电，重复周期开始。

8.1.2　风窗玻璃洗涤装置

为了更好地消除附在风窗玻璃上的灰尘污物，在汽车上增设了风窗玻璃洗涤装置，与刮水器一起使用，可以使汽车风窗玻璃更好地完成刮水工作，并获得更好的刮水效果。

1．风窗玻璃洗涤装置的组成

风窗玻璃洗涤装置主要由储液罐、洗涤泵、输液管、喷嘴等组成，如图 8-6 所示。洗涤泵由永磁直流电动机和离心式叶片泵组装成为一体，安装在储液罐上或管路内。

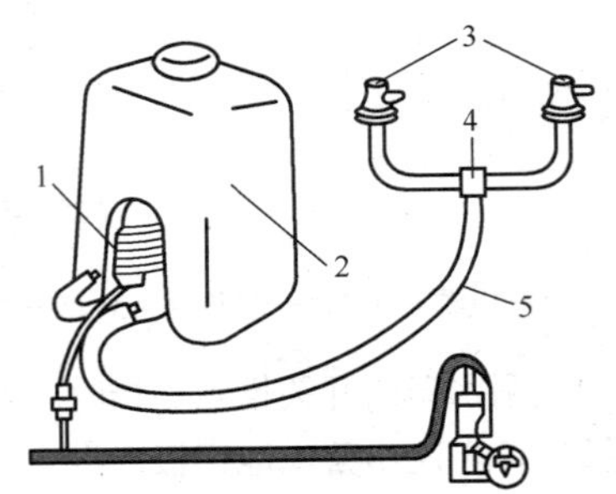

图 8-6　风窗玻璃洗涤装置
1—洗涤泵　2—储液罐
3—喷嘴　4—三通　5—软管

2．风窗玻璃洗涤装置的正确使用

洗涤泵喷嘴安装在风窗玻璃的下面，其喷嘴方向可以根据使用情况调整，喷水直径一般为 0.8～1.0 mm，能够使洗涤液喷射在风窗玻璃的适当位置。洗涤泵的连续工作时间不应超过 1min，对于刮水和洗涤分别控制的汽车，应先开洗涤泵，再接通刮水器。喷水停止后，刮水器应继续刮动 3～5 次，以便达到良好的清洁效果。

常用的洗涤液是清水。为了能刮掉风窗玻璃上的油、蜡等物，可在水中添加少量的去垢剂和防锈剂。强效洗涤液的去垢效果好，但会使风窗密封条和刮片胶条变质，还会引起车身喷漆变色以及储液罐、喷嘴等塑料件的开裂。冬季使用洗涤装置时，为了防止洗涤液的冻结，应添加甲醇、异丙醇、甘醇等防冻剂，再加少量的去垢剂和防锈剂，即成为低温洗涤液，可使结冰温度下降到−20℃以下。如冬季不用洗涤装置时，应将软管中的水倒掉。

3．风窗玻璃洗涤装置的控制电路

桑塔纳轿车风窗玻璃洗涤装置的控制电路如图 8-7 所示。从图中可以看出，刮水器控制开关有 5 个挡位，分别为复位停止挡、间歇挡、低速挡、高速挡和点动挡。通常在刮水器操纵手柄上 f 挡为点动挡，LO 挡为低速刮水挡（见图 8-7 中 1 挡），HI 挡为高速刮水挡（见图 8-7 中 2 挡）。

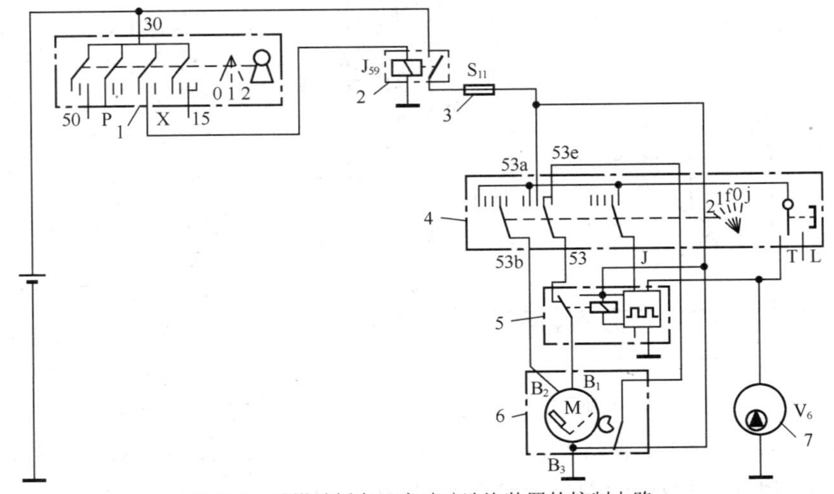

图 8-7　桑塔纳轿车风窗玻璃洗涤装置的控制电路
1—点火开关　2—中间继电器　3—熔丝　4—刮水器开关　5—间歇继电器　6—刮水电动机　7—洗涤泵

将点火开关置于“ON”，接通了蓄电池向中间继电器磁化线圈的放电回路，其电流为：蓄电池正极→点火开关“30”接线柱→点火开关“X”接线柱→中间继电器磁化线圈→搭铁→蓄电池负极。在电磁吸力的作用下，中间继电器触点闭合，为刮水电动机的工作做好准备。

将刮水器开关拨到“f”挡（即点动挡）时，蓄电池将通过刮水器开关、间歇继电器触点向刮水电动机放电，其电流为：蓄电池正极→中间继电器触点→熔丝 S_{11}→刮水器开关“53a”接线柱→刮水器开关“53”接线柱→间歇继电器常闭触点→电刷 B_1→电刷 B_3→搭铁→蓄电池负极，此时电动机以低速运转。当驾驶员的手离开刮水器开关时，开关将自动回到“0”位，如果此时刮水片处在影响驾驶员视线的位置上，自动复位装置的常闭触点打开，常开触点闭合，刮水电动机电枢内继续有电流通过，其电流为：蓄电池正极→中间继电器触点→熔丝 S_{11}→复位装置的常开触点→刮水器开关“53e”接线柱→刮水器开关“53”接线柱→间歇继电器常闭触点→电刷 B_1→电刷 B_3→搭铁→蓄电池负极，故电动机仍以低速运转，只有当自动复位装置处在指定位置时，刮水电动机方可停止运转。

当将刮水器开关拨到“1”挡（低速挡）时，蓄电池仍然是通过中间继电器、刮水器开关、间歇继电器、电刷 B_1 和 B_3 向刮水电动机放电（放电回路与点动时相同），电动机以 42～52 r/min 的转速低速运转。

当将刮水器开关拨到“2”挡（高速挡）时，蓄电池向电动机的放电回路为：蓄电池正极→中间继电器触点→熔丝 S_{11}→刮水器开关“53a”接线柱→刮水器开关“53b”接线柱→电刷 B_2→电刷 B_3→搭铁→蓄电池负极，此时刮水电动机以 62～80 r/min 的转速高速运转。

当自动复位装置切断电动机电路，由于旋转惯性使电动机不能立即停下来时，电动机将以发电机运行而发电，由楞次定律可知，电枢绕组中所产生的感应电动势的方向与外加电压的方向相反，通过刮水器开关、自动复位常闭触点构成回路，其电流为：电刷 B_1→间歇继电器常闭触点→刮水器开关“53”接线柱→刮水器开关“53e”接线柱→自动复位装置的常闭触点→电刷 B_3，电枢绕组中即会产生反电磁力矩（制动力矩），刮水电动机迅速停止运转，使刮水片复位到风窗玻璃的下部。

当将刮水器开关拨到“j”（间歇）位置时，电子式间歇继电器投入工作，使其触点不断地开闭。当间歇继电器的常闭触点打开，常开触点闭合时，蓄电池向电动机的放电回路为：蓄电池正极→中间继电器触点→熔丝 S_{11}→间歇继电器的常开触点→电刷 B_1→电刷 B_3→搭铁→蓄电池负极，电动机低速运转。当间歇继电器断电，其触点复位（常闭触点闭合，常开触点打开）时，电动机将停止运转。在此过程中，自动复位装置的工作及制动力矩的产生与上述相同。在间歇继电器的作用下，刮水电动机每 6 s 使曲柄旋转一周。

当将洗涤开关接通时（将刮水器开关向上扳动），洗涤泵控制电路接通，其电流为：蓄电池正极→中间继电器触点→熔丝 S_{11}→洗涤开关→洗涤泵 V_6→搭铁→蓄电池负极。位于发动机盖上的两个喷嘴同时向风窗玻璃喷射洗涤液。与此同时，也接通了刮水器间歇继电器的控制电路，其电流为：蓄电池正极→中间继电器触点→熔丝 S_{11}→洗涤开关→刮水器间歇继电器→搭铁→蓄电池负极，于是刮水电动机工作，驱动刮水片刮掉已经湿润的尘土和污物。当驾驶员松开控制手柄时，开关将自动复位，切断洗涤泵的控制电路，喷嘴停止喷射洗涤液，刮水电动机在自动复位开关起作用后，将刮水片停靠在风窗玻璃的下方。

8.1.3　雨滴感知型刮水装置

电动刮水器虽然能够实现间歇控制，但不能随雨量的变化及时调整刮水片的刮水频率。雨滴感知型刮水器则能根据雨量的大小自动调节刮水频率，使驾驶员始终保持良好的视线。

1．雨滴感知型刮水装置的组成

雨滴感知型刮水装置主要由雨滴传感器、间歇控制电路、刮水电动机三大部分组成。压电型传感器是利用雨滴下落撞击传感器的振动片，将振动能量传给压电元件，从而将雨量的大小转变为与之相对应的电信号，其结构如图 8-8 所示。

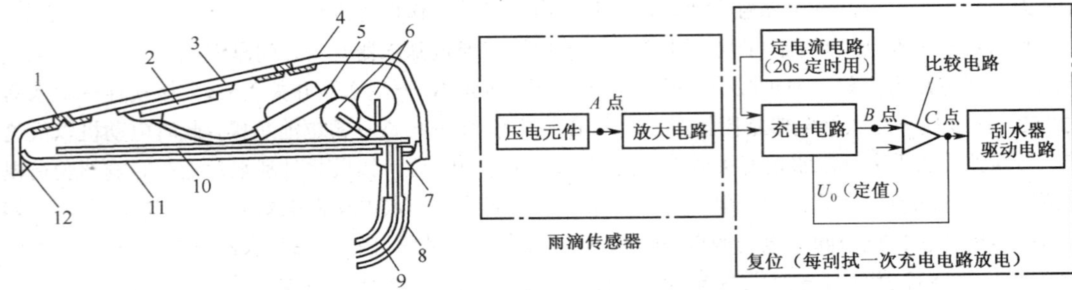

图 8-8　压电型雨滴传感器结构图
1—阻尼橡胶　2—压电元件　3—振动片（不锈钢）
4—上盖（不锈钢）　5—集成电路　6—电容器
7—衬垫　8—线束套筒　9—线束　10—电路板
11—下盖（不锈钢）　12—密封件

图 8-9　雨滴感知型刮水装置工作原理图

2．雨滴感知型刮水装置的工作原理

其原理如图 8-9 所示，工作时，雨滴传感器将雨量的大小转变为与之相对应的电信号，经放大后送入间歇控制电路，给充电电路进行充电，使充电电路中电容两端电压上升，当电压上升至与基准电压相等时，驱动电路使刮水电动机工作一次。雨量越大，感应出的电信号越强，充电速度越快，间歇工作频率越高；反之，则工作频率越低。但当雨量很小时，雨滴传感器没有电压信号输出，只有定时电路对充电电路进行定时充电，一段时间后，充电电路的输出电压与基准电压相等，刮水器动作一次。根据雨量的大小，电路可以实现无级调速。

8.1.4　刮水系统和风窗洗涤系统的故障诊断与排除

刮水系统和风窗洗涤系统常见的故障有各挡都不工作、个别挡位不工作、雨刷不能停在正确位置、所有喷嘴都不工作或个别喷嘴不工作等。

1．各挡都不工作

（1）故障现象

接通点火开关后，刮水器开关无论置于哪一挡位，刮水器均不工作。

（2）主要原因

熔丝烧断；刮水电动机或刮水器开关有故障；机械传动部分故障；线路断路或插接件松脱。

（3）诊断与排除

首先检查熔断器是否熔断，插接件是否松脱，线路有无断路，然后检查开关是否正常，最后检查电动机及机械传动部分。

2．个别挡位不工作

（1）故障现象

接通点火开关后，刮水器个别挡位（低速、高速或间歇挡）不工作，其余正常。

（2）主要原因

刮水电动机或开关有故障；间歇继电器有故障；线路断路或插接件松脱。

（3）诊断与排除

如果是高速或低速挡位不工作，可先检查该挡位对应的线路是否正常、开关是否正常，最后检查电动机电刷。如果是间歇挡不工作，应检查刮水器开关的间歇挡、所在线路及间歇继电器是否正常。

3．刮片不能停在正确位置

（1）故障现象

开关断开或间歇工作时，刮片不能停在风窗底部。

（2）主要原因

自动复位装置损坏；刮水器开关损坏；刮水臂调整不当；线路连接错误。

（3）诊断与排除

首先检查刮水臂的安装是否正确，然后检查开关线路连接是否正确，最后检查自动复位机构的触片和滑片接触是否良好。

4．所有喷嘴都不工作或个别喷嘴不工作

（1）故障现象

所有喷嘴都不工作或个别喷嘴不工作。

（2）主要原因

洗涤电动机或开关损坏；线路断路或插接件松脱；洗涤液液面过低或连接管脱落；喷嘴堵塞。

（3）诊断与排除

如果所有喷嘴都不工作，先检查洗涤液液面和连接管是否正常，然后检查洗涤泵电动机电路及插接件是否有断路及松脱处，再检查开关和电动机是否正常。如果是个别喷嘴不工作，则是喷嘴堵塞或输液管路出现问题。

8.1.5 除霜装置

在有雨或雪的时候开车，由于气温关系车内水蒸气易凝结于玻璃上，形成一层霜，尤其是后方的玻璃因为不易擦拭到，而且风也吹不到，对行车视野妨碍比较大，因此在一些汽车上安装有除霜装置。汽车前、侧窗玻璃上的霜可以利用空调系统产生的暖气进行除霜，后窗玻璃多使用电热丝除霜。

除霜装置是把电热丝一条一条地粘在后窗玻璃内部，其两端相接成并联电路，只需要供给两端要求的电压，即可加温玻璃，从而达到除去结霜的目的。除霜电热丝的电压控制方式分手动和自动两种。一般自动的除霜装置由开关、自动除霜传感器、自动除霜控制器、除霜电热丝和配线等组成。自动除霜传感器安装在后窗玻璃上，其作用是将后窗玻璃上是否结霜、结霜层的厚度告知除霜控制电路，结霜层厚度越大，传感器电阻越小。

后窗玻璃除霜装置电路如图 8-10 所示，其工作过程如下。

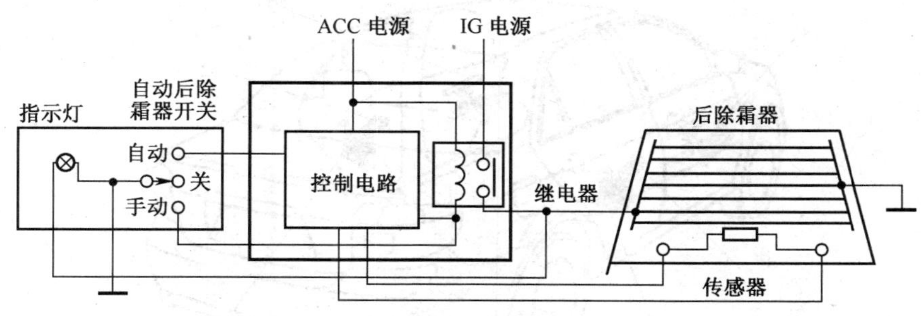

图 8-10 后窗玻璃除霜装置电路

① 除霜开关置于“关”位置，控制电路及指示灯电路断开，除霜装置及除霜指示灯均不工作。

② 除霜开关置于“手动”位置，继电器线圈可经手动开关直接搭铁，继电器触点闭合，使除霜电路及指示灯接通，除霜装置及指示灯均工作。

③ 除霜开关置于“自动”位置，如果霜层凝结到一定厚度时，传感器电阻值减小到某一设定值以

下。控制器即可使继电器线圈经控制电路而搭铁，继电器闭合，于是，由点火开关“IG”挡来的电源电压经继电器到除霜电热丝构成回路，另外经分路到仪表上的电流使指示灯点亮，表示除霜装置正在工作。当玻璃上结霜减少到某一程度后，传感器电阻值增大，控制电路切断继电器线圈回路，触点断开，电热丝断电，除霜装置停止工作，同时指示灯熄灭。

8.2 电动车窗和电动天窗的组成、工作原理及控制电路

8.2.1 电动车窗

电动车窗也叫自动车窗，它可以使驾驶员更加集中精力驾车，方便驾驶员及乘客的操作，许多轿车装了这种装置。驾驶员操作时，可以使4个车窗中的任意1个上升或下降，乘员只能使所靠近侧的车窗上升或下降。

1. 电动车窗的组成

电动车窗主要由车窗玻璃、车窗玻璃升降器、电动机、继电器、断路器和控制开关等组成。车窗电动机、控制开关及车窗继电器在车上的布置如图8-11所示。

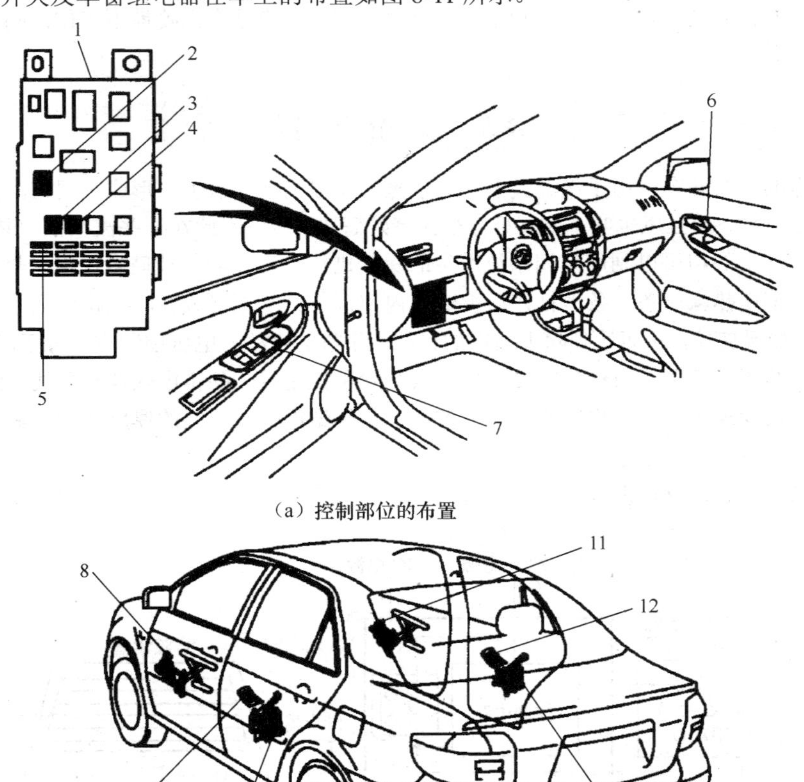

（a）控制部位的布置

（b）电动机的布置

图8-11 电动车窗部件在车上的布置

1—仪表板接线盒 2—电源继电器 3—AM1 H熔丝 4—POWER H熔丝 5—仪表熔丝 6—副驾驶侧车窗控制开关 7—电动车窗主控制开关 8—驾驶员侧车窗电动机 9—左后侧电动车窗控制开关 10—左后侧电动车窗电动机 11—副驾驶侧车窗电动机 12—右后侧电动车窗控制开关 13—右后侧电动车窗电动机

车窗上的电动机是双向的，有永磁式和双绕组式两种。每个车窗上都装有一个电动机，通过开关控制它的电流方向，使车窗玻璃上升或下降。控制开关一般有两套，一套为总开关，安装在仪表板或驾驶员侧的车门上，因此驾驶员可以控制每个车窗的升降；另一套为分开关，安装在每个车门扶手上，可由乘客控制车窗升降。主控开关上还装有控制分开关的总开关，如果它断开，分开关就不起作用。有些车型装有带延迟开关的电动车窗系统，可在点火开关断后约 10 min 内，或车门打开以前，仍提供电源，使驾驶员和乘客有时间关闭车窗。

常见的电动车窗升降机构有绳轮式和软轴式两种，其结构分别如图 8-12 和图 8-13 所示。

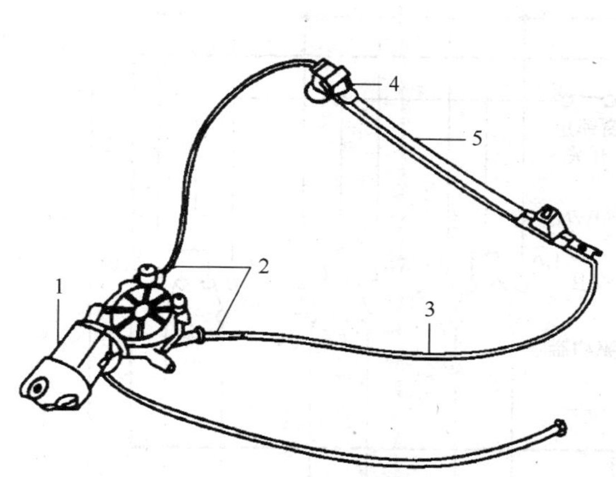

图 8-12　绳轮式电动车窗结构
1—蜗轮机构和电动机　2—减振弹簧　3—绳索
4—夹持器　5—玻璃升降导轨

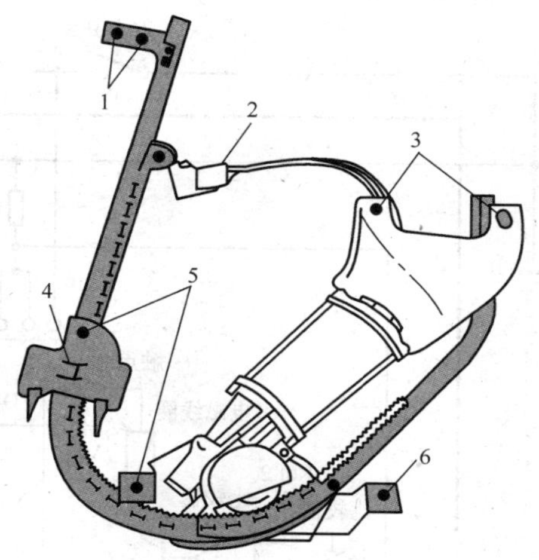

图 8-13　软轴式电动车窗结构
1、3、5、6—铆接点　2—插头　4—贴条

2．电动车窗的控制电路及工作原理

图 8-14 所示为四车门电动车窗的控制旋钮，图 8-15 所示为该电动车窗的控制电路。该控制电路可以实现手动控制和自动控制，所谓的手动控制是指按着相应的手动旋钮，车窗可以上升或下降，若中途松开旋钮，上升或下降的动作即停止；而自动控制是指按下自动旋钮，松开手后车窗会一直上升至最高或下降至最低。下面分别分析手动控制和自动控制过程。

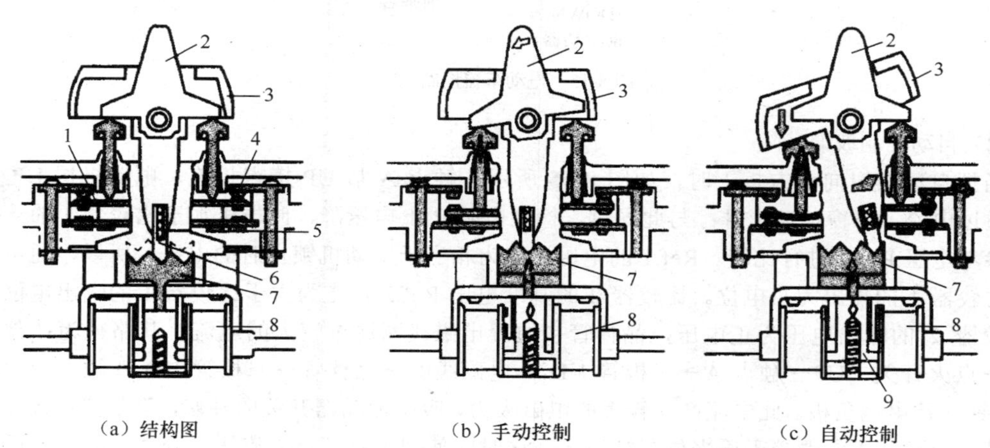

图 8-14　电动车窗的控制旋钮
1—触点 A　2—手动旋钮　3—自动旋钮　4—触点 B　5—弹簧
6—滑销　7—止板　8—螺线管　9—柱塞

（1）手动控制玻璃升降

以驾驶员侧的玻璃升降为例，向前按下手动旋钮后，触点 A 与开关的 UP（向上）接点相连，如图 8-15 所示，当把手动旋钮推向车辆前方，车窗玻璃即上升。此时，触点 A 与 UP 接点相连，触点 B 处于原来状态，电动机按 UP 箭头方向通过电流，车窗玻璃上升至关闭；当把手离开旋钮时，利用开关自身的回复力，开关即回到中立位置。若把手动旋钮推向车辆后方，触点 A 保持原位不动，而触点 B 则与 DOWN（向下）接点相连，电动机按 DOWN 箭头所示的方向通过电流，电动机反转，实现车窗玻璃向下移动，直至下降到底。

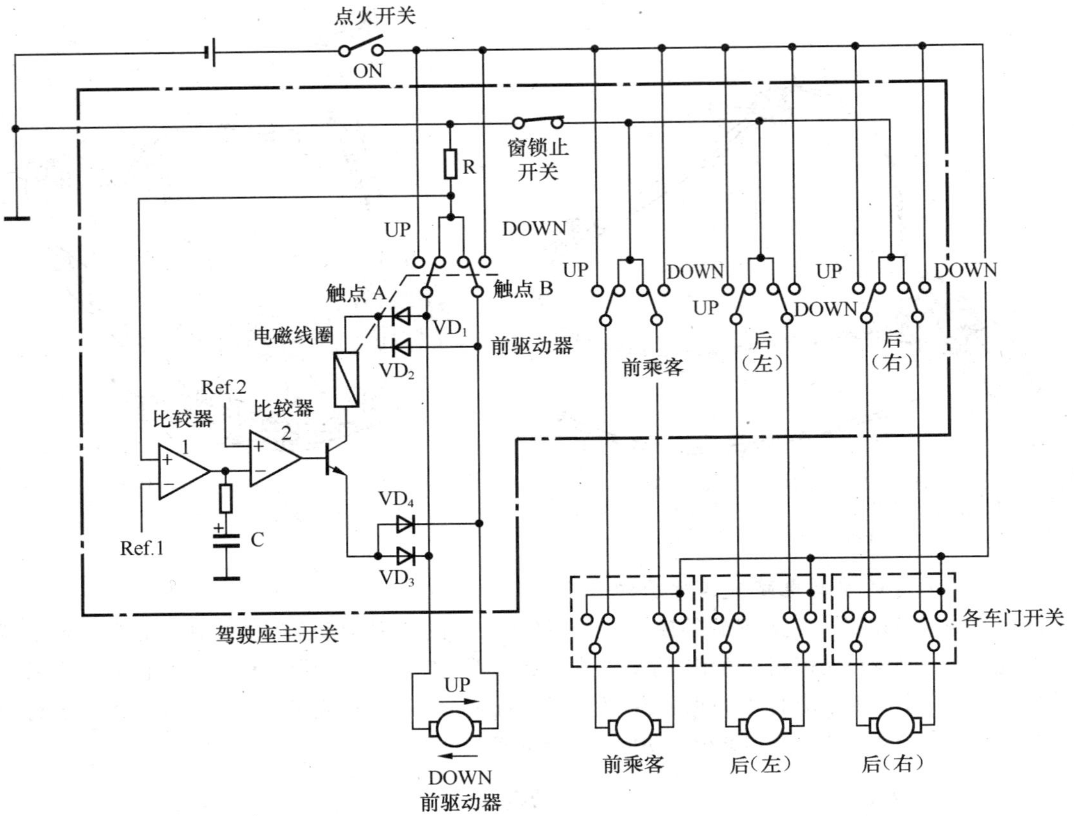

图 8-15　电动车窗控制电路

（2）自动控制玻璃升降

当把自动按钮向前方按下时，如图 8-15 所示，触点 A 与 UP 接点相连，电动机按 UP 箭头方向通过电流，车窗玻璃上升；与此同时，检测电阻 R 上电压降，此电压加于比较器 1 的一端，它与参考电压 Ref.1 进行比较。Ref.1 的电压设定为相当于电动机锁止时的电压。所以，通常情况下，比较器 1 的输出为负电位。比较器 2 的基准电压 Ref.2 设定为大于比较器 1 的输出电位，所以比较器 2 的输出电压为正电压，晶体管接通，电磁线圈通过较大的电流，其路径为：蓄电池正极→点火开关→UP→触点 A→二极管 VD_1→电磁线圈→晶体管→二极管 VD_4→触点 B→电阻 R→搭铁→蓄电池负极。此电流产生较大的电磁吸力，吸引驱动器开关的柱塞，于是把止板向上顶压，越过止板凸缘的滑销于原来位置被锁定，这时即使把手离开自动旋钮，开关仍会保持原来的状态。

当玻璃上升至终点位置，在电动机上有锁止电流流过，检测电阻 R 上的电压降增大，当此电

压超过参考电压 Ref.1 时，比较器 1 的输出为高电位，此时，电容 C 开始充电，当 C 两端电压上升至超过比较器 2 的参考电压 Ref.2 时，比较器 2 则输出低电位，三极管立即截止，电磁线圈中的电流被切断，止板被弹簧通过滑销压下，自动旋钮自动回复到中立位位置，触点 A 搭铁，电动机停转。

在自动上升过程中，若想中途停止，则向反方向扳动旋钮，然后立刻放松。这样触点 B 将短暂脱离搭铁，使电动机因回路被切断而自动停转。同时，通过电磁线圈的电流已被切断，止板弹簧通过滑销压下，自动旋钮回复到中立位置，触点 A、B 均搭铁，电动机停转。

车窗玻璃自动下降的工作情况与上述情况相反，操作时只需将自动旋钮压向车辆后方即可。

8.2.2 电动天窗

汽车的电动天窗通常称为太阳车顶或电动车顶，这是汽车移动式车顶的一种，即在车厢的顶部可以打开或关闭部分车顶，以改善车厢内的采光、通风和通气。

1．电动天窗的组成

电动天窗主要由天窗组件、驱动机构和控制系统等组成，如图 8-16 所示。

（1）天窗组件

天窗组件包括天窗框架、天窗玻璃、遮阳板、导流槽、排水槽等。

（2）驱动机构

电动天窗驱动机构主要由电动机、传动机构、滑动螺杆等组成，如图 8-17 所示。工作时，电动机驱动传动机构，使得天窗滑移开启或倾斜开启。驱动电动机正转使车顶玻璃向前滑动，驱动电动机反转使车顶玻璃向后滑动。

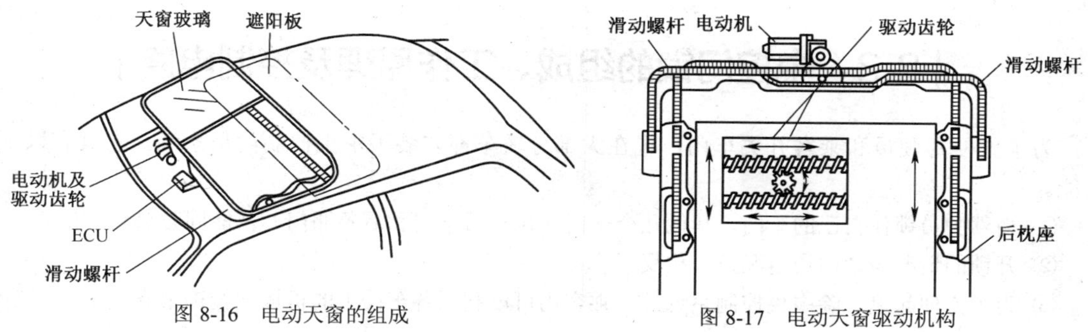

图 8-16 电动天窗的组成

图 8-17 电动天窗驱动机构

（3）控制系统

电动天窗控制系统主要包括天窗控制开关、电控单元（ECU）、继电器、限位开关等。天窗控制开关有滑动开关和倾斜开关两种。滑动开关有滑动打开、滑动关闭和断开 3 个位置，倾斜开关也有斜升、斜降和断开 3 个位置。电动天窗控制单元和中央控制单元之间为电气连接，通过中央门锁可以方便地关闭电动天窗。限位开关主要用来检测车顶玻璃所处位置。

2．电动天窗的工作原理和工作过程

（1）工作原理

电动天窗的工作原理与电动车窗基本相同，利用开启和关闭两个继电器，改变电动机电流的方向，驱动电动机实现正反转，使电动天窗实现不同的工作状态。

（2）工作过程

电动天窗的工作过程如图 8-18 所示。

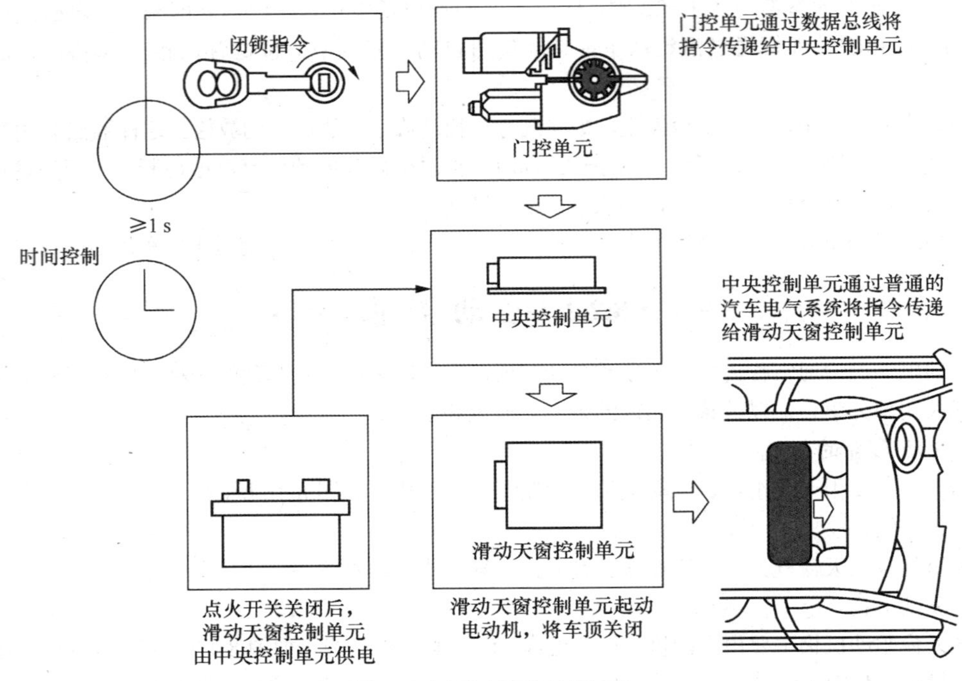

图 8-18 电动车窗的工作过程

8.3 中控门锁的组成、工作原理及控制电路

为了方便驾驶员和乘客开关车门，现在大部分轿车都安装了中央控制门锁系统。它具有以下功能。

① 当驾驶员锁住自己的车门，其他几个车门（包括后车门和后备厢门）都能同时自动锁住。

② 开锁的情况与锁门的情况正好相反。

③ 为了方便起见，除中央控制系统外，乘客仍可以利用各车门上的机械弹簧锁来开关车门。

8.3.1 中控门锁的组成

中控门锁系统一般由门锁控制开关、门锁总成、钥匙操纵开关、后备厢门锁及门锁控制器等组成。图 8-19 所示为典型的中控门锁控制系统及其组件的安装位置。

1. 门锁控制开关

门锁控制开关一般安装在驾驶员侧前门内的扶手上，如图 8-20 所示，通过此开关可以同时锁上和打开所有车门。

2. 门锁总成

门锁总成主要由门锁传动机构、门锁位置开关、外壳等组成，如图 8-21 所示。门锁传动机构主要由门锁电动机、齿轮和位置开关等组成，如图 8-22 所示。门锁电动机是门锁的执行器，当门锁电动机转动时，蜗杆带动蜗轮转动，蜗轮推动锁杆，车门被锁上或打开，然后蜗轮在复位弹簧的作用下返回原位置，防止操纵门锁按钮时电动机工作。

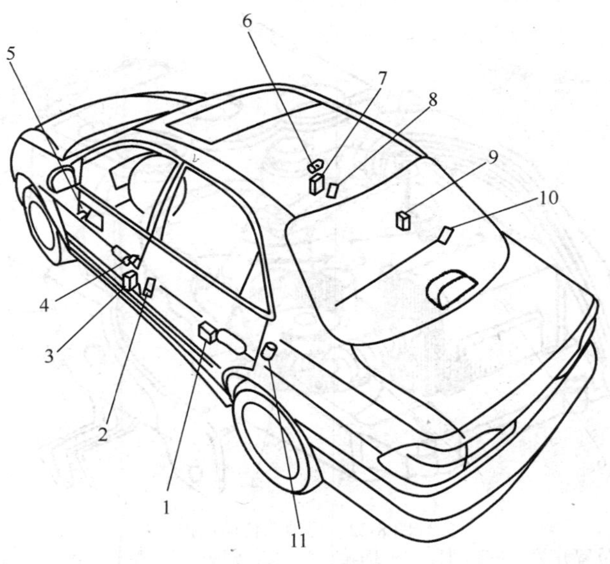

图 8-19　中控门锁系统各部件的安装位置

1—左后车门锁动作器　2—驾驶席侧车门开关　3—驾驶席侧车门锁动作器/按钮开关　4—驾驶席侧钥匙芯开关　5—驾驶席侧车门锁开关　6—前排乘客席钥匙芯开关　7—前排乘客席侧车门锁动作器　8—前排乘客席侧车门开关　9—右后车门锁动作器　10—右后车门开关　11—左后车门开关

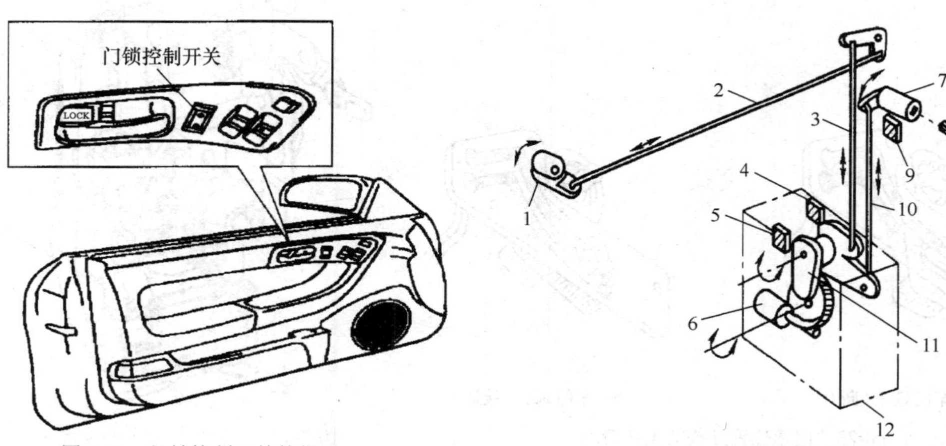

图 8-20　门锁控制开关的位置

图 8-21　门锁总成示意图

1—门锁按钮（车厢内）　2、3、10—连接杆　4、9—门锁开关　5—位置开关　6—门锁电动机　7—门键筒体　8—键（钥匙）　11—锁杆　12—门锁总成

门锁位置开关位于门锁总成内，用来检测车门的锁紧状态，它由一个触点片和一个开关底座组成。当锁杆推向锁门位置时，位置开关断开，推向开门位置时接通。即当车门关闭时，此开关断开；当车门打开时，此开关接通。图 8-23 所示为门锁位置开关在车门锁紧和打开时的状态。

3．钥匙操纵开关

钥匙操纵开关装在每个车门的钥匙门上，当从外面用钥匙开门或关门时，钥匙操纵开关便发出开门或锁门的信号给门锁控制 ECU 或门锁控制继电器。钥匙操纵开关的位置如图 8-24 所示。

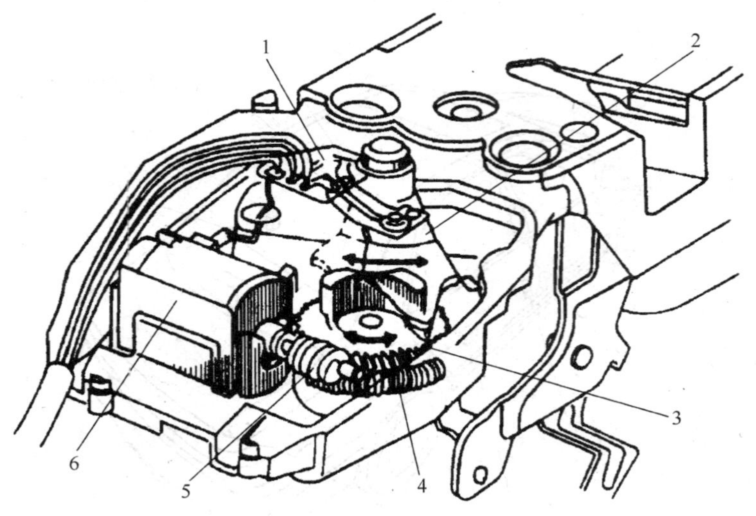

图 8-22　门锁的传动机构
1—位置开关　2—锁杆　3—蜗轮　4—复位弹簧　5—蜗杆　6—门锁电动机

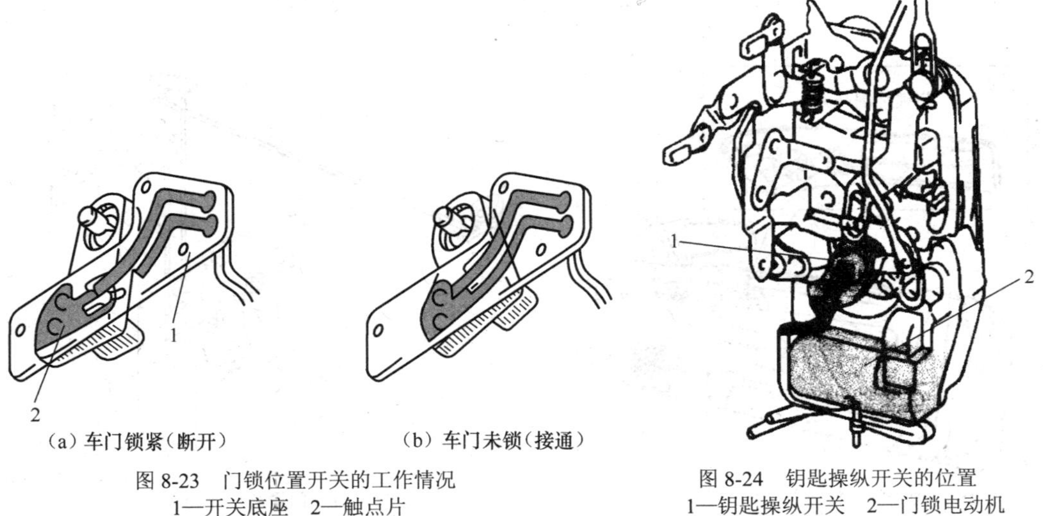

（a）车门锁紧（断开）　（b）车门未锁（接通）

图 8-23　门锁位置开关的工作情况
1—开关底座　2—触点片

图 8-24　钥匙操纵开关的位置
1—钥匙操纵开关　2—门锁电动机

4．后备厢门开启器开关

一般该开关位于仪表板下面或驾驶员座椅左侧车厢底板上，拉动此开关便能打开后备厢门，如图 8-25 所示。后备厢的钥匙门靠近其开启器，推压钥匙门，断开后备厢内主开关，此时再拉开启器开关也不能打开后备厢门。将钥匙插进钥匙门内顺时针旋转打开钥匙门，主开关接通，这样便可用后备厢门开启器打开后备厢。

5．后备厢门开启器

后备厢门开启器装在后备厢门上，一般用电磁线圈代替电动机，由固定磁极、插棒式可动铁心、电磁线圈和支架等组成，如图 8-26 所示。当电磁线圈通电时，插棒式可动铁心将锁芯轴拉入并打开后备厢门。

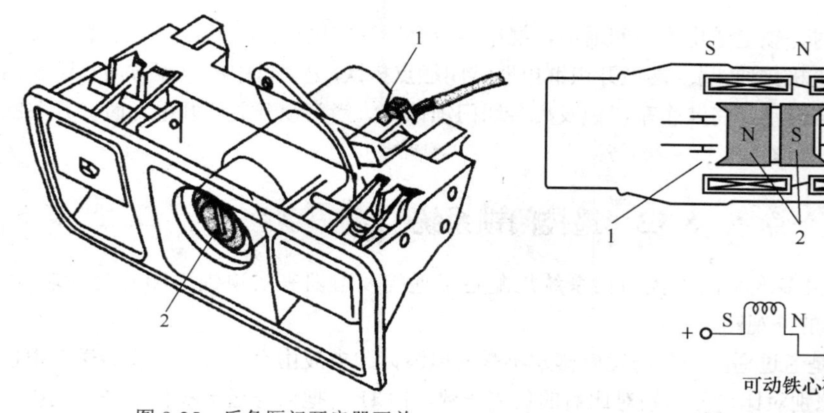

图 8-25 后备厢门开启器开关
1—后备厢门开启器主开关 2—后备厢钥匙门

图 8-26 后备厢门开启器
1、3—固定磁极 2—可动铁心 4—锁芯轴

8.3.2 中控门锁的控制电路

图 8-27 所示为中控门锁控制电路。它主要由两个门锁开关 S_1、S_2、门锁继电器 K、5 个双向直流电动机（4 个车门及 1 个后备厢门）及导线和熔丝等组成。门锁继电器实际上由开锁和锁定两个继电器组成，其线圈不通电时，动触点都和搭铁触点接通；通电时动触点与搭铁触点断开，与另一触点接通。通过触点位置的改变，来改变电路及电动机中的电流方向，从而改变电动机的旋转方向，完成对车门的锁定和开锁动作。

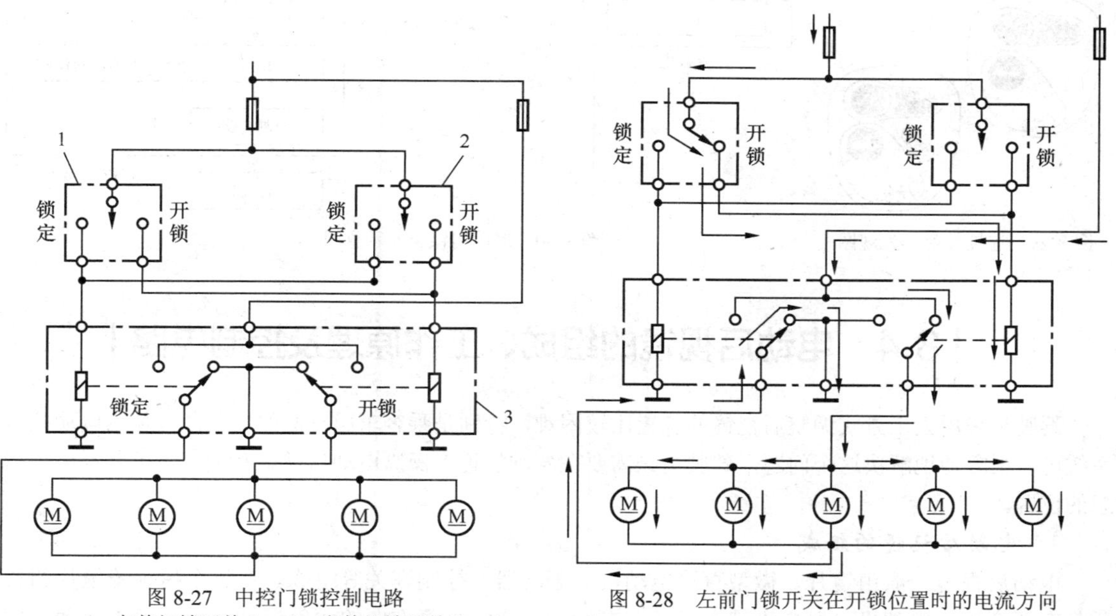

图 8-27 中控门锁控制电路
1—左前门锁开关 S_1 2—右前门锁开关 S_2
3—门锁继电器 K

图 8-28 左前门锁开关在开锁位置时的电流方向

图 8-28 所示为左前门锁开关在开锁位置时的电流方向示意图。将左前门锁开关置于开锁位置时，电源通过左前门锁开关给开锁继电器线圈供电，继电器动作，使其常闭触点打开，常开触点闭合。电动机的一端经该触点与电源正极接通，另一端经锁定继电器的常闭触点搭铁，电动机转动将 4 个车门锁及后备厢门锁打开。当门锁断开电源时（开关回到中间位置），开锁继电器释放。

将开关置于锁定位置时，锁定继电器线圈通电，继电器吸合，其常闭触点打开，常开触点闭合。电动机一端经触点与电源正极接通，另一端经开锁继电器常闭触点搭铁，电动机中的电流方向与图 8-28 中的方向相反，电动机反向转动，将 4 个车门锁及后备厢门锁锁定。当门锁开关断开电源时（开关回到中间位置），锁定继电器释放。

8.3.3 遥控门锁系统

为了便于操作，现在很多汽车的中控门锁系统均配备了遥控发射器来实现锁门和开门等功能。图 8-29 所示为遥控发射器的外观图。

遥控门锁的基本原理是通过遥控门锁的发射器发出微弱电波，此电波由汽车天线接收后送至中控门锁系统中的 ECU 进行识别对比，若识别对比后的代码一致，ECU 将把信号送至执行器来完成相应的动作，其工作过程如图 8-30 所示。

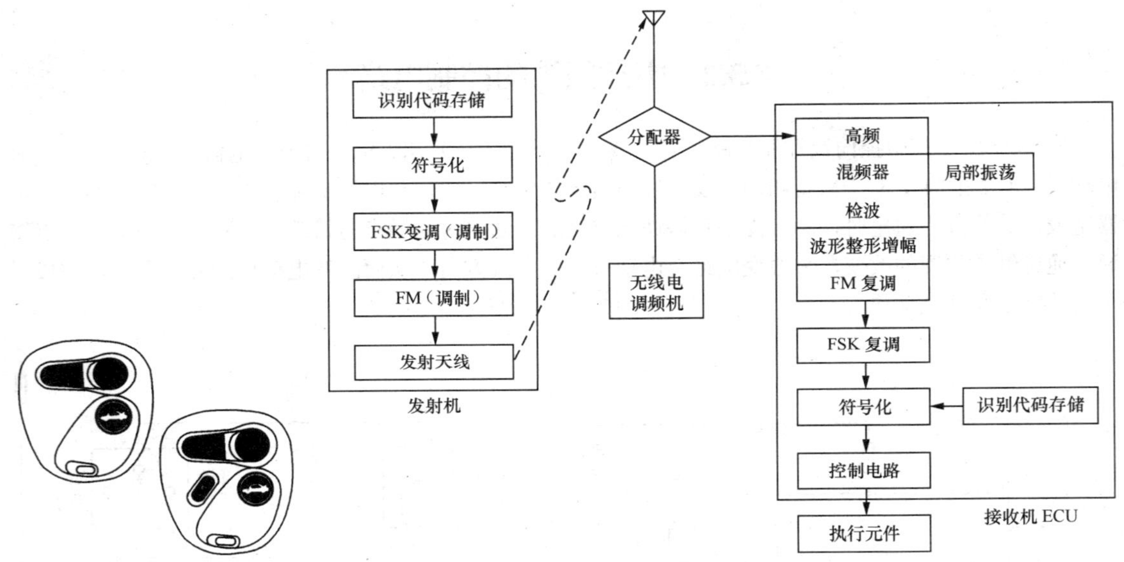

图 8-29　遥控发射器外观图

图 8-30　遥控门锁工作示意图

8.4 电动后视镜的组成、工作原理及控制电路

驾驶员采用人工方式调整后视镜的位置比较困难，特别是乘客车门一侧的后视镜，使用电动控制系统可以很方便地解决这个问题，驾驶员只需要在驾驶位置上操纵电动后视镜开关，就可获得比较理想的位置。

1．电动后视镜的组成

电动后视镜一般由镜片、微型直流电动机、驱动器、控制开关等组成。在每个后视镜镜片的背后都有两个可逆电动机，可操纵其上下及左右运动。通常垂直方向的倾斜运动由一个永磁电动机控制，水平方向的倾斜运动由另一个永磁电动机控制。每个电动后视镜都有一个独立控制开关，开关杆可多方向移动，可使一个电动机工作或两个电动机同时工作。有的电动后视镜还带有伸缩功能，由伸缩开关控制伸缩电动机工作，使整个后视镜回转伸出或缩回。电动后视镜的结构和控制开关如图 8-31 所示。

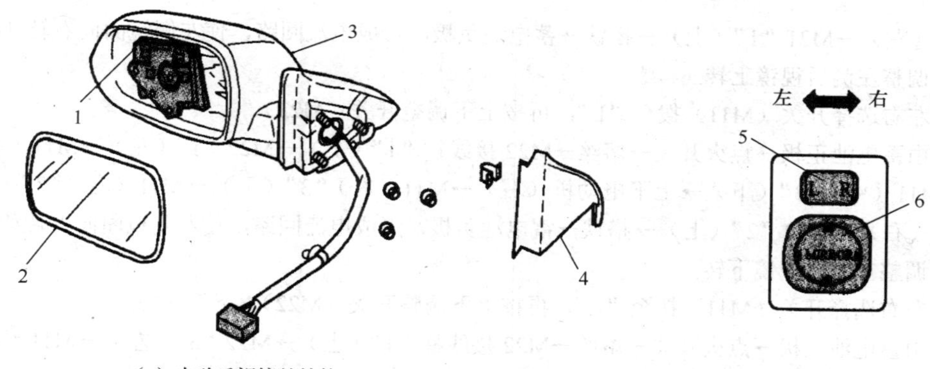

（a）电动后视镜的结构　　（b）控制开关

图 8-31　电动后视镜的结构和控制开关示意图

1—驱动电动机　2—电动后视镜镜片固定架　3—电动后视镜
4—后视镜安装罩　5—左右调整开关　6—后视镜开关

2．电动后视镜的工作原理及控制电路

桑塔纳 2000 轿车电动后视镜控制电路如图 8-32 所示。M11 为左右选择开关，M21 为左右调整开关，M22 为上下调整开关。

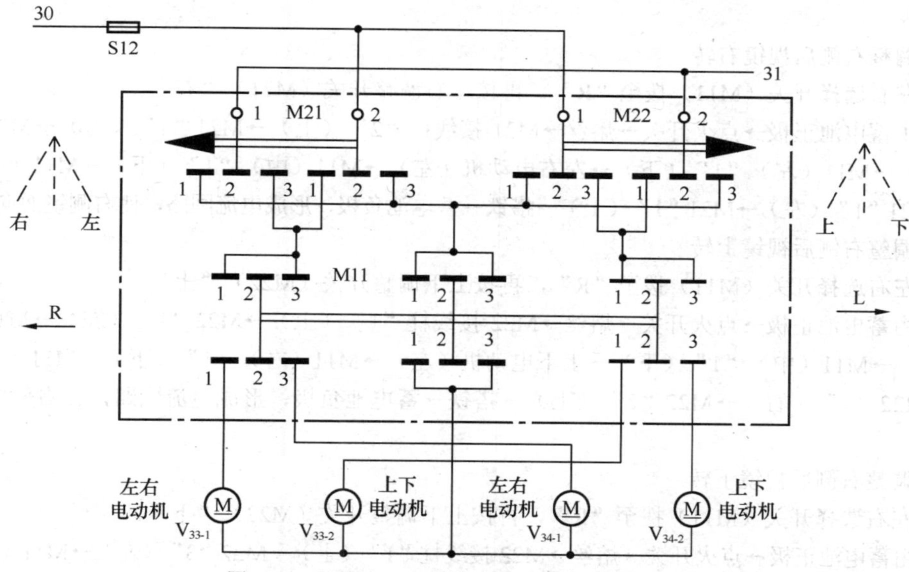

图 8-32　桑塔纳 2000 轿车电动后视镜控制电路图

电动后视镜的具体工作过程如下。

（1）调整左侧后视镜左转

先将左右选择开关（M11）拨至“L”，再按左右调整开关（M21）“左”。

电流由蓄电池正极→点火开关→熔丝→M21 接线柱“2”（上）→M21“3”（右）→M11（中间）“3”（上）→M11（中间）“3”（下）→左右电动机（右）→M11（左）“3”（下）→M11（左）“3”（上）→M21“3”（左）→M21“1”（上）→搭铁→蓄电池负极，形成电流回路，使左侧镜面向左转动。

（2）调整左侧后视镜右转

先将左右选择开关（M11）拨至“L”，再按左右调整开关（M21）“右”。

电流由蓄电池正极→点火开关→熔丝→M21 接线柱“2”（上）→M21“1”（右）→M11（左）“3”（上）→M11（左）“3”（下）→左右电动机（右）→M11（中）“3”（下）→M11（中）“3”（上）→

M21“1”（左）→M21“1”（上）→搭铁→蓄电池负极，形成电流回路，使左侧镜面向右转动。

（3）调整左侧后视镜上转

先将左右选择开关（M11）拨至“L”，再按上下调整开关（M22）“上”。

电流由蓄电池正极→点火开关→熔丝→M22接线柱“1”（上）→M22“1”（左）→M11（中）“3”（上）→M11（中）“3”（下）→上下电动机（右）→M11（右）“3”（下）→M11（右）“3”（上）→M22“1”（右）→M22“2”（上）→搭铁→蓄电池负极，形成电流回路，使左侧镜面向上转动。

（4）调整左侧后视镜下转

先将左右选择开关（M11）拨至“L”，再按上下调整开关（M22）“下”。

电流由蓄电池正极→点火开关→熔丝→M22接线柱“1”（上）→M22“3”（左）→M11（右）“3”（上）→M11（右）“3”（下）→上下电动机（右）→M11（中）“3”（下）→M11（中）“3”（上）→M22“3”（右）→M22“2”（上）→搭铁→蓄电池负极，形成电流回路，使左侧镜面向下转动。

（5）调整右侧后视镜左转

先将左右选择开关（M11）拨至“R”，再按左右调整开关（M21）“左”。

电流由蓄电池正极→点火开关→熔丝→M21接线柱“2”（上）→M21“3”（右）→M11（中间）“1”（上）→M11（中间）“1”（下）→左右电动机（左）→M11（左）“1”（下）→M11（左）“1”（上）→M21“3”（左）→M21“1”（上）→搭铁→蓄电池负极，形成电流回路，使右侧镜面向左转动。

（6）调整右侧后视镜右转

先将左右选择开关（M11）拨至“R”，再按左右调整开关（M21）“右”。

电流由蓄电池正极→点火开关→熔丝→M21接线柱“2”（上）→M21“1”（右）→M11（左）“1”（上）→M11（左）“1”（下）→左右电动机（左）→M11（中）“1”（下）→M11（中）“1”（上）→M21“1”（左）→M21“1”（上）→搭铁→蓄电池负极，形成电流回路，使右侧镜面向右转动。

（7）调整右侧后视镜上转

先将左右选择开关（M11）拨至“R”，再按上下调整开关（M22）“上”。

电流由蓄电池正极→点火开关→熔丝→M22接线柱“1”（上）→M22“1”（左）→M11（中）“1”（上）→M11（中）“1”（下）→上下电动机（左）→M11（右）“1”（下）→M11（右）“1”（上）→M22“1”（右）→M22“2”（上）→搭铁→蓄电池负极，形成电流回路，使右侧镜面向上转动。

（8）调整右侧后视镜下转

先将左右选择开关（M11）拨至“R”，再按上下调整开关（M22）“下”。

电流由蓄电池正极→点火开关→熔丝→M22接线柱“1”（上）→M22“3”（左）→M11（右）“1”（上）→M11（右）“1”（下）→上下电动机（左）→M11（中）“1”（下）→M11（中）“1”（上）→M22“3”（右）→M22“2”（上）→搭铁→蓄电池负极，形成电流回路，使右侧镜面向下转动。

8.5 电动座椅的组成、工作原理及控制电路

电动座椅可以通过控制电动机的正反方向旋转来调节座椅的空间位置，改变驾驶员或乘员的坐姿，尽可能减少驾驶员及乘员长时间坐车的疲劳，提高乘坐的舒适性。电动座椅前后方向的调节量一般为100～160 mm，上下方向的调节量一般为30～50 mm，全程调节量所需的时间为8～10 s。

1. 普通电动座椅的组成

普通电动座椅一般由双向直流电动机、座椅开关、传动机构和执行机构及控制装置（ECU）等组成，如图8-33所示。

（1）双向直流电动机

电动座椅的电动机大多数采用永磁双向直流电动机，通过开关来操纵电动机按所需方向旋转。为了防止电动机过载，电动机内一般都装有断电器，由于座椅的类型不同，一般 1 个座椅可装 2 个、3 个、4 个或多个电动机。

（2）传动机构

电动座椅的传动机构主要由变速器、联轴装置、电磁阀等组成。其作用是把直流电动机产生的旋转运动，变为座椅的位置调整动作。

前后调整传动机构由蜗杆、蜗轮、齿条、导轨等组成，齿条装在导轨上，如图 8-34 所示。调整时，直流电动机产生的力矩经蜗杆传至两侧的蜗轮上，经齿条的带动，使座椅前后移动。

上下调整传动机构由蜗杆轴、蜗轮、心轴等组成，如图 8-35 所示。调整时，直流电动机产生的力矩带动蜗杆轴，驱动蜗轮转动，使心轴在蜗轮内旋进或旋出，带动座椅上下移动。

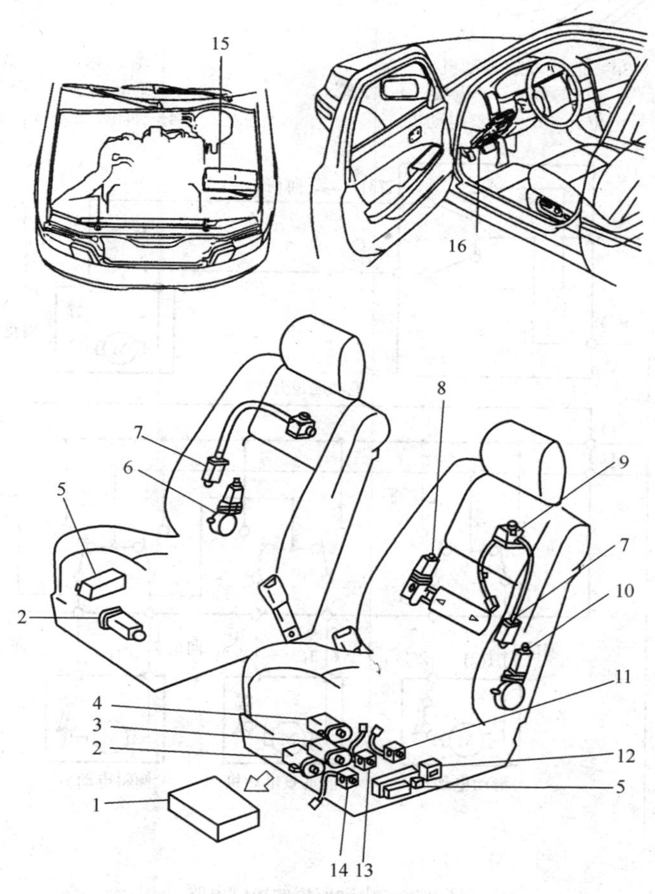

图 8-33　普通电动座椅的结构

1—电动座椅 ECU　2—滑动电动机　3—前垂直电动机　4—后垂直电动机　5—电动座椅开关　6—倾斜电动机　7—头枕电动机　8—腰垫电动机　9—位置传感器（头枕）　10—倾斜电动机和位置传感器　11—位置传感器（后垂直）　12—腰垫开关　13—位置传感器（前垂直）　14—位置传感器（滑动）　15—2 号接线盒　16—1 号接线盒

2．电动座椅的控制电路

如图 8-36 所示，该电动座椅包括滑动电动机、前垂直电动机、倾斜电动机、后垂直电动机和腰垫电动机，可以实现座椅的前后移动、前部高度调节、靠背倾斜程度调节、后部高度调节及腰垫前后调节等功能。下面以座椅靠背的倾斜调节为例，介绍电路的控制过程。

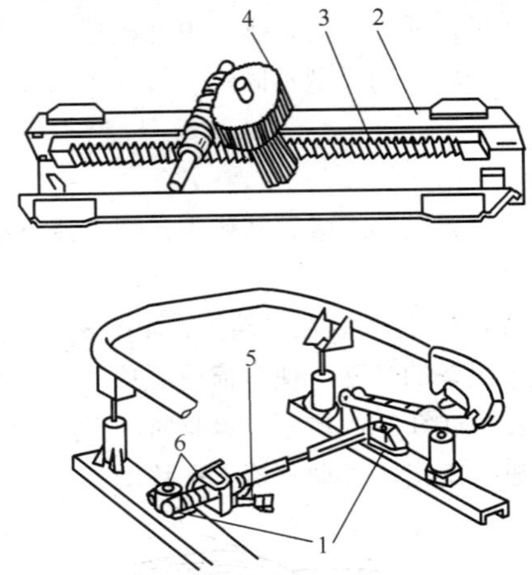

图 8-34 前后调整传动机构
1—支承及导向元件 2—导轨 3—齿条 4—蜗轮
5—反馈信号电位计 6—调整电动机

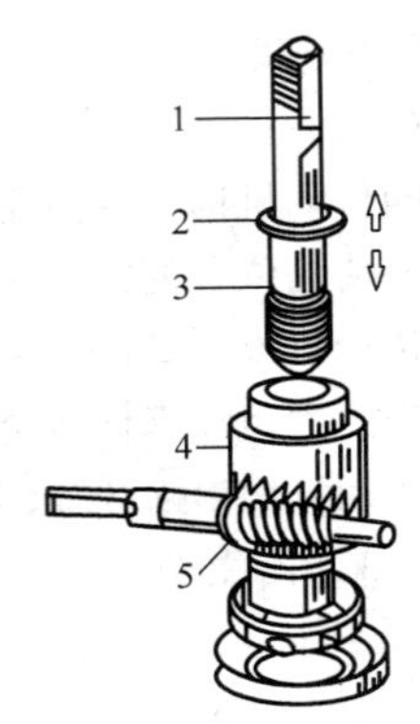

图 8-35 上下调整传动机构
1—铣平面 2—止推垫片 3—心轴
4—蜗轮 5—挠性驱动蜗杆轴

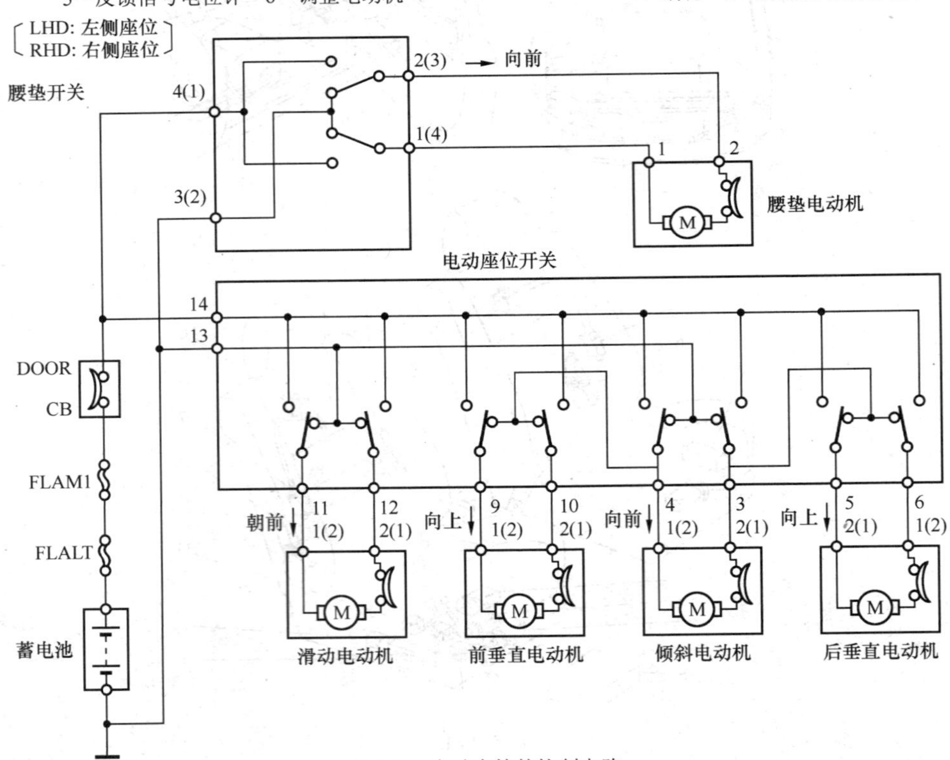

图 8-36 电动座椅的控制电路

当电动座椅的开关处于倾斜位置时，如果要调整靠背向前倾斜，则闭合倾斜电动机的前进方向开关，即端子“4”置于左位时，电路为：蓄电池正极→FLALT→FLAM1→DOOR CB→端子“14”→（倾斜开关“前”）→端子“4”→“1（2）”端子→倾斜电动机→“2（1）”端子→端子“3”→端子“13”→搭铁。此时座椅靠背前移。

端子“3”置于右位时，倾斜电动机反转，座椅靠背后移。此时的电路为：蓄电池正极→FLALT→FLAM1→DOOR CB→端子“14”→（倾斜开关“后”）→端子“3”→“2（1）”端子→倾斜电动机→“1（2）”端子→端子“4”→端子“13”→搭铁。

3．座椅加热系统

为了改善驾驶员和乘客乘坐的环境，在一些轿车上设置了座椅加热系统。有些汽车座椅的加热速度可以调节，有些不可以调节。其电路如图 8-37 所示。

图示座椅加热器的加热速度可以调节。驾驶员和副驾驶员座椅的加热器和加热控制开关相同。其中 HI 表示高挡位加热，LO 表示低挡位加热。该座椅加热系统可以单独对驾驶员侧或副驾驶员侧的座椅进行加热，也可以同时对两座椅进行加热。下面以驾驶员侧的座椅加热器为例，分析其工作过程。

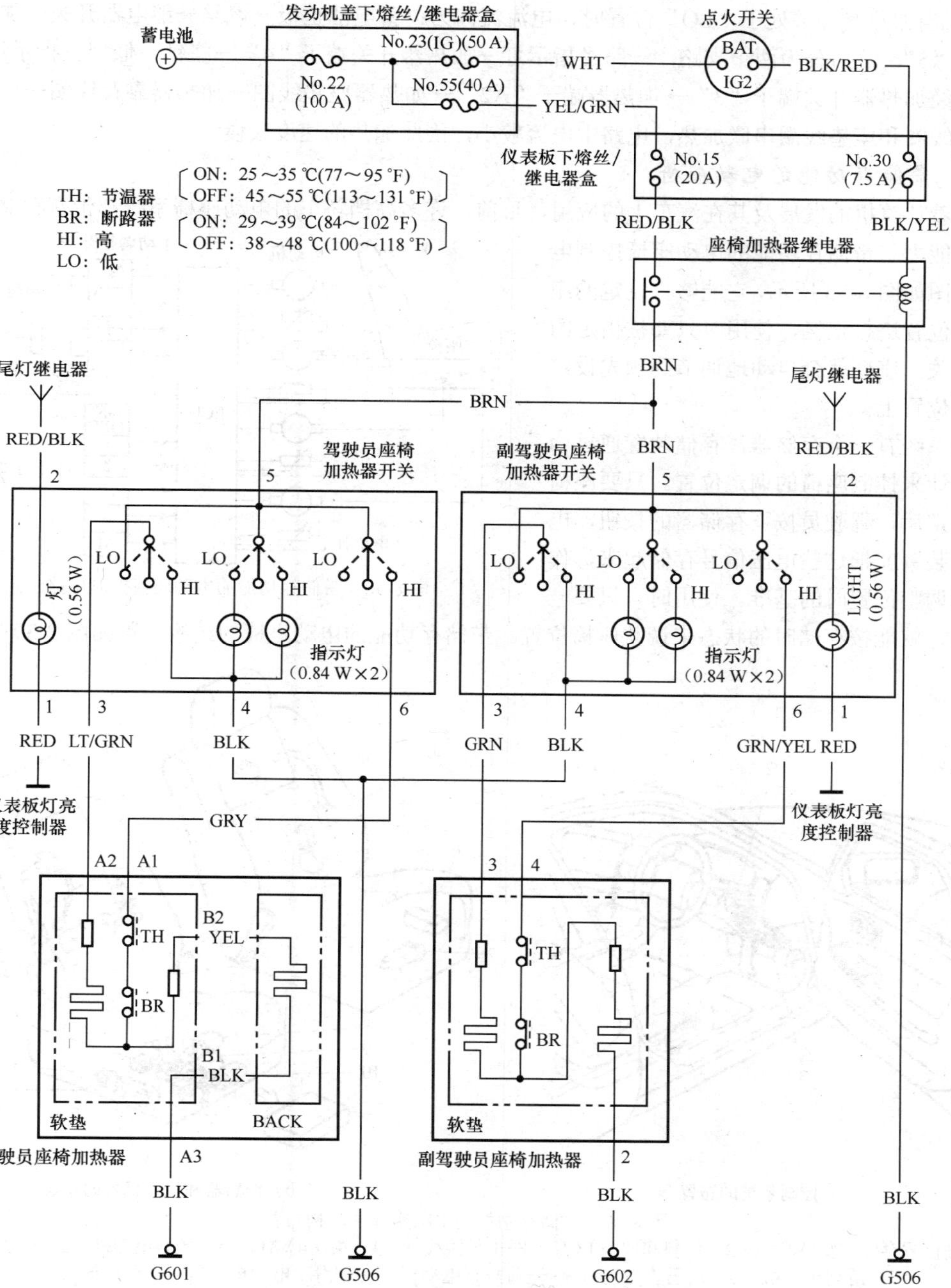

TH：节温器　ON：25～35 ℃(77～95 °F)　OFF：45～55 ℃(113～131 °F)
BR：断路器　ON：29～39 ℃(84～102 °F)　OFF：38～48 ℃(100～118 °F)
HI：高
LO：低

图 8-37　座椅加热系统电路图

① 当加热器开关断开时，加热系统不工作。

② 当加热器开关处于“HI”位置时，电流首先经过点火开关给座椅加热器的继电器线圈通电，线圈产生磁场使继电器开关闭合。此时加热器的电路为：蓄电池正极→熔丝→继电器开关→加热器开关端子“5”，然后电流分为三个支路，一路经指示灯→搭铁，指示灯点亮，另一路经加热器开关端子“6”→加热器端子“A1”→节温器→断路器→靠背线圈→搭铁，还有一路经加热器开关端子“6”→加热器端子“Al”→节温器→断路器→座垫线圈→加热器端子“A2”→加热器开关端子“3”→加热器开关端子“4”→搭铁。此时靠背线圈和座垫线圈并联加热，加热速度较快。

③ 当加热器开关处于“LO”位置时，电流流向为：蓄电池正极→熔丝→继电器开关→加热器开关端子“5”，然后分为两个支路，一路经指示灯→加热器开关端子“4”→搭铁，低挡位指示灯点亮。另一路经加热器开关端子“3”→加热器端子“A2”→如热器座垫线圈→加热器靠背线圈→搭铁。此时靠背线圈和座垫线圈串联加热，电路中电流较小，因此加热的速度较慢。

4. 带储存功能的电动座椅

随着计算机的发展及其在汽车上的应用，目前，许多高档轿车的电动座椅系统都带有存储器，具有记忆能力。带储存功能的电动座椅控制电路示意图如图8-38所示，它能够将设定的座椅调节位置进行记忆，使用时只要按指定的按键开关，座椅就会自动地调节到预先设定的座椅位置上。

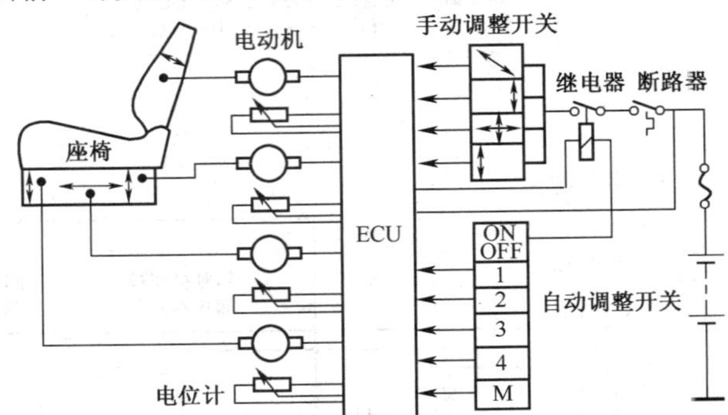

图8-38 带储存功能的电动座椅控制电路示意图

该系统有一个存储器，存储装置通过4个电位计来控制座椅的调定位置。只要座椅位置调定后，驾驶员按下存储器的按钮，电子控制装置就把这些电压信号存储起来，作为重新调整位置时的基准。使用时，只要一按按钮，就能按存储时的状态来调整座椅位置。带储存功能的电动座椅的结构布置如图8-39所示。

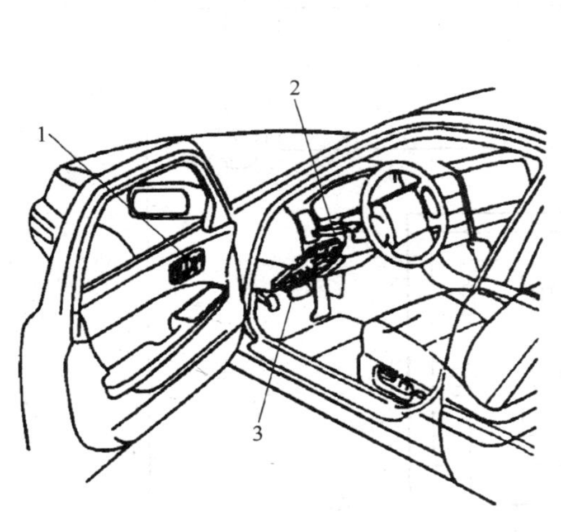

（a）控制系统的布置

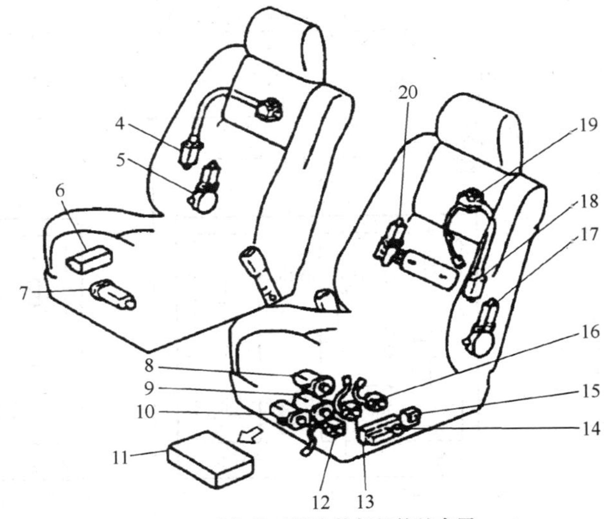

（b）传感器和执行机构的布置

图8-39 带储存功能的电动座椅的结构布置

1—驾驶位置存储和复位开关 2—倾斜和伸缩ECU 3—1号接线盒 4—头枕电动机 5—倾斜电动机 6—自动座椅开关 7—滑动电动机 8—后垂直电动机 9—前垂直电动机 10—滑动电动机 11—自动座椅ECU 12—位置传感器（滑动） 13—位置传感器（前垂直） 14—自动座椅开关 15—腰垫开关 16—位置传感器（后垂直） 17—倾斜电动机和位置传感器 18—头枕电动机 19—位置传感器（头枕） 20—腰垫电动机

【课后练习题】

一、填空题

1．风窗刮水及洗涤系统主要由__________、__________和风窗玻璃洗涤装置等组成。

2．刮水电动机按其磁场结构不同分为__________和__________两种。

3．电动刮水器是由__________、__________和__________等组成。

4．电动刮水器常见的故障有__________、个别档位不工作和__________。

5．刮水器的__________是指在任何时刻切断刮水电动机电路时，刮水片都能自动停止在风窗玻璃的下部而不影响驾驶员的视线。

6．电动车窗主要由__________、__________、__________、车窗控制电路、车窗等装置组成。

7．所有车窗系统都装有两套控制开关，为__________和__________。

8．引起部分车窗不能升降或只能向一个方向运动的故障可能原因有：__________、__________、__________、__________。

9．电动后视镜一般由__________、__________、后视镜固定架、后视镜罩、控制电路及操纵开关等组成。

10．普通电动座椅由__________、__________及__________等组成。

11．电动座椅的电动机一般为__________电动机，利用开关可控制经电动机的电流方向，以实现座椅在某两个方向上的调整。

12．电动座椅完全不动作故障原因有：__________、__________和座椅开关有故障等。

13．电动天窗主要由__________、__________、__________、天窗控制模块等组成。

14．天窗电动机通过传动装置向天窗的开闭提供动力，通过改变__________以改变电动机的旋转方向，实现天窗的开闭。

15．天窗控制开关主要包括__________和__________。

16．__________主要用来检测天窗所处的位置。

17．控制模块是一个__________，并设有定时器、蜂鸣器和继电器等。

二、判断题

1．电动刮水器普遍具有高速、低速及间歇三个工作档位，而且除了变速之外，还有自动复位的功能。（　　）

2．常用的洗涤液为了刮洗油、蜡等物，可在水中添加少量的去垢剂和防锈剂。（　　）

3．刮水器开关旋钮处于“LOW”位置时，刮水器电动机电路接通，刮水器高速运转，刮水片快刮。（　　）

4．永磁式刮水电动机是通过改变电刷间的导体数目来进行变速的。（　　）

5．有的汽车在总开关上装有窗锁开关，如将它断开，分开关起作用。（　　）

三、选择题

1．（　　）检测车门状态并向主车身 ECU 输出数据，车门打开时接通，反之断开。

A. 电动车窗主开关　　B. 门控灯开关　　C. 驾驶员侧门锁　　D. 左后和右后门锁

2. （　　）作用是控制电磁线圈或电动机，从而达到控制执行机构动作的目的。

A. 门锁开关　　B. 门锁继电器　　C. 执行机构　　D. 车门控制接收器

3. （　　）接收弱无线电波（识别码和功能代码），并将其作为代码数据输出到主车身 ECU。

A. 车门控制接收器　　B. 门控灯开关

C. 门锁位置开关　　D. 主车身 ECU

4. （　　）响应来自车门控制接收器的代码数据和来自各个开关的信号，发送遥控门锁控制信号。

A. 车门控制接收器　　B. 门控灯开关

C. 门锁位置开关　　D. 主车身 ECU

8.6 实训

实训 7　汽车辅助电器的认识与故障诊断

一、实训目的与要求

① 能读懂汽车辅助电器的电路图。

② 通过实验掌握汽车辅助电器的基本构造和原理、调试和正确使用的方法以及常见故障的现象、原因和诊断方法。

二、实训仪器和设备

汽车实训台架或整车、万用表、试灯、一字螺丝刀、十字螺丝刀、扳手等。

三、实训步骤

1. 刮水系统不工作的故障诊断与排除

（1）故障现象

打开刮水器开关的任一挡，都不工作。

（2）故障原因

① 刮水器熔断器烧毁。

② 刮水电动机故障。

③ 搭铁松动或线路断路。

④ 刮水器开关故障。

（3）故障诊断与排除

一般出现整个系统不工作，原因大都在电源或搭铁部分，所以首先应检查刮水器熔断器是否有熔断现象。若熔断器正常再用试灯在刮水器处于任一挡时检查电动机处电源是否供给。若有电源，则进行搭铁的检查，若搭铁良好，则说明电动机有故障；若电动机在任一挡位置时，都没有电源供给，说明开关或线路有故障，应进行开关和线路的检查。

2. 刮水系统没有低速和高速挡的故障诊断与排除

（1）故障现象

开低速或高速挡时，刮水器不工作，但其他挡位工作正常。

（2）故障原因

刮水器开关故障。

（3）故障诊断与排除

检查挡位开关，并予以修复或更换。

3．刮水系统没有间歇挡的故障诊断与排除

（1）故障现象

开间歇挡时，刮水器不工作，其他挡位工作正常。

（2）故障原因

① 刮水器开关故障。

② 间歇继电器故障。

③ 搭铁不良或线路断路。

（3）故障诊断与排除

① 检查刮水器开关，如有损坏应进行修复或更换。

② 在开间歇挡时，检查刮水器继电器 2 号、5 号端子是否有电源。若没有电源，则进行电源供给检查；若有电源，再检查继电器搭铁和线路连接是否良好。

4．刮水系统不复位的故障诊断与排除

（1）故障现象

关闭刮水系统时，刮水臂不复位。

（2）故障原因

① 电动机复位机构故障。

② 间歇继电器故障。

③ 刮水器开关故障。

④ 线路断路。

（3）故障诊断与排除

① 检查电动机处复位用电源“6”号端子是否带电，若无电源，则检查电源供给线路；在刮水器处于非停止位置时检查电动机处复位用“5”号端子是否带电，若无电源，则为电动机复位机构故障，应进行修理或更换。

② 检查刮水器开关复位挡是否导通，若不导通，则予以修复或更换。

③ 检查刮水器间歇继电器各端子的信号是否正常，若不正常，则更换继电器。

④ 检查相关线路是否断路，若有断路，则予以修复。

5．刮水系统洗涤装置不工作的故障诊断与排除

（1）故障现象

开洗涤挡位时，刮水器不工作，其他挡位工作正常。

（2）故障原因

① 洗涤电动机故障。

② 刮水器开关洗涤挡故障。

③ 线路断路。

（3）故障诊断与排除

首先检查洗涤电动机处“2”号端子是否有电源，再检查洗涤电动机处“1”号端子在打开洗涤挡位时是否与搭铁导通。若电源和搭铁均正常，则为洗涤电动机故障，应予以修理或更换；若洗涤电动机“2”号端子无电源，则进行电源线路的检查；若洗涤电动机“1”号端子未搭铁，则进行刮水器开关洗涤挡位和搭铁线路的检查。

四、实训注意事项

① 注意观察汽车电气原理图与实际连线的区别。

② 注意观察各电系电气元器件电路连接情况。

③ 在故障诊断过程中要认真细致，并做好记录。

第 9 章 汽车空调

9.1 汽车空调基础知识

9.1.1 汽车空调的功能、组成与分类

1. 汽车空调的功能

汽车空调是“汽车空气调节”的简称，就是随时对车厢内或驾驶室内空气的温度、湿度、流速、清洁度等参数进行调节，将其控制在舒适的标准范围之内的技术。汽车空调技术包括了降温、供热、除湿、通风、净化、调风速等方面的技术，是空气调节中功能要求最全面的空调技术。

现代汽车空调的基本功能如下。

（1）调节车内温度

汽车空调在冬季利用其采暖装置升高车内温度，夏季利用制冷装置对车内降温。

（2）调节车内湿度

利用制冷装置冷却降温去除空气中的水分，再由采暖装置升温以降低空气的相对湿度。

（3）调节车内的空气流速

夏季空气流速稍大有利于人体散热降温，冬季气流速度过大影响人体保温，因此夏季舒适风速一般为 0.25 m/s，冬季的舒适风速一般为 0.20 m/s。

（4）过滤净化车内空气

由于车内空间小，乘员密度大，车内极易出现缺氧，而车外道路上的粉尘等又容易进入车内造成空气污浊，影响乘员的身体健康，因此要求空调必须具有补充车外新鲜空气、过滤和净化车内空气的功能。

现代汽车空调就是将车内空间的环境调控到对人体最适宜的状态，改善驾驶员的工作环境、劳动条件和提高乘坐舒适性，创造良好的车内环境，保证安全行车，保护乘员的身体健康，利于乘员旅游观光、学习或休息。

2. 汽车空调系统的组成

汽车空调系统由制冷装置、暖气装置、通风装置、加湿装置、空气净化装置和控制装置等部分组成。各组成部分的作用如下。

① 制冷装置：把车内空气或从外部吸进来的新鲜空气冷却或除湿，使车内空气变得凉爽舒适。

② 暖气装置：把车内空气或从外部吸进来的新鲜空气加热，达到取暖、除湿的目的。

③ 通风装置：把车外新鲜空气吸进车内进行换气。同时，通风对防止风窗玻璃起雾也起着良好的作用。

④ 加湿装置：在空气温度较低时，对车内空气加湿，以提高车内空气的相对湿度。

⑤ 空气净化装置：除去车内存在的灰尘、气味及有毒气体，使车内空气变得清洁。

⑥ 控制装置：对制冷和暖风装置进行控制，使空调正常工作。

3．汽车空调系统的分类

汽车空调按不同的分类依据可分为不同的类型。例如，按驱动方式分类，汽车空调装置可分为非独立式、独立式和其他动力源式 3 种。

（1）非独立式

非独立式汽车空调装置又称为被动式汽车空调装置。它以汽车发动机为动力直接驱动压缩机工作。之所以称它为被动式就是因其运行制冷工况受汽车行驶速度和负荷的影响。车速和负荷改变，压缩机转速也随着变化，工况不稳定，特别是在怠速时不能保证有足够的制冷量。由于是主机带动，如果主机功率不富裕，则对汽车的加速和爬坡能力有影响。其特点在于系统结构简单，不增加辅助发动机，占用空间小，质量小，造价低，一般适用于压缩机功耗不大，而主机功率也足够的轿车和小客车等。

（2）独立式

独立式汽车空调装置的压缩机由专门设置的辅助发动机带动制冷，与车速和负荷无关，工况较稳定，即使在停车状况下也能向车内提供冷气。由于加装了一台辅助发动机，能耗与成本增加，占用空间位置也大，维护保养复杂。

（3）其他动力源式

在特殊情况下，空调压缩机也可用电动机带动，如雷达指挥车、营房车等，只有停车时才开空调，可用地面电源。

9.1.2 热力学的基本概念

汽车空调与热力学的关系密切，尤其是汽车空调的制冷系统的工作过程直接与热力学基础相关。在学习汽车空调的制冷原理之前，先学习几个热力学的基本概念。

1．压力

在制冷系统中，被密封在容器内的制冷剂气体，其分子不停地运动，频繁地与容器壁发生碰撞，这种碰撞在宏观上就表现为垂直于容器内壁的压力，即称为容器内的压力，而且气体分子越多，运动的速度越高，容器内的压力就越高。

2．温度

温度反映了物质分子热运动平均速度的大小。我国法定计量单位规定采用的温度制为摄氏温度和绝对温度（也称热力学温度），而欧美国家则采用华氏温度。

摄氏温度的单位符号是℃。它是把 1 标准大气压（即 101.325 kPa）下水的冰点定为 0℃，水的沸点定为 100℃，把这两点之间分为 100 等份，每 1 等份即为 1 摄氏度，记作 1℃。

3．显热与潜热

显热是当物体吸热（或放热）仅使物体分子的热动能增加（或减少），即仅是使物体温度升高（或降低），并没有改变物质的形态，那么它所吸收（或放出）的热称为显热。如水在沸腾前的吸热（或放热）称为显热，因为此热可使水温升高或降低。

潜热是当物体吸热（或放热）仅使物质分子的热位能增加（或减少），即仅是使物质状态发生改变，而其温度不变，那么它所吸收（或放出）的热称为潜热。如制冷剂在沸腾时吸的热就是潜热。物态变化不外乎“固↔液”变化、“液↔气”变化和“固↔气”变化。因此相应的潜热为熔解潜热和凝结潜热、汽化潜热和液化潜热、升华潜热和凝华潜热等。制冷剂在制冷时吸的潜热是汽化潜热。汽化潜热是指液体沸腾时，1 g（或 1 kg）某种液体变为同温度气体所需的热量，单位是 J/g 或 kJ/kg。

汽车空调制冷是利用制冷剂的状态变化来实现的。在冷凝过程中，气态制冷剂在高温高压条件下放出液化潜热而本身液化；在蒸发器内液态制冷剂则在低温低压条件下吸收汽化潜热而变成气体。

9.1.3 汽车空调制冷剂与冷冻机油

1. 汽车空调制冷剂

（1）制冷剂的种类

制冷剂是制冷装置完成制冷循环的介质，又称为制冷工质。制冷循环中通过制冷剂的状态变化，进行能量转换，达到制冷的目的。制冷循环的性能指标除与工作温度有关外，还与制冷剂的性质密切相关。因此，系统了解制冷剂的性质对制冷系统的使用十分重要。

制冷剂（Refrigerant）是用 R 后跟一组编号的方法来命名的，如 R11、R22、R134a 等。R 后的数字或字母是根据制冷剂分子的原子构成按一定的规则书写。

制冷剂的种类较多，一类为无机化合物，如 NH_3（R717）、SO_2、CO_2（R744）、H_2O（R718）等；另一类为氟利昂，如 $CFCl_3$（R11）、CF_2Cl_2（R12）、CHF_2Cl（R22）等，氟利昂是饱和碳氢化合物的氟、氯和溴的衍生物的总称。

（2）汽车空调用过的制冷剂 R12

氟利昂 12 学名二氟二氯甲烷，代号 R12。原有的汽车空调基本上都以 R12 为制冷剂。氟利昂有很好的热力学、物理、化学、安全性质，被广泛用于制冷空调行业作为制冷剂、发泡隔热材料，在清洗剂、喷雾剂等方面也有广泛用途。

但是，R12 对大气臭氧层有严重的破坏作用，其 ODP（臭氧层破坏系数）值为 1（最大），能造成使全球变暖的温室效应，其全球变暖潜能值（GWP 值）为 3 左右，因此它被《蒙特利尔议定书》列为第一批禁用物质。发达国家从 1996 年 1 月 1 日起禁用；发展中国家可延长 10 年，即到 2006 年完全禁止使用 R12。

（3）R12 的替代物 R134a

作为 R12 的替代物，美国、日本和我国利用 R134a，而欧洲特别是德国以及大洋洲的澳大利亚则多使用碳氢（天然的）制冷剂，如 CN-01、HR22 等。

R134a 学名四氟乙烷，又称 HFC-134a，其主要特点如下。

① 无色，无臭，不燃烧，不爆炸，基本无毒性（长期影响还在试验中），化学性质稳定，无腐蚀性。

② 不含氯原子，臭氧层破坏系数（ODP）几乎为零，在大气中寿命很短（大约为 18 年，R12 是 120 年），不破坏大气臭氧层，造成的温室效应也很小，全球变暖潜能值（GWP 值）只有 0.26。

③ 蒸发潜热高，定压比热容大，具有较好的制冷能力，但质量流量少，所以综合起来，R134a 的制冷系数与 R12 相同或略小。

④ 导热系数较高，热传导效果好。

⑤ 黏度较低，流动性好。

⑥ 分子直径比 R12 略小（R134a 的分子直径为 4.2×10^{-10} m，R12 是 4.4×10^{-10} m），所以更容易通过橡胶向外泄漏，也比较容易被分子筛吸收。

⑦ 与矿物油不相溶。

⑧ 吸水性和水溶解性都比 R12 高。

⑨ 与氟橡胶不相容，与丁酯橡胶的相容性也比 R12 差。

由于 R134a 与 R12 在性能上有些不同（包括制冷性能、相对材料的相容性），因而汽车空调系统改用 R134a 需要在机构和材料上做一定的改动。原来使用 R12 的空调系统也只有在改进以后才可以换用 R134a 作为制冷剂，否则，制冷系统无法正常运行。另外，这两种制冷剂不得混合使用。

2. 汽车空调冷冻机油

（1）性能要求

冷冻机油是一种深度精制的专用润滑油，需具备一定的性能，能满足不同机型、不同制冷剂的需求，具体如下。

空调系统工作原理及冷凝器的安装方式

① 与制冷剂要互溶。

② 要有适当的黏度。

③ 要有较好的黏温性能。

④ 要有良好的低温流动性。

⑤ 要有良好的化学稳定性和抗氧化安定性。

⑥ 油膜强度要高。

⑦ 吸水性要小。

（2）冷冻机油使用注意事项

① 冷冻机油应保存在干燥、密闭的容器里，放在阴暗处。

② 使用冷冻机油时要随时关闭好容器盖，以免空气中的水分进入油中。

③ 不同牌号的冷冻机油不能混装、混用，尤其是使用 R134a 制冷剂的制冷系统，千万不能加注矿物润滑油，应根据使用说明书或压缩机铭牌上的标注说明加入相应的冷冻机油。

④ 变质冷冻机油不能继续使用。若发现油的颜色变深，将油滴在白色吸水纸上，发现油滴中央呈现黑色，说明冷冻机油已开始变坏。

⑤ 存放在容器中的冷冻机油在使用前应确认其含水量，必要时应送化验部门鉴定，并设法干燥油品。

⑥ 应按制冷系统或压缩机的规定加入适量的冷冻机油。过多的冷冻机油将影响传热效率，降低系统制冷量；冷冻机油过少则会影响压缩机润滑，使压缩机过热。

9.1.4 汽车空调制冷系统的工作原理

汽车空调装置应包括采暖、制冷、通风等几个部分，但一般所指的汽车空调仅是指汽车制冷。制冷方式很多，常见的有以下几种：液体汽化制冷、气体绝热膨胀制冷、涡流管制冷、半导体制冷及磁效应制冷等。其中液体汽化制冷的应用最为广泛，它是利用液体制冷剂汽化时吸收周围空气中的大量热量而产生制冷效应。它又可以分为蒸汽压缩式、吸收式、蒸汽喷射式和吸附式制冷。目前，汽车上所采用的制冷方式全部是蒸汽压缩式制冷。蒸汽压缩制冷系统主要由压缩机、冷凝器、液体膨胀装置和蒸发器等总成构成。

制冷系统工作时，制冷剂以不同的状态在这个密闭系统内循环流动，汽车空调系统的制冷循环流程如图 9-1 所示。

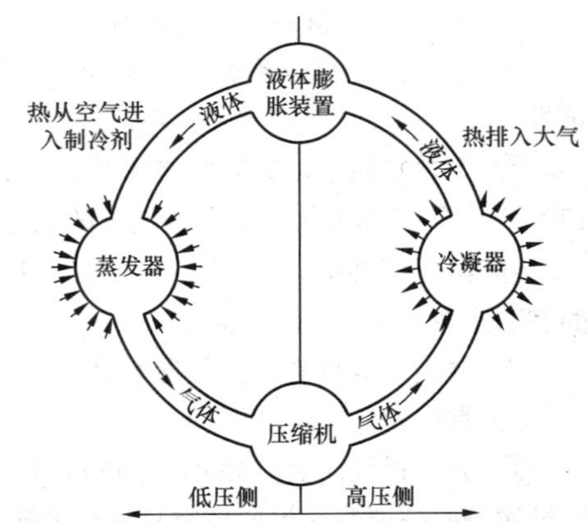

图 9-1　汽车空调系统的制冷循环流程图

汽车空调制冷系统的工作是由压缩、放热、节流和吸热 4 个过程组成的制冷循环过程。

1．压缩过程

压缩机吸入蒸发器出口处的低温低压的制冷剂气体，把它压缩成高温高压的气体，然后送入冷凝器。此过程的主要作用是压缩增压，以便气体易于液化。压缩过程中，制冷剂状态不发生变化，而温度、压力不断升高，形成过热气体。

2．放热过程

高温高压的过热制冷剂气体进入冷凝器（散热器）与大气进行热交换。由于压力及温度的降低，

制冷剂气体冷凝成液体，并放出大量的热。此过程的作用是排热、冷凝。冷凝过程的特点是制冷剂的状态发生变化，即在压力、温度不变的情况下，由气态逐渐向液态转变。冷凝后的制冷剂液体是高压高温液体。制冷剂液体过冷，过冷度越大，在蒸发过程中其蒸发吸热的能力也就越大，制冷效果越好，即产冷量相应增加。

3．节流过程

高压高温制冷剂液体经膨胀阀节流降温降压，以雾状（细小液滴）排出膨胀装置。该过程的作用是使制冷剂降温降压，由高温高压液体，迅速地变成低温低压液体，以利于吸热、控制制冷能力以及维持制冷系统正常运行。

4．吸热过程

经膨胀阀降温降压后的雾状制冷剂液体进入蒸发器，因此时制冷剂沸点远低于蒸发器内温度，故制冷剂液体在蒸发器内蒸发、沸腾成气体。在蒸发过程中大量吸收周围的热量，降低车内温度。而后低温低压的制冷剂气体流出蒸发器等待压缩机再次吸入。吸热过程的特点是制冷剂状态由液态变化到气态，此时压力不变，即在定压过程中进行这一状态的变化。

上述过程周而复始地进行，便可使汽车内温度达到并维持在设定的状态。

9.1.5　汽车空调系统布置

汽车车型不同，其空调的布置方式差别较大，下面以轿车、客车与货车的空调为代表介绍汽车空调系统的布置。

1．轿车空调

轿车空调依据蒸发器的位置不同有 3 种布置方式，即仪表板式、后备厢式及一体式，目前轿车多采用仪表板式结构，后备厢式现主要作为前空调器的补充，增加后面座位的空调效果。同时，轿车空调为非独立式空调系统，其压缩机全部以主机（车用发动机）为动力，汽车空调压缩机安装在发动机的前端，由发动机通过皮带驱动工作。冷凝器布置在发动机水箱前面。轿车空调的布置如图 9-2 所示。

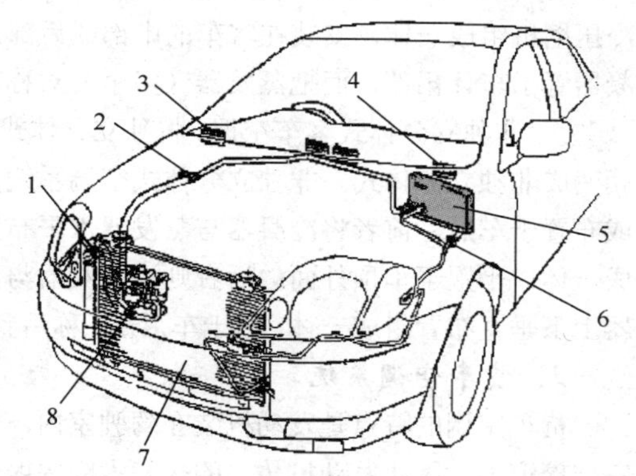

图 9-2　轿车空调布置图

1—储液干燥器　2—接头　3、4—出风口　5—蒸发器　6—软管　7—冷凝器　8—压缩机

储液干燥器一般安装在冷凝器旁边。膨胀阀（节流孔管）和蒸发器安装在驾驶室的仪表板下，便于向驾驶室配送冷风。系统各部件由金属管道或橡胶软管连接，作为制冷剂循环的路线。通风配气通道总体位于驾驶室的仪表台下面。各风门通过伺服电动机控制，安装在风门一侧。汽车空调控制面板位于驾驶室的仪表板中部，驾驶员通过右手进行控制。室外温度传感器位于汽车前保险杠处，室内温度传感器位于进气管道内，太阳光传感器位于仪表台上、挡风玻璃下。其他的传感器与发动机共用。汽车空调控制电脑（如果有）位于驾驶室仪表台下。

2．客车空调

（1）轻型客车空调

轻型客车一般指核载 9 人以下的面包车、小巴和救护车等。其空调系统多数是非独立式的，也有少量是独立式的。轻型客车空调的压缩机、蒸发器、冷凝器的结构与前述轿车相似，蒸发器可集中成一个，也可分散装在车内；冷凝器可置于车身裙部，也可装在水箱前或车底部。

（2）大型客车空调

大型客车乘员密度大，车身热负荷大，要求制冷量大，空调机组大。由于车上主机的后备功率常显不足，因此大中型客车空调多采用独立的空调系统，即制冷压缩机由独立的辅助发动机带动。大中型客车空调系统大体分三类：独立整体式、独立分体式和非独立分体式。

① 独立整体式客车空调。独立整体式客车空调把辅助发动机、制冷压缩机、冷凝器、蒸发器及其他部件组装在同一机架上，如图 9-3 所示。

这种空调装置一般布置在汽车中部车架下。也有安装在汽车的前部或后部车架上，与风道和冷气的出风口相连。回风口一般直接与车身座椅下方的地板相连。

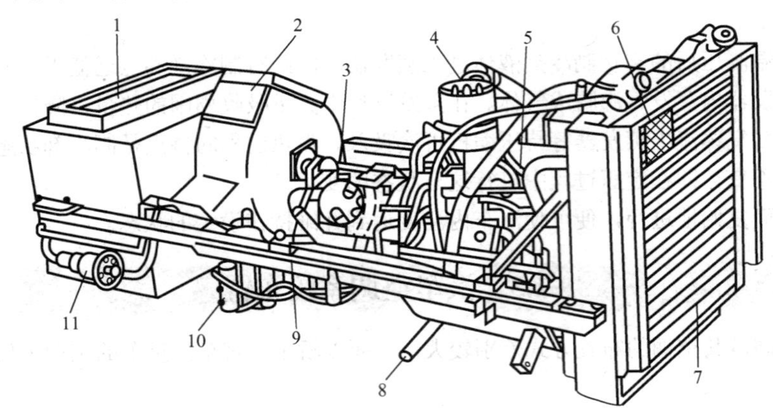

图 9-3 独立整体式汽车空调
1—吸气口 2—冷气箱 3—压缩机 4—滤清器 5—发动机 6—散热器
7—冷凝器 8—消声器 9—储气箱 10—燃油泵 11—储液干燥器

② 独立分体式客车空调。独立分体式与独立整体式不同的是：独立分体式仅是把辅助发动机与制冷压缩机组成一体，安装在客车的中部或后部，而把冷凝器和蒸发器都置于车顶篷外中部；或者把冷凝器置于车体裙部，而把蒸发器（多个）对称布置在车顶篷内的两侧风道里。

③ 非独立分体式客车空调。将独立分体式空调的压缩机改由车上发动机直接带动，则独立分体式就变成非独立分体式。非独立分体式空调系统多数将冷凝器与蒸发器组成一体，或布置于车顶外面，或布置于车后。前者将冷凝器与蒸发器水平布置组成一体，平置于车顶外面；后者则将冷凝器与蒸发器上下垂直布置组成一体，放于车后部，称后置式。

3．货车空调系统

货车空调的特点是发动机装在驾驶室内，驾驶室玻璃窗大，因此发动机传入的热和太阳辐射热量很大，即空调系统的热负荷较大。同时，货车的运行条件较轿车与客车都差，这要求空调系统的防振动性要更好。

货车空调基本上也是非独立系统。空调系统的布局有轿车式和顶置式两种。轿车式的空调就是冷凝器在水箱前，而蒸发器和加热器组成的空调器装在仪表板之下，具有采暖、降温和通风等功能，像轿车一样可以切换调整各种气门和气源，特别是具有除霜、除雾的功能。图 9-4 所示为轿车式的货车空调系统。

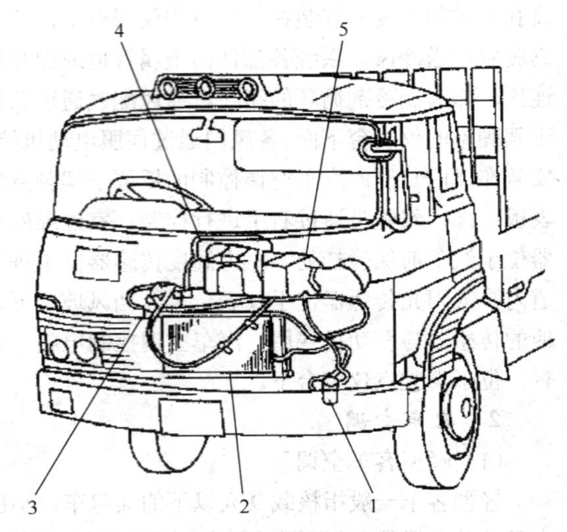

图 9-4 轿车式的货车空调系统
1—储液干燥器 2—冷凝器 3—压缩机
4—加热器 5—蒸发器

很多大型货车采用顶置式空调系统。和顶置的客车空调一样，它的蒸发器和冷凝器组成一个整体，安装在车顶上，由上至下供冷风，在操纵板的下方是冷却水加热的水暖式取暖系统，向车内提供暖气。室外新鲜空气从车顶引入。

9.2　汽车空调制冷系统构造

汽车空调制冷系统由制冷压缩机、冷凝器、蒸发器、储液干燥器或集液器、节流管或膨胀阀以及连接管路等组成。

9.2.1　压缩机

1．压缩机的作用

压缩机是汽车空调制冷系统中的心脏，其作用主要是在系统中建立低压条件，并对制冷剂进行抽吸、压缩和循环，如图 9-5 所示。

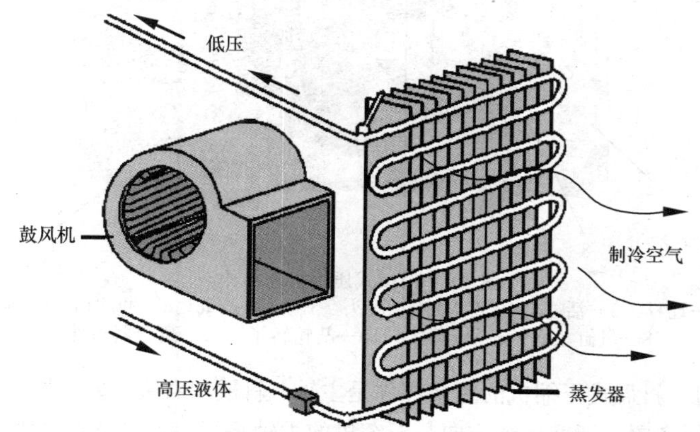

图 9-5　压缩机创建低压条件使制冷剂进入蒸发器

（1）低压条件

在压缩机入口建立一个低压状况，可以帮助蒸发器排出带热负荷的制冷剂蒸气。为了使得制冷剂计量装置允许适量的液态制冷剂进入蒸发器，这种低压状况是必不可少的。

（2）压缩、循环制冷剂

压缩机吸入低压低温的制冷剂蒸气，经过它的压缩把低温、低压的制冷剂蒸气转变成高温高压的制冷剂蒸气，使得制冷剂更易在冷凝器中液化，并完成热量的交换，因此制冷剂在压缩机的带动下能够在制冷系统中不断地循环利用，故压缩机也经常被称为空调泵。

2．汽车空调压缩机的结构

当今汽车空调系统中采用的压缩机种类有很多，涉及的压缩机品牌和型号有 160 多种，主要分为往复活塞式、叶片式和涡旋式 3 种类型。

（1）往复活塞式压缩机

常见的往复活塞式压缩机包括曲轴连杆式和斜板式两种。

① 曲轴连杆式压缩机。曲轴连杆式压缩机是一种早期应用较为广泛的制冷压缩机，在当今一些大中型客车上仍然在使用。这种压缩机的活塞数量可以是一个或多个，活塞的排列可以是直列也可以是 V 形排列。

② 斜板式压缩机。斜板式压缩机是往复活塞式压缩机的一种，其活塞进行轴向运动，常见的有摇板式和斜盘式压缩机两种，这种类型的压缩机在当今汽车空调压缩机中应用比例比较高。两者之间的不同是摇板式的活塞运动属单向作用，而斜盘式的活塞运动属于双向作用。

- 摇板式压缩机。摇板式压缩机是通过压在主轴上的轴板带动活塞做往复式运动。它包括摇板、连杆、活塞、凸轮转子、吸气/排气阀等部件，具体的结构组成如图 9-6 所示。

具体工作过程：摇板在旋转的过程中，由连杆带动活塞往复运动，当活塞与气缸之间的容积变大时，将低压制冷剂蒸气通过吸气阀片吸入到吸气端，当压缩容积变小时，压缩制冷蒸气并将高压蒸气从排气阀输送到冷凝器。

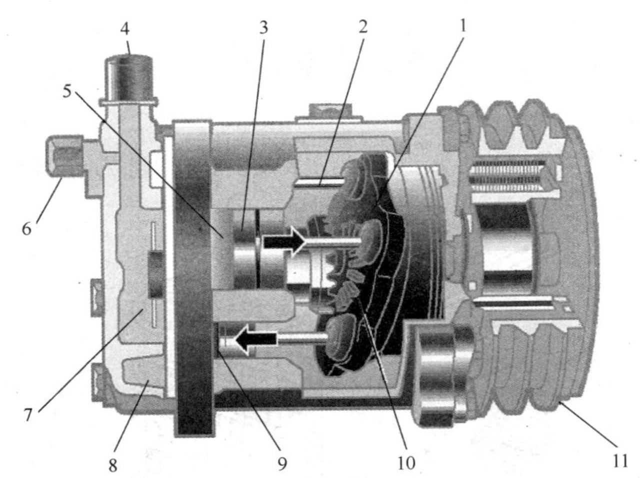

图 9-6　摇板式压缩机的结构

1—插板　2—连杆　3—活塞　4—吸气/排气接头　5—低压蒸气　6—冲注口　7—吸气/排气阀　8—气缸头　9—高压蒸气　10—凸轮转子　11—离合器组件

- 斜盘式压缩机。斜盘式压缩机的主要部件是主轴、斜板和双头活塞，如图 9-7 所示。各气缸以压缩机主轴为中心圆周布置，活塞运动方向与压缩机的主轴平行。大多数斜盘式压缩机的活塞被制成双头活塞，如轴向 6 缸压缩机，3 缸在压缩机前部，另外 3 缸在压缩机后部，而 6 缸压缩机的 3 对活塞以 120° 角间隔安装在旋转斜盘上。

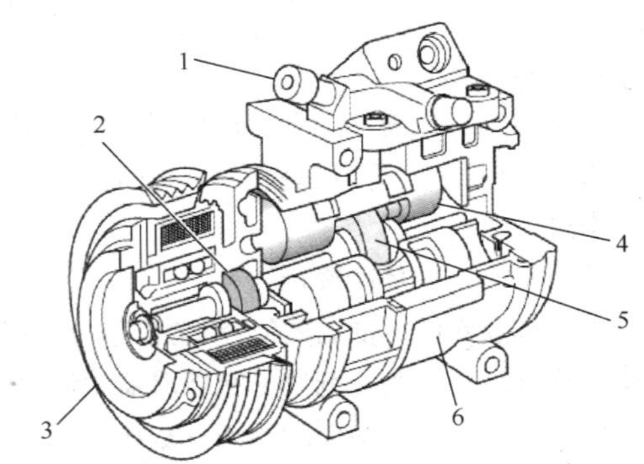

图 9-7　斜盘式压缩机的结构

1—压力释放阀　2—曲轴油封　3—电磁离合器　4—活塞　5—旋转斜盘　6—气缸

工作过程：斜盘旋转时，双头活塞在相对的气缸中一前一后地滑动，一端活塞在前缸中压缩制冷剂蒸气时，另一端活塞就在后缸中吸入制冷剂蒸气。各缸均配有高低压气阀，另有一根高压管，用于连接前后高压腔。具体工作过程如图 9-8 所示。

斜盘式压缩机的润滑方式有两种，一种是采用强制润滑，它通过由主轴驱动的机油泵将润滑油供到润滑部位及油封处，主要用于高档轿车或小型客车较大制冷量的压缩机。另一种是采用飞溅润滑，它设有油池，没有油泵，而是依靠润滑油和制冷剂一起循环，利用在吸气腔内因压力和温度下降而分离出的润滑油来润滑压缩机各部件。

（2）叶片式压缩机

① 结构组成。叶片式压缩机由转子、轮叶（3～4 个）、油泵、储油槽、排气口，以及尺寸精确的转子外壳等组成，如图 9-9 所示。

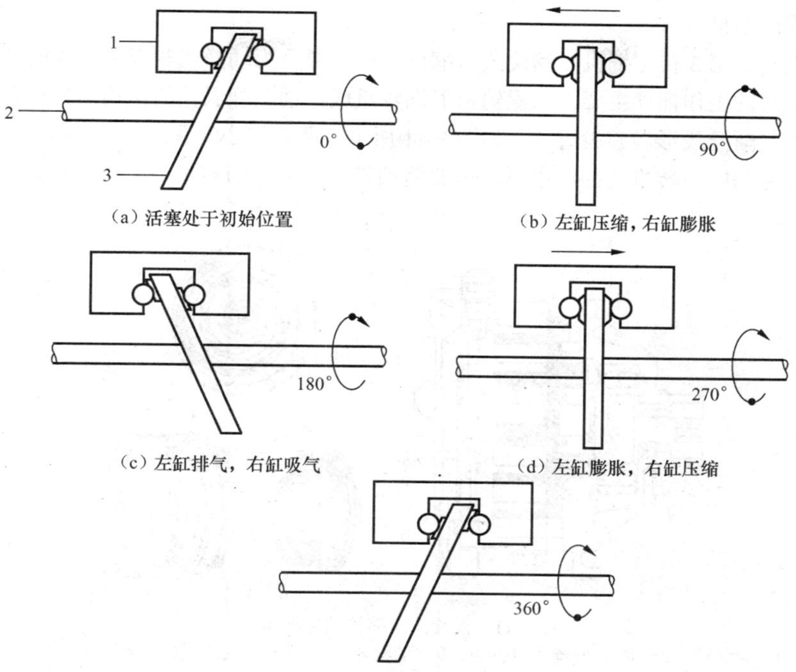

（a）活塞处于初始位置

（b）左缸压缩，右缸膨胀

（c）左缸排气，右缸吸气

（d）左缸膨胀，右缸压缩

（e）左缸吸气，右缸排气

图 9-8　斜盘式压缩机工作示意图

1—双头活塞　2—轴　3—轴板

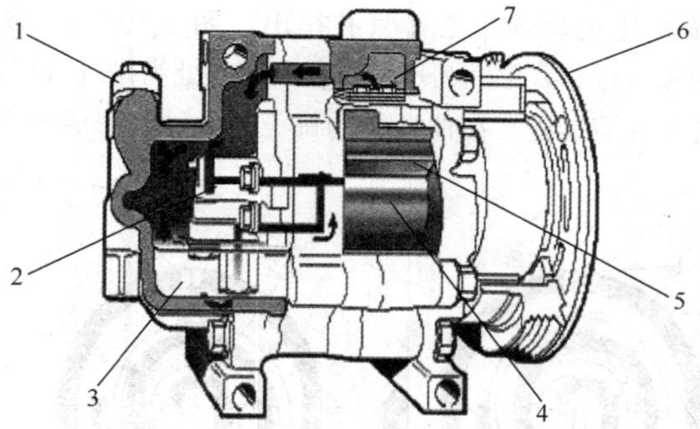

图 9-9　叶片式压缩机的结构

1—吸气口　2—油泵　3—储油槽　4—转子　5—轮叶　6—离合器组件　7—排气口

② 工作过程。转子、轮叶和转子外壳形成小腔，当转子转动时，这些小腔的体积变小，由此从吸气口吸入的制冷剂气体就逐渐被压缩并从排气口排出。具体工作过程如图 9-10 所示。油槽和油泵设在排气侧，在油泵和高压的作用下，润滑油被推到轮叶端部，在转子外壳处起到了润滑和密封作用。

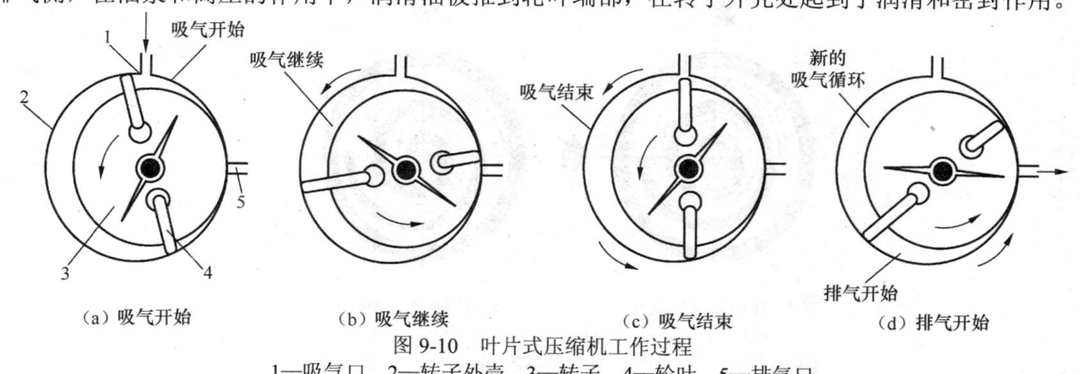

（a）吸气开始　（b）吸气继续　（c）吸气结束　（d）排气开始

图 9-10　叶片式压缩机工作过程

1—吸气口　2—转子外壳　3—转子　4—轮叶　5—排气口

（3）涡旋式压缩机

这种压缩机属于第 3 代压缩机。涡旋式压缩机结构主要分为动静式和双公转式两种。目前动静式应用最为普遍，它的工作部件主要由动涡轮与静涡轮组成，动、静涡轮的结构十分相似，都是由端板和由端板上伸出的渐开线形涡旋齿组成，如图 9-11 所示。两者偏心配置且相差 180°，静涡轮静止不动，而动涡轮在专门的防转机构的约束下，由曲柄轴带动作偏心回转平动，即无自转，只有公转。

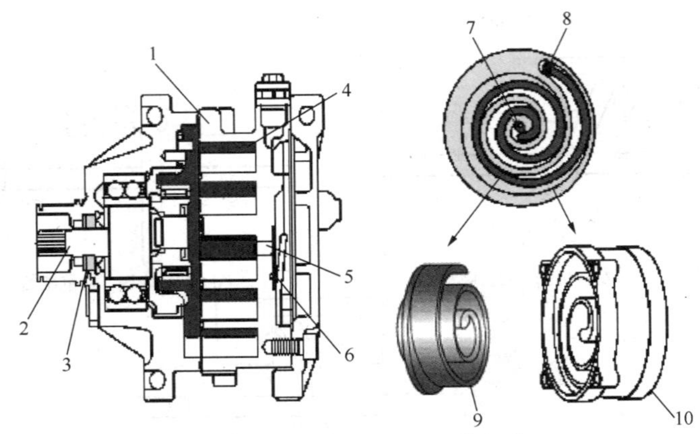

图 9-11 涡旋式压缩机的结构组成

1、10—静涡轮 2—轴 3—轴油封 4、9—动涡轮 5、7—排气孔 6—排气阀 8—吸气孔

涡旋式压缩机的具体工作过程如图 9-12 所示，吸气孔设在静涡轮外侧，由于曲柄的转动，气体由边缘吸入，并被封闭在月牙形容积内，随着接触线沿涡旋面向中心推进，月牙形容积逐渐缩小而压缩气体。高压气体则通过静涡轮上的轴向中心排气孔排出。图 9-12（a）表示正好吸气完了的位置，图 9-12（b）表示涡旋外围为吸气过程，中间为压缩过程，中心处为排气过程。图 9-12（c）、图 9-12（d）表示连续而同时进行着吸气和压缩过程。在曲柄轴的每一转中，都形成一个新的吸气容积，所以上述过程不断重复，依次完成。

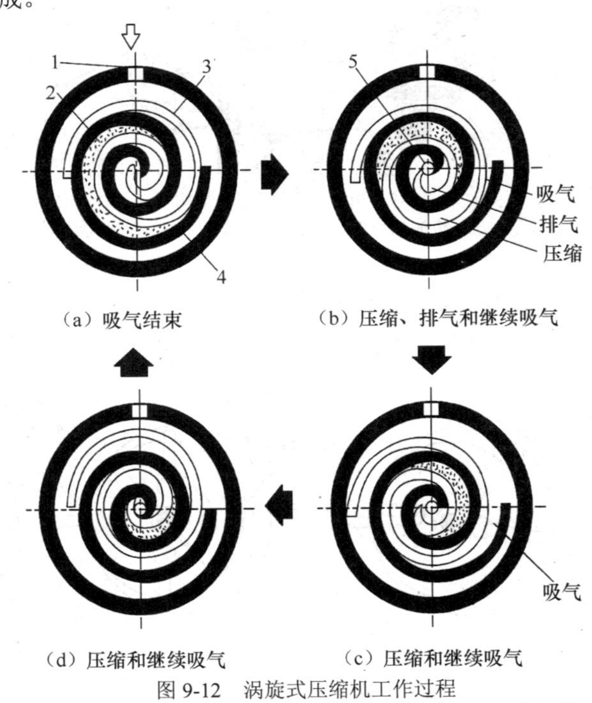

图 9-12 涡旋式压缩机工作过程

1—吸气孔 2—气腔 3—动涡轮 4—静涡轮 5—排气孔

（4）变排量压缩机

为了更好地发挥压缩机的功效，降低压缩机对汽车能量的消耗，保证发动机在高速情况下的动力性，在上述压缩机类型的基础上设计制造了变排量压缩机。它可以根据发动机转速和车内温度自动地调节压缩机输出的制冷剂流量，达到压缩机能量的输出与车内热负荷的完美匹配，从而进一步提高汽车的舒适性和降低汽车的燃油油耗。变排量压缩机可分为内控式和外控式两种类型。

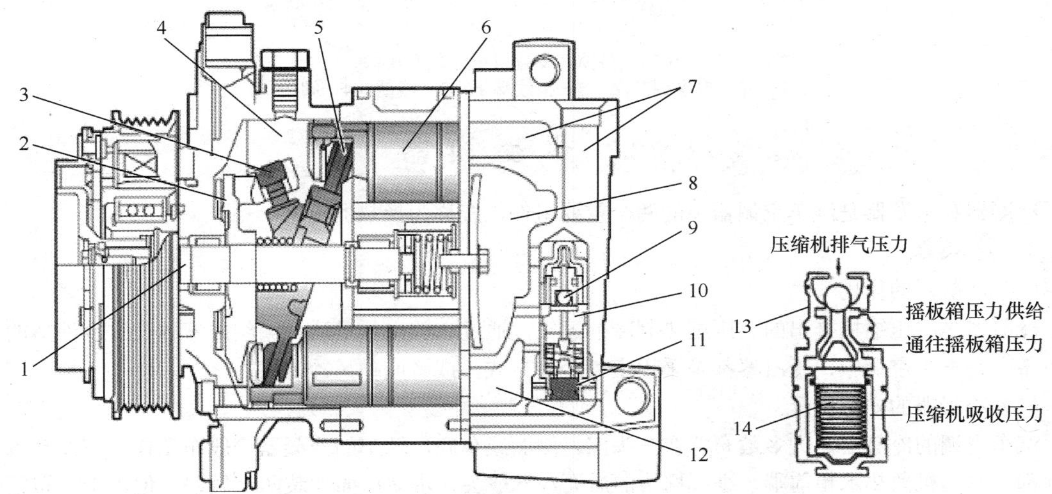

图 9-13　内控式变排量压缩机的结构
1—轴　2—焊耳　3—导杆　4—斜盘室　5—隔板　6—活塞　7、12—低压室　8—高压室
9—阀　10—控制阀　11、14—波纹管　13—控制阀总成

① 内控式变排量压缩机。内控式变排量压缩机具体构造如图 9-13 所示。

工作原理：排量的改变是依靠摇板箱压力的改变来实现的。摇板箱压力降低，作用在活塞上的反作用力就使摆动盘倾斜一定角度，这就增加了活塞行程（即增加了压缩机排量）；反之，摇板箱压力增加，这就增加了作用在活塞背面的作用力，使摆动盘往回移动，减小了倾角，即减小了活塞行程（也就减小了压缩机排量）。

若制冷负荷增加，压缩机吸气侧压力增加，当吸气侧压力超过了设定值，高的吸气压力使波纹管收缩，针阀下落，钢球落在球座上，将高压侧气体和摇板箱内气体的通道封死。这样就阻止了高压侧气体通向摇板箱。与此同时，从低压侧到摇板箱的通道打开，部分摇板箱的气体通向吸气侧，从而降低了摇板箱内压力，使压缩机排量增加。

反之，当制冷负荷减小，吸气压力降低到低于控制点时，波纹管膨胀，针阀把钢球向上推，使之离开球座。这样，高压气体就能通过控制阀进入摇板箱。结果是使摇板箱内压力增加，从而减小压缩机排量。

在变排量压缩机制冷系统中，若制冷负荷不变，而发动机转速增加，则压缩机活塞行程减小，降低了压缩机的排量，使制冷剂流量保持不变。这样既满足了制冷负荷的要求，同时也降低了发动机的功耗。

② 外控式变排量压缩机。内控式压缩机用内部控制阀使吸气压力保持在一个较低的恒定温度（一般蒸发器温度为 0℃），往往用再热方式提高送风温度来保持车内的舒适性。而外控式压缩机是通过外部电磁调节阀调节控制压缩机的排量，这样可以根据当时的冷负荷情况确定一个合适的吸气压力，不需要再热，从而达到节能的目的。其具体结构如图 9-14 所示。

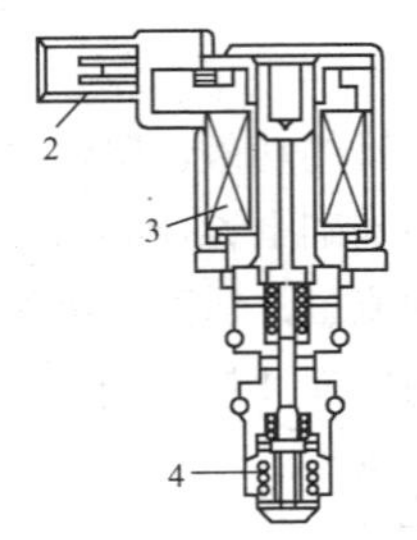

图 9-14　外控式变排量压缩机的结构
1—外部电磁调节阀　2—接线端子　3—线圈　4—阀门

9.2.2　热 交 换 器

冷凝器和蒸发器是汽车空调器中的两个重要组件，统称为换热器。

1．冷凝器

（1）冷凝器的作用

冷凝器是将压缩机排出的高压过热制冷剂蒸气，通过它放出热量后，凝结成液体或过冷液体的换热设备。在汽车空调中，冷凝器都是采用空气冷却方式，或者叫作风冷方式。

（2）冷凝器的安装位置

汽车空调的冷凝器，大多数布置在车头部、侧面或车底，轿车的冷凝器一般布置在汽车发动机舱的前部、发动机散热水箱前端、进气栅格的后面，一般会在水箱后面加装两个风扇。但由于其布置位置的特殊性，经常有地面上的尘土和泥浆飞溅在冷凝器上。这样既增加了热阻，降低了传热性能，冷凝器的管子又受到这种酸性物质的腐蚀，管子容易烂穿。因此，在使用时应经常对冷凝器表面进行清理。

（3）冷凝器的结构与类型

汽车空调冷凝器的材料可以是钢、铜或铝，在汽车空调系统中经常采用的冷凝器主要有管带式、管翅式和平流式 3 种结构类型。

① 管带式冷凝器。这种冷凝器一般在一些小型轿车上采用，如捷达轿车。它采用一整根扁形盘管（铝管），盘管中由隔筋形成 3～4 个孔道。把扁形管弯成蛇形管后，在管外用 0.2 mm 的铝片焊在上下两管外壁上。铝片上有折皱，以增强换热的效果。具体结构如图 9-15 所示。

② 管翅式冷凝器。这种冷凝器一般用于大型客车的冷气装置中，一般由铜管和铝翅片组合起来形成换热设备。其具体构造如图 9-16 所示。

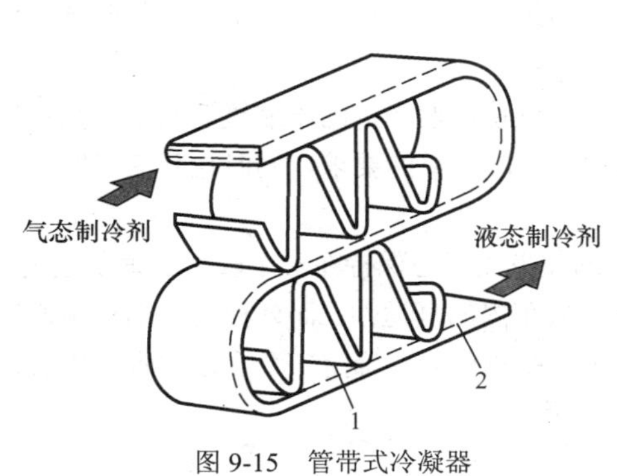

图 9-15　管带式冷凝器
1—散热片　2—盘管

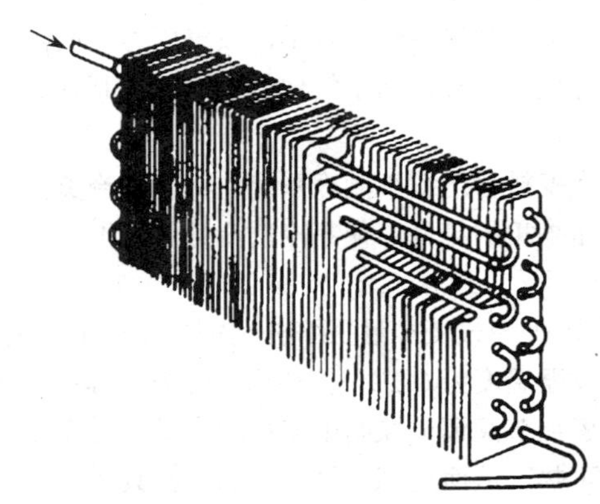

图 9-16　管翅式冷凝器

③ 平流式冷凝器。这种冷凝器一般用在使用 R134a 的空调制冷系统中，它由圆筒集管、铝制内肋扁管、波形散热翅片及连接管组成，其设计很像水箱。不同于管带式冷凝器只在一路中循环的形式，它是使制冷剂同时在几路中循环，这使得制冷剂与外界空气有更大的接触面积，其效率比管带式的要高 25%。其具体构造如图 9-17 所示。

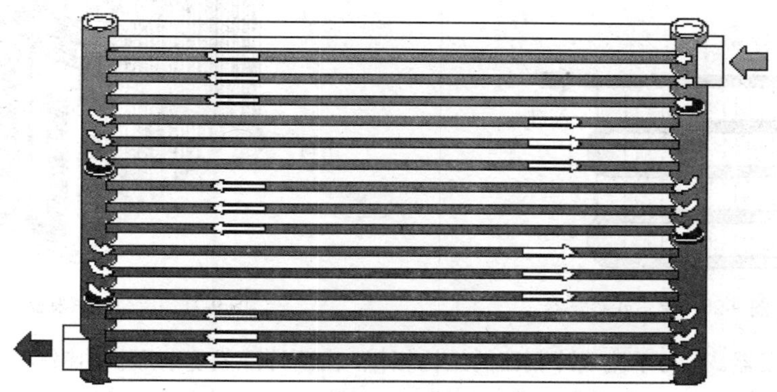

图 9-17　平流式冷凝器

2．蒸发器

蒸发器是将节流后的液体制冷剂，在其中吸热气化达到制冷效果的设备。它由箱、管和散热片组成，管子穿过散热片形成小通道，以便有良好的传热率，如图 9-18 所示。

（1）蒸发器的作用

空气通过蒸发器时，热量被蒸发器中的制冷剂带走，实现了对空气的降温或降温除湿作用。被冷却的空气，在鼓风机的作用下，以强制的方式送入车室内，并直接与车室内空气混合，使车室内的温度降低到要求的程度。当空气中的含湿量一定时，如果温度不断降低，则空气的相对湿度就不断增加，当温度降低到露点温度时，就达到饱和状态。如果再进一步冷却，那么空气中的水蒸气就会部分地凝结成水析出来。因此空调系统工作过程中就会不断有水形成，必须及时将其排出。

图 9-19 所示为车中贯穿地板的蒸发器排水管。

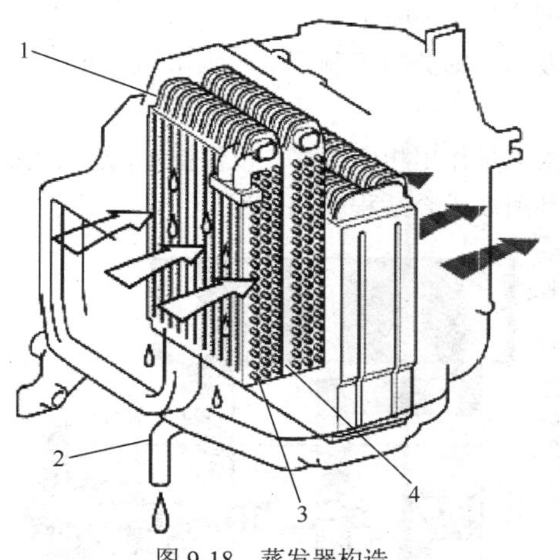

图 9-18　蒸发器构造

1—箱　2—排放软管　3—管　4—散热片

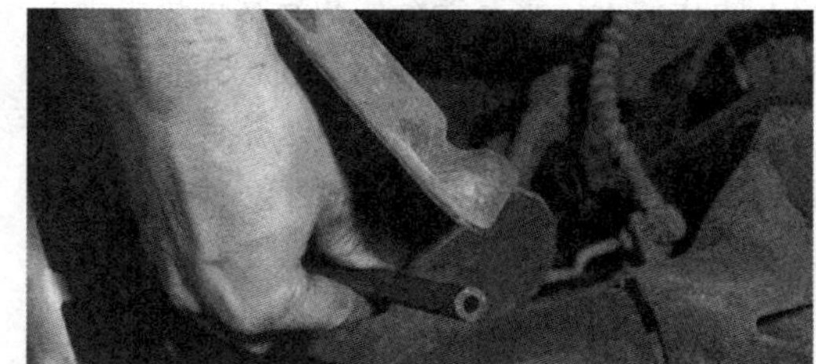

图 9-19　贯穿地板的蒸发器排水管

（2）蒸发器的主要结构形式

蒸发器主要有管带式、层叠式两种结构形式。

① 管带式蒸发器。它与管带式冷凝器结构相似，由多孔扁管与蛇形散热带焊接而成，如图 9-20 所示。其管带长度大约是冷凝器管的 5 倍。

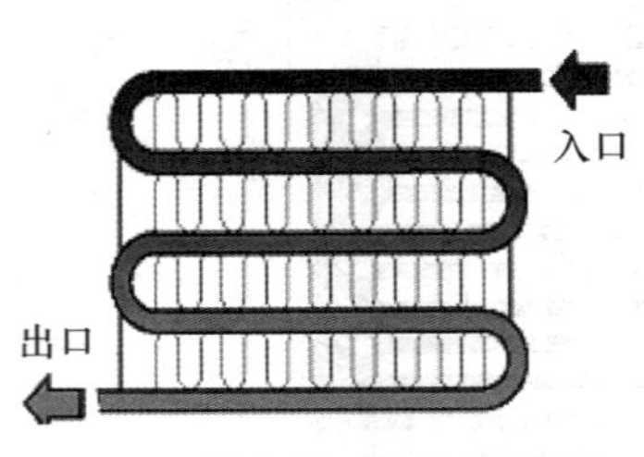

图 9-20　管带式蒸发器

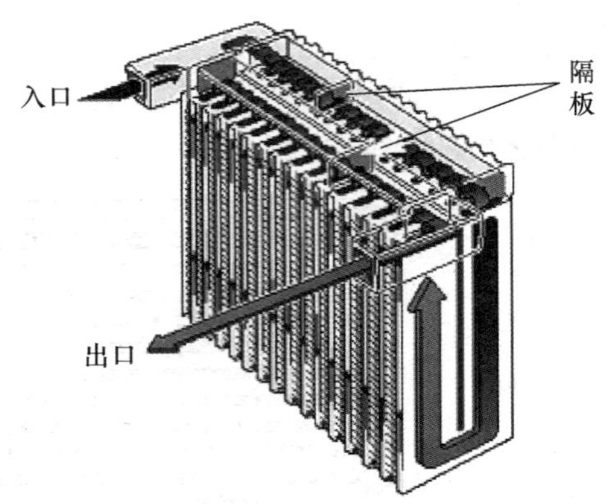

图 9-21　层叠式蒸发器

② 层叠式蒸发器。它与平流式冷凝器的结构相似，由两片冲成复杂形状的铝板叠在一起组成制冷剂流道，每两片流道之间夹有蛇形散热带，如图 9-21 所示。这种形式的蒸发器加工难度比较大，但是换热效率也最高，结构最紧凑，在当今车型中采用比例比较高。其换热效率比管带式蒸发器提高了 10% 左右。

9.2.3 节流装置

汽车空调制冷系统中的节流装置包括膨胀阀和节流管两种，这里主要介绍膨胀阀。

1．膨胀阀的作用

冷却系统的节流装置

在膨胀阀式空调制冷系统中，膨胀阀是一个非常重要的部件。它主要起着节流降压和调节流量的作用。同时，它还有防止压缩机液击或蒸发器异常过热的功能。

（1）节流降压

膨胀阀将从储液干燥器出来的高温高压的液态制冷剂从小孔中喷出，使液态制冷剂突然膨胀，变成低温、低压的制冷剂雾气进入蒸发器，即分隔了制冷剂的高压侧与低压侧。

（2）调节流量

由于制冷剂负荷的改变以及压缩机转速的变化，要求流量作出相应调整，以保持车内温度稳定。膨胀阀就起到了把进入蒸发器的流量自动调节到制冷循环所要求合适程度的作用。

（3）防止液击、蒸发器结冰和异常过热

膨胀阀以感温包作为感温元件控制流量大小，保证蒸发器尾部有一定量的过热度，从而保证蒸发器总容积的有效利用，避免液态制冷剂进入压缩机而造成液击或蒸发器表面结冰的现象出现，同时又能将过热度控制在一定范围内，从而防止异常过热现象发生。

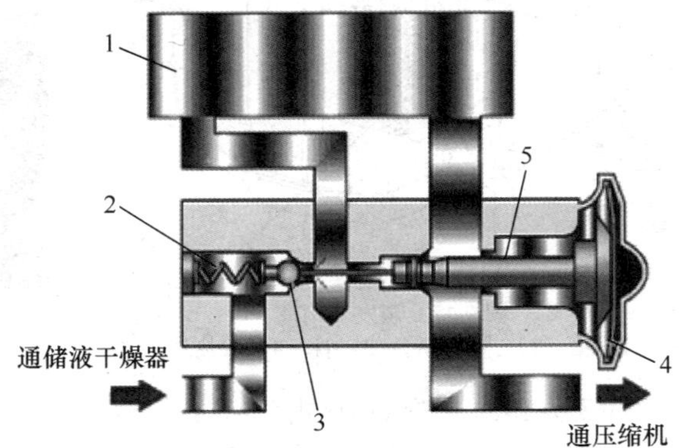

图 9-22　H 形膨胀阀的结构
1—蒸发器　2—压力弹簧　3—针阀
4—膜片　5—热敏杆

2．膨胀阀的种类

膨胀阀主要有热力膨胀阀和 H 形膨胀阀两种类型。其中热力膨胀阀又分为内平衡式和外平衡式膨胀阀，由于无论是内平衡式还是外平衡式的热力膨胀阀，均要由较长的毛细管间

接感知蒸发器出口的温度，因此控制精度受到环境温度和其他许多因素的影响，而 H 形膨胀阀可以很好地解决这个问题。

H 形膨胀阀是因为它的内部通路像“H”字母而得名，其结构如图 9-22 所示。它有 4 个接口，分别与储液干燥器出口、蒸发器入口和出口、压缩机入口相连接。在连接储液干燥器出口和蒸发器入口之间有一个针阀，用来控制节流孔开度，针阀上部与控制杆和热敏杆相连，针阀下面与弹簧相抵；热敏杆内一般有密封的制冷剂。

工作过程：当蒸发器的温度高时，感温器内的制冷剂压力升高，控制杆推动针阀向下克服弹簧的力，将节流孔的开度加大，制冷剂流量增大，蒸发器温度下降。

9.2.4 其他辅助设备

1．储液干燥器和集液器

储液干燥器和集液器是几乎有相同外观的罐式装置。然而，这两种装置的功能和安装位置却有很大不同。储液干燥器是与膨胀阀共同出现，安装在冷凝器出口和蒸发器入口之间；而集液器是与节流管一起存在，安装在蒸发器出口和压缩机的入口之间。二者都有过滤和干燥的功用，储液干燥器在制冷系统中，相当于膨胀阀的“蓄水池”，由于蒸发器热负荷的不同、冷凝器散热效率的不同会导致压缩机转速不同，这将造成每次泵进循环的制冷量不同，储液干燥器可以补偿这种波动，保证制冷剂流动的稳定性和连续性。而集液器则可以捕获并圈闭来自蒸发器的液态制冷剂，以确保压缩机吸入的全部为气态制冷剂。

储液干燥剂
与制冷剂管路

（1）储液干燥器

储液干燥器是保证压缩机和制冷系统正常运行的必要设备。它起着以下 3 个方面的作用。

① 储液作用。储液是用来储存和供应制冷系统内的液体制冷剂，以便工况变动时能补偿和调剂液体制冷剂量的多少。一般来说，空调系统开始工作时的负荷量大，要求制冷剂的循环量也大，当工作一段时间后，负荷将减小下来，这时所需的制冷剂量相应地减少。因此，负荷大时，储液器中的液体制冷剂补充进来，而负荷小时又可将液体制冷剂储存起来。同时，由于开启式压缩机和橡胶连接软管总有一定的制冷剂泄漏，储液器还可弥补系统中制冷剂的微量渗漏。

② 过滤作用。制冷系统中的各个部件在出厂前应进行严格的清洗和干燥，但是管路维修时，有可能不注意而将污物带入，管道中也可能产生污物，制冷剂本身也不那么干净，压缩机运行时也会产生粉末磨屑等，通过储液干燥器的过滤可以清除掉这些机械杂质和污物，保证制冷剂顺利流通，不致因堵塞影响正常工作。

③ 干燥作用。储液干燥器的另一个作用是用来吸收制冷剂中的水分。有水分的原因可能是制冷系统干燥不严格，或有空气进入，或制冷剂本身就溶解有水分。水分的存在有可能造成“水堵”。

储液干燥器的结构如图 9-23 所示。大部分储液干燥器都是一个密封焊死的铁瓶，内部不可拆卸。储液干燥器不是全向的，制冷剂只能沿着一个方向流动。大部分的干燥器上标有“IN”和“OUT”或箭头，以指明制冷剂流动的方向，制冷剂总是从冷凝器向蒸发器流动。储液干燥器内部包括过滤装置、干燥剂、引入管和输出管等。在部分车型上，在储液干燥器上设有视液镜，可以方便地观察制冷剂的数量。而有的车型中视液镜设在储液干燥器和膨胀阀之间的管路中。

（2）集液器

用节流管的制冷系统中，在蒸发器和压缩机之间的低压端安装集液器，也被称为气液分离器。它的作用是留下液态制冷剂，使其在低压区缓慢地蒸发，从集液器里出去的只是气态制冷剂，因而起到了气液分离、防止压缩机液击的作用。

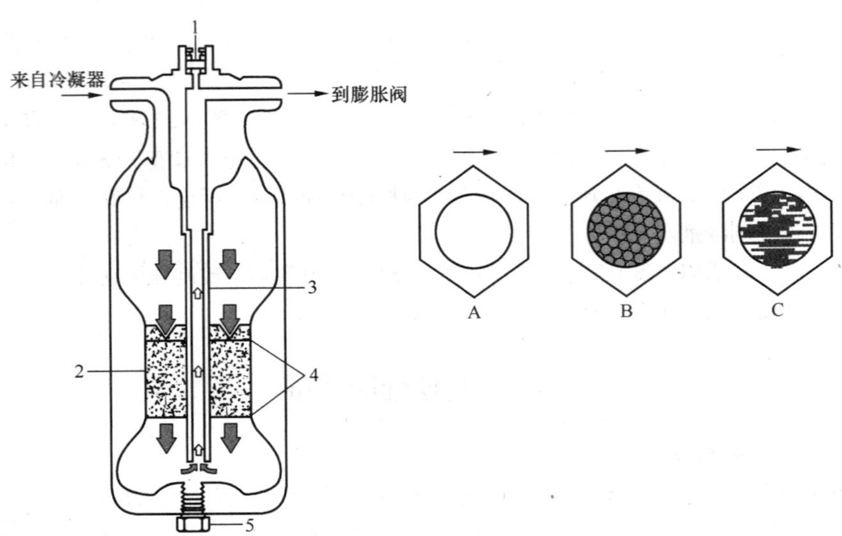

图 9-23 储液干燥器的结构
A—过满（没有气泡） B—不足（连续气泡） C—足量（几乎没有气泡）
1—视液镜 2—干燥剂 3—拾取管 4—过滤器 5—易熔塞

集液器的结构如图 9-24 所示。当制冷系统工作时，制冷剂从气液分离器的顶部进入，液态制冷剂沉入底部，而位于顶部的气态制冷剂被吸入压缩机，气液分离器底部的 U 形吸气管上有一个小孔，只允许少量冷冻机油流回压缩机，以保证压缩机的正常润滑。滤网只允许润滑油通过，而不允许液态制冷剂通过。

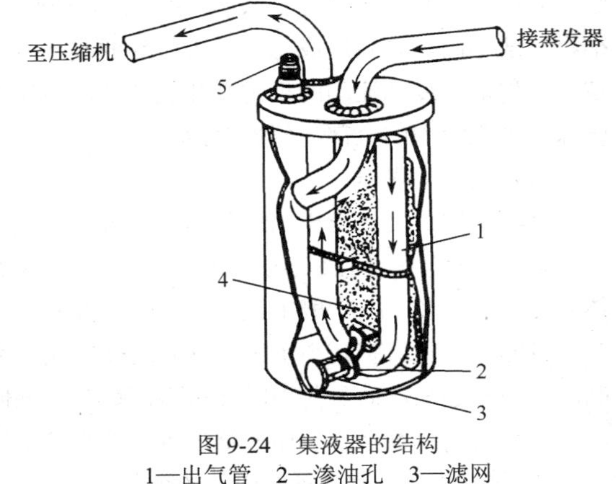

图 9-24 集液器的结构
1—出气管 2—渗油孔 3—滤网
4—干燥剂 5—测试口

2．高、低压软管

软管是连接汽车空调中各部件之间的管子，起传输制冷剂的作用。由于空调系统是装在汽车上，汽车在行驶过程中，颠簸和振动很大，往往是采用软连接方式，即采用橡胶管。软管有高压管和低压管之分。

3．维修阀

在汽车空调系统中，为了简化制冷系统，方便维修，在高压和低压管路上一般加装两个维修阀，用来测量系统压力、抽真空和充注制冷剂等工作。

4．密封圈

在空调系统的管路接口上都有 O 形圈，帮助保持系统密封，其材料一般为丁腈橡胶。在安装密封圈时，可以用矿物质机油润滑。O 形密封圈是以备件的形式提供的，不同类别的密封圈往往颜色不相同，例如，用于 R12 制冷剂系统的密封圈为黑色，而 R134a 系统的密封圈为紫色。更换密封圈的过程中不能彼此互换。

9.3 汽车空调电气控制系统

9.3.1 常用控制装置

1．电磁离合器

在非独立式的汽车空调制冷系统中，大多数压缩机是由发动机通过皮带进行驱动的，并且压缩机的

主轴与发动机的曲轴不是直接相连，而是通过电磁离合器把动力传递给压缩机的，电磁离合器是发动机和压缩机之间的一个动力传递机构，一般装在压缩机前端面，成为压缩机总成的一部分。电磁离合器由皮带轮、电磁线圈、传动轮毂等部件组成，如图 9-25 所示。正常情况下，皮带轮与压缩机轴之间处于分离状态，压缩机轴与传动轮毂之间通过连接键相连。当电磁离合器通电时，轮毂将在电磁力的作用下与皮带轮结合，发动机的动力就可以传递到压缩机的主轴上，制冷系统的制冷剂开始循环；当处于断电状态时，传动轮毂与皮带轮将会分离，压缩机停止工作，皮带轮空转。因此可以看出，压缩机电磁离合器可以根据空调制冷系统的具体工作状态，断开和接通发动机与压缩机之间的动力传输，并可以起到过载保护的作用。

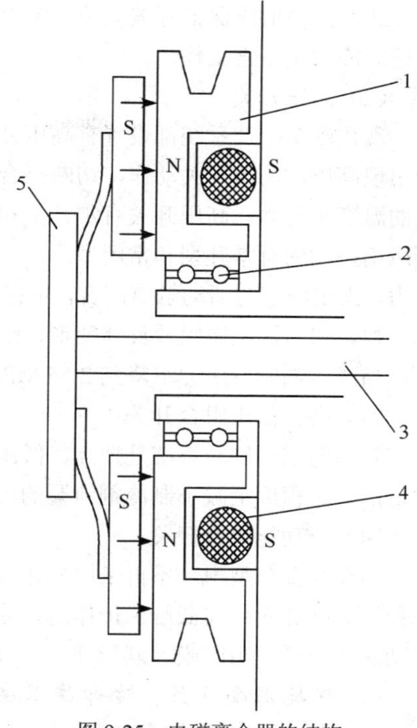

图 9-25　电磁离合器的结构
1—皮带轮　2—轴承　3—压缩机轴
4—电磁线圈　5—传动轮毂

2. 温度控制器

温度控制器是汽车空调的温度控制部件。在离合器控制的制冷系统中，温度控制器有 3 种形式：波纹管式、双金属片式和热敏电阻式。这里介绍热敏电阻式。

热敏电阻温控器一般采用负温度系数的热敏电阻，安装在蒸发器的表面，当温度升高时阻值降低，温度降低时电阻值增加。热敏电阻将温度的变化转化为电阻的变化，再转换为电压的变化，传递给空调控制单元。当温度低于某一设定值时，空调控制单元切断电磁离合器的电路，如图 9-26 所示。

3. 制冷系统压力开关

在汽车空调制冷系统中，一般都设有压力保护开关，包括低压开关、高压开关和组合开关。

（1）低压开关

低压开关位于制冷系统的高压端，一般安装在储液干燥器上，它主要是防止压缩机在制冷系统泄漏、压力过低情况下空转，避免压缩机因缺乏润滑油而损坏；同时它也起到低温保护的作用，即在低温情况下禁止压缩机运行制冷。当环境温度过低时，制冷剂温度也低，相应的压缩机排出的制冷剂的温度和压力也低，当压力达到低压开关的临界值，低压开关就会切断压缩机的电磁离合器线圈供电。一般情况下，当环境温度低于 10℃，低压保护开关起作用。低压开关的结构如图 9-27 所示。其串联在压缩机的电路上，当高压侧压力高于 0.23 MPa 时，触点保持闭合；而当高压侧压力低于 0.21 MPa 时，触点在弹簧力作用下断开，压缩机停止运转。

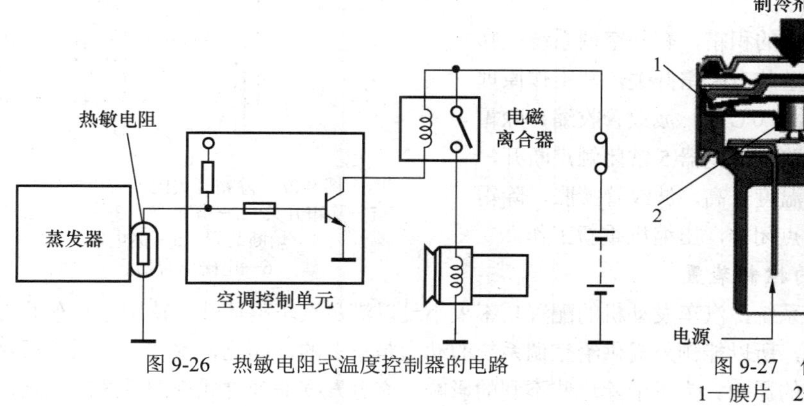

图 9-26　热敏电阻式温度控制器的电路

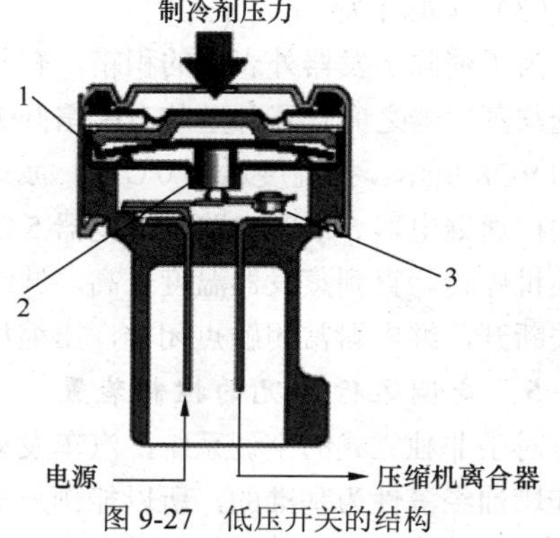

图 9-27　低压开关的结构
1—膜片　2—制动销　3—触点

还有一种低压保护开关安装在制冷系统的低压端，主要用来控制蒸发器的压力不至于过低而结冰，保证制冷系统正常工作。

（2）高压开关

现代汽车空调系统都设置有高压开关，它一般安装在压缩机至冷凝器之间的高压管路上，一旦系统出现高压，高压开关动作，切断离合器电源或接通冷凝风扇高速挡电路，以加强散热，尽快降低系统的温度和压力。高压开关有常开型和常闭型两种类型，常开型一般用作压缩机电源切断，而用于冷凝风扇控制的有常开型和常闭型两种。以常闭型压力开关为例，正常情况下，高压端压力小于弹簧的弹力，固定触点与活动触点闭合，电路处于接通状态。一旦系统压力超过 3.14 MPa 时，高压蒸气压力大于弹簧弹力，金属膜片反弹变形，致使活动触点与固定触点快速分离，切断离合器电路，压缩机停转。当高压端制冷压力下降到 2.55 MPa 时，触点恢复闭合，电路接通，压缩机恢复运转。

（3）高、低压组合开关

新型的空调制冷系统是把高、低压开关组合成一体，安装在储液干燥器上。这样可以减少接口和质量，一定程度上减小制冷剂泄漏的可能性。

（4）三功能组合开关

当今很多车型中，不再采用上述的 3 种压力开关，而是在高压回路中设置一个三功能组合开关。这种开关既能起到高低压保护作用，同时还可以控制冷凝风扇高低速运转，以改善冷凝器的散热条件。三功能组合开关由隔膜、蝶形弹簧、轴和接点组成。

4．环境温度开关、冷却液温度开关及除霜开关

（1）环境温度开关

环境温度开关的作用是感知环境温度，一般串联在电磁离合器的电路中，当环境温度小于 5℃时，切断压缩机电磁离合器电路，也就是说低温不适宜开启压缩机，因为低温起动压缩机，润滑油还没来得及循环流动，压缩机会因为润滑不良磨损加剧甚至损坏。

（2）冷却液温度开关

冷却液温度开关安装在发动机散热器或冷却液管路上，感测发动机冷却液温度，防止发动机过热。当冷却液温度超过一定值时，冷却液温度开关直接切断或通过控制单元切断空调压缩机的电磁离合器供电；当冷却液温度降到某一值时，冷却液温度开关接通，空调压缩机重新工作。例如，奥迪轿车的冷却液温度开关在冷却液温度超过 120℃时，切断电磁离合器供电；低于 106℃开关接通。

（3）除霜开关

为了消除蒸发器外表面的积霜，有些空调系统在膨胀阀与蒸发器之间管路外壁装有除霜开关，其工作原理如图 9-28 所示。当温度达到 0℃时，波纹管收缩，除霜开关接通继电器 5 线圈电路，继电器 5 常闭触点断开，压缩机停转。直到蒸发器温度升高，波纹管膨胀，除霜开关断开，继电器常闭触点闭合，压缩机重新工作。

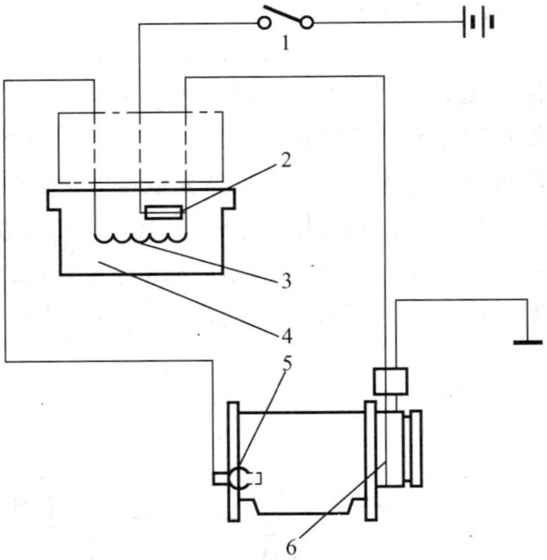

图 9-28　除霜开关的工作原理
1—除霜开关　2—熔断丝　3—加热丝
4—熔断装置　5—继电器
6—电磁离合器

5．空调运行工况的控制装置

对于非独立式的空调系统，汽车发动机的配置功率大小是以满足汽车整体性，特别是汽车的动力性和燃油经济性为基准的，所以能额外提供给空调系统的动力是不多的，因此，安装空调系统后对汽车的工况会产生许多不利的影响。为了消除这些不利的影响，充分发挥非独立式空调系统的优点，必

须根据汽车在不同的工况下对动力要求的情况，分别对空调系统的运行工况进行控制。

（1）怠速控制器

在交通堵塞或停车期间，发动机处于怠速或低速运转，发动机输出功率小，在此状态下驱动压缩机会使发动机过载并导致过热和发动机停车。因此往往安装怠速提升装置以使怠速转速提升，以便使用空调系统。其具体工作情况是：当发动机电脑接收到 A/C 接通信号时，将怠速速度控制阀打开少许，增加进气，使发动机以合适的转速转动。

（2）汽车加速断开器

汽车加速时或汽车超车加速时，需要增加发动机输出功率来提供汽车加速所需动力，此时便应该切断压缩机离合器的电路，停止压缩机运行，汽车加速断开器便能实现该功能。在大多数汽车中，加速断开器由加速开关和延迟继电器组成，加速开关一般安装在加速踏板下，或装在其他位置，通过连杆或钢索来操纵。当加速踏板行程达到最大行程的 90%时，加速开关及延迟继电器切断电磁离合器线圈电路，使压缩机停止工作，解除了压缩机动力负荷，发动机的全部输出功率用来克服加速时的阻力，提高了车速。当踏板行程小于最大行程的 90%或加速开关打开延时十几秒后，则自动接通电磁离合器线圈电路，使压缩机又自动恢复工作。

还有一种汽车加速断开器，是用发动机的进气管真空度控制的。

9.3.2　汽车空调各系统电路

汽车空调种类繁多，电路的形式各不相同，但其电气系统都有一定的规律，汽车空调基本电路包括电磁离合器控制电路、鼓风机控制电路和冷凝器/散热器风扇控制电路。

1．电磁离合器控制电路

汽车空调电磁离合器电路中主要有 A/C 开关、制冷剂高低压开关、制冷剂温度开关、冷却液温度开关、压缩机过热开关等控制元件。压缩机是否正常工作由其控制元件及其控制电路决定。手动空调中压缩机的控制方式有手动控制和半自动控制两种。下面介绍半自动控制方式。

如图 9-29 所示，半自动空调压缩机工作的必要条件是点火开关闭合、空调开关闭合、温度开关闭合、鼓风机开关闭合、压力开关闭合、发动机转速正常（高于设定最低转速）、压缩机转速信号正常、制冷剂压力开关闭合。

在下述情况下，电磁离合器脱开，压缩机被关掉。

① 鼓风机开关断开，继电器常开触点断开，电磁离合器断电，压缩机停转。

② 空调 A/C 开关断开，控制单元将断开电磁离合器的供电。

③ 当按下 A/C 开关，此时如果蒸发器表面温度降至 3～4℃或更低，则控制单元将切断电磁离合器供电。当按下 ECON（节能模式）开关，蒸发器表面的临界温度将被调到 10～11℃，即当其温度降至该温度或更低，压缩机停止工作。由此可以看出，利用该模式可以很大程度上降低空调制冷的负荷。

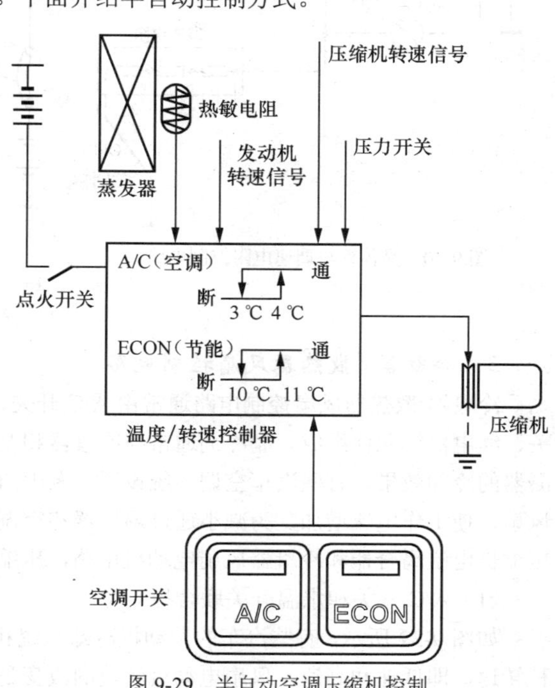

图 9-29　半自动空调压缩机控制

④ 压力开关断开，如制冷回路出现极端压力（过高或过低），电脑感知到这样的情况，将切断压缩机电磁离合器电路。

⑤ 压缩机转速与发动机转速差超过一定的值，电脑将判定压缩机锁死，将切断压缩机离合器电路。

2．鼓风机控制电路

要使车内有个舒适的环境，除了控制车室温度，还应控制送风量，即控制鼓风机的转速，以适应环境温度变化，满足驾乘人员的不同需求。

（1）手动鼓风机开关和调速电阻控制型

空调鼓风机一般采用手动鼓风机开关和调速电阻，共同控制通过鼓风机的电流大小，从而改变鼓风机的转速。这种鼓风机电路具有 5 种转速。

（2）晶体管与调速电阻控制型

晶体管与调速电阻控制电路如图 9-30 所示。鼓风机控制有自动和人工两种选择模式。当鼓风机转速控制开关置于“AUTO”（自动）挡时，鼓风机的转速由空调电脑根据车内、车外温度及其他传感器的参数控制。若置于“HAND”（人工）挡，则空调电路取消自动控制功能，执行人工设定功能。

（3）大功率晶体管控制型

晶体管控制风机电路如图 9-31 所示。控制单元根据内部温度和设定温度之间的差距自动调整转速，控制风量。当存在较大温差时，接通高速继电器，鼓风机电动机高速运转；当存在较小温差时，鼓风机电动机低速运转；当温差介于二者之间时，控制单元会根据内部温度和设定温度之间的差距连续控制鼓风机转速。

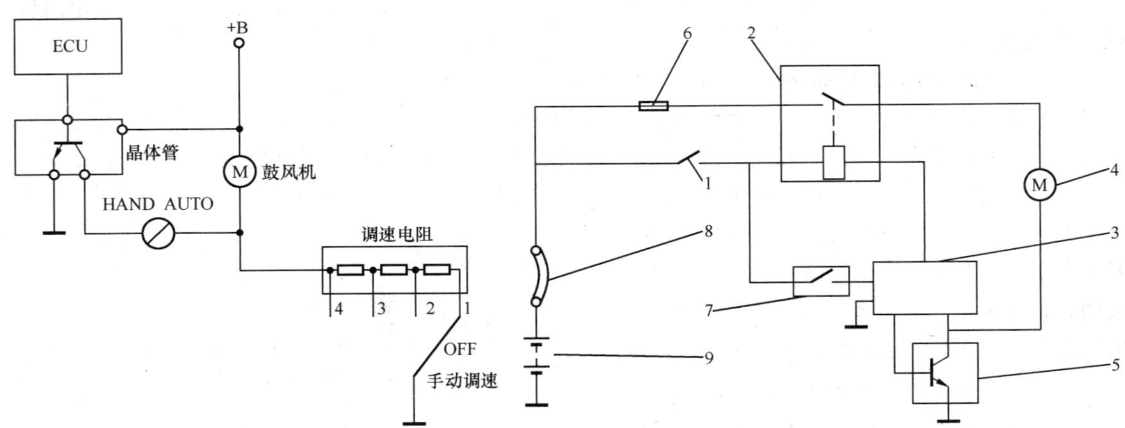

图 9-30 晶体管与调速电阻控制电路

图 9-31 晶体管控制风机电路
1—点火开关 2—继电器 3—控制模块 4—鼓风机电动机
5—晶体管 6、8—熔丝 7—鼓风机开关 9—蓄电池

3．冷凝器/散热器风扇控制电路

冷凝器/散热器风扇控制电路通常由 A/C 开关、冷却液温度开关、制冷剂温度开关、制冷剂压力开关、继电器等元件组成。制冷剂通常与冷凝器和发动机冷却液散热器共用一个冷却风扇。为了加强冷凝器的冷却效果，有些汽车空调系统设置了专用的冷凝器冷却风扇，由电动机驱动，由于增加了一个风扇，使工作电流增加，为减小通过温控器和空调及鼓风机开关的电流，增加一只继电器，用来控制压缩机电磁离合器和冷凝器风扇电动机电路，压缩机和冷凝器同步工作。

（1）A/C 开关和水温开关联合控制型

如图 9-32 所示，有些汽车的发动机冷却系统和空调冷凝器共用一个风扇进行散热，这种风扇有两种转速，即低速和高速。风扇电动机转速的改变是通过改变线路中电阻值的方法来实现的。从图中可看出，起关键控制作用的是 A/C 开关和水温开关。当空调 A/C 开关开启时，电流由蓄电池→点火开关→A/C 开关→二极管→1 号低速继电器线圈→搭铁，1 号低速继电器线圈得电，常开触点闭合；电流由+B→1 号低速继电器线圈常开触点→限速电阻→冷却风扇电动机→搭铁，冷却风扇电动机低速运转。当冷却系统水温达到 89～92℃时，水温开关 4 的左触点闭合，1 号继电器线圈得电，其常开触点闭合，冷却风扇电动机低速运转；一旦发动机水温升至 97～101℃时，水温开关 4 的右触点闭合，冷却风扇电动机不串电阻高速运转，以加强散热效果。

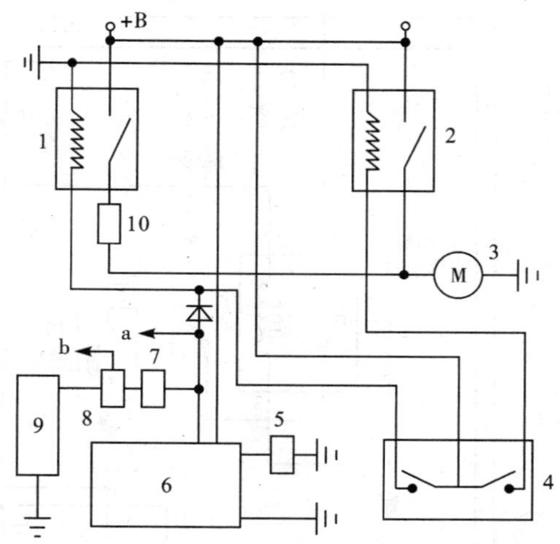

图 9-32 A/C 开关和水温开关联合控制型电路
1—低速继电器 2—高速继电器 3—冷却风扇电动机 4—水温开关 5—蒸发器温度传感器 6—温度控制器 7—高压开关 8—低压开关 9—压缩机电磁离合器 10—限速电阻 a—A/C 开关 b—发动机 ECU

蒸发器温度传感器 5、温度控制器 6、高压开关 7、低压开关 8 等是用于控制压缩机电磁离合器线圈电路的。

（2）制冷剂压力开关与水温开关组合控制型

目前很多轿车采用制冷剂压力开关和水温开关组合的方式对冷却风扇系统进行控制。如图 9-33 所示为丰田雷克萨斯 LS400 冷却风扇系统电路图，该电路最终执行器为 1 号冷却风扇电动机和 2 号冷却风扇电动机，间接执行器为发动机主继电器、30 A 散热风扇继电器、1 号冷却风扇继电器、2 号冷却风扇继电器、3 号冷却风扇继电器，控制器为水温开关和 A/C 压力开关（高压）。

从图中可看出，起控制作用的是水温开关和 A/C 高压开关，水温开关和高压开关处于不同状态，则 1、2、3 号冷却风扇继电器形成不同组合，从而控制风扇不运转、两个风扇并联低速运转、两个风扇高速运转。下面分两种状态分别介绍。

① 空调不工作时。在不开空调的情况下，风扇的工作取决于发动机水温。

发动机冷却水温低于 83℃时，由于水温较低，水温开关处于闭合状态（“1”和“2”端子接通），3 号冷却风扇继电器和 2 号冷却风扇继电器工作。其中，3 号冷却风扇继电器“4”和“5”端子接通。2 号冷却风扇继电器常闭触头被打开。同时，由于空调不工作，高压开关处于常闭状态，1 号冷却风扇继电器通电工作，使常闭触头打开，这时两个冷却风扇均不工作，使发动机尽快暖机。

发动机水温高于 90℃时，水温开关打开，2 号和 3 号冷却风扇继电器回到原始状态，即不工作。虽然这时高压开关使 1 号冷却风扇继电器常闭触点打开，但并不影响风扇的工作。加至 1 号冷却风扇电动机和 2 号冷却风扇电动机的都是 12 V 电压，此时，两风扇同时高速运转，以满足发动机冷却系统散热需要。

② 空调工作时。空调工作时，水温控制器回路仍然起作用，这时冷却风扇受空调和水温控制回路的双重控制。

- 高压端压力大于 15.5 kPa，且水温低于 90℃。这种情况下，水温开关为闭合状态，而高压开关打开，这时 2 号和 3 号冷却风扇继电器受控动作，而 1 号冷却风扇继电器不工作，即触头处于常闭状态，这时两冷却风扇电动机串联工作，同时低速运转，以满足冷凝器散热需要。
- 高压端压力大于 15.5 kPa，且水温高于 90℃。这种情况下，高压开关和水温开关都打开，1、2、3 号冷却风扇继电器均不工作，加至两冷却风扇电动机的都是 12 V 电压，两冷却风扇同时高速运转。

（3）压力开关与电脑组合控制型

大多数高级轿车的冷却风扇电路都采用这种布置和控制方式，如图 9-34 所示。两个散热风扇有 3 种不同的运转工况。工作过程如下。

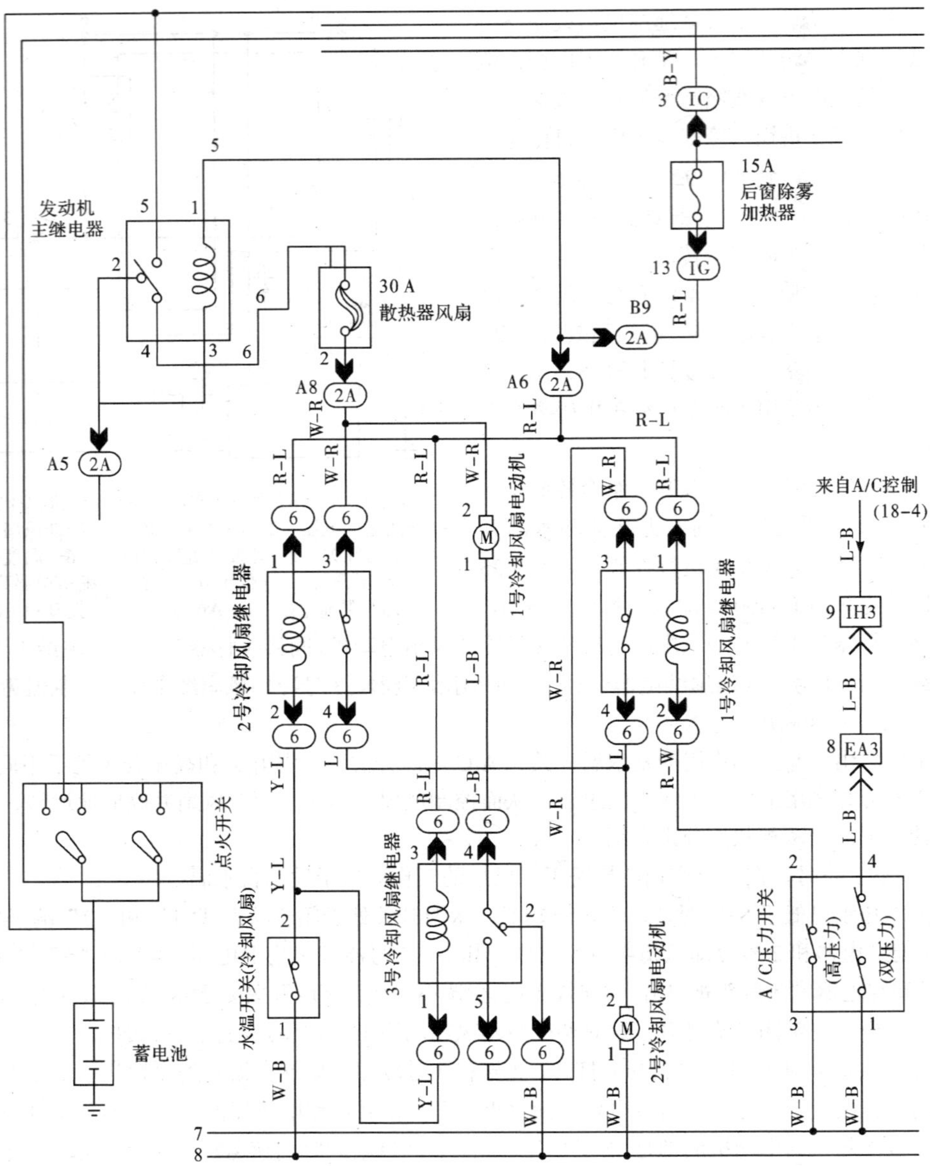

图 9-33　丰田 LS400 冷却风扇系统电路图

① 空调开关已接通，但制冷剂压力未达到 1.81 MPa 时，只有辅助散热风扇电动机运转。

② 一旦制冷剂压力达到 1.81 MPa，主、辅风扇电动机运转。

③ 无论空调开关是否接通，只要发动机水温达到 98℃以上，主散热风扇（水箱风扇电动机）高速运转。

丰田公司在部分 1UZ-FE 和 1MZ-FE 发动机上采用了电控液力马达冷却风扇系统，用于凌志 400、凌志 300、佳美 3.0L 等车型。与一般的电控风扇系统有较大差异，在此系统中，风扇电脑通过电磁阀控制作用在液压马达上的油液压力，这样就可以根据发动机工况和空调状态而自动控制冷却风扇的转速。其工作过程如下。

液力泵单独设计或与动力转向泵组合为一体，由传动带驱动，建立一定油压，受 ECU 控制，电磁阀调节从液力泵到液力马达的油量，该马达直接驱动风扇，已通过液力马达的压力油回流到液力泵。

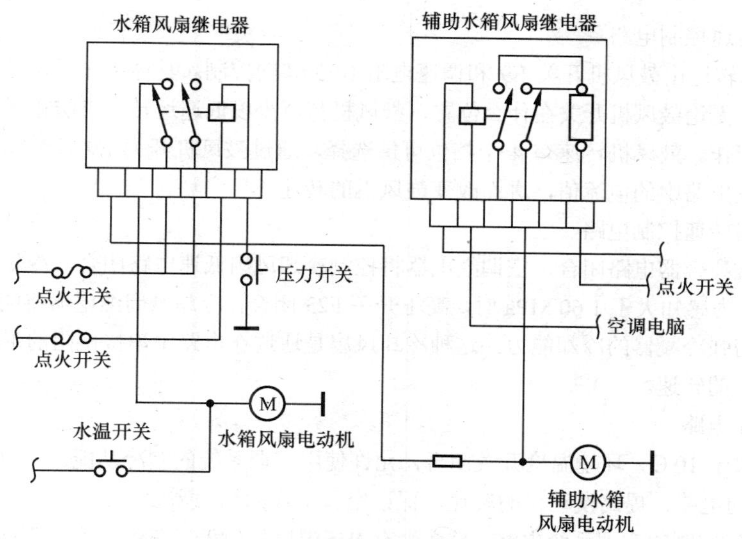

图 9-34 电控液力马达冷却风扇电路

9.3.3 典型汽车空调电路分析

1. 桑塔纳轿车空调系统电路

图 9-35 所示为桑塔纳轿车空调系统的控制电路。该电路包括压缩机电磁离合器控制电路、鼓风机转速控制电路、冷却风扇转速控制电路、怠速控制电路等。

（1）压缩机电磁离合器控制电路

由电路图中可以看出压缩机电磁离合器闭合的必要条件是电源电压正常、A/C 开关闭合、环境温度开关 F38 闭合（环境温度高于 10℃）、蒸发器温度开关 F33 闭合和低压开关 F73 闭合，电磁离合器线圈才会通电工作，压缩机开始运转制冷。很显然，这些条件中任何一个无法达到，压缩机都将停止运行。

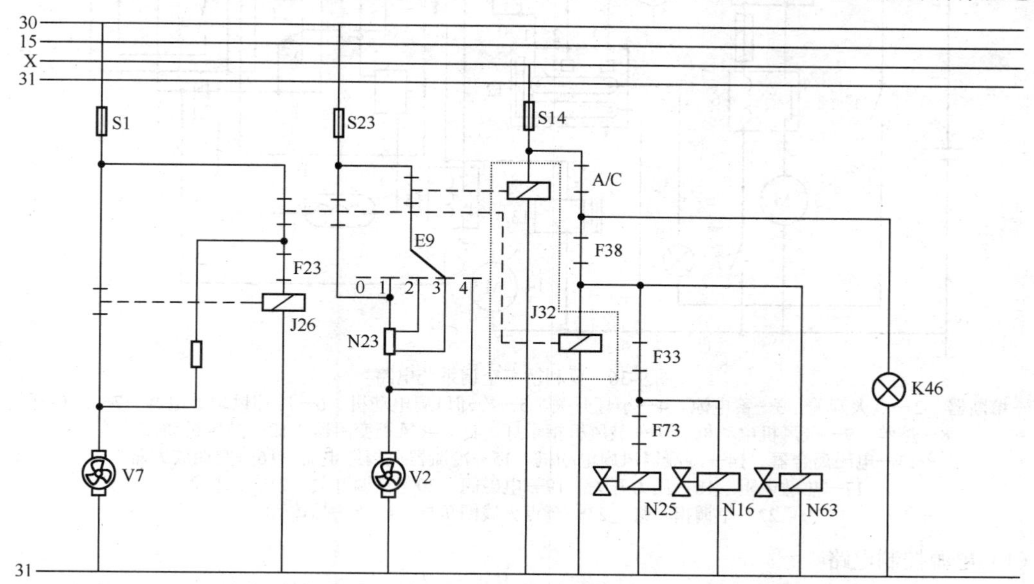

图 9-35 桑塔纳轿车空调系统电路

N23—调速电阻 V7—冷却风扇 V2—鼓风机 N25—压缩机电磁离合器 N16—怠速电磁阀
N63—新鲜空气电磁阀 J32—空调继电器 J26—冷却风扇继电器 K46—空调指示灯
S1、S23、S14—熔断丝 F33—蒸发器温度开关 F38—环境温度开关
F73—低压开关 F23—高压开关 E9—鼓风机开关

（2）鼓风机转速控制电路

鼓风机 V2 的转速由鼓风机开关 E9 和调速电阻 N23 共同控制。具体工作过程是：当压缩机电磁离合器电路接通，无论鼓风机开关在什么位置，鼓风机都至少以低速运转，以防止蒸发器表面结冰，影响系统的正常工作。鼓风机转速有 4 个挡位可供选择，通过鼓风机开关 E9 调整调速电阻串接到电路中的阻值，改变电路中的电流值，进而改变鼓风机的转速。

（3）冷却风扇转速控制电路

当压缩机电磁离合器电路闭合，空调继电器将控制冷却风扇低速电路闭合，冷却风扇 V7 开始低速运转。当系统压力感知大于 1.60 MPa 时，高压开关 F23 闭合，冷却风扇继电器将闭合，控制冷却风扇高速运转，以增强冷凝器的冷却能力。这种冷却风扇是通过在电路中串接电阻的形式，改变线路阻值，进而改变风扇的转速。

（4）怠速控制电路

当外界温度大于 10℃，环境温度开关闭合，允许使用空调系统的制冷功能。开启空调时，将接通怠速电磁阀 N16 的电路，提高发动机的转速，保证空调工作的动力需要。

这种机械-电气控制的空调系统电路，虽然没有电子温度控制器，车内温度也不能调节，但其结构简单，电路器件可靠，所以在一些低端品牌的轿车中仍有广泛的应用。

2．夏利轿车空调系统电路

夏利轿车空调系统电路主要由蓄电池、点火开关、空调开关、电磁离合器、空调放大器、冷却风扇继电器、鼓风机调速开关、压力开关和热敏电阻等组成，其控制电路如图 9-36 所示。

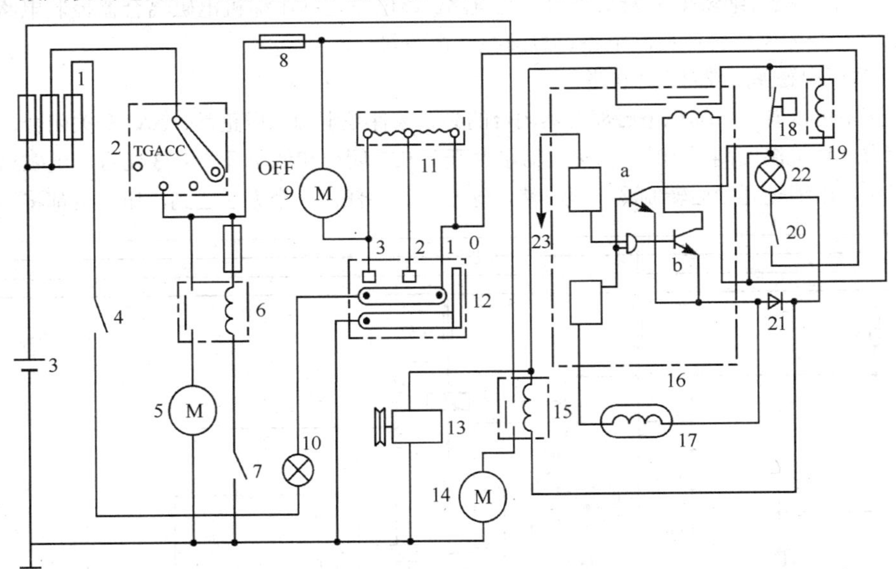

图 9-36　夏利轿车空调系统电路

1—熔断器　2—点火开关　3—蓄电池　4—小灯开关　5—冷却风扇电动机　6—冷却风扇继电器　7—温控开关　8—熔丝　9—鼓风机电动机　10—鼓风机指示灯　11—鼓风机变阻器　12—鼓风机调速开关　13—电磁离合器　14—冷凝器风扇电动机　15—冷凝器风扇继电器　16—空调放大器　17—热敏电阻　18—压力开关　19—电磁阀　20—空调开关　21—二极管　22—空调指示灯　23—至点火线圈负极　a、b—晶体管

（1）电源控制电路

电流回路为：蓄电池 3 正极→熔断器 1→点火开关 2→冷却风扇继电器 6 线圈→温控开关 7→搭铁→蓄电池 3 的负极。其中温控开关 7 由发动机散热器中的水温来控制。当水温低于 83℃时，温度开关 7 触点断开；当水温高于 90℃时，温控开关 7 触点闭合；当水温在 83～90℃时，温控开关 7 触点有可能断开，也有可能闭合。

（2）散热器风扇电动机电路

上述电源电路形成通路时，冷却风扇继电器 6 的线圈得电，常开触点闭合。电流回路为：蓄电池 3 的正极→熔断器 1→点火开关 2 的 IG 挡→冷却风扇继电器 6 的常开触点→冷却风扇电动机 5→搭铁→蓄电池 3 的负极，冷却风扇电动机 5 得电开始运转。

（3）鼓风机调速电路

电流回路为：蓄电池 3 的正极→熔断器 1→点火开关 2 的 IG 挡→熔丝 8→鼓风机电动机 9→鼓风机调速开关 12→搭铁→蓄电池 3 的负极。

鼓风机调速开关 12 有 0～3 共 4 个挡位。

① 当鼓风机调速开关 12 放在 0 挡位置时，电路不通。

② 当鼓风机调速开关 12 放在 1 挡位置时，电流从鼓风机电动机 9→鼓风机变阻器 11→鼓风机调速开关 12→搭铁。因电流通过鼓风机变阻器 11 的全部电阻，所以鼓风机电动机 9 以最低速度运转。

③ 当鼓风机调速开关 12 调至 2 挡时，电流流过鼓风机变阻器 11 的 1/2 电阻，电动机转速提高。

④ 当鼓风机调速开关 12 调到 3 挡时，电流不经过鼓风机变阻器 11，直接连到开关搭铁一端，这时转速最高。

夏利轿车的鼓风机在工作时，可以吹出暖风，也可以吹出冷风，还可以吹出同环境温度一样的空气，其关键在于制冷、供暖哪一部分在工作。所以在夏利轿车空调中，鼓风机是独立工作的，但只要鼓风机工作时，空调开关才能作用（鼓风机关闭时切断了空调开关所控制的接地电路）。

（4）指示灯电路

鼓风机指示灯 10 显示鼓风机工作状态，鼓风机运转时鼓风机指示灯 10 亮。其电流回路为：蓄电池 3 的正极→熔断器 1→鼓风机指示灯 10→鼓风机调速开关 12→搭铁→蓄电池 3 的负极，这时鼓风机指示灯 10 亮。

（5）空调放大器电路

电流回路为：蓄电池 3 的正极→熔断器 1→点火开关 2 的 IG 挡→熔丝 8→空调放大器 16 的控制线圈→空调放大器 16 的晶体管 b→二极管 21→空调开关 20→鼓风机调速开关 12→搭铁→蓄电池 3 的负极。因空调放大器有电流流过，所以空调放大器内部继电器的触点闭合。空调放大器 16 中的晶体管 b 是否导通是受热敏电阻 17 控制的，只有环境温度高于一定值时，才会允许晶体管 b 导通。

① 电磁离合器电路。由于上述空调放大器内部继电器触点闭合，电流回路为：蓄电池 3 的正极→熔断器 1→点火开关 2 的 IG 挡→熔丝 8→压力开关 18→空调放大器 16 的触点→电磁离合器 13→搭铁→蓄电池 3 的负极，这时制冷压缩机运转。

② 冷凝器风扇电路。电流回路为：蓄电池 3 的正极→熔断器 1→点火开关 2 的 IG 挡→熔丝 8→空调放大器 16 的触点→冷凝器风扇继电器 15 的线圈→空调开关 20→鼓风机调速开关 12→搭铁→蓄电池 3 的负极，这时冷凝器风扇继电器 15 的线圈通电，触点闭合。从蓄电池 3 来的电流不经点火开关，直接通过熔断器至冷凝器风扇继电器 15 的动触点，再经冷凝器风扇电动机 14 搭铁，冷凝器风扇也开始工作。

（6）电磁阀电路

电流回路为：蓄电池 3 的正极→熔断器 1→点火开关 2 的 IG 挡→熔丝 8→压力开关 18→电磁阀 19→空调放大器 16 的晶体管 a→二极管 21→空调开关 20→鼓风机调速开关 12→搭铁→蓄电池 3 的负极。这时电磁阀 19 通电，阀门打开，表示整个空调制冷系统正常，制冷剂可以在压缩机作用下在整个系统循环。空调放大器 16 的晶体管 a 是否导通由热敏电阻 17 和发动机转速控制。

（7）蒸发器出口温度检测

热敏电阻 17 一般安装在蒸发器外侧，以检测蒸发器出口温度，将热敏电阻 17 的阻值变化转化为电压的变化，将此电压加到空调放大器 16 中，经放大、整形后控制压缩机电磁离合器 13 的工作。

（8）转速检测装置

空调放大器 16 可以根据取自发动机点火线圈的信号来检测发动机转速。当转速太低时，自动关闭压缩机电磁离合器 13 的电源，使压缩机和发动机分离，以减少汽车发动机的负荷，保证发动机不熄火。

3．捷达轿车的空调系统控制电路

图 9-37 所示为捷达轿车空调控制系统的电路图。该电路中鼓风机控制电路与桑塔纳轿车控制方式一致，均为手动开关和调速电阻结合的控制方式，但是冷凝风扇和压缩机电路的控制均为电脑控制。

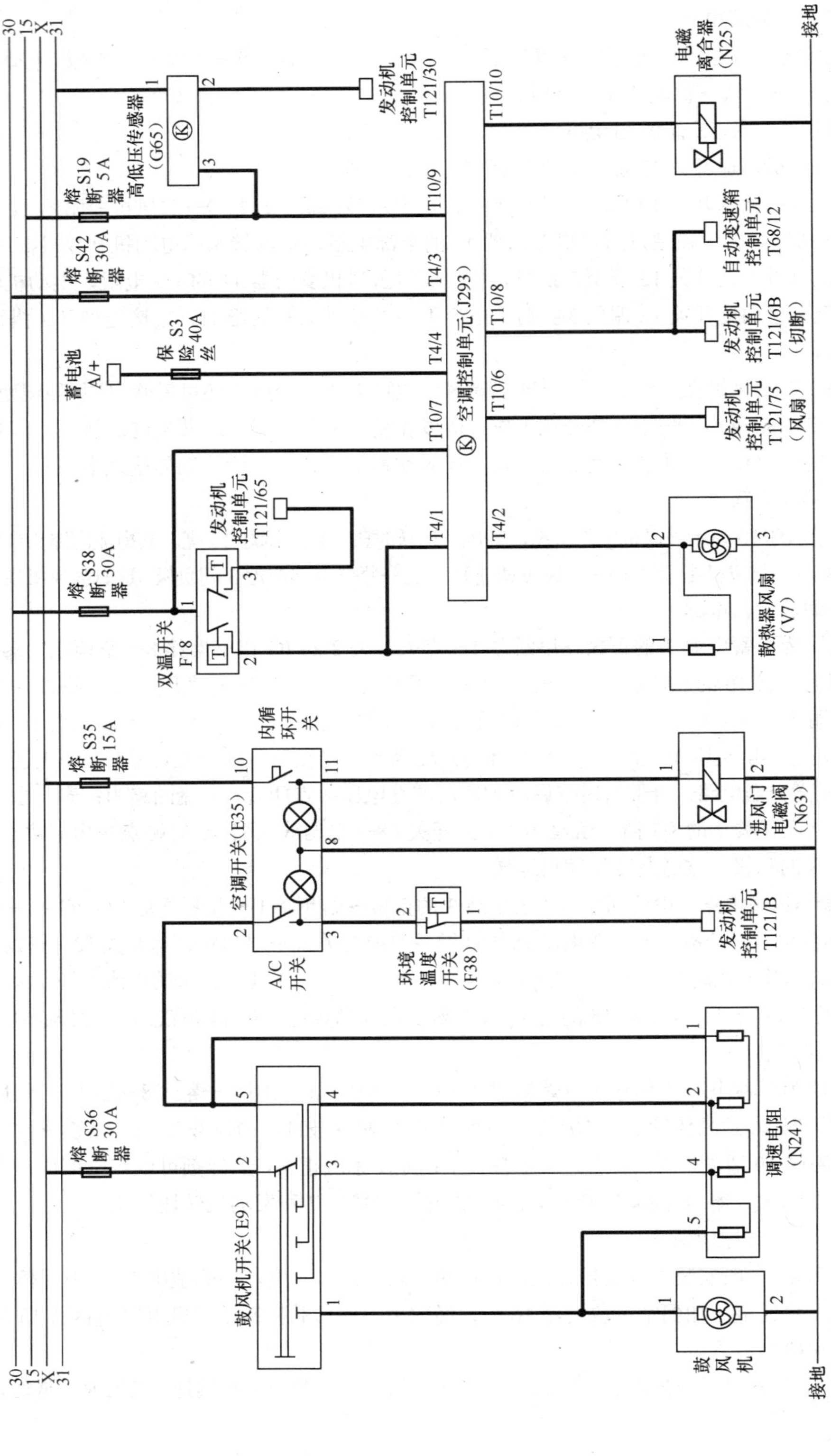

图 9-37　捷达轿车空调系统的电路图

（1）空调压缩机电磁离合器的控制

由图可以看出捷达轿车压缩机工作的必要条件是A/C开关闭合、环境温度开关闭合（环境温度>5℃），油门的开度≤80%，冷却液温度<120℃，制冷剂的压力处于0.22～3.2 MPa之间，鼓风机处于非零挡位。具体工作原理是：发动机电脑接受空调开关、外界温度、制冷系统压力、冷却温度的信号，判断是否符合压缩机闭合的必要条件，通过与空调控制单元 J293 之间的信号线传递压缩机的通断信号，进而由空调控制单元J293控制压缩机电磁离合器的通断。

（2）冷却风扇的控制

这种捷达轿车的冷凝器和散热器采用同一个冷却风扇，风扇转速高低挡位的变化通过在线路中是否串接电阻的方式实现，风扇的转速变化受控于系统的压力和发动机冷却液的温度，当开启空调系统，冷却风扇就会进入低速运转状态，当系统压力大于1.6 MPa时，风扇开始高速运转。当空调系统不工作的时候，风扇的运转受控于冷却系统的双温开关。当发动机温度小于85℃时，冷却风扇不运转；当大于85℃小于105℃时，风扇低速运转；当大于105℃时，风扇高速运转。具体工作过程是：发动机电脑通过高压传感器感知制冷系统压力的变化，将信号传输给空调控制单元J293，空调电脑根据该信号值的变化控制冷却风扇的高低速运转；冷却温度低温开关直接控制散热风扇低速运转，而高温开关将冷却高温信号传输给发动机电脑，再经发动机电脑将信号传输给空调控制单元，空调控制单元控制风扇高速运转。

与其他车型不同，在捷达轿车中电子压力传感器取代了传统的压力开关，它不仅仅记录临界压力，还监测整个工作循环中任何时刻的压力。如图9-38所示，它由微处理器、信号端子、硅晶片等组成，硅晶片的一个特性是当变形时，阻值也会发生变化。

电子式压力传感器的工作原理：在压力升高时，硅晶片变形，电阻发生变化，测试端电压也相应发生变化。测试电压被送入微处理器，转化为脉宽调节信号，脉宽信号频率为50 Hz，也就是一个周期为20 ms。在低压情况下，高压传感器输出一个较短的脉宽，当低压为0.14 MPa时，脉宽为2.6ms，相当于整个周期的13%。随着系统压力的增加，脉宽也按相应比例增加，当在3.7 MPa的高压下，脉宽为18 ms，这相当于整个周期的90%，其波形如图9-39所示。控制单元就是通过计算来自电子压力传感器的脉宽信号，监控制冷剂的压力是否过高或过低，进而控制压缩机的开停和冷却风扇的高低速运转。

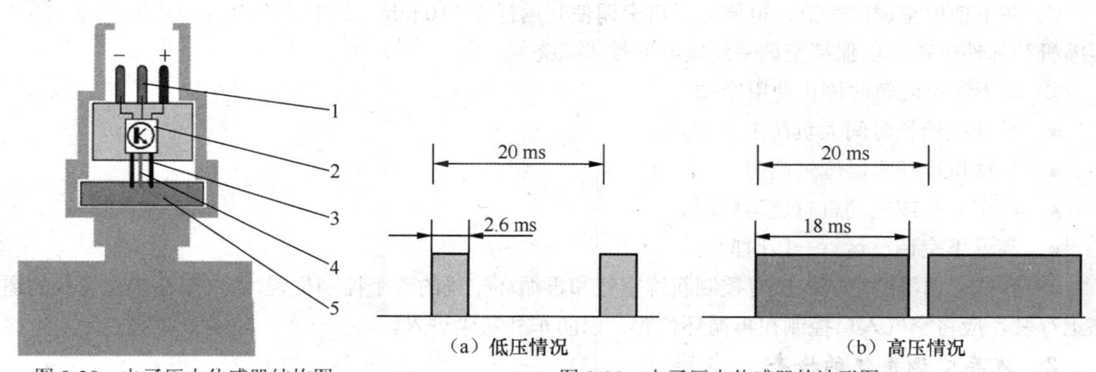

图9-38 电子压力传感器结构图
1—信号端子 2—微处理器 3—供电端
4—测试端 5—硅晶片

（a）低压情况 （b）高压情况

图9-39 电子压力传感器的波形图

（3）内外循环控制

当驾乘人员按下内循环开关时，进风门电磁阀N63和开关指示灯电路导通，内外循环翻板将在电磁阀的作用下打开，新鲜空气由鼓风机吹入车内。

当今在很多车型中，内外循环翻板大多由定位电动机控制。空气流量翻板与内外循环翻板用同一个定位电动机控制，它们通过一个带有两个导向槽的驱动滑轮分别进行独立调节。

9.4 制冷系统的维护与检修

9.4.1 汽车空调系统的使用与维护

1．汽车空调系统的正确使用

为了节约能源，保证汽车空调系统具有良好的技术状况和工作可靠性，发挥空调的最大效率，延长其使用寿命，在使用空调时应注意以下几点。

① 严格按汽车空调生产厂家的规定进行保养。

② 使用空调时应先起动发动机，待发动机稳定运转几分钟后，打开鼓风机至某一挡位，然后再按下空调开关 A/C 以起动空调压缩机，调整送风温度和选择送风口，空调即可正常工作。需要注意的是当温度调节推杆处于最大冷却位置时，应尽量使用鼓风机的高速挡，以免蒸发器因过冷而结冰。

③ 在使用供暖、制冷状态时，必须关闭通风口、车窗和车门，以尽快达到满意的温度，节省能量。

④ 在只需换气而不需冷气时，如春、秋两季，只需打开鼓风机开关而不要起动压缩机。

⑤ 夏日停车应尽量避免在阳光下暴晒，以免加重空调装置的负担。在太阳照射的情况下行车，如果车内温度很高，应打开所有车窗；当行车 3 min 左右，车内热空气排出后，立即关上车窗，再开空调。

⑥ 注意保持空调系统各部件的清洁，特别是冷凝器和蒸发器，应定期除尘并经常检查，以保持其良好的散热效果，提高空调工作效率。

⑦ 汽车停驶时不要长时间使用空调制冷装置，以免耗尽蓄电池的电能；防止废气被吸入车内，造成再次起动发动机困难和乘员中毒；并避免冷凝器和发动机因散热不良而过热，影响空调的制冷性能和发动机的寿命。

⑧ 在不使用空调的季节，每周应开启空调使其运行 5～10 min，使空调系统得到适当润滑，防止压缩机等部件生锈，以保持空调系统良好的技术状态。

⑨ 以下情况应暂时停止使用空调。

- 发动机较长时间大负荷工作时。
- 发动机冷却水温度过高时。
- 汽车停车或发动机怠速运转时。
- 高温下空调已运行一段时间时。

⑩ 有些空调器的空气入口有控制新鲜空气和再循环空气的两个控制位置。若汽车在尘土飞扬的道路上行驶，应将空气入口控制在再循环位置，以防车外灰尘进入。

2．汽车空调系统的检查

① 检查冷凝器，要求散热片间保持清洁，无杂物，必要时清洗。在雨中或泥泞道路行驶后，应及时检查冷凝器片及冷凝风扇是否有泥沙、石块等杂物。

② 仔细检查制冷系统管路外观是否正常，是否与其他机件摩擦，各接头是否松动，是否有泄漏的油迹。

③ 检查空调系统电路连接是否可靠，是否有断路或虚接现象。

④ 检查压缩机皮带的松紧度是否合适。

⑤ 压缩机运行后，检查以下项目。

- 检查空调系统有无异响及异味。
- 检查压缩机进、排气口温度，应一凉一烫。
- 通过观察视液镜，检查制冷剂量是否足够。

空调系统检修的注意事项

3. 汽车空调系统维护作业

无论是新装的空调系统、检修后的空调系统，还是正在使用的空调系统，都必须进行一些基本的空调系统维修作业，这些作业项目主要包括：制冷剂的排放、制冷剂的加注或补充、冷冻润滑油的加注或补充、系统抽真空及系统检漏等。这些维修作业项目完成的好坏，将直接影响汽车空调系统的运行性能。

对制冷系统进行维护作业时，一般参照图 9-40 所示的步骤进行。

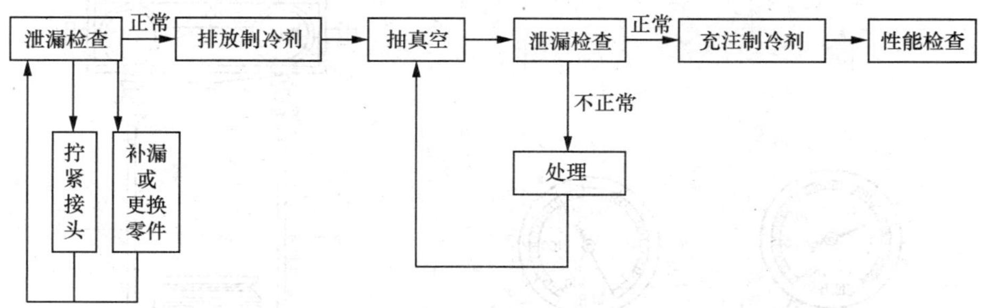

图 9-40　制冷系统维护作业程序

9.4.2　专用维修工具及设备

检修汽车空调时，除了使用各类扳手、螺钉旋具（俗称起子）、钳子、锉刀、万用表、电烙铁、电钻、钢锯和手电筒等常用工具外，还必须具备一套专用的检修工具和设备，用于对制冷系统检测和维修作业。主要有歧管压力计、检修阀、检漏仪、真空泵、制冷剂罐注入阀、截止阀和 T 形接头等工具与设备。

1. 歧管压力计

歧管压力计也称压力表组，它由 2 个压力表（低压表和高压表）、2 个手动阀（低压手动阀和高压手动阀）、3 个软管接头（1 个接低压工作阀、1 个接高压工作阀、1 个接制冷剂罐或真空泵吸入口）和歧管座组成，如图 9-41 所示。

歧管压力计用胶皮软管与汽车空调系统连接，在胶皮软管末端接头上带有顶销，用于顶开压缩机上的气门阀。胶皮软管有多种颜色，按规定蓝色软管用于低压侧，红色软管用于高压侧，绿色、白色或黄色软管用于连接歧管压力计上的中间接口，胶皮软管应耐油、耐压。

歧管压力计主要用于对空调系统抽真空、充入或放出制冷剂以及判定空调系统故障等。

压力表上所标出的压力一般为表压力，为了抽真空时应用方便，压力表上还标有真空刻度。

通常，歧管压力计上的 3 个接头都已分别与注入软管接好。当制冷系统管路内有制冷剂时，可按如下步骤把歧管压力计与空调制冷系统检修阀连接起来。

① 用工具卸下装在压缩机上的检修阀压力表接口及调节杆上的螺母，注意动作要缓慢，以防制冷剂漏出伤人。

② 关闭歧管压力计上的 2 个手动阀。

③ 把歧管压力计上的低压软管连接到低压侧检修阀上，高压软管连接到高压侧检修阀上。中间软管的另一端用布包好后放在一块干净的布片上。各软管接头只能用手拧紧。

④ 使用阀门扳手把检修阀调到“中位”（对于气门阀无须进行此步骤）。

⑤ 把歧管压力计上的低压手动阀稍微打开几秒，其目的是利用系统内的制冷剂将低压软管内的空气排出，然后将其关闭。再用同样的方法排出高压软管内的空气。

这样，歧管压力计与空调制冷系统就连接起来了，如图9-42所示。当要卸下歧管压力计时，应先将检修阀调到“后位”，然后卸下注入软管并将其与备用接头连接起来，以免软管内部受到污染。

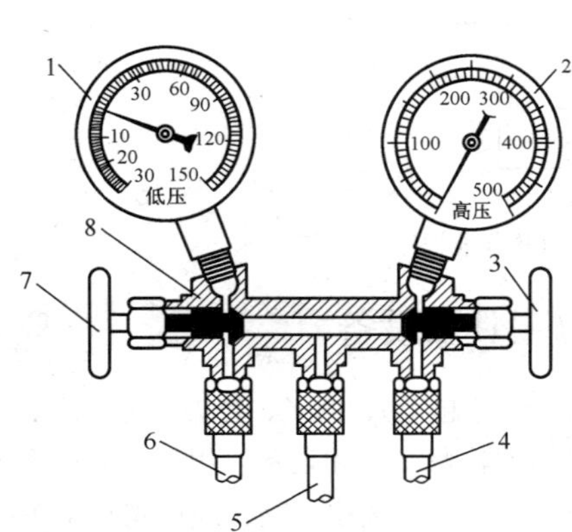

图9-41 歧管压力计的结构

1—低压表 2—高压表 3—高压阀门开关手轮
4—高压表管接头 5—中间管接头
6—低压表管接头 7—低压阀门开关手轮
8—表座

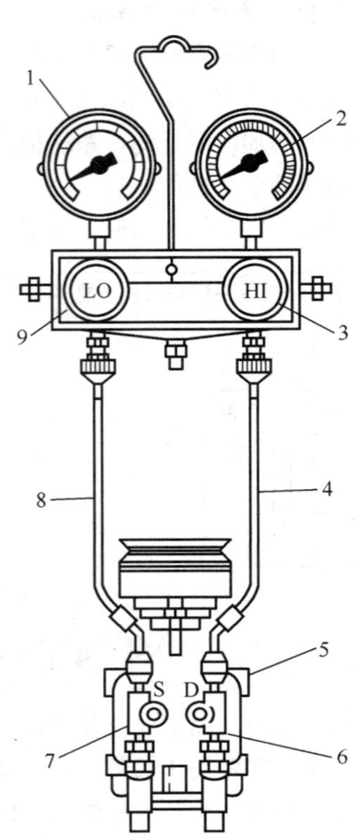

图9-42 歧管压力计与空调制冷系统的连接

1—低压表 2—高压表 3—高压手动阀
4—高压侧软管 5—压缩机 6—高压检修阀
7—低压检修阀 8—低压侧软管
9—低压手动阀

2．检漏仪

检漏仪用于对空调制冷系统连接管路泄漏部位的检测，常用的检漏仪是电子卤素检漏仪。

电子卤素检漏仪是根据卤素原子在一定的电场中极易发生电离而产生电流的原理制成的。电子卤素检漏仪的工作原理如图9-43所示，它有一对电极，加热由铂做的阳极，并在阳极附近放一个带有负电的阴极，这对电极放在空气中时，由于空气的电离度很低，检测电路不通，电流表没有电流指示。当有制冷剂气体流经阳极与阴极之间时，在铱合金催化下迅速电离，电路中有电流通过，制冷剂浓度越大，电离越大，电路的电流也越大。这些可以通过串联在回路中的电流表反映出来，也可以由蜂鸣器的声音大小反映出来。由此检测出制冷剂气体的浓度，达到检漏的目的。

实际使用中的电子卤素检漏仪结构如图9-44所示。圆筒状铂阳极内侧装有一个加热器，阳极外侧放一只圆筒状的阴极，在阴、阳极之间加直流电压。为使气体在电极间流过，设有一只微型吸气风扇，通过吸气管将泄漏部位的气体吸入电极，若有制冷剂气体通过电极时，就会产生几微安的电流，经放大器放大后用电流表指示或用蜂鸣器发出警告声音，且蜂鸣器发出的声音频率高低随制冷剂泄漏量的大小而变化。

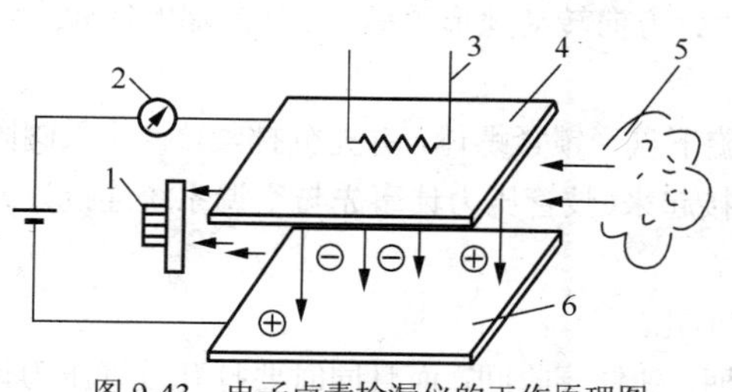

图 9-43 电子卤素检漏仪的工作原理图
1—吸气微型风扇 2—电流表 3—加热器
4—阳极 5—气态制冷剂 6—阴极

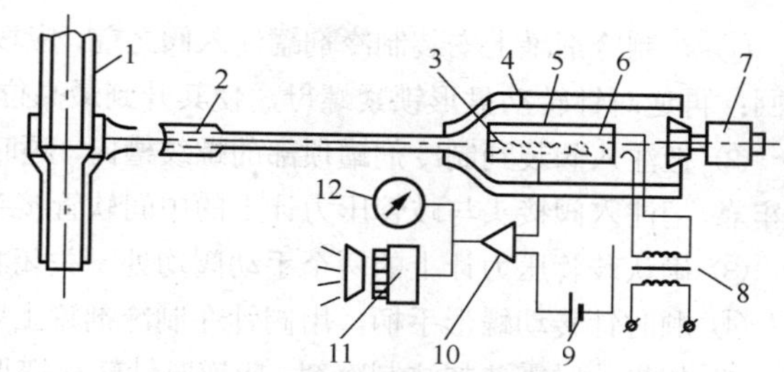

图 9-44 电子卤素检漏仪结构示意图
1—制冷系统管路 2—吸嘴 3—加热器 4—外壳 5—阴极
6—阳极 7—吸气微型风扇 8—升压变压器
9—电源 10—放大器 11—蜂鸣器
12—电流表

现代一些电子检漏仪更加简单和轻便，一般可以检测多种制冷剂（如 R11、R12、R13；R22、R502、R500；R134a、R123、R125、R23 等），使用时只需将电源开关打开，经短时预热后将探头伸入需要检测的部位即可，通过声光报警或仪表指针便可方便地判断出泄漏量的多少。

3．真空泵

真空泵是汽车空调制冷系统安装、维修后抽真空不可缺少的设备。抽真空是为了排除制冷系统内的空气和水分，它是空调维修中一项极为重要的程序。因为对空调系统进行维修或更换元件时，空气会进入系统，且空气中含一定水蒸气，抽真空并不能把水分直接抽出制冷系统，而是产生真空后降低了水的沸点，水汽化成水蒸气后被抽出制冷系统，所以抽真空时间越长，系统内残余水分就越少。

常用的真空泵有油封式和水封式两种。用油密封的又有滑阀式和刮片式两种，用油密封的真空泵真空度较高；用水密封的有水环式。目前常用的刮片式真空泵的结构如图 9-45 所示，它主要由定子、转子、排气阀和刮片等组成。工作时，弹簧弹力使两只刮片紧贴气缸壁，以保证其密封性，定子上的进、排气口被转子和刮片分隔成两部分。当转子旋转时，一方面周期性地把进气口附近的容积逐渐扩大而吸入气体；另一方面又逐渐缩小排气口附近的容积，将吸入的气体压出排气阀，从而达到抽真空的目的。

4．制冷剂罐注入阀

制冷剂罐注入阀是打开小容量制冷剂罐（400 g 左右）的专用工具，其结构如图 9-46 所示。它利用蝶形手柄前部的针阀刺破制冷剂罐，通过螺纹接头把制冷剂引入歧管压力计。其使用方法如下。

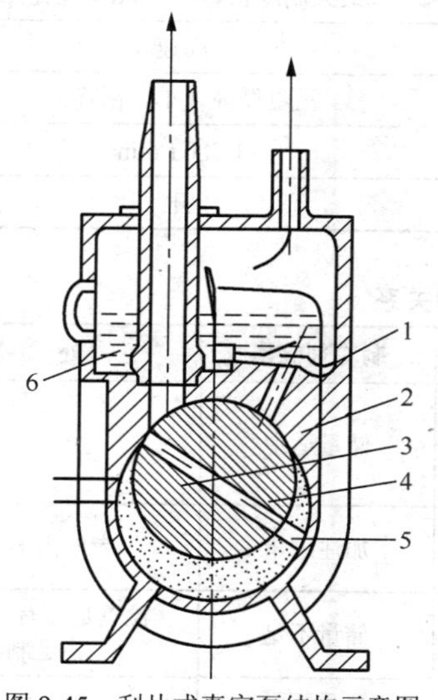

图 9-45 刮片式真空泵结构示意图
1—排气阀 2—定子 3—转子 4—弹簧
5—刮片 6—油

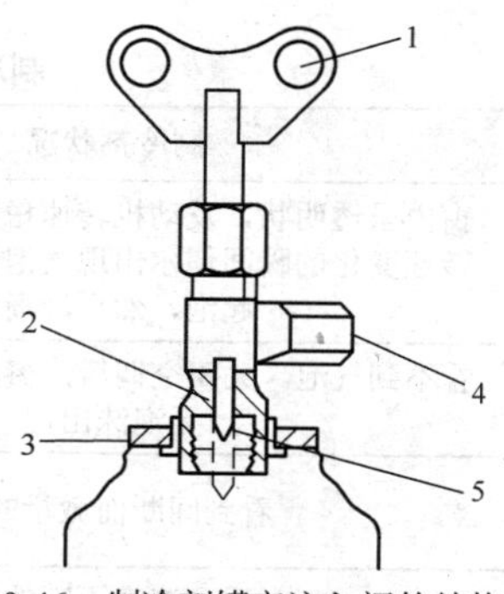

图 9-46 制冷剂罐充注入阀的结构
1—蝶形手柄 2—制冷剂罐注入阀 3—盘形锁紧螺母
4—注入阀接头 5—阀针

① 在制冷剂罐上安装制冷剂罐注入阀之前，应按逆时针方向转动蝶形手柄，使其前端的针阀完全缩回；再逆时针转动盘形锁紧螺母，使其升到最高位置。

② 把注入阀装到制冷剂罐顶部的螺纹槽内，顺时针旋下盘形锁紧螺母，并充分拧紧，使注入阀固定牢靠，把注入阀接头与歧管压力计上的中间软管接头连接起来（歧管压力计事先与空调系统连接好）。

③ 确认歧管压力计上的两个手动阀均处于关闭状态。

④ 顺时针转动蝶形手柄，用阀针在制冷剂罐上刺一小孔。

⑤ 如果此时需要加注制冷剂，应逆时针转动蝶形手柄，使针阀收回，而且同时要打开歧管压力计的相应手动阀，让制冷剂注入汽车空调制冷系统。

⑥ 如要停止充注制冷剂，应顺时针转动蝶形手柄，使针阀下落到制冷剂罐上刚开的小孔上，使小孔封闭。而且同时关闭歧管压力计的相应手动阀。

5. 其他维修工具

除以上介绍的工具外，空调维修中还应备有阀门扳手、弯管器、扩管器、温度计、湿度计以及电气电焊等设备。拆卸压缩机时，还需一些专用工具，如离合器扳手、锁紧螺母套筒、离合器拉器、六角套管等。否则难以拆卸和安装。

9.4.3 制冷系统的制冷剂量与压力检测

1. 空调制冷剂储量的检查

检查空调制冷剂储量通常有观察法、测温法和压力法3种方法。

（1）观察法

观察法通过观察视液窗内制冷剂的气泡情况来判断制冷剂储量。视液窗多装在储液干燥器的盖子上面，首先找到视液窗并将它擦干净，然后起动发动机，使空调进入制冷剂注入量检查状态（见表9-1）运转几分钟，然后从视液窗处观察制冷剂的流动状态。制冷剂状况与储量的关系如表9-2所示。

表9-1　汽车制冷剂注入量检查状态

项　目	状　态
车门	完全打开
温度控制	最大制冷状态（“cold”位置）
风机速度	高速
空气循环状态	重复循环（车内循环）
发动机转速	1 500 r/min
A/C 开关	开

表9-2　制冷剂状况与储量的关系

序　号	制冷剂状况	制冷剂储量	处 置 方 法
1	窗内呈透明状，发动机转速稳定时无气泡出现，转速变化的瞬间偶尔出现气泡，关闭空调后随即起泡，然后渐渐消失	储量适中	
2	看不到气泡。关闭空调后，窗内处于澄清状态，无泡沫出现	加注过量	应放出多余的制冷剂
3	看到间断而微量的气泡	储量不足	检查是否有泄漏之处，并补足制冷剂
4	看到连续不断的气泡	严重不足	应及时检漏、修理、抽真空、添加适量制冷剂
5	看不到气泡	完全没有	

注　意

因为制冷剂是透明的，如果制冷剂全部泄漏完了，容易误认为系统里充满着制冷剂。对此可采取交替地开动和关停空调器进行判断，当关掉空调系统时，注视玻璃视液窗，如果系统里有制冷剂，在关掉空调系统的时候能够看见小的气泡。如果空调系统运转时，看不见小的气泡，并且空调系统已向车内送冷空气了，表明一切都正常。

（2）测温法

测温法是通过对储液干燥器出入口的温度进行检查，来判断制冷剂的储量是否合适。储液干燥器通常装在冷凝器的前方，外形像灭火器（圆筒状），并且总有两根管道与它相连接，一根管路通向膨胀阀，另一根管路通向冷凝器。操作时，先运转发动机，使空调进入制冷剂注入量检查状态（见表 9-1）运转几分钟，用两手分别握住上述两根管子，感觉它们的温度差别。温度差别与制冷剂储量的关系如表 9-3 所示。

表 9-3　　两根管子的温度差别与制冷剂储量的关系

序　号	温 度 差 别	制冷剂储量	处 置 方 法
1	两根管子的温度很相近	储量适中	
2	通往冷凝器的管子较冷	储量不足	检查是否有泄漏之处，并补足制冷剂
3	通往膨胀阀的管子较冷	加注过量	放掉部分制冷剂

（3）压力法

压方法是利用压力表组检测空调制冷系统的高低压端压力，来判断制冷剂的储量是否合适。如下面介绍的高低压表压力都过低，高压管温热，低压管微冷，温差不大的情况就属于制冷剂不足。

2．用歧管压力表进行的故障检测

使用压力表测量管路的压力状况不仅可以判断管路中制冷剂的储量，而且可以判断故障产生的原因。在新鲜空气温度为 25～35℃，发动机转速为 1 500～2 000 r/min，风扇速度开关在最大，冷度开关在最强时，从歧管压力表上读取压力值。R134a 空调系统歧管压力表读数：低压侧为 0.15～0.25 MPa，高压侧为 1.37～1.81 MPa。R12 空调系统歧管压力表读数：低压侧为 0.147～0.196 MPa，高压侧为 1.442～1.471 MPa。

（1）高压表和低压表压力均较低

故障现象：高压表和低压表显示值比正常值低，另外，从视液镜内看到有气泡，冷气不凉，高压管温热，低压管微冷，温差不大。

故障原因：制冷剂不足或有泄漏。

排除方法：

① 用检漏仪寻找泄漏处，并予以修复。

② 加注制冷剂。

（2）高压表和低压表压力均太高

故障现象：高压表和低压表显示值比正常值高很多，另外，从视液镜偶尔可看见气泡，冷气不凉。

故障原因：制冷剂过多；制冷剂系统中有空气；冷凝器冷却不足。

排除方法：

① 更换储液干燥器。

② 充分抽真空，重新充注制冷剂。

③ 清洗或更换冷凝器，检查风扇电动机及其电路。

（3）低压表压力有时为负压（真空）

故障现象：低压表压力显示值有时为负压（真空），有时正常。另外，系统间歇制冷或不制冷。

故障原因：制冷系统存在水分。

排除方法：

① 更换储液干燥器。

② 反复抽负压（真空）。

③ 充注适量制冷剂。

（4）低压表压力为负压（真空），高压表压力很低

故障现象：低压表压力显示值为负压（真空），高压表压力显示值很低。另外，在储液干燥器或膨胀阀前后管路上结霜或有露水。系统不制冷或间歇制冷。

故障原因：制冷剂不循环。

排除方法：

① 按制冷剂系统中存在水分处理。

② 更换膨胀阀。

③ 更换储液干燥器。

④ 检查制冷剂是否被污染。

（5）低压表压力太高，高压表压力太低

故障现象：系统不制冷，低压表压力显示值很高，高压表压力显示值很低。

故障原因：压缩机内部故障。

排除方法：更换损坏的零件或总成。

（6）低压表压力太低，高压表压力太高

故障现象：低压表压力显示值很低，高压表压力显示值很高。另外，冷凝器上部和高压管路温度高，而储液干燥器并不热。

故障原因：高压管路堵塞或被压扁。

排除方法：

① 清洗或更换零件。

② 检查冷冻机油是否被污染。

9.4.4 空调系统的检漏

对汽车空调制冷循环系统进行检漏时，可以采用以下几种方法。

1．目测检漏法（油迹法）

空调在运行过程中，部分冷冻机油会随着制冷剂在系统内循环，如因密封不良而使制冷剂泄漏时，也会带出少量的冷冻机油，泄漏处便会形成油斑，时间一长又粘上尘土便形成明显的油渍。根据这种现象就能找到泄漏部位，不过只有在泄漏量较大时，这种现象才明显。

发现系统某处有油迹时，此处可能为渗漏点，但是压缩机轴封处微量的油迹是正常的。目测检漏简便易行，没有成本，但是有很大缺陷，除非是系统突然断裂的大漏点，并且系统泄漏的是液态有色介质，否则目测检漏无法定位，因为通常渗漏的地方非常细微，而且汽车空调本身有很多部位几乎看不到。

2．气泡检漏法

检漏时，擦净被检漏部件，向空调系统充入 1.2～1.5 MPa 的氮气，把专用的商品气泡检查液或肥皂水溶液抹到怀疑发生渗漏的全部接口、接头、配件或控制器处（用家用肥皂水时，要求用刷子涂抹），

若有泄漏，便会出现气泡。注意应对全部空调系统进行检查，因为渗漏部位可能不止一处。这种办法是目前路边修理厂最常见的检漏方法，但是人的手臂和视力范围是有限的，很多时候会造成泄漏部位检测不全。

3．着色检漏法

将某种颜色的染料加入制冷系统中并随制冷剂一起在管路中循环流动，当系统管路或部件发生泄漏时，加入的染料也随之渗漏出来并粘在泄漏部位使之变色，通过观察制冷系统管路和部件的颜色，就能发现泄漏部位。此种方法也存在与目测法一样的缺陷。

4．检漏仪检漏法

利用电子检漏仪检漏，不是向系统输入氮气，而是向系统输入制冷剂蒸气，并且使其压力值达到 3.5×10^5 Pa，然后将电子检漏仪上的检测开关置于检测位置，使之能发出有固定节奏的电子信号声（"嘟……嘟……"声），再把电子检漏仪上的吸管口对准可能有泄漏的部位，顺着系统路径连贯地移动。如吸管口吸到制冷剂，电子检漏仪的电子信号声便明显增强，并且吸管口与漏点越接近，发出的电子信号声也就越大，由此来确定漏点。

电子检漏产品的优点是检测精度高，但容易受到环境化学品如汽油、废气的影响，造成错判或者误判。

5．负压检漏法

在抽真空作业完成之后，不要急于加注制冷剂，而是保持系统真空状态一定的时间（一般数十分钟至数小时）后，观察歧管压力计上的低压表真空度是否发生变化。如真空指示没有变化，则说明系统无泄漏；如真空指示回升，则说明系统有泄漏。这种方法只能判断系统有无泄漏，而无法具体指示泄漏部位，因此，只用于加注制冷剂前的初步检漏。

6．荧光检漏法

利用荧光剂在检漏灯照射下会发出黄绿荧光的原理，将荧光剂按一定比例加入空调系统中，系统运作 2 h 后戴上专用眼镜，用检漏灯照射系统的外部，泄漏处将呈明亮的黄绿荧光。

这种检漏方法的优点是定位准确，微量的渗漏点可以直接用眼睛看到，而且使用简单，携带方便，检修成本较低，代表了汽车检漏的发展方向。据了解，TP 荧光检漏技术在国外已经有 50 多年的历史了，得到了包括通用、大众、三菱在内的世界主要汽车制造商的认可和应用。4S 店一般采用这种方法。

荧光检漏法也存在一定的弊端：荧光法必须将荧光检漏剂充灌入待检系统的制冷剂内，并运行至少 2h 后才能使用专用照射灯检测其漏源和漏点。如果泄漏较慢，建议车主使用一段时间，在空调再次出现制冷剂缺失现象时返厂检测漏点。若发现泄漏点，则须分解拆卸空调系统部件，那么原先试漏时加在系统内的荧光剂和制冷剂又要被浪费掉一部分，会增加物料的浪费。另外，采用荧光法检漏时，系统循环压力难以达到真实工况（高温高压）下运行的压力。根据维修人员的维修经验，有时系统的泄漏只有在较高压力下才会出现，所以在检漏时，往往会放过这些不明显的泄漏点。

9.4.5　空调系统制冷剂排放、抽真空及加注制冷剂

1．制冷剂的排放与回收

汽车空调系统在进行拆卸部件、系统检修等许多维修项目之前，都必须首先放出系统中的制冷剂。排放制冷剂时，须注意环境通风，并不能有明火，否则将产生有毒气体。排放制冷剂的操作方法如下。

① 关闭压力表组上的高、低压手动阀，将压力表组的高、低压软管分别连接到空调系统的高、低压检修阀上，将中间软管端头用干净的布包上。

② 缓慢打开高压手动阀，让制冷剂从中间软管排出，注意阀门开度要小，否则冷冻机油将随制冷剂一同排出。

③ 观察高压表，当其压力降到 0.35 MPa 以下时，逐渐打开低压手动阀，使制冷剂从两侧同时排出。

④ 随压力下降，逐渐开大两个手动阀，直到制冷剂完全放出为止。

若想回收制冷剂，在上述操作的基础上可将中间软管接到真空泵入口，真空泵出口接到回收罐上，然后开启真空泵，便可将制冷剂回收到罐中。

注 意

在制冷剂排出过程中，手动阀不能开得过大，然后，观察被布包扎的软管端头，确认排出的是气态制冷剂，而不含压缩机润滑油。如含有压缩机润滑油，应及时减小手动阀的开度，以减小制冷剂气体的流量，使之不把压缩机润滑油带出。

2．制冷系统抽真空

检修完空调系统后，系统内难免要进入空气，空气中含有大量的水蒸气，它对空调系统有很大的破坏作用，因此必须将空气彻底抽出。抽真空时，由于压力越来越低，水逐渐汽化成水蒸气而被抽出，这个过程比较慢，因而抽真空最少需 30min 以上，若真空泵的容量小，还需更长时间。为使空气尽可能被彻底抽出，还可采用重复抽真空法，即在第一次抽完后，再重复抽 1～2 次。

下面以桑塔纳 2000 汽车空调为例，抽真空的具体操作方法如下。

① 将高压表接入储液罐的检修阀，低压表接入蒸发器至压缩机低压管路上的检修阀，中间注入软管安装于真空泵接口，如图 9-47 所示。

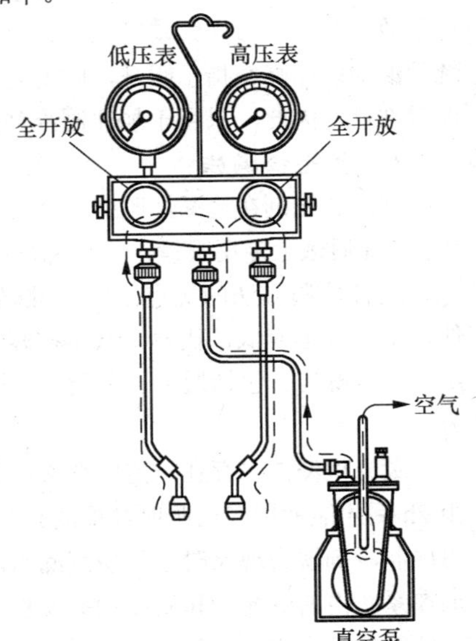

图 9-47　抽真空管路连接

② 起动真空泵，打开歧管压力计高、低压手动阀。

③ 系统抽真空，使低压表所示的真空度达 1×10^5 Pa。抽真空时间为 5～10 min。

④ 关闭真空泵手动阀，真空泵继续运转，打开制冷剂罐，让少量 R134a 制冷剂进入系统（压力为 0～49 kPa），关闭制冷剂罐阀门。

⑤ 放置 5 min，观察压力表，若指针继续上升，说明真空下降，系统有泄漏之处，应使用检漏仪进行泄漏检查，并修理堵漏。

⑥ 继续抽真空 20～25 min，并重复第⑤项，如压力表指针保持不动，说明无泄漏，可进行下一步工作。

⑦ 关闭高、低压压力表的手动阀，然后关闭真空泵，停止抽真空，从真空泵的接口拆下中间注入软管，准备注入制冷剂。

3．加注制冷剂

当对空调系统进行抽真空并经检查确实不存在泄漏部位后，便可进行制冷剂的加注作业。每种压缩机加注制冷剂的量都有严格规定，加注量过多或过少都将影响压缩机的寿命和空调系统的制冷效果。

加注制冷剂的方法有两种：一种是从低压侧加注，这种加注方法最适于补充制冷剂，其优点是安全性好，但速度较慢；另一种是从高压侧加注，这种加注方法不适合用于补充制冷剂，其优点是速度快，但不安全。

（1）从低压侧加注制冷剂

从低压侧加注制冷剂的步骤如下。

① 抽完真空后，关闭高、低压手动阀，将中间软管从真空泵改接到制冷剂罐，用手拧紧接头。制冷剂罐必须保持正立。

② 先顺时针方向转动注入阀旋转手柄，使阀针扎破罐口，然后逆时针转动旋转手柄，使阀针抬起。

③ 拧松歧管压力计中间接头，待听到有气体流出声最好是有白气冒出时，立即将其拧紧（目的是排出中间软管内的空气）。

④ 起动发动机，开启空调系统，打开低压手动阀，即开始加注。

⑤ 加注过程中制冷剂罐外表应很凉且结霜，霜化则说明罐内制冷剂已加完。若一罐不够，可换罐再加，直到注入规定量为止。

⑥ 加注完毕后，先关闭低压手动阀，再关闭空调系统及发动机，最后迅速卸下软管。

注　意

采用低压端充注法加注制冷剂应注意以下事项。

① 制冷剂罐必须直立，防止容器中液态制冷剂进入压缩机而引起“液击”事故，造成机件损坏。

② 充注时，严禁打开组合压力表的高压阀手柄，否则会使高压制冷剂倒流入制冷剂罐内，造成罐内压力增大，发生制冷剂罐破裂的危险。

③ 在从低压侧加注的过程中，罐中的制冷剂不断吸热汽化，因此罐子的外表很凉且结霜，手拿制冷剂罐时最好戴上手套。

④ 拧松表组中间接头是为了驱赶中间软管内的空气。

（2）从高压侧加注制冷剂

从高压侧加注制冷剂的步骤如下。

①～③步与从低压侧加注时相同。

④ 将制冷剂罐倒立，打开高压手动阀，当从表组观察孔观察到一股液态制冷剂（淡黄色）流入空调高压管内时，立即关闭高压手动阀。

⑤ 起动空调，使压缩机低速运转几分钟，然后停机。

⑥ 重复④、⑤两步，直到加注足量为止。

从高压侧加注的是液态制冷剂，在加注时罐子应倒立。加注时，空调系统必须停机，否则高压倒冲制冷剂罐，易造成爆炸伤人。

注　意

采用高压端充注法加注制冷剂应注意以下事项。

① 严禁开启空调机（压缩机应停转），以免发生事故。

② 严禁打开压力表的低压阀手柄（脚），以免发生“液击”事故，造成机件损坏。

（3）加注方法的实车应用

下面以桑塔纳 2000 汽车空调为例，说明两种制冷剂加注方法的具体应用。

① 抽完真空后，将注入阀连接在制冷剂罐上。

② 将歧管压力计的中间注入软管安装在注入阀接口上，顺时针拧紧注入阀手柄，使阀上的阀针将制冷剂罐顶开一个小孔。逆时针旋松注入阀手柄，退出顶针，使制冷剂进入中间注入软管。如一罐用完，再用第 2、3 罐时，仍应先关闭压力表的手动阀，重新顶开罐孔，中间注入软管在表头处拧松，以排出管内空气。

③ 拧松歧管压力计中间接头的注入软管螺母，如看到白色制冷剂气体外溢，或听到“嘶嘶”声，

说明注入软管中的空气已排出，可以拧紧该螺母。桑塔纳 2000 系列轿车制冷剂充注量为（1 150 ± 50）g。

④ 旋开高压表侧手动阀，将制冷剂罐倒立，使制冷剂以液态注入制冷系统。在充注时不得起动发动机和打开空调，以防制冷剂倒灌，如图 9-48 所示。（或者旋开低压侧手动阀，使制冷剂以气态形式通过低压侧注入。此时要保持制冷剂罐直立，防止液态制冷剂进入压缩机造成“液击”现象，损坏压缩机。）

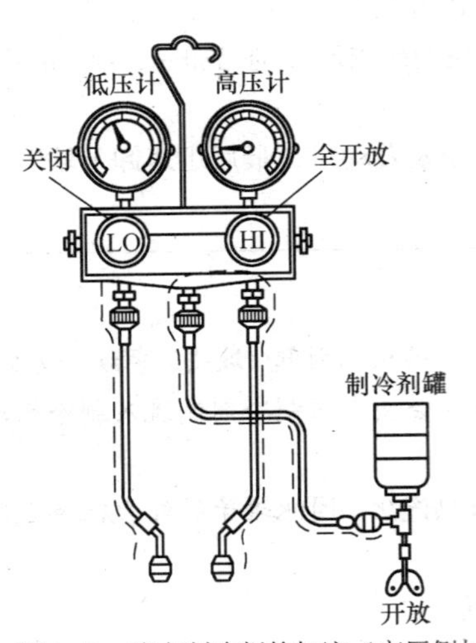

图 9-48　液态制冷剂的加注（高压侧加注）

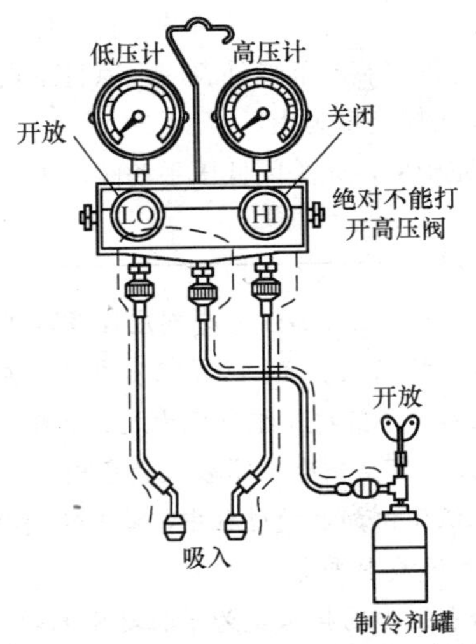

图 9-49　气态制冷剂的加注（低压侧加注）

⑤ 如制冷剂不足，则可按图 9-49 所示关闭高压侧手动阀，开启低压侧手动阀，将制冷剂罐直立。起动发动机接合压缩机快速运转，让气态制冷剂从低压侧吸入压缩机。

⑥ 向系统充注规定质量的制冷剂后，停止发动机，关闭高、低压力表的两个手动阀和制冷剂罐上的注入阀，拆除低压侧检修阀软管，待高压侧压力下降后，方可从高压侧检修阀上拆下高压表软管。

注　意

① 如何提高充注速度。在充注中，罐内压力逐渐降低，加注时间会延长。为加快充注速度，可将制冷剂罐置于盛有温水的容器内，使罐内蒸气压力保持稍高于系统内蒸气压力。

② 如何准确把握充注量。为使制冷剂注入量比较准确，充注时可将制冷剂罐置于一精度较高的磅秤上，以便监测充注量。具体操作时，将充注前制冷剂罐的总质量减去注入后的数值固定在磅秤的量程上，在充注过程中，一旦磅秤进入平衡状态，便关闭制冷剂罐的手阀，停止充注。

9.4.6　压缩机冷冻润滑油的检查与加注

1. 冷冻润滑油的功能

（1）润滑

冷冻润滑油不断冲洗摩擦表面，带走磨屑，减少空调压缩机运动部件的摩擦和磨损，延长空调机组的使用寿命。

（2）冷却

冷冻润滑油在压缩机及制冷系统内不断循环流动，及时带走压缩机工作时产生的热量，使压缩机保持较低的温度，从而提高压缩效率和使用可靠性。

（3）密封

冷冻润滑油在各轴封及压缩机气缸与活塞间形成油封，防止制冷剂泄漏。

（4）降噪

压缩机工作时，润滑油可以起到缓冲和降低压缩机噪声的作用。

2．冷冻润滑油的检查

（1）冷冻润滑油数量的检查

压缩机有视油镜的，观察油平面，在红线以上为合适；在压缩机侧面有放油螺塞的，可以慢慢松开放油螺塞，如果有油流出，说明油量合适；有油尺的，旋下压缩机的加油孔塞，通过加油塞孔察看并旋转离合器前板，再用棉纱将油尺擦干净，然后插到压缩机内，直到油尺端部碰到压缩机内壳体，取出油尺，观察油尺浸油的深度，在标准范围内为合适。

（2）冷冻润滑油质量的检查

在使用过程中，可以通过冷冻润滑油的颜色、气味等直观地判断其质量，也可以通过下面的方法判断冷冻润滑油中是否混入了较多的水分和杂质。

① 滴纸法。取待查的冷冻润滑油一滴，滴在一张干净的白纸上，片刻后观察油滴在纸上扩散的颜色。若颜色很浅，而且分布均匀，说明油内杂质较少，可以继续使用。

② 对比法。取干净的冷冻润滑油放入试管内作为标准油，再取出待查的冷冻润滑油，放入另一只同样大小的试管内进行比较。若被查冷冻润滑油的颜色为浅黄色或橘黄色，说明还可以使用；若已经变成红褐色的混浊液，则不能继续使用。

冷冻润滑油一般每 2 年更换一次。

（3）冷冻润滑油泄漏的检查

目测制冷装置的连接接口处是否有油污，若在连接处或接缝处有油污，说明该处有制冷剂泄漏。制冷剂气体从制冷回路中漏出时，与其混合的冷冻润滑油一并漏出，于是在漏出处形成油污。此时应当重新紧固或者更换有关零件，以消除制冷剂和冷冻润滑油的外漏。

3．冷冻润滑油的使用注意事项

① 不同种类、不同牌号的冷冻润滑油不能混用，否则会发生变质。用于传统 R12 空调系统的冷冻润滑油不可用于 R134a 空调系统。R12 空调系统的冷冻润滑油是一种矿物油，而 R134a 空调系统的冷冻润滑油是一种叫 PAG 或者酯类的润滑油。即使只用错了少量的冷冻润滑油，也会导致制冷剂混浊；用错了大量冷冻润滑油，会造成压缩机咬死。尤其不能用发动机润滑油代替冷冻润滑油。

② 不要使用低价劣质的冷冻润滑油，它们往往用 R12 类冷冻润滑油冒充 R134a 类冷冻润滑油，两者的市场价格相差数倍。

③ 冷冻润滑油具有吸湿性，加注操作结束应当马上将封盖拧紧。不能使用变质（如浑浊）的冷冻润滑油，否则会影响压缩机的正常运转。

④ 在加注制冷剂时，应当先加冷冻润滑油，然后再加注制冷剂。不允许向空调系统添加过量的冷冻润滑油，否则会影响空调系统的制冷量。

⑤ 在管接头的结合面涂抹冷冻润滑油，可以提高其密封性。当更换管路接头的 O 形密封圈时，要在 O 形密封圈上涂些冷冻润滑油，这样便于紧固，同时可以防止制冷剂泄漏。

4．加注冷冻润滑油

汽车空调系统正常运行时，冷冻润滑油的消耗非常少，不需要进行补充，只要按规定每两年更换一次即可。制冷系统小的泄漏也无须补充冷冻润滑油，但较多泄漏（15 mL 以上）时则需补充冷冻润滑油。

压缩机润滑油被溶于制冷剂中并在整个系统中循环，当空调系统关闭时，压缩机润滑油就会滞留在系统的各部件上。维修中，特别是在更换主要部件时，如果不给系统补充适量的压缩机润滑油，则会导致润滑不足，使压缩机出现异常。为了控制压缩机润滑油的油量，在维修时，应将压缩机中的剩余油量先排出，经计量后再决定需补充加注的油量。

压缩机规定加注的油量在压缩机外壳标牌上均会注明。加注时可参考表9-4所示容量进行。

表9-4　　压缩机润滑油的加注容量

部件名称	需补加润滑油数量/mL	
压缩机	按换下旧压缩机倒出油量再加上30	
蒸发器	40～60	
储液干燥器	10～30	
冷凝器	无渗漏油迹	10～30
	有渗漏油迹	40～60
软管	无渗漏油迹	可不加
	有渗漏油迹	60
系统漏气	无渗漏油迹	可不加
	有渗漏油迹	60
更换系统全部管部件	120～150	

如果在空调系统中加注过量的压缩机润滑油，会导致制冷能力下降；如果系统中压缩机润滑油太少则会损坏压缩机。

冷冻润滑油的加注在系统抽真空前、后均可进行，具体方法有以下几种。

（1）直接加注

若在抽真空前加注冷冻润滑油，就可采用直接加注法，其方法很简单。先用量杯量取所需要的冷冻润滑油油量，然后从压缩机的旋塞口将所量取的冷冻润滑油倒入即可。

（2）抽真空加注

利用抽真空法加注冷冻润滑油，也是在抽真空之前进行，加注完后还须对系统进行抽真空。其方法如下。

① 先按抽真空法对系统抽真空，抽完后关闭真空泵和高、低压手动阀。

② 将所要加注的冷冻润滑油放入量杯中，计算冷冻润滑油油量时要将加注管中的残余油量考虑进去。

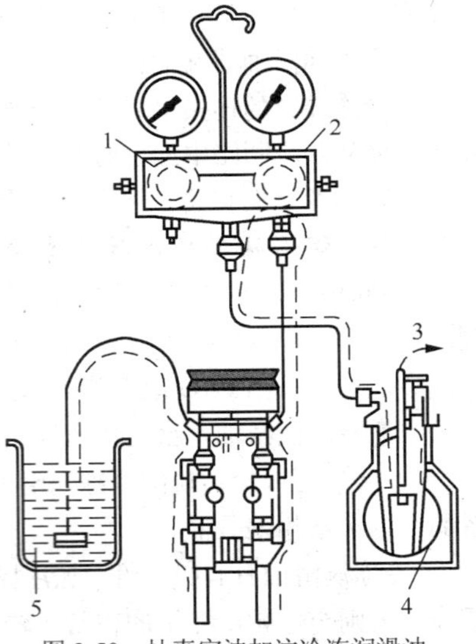

图9-50　抽真空法加注冷冻润滑油
1—手动低压阀关闭　2—手动高压阀开启
3—排出空气　4—真空泵　5—冷冻润滑油

③ 按图9-50所示连接整个系统，即将低压软管从表组一端卸下并伸进冷冻润滑油中，高压软管仍接高压检修阀，中间软管仍接真空泵。

④ 开启真空泵，打开高压手动阀，冷冻润滑油便被徐徐吸入压缩机中。加注完毕后，关闭真空泵及高压手动阀。

（3）压缩机吸入加注

起动发动机，开启空调，使压缩机运转，利用压缩机本身的抽吸作用，可从低压阀处将冷冻润滑油吸入。

【课后练习题】

一、填空题

1. 汽车空调系统按驱动方式可分______式汽车空调系统、______式汽车空调系统和______式汽车空调系统。

2. 汽车空调系统主要由________、________、_________、________、__________等组成。

3. 汽车空调压缩机的常见故障有：_____、____、_____、________、______________等。

4. 电磁离合器主要由________、__________、_________、_____________等组成。

5. 汽车空调制冷系统中，冷凝器的采用的结构形式有________、________和________等类型。

6. 汽车空调制冷系统采用的蒸发器有_______和________等几种。

7. 膨胀阀根据平衡方式分为 __________与 __________两种。

8. 膨胀阀有________、__________和___________等作用，是制冷系统中的重要部件。

9. 储液干燥器主要由_______、_________、_________、________、视液镜和______这几部分构成。

10. 储液干燥器的常见故障有_______、______、______。

11. 高压管路上的低压开关安装在_________与_________间的高压管路上或储液干燥器上。串联在______________上。

12. 高压开关的作用有两种，一种是自动__________的电路，使压缩机停转，另一种是接通冷凝器风扇高速挡电路，自动提高风扇转速，以降低冷凝器温度和压力。

13. 压力开关一般安装在__________上，感受制冷剂的压力信号。

14. 目前制冷剂中替代 R12 得到广泛应用的是__________。

15. 汽车空调系统发生故障时可以由_________来察看系统中制冷剂量是否足够。

16. 歧管压力表组件的两个压力表中，一个用于检测冷气系统___________的压力，另一个用于检测________的压力。

17. 制冷系统检漏的常用方法_______________、___________________、__________、真空检漏法、氮气水检漏等几种。

18. 真空泵是汽车空调制冷系统安装、维修后抽真空不可缺少的设备，以去除系统内的______和______等物质。

19. 添加冷冻机油可用__________、___________、___________三种方法。

二、判断题

1. 视液窗能判断制冷系统中的制冷剂量是否合适，进而判断制冷系统的工作情况。 ( )
2. 变排量空调压缩机可以根据设定的温度自动调节功率输出。 ( )
3. 在制冷的全过程中，定排量空调压缩机始终是工作的。 ( )
4. 如果制冷系统发生脏堵、冰堵或进行维修，应更换干燥瓶。 ( )
5. 更换制冷系统部件时，应适当补充一定量的冷冻机油，但不允许添加过量。 ( )
6. 冷冻机油吸收潮气的能力极强，所以在加注或更换冷冻机油时，操作必须迅速。 ( )
7. 在排放制冷剂时要缓慢进行，以免冷冻机油和制冷剂一同喷出。 ( )
8. 电磁离合器如安装时间隙过大，在运行时会发出噪声。 ( )
9. 高压开关安装在高压管路上，低压开关安装在低压管路上。 ( )
10. 在使用中，可以将两种不同的制冷剂交换使用。 ( )
11. 当从储液干燥器上的视液镜观察到有气泡时，说明制冷剂足够。 ( )

12．制冷系统静态时高压端和低压端压力应相等。（　　）

13．汽车空调系统按动力源的可以分为独立式和非独立式。（　　）

14．用 R12 系统和 R134a 系统可以采用同一种冷冻机油。（　　）

三、选择题

1．担任压缩机动力分离与结合的组件为（　　）。

A．电磁容电器　B．电磁离合器　C．液力变矩器　D．单向离合器

2．（　　）的作用是把来自压缩机的高温高压气体通过管壁和翅片将其中的热量传递给周围的空气，从而使高温高压的气态制冷剂冷凝成中温高压的液体。

A．冷凝器　B．蒸发器　C．电磁离合器　D．储液干燥器

3．由压缩机压出的刚进入冷凝器中的制冷剂为（　　）。

A．高温高压气态　B．高温高压液态　C．中温高压液态　D．低压气态

4．冷凝器中，经过风扇和空气冷却，制冷剂变为（　　）。

A．高温高压气态　B．低温低压液态　C．中温高压液态　D．低压气态

5．膨胀阀的安装位置是在（　　）。

A．冷凝器入口　B．蒸发器入口　C．储液干燥器入口　D．压缩机入口

6．干燥剂的作用是（　　）制冷剂。

A．过滤　B．滤清　C．干燥　D.节流

7．一辆汽车的空调出现制冷系统制冷不足或不制冷，经维修技师检查后是系统发生堵塞造成的，原因可能是（　　）。

A．技师甲认为是系统水份较多，发生冰堵造成的。

B．技师乙认为是系统脏堵造成的。

C．两位技师的说法都可能是对的。

D．两位技师的说法都可能是不对的。

8．制冷系统中制冷剂过多或冷凝器散热不良会使系统压力（　　）。

A．低压压力低，高压压力高　B．低压压力高，高压压力低

C．低压侧与高压侧压力均低　D．低压侧与高压侧压力均高

9．温度控制器开关，起调节车内温度的作用，其控制的电路是（　　）。

A．鼓风机电路　B．电磁离合器电路　C．混合温度门电路　D．冷凝器风机电路

10．蒸发器鼓风机电机为一直流电机，其转速的改变是通过（　　）来实现的。

A．调整电机电路的电阻值　B．改变电机的匝数　C．改变电源的电压值

11．制冷系统如制冷剂加注过多则（　　）。

A．制冷量不变　B．制冷量下降　C．系统压力下降　D．视液镜看到有气泡

12．制冷系统如制冷剂加注不足则（　　）。

A．视液镜看到有混浊气泡　B．视液镜看到有连续不断缓慢的气泡流动

C．视液镜看不到气泡流动

13．最易出现冰堵的部位是（　　）。

A．储液干燥器　B．膨胀阀　C．积累器　D．蒸发器

14．向系统加压检漏时应采用（　　）。

A．制冷剂　B．压缩空气　C．氧气　D．氮气

15．以下（　　）不是汽车空调的功能。

A．调节温度　B．增加湿度　C．净化空气　D．通风换气

9.5　实训

实训 8　汽车空调制冷剂泄漏故障的诊断与处理

一、实训目的与要求

① 掌握汽车空调制冷剂泄漏的诊断方法。

② 掌握制冷剂和冷冻润滑油的加注方法。

二、实训仪器和设备

汽车整车（或空调系统台架）、歧管压力计、电子检漏仪、真空泵、制冷剂等。

三、实训步骤

汽车空调制冷剂泄漏故障的诊断与处理流程如下。

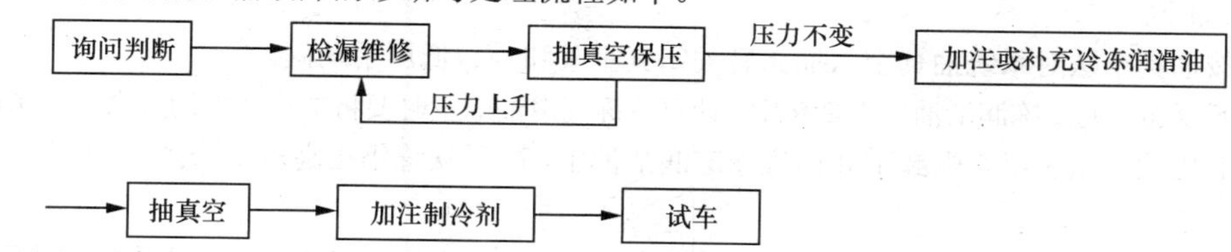

1．询问判断

① 询问车主汽车空调的运行状况和故障现象等。

② 判断制冷剂储量。起动发动机并打开空调开关至最冷，打开车门，发动机转速为 1 500～2 000r/min，风扇速度开关在最大，观察视液窗判断制冷剂储量。

如果窗内呈透明，发动机转速稳定时无气泡出现，转速变化的瞬间，偶尔出现气泡，关闭空调后随即起泡，然后渐渐消失，说明制冷剂储量适中。

如果看不到气泡，关闭空调后，窗内处于澄清状态，无泡沫出现，说明制冷剂加注过量，应该放出部分制冷剂。

如果看到间断而微量的气泡，说明制冷剂储量不足；如果是连续不断的气泡出现，或者在空调开启和关闭过程中，没有任何气泡出现，说明制冷剂严重不足或完全漏光，此时汽车空调几乎不能制冷。

如果制冷剂储量不足，必须要进行汽车空调泄漏的检查与维修。

2．检漏维修

（1）确定制冷剂泄漏部位

检漏时，擦净被检测部件，向空调系统充入 1.2～1.5 MPa 的氮气，把专用的商品气泡检查液或肥皂水溶液抹到怀疑发生渗漏的全部接口、接头、配件或控制器处（用家用肥皂水时，要求用刷子涂抹），若有泄漏，便会出现气泡。

为了能迅速准确判断漏点，在充入氮气之前可将少量制冷剂充入空调系统中，加压后先用肥皂水粗检，后用电子检漏仪细检，查明具体泄漏部位。

（2）维修泄漏部位

对相应的泄漏部位的部件按要求进行维修或更换。

3．抽真空保压

空调系统维修后，需要通过抽真空去除系统中的空气和水分，而抽真空过程中保压是为了进一步确认系统在低压下无泄漏。具体操作步骤如下。

① 分别将高压表接入储液罐的检修阀，低压表接入蒸发器至压缩机低压管路上的检修阀，中间注入软管安装于真空泵接口。

② 起动真空泵，打开歧管压力计高、低压手动阀。

③ 系统抽真空，使低压表所示的真空度达 1×10^5 Pa。抽真空时间为5～10 min。

④ 关闭真空泵手动阀，真空泵继续运转，打开制冷剂罐，让少量R134a制冷剂进入系统（压力为0～49 kPa），关闭制冷剂罐阀门。

⑤ 放置5 min，观察压力表，若指针继续上升，说明真空下降，系统有泄漏之处，应使用检漏仪进行泄漏检查，并修理堵漏（即重新做“检漏维修”）。

⑥ 继续抽真空 20～25 min，并重复第⑤项，如压力表指针保持不动，说明无泄漏，可进行下一步工作。

⑦ 关闭高、低压压力表的手动阀，然后关闭真空泵，停止抽真空，从真空泵的接口拆下中间注入软管，准备注入冷冻润滑油和制冷剂。

4. 加注冷冻润滑油和制冷剂

（1）加注冷冻润滑油

其方法如下。

① 先按抽真空法对系统抽真空，抽完后关闭真空泵和高、低压手动阀。

② 将所要加注的冷冻润滑油放入量杯中，计算冷冻润滑油油量时要将加注管中的残余油量考虑进去。

③ 将低压软管从表组一端卸下并伸进冷冻润滑油中，高压软管仍接高压检修阀，中间软管仍接真空泵。

④ 开启真空泵，打开高压手动阀，冷冻润滑油便被徐徐吸入压缩机中。加注完毕后，关闭真空泵及高压手动阀。

（2）从高压侧加注制冷剂

从高压侧加注制冷剂的步骤如下。

① 重新抽真空，抽完真空后，关闭高、低压手动阀，将中间软管从真空泵改接到制冷剂罐，用手拧紧接头。制冷剂罐必须保持正立。

② 先顺时针方向转动注入阀旋转手柄，使阀针扎破罐口，然后逆时针转动旋转手柄，使阀针抬起。

③ 拧松歧管压力计中间接头，待听到有气体流出声最好是有白气冒出时，立即将其拧紧（目的是排出中间软管内的空气）。

④ 将制冷剂罐倒立，打开高压手动阀，当从表组观察孔观察到一股液态制冷剂（淡黄色）流入空调高压管内时，立即关闭高压手动阀。

⑤ 起动空调，使压缩机低速运转几分钟，然后停机。

⑥ 重复④、⑤两步，直到加注足量为止。

四、实训注意事项

① 在操作过程中注意防止制冷剂泄漏到皮肤上，以免冻伤。

② 规范操作，合理、正确地使用工具。

五、思考题

以上实训中如果从低压端加注制冷剂与从高压端加注有什么不同？各有什么优缺点？

第 10 章 车载网络技术

10.1 车载网络基本原理

10.1.1 车载网络系统概述

1．CAN—Bus（控制器局域网总线技术）的由来

由于现代汽车的技术水平大幅提高，要求能对更多的汽车运行参数进行控制，因而汽车控制器的数量在不断地上升，从开始的几个发展到几十个甚至上百个控制单元。控制单元数量的增加，使得它们互相之间的信息交换也越来越密集。为此，德国 Bosch 公司开发了一种设计先进的解决方案——CAN 数据总线，提供一种特殊的局域网来为汽车的控制器之间进行数据交换。图 10-1 给出了采用 CAN 总线技术前后的线束变化。

（a）不用 CAN 总线　　（b）采用 CAN 总线

图 10-1 采用 CAN 总线前后的线束变化

2．数据传输方法

以水温传感器为例，很多控制单元都需要它的信号，例如，发动机控制单元利用它控制喷油量，即冷车增加喷油，热车减少喷油，发动机控制单元还要利用水温信号控制点火和爆震；变速器控制单元利用它来控制换挡时间；仪表系统要用该信号来显示发动机温度；其他很多系统也要用到水温信号，如空调系统等。所以有些车上需要安装三四个水温传感器，分别为不同的系统提供工作信号，照此趋势，车上的控制线路会越来越复杂。下面我们就分析一下数据传输的方法，到目前为止，汽车内所采用的数据传输方法有以下两种。

（1）每项信息均通过各自独立的数据线进行交换

第一种方法下，若要传输 5 个信息则需要 5 条线路，如图 10-2 所示，每条信息都需要各自的线路，因此随着信息量的不断加大，所需的线路以及控制单元上的插头数目也随之增加。因此，这种数据传输模式仅适用于信息量数目有限的情况。

（2）各控制单元之间的所有信息都通过两根数据线——CAN 数据总线进行交换

与第一种方法不同，第二种方法采用串行数据总线传输方式，如图 10-3 所示，所有信息沿两条线路传输。这两条双向传递的线路中所传递的数据是相同的。在这种传输方式中，不论控制单元的多少和信息容量的大小，所有的信息都可以通过这两条数据线进行传递。因此，当控制单元间需要交换大量信息时，CAN 总线的优越性就体现出来了。

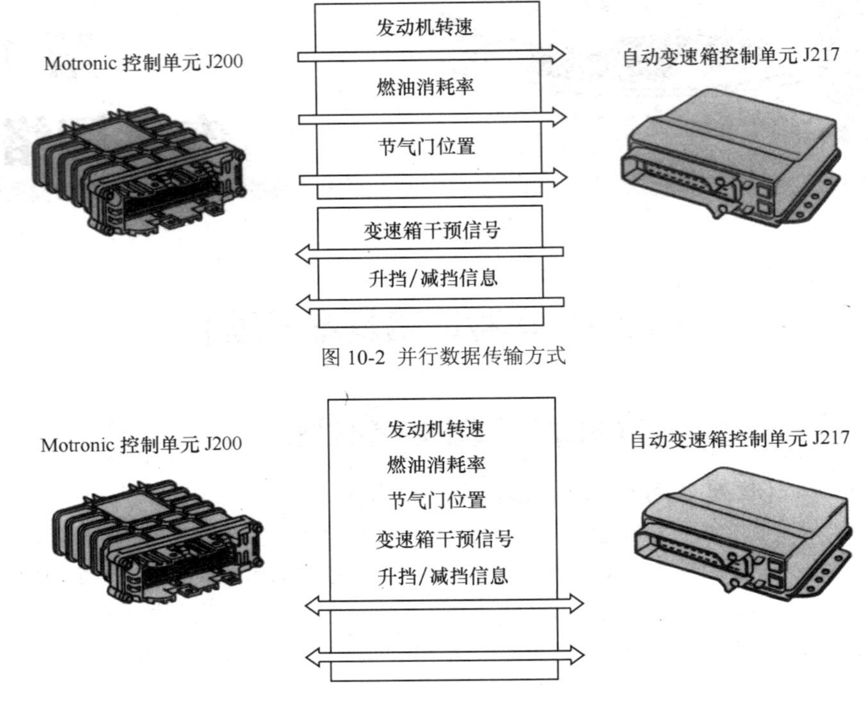

图 10-2 并行数据传输方式

图 10-3 串行数据总线传输方式

一般说来，一个控制单元从整个系统中获得的信息越多，该控制单元协调自身的功能会越好。CAN 数据总线作为控制单元之间的一种数据传递形式，它将各个控制单元连接形成一个完整的系统。如图 10-4 所示。

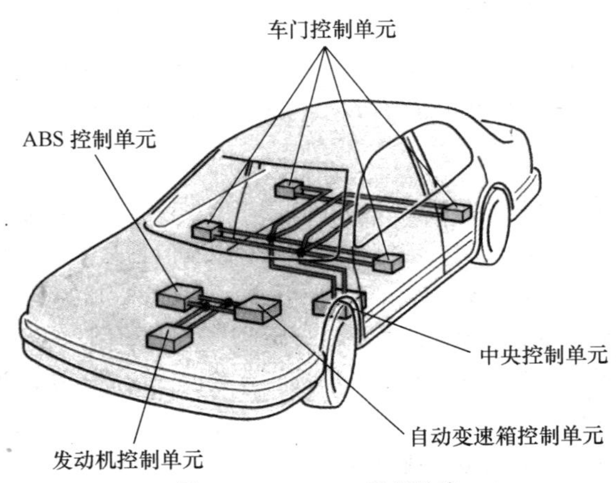

图 10-4 CAN-Bus 数据总线

3．车载网络系统的应用与发展

① 1983 年由博世（Bosch）公司开发 CAN 总线并应用于汽车制造业。

② 1987 年英特尔公司制成第一块硅片。

③ 1989 年起在汽车及自动化工业中出现了串行通信模块。

④ 自 1994 年—1995 年 CAN 总线协议成为汽车行业内采用得最广泛的通信协议。

表 10-1 所示为 CAN 总线技术在大众车系的发展及应用情况。

表 10-1 CAN 总线在大众车系的发展应用情况

年份	CAN-Bus 的使用情况
1997 年	PASSAT 的舒适系统上采用了传送速率为 62.5 kbit/s 的 CAN-Bus
1998 年	PASSAT 和 Golf 的驱动系统上增加了 CAN-Bus,传送速率为 500kbit/s
2000 年	大众公司在 PASSAT 和 Golf 上都采用了带有网关的第二代 CAN-Bus
2001 年	大众公司提高了 CAN-Bus 的设计标准，将舒适系统 CAN-Bus 的传送速率提高到 100 kbit/s，驱动系统 500 kbit/s
2002 年	大众集团在新 PQ24 平台上使用带有车载网络控制单元的第三代 CAN-Bus
2003 年	大众集团在新 PQ35 平台上使用五重结构的 CAN-Bus 系统，并出现了单线的 LIN-Bus

10.1.2 车载网络系统的优点

① 总线功能有较高的可靠性和安全性，能大大减少因插头连接和导线所引起的故障。

② 因导线减少而降低装配成本，并减轻线束质量。

③ 因采用较小的控制单元和插头而使空间节约下来，并使安装和修改更加容易。

④ 控制器之间的数据传输较快。

⑤ 系统诊断能力更强。

⑥ 控制单元之间能共享传感器输入的信息。

⑦ 实现多个模块参与复杂的汽车系统操作。

⑧ 使用网络能提高诊断能力。一些模块允许模块的输入和输出信号通过网络由读码器检测。

⑨ 抗干扰能力强。

10.1.3 车载网络系统的类型

1．根据传输导线类型分类

根据传输导线的不同分为单线、双线和无线。单线传输如 LIN-Bus 总线（在后面会有介绍）；在 CAN 系统中一般均采用双线传输；光纤总线（MOST）为环状信息传输；新款车型中很多都采用了无线蓝牙传输数据，又叫 Bluetooth Bus 总线。

2．根据网络传输形式分类

根据控制单元之间的线路连接关系可将多路传输分为分路型、星型和环型，如图 10-5 所示。

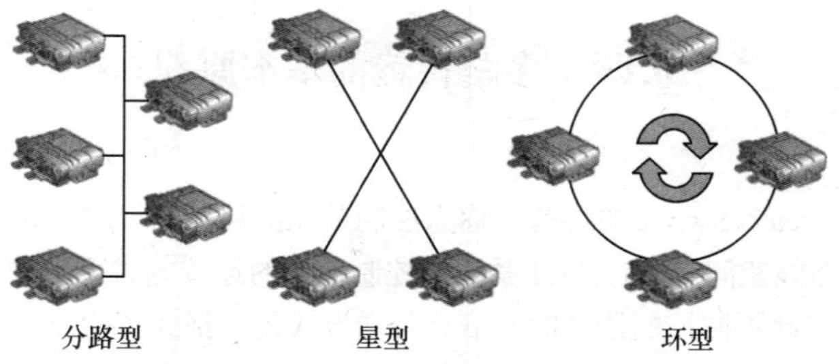

图 10-5 数据总线网络拓扑分类图

3．根据网络传输速度分类

目前存在的多种汽车网络标准，其所侧重的功能有所不同。

为方便研究和设计应用，SAE 车辆网络委员会将汽车数据传输网络划分为 A、B、C、D 等类型。

（1）A 类网络主要面向传感器、执行器控制。位速率一般在 1 kbit/s~10 kbit/s，网络协议种类主要有 LIN、UART、CCD 等，适用于对实时性要求不高的场合。

该类网络主要应用于车身控制，如电动门窗、中控门锁、后视镜、座椅调节、灯光照明及早期的汽车故障诊断。

（2）B 类网络协议主要面向独立模块间的数据共享，适用于对实时性要求不高的场合，以减少冗余的电子部件。位速率一般在 10 kbit/s~125 kbit/s，网络协议种类主要有 ISO 11898-3（容错 CAN）、J2248、VAN（Vehicle Area Network）、J1850（OBD2）等。

该类网络主要应用于电子车辆信息中心、故障诊断、仪表显示等方面的控制。随着汽车网络技术的发展，目前及未来的 B 类网络主流协议将是 CAN（ISO 11898-3）。

（3）C 类网络是主要面向高速、实时闭环控制的多路控制多路传输网络，位速率可达 10 Mbit/s 以上，网络协议种类主要有 ISO 11898-2（高速 CAN）、TTP（Time-Triggered Protocol）/C、FlexRay 等。

该类网络主要用于动力系统等对实时控制及可靠性要求较高的场合。目前，C 类网络中广泛应用于动力与传动系统控制与通信的协议标准为 ISO 11898-2。

（4）D 类网络统称智能数据总线（IDB，Intelligent Data Bus），主要面向信息、多媒体系统等。

根据 SAE 分类，D 类网络使用在信息多媒体系统中多采用 D2B、MOST 光纤传输和 IDB-Wireless 无线通信 Bluetooth 技术。D 类网络协议的位速率为 250 kbit/s~400 Mbit/s。面向乘员的安全系统，应用于车辆被动安全性领域，位速率一般为 20 kbit/s~0 Mbit/s，网络协议种类主要有 SafetyBus、Planet、Byteflight 等。

4．根据网络传输协议分类

网络由使用的电子语言来识别。控制模块必须使用和解读相同的电子语言，这种电子语言即被称为协议。例如，福特现在使用的 6 种不同的协议，分别是：

① J1850——福特标准企业协议（SPC）。

② ISO9141——国际标准化组织制定的，美国政府法定的通用诊断协议（ISO-OBD II）。

③ 音响控制协议（ACP）——福特音响系统协议。

④ ISO 安全协议——气囊、ABS、照明、防撞系统。

⑤ UBP——福特通用异步接收/发射器协议（将替代 SCP）。

⑥ CAN——福特、英特尔、博世公司共同开发的高速汽车快速协议。

注　意

汽车上可能装备了多个网络。

10.1.4　多路传输的基本原理

1．CAN 的含义

CAN 是 Controller Area Network 的缩写，称为控制单元的局域网，它是车用控制单元传输信息的一种传送形式。车上的布线空间有限，CAN 系统的控制单元的连接方式采用铜缆串行方式。由于控制器采用串行合用方式，因此不同控制器之间的信息传送方式是广播式传输。也就是说，每个控制单元不指定接收者，把所有的信息都往外发送，由接收控制器自主选择是否需要接收这些信息。CAN 是一种世界标准的串行通信协议，为数据“高速公路”确定统一的“交通”规则。

2．多路传输的概念

（1）信息通信

你给邻居打电话时，你和邻居就正在使用通信网络。如图 10-6 所示，你和邻居通过电话线连接，通过电话线发送和接收信息。CAN 数据总线中的数据传递就像一个电话会议，一个电话用户（控制单

元）将数据"讲入"网络中，其他用户通过网络"接听"这个数据。对这个数据感兴趣的用户就会利用数据，而其他用户则选择忽略。

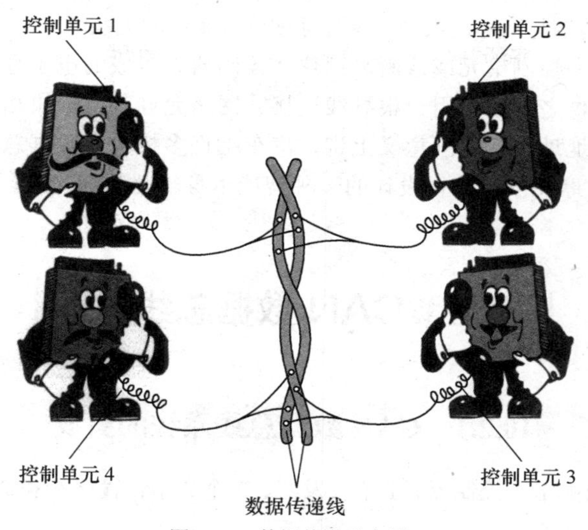

图 10-6 数据传递示意图

（2）广播方式

那些被交换的信息称为信息帧。一个被发送的信息帧可以被任何一个控制单元接收，这种规则称为广播，如图 10-7 所示。通过这种广播方式可以使所有联网的控制单元总是具有相同的信息状态。

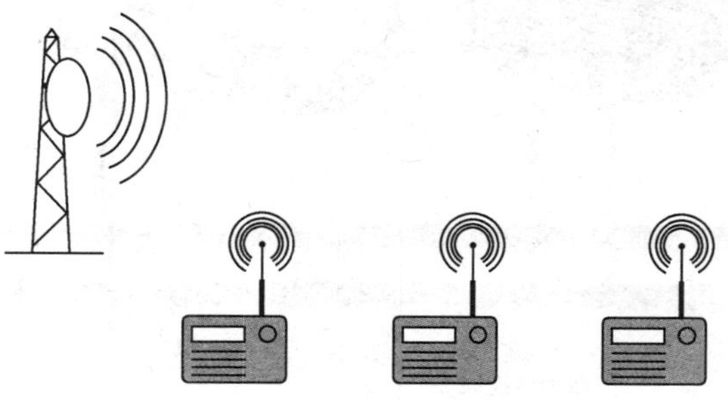

图 10-7 广播方式传递数据

（3）数据总线的概念

数据总线可比作公共汽车，可以同时运输大量乘客，CAN 数据总线包含大量的数据信息。和导线的信息传输相比，数据总线组成的网络系统能够快速、准确、大量地传输信息。数据总线运送指定设备或所有设备之间的数据，就像公共汽车运送站与站之间的乘客，如图 10-8 所示。

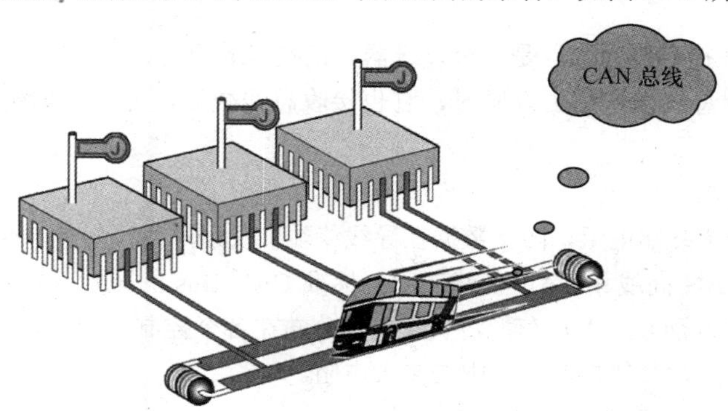

图 10-8 数据总线在控制单元间的数据传输

（4）网络的应用

目前应用最广泛的网络就是计算机网络，有家庭小型网络、网吧局域网、公司内部网络、大型的国际互联网。汽车网络传输与网吧局域网、国际互联网有相似的关系。

网络是由控制单元和控制单元或诊断测试仪（读码器）组成的电子系统，这些控制单元之间或控制单元与诊断测试仪之间至少用一根导线连接。网络允许各个模块相互通信，为了区分不同的设备，需设置不同的地址。从物理意义上讲，汽车上许多模块和数据总线距离很近，因此被称之为 LAN（局域网）。摩托罗拉公司设计的一种智能车身辅助装置网络，被称之为 LIN（局域互联网）。

10.2 CAN 数据总线原理

10.2.1 CAN 数据总线系统的组成

CAN 数据总线系统由 1 个控制器、1 个收发器、2 个数据传输终端和 2 条数据传输线构成，如图 10-9 所示。

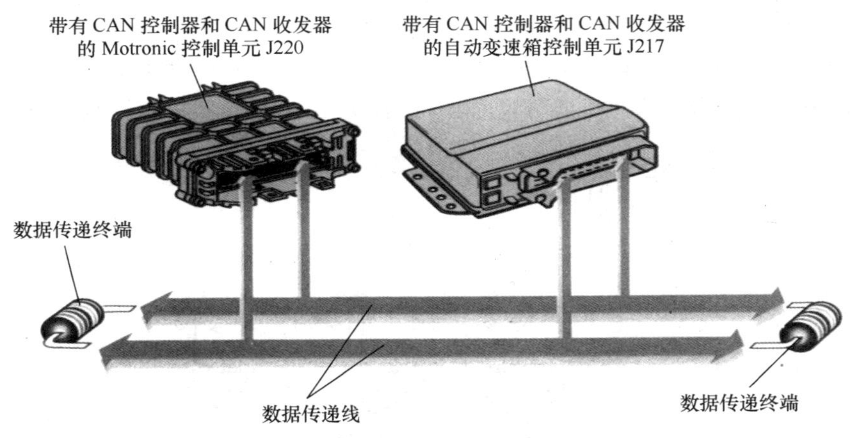

图 10-9　CAN 系统组成图

1. CAN 控制器

CAN 控制器的作用是接收控制单元中微处理器发出的数据，处理数据并传给 CAN 收发器。同时 CAN 控制器也接收收发器收到的数据，处理数据并传输给微处理器。

2. CAN 收发器

CAN 收发器安装在控制器内部，是一个发送器和接收器的组合，它将 CAN 控制器提供的数据转化成电信号并通过数据总线发送出去。同时，它也接收总线数据，并将数据传到 CAN 控制器。如图 10-10 所示。

3. 数据传输终端

数据传输终端是一个终端电阻，防止数据在导线终端被反射产生反射波，反射波会破坏数据。在驱动系统中，它接在 CAN 高线和 CAN 低线之间。标准 CAN-Bus 的原始形式中，在总线的两端接有两个终端电阻，如图 10-9 所示。大众车型将负载电阻分布在各个控制单元内，其中在发动机控制单元中装有“中央终端电阻”，其他控制单元中安装大电阻。

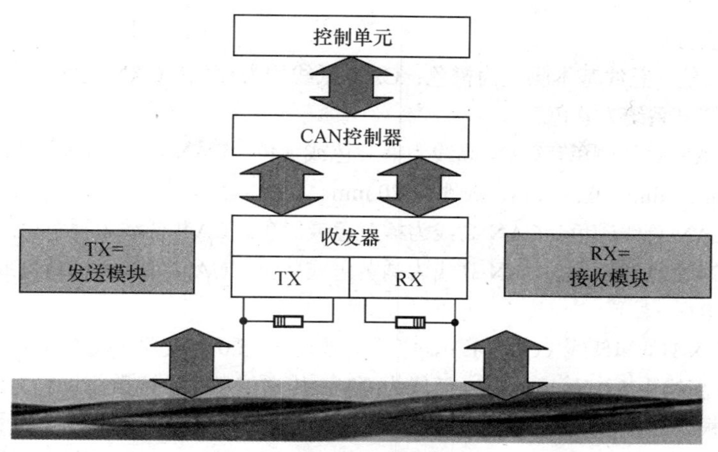

图 10-10　CAN 收发器基本原理

驱动系统中 CAN 高线和 CAN 低线之间的总电阻为 50～70 Ω。如果点火开关断开，可以用万用表测量 CAN 高线和 CAN 低线之间的电阻。舒适系统和信息系统 CAN 总线的特点是，控制单元的负载电阻不是在 CAN 高线和 CAN 低线之间，而是在导线和地之间。电源电压断开时，CAN 低线上的电阻也断开，因此不能用万用表测量电阻。大众车型中设置有两种终端电阻，包括 66 Ω 和 2.6 kΩ，如图 10-11 所示。

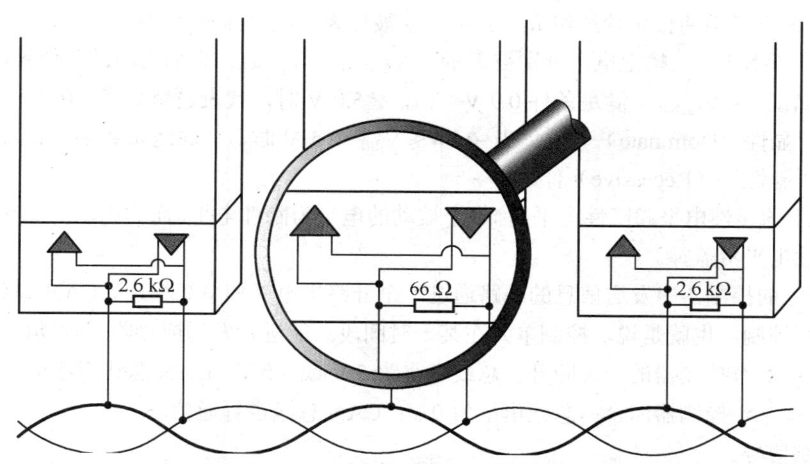

图 10-11　大众车型终端电阻布置图

4．CAN 数据传输线

（1）双绞线的结构特点

为了防止外界电磁波干扰和向外辐射，CAN 总线的传输线多采用双绞线，其绞距为 20 mm，截面积为 0.35 mm^2 或 0.5 mm^2，数据传输线是双向的。这两条线传输相同的数据，分别被称为 CAN 高线（CAN-H）和低线（CAN-L）。如果数据总线的一根导线损坏，系统通常可以继续进行工作，这是因为所有的系统信息可以通过另外一根导线进行传递。在总线传递的数据没有指定接收器，数据通过数据总线发送给各控制单元，各控制单元接收后进行计算。

注　意

原理图中的数据总线并不总是用双绞线的形式表示。

（2）传输线颜色特点

① CAN 总线颜色。总线基本颜色为橙色；CAN 低线均为棕色；CAN 高线中，驱动系统为黑色，舒适系统为绿色，信息系统为紫色。

② 舒适系统 CAN 总线颜色。CAN 高线为橘黄色或绿色；CAN 低线为橘黄色或棕色：没有屏蔽层的双绞线直径为 0.35 mm～0.50 mm，绞距为 20 mm。

③ 驱动系统 CAN 总线颜色。CAN 高线为橘黄色或黑色，CAN 低线为橘黄色或棕色。

④ 信息系统 CAN 总线颜色。CAN 高线为橘黄色或紫色，CAN 低线为橘黄色或棕色。

（3）总线上的电压

CAN 高线（CAN-H）和低线（CAN-L），电压信号在 0～5.0 V 变化，代表数字逻辑“1”或“0”。没有信息时，CAN 高线为 5.0 V，而 CAN 低线为 0 V；传递信息时，读数相反。

数据总线的每根导线都传送相互为镜像的信息。镜像的意思是指，两条线上的电位是相反的，如果一条线的电压是 5 V，另一条线就是 0 V，两条线的电压和总等于常值。通过该种办法，CAN 总线得到保护而免受外界电磁场干扰，同时 CAN 总线向外辐射也保持中性，即无辐射。

10.2.2 CAN 数据总线系统的工作原理

1．总线上的信息

（1）电平定义

CAN 的传输介质由两根传输线组成，其中一根被称为高电平传输线（CAN-H），另一根被称为低电平传输线（CAN-L），接地电压分别被表示为 V_{CAN-H} 和 V_{CAN-L}，它们之间的差值被称为差分电压 V_{diff}，即 $V_{diff}=V_{CAN-H}-V_{CAN-L}$。满足条件 0.9 V< V_{diff}–<5.0 V 时，代表逻辑数字“0”，当前传送的数据位被称之为“显性（Dominate）”位。当–0.1 V< V_{diff}<0.5 V 时，代表逻辑数字“1”，当前传送的数据位被称为“隐性”（Recessive）位。

CAN 总线上的显性电平和隐性电平：称一个被动的电平为隐性电平，而称主动的电平为显形电平，因为它能将隐性电平覆盖掉。

CAN 总线上的控制器中发送信息的线路通过一个开路集电极和总线相连。CAN 总线的收发器使用一个电路进行控制，也就是说，控制单元在某一时间段只能进行发送或接收一项功能。

逻辑“1”：所有控制器的开关断开；总线电平为 5 V 或 3.5 V；CAN 总线未通信。

逻辑“0”：某一控制器闭合；总线电平为 0 V；CAN 总线进行通信。

（2）二进制信号

CAN-Bus 上的信息是以二进制形式出现的。也就是说，控制单元将信息转换成二进制，CAN-Bus 用电平来模拟二进制，接收控制单元将电平转换成二进制数据，再将二进制数据转换成正常数据，二进制信号如图 10-12 所示。

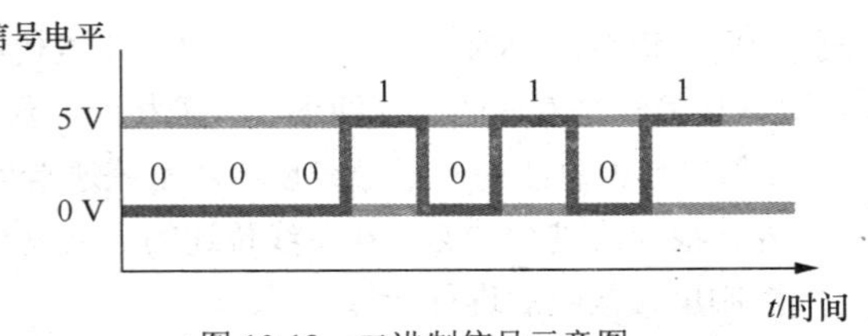

图 10-12　二进制信号示意图

如图 10-13 所示，控制单元 A 将发动机转速值信号先转换成二进制信号（00010101），然后由发送器转换成一串电平信号发送出去。

控制单元 B、C 的接收器先读取电平信号，转换成二进制信号（00010101），然后再解码成发动机转速值。

（3）多控制器通信

当用两个以上的控制器连接在 CAN 总线上，用逻辑“1”来表示断开，用逻辑“0”表示闭合，在不考虑其他总线规则情况下，总线会出现如图 10-14 所示的情况：

① 任何开关闭合，总线上的电压为 0 V。

② 所有开关断开，总线上的电压为 5 V。

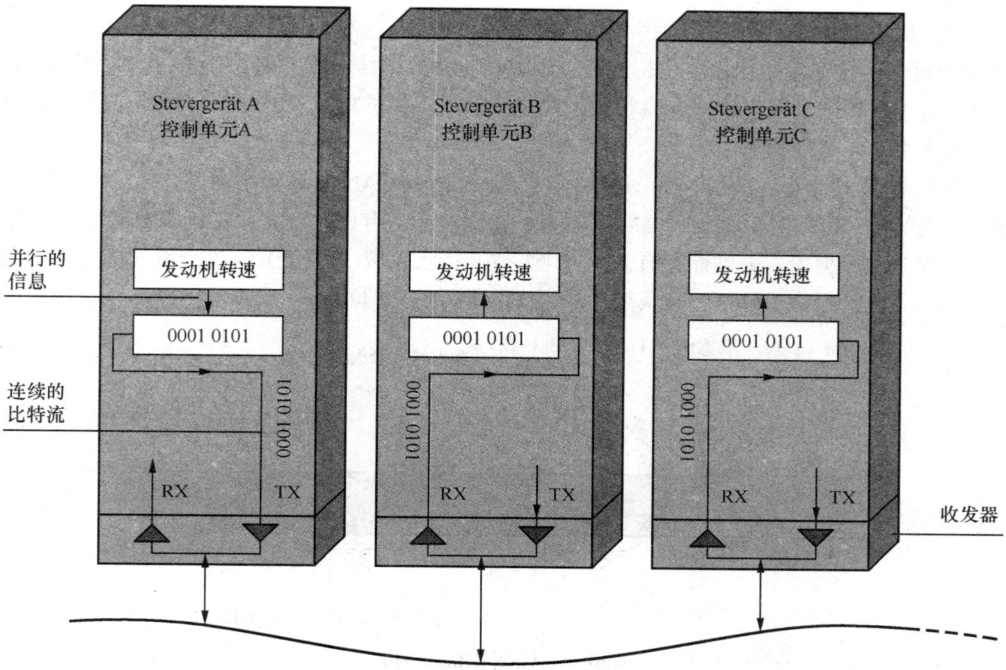

图 10-13　转速信号传输示意图

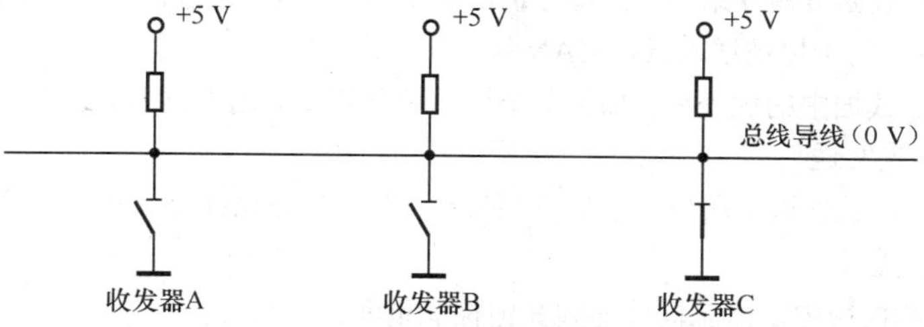

图 10-14　多个收发器耦合在一根总线上

三个收发器耦合在一根总线上，可以得出下列 8 种开关状态，如表 10-2 所示。

表 10-2　收发器状态与总线电压

收发器 A	收发器 B	收发器 C	总线导线
1	1	1	1（5 V）
1	1	0	0（0 V）
1	0	1	0（0 V）
1	0	0	0（0 V）
0	1	1	0（0 V）
0	1	0	0（0 V）
0	0	1	0（0 V）
0	0	0	0（0 V）

因此可以得出以下结论：

① 只要任何一个控制器激活，则总线激活。

② 所有控制器关闭，总线处于未激活状态。

激活的总线电平称为显性电平；未激活的总线电平称为隐性电平。

2．数据结构

（1）数据构成

CAN 数据总线传递的数据由多位构成，该形式在两条数据传输线 CAN-H 和 CAN-L 是一样的。1 位是信息的最小单位，为单位时间电路状态。在电子学中，1 位只有“0”或“1”两个值，也就是只有“是”和“不是”两个状态。

以大众车型 CAN 2.0 A 为例，如图 10-15 所示，针对其 CAN 数据帧结构，分析一下数据结构。当控制器发送信息时，信息并不仅仅是数据本身，它同时还带有属性数据并打包成数据包一起发送。该数据包共有 7 个数据段，分别储存有开始域（1 位）、状态域（11 位）、检查域（6 位）、数据域（64 位以内）、安全域（16 位）、确认域（2 位）和结束域（7 位）。

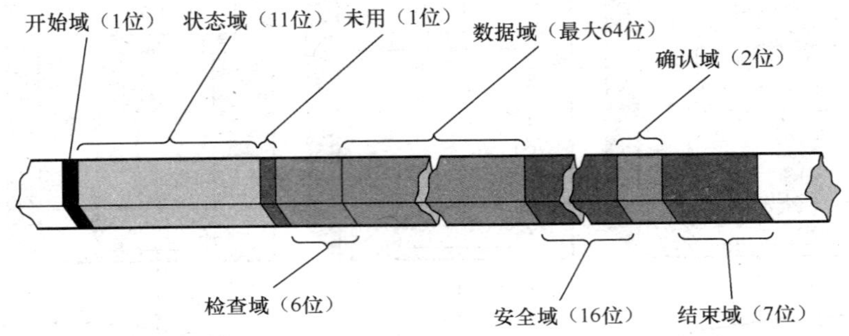

图 10-15　CAN 数据帧结构

① 开始域：标志数据传输开始。带有大约 5 V 电压（电压值由系统决定）的 1 位被送入高位 CAN 线；带有大约 0 V 电压的 1 位被送入低位 CAN 线。

② 状态域：判定数据中的优先权。如果两个控制单元都要同时发送各自的数据，那么，具有较高优先权的控制单元优先发送。

③ 检查域：显示在数据域中所包含的信息项目数。在本部分允许任何接收器检查是否已经接收到所传递过来的所有信息。

④ 数据域：在数据域中，信息被传递到其他控制单元。

⑤ 安全域：检查传递数据中的错误。

⑥ 确认域：在此，接收器信号通知发送器，接收器已经正确收到数据。若检查到错误，接收器立即通知发送器，然后发送器再发送一次数据。

⑦ 结束域：标志数据传输结束。此处是显示错误并重新发送数据的最后一次机会。

（2）数据的产生

数据由多位构成，每 1 位只有 0 或 1 两个值或状态。

下面以灯开关为例说明 0 或 1 的状态是如何产生的。灯开关只能打开或关闭，这说明灯开关有两个不同的状态，如图 10-16 所示。灯开关处于值 1 的状态：开关闭合，灯亮。开关处于值 0 的状态：开关打开，灯不亮。

从原理上讲，CAN 数据总线的功能与此完全相同，通过 1 个位可以产生“0”“1”两种状态。通过 2 个位，可以产生 4 个变化，如表 10-3 所示。随着位数的增加，信息量增加情况，如表 10-4 所示。

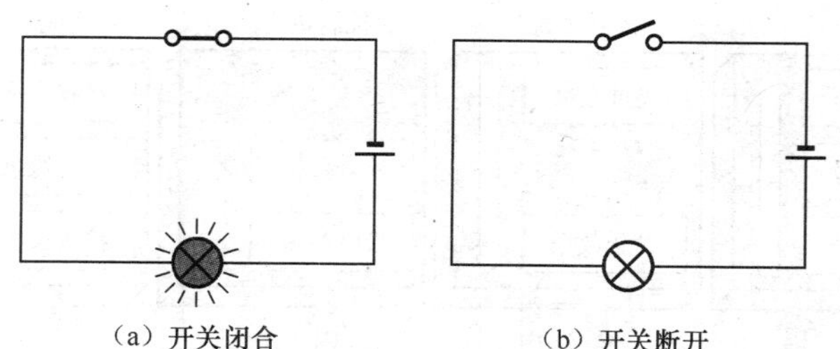

（a）开关闭合　　（b）开关断开

图 10-16 灯开关的状态

表 10-3 信息通过 2 个连续位进行传递

变化	2 位	1 位	电压波形	电动窗状态信息	冷却液温度信息
1	0 V	0 V		运转	10℃
2	0 V	5 V		停止	20℃
3	5 V	0 V		范围内	30℃
4	5 V	5 V		上停止识别	40℃

表 10-4 随位数变化的信息量情况

1 位的位值变化	产生信息	2 位的位值变化	产生信息	3 位的位值变化	产生信息
0 V	10℃	0 V；0 V	10℃	0 V；0 V；0 V	10℃
5 V	20℃	0 V；5 V	20℃	0 V；0 V；5 V	20℃
		5 V；0 V	30℃	0 V；5 V；0 V	30℃
		5 V；5 V	40℃	0 V；5 V；5 V	40℃
				5 V；0 V；0 V	50℃
				5 V；0 V；5 V	60℃
				5 V；5 V；0 V	70℃
				5 V；5 V；5 V	80℃

3. 数据传递过程

多个控制单元以并联方式经收发器与总线连接，如图 10-17 所示，每个控制单元都有权向总线发送信息（多主处理器结构）。同一时刻只有一个控制单元向总线发送信息。其他的控制单元接收信息，其中一些控制单元对这些数据感兴趣并采用这些数据，而另一些控制单元则可能不理会这些数据。总线系统由多个控制单元组成，以并联方式连接在总线传输线上。所有控制单元都具有相同的条件，即每一个节点的权利相同，都能占用总线（发送和接收）。

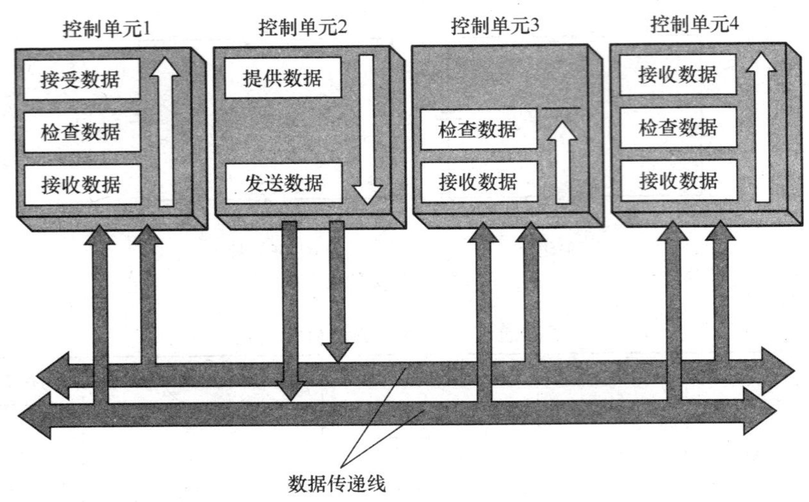

图 10-17　数据传输过程图

① 提供数据：控制单元向 CAN 控制器提供需要发送的数据；

② 发送数据：CAN 收发器接收由 CAN 控制器传来的数据，转为电信号并发送；

③ 接收数据：CAN 系统中，所有控制单元转为接收器；

④ 检查数据：控制单元检查判断所接收的数据是否为所需要的数据；

⑤ 接受数据：如接收的数据重要，它将被接收并进行处理，否则忽略。

4．优先级的确认

因为 CAN 总线采用串行数据传递（单根数据线）方式，如果有多个控制器同时需要发出信号，那么在总线上一定会发生数据冲突，所以每一个数据列都有它的优先级。当有多个控制器试图发送信息时，它们自己的接收器为信息的优先级进行仲裁，当其他控制器发送的信息高于自己控制器发送信息时，通知自己的发送器停止发送，整个控制器进入接收状态。

在信息数据列中有 11 位的状态区，这 11 位二进制数中前 7 位既是发送信息的控制器标识符，同时又表示了它的优先级，即从前往后数，前面零越多，优先级越高。而后 4 位则是这个控制器发送不同信息的编号，如发动机控制单元既要发送转速信号，又要发送水温信号，则后 4 位就有所不同。如图 10-18 所示，当发动机控制单元、自动变速器控制单元和 ABS 控制单元等多个控制单元都要发送数据时，哪个控制单元有优先权先发送数据呢？各控制单元的优先权见表 10-5。

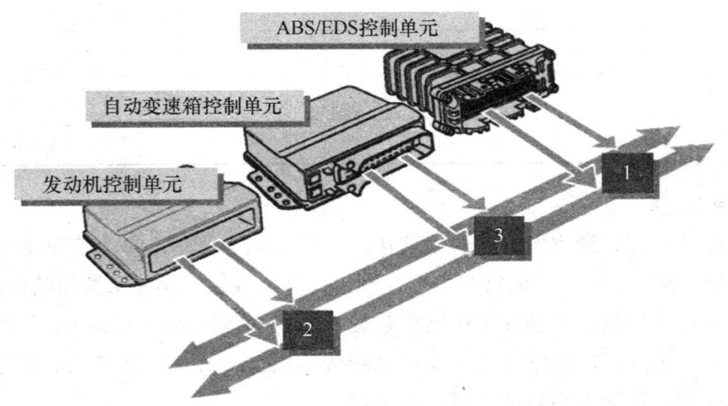

图 10-18　控制单元的优先权

表 10-5　　控制单元传递数据的优先权

优先权	控制单元	信息传递
1	ABS/EDS 控制单元	发动机制动控制信号 驱动防滑信号
2	发动机控制单元 1 号协议传递数据	发动机转速信号 节气门位置信号 强迫降挡开关信号
3	发动机控制单元 2 号协议传递数据	水温信号 车速信号
4	自动变速器控制单元	挡位开关信号 变速箱模式开关信号 换挡点信号

例如，下面是 3 组不同数据报告的优先权（见表 10-6）。

表 10-6　　不同数据报告的优先权

优先权	数据报告	状态域形式
1	制动	001　1010　0000
2	发动机	010　1000　0000
3	变速器	100　0100　0000

5．CAN 数据总线的抗干扰措施

车辆在工作过程中，电火花和电磁开关联合作用会产生电磁干扰，移动电话和发送站以及任何产生电磁波的物体会产生电磁干扰，电磁干扰能够影响或破坏 CAN 的数据传送。为防止数据传输受到干扰，2 根数据传输线缠绕在一起，这样可以防止数据线所产生的辐射噪声。

2 根数据线上的电压是相反的。若一根数据线上的电压约为 0 V，则另一根数据线上的电压就是约为 5 V。这样 2 根线的总电压值仍保持一个常值，从而使所产生的电磁场效应由于极性相反而相互抵消。所以，数据传输线通过这种方法得到保护而免受外界辐射干扰，同时，向外辐射时，实际上保持中性（即无辐射），如图 10-19 所示。

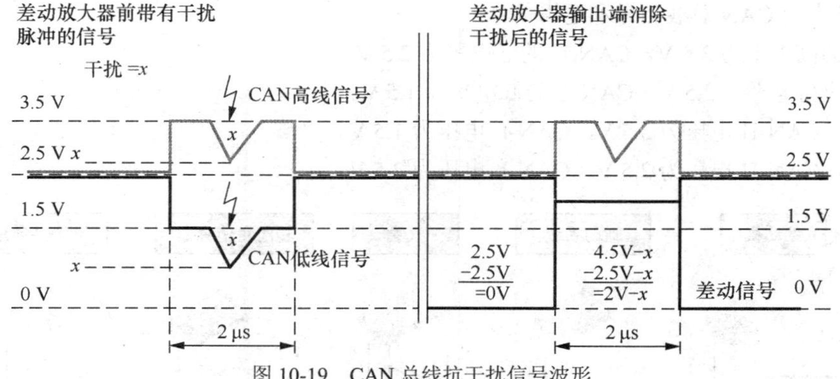

图 10-19　CAN 总线抗干扰信号波形

10.2.3　大众车系 CAN-Bus 系统

1．CAN 网络的类型

由于不同控制器对 CAN 总线的性能要求不同，因此最新版本的 CAN 总线系统设定为 5 个不同的

区域，分别为驱动系统、舒适系统、信息系统、仪表系统、诊断系统 5 个局域网，各子网传送速率如表 10-7 所示。CAN 网络具体组成如图 10-20 所示。

表 10-7　子局域网传输速率

序号	子局域网名称	电源提供	传输速率（kbit/s）
1	驱动系统	15 号线	500
2	舒适系统	30 号线	100
3	信息系统	30 号线	100
4	诊断系统	30 号线	500
5	仪表系统	15 号线	100

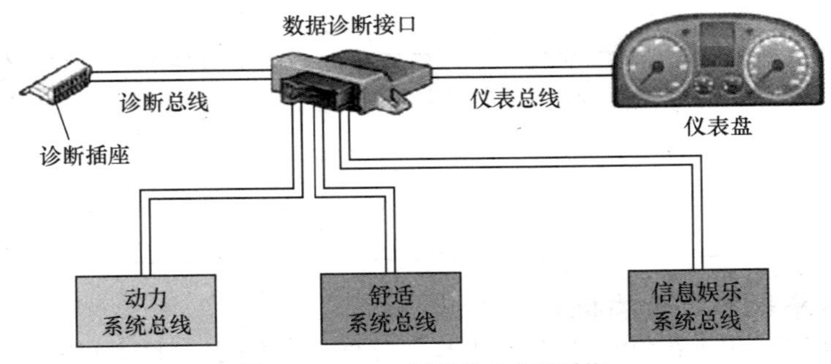

图 10-20　CAN 网络的 5 个子系统

2．驱动系统 CAN 总线

驱动系统 CAN 总线组成如图 10-21 所示。驱动系统 CAN 总线由 15 号线激活，传输速率是所有 CAN 总线中最高的，达到 500 kbit/s。其采用终端电阻结构，中心电阻为 66 Ω（发动机电阻），并且高低 CAN 线为环状结构，即任一根 CAN 线断路，则 CAN 系统无法工作。驱动系统 CAN 总线的信号波形如图 10-22 所示。

驱动系统上的 CAN 总线信号和逻辑信号：

CAN-H 的高电平为 3.5 V，CAN-H 的低电平为 2.5 V。

CAN-L 的高电平为 2.5 V，CAN-L 的低电平为 1.5 V。

逻辑“0”，CAN-H 电压为 3.5 V，CAN-L 电压为 1.5 V。

逻辑“1”，CAN-H 电压为 2.5 V，CAN-L 电压为 2.5 V。

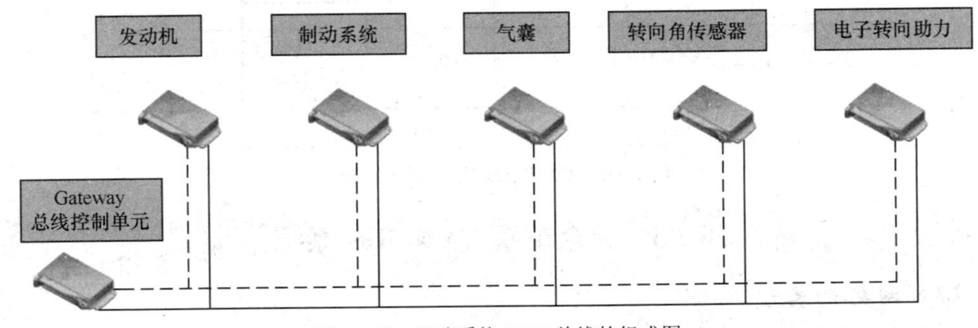

图 10-21　驱动系统 CAN 总线的组成图

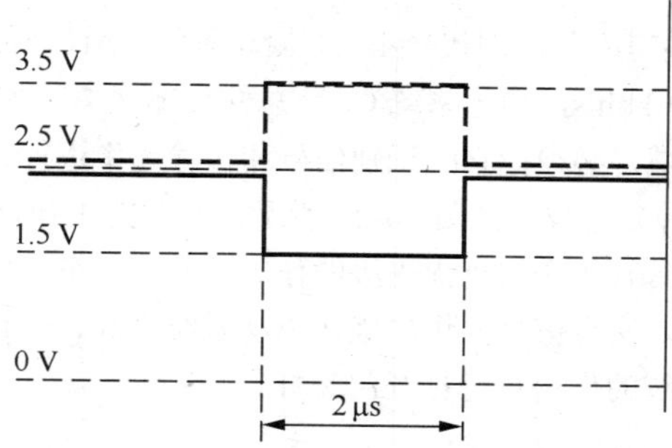

图 10-22　驱动系统 CAN 总线的信号波形图

3．舒适系统 CAN 总线

舒适系统 CAN 总线组成如图 10-23 所示。舒适系统 CAN 总线由 30 号线激活，传输速率达到 100 kbit/s，没有终端电阻，且高低 CAN 线分离，即任一根 CAN 线断路，CAN 系统不受影响。舒适系统 CAN 网络的波形信号如图 10-24 所示，其 CAN 总线信号和逻辑信号与驱动系统有很大区别，分别为：

CAN-H 的高电平为 3.6 V，CAN-H 的低电平为 0 V。

CAN-L 的高电平为 5 V，CAN-L 的低电平为 1.4 V。

逻辑“0”，CAN-H 电压为 3.6 V，CAN-L 电压为 1.4 V。

逻辑“1”，CAN-H 电压为 0 V，CAN-L 电压为 5 V。

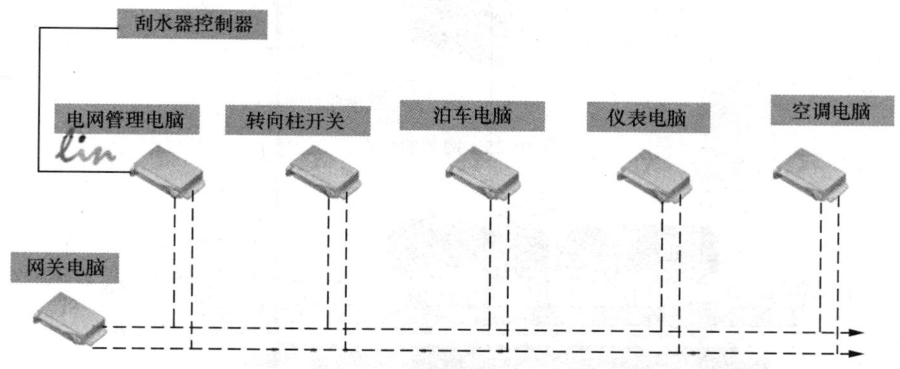

图 10-23　舒适系统 CAN 总线组成图

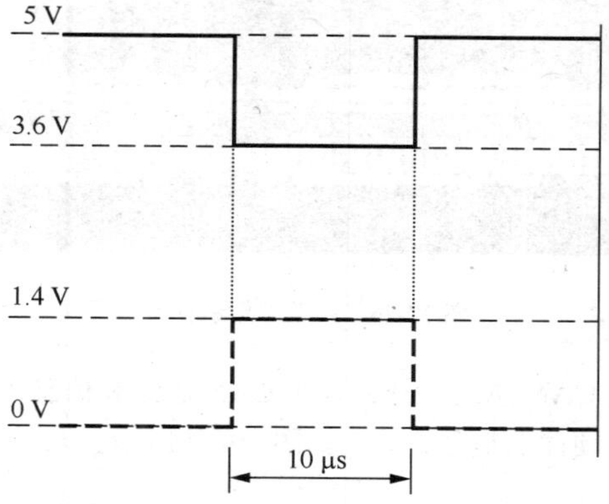

图 10-24　舒适系统的信号波形图

4．网关

不同区域 CAN 总线的传输速率和识别代号不同，驱动系统 CAN 总线的传输速率 500 kbit/s，舒适系统 CAN 总线传输速率为 100 kbit/s，信息系统 CAN 总线传输速率为 100 kbit/s。因此，一个信号要从一个总线进入另一个总线区域，必须把它的识别信号和传输速率进行改变，使其能让另一个系统接收，这个任务由网关（Gateway）完成，如图 10-25 所示。网关的工作情况就像一个车辆换乘站，如图 10-26 所示。另外，网关还具有改变信息优先级的作用，例如，车辆发生碰撞事故，气囊控制单元会发出负加速度传感器的信号，这个信号的优先级在驱动系统很高，但传到舒适系统后，网关调低了它的优先级，因为它在舒适系统的作用只是打开门和灯。

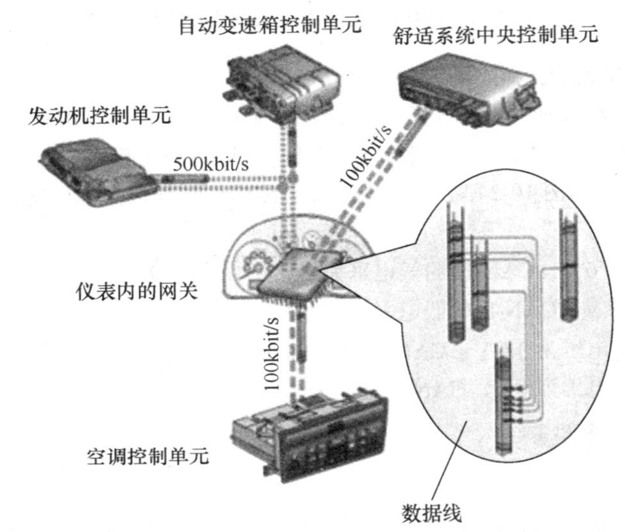

图 10-25　网关的作用

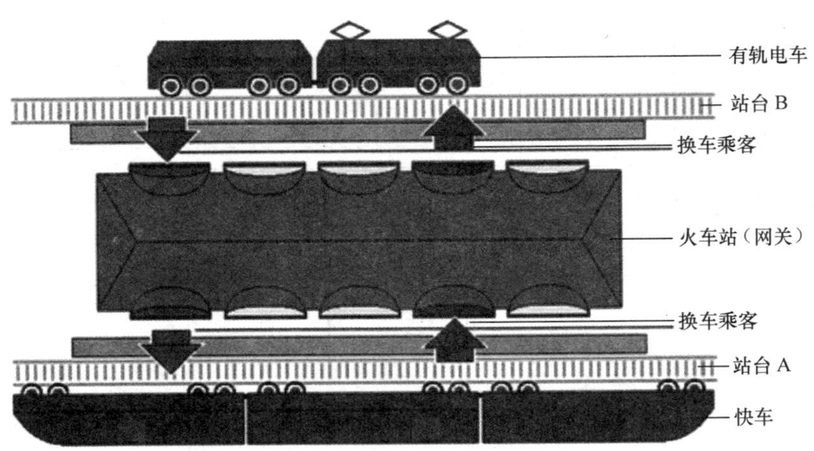

图 10-26　网关工作示意图

对于大众车系，驱动系统 CAN 总线、舒适系统 CAN 总线和信息系统 CAN 总线在物理上是一个总线系统，但是它们在软件和硬件上是分开的，如图 10-27 所示。

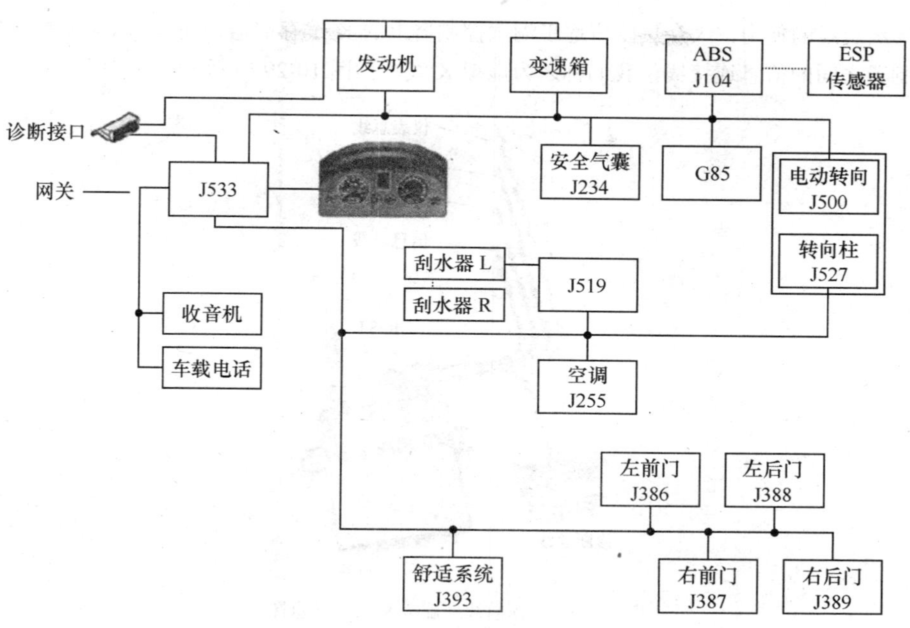

图 10-27　网关与各总线系统的关系图

5．诊断总线

诊断总线是用于诊断仪器和相应控制单元之间的信息交换，它被用来代替原来的 K 线或者 L 线的功能（废气处理控制器除外）。诊断总线目前只能在 VAS5051、VAS5052 和 VAS5053 下工作，而不能适用于原来的诊断工具，如 1552 等。

注　意

5051 仪器的版本号必须大于 3.0 以上才能使用诊断系统 CAN 总线。

诊断总线通过网关转接到相应的 CAN-Bus 上，然后再连接相应的控制器进行数据交换。如图 10-28 所示。

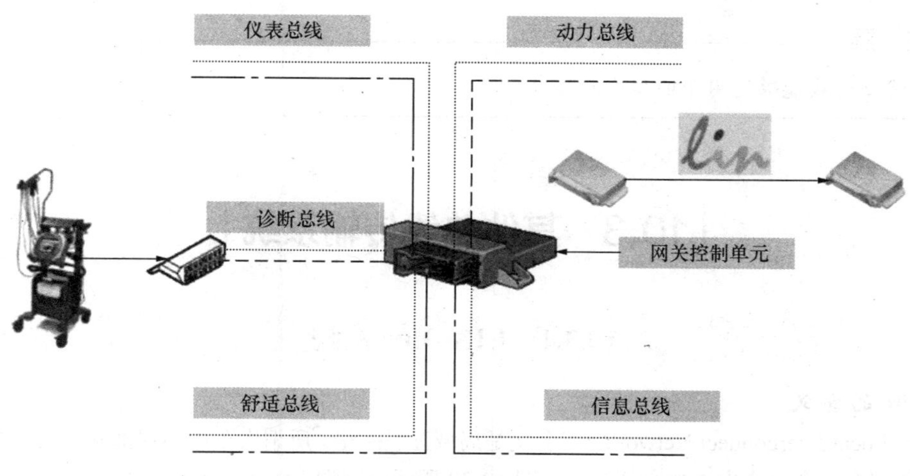

图 10-28　诊断总线通过网关连接各控制器

随着诊断总线的使用，大众集团将逐步淘汰控制器上的K线存储器，而采用CAN总线作为诊断仪器和控制器之间的信息连接线，我们称之为虚拟K线，如图10-29所示。

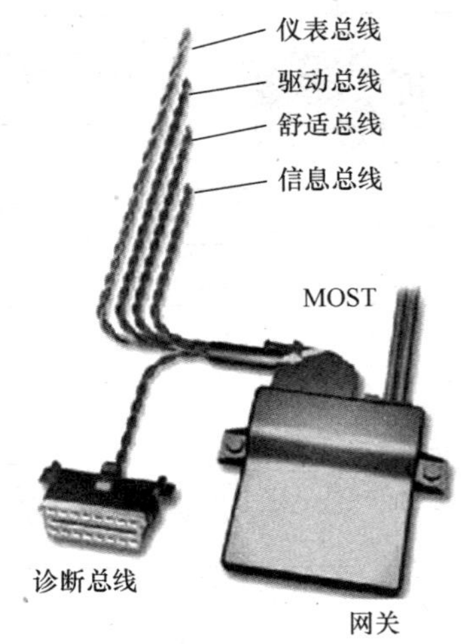

图10-29 诊断总线（虚拟K线）示意图

随着诊断总线的应用，车上的诊断接口也作出了相应的改动，诊断接口排列的具体信息如表10-8所示。

表10-8 诊断接口端子含义

针脚号	对应的线束	针脚号	对应的线束
1	15号线	7	K线
4	接地	14	CAN低线
5	接地	15	L线
6	CAN高线	16	30号线
注：未标明的针脚号暂未使用。			

注 意

新型诊断总线能够适用于旧型诊断接口。

10.3 其他总线传输系统

10.3.1 LIN-Bus系统

1．LIN的含义

LIN即Local Interconnect Network，其含义是局域互联网络。所谓汽车中的局部互联网络是指所有的控制单元都在一个总成内（如空调等），图10-30所示为空调LIN系统图。

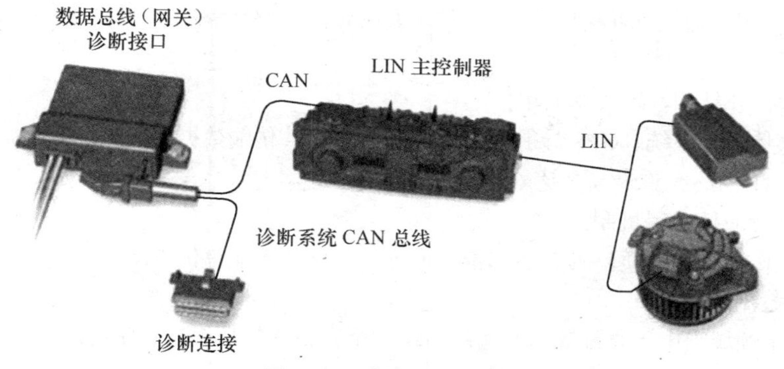

图 10-30　空调 LIN 系统图

LIN 系统有主控制器和子控制器之分，整个总成内的主控制器和子控制器、子控制器和子控制器之间的信息都由 LIN-Bus 相连，然后由主控制器通过 CAN-Bus 与外界相连。如图 10-31 所示。

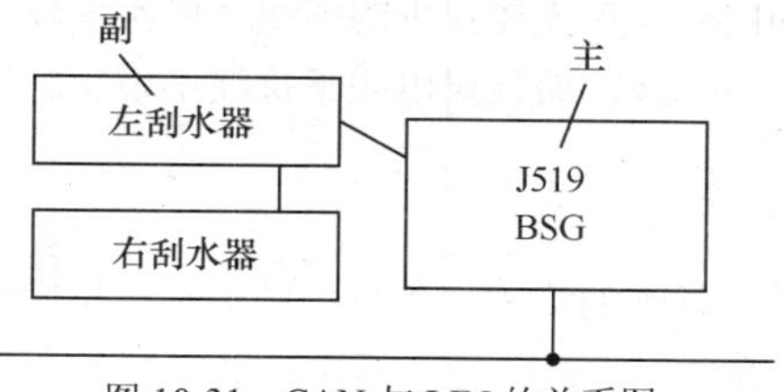

图 10-31　CAN 与 LIN 的关系图

LIN-Bus 是 CAN-Bus 的子网，但它只有一根数据线，线截面积为 0.35 mm^2，并且没有屏蔽措施。LIN-Bus 系统规定 1 个主控制单元最多可以连接 16 个子控制单元。

2．LIN 总线传输特征

① 传输速率最高可达 20 kbit/s；

② 采用单主机/多从机模式，无需总线仲裁机制；

③ 通常一个 LIN 网络上接点数目小于 16 个；

④ LIN 总线中，仅使用一根 12 V 的总线连接；

⑤ 单线式总线，底色是紫色，有标志色。

3．LIN 总线主控制单元

LIN 总线主控制单元连接在 CAN 数据总线上，它执行 LIN 的主功能。在 LIN 数据总线系统中，主控制单元在从控制单元与 CAN 总线之间起“翻译”作用，它是 LIN 总线系统中唯一与 CAN 数据总线相连的控制单元，通过 LIN 主控制单元进行与之连接的 LIN 从控制单元的自诊断。

4．LIN 总线从控制单元

每个 LIN 总线中最多可以连接 16 个从控制器，从控制器主要是接收或传送与主控制器的查询或指定有关的数据。

10.3.2　多媒体 MOST 总线技术

1．MOST 总线的概念和特点

MOST 总线是 Media Oriented Systems Transport 的缩写，其含义为面向媒体的网络传输系统，可称为媒体定向传输。MOST 采用光纤作为传输介质，可将音响设备、电视、卫星导航系统及电话等设备相互连接起来，给用户带来极大的便利。

MOST 网络可以不需要额外的主控计算机系统，结构灵活、性能可靠和易于扩展。MOST 网络支持“即插即用”方式，在网络上可以随时添加和去除设备。通过采用 MOST，不仅可以减少连接各部件的线束的数量，降低噪声，而且可以减轻系统开发技术人员的负担，最终在用户处实现各种设备的集中控制。

MOST 总线的特点：

① 采用环状拓扑结构，连接器简单；

② 面向多媒体娱乐系统、GPS 导航、车载电话等功能，传输数据量大，损耗小，速度快；

③ 每套 MOST 网络允许最高多达 64 个节点连接；

④ MOST 支持即插即用机制；

⑤ 使用光纤作为传输介质，具有高宽带、无干扰、价格低廉等优点.

2．MOST—光纤技术

在实际的汽车领域当中，光纤数据传输能实现一个完整的信息娱乐系统的意义在于，到目前为止 CAN-Bus 系统无法提供足够快的数据传输，以及所需的输送量。由于视频和音频的运用，需要大量兆比特每秒的传输速度，单是一个带立体声的数字电视信号就要求大约 6 Mbit/s 的传输速度。

借助于光纤的 MOST-Bus（媒体系统数据交换总线），部件间的数据传输以数字方式进行。借助于光波，在显著提高传输速度的同时，仅需要较少的缆线并可实现较低的质量。与无线电波相比，光波的波长十分短，不会产生电磁干扰波，而且对电磁干扰波不敏感。这种相互联系使光波具有较高的传输速度和抗干扰安全性。

（1）MOST-光纤的结构

光纤是传光的波导纤维或光导纤维的简称。其典型结构是多层同轴圆柱体，自内向外为纤芯、包层和保护层，如图 10-32 所示。光纤是有线传输介质中性能最好的一类。

光纤的特征：

① 工作波长为 650 nm；

② 传送距离为 50 m；

③ 使用寿命至少为 15 年；

④ 适应温度从–40℃到+85℃；

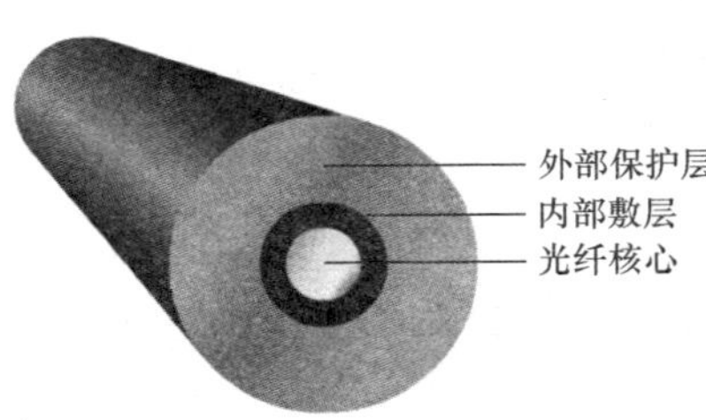

图 10-32　光纤的结构

（2）MOST-光纤的功能原理

MOST 光纤数据传送过程，实际是光波的全反射原理在光纤中的典型应用，如图 10-33 所示。

图 10-33　光纤的功能原理

3. 车辆 MOST 总线系统的环形结构

（1）MOST 的环形结构

MOST 总线系统的显著特点是它的环形结构，如图 10-34 所示。控制单元通过一根光纤把数据传送至环形结构中的下一个控制单元。采用光纤传输的传输速率达 21.2 Mbit/s，可实现声音和图像数据的同时传输。

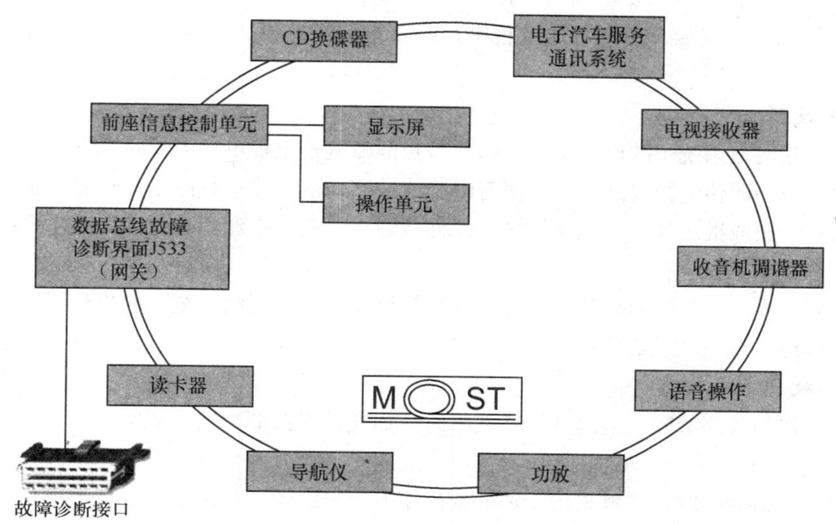

图 10-34 MOST 总线的环形结构图

（2）车辆 MOST 系统组成

图 10-35 所示为奥迪车辆 MOST 总线系统的组成。

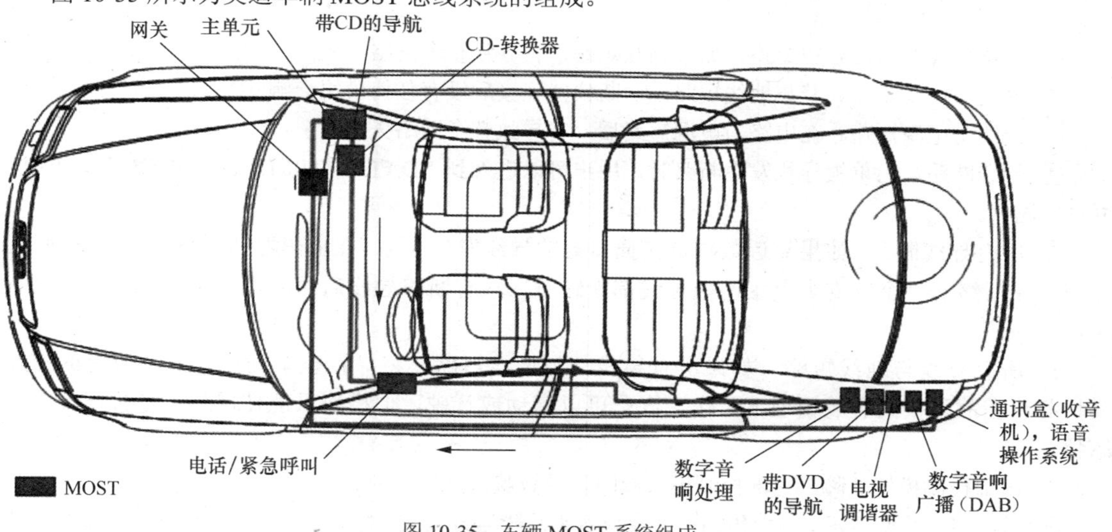

图 10-35 车辆 MOST 系统组成

10.4 车载网络系统的故障检修

10.4.1 车载网络系统的故障类型

对于车载网络系统故障的维修，应根据车载网络系统的具体结构和控制回路具体分析。一般说来，引起汽车多路信息传输系统故障的原因有 3 种：一是汽车电源系统引起的故障；二是车载网络系统的链路故障；三是车载网络系统的节点故障。

1．电源系统故障

电控模块的正常工作电压在 10.5 V～15.0 V 的范围内。如果汽车电源系统提供的电压低于该值，就会造成一些对工作电压要求高的电控模块短暂地停止工作，从而使整个汽车网络系统出现短暂的无法通信的现象。例如，车辆行驶过程中，时常出现转速表、里程表、燃油表和水温表指示为零的现象。

2．节点故障

节点是指车载网络系统中的电控单元，因此节点故障就是电控单元的故障。它包括软件故障和硬件故障。软件故障，即传输协议或软件程序有缺陷或冲突，从而使车载网络系统通信出现混乱或无法工作，这种故障一般成批出现，且无法维修。硬件故障，一般由于通信芯片或集成电路故障，造成车载网络系统无法正常工作。

对于采用低版本信息传输协议和点到点信息传输协议的车载网络系统，如果有节点故障，将出现整个汽车车载网络系统无法工作的现象。

3．链路故障

链路故障即通信线路故障。当出现链路故障时，如通信线路的短路、断路等，都会引起多个电控单元无法工作或电控系统错误动作。

判断是否为链路故障时，一般采用示波器或汽车专用光纤诊断仪来观察通信数据信号是否与标准通信数据信号相符。

4．网络故障的征兆

一旦网络出现故障，相应的症状就可能会出现。每种症状（单根导线断路除外）都可能引起用户提出问题。这些症状包括：

① 数据总线的两根导线短路。如果相互短路，将导致整个网络失效。

② 导线与地线短路。若与地线短路，诊断仪器连接后没有任何模块会响应。

③ 导线与电源短路。在电路与电源短路后，将导致整个网络失效。

④ 导线断路。当单根导线发生断路时，用户可以进入到“DATA LINK DIAGNOSTIC”菜单中，并进行测试。

⑤ 所有导线断路。如果靠近数据链接插口处的导线发生断路，在解码器和网络之间无法通信。然而，在网络的一个分支上发生两根导线都断路时，只有断路导线后面的模块无法与解码器进行通信。

⑥ 所有导线与地线短路。如果所有导线都与地线短路，将导致整个网络失效。所有的控制模块都将在故障模式影响管理下工作。汽车可以启动或行驶，但模块只能使用与其直接连接的传感器。

⑦ 内部控制模块故障。内部控制模块故障将导致整个网络失效。

⑧ 故障模式影响管理。动力传动控制模块若为故障运行模式，将使发动机和变速器在主要功能失效状态期间继续工作。

10.4.2　典型故障判断

CAN 总线常见的故障现象，如图 10-36 所示。

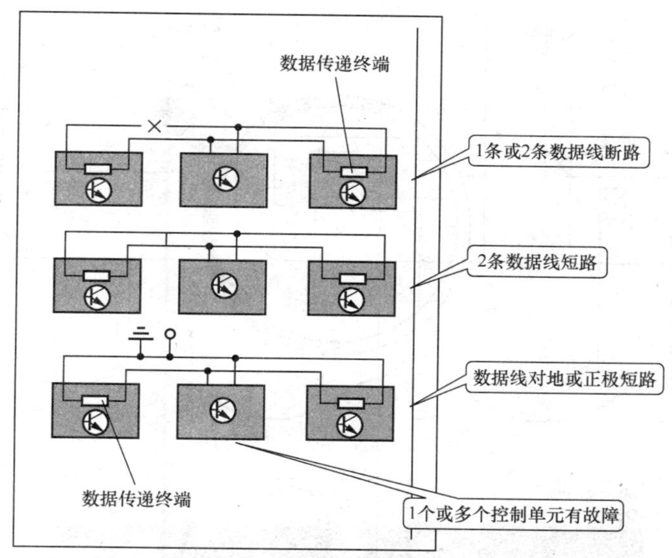

图 10-36　CAN 数据总线故障特征

1．CAN 低线断路故障

CAN 低线断路故障如图 10-37 所示。示波器判断方法如图 10-38 所示。

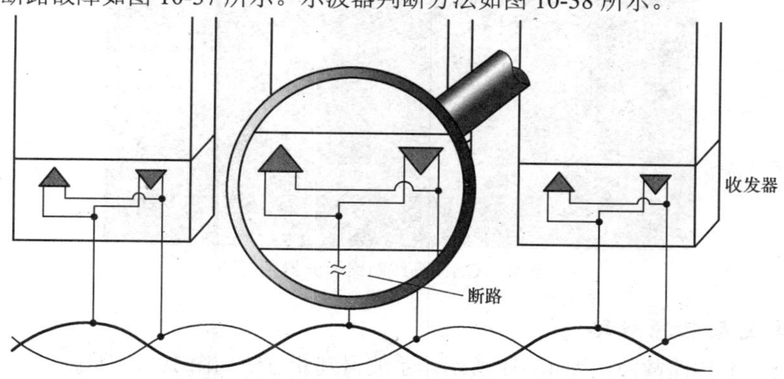

图 10-37　CAN 低线断路故障图

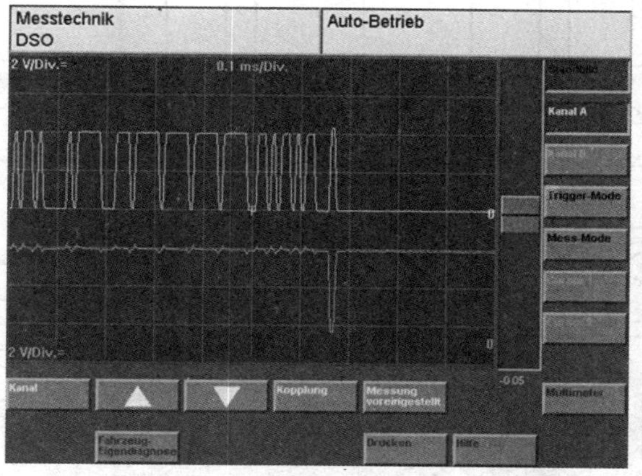

图 10-38　CAN 低线断路示波器判断图

2．CAN 高线断路故障

CAN 高线断路故障如图 10-39 所示。示波器判断方法如图 10-40 所示。

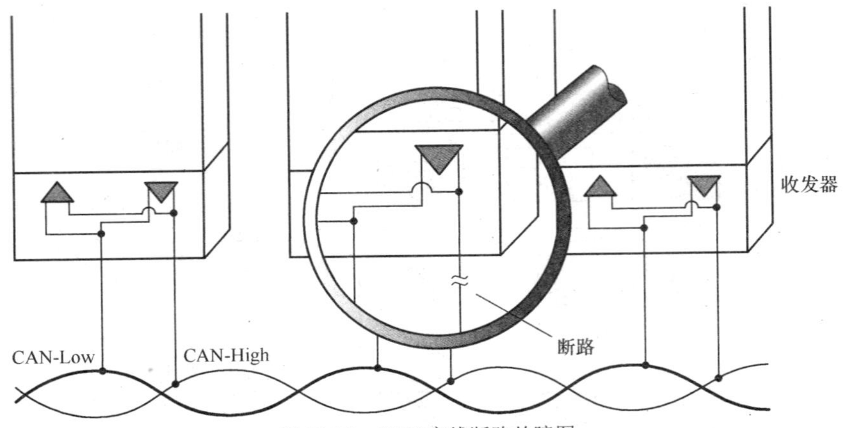

图 10-39　CAN 高线断路故障图

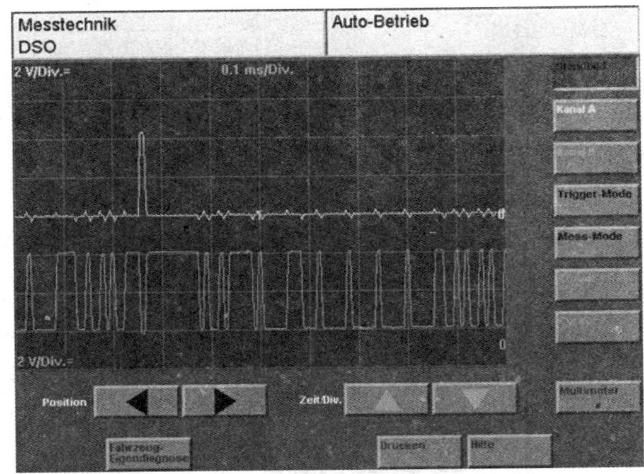

图 10-40　CAN 高线断路示波器判断图

3．CAN 低线与电源短路

CAN 低线与电源短路故障如图 10-41 所示。示波器判断方法如图 10-42 所示。

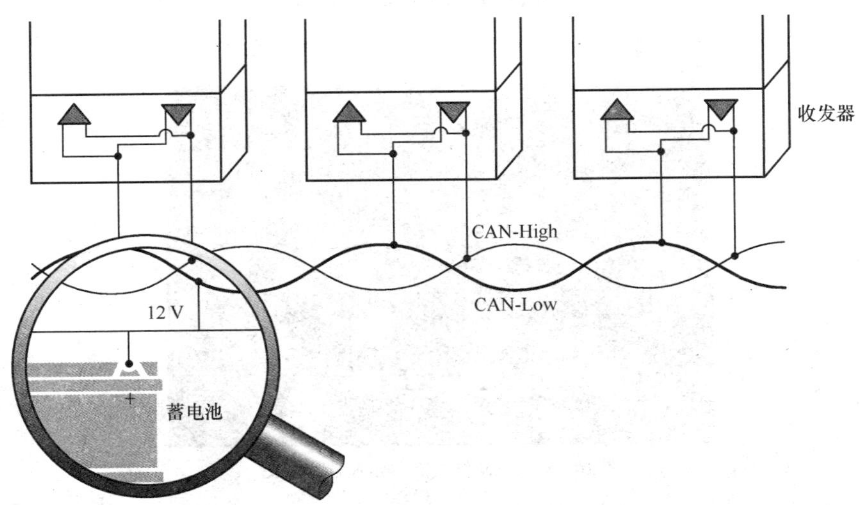

图 10-41　CAN 低线对电源短路故障图

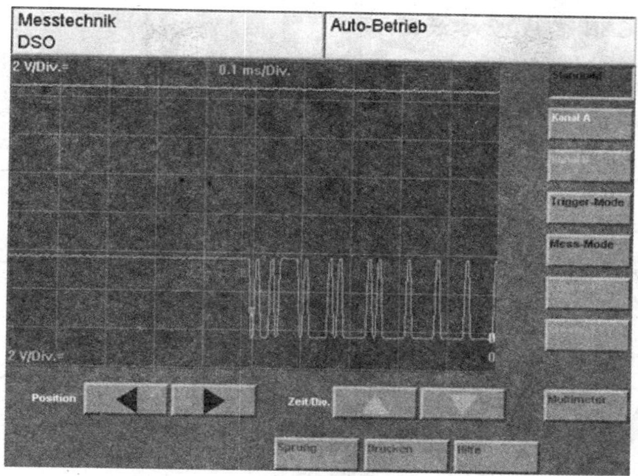

图 10-42　CAN 低线对电源短路示波器判断图

4. CAN 低线与地短接故障

CAN 低线对地短路故障如图 10-43 所示。示波器判断方法如图 10-44 所示。

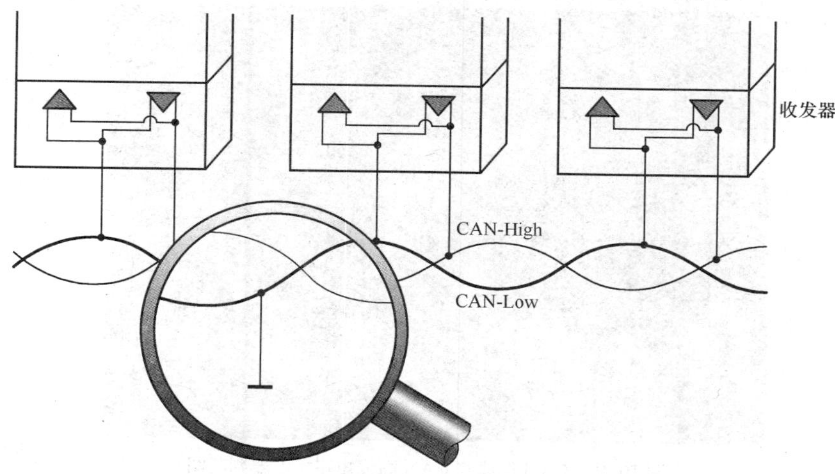

图 10-43　CAN 低线对地短路故障图

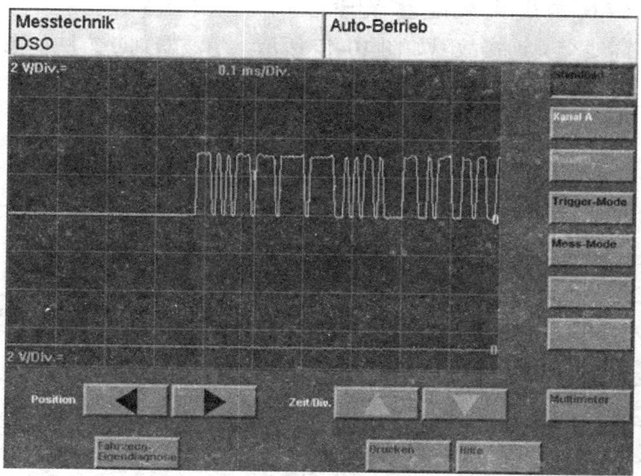

图 10-44　CAN 低线对地短路示波器判断图

5．CAN 低线与 CAN 高线短路故障

CAN 低线与 CAN 高线短路故障如图 10-45 所示。示波器判断方法如图 10-46 所示。

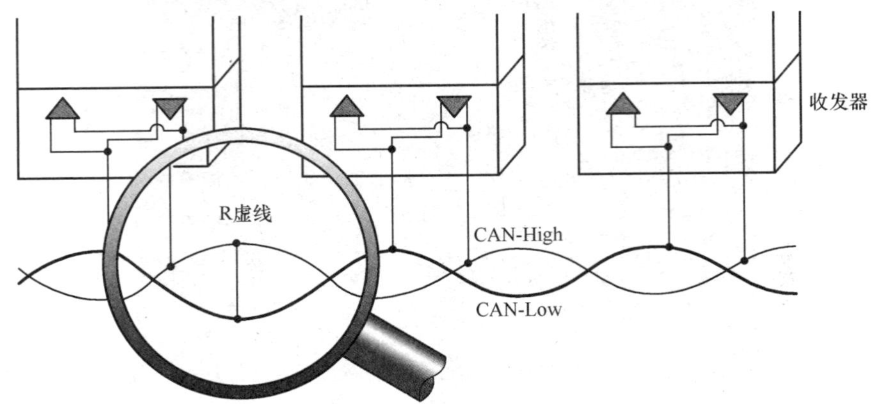

图 10-45　CAN 低线与 CAN 高线短路故障图

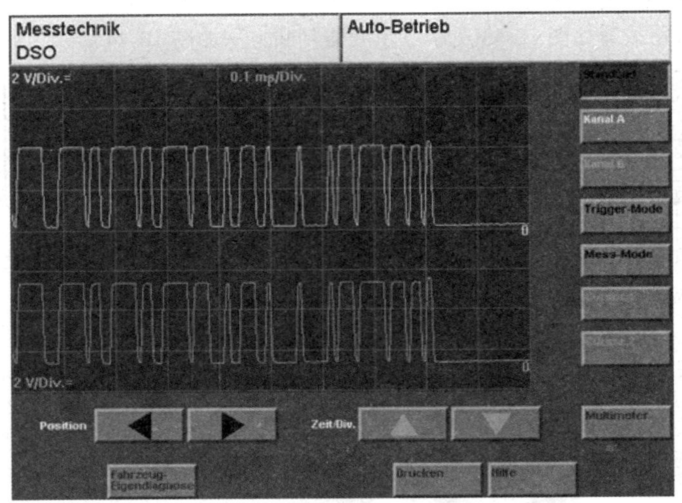

图 10-46　CAN 低线与 CAN 高线短路示波器判断图

6．CAN 低线与 CAN 高线交叉连接故障

CAN 低线与 CAN 高线交叉连接故障如图 10-47 所示。示波器判断方法如图 10-48 所示。

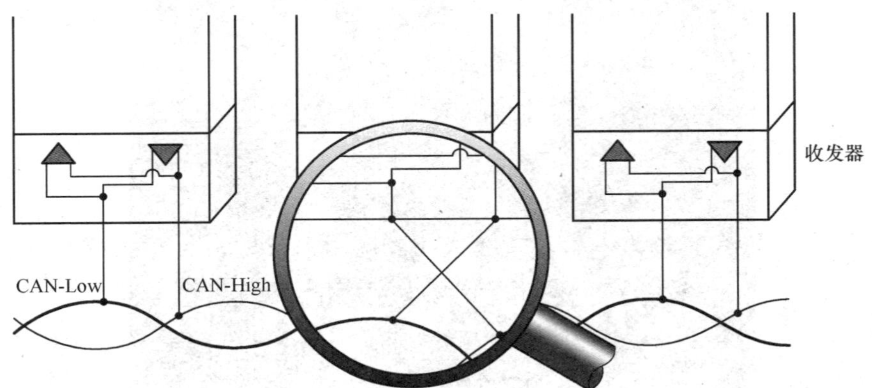

图 10-47　CAN 低线与 CAN 高线交叉连接故障图

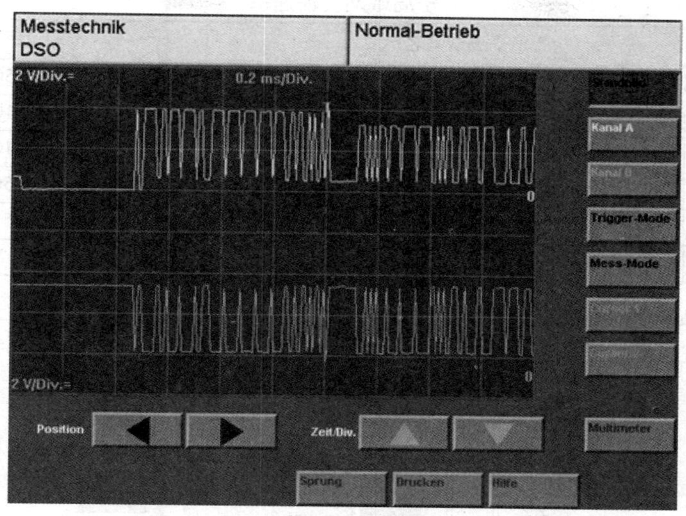

图 10-48 CAN 低线与 CAN 高线交叉连接示波器判断图

10.5 速腾轿车的车载网络控制系统

1. 速腾整车网络系统

速腾整车网络系统拓扑图如图 10-49 所示。

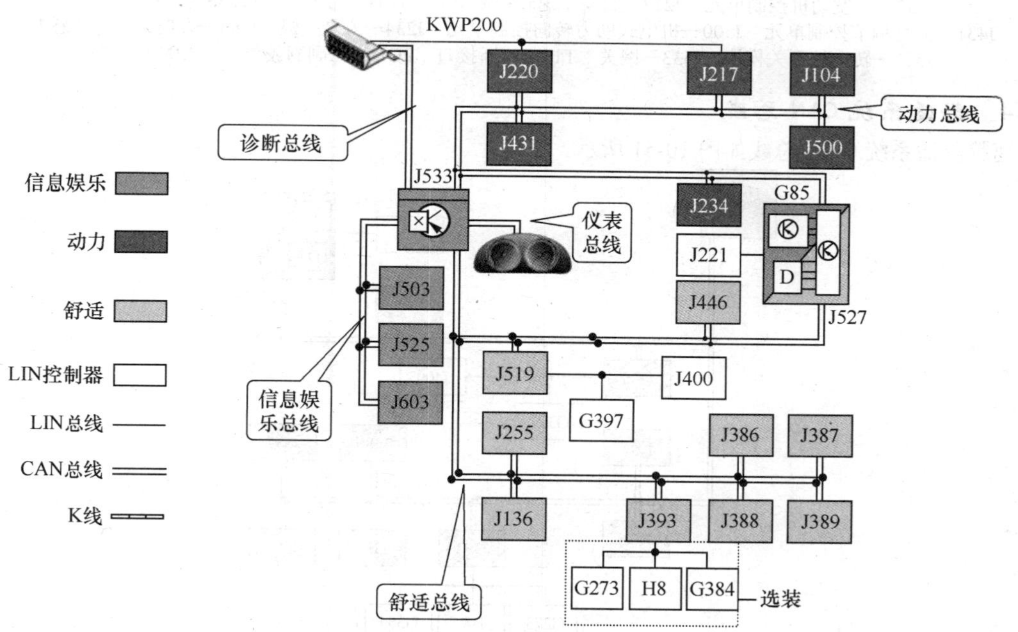

图 10-49 速腾整车网络系统拓扑图

2. 速腾的总线的传输速率

速腾各子系统的总线传输速率如表 10-9 所示。

表 10-9　　子局域网传输速率

序号	子局域网名称	传输速率（kbit/s）
1	驱动 CAN 系统	500
2	舒适 CAN 系统	100
3	信息娱乐 CAN 系统	100
4	仪表 CAN 系统	500
5	诊断 CAN 系统	500
6	LIN 子系统	20

3．动力系统 CAN 总线

速腾动力系统 CAN 总线如图 10-50 所示。

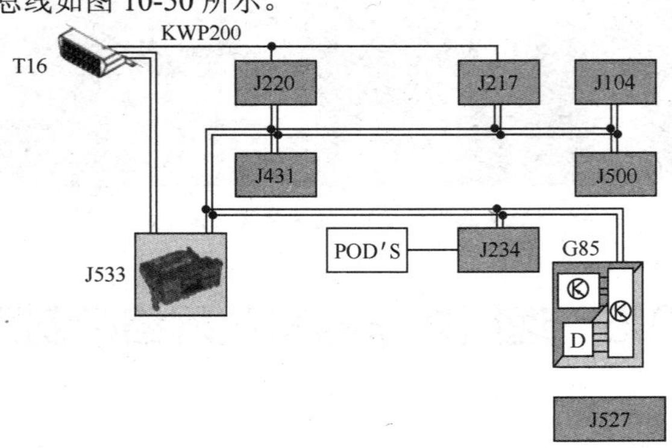

图 10-50　速腾动力系统 CAN 总线

J220—发动机控制单元　J217—自动变速箱控制单元　J104—带 EDS 的 ABS 控制单元
J431—大灯调节控制单元　J500—机电式助力转向控制单元　J234—安全气囊　G85—方向盘转角传感器
J527—转向柱开关模块　J533—网关　T16—诊断接口　POD'S—副驾驶员座位 LIN 控制器

4．舒适系统 CAN 总线

速腾舒适系统 CAN 总线如图 10-51 所示。

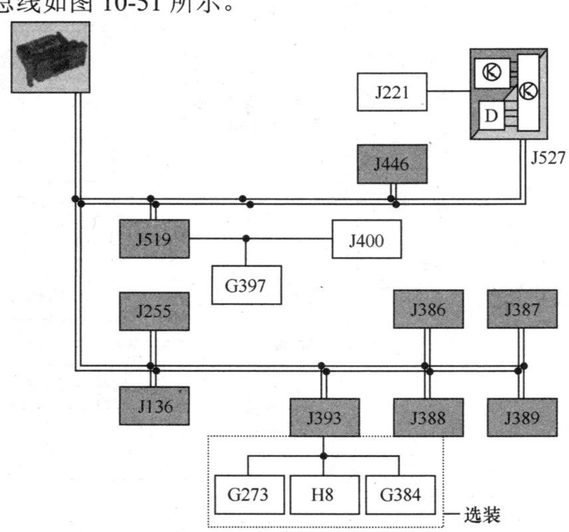

图 10-51　速腾舒适系统 CAN 总线

J446—停车辅助控制单元　J527—转向柱开关模块　J221—多功能方向盘（MFL）LIN 控制器
J519—中央电器系统控制单元　G397—雨滴+光强传感器；LIN 控制器　J400—雨刷电机 LIN 控制器
J255—空调控制单元　J136—座椅位置记忆控制单元　J393—舒适系统控制单元
G273—内部监控传感器 LIN 控制器　H8—报警喇叭 LIN 控制器　G384—车辆倾斜传感器 LIN 控制器
J386，J387，J388，J389—车门控制单元

5．信息娱乐系统 CAN 总线

速腾信息娱乐系统 CAN 总线如图 10-52 所示。

6．仪表系统 CAN 总线、诊断系统 CAN 总线

速腾仪表系统、诊断系统 CAN 总线如图 10-53 所示。

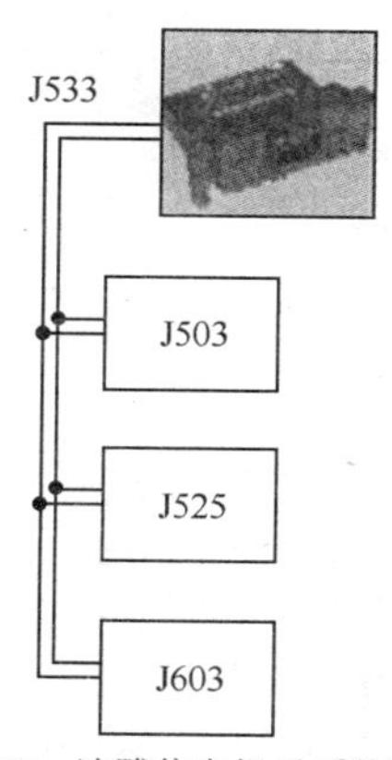

图 10-52 速腾信息娱乐系统 CAN 总线
J533—网关 J503—收音机 J525—数字音响组件
J603—指南针控制单元

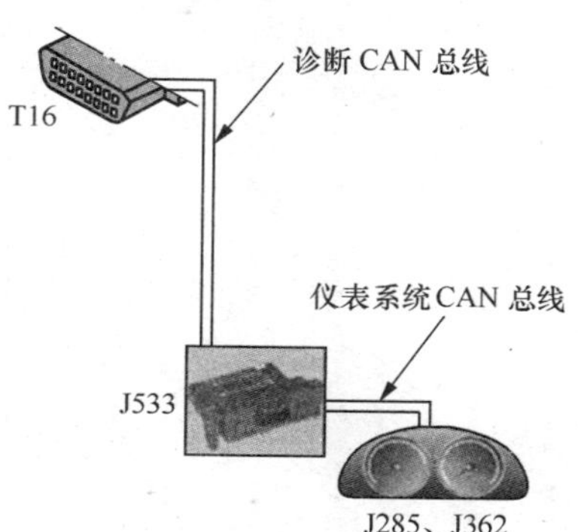

图 10-53 速腾仪表系统、诊断系统 CAN 总线
T16—诊断接口 J533—网关 J285—仪表控制单元
J362—防盗控制单元

7．速腾网关 J533

速腾网关位置及插脚说明如图 10-54 所示。

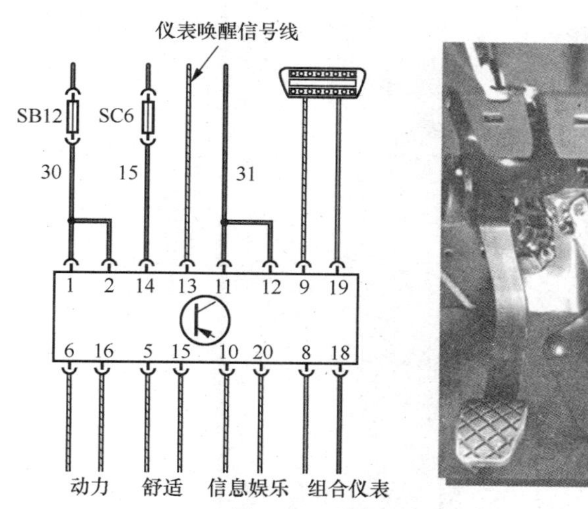

图 10-54 速腾网关位置及插脚说明

【课后练习题】

1．CAN 总线系统由哪些部件组成？各组成部件有何作用？

2．CAN 总线的数据传输线有何结构特点？如何实现抗干扰？

3．CAN 总线的数据传递过程是怎样的？

4．大众新版 CAN 总线系统一般设定为哪 5 个子系统？传输速率和电源供给有何不同？

5．网关在车载网络系统中起何作用？

6．什么是 LIN-Bus？有哪些特点？

7．什么是 MOST-Bus？有哪些特点？

8．引起车载网络系统故障的原因一般有哪几种？

9．如何用万用表检测终端电阻？

10．如何用诊断仪诊断车载网络系统故障？

第 11 章 全车电路识读与分析

11.1 汽车电路的基础元件及其维护

11.1.1 导 线

汽车电系的导线有高压线、低压线两种，二者均采用铜质多芯软线。

1．低压导线

（1）导线的型号与规格

普通低压导线有采用聚氯乙烯作绝缘包层的 QVR 型，也有采用聚氯乙烯-丁腈复合物作绝缘包层的 QFR 型。这两种绝缘层的耐低温性、耐油性和阻燃性都比较好，尤以后者为佳。

普通低压导线采用多股铜质线芯结构，这是由于铜质多股线芯能够反复弯曲而不易折断，制成线束后的柔性仍较好，安装方便。

（2）导线的选择

汽车上各种用电设备的连接导线通常是根据其负载电流的大小来选择导线的截面积。其选择的原则是：长时间工作的用电设备可选用实际载流量 60%的导线；短时间工作的用电设备可选用实际载流量 60%～100%之间的导线。

在选用导线时，应考虑电路中的电压降和导线发热等情况，以免影响用电设备的电气性能和超过导线的允许温度。为保证导线具有一定的机械强度，汽车电系中所用导线的截面积至少不得小于 0.5 mm^2，对于一些工作电流很小的电器，也必须达到这一标准。各种低压导线截面积所允许的负载电流如表 11-1 所示。

表 11-1 低压导线截面积允许的负载电流值

导线标称截面积/mm^2	0.5	0.8	1.0	1.5	2.5	4.0	6.0	10	16	25	35	50
允许电流值/A（60%）	7.5	9.6	11.4	14.4	19.2	25.2	33	45	63	82.8	102	129
允许电流值/A（100%）	12.5	16	19	24	32	42	55	75	105	138	170	215

所谓标称截面积是指经过换算而统一规定的线芯截面积，它不是实际线芯的几何面积，也不是各股线芯几何面积之和。

汽车 12 V 电系主要线路导线标称截面积推荐值如表 11-2 所示。

表 11-2 汽车 12 V 电系主要线路截面积推荐表

标称截面积/mm^2	用　途
0.5	尾灯、顶灯、指示灯、仪表灯、燃油灯、刮水器电动机、水温表、油压表等电路用的导线
0.8	转向灯、制动灯、停车灯、分电器等电路用的导线

续表

标称截面积/mm²	用　途
1.0	前照灯、喇叭（3 A 以下）等电路用的导线
1.5	前照灯、喇叭（3 A 以上）等电路用的导线
1.5～4.0	其他 5 A 以上的电路用的导线
4～6	柴油机电热塞电路用的导线
6～25	电源电路用的导线
16～50	起动电路用的导线

（3）导线的电气特性

导线电气特性主要是指对低压电路的电压降。如果某一电路由于导线造成过大的电压降，将严重影响用电设备的正常工作和电源的供电效能。在汽车低压线路中，对起动机线路，一般要求每 100 A 电流产生的电压降不得大于 0.15 V，在起动机起动时的电压降不允许超过 0.5 V。发电机处于额定负载时，线路电压降不得大于 0.3 V。整车线路的总电压降，在不计接触电阻的情况下，不得超过 0.8V。从电压降的角度看，在许可的条件下，导线越短越好。当线芯长期工作温度不超过 70℃、环境温度在 −40～70℃范围内时，导线的正常使用寿命不得低于 6×10^4 km（汽车行驶里程）。

（4）导线的颜色

为便于汽车电系的连接和维修，汽车用低压线的颜色，必须符合有关标准。单色线的颜色由表 11-3 规定的颜色组成，双色线的颜色由表 11-3 规定的两种颜色配合组成。双色线的主色所占比例大些，辅助颜色所占比例小些。辅助色条纹与主色条纹沿圆周表面的比例为 1:3～1:5。双色线的标注第一色为主色，第二色为辅色。

表 11-3　　汽车用电线颜色

电线颜色	黑色	白色	红色	绿色	黄色	棕色	蓝色	灰色	紫色	橙色
代号	B	W	R	G	Y	Br	Bl	Gr	V	O

我国规定电线颜色选择程序如表 11-4 所示。

表 11-4　　电线颜色的选择程序

选择程序	1	2	3	4	5	6
电线颜色	B	BW	BY	BR		
	W	WR	WB	WBl	WY	WG
	R	RW	RB	RY	RG	RBl
	G	GW	GR	GY	GB	GBl
	Y	YR	YB	YG	YBl	YW
	Br	BrW	BrR	BrY	BrB	
	Bl	BlW	BlR	BlY	BlB	BlO
	Gr	GrR	GrY	GrBl	GrG	GrB

国外汽车厂商在电路图上多以英文字母来表示电线外皮的颜色及其条纹的颜色。日本常用单个字母表示，个别用双字母，其中后一个是小写字母。美国常用 2～3 个字母表示一种颜色，如果电线上有条纹，则要书写较多字母。德国汽车电线颜色代号，各厂商甚至各型号不尽一致，奥迪、宝马、奔驰、桑塔纳的颜色代号各不相同，在读图时要注意区别。也有厂商如斯堪尼亚汽车电线采用数字代号表示颜色。

2．高压导线

高压导线是一种用于汽油机点火系统的高压电缆线，其特点是绝缘包层厚，耐压性能好，线芯截

面积小。按其结构不同，高压导线有普通铜芯高压线和高压阻尼线两种。为了衰减火花塞产生的电磁波干扰，目前已广泛使用了高压阻尼线。不同车型采用的高压阻尼线阻值不相同。

11.1.2 插 接 器

插接器是汽车电路中简单但不可缺少的元件，插接器的符号和实物对照如图 11-1 所示。符号涂黑的表示插头，白色的表示插座，带有倒角表示为针式插头，插头与插脚的方格（长方格或正方格）的数量表示其引脚数。

为了防止汽车行驶过程中插接器脱开，所有的插接器均在结构上设计有闭锁装置，如图 11-2 所示。插接器接合时，应将插接器的导向槽重叠在一起，使插头与插孔对准且稍用力插入，以保证牢固连接。插头与插座所对应导线的粗细、颜色、符号一般来说完全对应，安装时应注意观察。当需要分开插接器时，应先压下闭锁，使锁扣脱开，然后再将其拉开。拆、装插接器时禁止用力猛拉导线，以防止拉坏闭锁装置或导线。

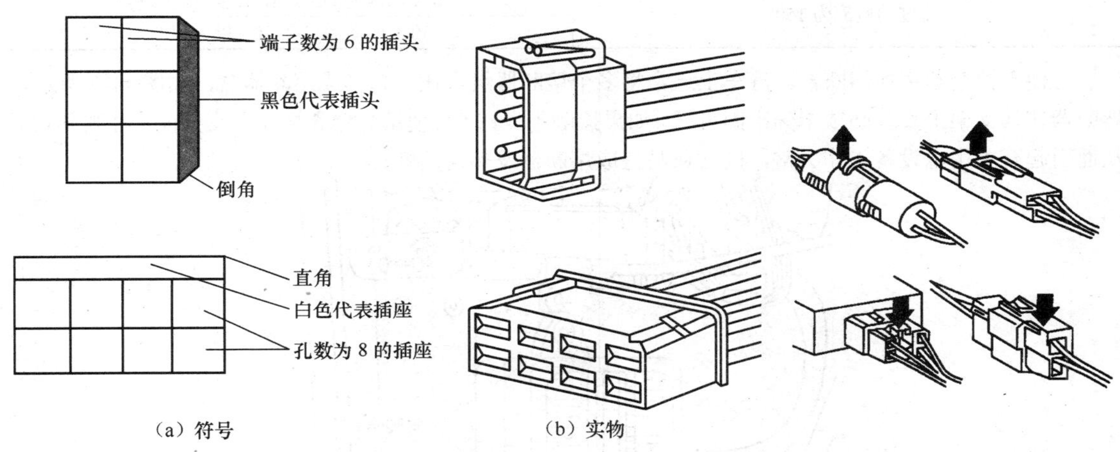

（a）符号　　（b）实物

图 11-1　插接器的符号和实物示意图

图 11-2　插接器的拆卸示意图

11.1.3 电路保护装置

在汽车电路中均有一个或多个电路保护装置，以防止过载或短路时，损坏导线和用电设备。这些装置可能是熔断器、易熔丝，或是上述装置的综合应用。图 11-3 所示为熔断器与易熔丝的电路符号图。

1. 熔断器

熔断器的材料是铅锡合金，一般装在玻璃管中或直接装在熔断器盒内。它主要用在负荷不大的电路中，当电路中电流超过规定值时，熔断器的熔丝发热熔断而切断电路。

熔断器按结构不同可分为片式［见图 11-4（a）］、管式［见图 11-4（b）］等多种类型，其中片式熔断器应用最为广泛。为了便于选用和识别，熔断器都根据其容量大小用颜色编码，在其外壳上标示额定电流值，如红色（10 A）、蓝色（15 A）、黄色（20 A）等。表 11-5 所示为车用熔断器的熔断要求。

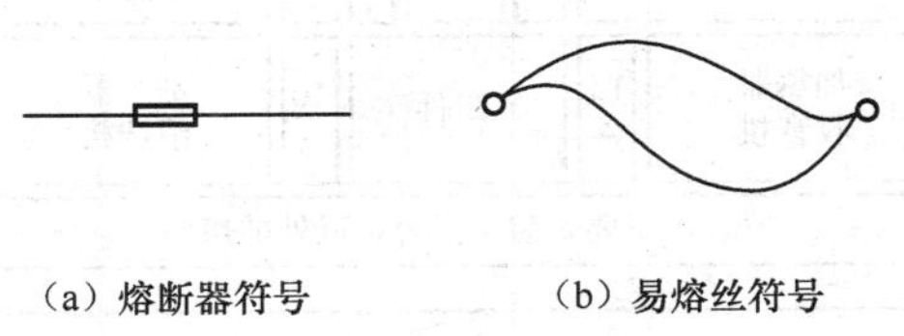

（a）熔断器符号　　（b）易熔丝符号

图 11-3　熔断器与易熔丝的电路符号

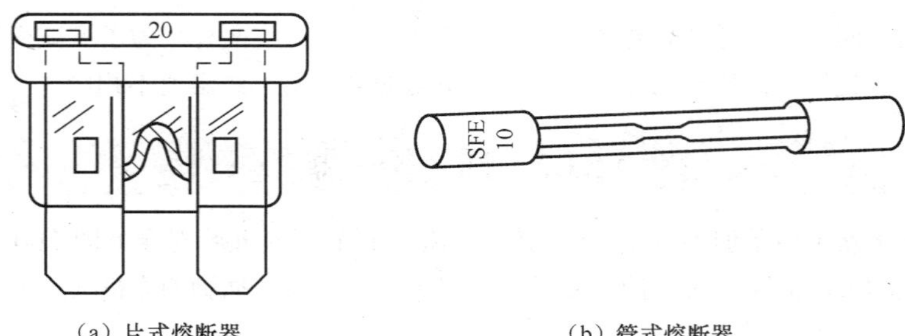

（a）片式熔断器　　（b）管式熔断器

图 11-4　熔断器

表 11-5　车用熔断器的熔断要求

流过熔丝的电流（熔丝公称电流为 100%）	熔丝熔断的时间
流过的电流为 110%	不熔断
流过的电流为 135%	在 60 s 内熔断
流过的电流为 150%	20 A 以内的熔丝，在 15 s 以内熔断
	30 A 的熔丝，在 30 s 以内熔断

为便于检查和更换熔断器，汽车上通常将多个熔断器组合在一起形成熔断器盒，如图 11-5 所示。熔断器在其支架上安装必须十分牢固可靠。如果接触不良，就会使熔断器和熔断器支架间产生电压降，从而引起有关用电设备工作失常，同时还易造成熔断器发热而熔断。

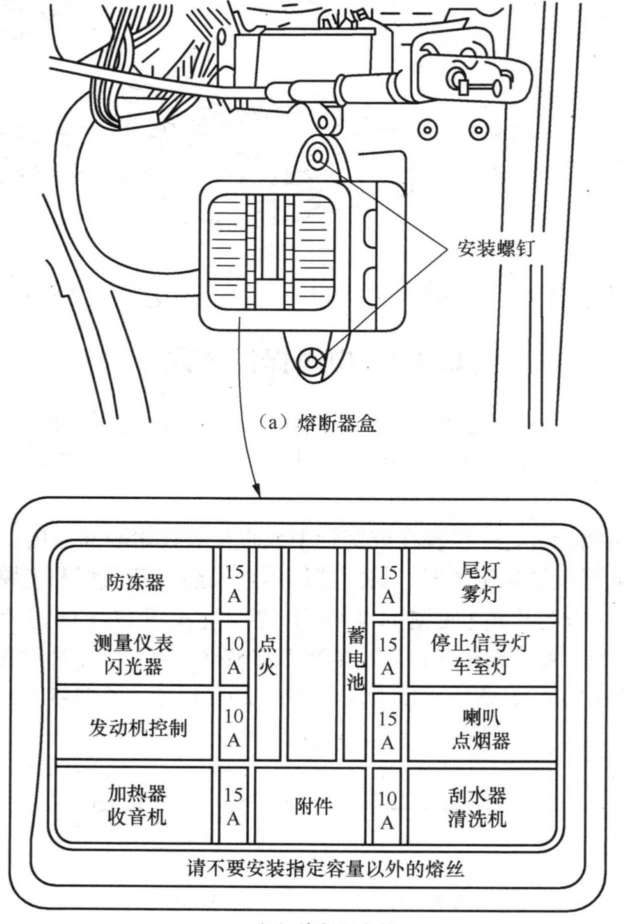

（a）熔断器盒

（b）熔断器盒盖

图 11-5　熔断器常见安装方式示意图

熔断器熔断后，一般用观察法就可发现。对于较隐蔽的故障，需要对电器电路进行详细的检查。更换时，一定要使用与原规格相同的熔断器，同时特别要注意检查熔断器与支架有无氧化现象和脏污。若有脏污和氧化物，须用细砂纸打磨光滑，使其接触良好。

2．易熔丝

易熔丝又称 FUL 电线，是截面大小一定，可长时间通过额定电流的一种铜芯或合金导线，主要用来保护电源电路和大电流电路。

11.1.4　开　关

开关是用来控制电路的通断或改变电路中电流方向的构件。车用开关类型繁多，归纳起来基本上可分为自动式开关和手动式开关。自动式开关多为电控，手动式开关多为机械式控制。开关常见的两种工作状态如图 11-6 所示。

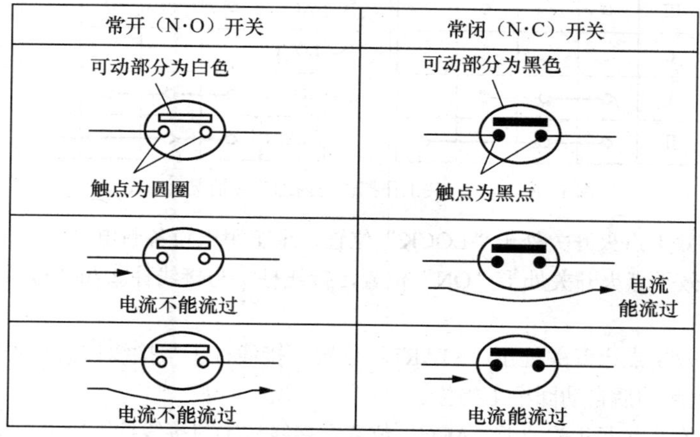

图 11-6　开关两种状态示意图

有的开关只控制一个用电设备，功能单一，结构简单；有的开关则控制多个用电设备（见图 11-7），功能多，结构较复杂。现以点火开关为例说明开关挡位与电路连接的关系。

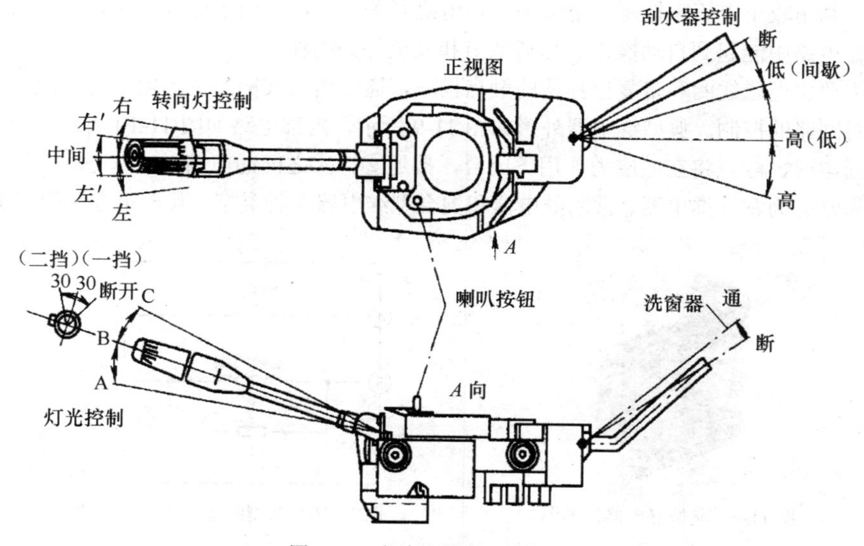

图 11-7　多功能组合开关外形

点火开关又称为钥匙式开关，是汽车电路中最重要的是一个多挡位开关。它主要用于控制电源与各电器电路之间的通断。常用点火开关工作挡位与内部连接情况如图 11-8 所示。

（1）接线柱

点火开关有 4 个接线柱，其中接线柱①接电源，接线柱②接电压调节器正接线柱和点火线圈低压接线柱，接线柱③接辅助电气设备，接线柱④接起动继电器的电磁线圈。

（2）挡位

图 11-8 所示的点火开关有 4 个挡位，各挡位电路控制情况如下。

	①	②	③	④
Ⅲ	○	—	○	
0				
Ⅰ	○	○	○	
Ⅱ	○	○	—	○

	BAT	IG	ACC	ST
ACC	○	—	○	
LOCK				
ON	○	○	○	
START	○	○	—	○

图 11-8　点火开关工作挡位与内部连接情况示意图

① 0 挡位：等效于点火开关处于“LOCK”位置，全车用电设备断电。

② Ⅰ挡位：等效于点火开关处于“ON”位置，接线柱①与接线柱②和③接通，主要用电设备投入工作。

③ Ⅱ挡位：等效于点火开关处于“START”位置，接线柱①与接线柱②和④接通，起动机控制电路被接通，发动机起动后自动回至Ⅰ挡位。

④ Ⅲ挡位：等效于点火开关处于“ACC”位置，接线柱①与接线柱③接通，接通辅助电器电路，使部分辅助电器（如收放机、点烟器等）开始工作。

11.1.5 继 电 器

继电器是利用较小电流来控制大电流的一种电磁开关，广泛应用于电源系统、起动系统和电子控制系统等，在电路中能起到自动操作、自动调节和安全保护的作用。

继电器主要由电磁线圈和带复位弹簧的触点构成，通过电磁线圈产生的电磁力来改变触点的原始状态，实现对回路的控制。典型继电器外形如图 11-9 所示，内部电路如图 11-10 所示。当①和③之间的电磁线圈通电时，触点将在电磁力作用下闭合，接通②、④之间的电路。

继电器通常分为常开继电器、常闭继电器和混合型继电器 3 种类型，其表示方法如图 11-11 所示。

图 11-9　典型继电器外形图

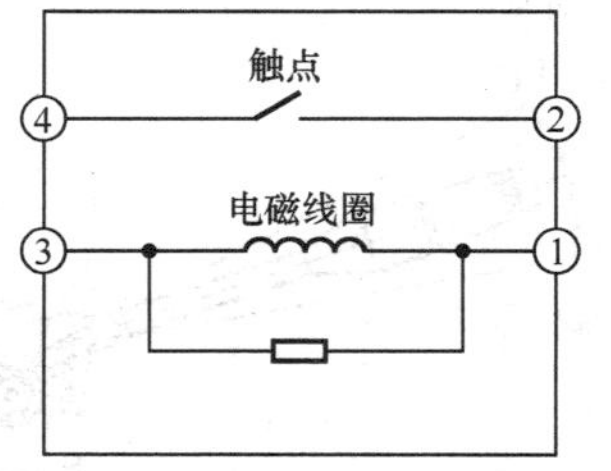

图 11-10　典型继电器内部电路图

1. **常开继电器**

常开继电器不通电时，其触点在弹簧力的作用下处于断开位置，当继电器通电后触点闭合（见图 11-12）。

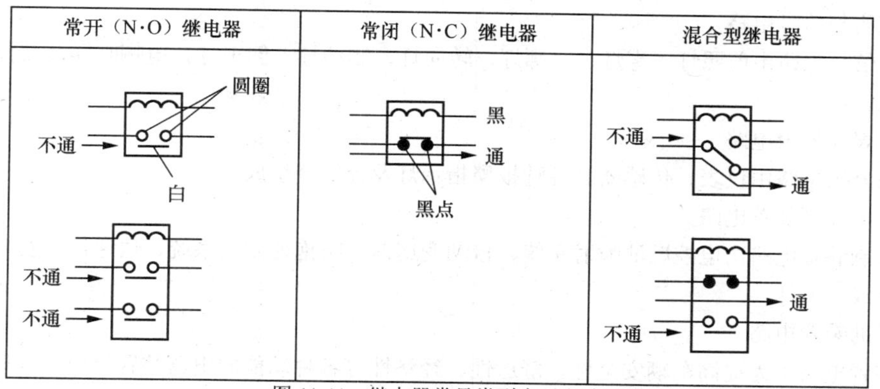

图 11-11 继电器常见类型表示方法

2. **常闭继电器**

常闭继电器不通电时，其触点在弹簧力的作用下处于闭合位置，当继电器通电后触点打开（见图 11-12）。

3. **混合型继电器**

在混合型继电器中，既有常开触点又有常闭触点。当继电器通电后，常开触点闭合，常闭触点打开（见图 11-12）。

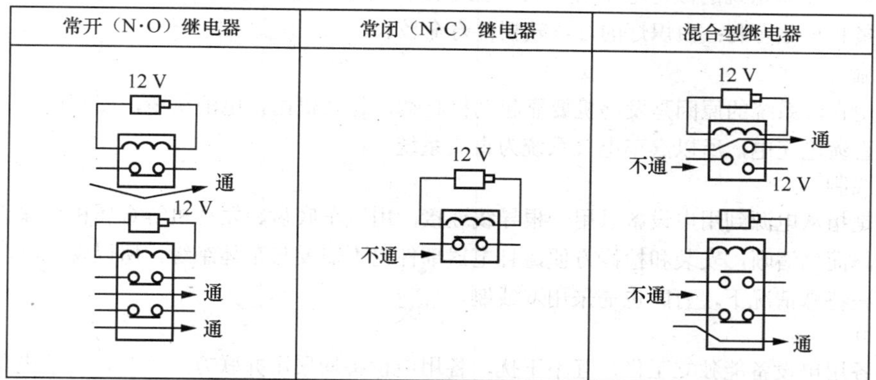

图 11-12 继电器的工作状态

11.2 汽车电路图识读方法

11.2.1 汽车电路的组成和特点

1. **汽车电路的组成**

汽车电路由相对独立的系统组成，全车电路一般包括以下几部分。

（1）电源电路

电源电路由蓄电池、发电机、调节器及工作状况指示装置（电流表、充电指示灯）等组成。

（2）起动电路

起动电路由起动机、起动继电器、起动开关及起动保护装置组成。

（3）点火电路

点火电路由点火线圈、分电器、电子点火器、火花塞、点火开关等组成。此外，由发动机控制单元进行点火控制时，可以不使用分电器。

（4）照明与信号电路

照明与信号电路由前照灯、雾灯、示廓灯、转向灯、制动灯、倒车灯、电喇叭等及其控制继电器和开关组成。

（5）仪表与警报电路

仪表与警报电路由仪表、传感器、各种报警指示灯及控制器组成。

（6）电子控制装置电路

电子控制装置电路由电控燃油喷射系统、自动变速器、防抱死制动系统、恒速控制及悬架平衡控制系统等组成。

（7）辅助装置电路

辅助装置电路由为提高车辆安全性、舒适性、经济性等各种功能的电器装置组成，因车型不同而有所差异。一般包括风窗刮水/清洗装置、风窗除霜/防雾装置、起动预热装置、音响装置、电动车窗升降装置、电动座椅调节装置及中央电控门锁等装置。

2．汽车电路的特点

汽车电路具有以下特点。

（1）低压

汽车电气系统的标称电压有12 V、24 V两种，轿车普遍采用12 V，而重型柴油车多采用24 V。对于发电装置，12 V系统的额定电压为14 V。低压系统的主要优点是：安全；蓄电池格数少，对减少蓄电池的质量和尺寸有利；白炽灯的灯丝较粗，寿命较长。

（2）直流

汽车采用直流系统的原因是发动机要靠起动机起动，起动机由蓄电池供电，而蓄电池的电能消耗后又必须用直流电充电，所以汽车电气系统为直流系统。

（3）单线制

单线制是指从电源到用电设备只用一根导线连接，用汽车底盘、发动机等金属机体作为另一根共用导线，线路简化清晰，安装和检修方便，且电器部件也不需要与车体绝缘，所以现代汽车普遍采用单线制，但在特殊情况下，有时也需采用双线制。

（4）并联

为了让各用电设备能独立工作，互不干扰，各用电设备均采用并联方式连接，每条电路均有自己的控制器件及保险装置。控制器件保证每条电路的独立工作，保险装置是用来防止因电路短路或超载而引起导线及用电设备的损坏。

（5）负极搭铁

采用单线制时，蓄电池的一个电极接到车体上，俗称“搭铁”。若蓄电池的负极与车体连接，则称为负极搭铁；反之，则称为正极搭铁。现在国内外汽车均统一采用负极搭铁。

11.2.2　汽车电路的类型

根据不同的分类方法，汽车电路可分为以下各种类型。

1．电源电路、搭铁电路及控制电路（或信号电路）

根据各自的功能不同，汽车电路一般可分为电源电路、搭铁电路及控制电路。

（1）电源电路

电源电路主要是为电器部件提供电源，又称为电器部件的“火”线。如图11-13所示，用电设备为

电动机，电源为蓄电池，从蓄电池正极到电动机之间的线路 AB 段为电器部件（电动机）的电源电路。

（2）搭铁电路

搭铁电路主要是为电器部件提供电源回路。如图 11-13 所示，从电动机到蓄电池负极之间的线路 CE 段为电器部件（电动机）的搭铁电路。

（3）控制电路

控制电路主要是控制电器部件是否工作，如图 11-13 所示，控制器件为开关和继电器，电器部件（电动机）的控制电路为经过控制开关和继电器电磁线圈的线路 AD 段。

2．直接控制电路与间接控制电路

根据控制器件与用电部件之间是否使用继电器，汽车电路可分为直接控制电路和间接控制电路。

（1）直接控制电路

直接控制电路是最基本、最简单的电路。这种控制电路中不使用继电器，控制器件与用电器串联，直接控制用电器。如图 11-14 所示，直接控制电路为：蓄电池正极→电路保护装置→控制器件→用电器（灯泡）→搭铁→蓄电池负极。

（2）间接控制电路

在控制器件与用电部件之间使用继电器或电子控制器的电路称为间接控制电路。

如图 11-15 所示，控制器件和继电器内的电磁线圈所处的电路称为控制电路。用电器和继电器内的触点所处的电路称为主电路。

继电器或电子控制器对受其控制的用电器来讲是控制器件，但继电器和晶体管同时又受到各种开关、电控单元等控制器件的控制，从这个意义上来讲，它们又是执行器件，所以它们具有双重性。

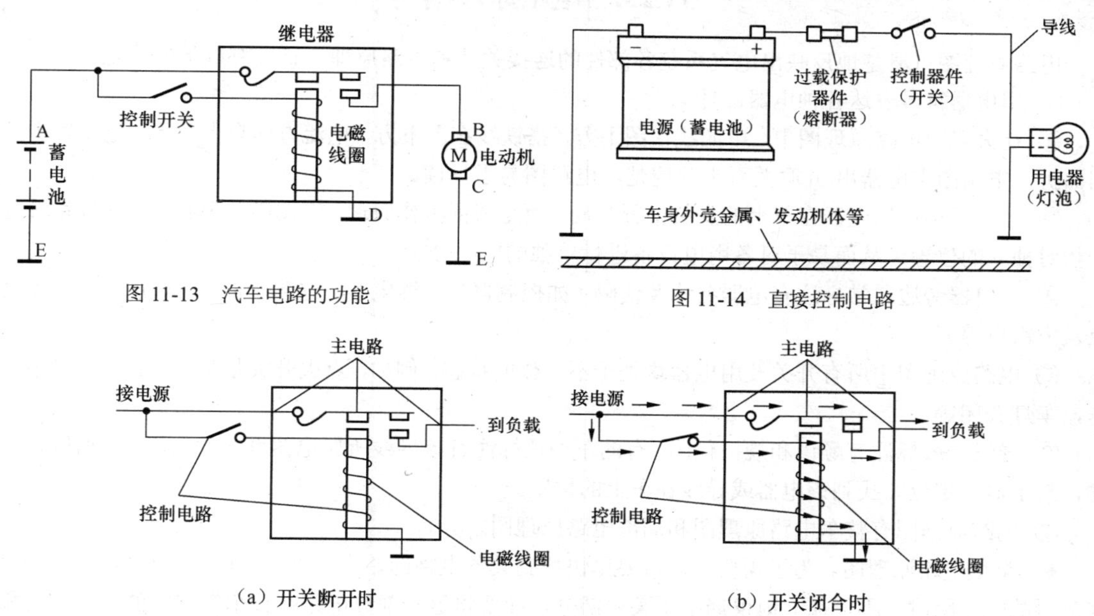

图 11-13　汽车电路的功能

图 11-14　直接控制电路

图 11-15　继电器

3．电子控制电路与非电子控制电路

（1）非电子控制电路

非电子控制电路是指由手动开关、压力开关、温控开关及滑线变阻器等传统控制器件对用电器进行控制的电路。

汽车上的手动开关主要是点火开关、照明灯开关、信号灯开关及各控制面板与驾驶座附近的按键式、拨杆式开关及组合式开关等。

（2）电子控制电路

目前电子控制已取代其他控制模式成为现代汽车控制的主要方式，如发动机的机械控制燃油喷射被电控燃油喷射所取代，自动变速器及 ABS 由液压控制转变为电子控制等。电子控制电路是指增加了信号输入元件和电子控制器件，由电子控制器件对用电器进行自动控制的一种电路，此时用电器一般称为执行器。

11.2.3 布 线 图

1．布线图的特点

布线图是指专门用来标记电气设备的安装位置、外形、线路走向等的指示图。它按照全车电气设备安装的实际方位绘制，部件与部件之间的连线按实际关系绘出，并将线束中同路的导线尽量画在一起。这样，汽车布线图就较明确地反映了汽车实际的线路情况，查线时导线中间的分支、接点很容易找到，为安装和检测汽车电路提供了方便。但因其线条密集，纵横交错，给识图、查找、分析故障带来不便。

2．布线图的绘制原则

① 布线图中的元器件、部件、组件和设备等项目，应尽量采用其简化外形（如圆形、方形、矩形）来表示，为了便于识图，必要时也允许用图形符号表示。

② 在布线图中，接线端子应用端子代号表示。

③ 导线可用连续线或中断线表示。连续线是用连续的实线来表示端子之间实际存在的导线。中断线是用中断的实线来表示端子之间实际存在的导线，并在中断处标明去向。

11.2.4 电路原理图

电路原理图可清楚地反映出电气系统各部件的连接关系和电路原理，且具有以下的特点。

① 用电器符号表达各种电器部件。

② 在大多数电路原理图中，电源线在图上方，搭铁线在图下方，电流方向自上而下。电路较少迂回曲折，电路图中电器串/并联关系十分清楚，电路图易于识读。

③ 各电器不再按电器在车上的安装位置布局，而是依据工作原理，在图中合理布局，使各系统处于相对独立的位置，从而易于对各用电设备进行单独的电路分析。

④ 各电器旁边通常标注有电器名称及代码（如控制器件、继电器、过载保护器件、用电器、铰接点及搭铁点等）。

⑤ 电路原理图中所有开关及用电器均处于不工作的状态，例如，点火开关是断开的，发动机不工作，车灯关闭等。

⑥ 导线一般标注有颜色和规格代码，有的车型还标注有该导线所属电器系统的代码。根据以上标注，易于对照定位图找到该电器或导线在车上的位置。

⑦ 电路原理图有整车电路原理图和局部电路原理图之分。

- 整车电路原理图。为了需要，常常要尽快找到某条电路的始末，以便分析确定有故障的路线。在分析故障原因时，不能孤立地仅局限于某一部分，而要将这一部分电路在整车电路中的位置及与相关电路的联系都表达出来。
- 局部电路原理图。为了弄清汽车电器的内部结构和各个部件之间相互连接的关系，弄懂某个局部电路的工作原理，常从整车电路图中抽出某个需要研究的局部电路，参照其他详细的资料，必要时根据实地测绘、检查和试验记录，将重点部位进行放大、绘制并加以说明。

11.2.5 线 束 图

如图 11-16 所示，整车电路线束图常用于汽车厂总装线和修理厂的连接、检修与配线。线束图主要表明电线束与各用电器的连接部位、接线端子的标记、线头、插接器（连接器）的形状及位置等。

这种图一般不详细描绘线束内部的电线走向，只将露在线束外面的线头与插接器作详细编号或用字母标记。它是一种给出装配记号的电路表现形式，非常便于安装、配线、检测与维修。如果再将此图各线端都用序号、颜色准确无误地标注出来，并与电路原理图和布线图结合起来使用，则会起到更大的作用，且能收到更好的效果。

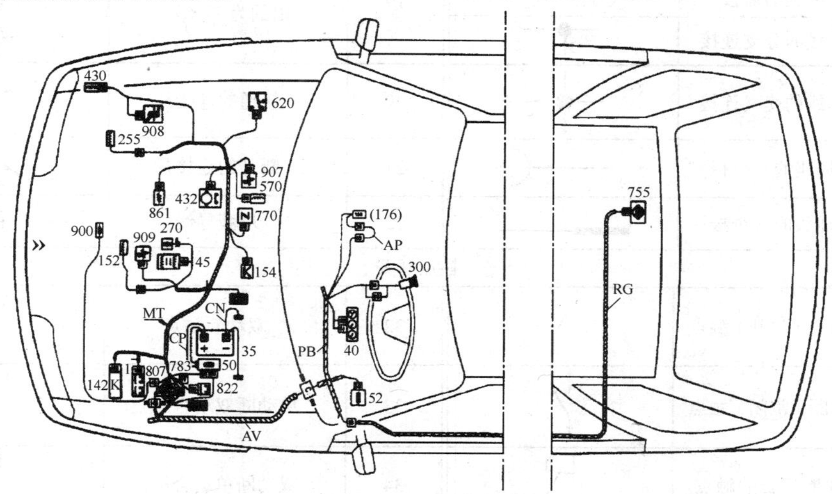

图 11-16　TU5JPK 发动机线束图

35—蓄电池　40—仪表板　45—点火线圈　50—电源盒　52—内接熔断器盒　142—发动机电控单元　152—曲轴位置传感器　154—车速传感器　176—防盗密码控制盒（选装）　255—空调压缩机离心器　270—点火线圈上的电容器　300—点火开关　430—碳罐控制阀　432—怠速控制阀　570—喷油器　620—惯性开关　755—燃油泵　770—节气门位置传感器　783—故障自诊断插座　807—主继电器　900—氧传感器　907—进气温度传感器　908—进气压力传感器　909—水温传感器

11.2.6　常用图形符号

图形符号是用于电气图或其他文件中表示项目或概念的一种图形、标记或字符，是电气技术领域中最基本的工程语言。因此，为了看懂汽车电路图，要熟练地掌握和运用图形符号。

不同的国家和地区以及不同的汽车生产商，其汽车电路上所用的电路图形符号不一定相同。常用的图形符号如表 11-6 所示。

表 11-6　常用图形符号

常用基本符号					
序号	名　称	图 形 符 号	序号	名　称	图 形 符 号
1	直流	——	6	中性点	N
2	交流	～	7	磁场	F
3	交直流	$\overline{\sim}$	8	搭铁	⊥
4	正极	+	9	交流发电机输出接线柱	B
5	负极	——	10	磁场二极管输出端	D_+
导线端子和导线连接					
11	接点	●	18	插头和插座	—(—

续表

序号	名　称	图形符号	序号	名　称	图形符号
常用基本符号					
12	端子		19	多极插头和插座（示出的为三极）	
13	导线的连接				
14	导线的分支连接				
15	导线的交叉连接		20	接通的连接片	
16	插座的一个极		21	断开的连接片	
17	插头的一个极		22	屏蔽导线	
触点开关					
23	动合（常开）触点		32	双动断触点	
24	动断（常闭）触点		33	单动断双动合触点	
25	先断后合的触点		34	双动断单动合触点	
26	中间断开的双向触点		35	一般情况下手动控制	
27	双动合触点		36	拉拔操作	
28	联动开关		37	旋转多挡开关位置	1 2 3
29	手动开关的一般符号		38	推拉多挡开关位置	1 2 3
30	定位开关（非自动复位）		39	钥匙开关（全部定位）	1 2 3
31	按钮开关		40	多挡开关、点火开关、起动开关（瞬时位置为2能自动返回到1，即2挡不能定位）	1 2 3 0.1
电器元件					
41	电阻器		46	热敏电阻器	t°
42	可变电阻器		47	滑线式变阻器	
43	压敏电阻器	U	48	分路器	
44	滑动触点电位器		49	三极晶体闸流管	
45	仪表照明调光电阻器		50	光电二极管	

续表

常用基本符号					
序号	名　　称	图 形 符 号	序号	名　　称	图 形 符 号
51	光敏电阻		58	PNP 型三极管	
52	电容器		59	集电极接管壳三极管（NPN）	
53	可变电容器		60	熔断器	
54	半导体二极管一般符号		61	易熔丝	
55	稳压二极管		62	电路断电器	
56	发光二极管		63	触点常开的继电器	
57	双向二极管（变阻二极管）		64	触点常闭的继电器	
仪表					
65	指示仪表	*	71	转速表	n
66	电压表	V	72	温度表	$t°$
67	电流表	A	73	燃油表	Q
68	电压、电流表	A/V	74	车速里程表	v
69	欧姆表	Ω	75	电钟	
70	油压表	OP	76	数字式电钟	
传感器					
77	传感器的一般符号		80	空气流量传感器	AF
78	温度表传感器	$t°$	81	氧传感器	λ
79	空气温度传感器	$t°_n$	82	爆震传感器	K

续表

序号	名称	图形符号	序号	名称	图形符号
常用基本符号					
83	水温传感器	t°_{w}	87	转速传感器	n
84	燃油表传感器	Q	88	速度传感器	v
85	油压表传感器	OP	89	空气压力传感器	AP
86	空气质量传感器	m	90	制动压力传感器	BP
电气设备					
91	照明灯、信号灯、仪表灯、指示灯		101	双丝灯	
92	荧光灯	X	102	电磁离合器	
93	电喇叭		103	点烟器	
94	扬声器		104	防盗报警系统	
95	蜂鸣器		105	天线一般符号	
96	信号发生器	G	106	起动机（带电磁开关）	M
97	脉冲发生器	G	107	燃油泵电动机、洗涤电动机	M
98	闪光器	G	108	晶体管电动汽油泵	
99	电磁阀一般符号		109	风扇电动机	M
100	常开电磁阀		110	刮水电动机	M

续表

电气设备					
序号	名　称	图形符号	序号	名　称	图形符号
111	常闭电磁阀		124	电动天线	
112	发射机		125	直流伺服电动机	
113	收放机		126	直流发电机	
114	内部通信联络及音乐系统		127	星形连接的三相绕组	
115	收放机		128	三角形连接的三相绕组	
116	点火线圈		129	定子绕组为星形连接的交流发电机	
117	分电器		130	定子绕组为三角形连接的交流发电机	
118	火花塞		131	外接电压调节器与交流发电机	
119	电压调节器		132	整体式交流发电机	
120	集电环或换向器上的电刷		133	蓄电池	
121	直流电动机		134	蓄电池组	
122	串励直流电动机		135	永磁直流电动机	
123	并励直流电动机				

另外，对标准中没有规定的符号，可以选取标准中给定的基本符号、一般符号和明细符号，按规定的组合原则进行派生，以构成完整的元件或设备的图形符号，但在图样的空白处必须加以说明，如表 11-7 所示。将天线的一般符号和直流电动机的一般符号进行组合，就构成了电动天线的图形符号。

表 11-7　　电动天线的组合示例

图形符号	说　明
	天线的一般符号
M	直流电动机的一般符号
M	电动天线的派生符号

图形符号的使用原则如下。

① 首先选用优选形。

② 在满足条件的情况下，首先采用最简单的形式，但图形符号必须完整。

③ 在同一份电路图中，同一图形符号采用同一种形式。

④ 符号方位不是固定的，在不改变符号意义的前提下，符号可根据图面布置的需要旋转或成镜像放置，但文字和指示方向不得倒置。

⑤ 图形符号中一般没有端子代号，如果端子代号是符号的一部分，则端子代号必须画出。

⑥ 导线符号可以用不同宽度的线条表示，如电源线路（主电路）可用粗实线表示，控制、保护线路（辅助电路）则可用细实线表示。

⑦ 一般连接线不是图形符号的组成部分，方位可根据实际需要布置。

⑧ 符号的意义由其形式决定，可根据需要进行缩小或放大。

⑨ 图形符号表示的是在无电压、无外力下的常规状态。

⑩ 图形符号中的文字符号、物理量符号，应视为图形符号的组成部分。当用这些符号不能满足标注时，可按有关标准加以补充。

⑪ 电路图中若未采用规定的图形符号，必须加以说明。

11.2.7　常用文字符号

文字符号由电气设备、装置和元器件的种类（名称）字母代码和功能（或状态、特征）字母代码组成，用于电气技术领域中技术文件的编制，也可标注在电气设备、装置和元器件上或其近旁，以表明电气设备、装置和元器件的名称、功能、状态和特征。此外，还可与基本图形符号和一般图形符号组合使用，以派生新的图形符号。

文字符号分为基本文字符号和辅助文字符号两大类，基本文字符号又分为单字母符号和双字母符号。

1．基本文字符号

（1）单字母符号

单字母符号是按拉丁字母将各种电气设备、装置和元器件划分为 22 大类，每大类用一个专用单字母符号表示，如“C”表示电容器类，“R”表示电阻类等。

（2）双字母符号

双字母符号由一个表示种类的单字母符号与另一字母组成，其组合形式应以单字母符号在前而另一字母在后的次序列出，例如，“R”表示电阻，“RP”就表示电位器，“RT”表示热敏电阻；“G”表示电源、发电机、发生器，“GB”就表示蓄电池，“GS”表示同步发电机、发生器，“GA”表示异步发电机。

2. 辅助文字符号

辅助文字符号表示电气设备、装置和元器件以及线路的功能、状态和特征。如“SYN”表示同步，“L”表示限制、左或低，“RD”表示红色，“ON”表示闭合，“OFF”表示断开等。

3. 文字符号的使用规则

① 单字母符号应优先选用。

② 只有当用单字母符号不能满足要求，需要将大类进一步划分时，才采用双字母符号，以便较详细和更具体地表述电气设备、装置和元器件等。如“F”表示保护器类，“FU”表示熔断器，“FV”表示限压保护器件。

③ 辅助文字符号也可放在表示种类的单字母符号后边组成双字母符号，如“ST”表示起动，“DC”表示直流，“AC”表示交流。为简化文字符号，若辅助文字符号由两个字母组成时，允许只采用其第一位字母进行组合，如“MS”表示同步电动机，“MS”中的“S”为辅助文字符号“SYN”（同步）的第一位字母。辅助文字符号还可以单独使用，如“ON”表示接通，“N”表示中性线，“E”表示搭铁，“PE”表示保护搭铁等。

4. 图形符号、文字符号的识读

对于基本的元器件，其图形符号、文字符号都是相同的，如电阻、电容、照明灯、蓄电池等。

由于目前国际上还没有汽车电气设备图形符号、文字符号的统一标准，各个汽车生产厂家对某些汽车电器所采用的图形符号、文字符号有所不同，与标准规定有一些差异，这给识读电路图造成一定困难，但图形符号基本结构的组成是相似的，只要了解它们的区别，就能避免识读错误。下面通过具体示例来说明不同车型在表示同一元器件的图形符号时，在汽车电路图中的差异。

图 11-17 所示为表示导线连接的两种形式。上海桑塔纳、南京依维柯采用图 11-17（a）的形式，神龙富康、天津夏利则采用图 11-17（b）的形式。

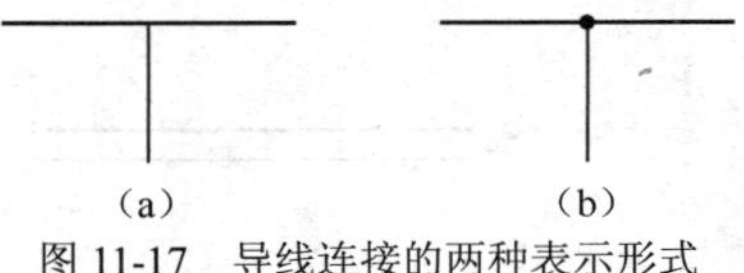

图 11-17　导线连接的两种表示形式

11.3　典型车系电路识读与分析

11.3.1　大众车系电路识读与分析

1. 大众车系电路图的特点

① 大众车系电路图遵循德国工业标准 DIN 725527。图上部的灰色区域表示汽车的中央接线盒的熔丝与继电器。灰色区域内部水平线为接电源正极的导线，有 30 线、15 线、X 线、31 线等。其中 30 线直接接蓄电池正极，称为常相线。15 线接点火开关，当点火开关处于“ON”及“START”挡时通电，给小功率用电器供电。X 线是受点火开关控制的大功率用电器供电相线，当点火开关接至“ON”或“ST”挡时，中间继电器闭合，通过触点给大功率用电器供电。31 线为中央接线盒搭铁线。图最下端是标注图中各线路位置的编号，各线路平行排列，每条线路对准下框线上的一个编号。线路如在图中中断，断口处标注与之连接的另一段线路所在的编号。同时也在线上注出各搭铁点。所有用电器件均处于图中间的位置。大众汽车电路图符号说明（颜色未画出），如图 11-18 所示。

② 采用断线带号法解决交叉问题。在线路的断开处标上要连接的线路号，例如，在断线处方框内有 128，其线路图下端标号为 147，只要在线路图下端找到标号 128，则其上部断线处必标有 147，说明在两标号即 128 与 147 处为断线连接处。通过以上两个数字，上、下段电路就有机地联系在一起了。

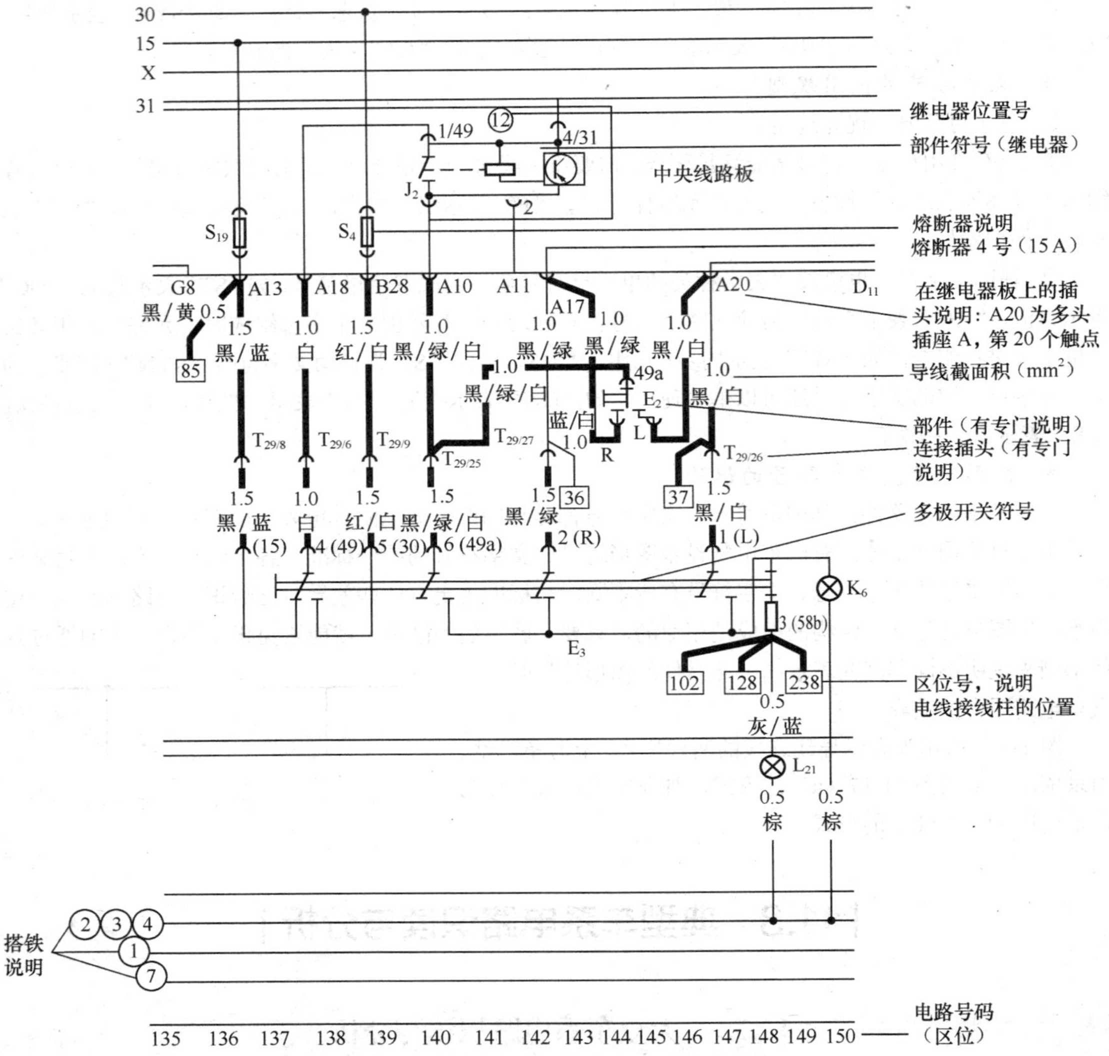

图 11-18　大众汽车电路图符号说明（颜色未画出）

③ 在表示线路走向的同时，还表达了线路结构的情况。

2．大众汽车电路图的识读方法

大众汽车电路图的识读方法如图 11-18 所示，图中的圈内数字标号是注释号，其各部含义如下。

（1）汽车整个电气系统以中央线路板为中心

中央线路板的正面插继电器和熔断器，在图纸的灰色部分里，画有汽车上的各种继电器，在这些继电器的旁边都有一个黄底小圆圈，其内标数字表示该继电器插在中央线路板正面板上的位置。例如小圆圈里标数字 12，表示该继电器插在板上的第 12 号位置上。

（2）以分数形式标明继电器插脚与中央线路板插孔的配合

例如，第 12 号继电器有两个插脚，在图纸上标有 1/49、4/31，其中分子上的 1、4 是指板上第 12 号位置上的两个插孔；分母 49、31 是指继电器上的两个插脚。分子与分母对应，且工艺上已保证它们不会插错。

（3）中央线路板上的插头与线束插座有对应的字母标记

中央线路板的背面是各种形式的组合插头，每一组合插头都有一个英文字母作为它的代号，并分别和各线束上的组合式插座插接。几根主要线束各自只有一只组合式插座，在同一线束里的所有导线在同一英文字母下被编成从 1 开始的不同序号。

（4）导线颜色采用直观表达法

在总线路图上，车上的导线用什么颜色，线路图上就印什么颜色，一看便知。该车导线颜色也有一定规律：红色大多为控制相线，棕色为搭铁线，白黄色线用来控制灯，蓝线大多用于指示灯或传感器，全绿、红黑或绿黑线多用于脉冲式的用电器。

（5）电路图中使用了一些统一符号

除上面介绍的 30 线、15 线、X 线、31 线四条线外，搭铁线也分三路：标有①的为蓄电池搭铁线；标有②、③、④的为中央线路板搭铁线；标有⑦的为尾灯线束搭铁线。

对照图 11-18 可知，J_2 为转向继电器，由其旁边的标号⑫可知，该继电器位于中央线路板上第 12 位。

S 代表熔丝，下脚标号代表该熔断器在中央线路板上的位置。例如，S_{19} 表示该熔断器处于中央线路板第 19 位，熔丝的容量可通过它的颜色判断：紫色为 3 A，红色为 10 A，蓝色为 15 A，黄色为 20 A，绿色为 30 A。

A13 为中央线路板接头说明，该黑/蓝导线连接于中央线路板 A 线束第 13 位插头上。以此类推，B28 即在 B 线束第 28 位插头上。导线上标有的数字表示线的截面积，如 1.5、1.0、2.5 分别表示该线截面积为 1.5 mm^2、1.0 mm^2、2.5 mm^2。

$T_{29/26}$ 表示连接插头，即 29 孔插头的第 26 位上。以此类推，$T_{29/6}$ 表示 29 孔插头的第 6 位。

导线尾部标号表示该导线连接的开关接线柱号，如 15 表示开关 E3 的 15 接线柱。

K_6 表示报警闪光装置指示灯。

方框内 102、128、238 表示此导线与线路图下端第 102、128、238 编号上方的导线连接。

3．大众车系电路分析实例

下面以上海桑塔纳 2000 系列轿车电路为例，分析各系统的工作原理、线路连接、电气设备的布置及线束布置。

上海桑塔纳 2000 系列轿车全车电路如图 11-19～图 11-28 所示。电气线路零部件及在电路中的位置如表 11-8 所示。

中央线路板上的熔丝如表 11-9 所示。

表 11-8　　电气线路零部件及在电路中的位置

符号	零部件名称	在电气线路图中的位置	符号	零部件名称	在电气线路图中的位置
①	蓄电池搭铁线		F	制动灯开关	155
②③④	中央线路板搭铁线		F_1	油压开关（180 kPa）	54
⑤	发动机室左线束搭铁线		F_2	前车门接触开关（左）	59
⑥	阅读灯搭铁线		F_3	前车门接触开关（右）	58
⑦	尾灯线束搭铁线		F_4	倒车灯开关	161
30	常相线		F_5	后备厢照明灯开关	57′
15	小容量电器用相线		F_9	驻车制动指示灯开关	56
X	大容量电器用相线		F_{10}	后车门接触开关（左）	68
31	中央线路板内搭铁线		F_{11}	后车门接触开关（右）	65

续表

符号	零部件名称	在电气线路图中的位置	符号	零部件名称	在电气线路图中的位置
A	蓄电池	5	F_{18}	热敏开关	
B	起动机	7	F_{22}	油压开关（30 kPa）	53
C	发电机	2′	F_{23}	空调高压开关	229
C_1	发电机电压调节器	2′	F_{34}	制动液不足指示开关	55
D	点火开关	23	F_{35}	进气预热温控开关	19
E_1	灯光开关	92	F_{38}	空调室温开关	240
E_2	转向灯开关	143	F_{66}	冷却液不足指示开关	57
E_3	危险报警闪光开关	142	F_{69}	发动机室照明灯开关	107
E_4	变光和超车灯开关	112	F_{70}	杂物箱照明灯开关	104
E_9	空调风速开关	234	F_{73}	空调压缩机开关	242
E_{15}	后窗加热器开关	131	G	燃油表传感器	52
E_{19}	停车灯开关	25	G_1	燃油表	46′
E_{20}	仪表板照明灯调节器	102	G_2	冷却液温度传感器	51
E_{22}	前风窗刮水器开关	172	G_3	冷却液温度表	48
E_{23}	雾灯开关	125	G_5	转速表	37
E_{30}	空调开关	237	G_6	车速表	36
E_{33}	空调风量开关	242	G_7	车速传感器	159
E_{39}	电动摇窗机安全开关	208	G_{40}	霍尔传感器	11
E_{40}	电动摇窗机开关（左前）	200	H	双音喇叭开关	246
E_{41}	电动摇窗机开关（右前）	195	H_1	高低音喇叭	251、252
E_{52}	电动摇窗机开关（左后）	205	J_2	转向灯继电器	139
E_{53}	电动摇窗机开关（左后）	205	J_4	双音喇叭继电器	246
E_{54}	电动摇窗机开关（右后）	212	J_5	雾灯继电器	124
E_{55}	电动摇窗机开关（右后）	212	J_6	稳压器	48
E_{56}	后阅读灯开关（右）	66	J_{26}	空调减负继电器	229
E_{59}	遮阳灯开关	64	J_{31}	前风窗刮水器及清洗装置	169
J_{32}	空调继电器	234	M_3	示廓灯灯泡（右）	108
J_{51}	电动摇窗机自动继电器	188	M_4	尾灯灯泡（左）	110
J_{52}	电动摇窗机延时继电器	190	M_5	转向灯（前左）	152
J_{53}	中央集控锁控制器（左前）	215	M_6	转向灯（后左）	151
J_{59}	X—接触继电器	91	M_7	转向灯（前右）	154
J_{81}	进气歧管预热继电器	18	M_8	转向灯（后右）	153
J_{114}	油压检查控制器	33	M_9	制动灯（左）	157
J_{120}	冷却液不足指示控制器		M_{10}	制动灯（右）	156
J_{121}	内部照明继电器	59	M_{16}	倒车灯（左）	163
K_1	前照灯远光指示灯	43	M_{17}	倒车灯（右）	161
K_2	充电指示灯	31	M_{18}	发动机室照明灯	107
K_3	油压指示灯	31	M_{20}	空调控制装置指示灯	239
K_5	转向指示灯（右）	38	N	点火线圈	15
K_6	危险报警闪光灯指示灯	150	N_3	怠速截止电磁阀	21
K_7	驻车制动指示灯	40	N_{16}	空调升速电磁阀	
K_{10}	后窗加热指示灯	42	N_{23}	鼓风机换挡电阻	232
K_{17}	雾灯指示灯	127	N_{25}	电磁离合器	242
K_{28}	冷却液温度指示灯	47	N_{47}	晶体管点火开关装置	11

续表

符号	零部件名称	在电气线路图中的位置	符号	零部件名称	在电气线路图中的位置
K_{48}	空调开关照明灯	237	N_{51}	进气预热器	18
K_{49}	阻风门指示灯	39	N_{62}	进气门电磁阀	241
K_{50}	冷却液液位指示灯	44	O	分电器	15
K_{51}	燃油不足指示灯	46′	P	火花塞插头	13～17
L_1	前照灯双丝灯泡（左）	116、118	Q	火花塞	13～17
L_2	前照灯双丝灯泡（右）	117、119	R	收放机	83
L_8	时钟照明灯	92	R_2、R_3	扬声器	79、74
L_9	灯光开关照明灯泡	103	R_4、R_5		81、77
L_{10}	仪表板照明灯	93～99	S_1、S_2	见表 11-11	226、155
L_{20}	后雾灯灯泡	122	S_3、S_4		57′、138
L_{21}	空调开关控制面板照明灯	148	S_6、S_7		120、96
L_{22}	前雾灯灯泡（左）	120	S_8、S_9		97、117
L_{23}	前雾灯灯泡（右）	121	S_{10}、S_{11}		116、166
L_{28}	点烟器照明灯	89	S_{12}、S_{13}		181、131
L_{39}	后窗除霜器开关照明灯	129	S_{14}、S_{15}		242、160
L_{40}	雾灯开关照明灯	128	S_{16}、S_{17}		251、21
L_{53}	电动摇窗机开关照明灯	196、200、206、209、212	S_{18}、S_{19}		244、136
M	电动后视镜开关	181	S_{20}		105
M_1	示廓灯灯泡（左）	111	S_{21}、S_{22}		119、118
M_2	尾灯灯泡（右）	109	S_{23}	空调熔丝 30（A）	230
S_{27}	后雾灯熔丝	123	V_{31}	中央集控锁电动机（右后）	220
S_{37}	电动摇窗机热保护器	188	V_{32}	中央集控锁电动机（左后）	222
S_{38}	电动后视镜熔丝（3 A）	181	V_{33}	电动后视镜电动机（右）	180
S_{39}	电动天线熔丝	87	V_{34}	电动后视镜电动机（左）	183
U_1	点烟器	88	V_{44}	电动天线	87
V	前风窗刮水电动机	164	W	车内前部照明（顶灯）	63
V_2	鼓风机电动机	232	W_3	后备厢内照明灯	57′
V_5	前风窗洗涤泵	177	W_4	遮阳灯	64
V_7	散热器风窗	226	W_5	后阅读灯（右）	66
V_{14}	电动摇窗机电动机（左前）	200	W_6	后阅读灯（左）	69
V_{15}	电动摇窗机电动机（右前）	195	X	牌照照明灯	105
V_{26}	电动摇窗机电动机（左后）	205	Y_2	电子钟	71
V_{27}	电动摇窗机电动机（右后）	212	Z_1	后窗加热器	134
V_{30}	中央集控锁电动机（右前）	218			

（1）电源系统电路

与电源系统有关的元件主要有内装电子电压调节器的硅整流发电机、充电指示灯、点火开关、总熔丝及蓄电池。

电源系统电路包括以下几部分。

① 发电机工作电路——发电机励磁电路及充电指示灯电路。

表 11-9　　中央线路板上的熔丝

编号	名　称	额定电流/A	编号	名　称	额定电流/A
1	散热器风扇	30	15	倒车灯、车速传感器	10
2	制动灯	10	16	双音喇叭	15
3	点烟器、收音机、钟表、车内灯、中央集控门锁	15	17	进气预热器温控开关、怠速截止电磁阀	10
4	危险报警闪光灯	15	18	驻车制动、阻风门指示灯	15
5	燃油泵	15	19	收放机、转向灯、防盗器控制单元	10
6	前雾灯	15	20	牌照灯、杂物箱照明灯	10
7	尾灯和停车灯（左）	10	21	前照灯近光（左）	10
8	尾灯和停车灯（右）	10	22	前照灯近光（右）	10
9	前照灯远光（右）	10	23	空调	10
10	前照灯远光（左）	10	24	ECU	30
11	前风窗刮水器及清洗装置	15	25	自动天线	10
12	电动摇窗机、ABS 控制单元	15	26	电动后视镜	3
13	后窗加热器	20	27	后雾灯	10
14	鼓风机（空调）	20			

注：熔丝 23～27 为桑塔纳 2000GSi 型轿车的编号，插在中央线路板的旁边。

② 充电电路。桑塔纳 2000 系列轿车电源系统电路如图 11-19 所示。其电路编号为 1～6、23～30。

- 发电机他励电路。当点火开关 D 置于 1 挡，发电机转速低于怠速时，蓄电池担负着向用电设备供电的任务，同时向发电机提供励磁电流。

其励磁电路为：蓄电池正极→中央线路板单端子插座 P 端子→中央线路板内部线路→中央线路板单端子插座 P→点火开关 30 端子→点火开关 15 端子→组合仪表板下方 26 端子连接器的 11 端子→两只并联电阻和充电指示灯 K_2→二极管→组合仪表板下方 26 端子连接器的 26 端子→中央线路板 A_{16} 端子→中央线路板内部线路→中央线路板 D_4 端子→单端子连接器 T_{1d}（蓄电池旁边）→交流发电机 D_+ 端子→交流发电机的励磁绕组→电子调节器功率管→电路代号 3 搭铁→蓄电池负极；充电指示灯亮，表示发电机处于他励。

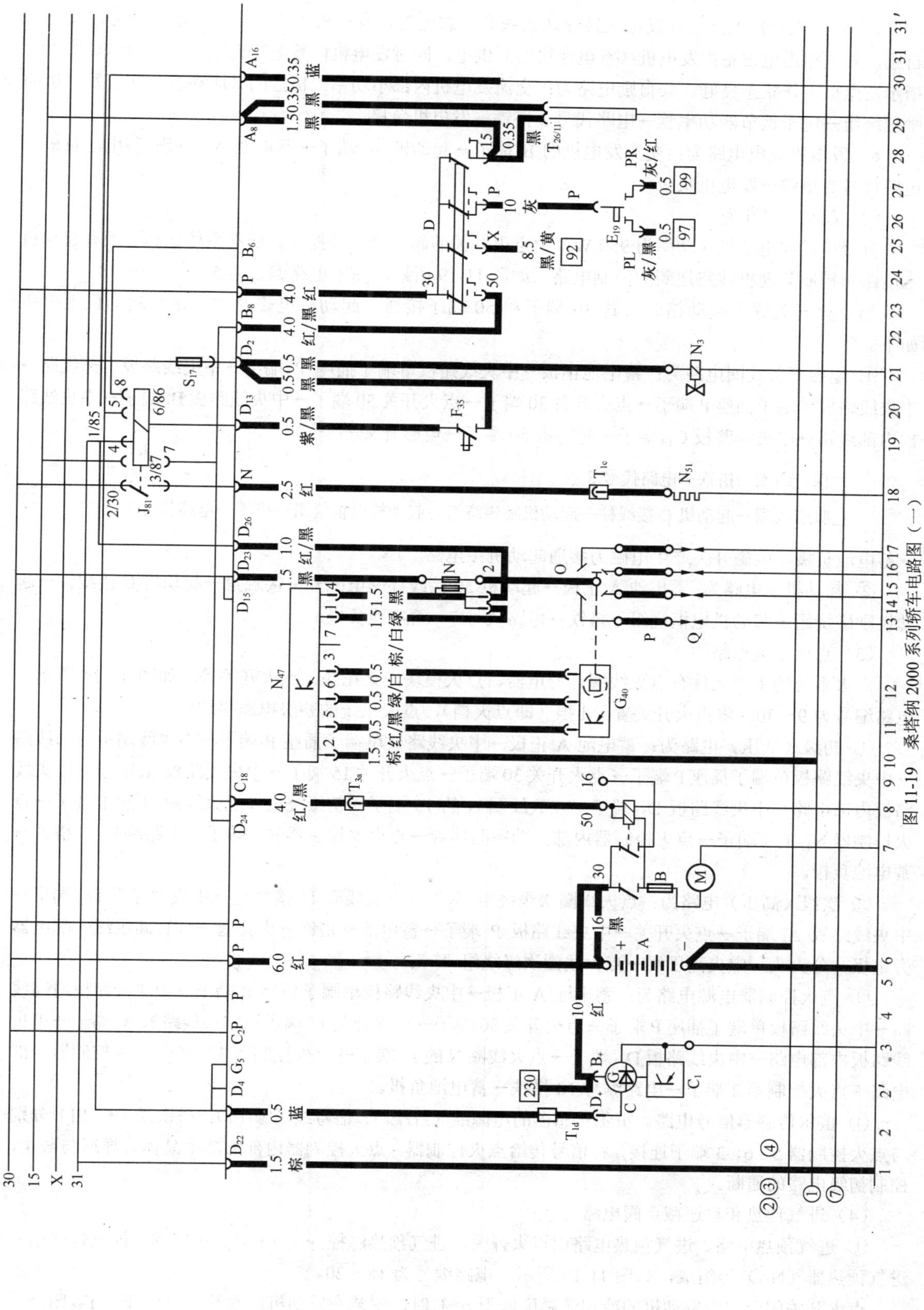

图 11-19 桑塔纳 2000 系列轿车电路图（一）

- 发电机自励电路。在发电机转速达到或高于怠速时，发电机电压高于蓄电池电动势，发电机自励，外电路用电设备由发电机（蓄电池协助）供电，同时发电机向蓄电池充电，充电指示灯熄灭，指示发电机工作状态良好。其自励电路为：交流发电机内部小功率二极管的共阴极端→交流发电机的励磁绕组→电子调节器功率管→电路代号 3 搭铁→发电机负极。
- 发电机充电电路为：交流发电机的 B_+端子→起动机 30 端子→蓄电池 A 正极→蓄电池负极→电路代号 3 搭铁→发电机负极。

（2）起动系统电路

直流串励式电动机（功率为 950 W）由点火开关的起动挡直接控制。起动系统电路一般有起动机主电路和控制起动机线路通断的控制电路。如图 11-19 所示，图中电路编号为 5～8、23～28。

当点火开关置于起动挡时，其 30 端子和 50 端子接通。起动机电磁开关电路和起动机主电路如下。

① 电磁开关线圈电路为：蓄电池正极→中央线路板单端子插座 P 端子→中央线路板内部线路→中央线路板单端子插座 P 端子→点火开关 30 端子→点火开关 50 端子→中央线路板 B_8 端子→中央线路板内部线路→中央线路板 C_{18} 端子→起动机 50 端子→电磁开关→

保持线圈→搭铁→电路代号 8
吸引线圈→起动机 C 接线柱→起动机励磁绕组→起动机电枢绕组→搭铁→电路代号 7

→蓄电池负极。电磁开关产生电磁力接通起动机主电路。

② 起动机主电路为：蓄电池 A 正极→起动机 30 接线柱→电磁开关接触盘→起动机 C 接线柱→起动机励磁绕组→起动机电枢绕组→搭铁→电路代号 7→蓄电池负极。

（3）点火系统电路

点火系统的主要元件有点火线圈、分电器、点火模块、火花塞、点火开关等，如图 11-24 所示，电路编号为 9～30。将点火开关置于 1 挡（即点火挡），点火系统的初级电路接通。

① 初级（低压）电路为：蓄电池 A 正极→中央线路板单端子插座 P 端子→中央线路板内部线路→中央线路板单端子插座 P 端子→点火开关 30 端子→点火开关 15 端子→中央线路板 A_8 端子→中央线路板内部电路→中央线路板 D_{23} 端子→点火线圈 N 的 15 端子→初级绕组→点火线圈 N 的 1 端子→点火控制器 N_{47} 的 1 端子→点火控制器内部大功率晶体管→点火器控制器的 2 端子→电路编号 10 搭铁→蓄电池负极。

② 次级（高压）电路为：点火线圈次级绕组“+”→点火线圈 15 接线柱→中央线路板 D_{23} 端子→中央线路板 A_8 端子→点火开关→中央线路板 P 端子→蓄电池→搭铁→火花塞→分缸高压线→配电器旁电极→分火头→中央高压线→点火线圈次级绕组“–”。

③ 点火控制器电源电路为：蓄电池 A 正极→中央线路板单端子插座 P 端子→中央线路板内部线路→中央线路板单端子插座 P 端子→点火开关 30 端子→点火开关 15 端子→中央线路板 A_8 端子→中央线路板内部电路→中央线路板 D_{23} 端子→点火线圈 N 的 15 端子→点火控制器 4 端子→点火控制器内部电路→点火控制器 2 端子→电路编号 10 搭铁→蓄电池负极。

④ 霍尔传感器信号电路。霍尔传感器的电源线（红/黑）、信号线（绿/白）、搭铁线（棕/白）分别与点火控制器 5、6、3 端子连接，将信号传给点火控制器，点火控制器内部大功率晶体管导通与截止，控制初级电路的通断。

（4）进气预热和怠速截止阀电路

① 进气预热电路。进气预热电路由点火开关、进气预热温控开关（F_{35}）、进气预热继电器（J_{81}）、进气预热器（N_{51}）等组成，如图 11-19 所示，电路编号为 18～20。

点火开关闭合，当发动机的冷却液温度低于 65℃时，安装在发动机出水管的温控开关 F_{35} 闭合，

进气预热继电器 J_{81} 工作，进气预热继电器线圈电路为：电源正极→中央线路板单端子插座→点火开关 30 端子→点火开关 15 端子→中央线路板 A_8 端子→熔断器 S_{17}→中央线路板 D_2 端子→进气预热热敏开关 F_{35}→紫/黑色导线→中央线路板 D_{13} 端子→进气预热继电器 86 端子→进气预热继电器励磁线圈→进气预热继电器 85 端子→中央线路板 D_{22} 端子→搭铁→电源负极。位于进气管内的进气预热器 N_{51} 通电加热混合气，其电路为：电源正极→中央线路板单端子插座 P→进气预热继电器 30 端子→进气预热继电器触点→进气预热继电器 87 端子→中央线路板单端子插座 N→连接器 T_{1c}→进气预热加热电阻→电路编号 18 搭铁→电源负极。在发动机冷却液温度高于设定温度时，温控开关 F_{35} 自动断开，进气预热器 N_{51} 断电停止工作。

② 怠速截止阀电路。怠速截止阀电路由点火开关（D）、怠速截止阀（N_3）组成，如图 11-19 所示，电路编码为 21～29。点火开关闭合，通过点火开关、熔丝 S_{17}，怠速截止阀 N_3 通电，打开怠速量孔，使发动机怠速能稳定运转。当点火开关切断时，怠速截止阀 N_3 断电，关闭怠速量孔，保证发动机很快熄火，并能减少发动机燃烧室的积炭和排气污染。

（5）仪表系统电路

仪表电路由冷却液温度表、油压表、燃油表、油压警告灯、发动机转速表等组成。仪表系统都受点火开关（或电源总开关）控制。点火系统工作的同时，仪表和指示灯电路也同时工作，如图 11-24～图 11-26 所示，电路编号为 23～57。

① 润滑系统低压传感器电路。当发动机润滑系统的机油压力低于 30 kPa 时，低压传感器闭合，其电路为：电源正极→点火开关 30 端子→点火开关 15 端子→油压检查控制器 J_{114} 的 15 端子→油压检查控制器 J_{114}→中央线路板 B_{15} 端子→中央线路板内部电路→中央线路板 D_{21} 端子→低压传感器 F_1（低压油压开关）触点→低压传感器 F_1 外壳→电路编码 54 搭铁→电源负极。当油压高于 30kPa 时，低压传感器触点断开。

② 润滑系统高压传感器电路。当发动机润滑系统的机油压力低于 180 kPa 时，高压传感器触点断开；当油压高于 180 kPa 时，高压传感器触点闭合。高压传感器电路为：电源正极→点火开关 30 端子→点火开关 15 端子→油压检查控制器 J_{114} 的 15 端子→油压检查控制器 J_{114}→蓝/黑色导线→中央线路板 A_4 端子→中央线路板 D_1 端子→高压传感器 F_{22}（高压油压开关）触点→高压传感器壳体→电路编码 53 搭铁→电源负极。若发动机转速高于 2 150 r/min 时，油压仍不正常，则油压检查控制器 J_{114} 发出蜂鸣报警声，应停车检查。

③ 油压指示灯电路。电源正极→点火开关 30 端子→点火开关 15 端子→黑色导线→仪表板 26 端子连接器的 11 端子→降压电阻→油压指示灯→油压检查控制器 J_{114} 的 A 端子→油压检查控制器内部电路→油压检查控制器 J_{114} 的 1 端子→仪表板 26 端子连接器 5 端子→棕色导线→电路编码 49 搭铁→电源负极。

④ 冷却液温度表电路。电源正极→中央线路板单端子插座 P→点火开关 30 端子→点火开关 15 端子→稳压器 J_6→冷却液温度表 G_3→连接器 $T_{26/16}$→中央线路板 B_7 端子→中央线路板内部电路→中央线路板 D_{29} 端子→冷却液温度表传感器 G_2→电路编号 51 搭铁→电源负极。

⑤ 冷却液液位报警指示电路。电源正极→中央线路板单端子插座 P→点火开关 30 端子→点火开关 15 端子→稳压器 J_6→液位报警灯 K_{28}→连接器 $T_{26/16}$→中央线路板 B_7 端子→中央线路板内部电路→中央线路板 D_{29} 端子→中央线路板内部电路→液位控制器 J_{120}→中央线路板 A_3 端子→连接器 T_{25}→冷却液不足开关 F_{66}→电路编码 57 搭铁→电源负极；当冷却液温度超过 124℃或液位低于限定值时，报警灯 K_{28} 点亮。

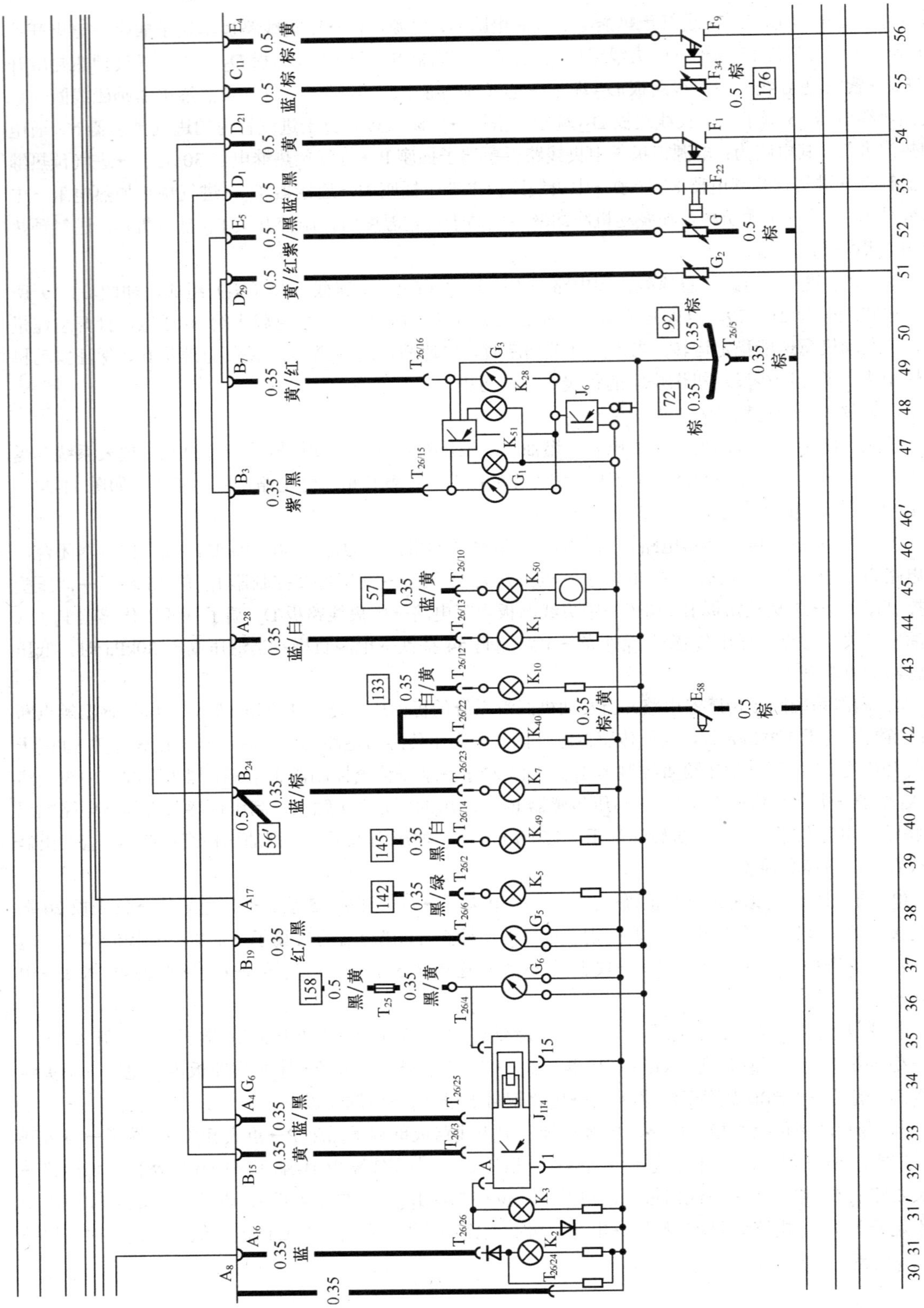

图 11-20 桑塔纳 2000 系列轿车电路图（二）

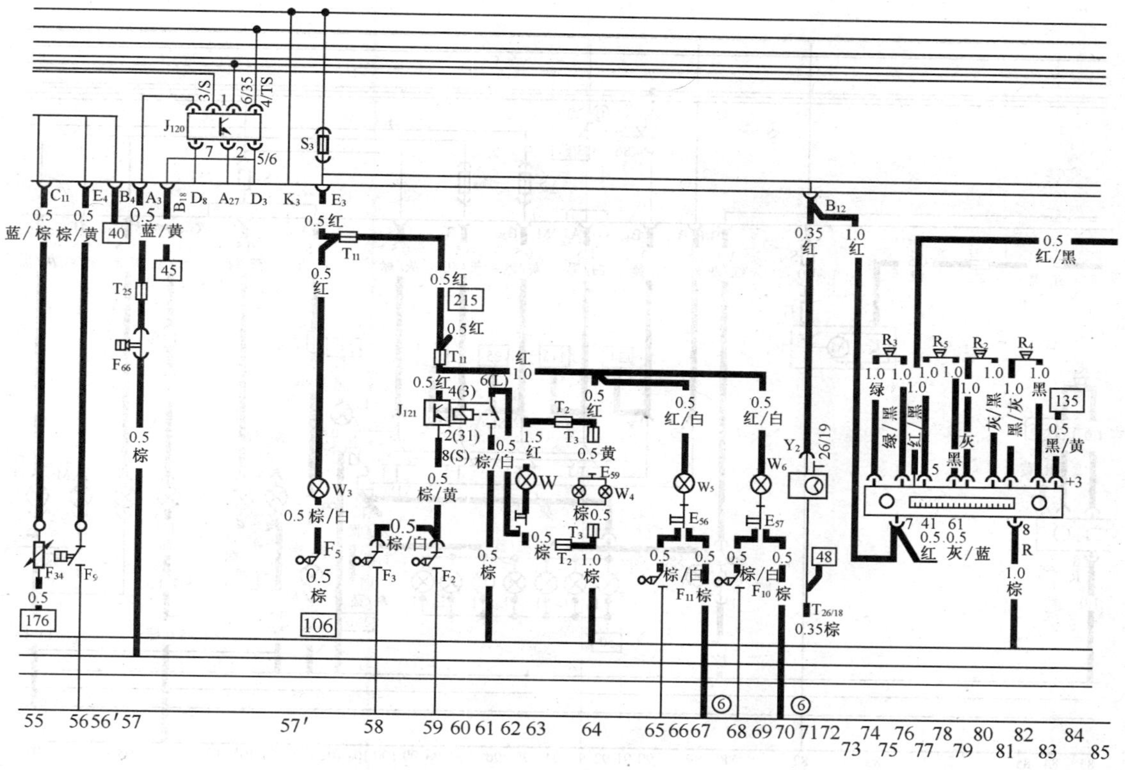

图 11-21 桑塔纳 2000 系列轿车电路图（三）

⑥ 燃油表电路。电源正极→中央线路板单端子插座 P→点火开关 30 端子→点火开关 15 端子→稳压器 J_6→燃油表 G_1→连接器 $T_{26/15}$→中央线路板 B_3 端子→中央线路板内部电路→中央线路板 E_5 端子→燃油表传感器 G→电路编号 52 搭铁→电源负极。

⑦ 电子式发动机转速表电路。当点火线圈初级电流接通或切断时，产生的脉冲信号经中央线路板、仪表板印制电路板、仪表板白色 26 端子插座进入转速表控制电路。控制电路为数字集成电路，脉冲信号经集成电路处理后，由转速表指针指示出发动机转速。

（6）照明系统及灯光信号电路

桑塔纳轿车的照明系统由前照灯（L_1、L_2）、仪表照明灯（L_{10}）、牌照灯（X）、停车灯（M_1、M_3）、尾灯（M_2、M_4）、雾灯（L_{22}）等组成，如图 11-22 和图 11-23 所示，电路编码为 88～134。

① 前照灯电路。前照灯 L_1、L_2 受车灯开关 E_1 和转向组合手柄开关中的变光与超车灯开关 E_4 控制。当向上抬起组合开关手柄时，E_4 中的变光与超车灯开关触点接通，30 号线电源经熔断器 S_9、S_{10} 直接接通左前照灯 L_1、右前照灯 L_2 的远光灯丝电路，与此同时，电源还从熔断器 S_9 向仪表板上的远光灯指示灯 K_1 提供电源，使左、右远光灯与远光指示灯同时发亮。反复抬起与放松组合开关手柄，左、右远光灯与远光指示灯同时闪烁，向前方汽车发出超车信号。当车灯开关 E_1 拨到第二挡（位置 3）时，30 号线电源经点火开关 D 第二掷、车灯开关 E_1 第一掷加到变光开关与超车灯开关 E_4 上，当向上拨动一下组合开关手柄时，可依次接通左、右前照灯的近光灯丝电路（经熔断器 S_{21}、S_{22}）或远光灯丝电路（经熔断器 S_9、S_{10}），当左前照灯 L_1 或右前照灯 L_2 的远光灯发亮时，仪表板上的远光指示灯 K_1 同时发亮。

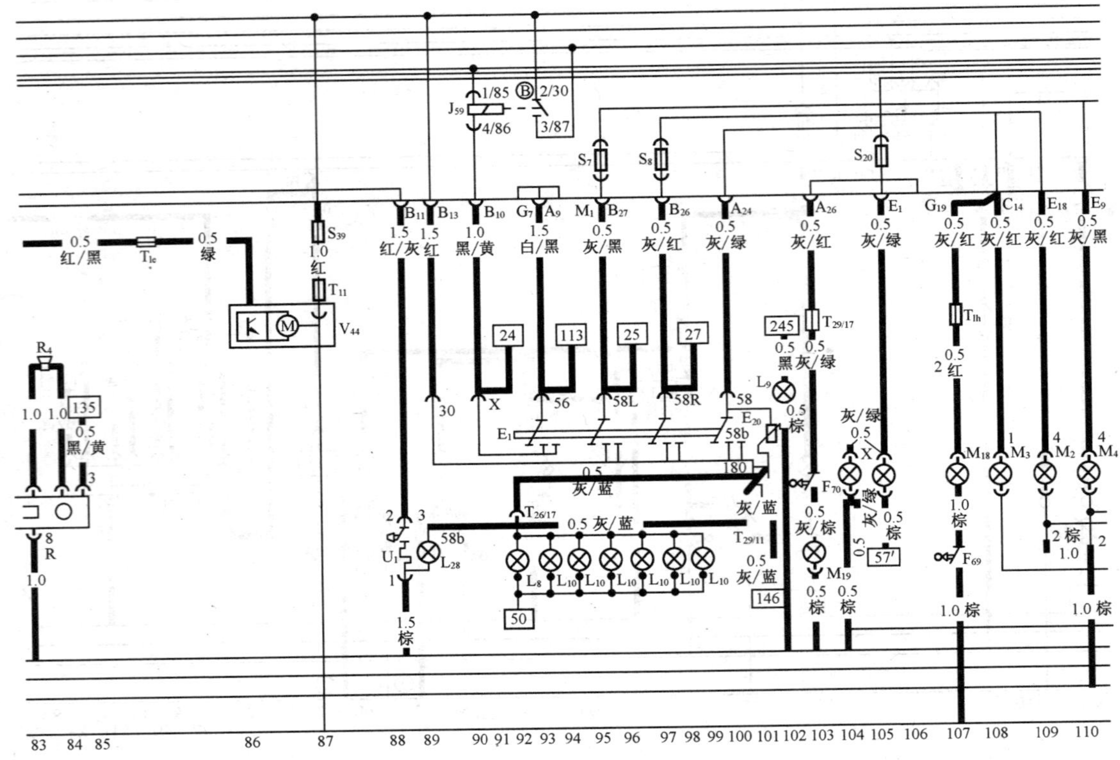

图 11-22　桑塔纳 2000 系列轿车电路图（四）

② 雾灯电路。雾灯受车灯开关 E_1 和雾灯开关 E_{23} 控制。当车灯开关 E_1 处于挡位 2 或 3 时，30 号线电源将经过车灯开关 E_1 第四掷加到雾灯继电器 J_5 的线圈上，雾灯继电器触点闭合，X 号线电源经雾灯继电器 J_5 的触点加到雾灯开关 E_{23} 的电源端子上。当雾灯开关拨到位置 2 时，前雾灯 L_{22}、L_{23} 灯丝电路接通，电源经雾灯开关的第一掷、熔断器 S_6 加到前雾灯 L_{22}、L_{23} 上；当雾灯开关拨到位置 3 时，前雾灯 L_{22}、L_{23} 仍然亮，此时雾灯开关的第二掷后雾灯电路接通，电源经熔断器 S_{27} 加到后雾灯 L_{20} 上，前、后雾灯均发亮，与此同时，安装在雾灯开关内的雾灯指示灯 K_{17} 电路也接通，前、后雾灯和雾灯指示灯同时发亮。

③ 示廓灯、尾灯与停车灯电路。示廓灯与尾灯兼作停车灯使用，当汽车停驶时，用作停车灯；当汽车行驶时，用作示廓灯和尾灯。示廓灯 M_1、M_3 和尾灯 M_2、M_4 受点火开关 D（四掷第三位）、车灯开关 E_1（四掷第三位）和停车灯开关 E_{19} 控制。

- 作停车灯用。当汽车停驶时，点火开关断开（位于 1 位置），30 号线电源通过点火开关的第三掷加到停车灯开关上。当停车灯开关 E_{19} 处于位置 2（空位）时，示廓灯与尾灯电源切断。停车灯开关 E_{19} 在转向灯组合手柄开关内，当停车灯开关 E_{19} 处于位置 1（手柄向下拨动时），前左示廓灯 M_1 和左尾灯 M_4 电路接通；当停车灯开关 E_{19} 处于位置 3（手柄向上拨动）时，前右示廓灯 M_3 和右尾灯 M_2 电路接通，此时示廓灯与尾灯均用作停车灯。
- 作示廓灯与尾灯用。当汽车行驶时，点火开关处于 2 位置，停车灯电源被切断，此时示廓灯和尾灯受车灯开关 E_1 控制。车灯开关的 1 位为空位，示廓灯和尾灯均不亮。当车灯开关处于 2 或 3 位时，30 号线电源通过车灯开关 E_1 的第二掷经熔断器 S_7 加到前左示廓灯 M_1 和左尾灯 M_4、通过车灯开关 E_1 的第三掷经熔断器 S_8 加到前右示廓灯 M_3 和右尾灯 M_2，此时两只示廓灯和两只尾灯分别起示廓灯和尾灯的作用。

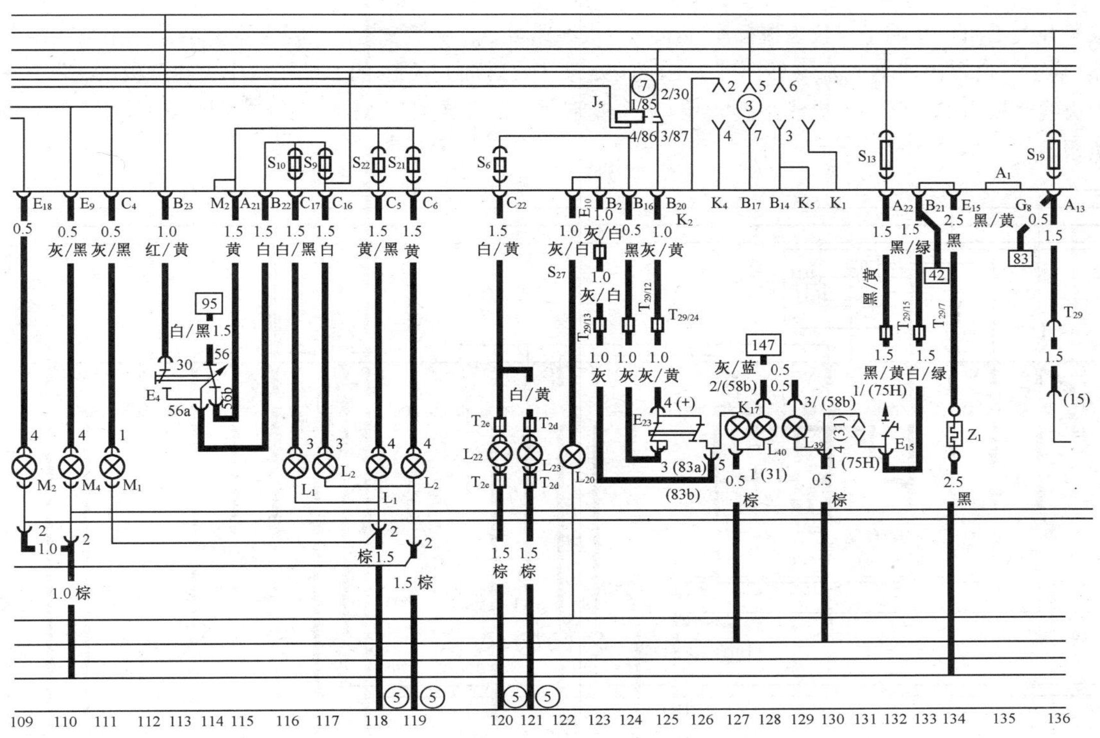

图 11-23 桑塔纳 2000 系列轿车电路图（五）

④ 后备厢照明灯电路。后备厢照明灯 W_3 由 30 号线电源经熔断器 S_3 供电，且受后备厢照明灯开关 F_5 控制。

⑤ 顶灯电路。顶灯 W 由 30 号线电源经熔断器 S_3 供电，并分别受到顶灯开关和四个并联的门控开关 F_2、F_3、F_{10}、F_{11} 控制。如图 11-21 所示，当任何一扇门打开时，相应的门控开关就会闭合，顶灯就会发亮，只有在四扇门都关闭状态时，顶灯才会熄灭。

⑥ 牌照灯电路。牌照灯有两只，受车灯开关控制。当车灯开关 E_1 处于 2 位或 3 位时，30 号线电源经车灯开关第四掷、熔断器 S_{20}、线束插头 T_{1v} 加到牌照灯 X 上，两只牌照灯 X 发亮。

⑦ 倒车灯与制动灯电路。倒车灯和制动灯分为左、右两只，与后转向信号灯、尾灯等组合在一起。如图 11-24 所示，当变速杆拨到倒车挡时，倒车灯开关 F_4 接通，15 号线电源经熔断器 S_{15}、倒车灯开关 F_4 加到倒车灯上，倒车灯 M_{16}、M_{17} 发亮。当驾驶员踩下制动踏板时，位于踏板支架上部的制动灯开关 F 接通，30 号线电源经熔断器 S_2、制动灯开关 F 加到制动灯 M_9、M_{10} 上，制动灯发亮。

⑧ 其他照明灯电路。两只仪表板照明灯 L_{10}、时钟照明灯 L_8、点烟器照明灯 L_{28}、烟灰缸照明灯 L_{41}、除霜器开关照明灯 L_{39}、雾灯开关照明灯 L_{40}、空调开关控制面板照明灯 L_{21} 等七种照明灯均受车灯开关控制。如图 11-21～图 11-24 所示，当车灯开关 E_1 处于 1 位时，七种照明灯熄灭；当车灯开关 E_1 处于 2 位或 3 位时，30 号线电源经车灯开关第四掷、仪表板调光电阻 E_{20} 接通七种照明灯电路，照明灯均发亮。

⑨ 转向信号灯与报警灯电路。转向信号灯与报警信号系统，如图 11-24 所示，电路编号为 135～165。四只转向信号灯 M_5、M_6、M_7、M_8 兼作报警灯使用。

当汽车行驶过程中需要指示左转向时，向前拨动组合手柄开关，其转向灯开关 E_2 的 49a 端子与 L 端子接通，左转向信号灯电路为：电源正极→中央线路板单端子插座 P 端子→中央线路板内部电路→中央线路板单端子插座 P 端子→点火开关 30 端子→点火开关 15 端子→中央线路板插座 A_8 端子→中央线路板内部电路→熔丝 S_{19}→中央线路板 A_{13} 端子→仪表板插座 $T_{29/8}$→报警开关 E_3 的 15 端子→

报警开关 E_3 的 49 端子→仪表板插座 $T_{29/6}$→中央线路板 A_{18} 端子→复合式闪光器 J_2 触点→中央线路板 A_{10} 端子→仪表板插座 $T_{29/25}$→转向开关 E_2 的 49a 端子→转向开关 E_2 的 L 端子→中央线路板 A_{20} 端子→中央线路板内部电路→中央线路板插座 C_{19}、E_6 端子→前左转向灯 M_5、后左转向灯 M_6→搭铁→电源负极。

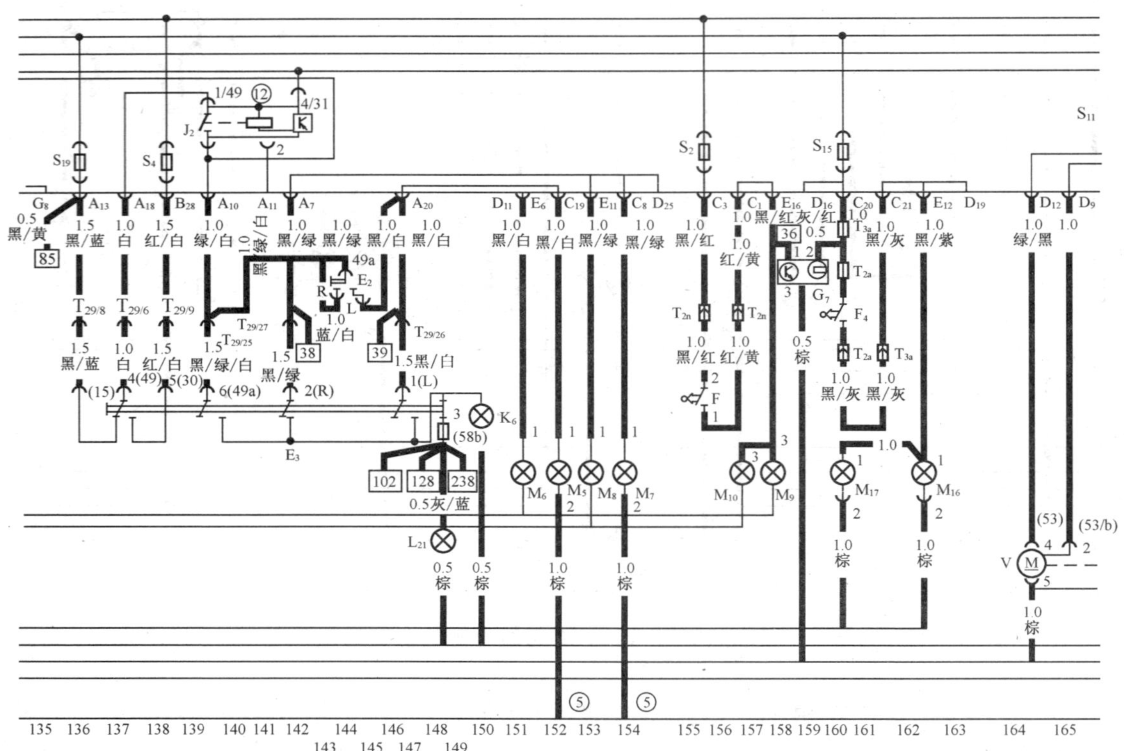

图 11-24　桑塔纳 2000 系列轿车电路图（六）

当汽车行驶过程中需要指示右转向时，向前拨动组合手柄开关，其转向灯开关 E_2 的 49a 端子与 R 端子接通，右转向信号灯电路为：电源正极→中央线路板单端子插座 P 端子→中央线路板内部电路→中央线路板单端子插座 P 端子→点火开关 30 端子→点火开关 15 端子→中央线路板插座 A_8 端子→中央线路板内部电路→熔丝 S_{19}→中央线路板 A_{13} 端子→仪表板插座 $T_{29/8}$→报警开关 E_3 的 15 端子→报警开关 E_3 的 49 端子→仪表板插座 $T_{29/6}$→中央线路板 A_{18} 端子→复合式闪光器 J_2 触点→中央线路板 A_{10} 端子→仪表板插座 $T_{29/25}$→转向开关 E_2 的 49a 端子→转向开关 E_2 的 R 端子→中央线路板插座 A_7 端子→中央线路板内部电路→中央线路板插座 C_8、E_{11} 端子→前右转向灯 M_7、后右转向灯 M_8→搭铁→电源负极。

在转向的同时，转向继电器 J_2 的接线柱 49a 端子→中央线路板内部线路→中央线路板插座 A_{17} 端子→转向指示灯 K_5，转向指示灯闪亮。

当汽车发生故障或有紧急情况需要发出报警信号时，按下报警灯开关 E_3，报警灯开关 E_3 的 R 和 L 端子都通电源，报警灯电路为：电源正极→中央线路板单端子插座 P 端子→中央线路板内部线路→中央线路板 30 号电源线→熔断器 S_4→中央线路板 B_{28} 端子→仪表板插座 $T_{29/9}$→报警开关 E_3 的 30 端子→报警开关 E_3 的 49a 端子→报警灯开关 R、L 端子同时接通→中央线路板 A_7 端子（A_{20} 端子）→中央线路板内部线路→中央线路板 C_8、E_{11} 端子（C_{19}、E_6 端子）→右前转向信号灯 M_7 和右后转向信号灯 M_8（左前转向信号灯 M_5 和左后转向信号灯 M_6）→搭铁→电源负极。所有转向灯同时闪亮，报警指示灯 K_6 闪亮。

（7）辅助电器

为了提高汽车的操纵性、安全性和舒适性等，汽车电器的种类越来越多。除音响、通信设备、时钟、点烟器等服务性装置及电动门窗、暖风装置、空调装置、洗涤电动泵、除霜装置等外，还有安全气囊、电动燃油泵、防盗报警装置等电器。

① 刮水洗涤器电路。电路图如图 11-25 所示，电路编号为 164～177。刮水洗涤系统有 6 种工作状态：高速、低速、点动、间歇刮水、清洗玻璃和停机复位。刮水洗涤开关位于 1 时，刮水橡胶刷高速摆动；刮水洗涤开关位于 2 时，刮水橡胶刷低速摆动；刮水洗涤开关的 0 位为空挡位；刮水洗涤开关位于 T 时，驾驶员按下手柄开关则刮水橡胶刷低速摆动，放松手柄开关，刮水橡胶刷自动回到空位，实现点动刮水；刮水洗涤开关位于 J 时，接通刮水间歇继电器电路，在刮水间歇继电器的控制下刮水橡胶刷间歇摆动；刮水洗涤开关手柄向转向盘方向拨动时，洗涤器电动机电路接通，洗涤液喷向玻璃，同时刮水洗涤继电器电路接通，控制刮水橡胶刷摆动 3～4 次后停止。

② 电动后视镜电路。电路图如图 11-30 所示，电路编号为 178～185。电动后视镜由 X 线供电，两侧后视镜各有两个永磁电动机 V_{33}、V_{34}，通过控制电动后视镜开关 M，每个电动机可获得两种旋转方向，两个电动机即可完成镜面 4 个方位的位置调整。

③ 电动车门玻璃升降器电路。电路图如图 11-26 和图 11-27 所示，电路编号为 195～214。组合开关的 4 个白色按键开关分别控制各自相应的门窗玻璃升降，中间黄色开关为锁定开关，按下此开关，后门的玻璃升降开关就失去作用。驾驶员一侧车门的操作与其他车门有所不同，只需点一下下降键，车门玻璃即可下降到底，如需中途停止，点一下上升键即可。由于延时继电器的作用，点火开关钥匙位于“OFF”后 50 s 内，车门玻璃开关仍起作用。

④ 中央集控门锁电路。电路图如图 11-27 和图 11-28 所示，电路编号为 215～223。蓄电池通过熔断器 S_3，直接给左前集控锁控制器 J_{53} 供电，遥控器通过左前集控锁控制器控制所有门锁的开启或关闭，车门上的提钮可控制各自门锁的开启或关闭。

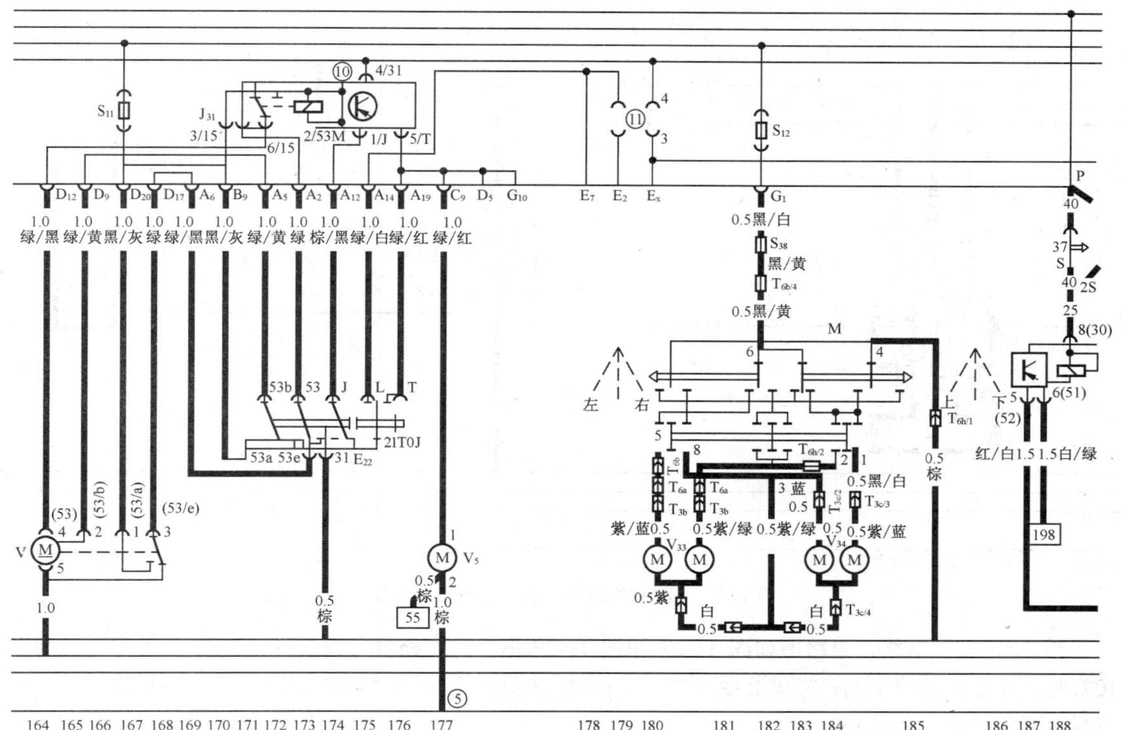

图 11-25　桑塔纳 2000 系列轿车电路图（七）

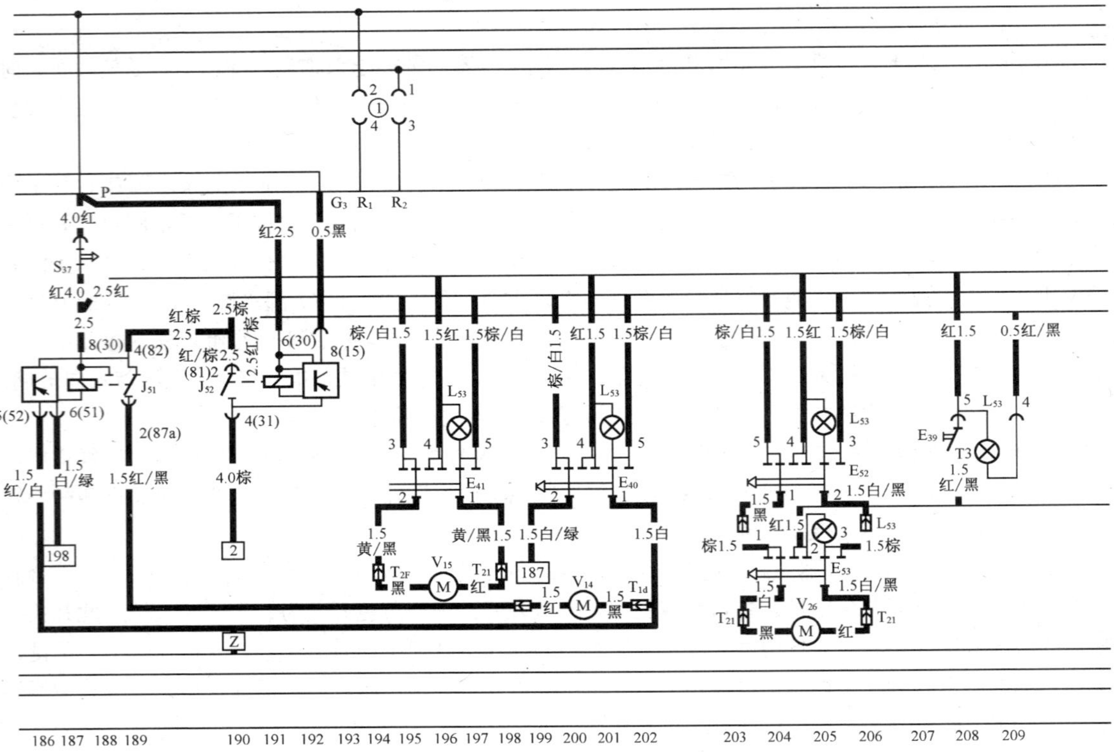

图 11-26　桑塔纳 2000 系列轿车电路图（八）

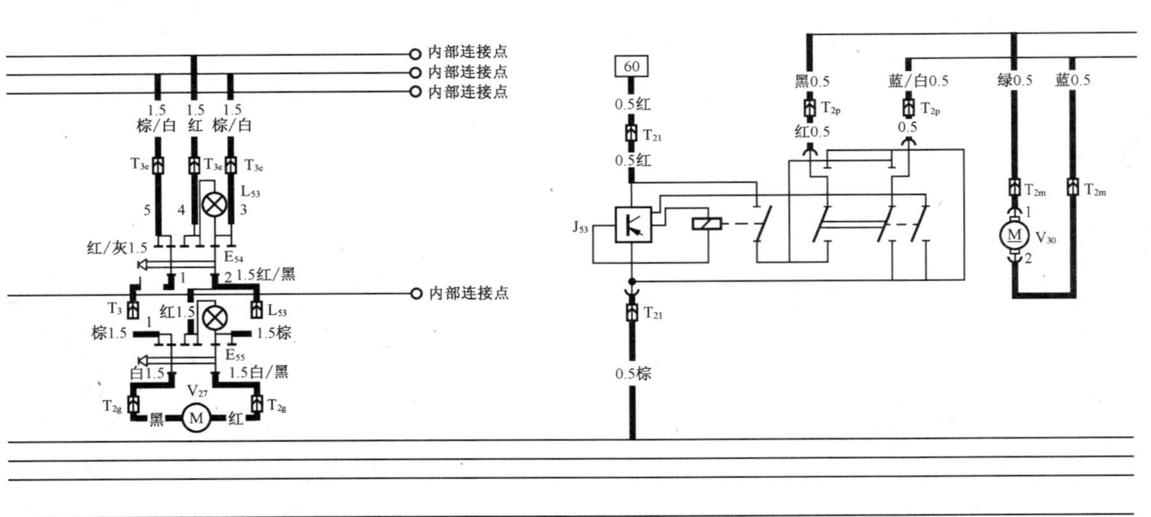

图 11-27　桑塔纳 2000 系列轿车电路图（九）

⑤ 空调装置电路。电路图如图 11-28 和图 11-29 所示，电路编号为 224～245。当外界气温高于 10℃时，才允许使用空调。当需要制冷系统工作时，接通空调开关“A/C”，此时电源经空调开关、环境温度开关接通下列电路。

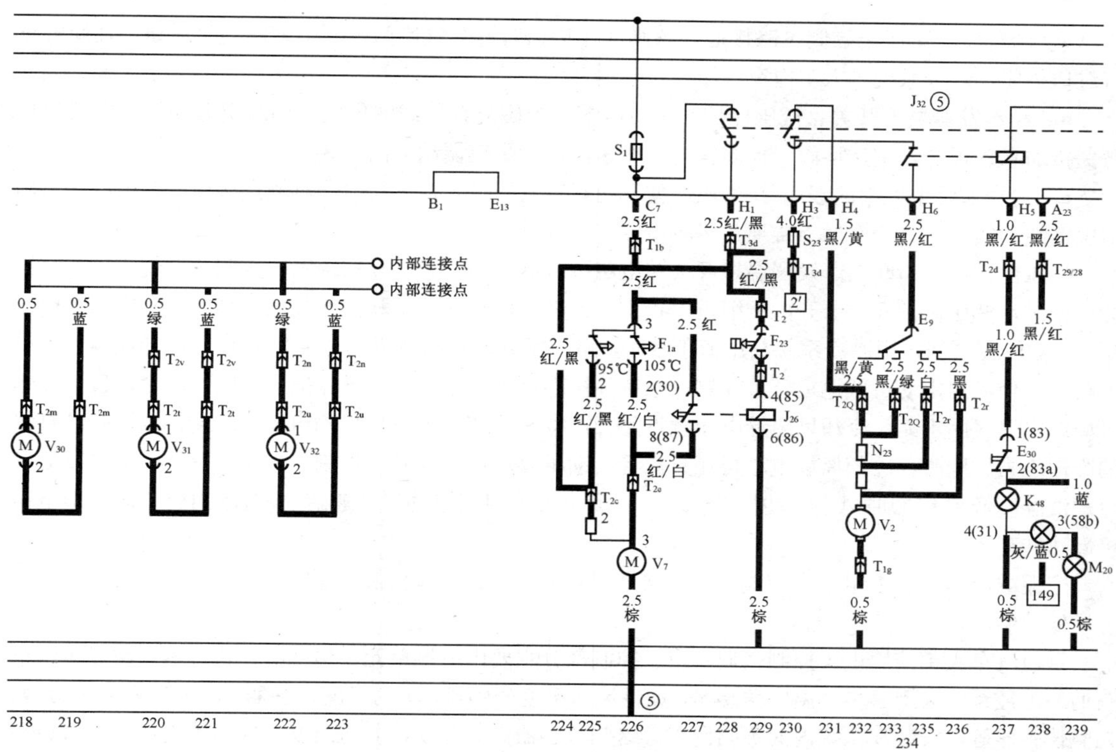

图 11-28 桑塔纳 2000 系列轿车电路图（十）

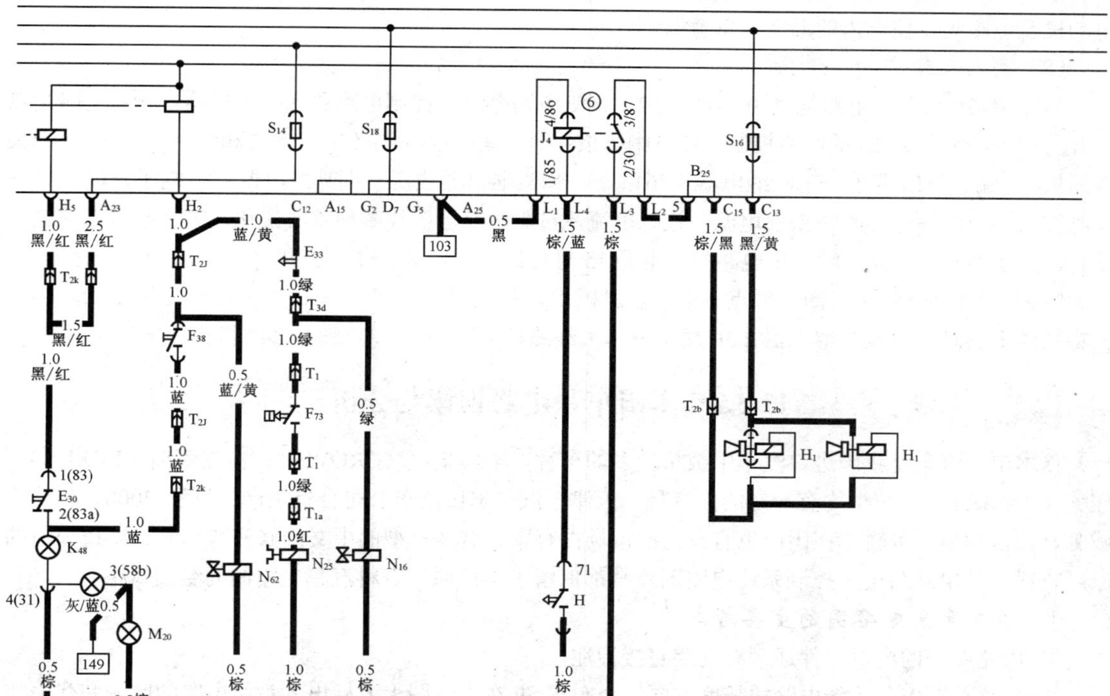

图 11-29 桑塔纳 2000 系列轿车电路图（十一）

- 新鲜空气风门电磁阀电路接通，该阀动作接通新鲜空气风门控制电磁阀真空通路，使新鲜空气进口关闭，制冷系统进入车内空气循环。
- 经蒸发器温控开关、低压保护开关对压缩机电磁离合器线圈供电，同时电源还经蒸发器温控开关接通怠速提升真空转换阀，提高发动机转速，以满足空调动力的需要。
- 对空调继电器中的线圈 J_1 供电，使其两对触点同时闭合，其中一对触点接通冷凝器冷却风扇继电器线圈电路，另一对触点接通鼓风机电路。

低压保护开关串联在蒸发器温控开关和电磁离合器之间，当制冷系统因缺少制冷剂使制冷系统压力过低时，低压保护开关断开，压缩机停止工作。高压保护开关串联在冷却风扇继电器和空调继电器 J_1 的一对触点之间，当制冷系统高压值正常时，触点断开，将鼓风机调速电阻 R 串入冷却风扇电动机电路中，使风扇电动机低速运转。当制冷系统高压超过规定值时，高压保护开关触点闭合，接通冷却风扇继电器线圈电路，冷却风扇继电器触点闭合，将 R 短路，使风扇电动机高速运转，以增强冷凝器的冷却能力。同时，冷却风扇电动机还直接受发动机冷却液温控开关控制，当不开空调开关，发动机冷却液温度低于 95℃时风扇电动机不转动，高于 95℃时风扇电动机低速转动，达到 105℃时风扇电动机高速转动。

空调继电器中的 J_1 触点在空调开关一接通时即闭合，使鼓风机低速运转，以防止蒸发器表面因温度过低而结冰。

目前汽车大都使用电子控制空调，电子控制部分主要由电控单元、传感器和执行器等组成。汽车空调的电控系统采用了多个温度传感器，如进风口温度传感器、车内温度传感器、出风口温度传感器、光照传感器等，安装在系统内的不同位置。这些传感器彼此并联，并与温度选择器的电信号（乘员选择的车内温度）相比较。电控单元根据这些信号向执行机构发出电信号。例如，通过继电器控制各种电动机及电磁阀，使车内的温度保持恒温。

（8）喇叭电路

如图 11-29 所示，电路编号为 246～252。喇叭电路分喇叭控制电路和喇叭主电路。喇叭电路由点火开关控制的编号为 15 的线路控制，按下喇叭按钮时，喇叭控制电路为：15 号相线→熔丝 S_{18}→中央线路板 A_{25} 端子→L_1 端子→喇叭继电器 4/86 端子→喇叭继电器线圈→喇叭继电器 1/85 端子→L_4 端子→喇叭按钮→电路编号 246 搭铁→电源负极。电流流过喇叭继电器线圈使铁心磁化，吸下触点臂使触点闭合，接通喇叭主电路。喇叭主电路为：电源 15 号相线→熔丝 S_{16}→中央线路板 C_{13} 端子→连接器 T_{2b}→喇叭 H_1 接线柱→喇叭线圈、触点→中央线路板 C_{15} 端子、B_{25} 端子、L_2 端子→喇叭继电器 3/87 端子→喇叭继电器触点→喇叭继电器 2/30 端子→中央线路板 L_3 端子→电路编号 247 搭铁→电源负极。

11.3.2 丰田车系电路识读与分析

日本丰田汽车是我国进口汽车中数量较多的车种，丰田皇冠（CROWN）、雷克萨斯（LEXUS）、佳美（CAMRY）等车型均有一定的保有量。天津一汽与丰田汽车公司合资生产的夏利 2000、威姿、威驰、花冠和皇冠等轿车在国内也有一定的市场占有率。这些车型的中文维修资料都源自丰田公司的原厂资料，其电路与电子控制系统电路图通常都保留了丰田原厂资料汽车电路图的绘图风格。

1．丰田车系电路图的主要特点

① 电路图中的电气元件通常有文字直接标注。

② 电路总图中各系统电路按长度方向逐个布置，并在电路图上方标出各系统电路的区域和代表该电路系统的符号及文字说明。

③ 电路图中绘出了搭铁点，并标注代号与文字说明，可以从电路图了解线路搭铁点，直观明了。

④ 电路图中，有的还直接标出线路插接器的端子排列和各端子的使用情况，给识图和电路故障查寻提供方便。

2. 丰田汽车电路图的识读

识读方法如图 11-30 所示，电路图中大圆圈内数字是注释符号，其各部分的含义如下。

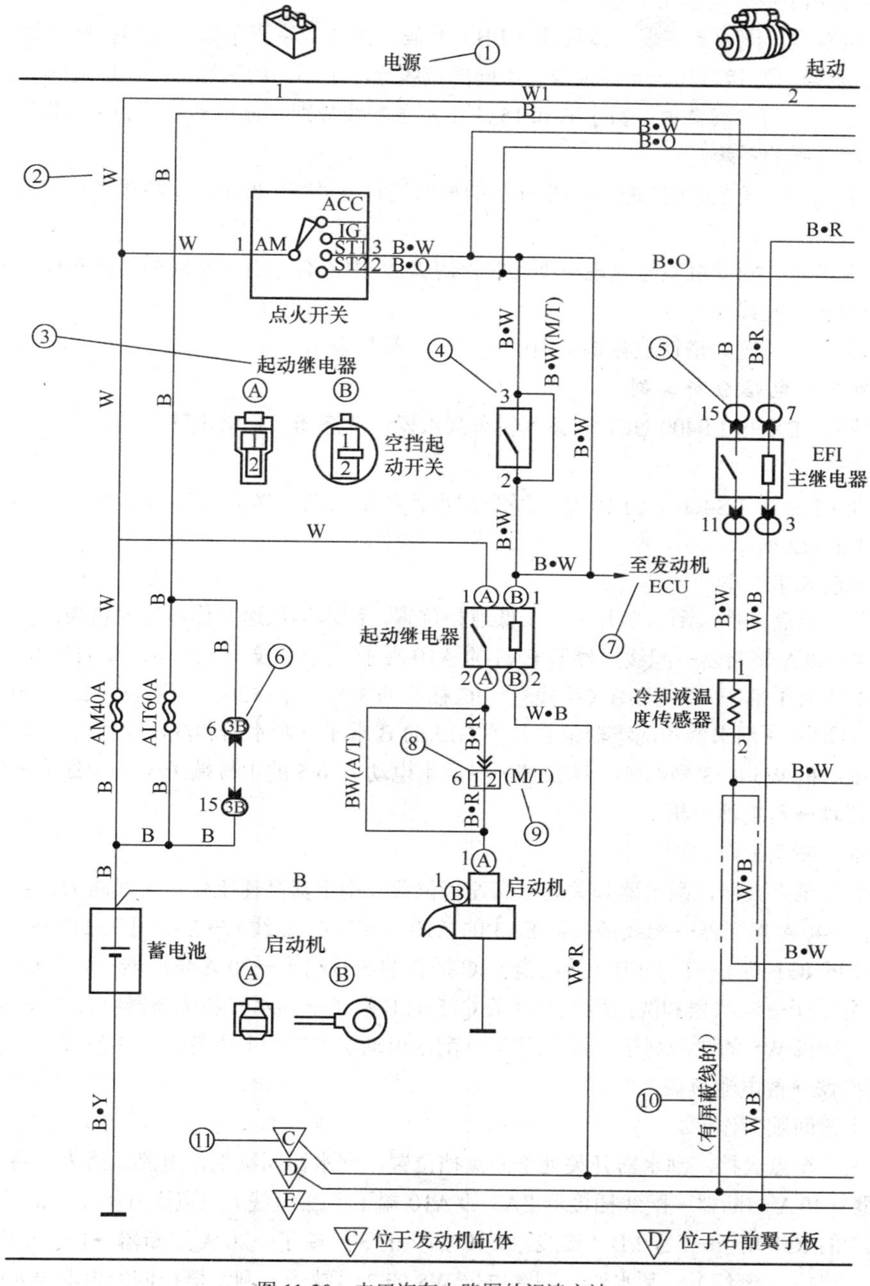

图 11-30　丰田汽车电路图的识读方法

B—黑色　O—橙色　R—红色　W—白色　Y—黄色

① 系统标题。在电路图上方区域内，用文字和系统符号表示下方电路系统的名称。

② 表示配线颜色（见图 11-30 的图注）。

③ 表示与电路元件连接的插接器（数字表示接线端子的编号）。

④ 表示插接器的接线端子编号，其中插座和插头编号的方法不同。在插座编号中，顺序为从左至

右，从上至下；插头则从右至左，从上至下。

⑤ 表示继电器盒。图中只标明继电器盒的号码，亦不印上阴影，以有别于接线盒。图示继电器盒号码为 1，表示 EFI 主继电器在 1 号位置。

⑥ 表示接线盒。圈内数字表示接线盒（J/B）号码，圈旁数字表示该插接器插座位置代码。接线盒上一般印上阴影，使其与其他元件区分。不同的接线盒，用不同的阴影标出，以便区分。例如，图中的 3B 表示它在 3 号接线盒内；数字 6 和 15 表示两条配线分别在插接器 6 号和 15 号接线端子上。

⑦ 表示相关联的系统。

⑧ 表示配线与配线之间的插接器，带插头的配线用符号“≫”表示，外侧数字 6 表示接线端子的号码。

⑨ 当车辆型号、发动机型号或规格不同时，用（ ）中内容来表示不同的配线和插接器等。

⑩ 表示屏蔽的配线。

⑪ 表示搭铁点位置。搭铁点在电路图中用“▽”符号表示。

3．丰田车系电路分析实例

以雷克萨斯 LEXUS LS400 UCF10 系列轿车刮水器和洗涤器、喇叭电路为例，介绍丰田车系电路的分析方法。

雷克萨斯 LEXUS LS400 UCF10 系列轿车刮水器和洗涤器、转向信号和危险警告、喇叭电路如图 11-31 和图 11-32 所示。

（1）刮水器低速工作

点火开关打至点火挡，刮水器开关处于低速挡位置，刮水器低速工作电流通路为：蓄电池正极→120 A 熔断器→40 A 熔断器→配线插接器 EA3 的 A10 端子（白/蓝线）→点火开关 117 的 AM1 端子→点火开关 117 的 IG1 端子→1 号 J/B（接线盒）IC 插头的 3 号端子→20 A 熔断器→1 号 J/B（接线盒）IG 插头的 4 号端子→刮水器和洗涤器组合开关 C15 的 B 端子→刮水器和洗涤器组合开关 C15 的 7 号端子→刮水电动机 W5 的 3 号端子（蓝/黑线）→刮水电动机 W5 的 1 号端子（白/黑线）→仪表板左内侧 E 搭铁点搭铁→蓄电池负极。

（2）刮水器高速工作

点火开关打至点火挡，刮水器开关处于高速挡位置，刮水器高速工作电流通路为：蓄电池正极→120 A 熔断器→40 A 熔断器→配线插接器 EA3 的 A10 端子（白/蓝线）→点火开关 117 的 AM1 端子→点火开关 117 的 IG1 端子→1 号 J/B（接线盒）IC 插头的 3 号端子→20 A 熔断器→1 号 J/B（接线盒）IG 插头的 4 号端子→刮水器和洗涤器组合开关 C15 的 B 端子→刮水器和洗涤器组合开关 C15 的 13 号端子→刮水电动机 W5 的 2 号端子（蓝/红线）→刮水电动机 W5 的 1 号端子（白/黑线）→仪表板左内侧 E 搭铁点搭铁→蓄电池负极。

（3）刮水器间歇工作

点火开关打至点火挡，刮水器开关处于间歇挡位置，刮水器间歇工作电流通路为：蓄电池正极→120 A 熔断器→40 A 熔断器→配线插接器 EA3 的 A10 端子（白/蓝线）→点火开关 117 的 AM1 端子→点火开关 117 的 IG1 端子→1 号 J/B（接线盒）IC 插头的 3 号端子→20 A 熔断器→1 号 J/B（接线盒）IA 插头的 7 号端子（蓝线）→刮水器控制继电器 W8 的 2 号端子→刮水器控制继电器 W8 的 5 号端子（蓝/白线）→刮水器和洗涤器组合开关 C15 的 4 号端子→刮水器和洗涤器组合开关 C15 的 7 号端子→刮水电动机 W5 的 3 号端子（蓝/黑线）→刮水电动机 W5 的 1 号端子（白/黑线）→仪表板左内侧 E 搭铁点搭铁→蓄电池负极。

刮水器开关打至间歇挡时，刮水器控制继电器 W8 的 4 号端子由刮水器和洗涤器组合开关 C15 的 12 号端子与 16 号端子通过搭铁点 F 搭铁。刮水器间歇时间由刮水器控制继电器 W8 来决定。

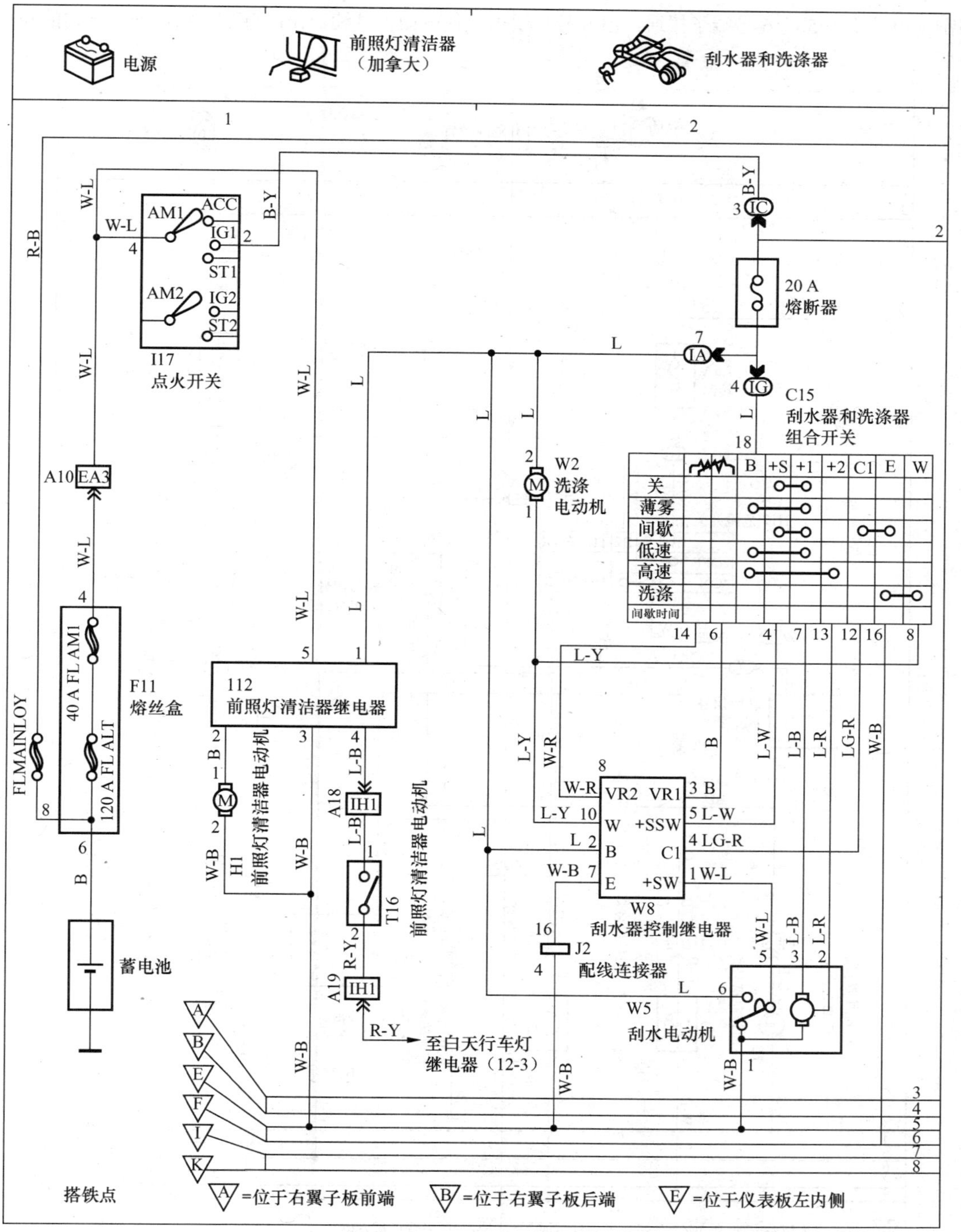

图 11-31 刮水器和洗涤器、转向信号和危险警告、喇叭电路（一）

（4）刮水器停止工作

刮水器开关拨至停止挡位置，通过刮水器和洗涤器组合开关 C15 的 4 号端子与 7 号端子把刮水器控制继电器 W8 的 5 号端子与刮水电动机 W5 的 3 号端子连接起来。刮水器开关拨至停止挡时，如果刮水器处在规定停止位置，刮水电动机 W5 的 5 号端子与刮水电动机 W5 的 1 号端子接通，使电动机进行能耗制动，刮水电动机停止工作。如果刮水器处在非规定停止位置，刮水电动机 W5 的 5 号端子与刮水电动机 W5 的 6 号端子接通，由 6 号端子供电使电动机继续工作，直至刮水器处在规定的停止位置。

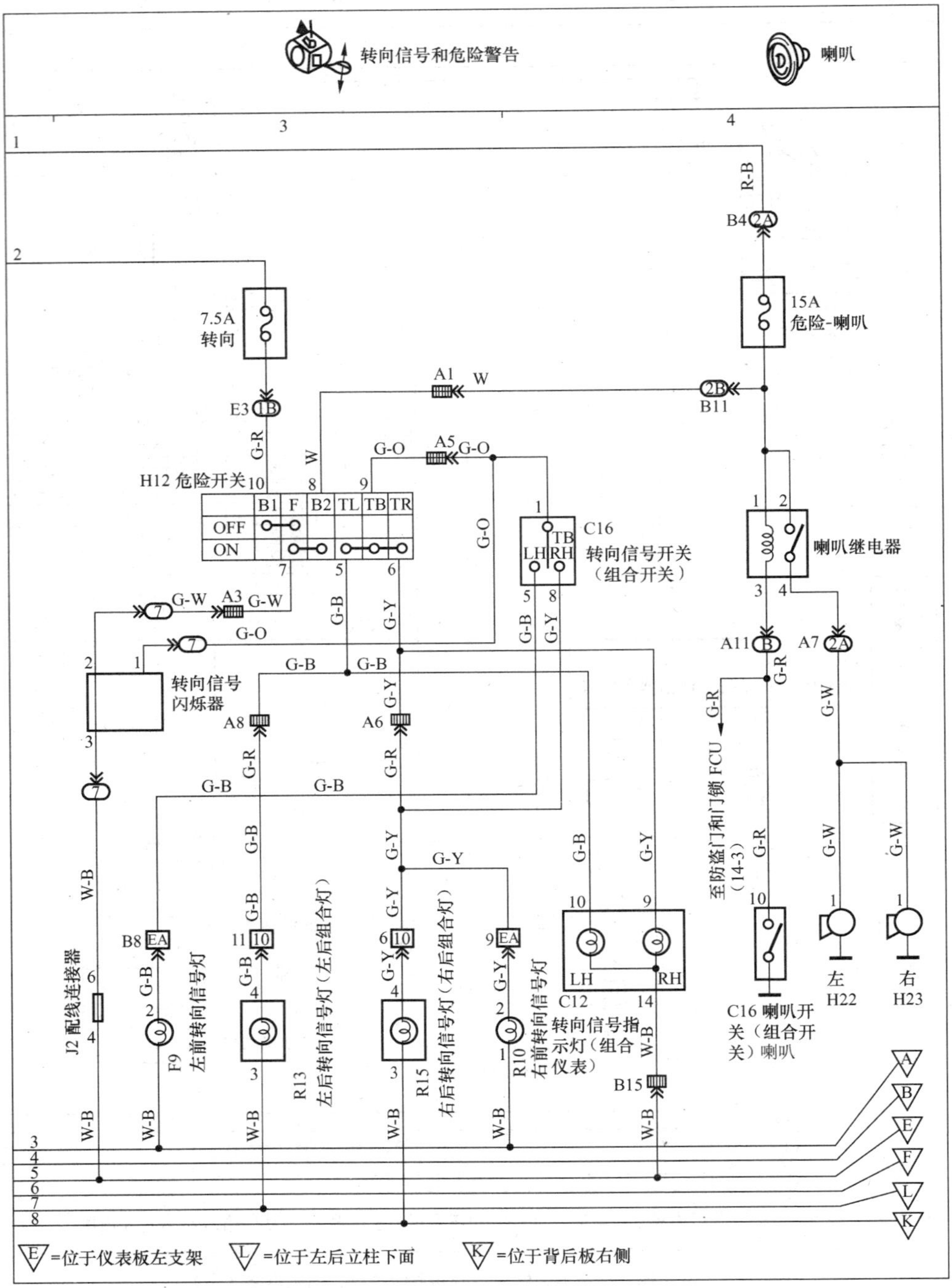

图 11-32 刮水器和洗涤器、转向信号和危险警告、喇叭电路（二）

（5）洗涤器工作

点火开关打至点火挡，洗涤器开关处于洗涤挡位置，洗涤器工作电流通路为：蓄电池正极→120 A 熔断器→40 A 熔断器→配线插接器 EA3 的 A10 端子（白/蓝线）→点火开关 117 的 AM1 端子→点火开关 117 的 IG1 端子→1 号 J/B（接线盒）IC 插头的 3 号端子→20 A 熔断器→1 号 J/B（接线盒）IA 插

头的 7 号端子→洗涤电动机 W2→刮水器和洗涤器组合开关 C15 的 8 号端子→刮水器和洗涤器组合开关 C15 的 16 号端子→仪表板左支架搭铁点 F 搭铁→蓄电池负极。洗涤器工作的同时，触发刮水器控制继电器 W8 工作，使刮水器配合洗涤器工作一段时间。

（6）喇叭工作

点火开关打至点火挡，喇叭工作电路为：蓄电池正极→15 A 危险-喇叭熔断器→喇叭继电器（1→3）→A11→喇叭开关 C16→蓄电池负极，喇叭继电器闭合。

蓄电池正极→15 A 危险-喇叭熔断器→喇叭继电器（2→4）→A7→左喇叭 H22、右喇叭 H23→蓄电池负极，喇叭发出响声。

11.4　汽车电路故障诊断与检修

1. 线路常见故障

线路常见故障包括断路、短路、漏电，以及接线松脱、潮湿及腐蚀等导致的接触不良或绝缘不良等。

（1）断路

电源到负载的电路中某一点中断时，电流不通，导致灯不亮、电动机停转，这种故障称为断路。断路一般由导线折断、导线连接端松脱或接触不良等原因所造成。

（2）短路

电源正、负极的两根导线直接接通，使电器部件不能工作，导线发热或线路中的熔断器烧断，这种故障称为短路。造成短路的原因有：导线绝缘损坏，并相互接触；开关、接线盒、灯座等外接线螺丝松脱，造成和线头相碰；接线时不慎，使两线头相碰；导线头碰触金属部分等。

（3）漏电

漏电现象使耗电量增大，电线发热。造成漏电的原因是电气设备绝缘不良，导线损坏，绝缘老化、破裂、受潮等。

2. 检修故障的思路

在进行汽车电路检修前，必须熟读使用说明书，查明电路，了解其结构，并使用合适的工具，才能收到事半功倍的效果。

汽车故障的常见类型

汽车电气电路出现故障时，一般先要搞清楚故障的症状以及伴随出现的现象，判明故障所在的局部电路，然后再对该局部电路进行检验，查明故障所在部位，予以排除。

正常的汽车电气电路必须满足以下要求。

汽车故障的诊断方法

① 点火电路能够产生足够能量的正时火花。

② 电源电路充电稳定，并能满足用电设备在各种状态下的需要。

③ 起动机起动有力，分离彻底。

④ 照明及信号系统设备齐全，性能良好。

⑤ 全车线路整齐，连接牢固可靠。

电路故障的产生原因是多种多样的，如元件老化、自然磨损、调整不当、环境腐蚀、机械摩擦、导线短路或断路等。电路出现故障时，要善于运用分析的方法，先对故障的发生范围进行初步的诊断。切忌在情况不明时，或不加思考分析而盲目拆卸，乱接瞎碰。否则，不仅会延误检修，而且还会造成不必要的损坏。要善于发现故障前的异常征兆和故障特征，结合整车电路进行分析，尽可能把故障诊断缩小到一个较小的范围。

在检修故障时，应根据故障发生的范围，先检查故障率较高且容易检查的部件，然后检查故障率较低且不易检查的部件。只有当某个部件的故障已经确诊，必须打开进行维修时，方可进行拆卸。要尽量做到不拆或少拆零件，以减少不必要的麻烦。检修故障还要采用正确的检查方法和测试手段，以提高检修故障的速度。

电路出现故障，一般先就车对电路进行检查和测试，判断故障发生在哪个部件上，然后再对故障发生部位的外部性能及内部参数进行测试或检查，找出故障发生点进行排除。在检修故障的同时，还应注意对有关部件及电路进行保养，使之恢复到较好的状态。

若电气设备损坏无法修复，则应予以更换。更换的部件应与原部件的规格、型号相一致。导线的更换应尽量与原来的线径和颜色一致。若用其他颜色导线代替，应与相邻导线有所区别，以利于以后的检修。

3．故障诊断的基本方法

电气设备的故障诊断，通常采用的方法有：直观诊断法、利用车上仪表法、断路法、短路法、高压试火法、试灯法、万用表法、元件替换比较法和仪器法等。

（1）直观诊断法

汽车电路发生故障时，有时会出现冒烟、火花、异响、焦臭、发热等异常现象。这些现象可通过人的眼、耳、鼻、身感觉到，从而可以直接判断出故障所在部位和原因。

例如，汽车行驶中，突然发现转向灯与转向指示灯均不亮故障，用手一摸，发热烫手，说明闪光器已被烧坏。

（2）利用车上仪表法

通过观察汽车仪表盘上的电流表、水温表、燃油表和机油压力表等的指针走动情况，判断电路有无故障和故障产生部位。

例如，发动机冷态，接通点火开关时，水温表指示满刻度位置不动，说明水温传感器有故障或该线路有搭铁。

凡用电设备通过电流表，电流表指示的电流值就可作为诊断的依据。当工作电压一定，接通用电设备后，电流表指示“0”或所指的放电电流值小于正常值，表明用电设备电路的某处断路或导线接触不良。若接通用电设备后，电流表迅速由“0”摆到满刻度处，然后又回到零。其中由“0”摆到满刻度处，表明电路中某处搭铁、短路；由电流满刻度处回到“0”，表明熔断器熔断。电流表诊断只能简单地判断是断路还是短路，具体部位还有待用其他方法判断。

例如，接通点火开关，电流表指针于零位不动，且发动机不能发动，表明点火电路低压电路有断路故障；电流表指针随起动机转动而摆动，且发动机不能发动，表明点火电路高压电路有故障。

（3）断路法

汽车线路发生搭铁（短路）故障时，可用断路法判断。将怀疑有短路故障的线路断开，以判定断开的那段线路是否搭铁。

例如，汽车行驶时，听到电喇叭长鸣，则可将喇叭继电器“按钮”接线柱上的导线拆开。若喇叭停鸣，表明喇叭按钮至喇叭继电器之间电路有搭铁现象；若喇叭仍长鸣，表明喇叭继电器触点烧蚀而不能分开，可进一步用断路法判断。

（4）短路法

汽车电路中出现断路故障，还可以用短路法判断，即用螺丝刀或导线将被怀疑有断路故障的电路短接，观察仪表指针变化或电器设备工作状况，从而判断出该电路中是否存在断路故障。例如，怀疑汽车电路中的各种开关有故障，可用导线将开关短接来判断开关是好是坏。

（5）高压试火法

对高压电路进行搭铁试火，观察电火花状况，从而可以判断点火系统的工作情况。具体方法是：取下点火线圈或火花塞的高压导线，将其对准火花塞或缸盖等搭铁部位，距离约 5 mm，然后接通起动开关，起动发动机，看其跳火情况。如果火花强烈，呈天蓝色，且跳火声较大，则表明点火系统工作基本正常；反之，则说明点火系统工作不正常。

（6）试灯法

试灯法就是用一只汽车用灯泡作为试灯，检查电路中有无断路故障。例如，用试灯的一端和交流发电机的“电枢”接线柱连接，另一端搭铁。如果灯不亮，说明蓄电池至交流发电机“电枢”接线柱间有断路现象；若灯亮，说明该段电路良好。

再如，若线路中有搭铁故障而使该电路中的熔断器熔断，可先用一只车灯作试灯，将试灯两端引线跨接于断开的熔断器两端的接线柱上，如图 11-33 所示，此时试灯应亮。然后再将插接器逐个断开，若断开插接器 4 时试灯亮，而断开插接器 3 时，试灯不亮，表明插接器 3 与插接器 4 这段线路搭铁。

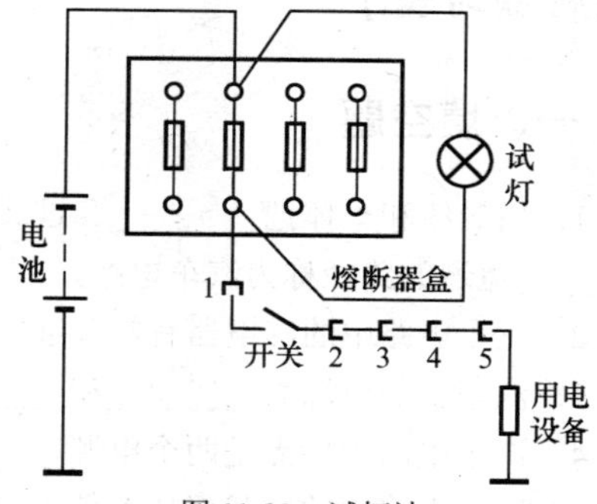

图 11-33　试灯法

（7）万用表法

用万用表测量线路各点的直流电压，若有电压说明该测试点至电源间的电路畅通；若无电压，说明该测试点与上一个测试点之间的电路断路。另外，通过万用表对电路或元器件的各项参数进行测试，并与正常技术状态的参数对比，来判断故障部位所在。如就车测量蓄电池的充电电流与端电压，判断充电电路是否充电；测量电气部件中线圈绕组的电阻值，判断绕组有无断路或短路；测量引线两端间的电阻，判断电路有无断路等。万用表检测法是检测电路或元件较为准确迅速的一种方法。

（8）元件替换比较法

元件替换比较法是指在检修电路时，怀疑有些元件的性能对电路正常工作有影响，但其性能好坏还一时难以断定，因此就选用性能良好的元件将其替换，利用比较的方法来判断故障的一种方法。如火花塞火花弱，发动机不能发动，可用一个良好的火花塞将其替换，若发动机恢复工作，表明原先的火花塞有故障，应予以修理或更换。

（9）仪器法

随着汽车电气设备的日趋复杂，在维修中，特别是维修装有电子设备较多的车辆，使用一些专用的仪器是十分必要的。如检测富康轿车电控系统时，经常使用 ELIT 诊断仪读取故障码和基本设定。

4．检修汽车电气系统应注意的一些事项

① 熔断器的使用。熔断器也称熔断保护器或熔断丝，在电路中起保护作用。当电路中流过的电流超过规定值时，熔断器的熔丝自身发热而熔断，使电路切断来达到防止电路连接导线和用电设备烧坏，并将故障限制在最小范围内的目的。通常情况下，将很多熔断器组合在一起安装在熔断器盒内，并在熔断器盒盖上注有各熔断器的位置、名称和额定容量。

在环境温度为 18～32℃的条件下，当流过熔断器的电流为额定电流的 1.1 倍时，熔丝不会熔断；电流达到额定电流的 1.35 倍时，熔丝在 60 s 内熔断；电流达到额定电流的 1.5 倍时，20 A 以内的熔丝将在 15 s 以内熔断，30 A 的熔丝将在 30 s 以内熔断。

② 插接器的拆装。插接器就是通常说的连接插头和插座，用于导线与导线，或线束与继电器或用电设备之间的相互连接。为了防止插接器在汽车行驶中脱开，所有的插接器均采用了闭锁装置。要拆开插接器时，首先要解除闭锁，然后把插接器拉开，不允许在未解除闭锁的情况下用力拉导线，这样会损坏闭锁装置或连接导线。

③ 20 世纪 80 年代以前，人们在检修汽车电器装置时往往用“试火”的办法来判断故障部位。在装有电子线路的汽车上，不允许使用“试火”的方法来判断故障，否则会给某些电路和电子元件造成意想不到的损害。

④ 不允许使用欧姆表及万用表的 R × 100 Ω以下低阻欧姆挡检测小功率晶体管，以免电流过载损

坏晶体管。

⑤ 更换三极管时，应首先接入基极；拆卸时，最后拆下基极。

⑥ 拆卸和安装电器元件时，应切断电源。

【课后练习题】

一、填空题

1．用导线和车体把________、过载保护器件、________及________等装置连接起来，形成能使________流通的路径称为汽车电路。

2．汽车电路中的继电器有常开继电器、________、________三种。

3．汽车上的电源为________和________。

4．汽车电路的特点是两个电源、________、________、并联、________搭铁。

5．汽车电路中的过载保护器件主要有________、________及________等。

6．汽车上的主要用电设备均采用并联连接，由此保证各条上的用电设备能够________ 、________。

7．汽车上有________电源。

8．文字符号由________和________组成，基本文字符号又分为________符号和________符号。

9．单字母符号共分为________大类，每一大类用一个________符号表示。

10．双字母符号是由一个表示________的单字母符号与另一个________组成的。

11．辅助文字符号用来表达电气设备、装置、元器件以及线路的________、________和________。

12．标准画法的电路图，开关的触点应位于________或________，即开关处于________状态或继电器线圈处于________状态。

13．双色导线中面积比例大的颜色称为________，面积比例小的颜色称为________。

二、判断题

1．汽车电路图是检修汽车电气系统时必须参考的基本资料。（　　）

2．目前世界各汽车制造公司在电路图的绘制上风格都是相同的。（　　）

3．在汽车上，蓄电池和发动机两者只要有一个作为电源就可以了。（　　）

4．汽车电路的基本组成是电源、导线和用电器。（　　）

5．汽车电路具有与其他电路共同的一些特性。（　　）

6．所谓单线制接线方式是指所有用电设备均用一根导线相互连接，而用车架、发动机等金属机体来代替另一根导线。（　　）

7．汽车电路由电源、过载保护器件、控制器件及用电设备、连接导线组成。（　　）

三、选择题

1．连接线一般（　　）图形符号的组成部分。

A．不作为　　B．可作为　　C．无规定

2．使用文字符号应优先选用（　　）文字符号。

A．单字母　　B．双字母　　C．三字母

3．基本件是指在正常情况下（　　）在分解的一个或几个零件或元器件。

A．可以　　B．不能　　C．有时可以

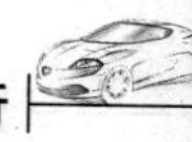

4. 电路原理图的特点之一是电路走向清晰，比如负极搭铁电位最低，用图中（　　）一条导线表示。

A. 最上面　　B. 最下面　　C. 中间

5. 一个用电器要想正常工作，电流总是太从电源的正极出发，通过导线，经熔断器、开关到达用电器，再经过导线搭铁回到同一电源的（　　）。

A. 负极　　B. 正极　　C. 正负极均可

6. 汽车电路是单线制，各用电器之间应相互（　　）。

A. 串联　　B. 并联　　C. 串并联均可

7. 在线束安装图中（　　）描述线束内部的导线走向。

A. 不详细　　B. 详细　　C. 不

8. （　　）表示导线截面面积为 1.0 mm²的双色导线，主色为绿色，辅助色为黄色。

A. 1.RW　　B. 1.0GY　　C. 1.0YB

11.5　实训

实训 9　全车线路的故障诊断与排除

一、实训目的与要求

① 能读懂汽车全车电路图。
② 能根据各系统的电路图分析常见故障的原因。
③ 进行线路通、断路的检查。
④ 掌握常见车型电路的特点和主要电气系统电路的接线。
⑤ 了解汽车电气系统的故障特点，明确在检修汽车电气系统时应注意的问题。
⑥ 掌握汽车电气系统检修常识及其检修方法。

二、实训仪器和设备

桑塔纳 2000 整车（或实训台）、奇瑞东方之子整车（或实训台）、奇瑞瑞虎整车（或实训台）、万用表、试灯、一字螺丝刀、十字螺丝刀、扳手等。

三、实训步骤

1. 前照灯远、近光都不亮

检查电源总开关是否闭合，检查电源线路的各线端是否松脱或因氧化而接触不良，再检查电源线路和电流表线路是否有断路。若均为正常，而前照灯远、近光都不亮，其原因有以下几点。

① 熔丝被烧断。
② 灯光继电器有故障。
③ 脚踏变光器有故障，或接头松脱。
④ 车灯开关有故障。
⑤ 连接线松脱或接触不良。
⑥ 灯泡烧坏或搭铁不良。

此类故障一般采用从用电设备向电源方向按线路逆向分段排除检查法。首先将前照灯火线从接线柱上拆下（或从插接器上拔下），在灯开关接通的情况下，检查该接线柱上电源方向来线是否有电。有电证明灯泡坏或灯泡搭铁不良；无电证明故障在线路前方。

再查熔丝是否烧断，脚踏变光器插头是否松脱，灯光继电器和灯光开关的接线是否松动等，若均良好，应检查灯光继电器。

用导线将灯光继电器电源接线柱和线圈接线柱短接，如果能听到"咔嗒"声（触点闭合声），则表明该继电器是坏的，应予以更换。如灯光继电器是好的，则故障出在变光开关或车灯开关，应将其拆开进行修理或更换。

2．转向灯不闪光

转向灯不闪光，可按下述步骤检查。

① 若将转向灯开关分别拨到左、右转向位置时，转向灯均不亮，应先检查转向灯电路的熔丝是否烧断。若熔丝良好，再用导线分别短接转向灯开关和闪光器，若转向灯亮，则说明被短接的电器有故障，应检修或更换。

② 两侧的转向灯都亮，但不闪光，则故障在闪光器上。

③ 某一转向灯不亮，为该灯泡灯丝烧断或搭铁不良。

3．制动灯不亮

制动灯不亮，其原因有以下几点。

① 只有一侧的制动灯不亮，则属于灯泡损坏、连接插座松动及接触不良或电线断路等。

② 两侧的制动灯都不亮，一般为熔丝烧断或制动开关损坏、线头脱落、线路断路。

4．倒车灯不亮

倒车灯不亮，其原因有以下几点。

① 倒车灯灯泡损坏或线头脱落。

② 熔丝烧断。

③ 倒车开关接触不良或接线插头脱落。

5．电喇叭不响

可能原因是电喇叭损坏、喇叭继电器损坏、按钮接触不良。检查时，按下按钮，继电器有吸合的"咔嗒"声，但喇叭不响，故障在喇叭或者喇叭继电器触点氧化、烧损而接触不良。

若继电器无吸合的"咔嗒"声，说明继电器线圈有短路或断路，应更换继电器，也可能是喇叭按钮搭铁不良或线路断路。如果喇叭不响，电流表指示较大放电电流，则说明喇叭内部有短路或本身调整不当、触点不能分离等。

6．燃油表的指示值不准

燃油表指示值不准，可能是下述原因。

① 无论油箱内燃油有多少，指示值均为零。检查时，首先轻敲表盘察看指针是否卡在"0"位上。如果不是，再检查燃油指示表的电热丝和传感器的可变电阻及其连接电路是否松动或断路，并检查传感器搭铁是否良好。检查方法是将接线对外壳搭铁，若燃油表指针上升，说明燃油表良好，故障是在传感器上。若指针仍不摆动，则说明燃油表有故障。

注意将传感器接线对壳体搭铁时间不宜过长，否则会烧坏燃油表。

② 油箱无油时，指针仍指在"1"上。这种现象最大的可能是传感器的浮子被卡在油箱的某个部位，或接传感器的连线搭铁。

检查时可换上一只好的传感器，在关闭点火开关的同时，用手自低而高摆动浮子，若燃油表指针读数正常，则说明燃油表良好，故障在原传感器。若读数仍不正常，则表示燃油表有故障，应予以更换。

7．水温表指示值不准

① 闭合点火开关，水温表指示在 50℃上不动，则表示水温表电路有断路故障。其检查方法如下。

首先检查水温表电路的各接线是否牢固和熔丝是否烧断，再将水温表传感器的连线拆开，并与壳体搭铁，水温表指针立即偏转，则表示水温表正常，是传感器有故障，否则是水温表有断路故障。

② 水温表指针总是指在 100℃以上，检查方法是闭合点火开关，在发动机不工作的情况下，水温表指针迅速由 40℃左右旋至 100℃处，则表明水温表内部或水温表至传感器之间的线路有搭铁故障。可拆开水温表接传感器的接线进行断路试验，此时如水温表指针仍指在 100℃，说明水温表内部搭铁，应更换水温表。若水温表指针逐步转回到 40℃，则表示水温表至传感器的线路搭铁，也可能是水温传感器的热敏电阻发生短路，应更换传感器。

8．电动刮水器的常见故障及排除方法

① 电动机不转可能是由于熔丝烧断、导线松脱或接触不良、开关损坏或接触不良及电动机内部有故障。电动机内部的故障可能是电刷被卡住、绕组烧坏、接头松脱、转子卡死等，可按直流电动机的故障检查与排除的方法进行检修。

② 开关断开后，电动机仍然转动，其原因可能是开关或接线短路、自动复位器触点烧坏。触点可用砂纸修磨。

③ 开关断开后，电动机立即停止转动，但刮水片停位不当，其原因可能是由于电动刮水器调整不当或自动复位器搭铁不良，或者自动复位器触点脏污、接触不良等造成。

9．点烟器不红不跳

点烟器应在 18 s 内呈红热状态，并自动跳出来，不红不跳的原因可能如下。

① 熔丝烧断或插头插接不牢。

② 电阻丝被烧断。

③ 电阻盘与双金属片接触不良，应调整双金属片。

当车上线路因某种原因需更换某一根导线时，通常采用的方法是将该导线两端用胶布包扎好，然后用一根截面积相同或略大于旧导线的新导线，在新导线两端焊上合适的接线卡后，装在旧导线原先所连接的两端接线柱上，最后用胶布包在原先旧导线外的线束上。这种方法不必拆开原有线束，非常方便。

四、实训注意事项

① 注意观察汽车电气原理图与实际连线的区别。

② 注意观察各电系电气元器件电路连接情况。

③ 在故障诊断过程中要认真细致，并做好记录。

五、思考题

① 汽车电气系统的检修方法有哪些？

② 检修汽车电气系统应注意哪些事项？

参考文献

[1] 王勇. 汽车电气设备构造与维修. 北京：机械工业出版社，2002.
[2] 毛峰. 汽车电器设备与维修. 北京：机械工业出版社，2005.
[3] 曲金玉. 汽车电器与电子设备. 北京：机械工业出版社，2001.
[4] 纪光兰. 汽车电器设备构造与维修. 北京：机械工业出版社，2008.
[5] 胡光辉. 汽车电器设备构造与检修. 北京：机械工业出版社，2007.
[6] 于万海. 汽车电气设备原理与检修. 北京：电子工业出版社，2005.
[7] 潘伟荣. 汽车空调. 北京：机械工业出版社，2002.
[8] 徐剑东，谭本忠. 汽车空调原理与维修图解教程. 北京：机械工业出版社，2008.
[9] 娄云. 汽车电路分析. 北京：机械工业出版社，2005.
[10] 任春晖. 汽车电器设备构造与检修. 北京：机械工业出版社，2009.